蔣介石

VICTORIOUS IN DEFEAT

失敗的勝利者

THE LIFE AND TIMES
OF CHIANG KAI-SHEK, CHINA, 1887-1975

亞歷山大・潘佐夫 ALEXANDER V. PANTSOV——著
梁思文 STEVEN I. LEVINE、楊淑娟——譯

謹以此書敬致愛妻

Ekaterina Borisovna Bogoslovskaia

目次

黑龍江
烏蘇里江
庫倫（烏蘭巴托）
哈爾濱
滿洲
地方
長春
察哈爾
熱河
瀋陽
呼和浩特
北京
（北平）
天津
韓國
寧夏
綏遠
太原
山西
太行山
河北
濟南
青島
延安
山東
鄭州
西安
陝西
洛陽
江蘇
東海
國
河南
安徽
南京
上海
湖北
寧波
四川
成都
武漢
杭州
溪口
浙江
重慶
南昌
江西
長沙
遵義
湖南
貴州
福建
福州
臺北
瑞金
貴陽
臺灣
廣西
廣東
廣州
龍州
南寧
香港
澳門
太平洋
河內
南海
印度支那
海南
菲律賓

俄羅斯
（蘇聯）
蒙古
烏魯木齊
新疆
甘肅
青海
西寧
黃河
長江
西藏地方
中
西蒙
拉薩
尼泊爾
錫金
不丹
印度
緬甸
雲南
昆明
法屬
暹羅
中華民國
（1912－1949）
0
500
1000 公里

地圖 © Erin Greb

導論

一九四九年五月，位於山東半島沿岸的中國北方城市青島，陷入一片恐慌。人人都相信駐紮在鄰近膠州灣的美國軍艦會離開，而之後，整個城市一定會落入共產黨手中。中國內戰正熾，過去兩年裡，共產黨領導人毛澤東所領導的人民解放軍（PLA）起而造反，一再擊潰蔣介石的政府軍。大家都害怕共產黨會大開殺戒，甚至比謠傳在一九四七年十一月山東省幾個城市發生的還要血腥。當時單單威海衛一地，共黨即屠殺了好幾千名無武裝平民。[1]儘管美國海軍上岸後，對待地方百姓的舉止並不總是得當，但人們還是把所有希望寄託在他們身上。在他們出現的四年裡，地方當局收到無數對他們作為的投訴。[2]但現在人們認為美國海軍會介入中國內部的衝突，來阻擋共產黨。然而，儘管再一次根據謠傳，蔣介石本人在五月三日悄悄飛抵青島，說服美國不要放棄中國，但那時勢態已很明顯，美國人正要離開。據信他只能得到美國承諾再多停留五天，好讓他能順利地撤離駐軍。[3]居民們蜂擁出城，激動的群眾包圍客輪。

然而，有關蔣介石抵達青島，以及美國海軍在五天內離開，此一傳言是假的。蔣五月初並沒有飛抵青島，也沒有和美軍艦隊指揮官磋商。[4]他不需要如此。美國本身已請求中國政府盡可能留在青島，甚至承諾幫忙防禦，然而這並非他們意在攻打中國共產黨。他們早就決定離開青島，但需要時間撤離他們的海軍基地，這是他們希望蔣把部隊留在青島的唯一理由。[5]

蔣介石早就意識到他不能指望美國的軍事支援，所以早在一九四九年初，他就開始準備將部隊從青島重新部署到南京和上海地區。至於美國人，他決定在國民黨部隊完成撤離前三天才通知他們。[6]他對美國人感到憤怒，無法信任他們。一九四九年二月十二日，他在日記中寫道：「美國政府之猶豫無能，殊令人可痛又可笑，彼陸軍部長……反又要求我軍之堅守不撤，表示其積極暗助，誰其信之。」[7]

五月四日，蔣介石與保衛青島的第二十一兵團司令長官劉安祺將軍討論了有關情況，堅持要盡快撤軍。「我軍應早撤退，勿為美國所延誤也。」他煩躁地說。[8]一九四九年五月二十五日，美國軍艦離開膠州灣，六月二日，國民黨駐軍撤離。[9]青島當天淪陷。

一週前，共產黨攫取了中國最大的都會上海。中國首都南京已經落入他們掌中一個月了。人民解放軍像一股巨流朝南而下，內戰無情地接近尾聲。蔣介石的軍隊正在分崩離析，許多最親密的夥伴，包括他自己的幾個家族成員，都流亡國外。他的主要盟友美利堅合眾國，雖然在內戰之前與內戰期間，曾支援他數十億美元，現在也任由他讓命運擺布。

不用說，該為戰事失利負責的，是蔣介石和他的政府與將領們。不過他的潰敗也標示著，一直以來極為矛盾的美國對華政策的失敗。一方面美國提供給蔣政權鉅額的財務與軍事支援，但另一方面，他們也犯下許多嚴重的錯誤，讓情勢更為惡化。

一九四五年二月在雅爾達會議上，美國總統羅斯福為取得史達林答應加入對日作戰，而實際上等於是把中國東北賣給了蘇聯的這個行為，早就注定了中國的失落。再者，他是背著蔣介石這麼做的。如果蘇聯沒有占領東北，並在關鍵時刻沒能給中共提供關鍵的支援，中共可能打敗蔣介石嗎？我們無法確定這個答案，但我們確實知道，這個地區在中共攫取中國上，扮演了重要角色，確實是中共得勝的關鍵要素。[10]一九四五年七月，在波茨坦會議上，確定了雅爾達協議的杜魯門總統，在一九四六年初承認了這個錯誤，坦言他的政府「後來發現在對日作戰上，並不需要蘇聯，並且蘇聯此後成為我們的頭痛問題」。[11]相信羅斯福一定也對他在雅爾達的行事感到後悔。[12]

關於美國在中國內戰（一九四六—一九四九）上犯下的主要錯誤，是其對全球民主化理念的執著。全世界遍布「健全的民主」，是杜魯門圍堵蘇聯的終極目標。[13]但在中國內戰前夕與內戰期間推動此一理念，杜魯門與馬歇爾卻不經意地落入史達林與中共的圈套，後者藉著毛澤東誘人的「新民主」概念，指稱中國不需要爭取社會主義革命，而是要爭取自由民主革命，他們以此欺騙了包括許多中國自由主義者在內的全世界，然而美國的領導者們，從未公開承認自己的錯誤。他們反而把失去中國一事，只怪罪到蔣及其貪腐政權上。

事實上，儘管美國對蔣政權投以大量支援，但美國政府和輿論對蔣介石持負面看法已有一段時間了。早在一九四三至一九四四年，他即被視為「三流戰士」和「腐敗獨裁者」，寄生於盟友的軍事援助下。蔣本身要為此負部分責任，因為他確實一直在勒索羅斯福總統，威脅美國增加軍事援助，否則將放棄抗日。當時中國軍隊在前線的災難性挫敗，對國家的形象並沒有加分，特別在一九四四年，日本拿下河南、湖南、福建（這是第二次；福州在一九四一年四月底到九月初之間曾短暫被日軍占領）和廣西等省省會、其他的一百四十六個城市和超過七萬七千平方英里的土地，包括向自由中國提供糧食最重要的一些農業區。蔣介石那雄心勃勃的妻子宋美齡，連同她的外甥及外甥女，曾於一九四三年二月赴白宮作客，也給羅斯福總統留下負面的印象，正如幾個月後的十一月，他與蔣本人在開羅的幾次個人親晤一樣。羅斯福不喜歡中國第一夫人，也不喜歡他視為卑鄙的蔣介石。

羅斯福及其親信對蔣介石的看法，也受到駐華大使高思（Clarence E. Gauss）和其他一些瞧不起蔣的在華外交官及戰略情報局（OSS）機密報告的影響。另外美國陸軍參謀長馬歇爾（George C. Marshall）的密友、蔣的盟軍參謀長史迪威（Joseph W. Stilwell），根本就是痛恨蔣。

一九四三年十二月，羅斯福下令史迪威盡一切可能除掉蔣介石。史氏著手部署一個刺蔣祕密計畫，[14]可確定的是此計畫從未執行。但一九四四年九月，羅斯福蠻橫地羞辱蔣，要求蔣將「所有部隊的一切指揮權」授予史迪威將軍。[15]蔣認為這比刺殺他自己還要更糟糕。「這不只是對我本人的一個侮辱，而且也是一宗對我國家的侵略行動」，他在羅斯福給他的電報空白處這樣寫著，[16]並且幾天後公開指控美國是「一種新的帝國主義」。[17]

許多在中國工作且享有聲譽的記者，故意散布有關蔣及其政權的負面資訊，相當程度地影響了美國的領導階層，也同樣大大地影響了整體美國人。在對抗德國極權主義與日本軍國主義時，這些記者中許多人都傾向於美國普遍的自由主義甚或左翼觀點。白修德（Theodore White）、愛金生（Justin Brooks Atkinson）、史諾（Edgar Snow）、畢恩來（T. A. Bisson）、貝爾登（Jack Belden）、厄特利（Freda Utley）、維安特（Thoban Wiant）、艾爾索普（Joseph Alsop）、史沫特萊（Agnes Smedley）等人的反蔣出版品，及其他有關蔣介石政權的無能和貪腐、中國民眾可怕的生活狀況，尤其給人強烈的印象。美國大眾熱衷於閱讀伊羅生（Harold R. Isaacs）及馬爾羅（André Malraux）的反蔣介石書籍。[18]

一九四四年十月三十一日，《紐約時報》（*The New York Times*）首頁刊載的一則愛金生的文字，震撼了美國大眾。該文首次揭發了「一直熱切地在中國打擊日本人」的史迪威，與一個「越來越不孚人望的」獨裁者蔣介石之間的衝突，後者所領導的，是「一個垂死的反民主政權，它所關心的是維護自己政治的優勢，而非把日本人逐出中國」。愛金生聲稱，這個政權是「反智的、冷血專制的……官僚主義、低效與貪腐」。[19]這主要是愛金生從史迪威本人得到的第一手資料，而當時史迪威是在蔣的明確要求下，被羅斯福從中國召回的。[20]蔣介石的朋友路思義（Henry Luce）所出版的《生活》（*Life*）與《時代》（*Time*）雜誌，以及在美國的親國民黨中國遊說團，試圖扭轉此一蔣的負面特質逆流，但徒勞無功。[21]

一直到冷戰開始，以及一九四六年共產黨及國民黨在中國的最終內戰展開，一般大眾對蔣介石的態度才開始轉變。蘇聯與毛澤東構成的威脅，讓許多美國人視蔣為全球對抗一個老敵人——世界共產主義的盟友。然而，轉變只是一時的。一旦蔣在新戰役開始失敗，美國民眾又恢復他那「魯蛇」與「貪腐獨裁者」的負面形象。此一態度因某些文獻報導而強化，特別是反蔣介石的《史迪威報告》（*Stilwell Papers*，一九四八）、所謂的《中國白皮書》（*China White Paper*，大量美國國務院的文獻集結，一九四九），以及美國戰時新聞辦公室（U.S. Office of War Information）官員佩克（Graham Peck）的暢銷回憶錄（一九五〇）。[22]

特使馬歇爾（George C. Marshall）到中國執行任務（一九四五年末至一九四七年初）失敗之後，杜魯門與他的政府，也對蔣及其政權失去了信任。馬歇爾一行旨在防止中國內戰，協助蔣介石統一國家並加以民主化。馬歇爾任務失敗之後，一九四七年春天，雖然共和黨掌控的國會施加壓力，杜魯門還是持續提供金援，但卻從華北撤出了大部分的美軍。美國海軍陸戰隊從青島附近的膠州灣撤離，標誌著美國離開中國的最後一步。

對蔣介石委員長的負面描繪，變成西方歷史學上的一個因襲主題。一九七〇年代初，著名的美國學者易勞逸（Lloyd Eastman）甚至把蔣貼上「法西斯主義者」的標籤，[23]此一標籤反映在大學教科書中。[24]大多數蔣的傳記作者，都對他抱持此一負面觀點，包括二〇〇三年出版巨著的英國記者范比（Jonathan Fenby）。[25]然而，與此同時，二〇〇〇年代初，傳統上對蔣的負面觀感開始消退。在范比出版其大作的同一年，英國史學家方德萬（Hans J. van de Ven）在其《中國的民族主義和戰爭（一九二五—一九四五）》（*War and Nationalism in China: 1925-1945*）一書，質疑他所謂的「史迪威—白修德典範」（Stilwell-White Paradigm），[26]說明蔣介石並非一個「無能的」軍事領袖，並且反過來批評盟軍在東亞與東南亞的戰略。[27]

保存在史丹佛大學胡佛研究所檔案館的一九一七至一九二三、一九二五至一九三二[28]的蔣介石個人日記，於二○○六年三月底解密，為重新評價蔣介石奠下基礎。[29]之後在二○○七年四月，蔣一九三三至一九四五的日記公開了，到二○○八年七月，一般大眾可以接觸到一九四六至一九五五的日記。最後剩下的一九五六至一九七二的日記在二○○九年七月也解密了。[30]

這套涵蓋一九一七至一九二三、一九二五至一九七二年七月二十一日的日記，是由蔣的長子蔣經國的媳婦蔣方智怡，透過加拿大轉交給胡佛研究所檔案室的。她是從她亡夫、蔣經國的最小兒子蔣孝勇那裡繼承過來，而後者同樣是從他父親那兒繼承過來的。擔心這些日記會落入二○○○年臺灣執政的反蔣的民進黨（DPP）手中，蔣方女士決定把它們保存在胡佛研究所檔案館五十年，或直到在中國找到一個永久的保存地為止。[31]

二○○九年，美國國務院前中國事務官員陶涵（Jay Taylor），基於以上日記及許多其他文件，在他的《蔣介石與現代中國的奮鬥》（*The Generalissimo: Chiang Kai-shek and the Struggle for Modern China*）一書，繼續扭轉對蔣的負面看法。[32]然而，在試圖翻轉幾乎所有之前學者們加諸於蔣的批評上，他有點過火了。[33]再者，陶涵也無法充分接觸到獨一無二的、浩繁的俄羅斯文獻檔案，因此他無從正確地認識到，在中國與蔣介石於中國大陸的起落上，史達林與蘇聯所扮演的巨大而重要的角色。

我們應如何為蔣介石製作出一張資產負債表呢？答案很難是單一向度的。一方面，他確實是一個背信又狡獪的統治者，他渴望全盤掌控大權，也必須為一百五十萬民眾的死亡負責；另一方面，他是一個偉大的革命家、一個解放中國民族的鬥士、一個愛國者、一個二十世紀的政治與軍事領袖人物、一個共和新中國的建築師、一個二戰的英雄、一個反希特勒聯盟國家的忠實盟友。他同時是一個基督徒與儒家的信奉者，也夢想著普遍的平等。此外，不像史達林與毛澤東等上個世紀的許多冷血統治者，在他生命的晚期（一九四九—一九七五），他能從過去的悲劇性錯誤中，得出一個結論，在內戰吞敗後，基於民生主義與社會公義，最終把小島臺灣——即使和中國大陸比起來是小小的——轉變為一個繁榮富庶之地。沒錯，他採取的是威權手段，但除此之外又能如何克服中國人民世代的落後呢？能有一個從集權到民主的不流血路途嗎？

要克服刻板印象總是困難的，就蔣介石來說更是特別不容易。他的身影太矛盾、太多面了，部分人認為蔣是一個狂熱的反動分子，甚至是一個法西斯；其他人相信他是一個進步分子；更有其他一些人視他為新儒家主義者；也有人視他為基進革命家。有些人看待他是一個烏托邦主義者；其他人看他是一個務實主義者。在現代中國歷史上，對於和他主要對手毛澤東一樣極為重要的這個歷史人物，甚至連中共史學家的觀點也不一致。

在許多文獻檔案解密，並揭露了有關蔣介石的生活、活動、與親友及敵人的關係後，現在對蔣介石現象的解釋才有了可能。除了胡佛研究所檔案室外，這些檔案也收藏在臺灣國史館、國民黨中央黨部黨史館、南京中國第二歷史檔案館、俄羅斯社會與政治歷史檔案館（RGASPI，蘇聯前共黨中央委員會馬克思—列寧研究所中央黨部檔案室）、俄羅斯聯邦外交政策檔案館（AVPR）、俄羅斯當代歷史國家檔案館（RGANI，前蘇共中央委員會檔案館）、美國國家檔案館、美國中央情報局閱覽室、哥倫比亞大學檔案室、歐伯林學院（Oberlin College）檔案館、柏克萊加州大學班克羅夫特圖書館（Bancroft Library）區域口述歷史辦公室，以及羅斯福、杜魯門、艾森豪、甘迺迪、詹森與尼克森等總統的圖書館與博物館。其中部分資料都在最近出版了。

在這些檔案文獻中，蔣介石的日記依然占有特殊的位置。除了保存於胡佛研究所檔案室並為我所用的原版外，日記的一部分（從一九一九至一九三〇及一九三四）也由蔣的祕書毛思誠備份在南京中國第二歷史檔案館，[34]但是外人、尤其是外國學者是無法接觸到的，只有極少數一群中國史學家能有特權取閱。[35]此外，日記影本也保存在臺灣國史館以及臺北國民黨中央黨部黨史館，日記的數位檔也在中國學者間自由流傳。

我也從俄國檔案中具重大意義的資料中汲取了大量的材料，包括獨特的兩冊蔣介石個人檔案，還有他最後一任妻子宋美齡、他的兒子、他的親戚、他的夥伴與對手的個人檔案。同樣重要的是無數俄國外交文件。這些檔案資料，讓我們對蔣在一九二〇年代中期掌權、這期間以及他之後的政治生涯及整個中國革命運動中，蘇聯與共產國際所扮演的重要角色，有了新的視角。還有無數收藏在臺灣國史館的蔣介石與其子蔣經國的檔案資料。此一蔣介石傳記，主要正是從這些獨特的資料中整理出來的。

我希望本書能幫助讀者，在理解現代中國與二十世紀世界歷史上，為蔣介石找到適切而客觀的地位。

第一部

PART I

其介如石

FIRM AS A ROCK

第一章　周公後裔

窗外曙光乍現之前，華東小鎮溪口的鹽鋪主人、望重鄉里的蔣肅菴之妻，大腹便便、時年二十二歲的王采玉，開始了產痛。農曆豬年第九個月第十五天早晨就這麼開始了，這也是自一六四四年統治中國天下的大清王朝光緒皇帝治下的第十三年。依據西曆，該日是一八八七年十月三十一日。

蔣肅菴之父下令全家立刻出門到庭院，產程當中，不能有任何一個人現身。此外，他命兒子嘴巴閉緊。即將到來的孩子的父親，在生產時不能發出隻言片語，免得招惹邪魔惡鬼注意。接著他把鹽鋪二樓臥房的門戶緊緊關上，那兒他的媳婦正躺在一張寬敞的暗紅雕花天篷床上，然後他打發店員去接產婆——一個住在附近的自家遠親的妻子。

店員俐落地抓起一個燈籠，飛快地衝出門去，旋即帶回喘著大氣的產婆。她走近產婦，首先點燃一根大蠟燭，然後在床的周圍擺放所有的必備護身符：一把張開的傘、一面鏡子、佛經以及正規的儒家經書。在床前的一張小几上，她安置了庇佑產婦的觀音神像。房間各處，懸吊了紙人來鎮住各種妖魔鬼怪。

到了午時（中午十一點到十三點），孩子呱呱落地，[1]產婆抱起大哭的嬰兒給王氏。是個男孩，高興的母親笑了。對中國人來說，生男孩永遠是大事一樁，男孩承襲家族煙火。她那四十五歲的丈夫和亡故的第一任妻子，已有了一對兒女，但這是王氏的第一胎。祖父進入臥房，驕傲地抱起嬰兒宣布：「他的第一個乳名就叫瑞元吧。」

祖父遵從宗族傳統。其宗族名為武嶺蔣氏，亦即，距上海以南約一百一十英里的浙江省奉化縣溪口鎮武嶺山腳下的蔣姓家族。他們認為，瑞元一代的所有孩子——自落腳武嶺以來的第二十八代——名字都要有一個瑞字。蔣肅菴第一段婚姻於一八七四年所生的女兒，名為瑞春；三年後所生的長子，名為瑞生。

古代中國（西元前十二或十一世紀）的偉大治理者周公的三子姬伯齡，被認為是武嶺蔣氏的先祖。至聖孔子（西元前五五一—四七九）本人視周公為美德的表率。[2]周公封伯齡於小小邑地蔣，位於今日中國北方的河南省東南。但大約六百年後，在西元前六一七年被南方大國楚所併吞。許多伯齡的後代子孫遷居至西方的山西省，其他的則居於東方的山東省，但他們都採蔣為宗姓，以紀念失去的故土。在十三世紀蒙古入侵時，東方蔣氏的一支遷居至浙江省奉化縣的山谷。當滿族人在十七世紀入侵時，部分人深入縣境，直至武嶺山脈東端。他們落腳於位居河口的溪口鎮，居於窄淺名為剡溪的小河南岸。鎮裡沿著從東到西大約一英里的唯一的武嶺街，住著另外三個家族——張、任、宋，不過蔣氏占最大多數，蔣氏家長也是所有四姓敬拜的寺廟廟首，並且從一七九〇年開始，舉辦莊嚴肅穆的祭祖儀典。

孩子的乳名是非正式、暫時性的，雖然有時就這麼定了下來，通常富裕或受過教育的人家對女孩是這樣。其他的人家只給女兒照順序叫老大、老二等等姊或妹，或大女兒、二女兒……等。蔣肅菴家還算富有，所以他所有的女兒都終身帶有她們的名字。但男孩則必須接受另一個成人後的名字，以符應家譜的年表。所有中國的家族都保有這樣的家譜，每年都要把親人的生死記錄下來，其他有關家族成員親眷的一些活動大事，也要登載下來。每個家譜在一開始，就為男性指定好一個字，來用在他們的名字當中。武嶺蔣氏家譜可追溯到一六九一年，所以也早就決定了，瑞元及其兄弟這一代，必須照家譜名字有「周」這個字。而瑞元的兄長已經有了家譜的名字周康。

祖父與父親請來地方上的道士算命師，起初他將譜名加上和「康」同義的「健」字，但之後在詳細審度星宿排列後，建議在男孩名字中使用「泰」一字。結果很可愛：周泰。

一九〇三年八月，年方十五的這個男孩出發到離家大約二十五英里的港埠寧波，參加學術生涯的第一步考試——秀才（優異之才），若沒通過，就別想能謀個一官半職。在旅程開始之前，他給自己取了一個新名字，表達他的崇高心意：志清。到一九一二年他已經是一位家喻戶曉的革命家時，他又另外給自己取了一個偉大的名字，而那是為了在特殊慶典場合使用的——介石（其介如石、堅如磐石），他從中國古代典籍《易經》中取來介與石兩字。《易經》用於周朝（西元前一一二一或一〇六六—二二一），是卦爻占卜的集結——以實線與斷線的不同組合，象徵明與暗（即陽與陰）之不同力量的結合。此書第十六卦第二爻說道：「六二，介於石，不終日，貞吉。」（第二爻是斷線，以六代表陰數，顯示一個人耿介如磐石。〔遇事〕不猶豫；以其堅定信念，諸事吉祥。）[3]他在他剛創刊的《軍聲》雜誌，以蔣介石之名，寫下第一篇文章。以廣東方言，蔣介石發音近似 Chiang Kai-shek，這就是當一九一八年他抵達南方，中國民族解放運動展開時，他何以被以此名稱呼。

在南方時期不久之前的一九一七年，他再次又給自己取了一個此後更普為人知的名字——中正（居中守正）。這也同樣來自《易經》，第十六卦第二爻之注解所言：「不終日，貞吉，以中正也」（他〔遇事〕不猶豫；以其堅定信念，諸事吉祥足以居中守正）。[4]

不過這是後話；同時間蔣肅菴家繼續進行著傳統儀式。住在鄰近區域、大約離溪口十五英里、越過雪竇山的生母雙親，收到了給送來的一隻公雞，宣告他們的外孫出生了。（如果生的是外孫女，就會給他們送過去一隻母雞。）嬰兒本身則要被放在一個狗窩裡好幾個鐘頭，這樣他就能「壯得像隻狗」，他的嘴唇要用肉湯沾濕，這樣他才能有錢又快樂。孩子看來很健康，而他出生在豬年，表示他會有美好的前途。一般來說，在該年出生的人多半都是忠誠又可靠，信念堅定不畏困難。當然，做母親的根本沒奶水，但為父的已請好了乳母。[5]

蔣家是鎮上最受尊敬的家庭之一，擁有三十多畝稻田（約五英畝）、竹林，以及一些茶園。蔣肅菴和他的兄長雖然沒有參加競逐秀才的考試，但被認為擁有相當良好的教育。蔣肅菴放租了一塊地，也經營一家鹽鋪，鋪裡除了鹽，也做酒與石灰的生意。鹽酒本是政府專賣，但蔣家透過與縣裡高層的關係，拿到了執照。蔣家的鋪子永遠人聲鼎沸，許多人來並非要做買賣，而是為了調解紛爭，或只是要聽聽才智之士的言論。[6]

蔣家人住在店鋪的二樓，樓下庭院種了竹子和茉莉花。極目所見，山丘圍繞，草木長青。河岸偶有婦人浣衣，而男子則在淺灘以魚叉捕魚，一片平和靜謐。無怪乎唐代大詩人李白（七〇一—七六二）造訪此地後，曾為此潺潺輕流的剡溪賦詩：「忽思剡溪去，水石遠清妙」，而同時代才華洋溢的杜甫（七一二—七七〇）寫道：「剡溪蘊秀異，欲罷不能忘」。[7]群山中不遠處，有一金竹庵，又有一佛寺雪竇寺，其中一尊微笑的彌勒菩薩巍然聳立。（據云，化身布袋和尚的彌勒，在世時來自奉化地區。）[8]

蔣介石的父親蔣肅菴，族譜名為蔣肇聰，生於一八四二年十一月十日，在與王采玉結縭之前，曾有兩段婚姻。如前所述，他的首任妻子徐氏亡故，留下兩個孩子。第二任孫氏在婚後兩年內也過世，未有生育。不幸的蔣肅菴本想獨身，但在父親要求下，再次結婚。這次他很幸運。他父親給他找了一個活潑又健壯的妻子。風水先生比較兩個年輕人的命盤後，發現他們分外契合。此外，他的妻子還是個美人。在新婚之夜前掀開妻子的紅蓋頭，第一次看到她的臉時，忍不住心頭歡喜。[9]妻子的美貌遠超過他的期待。[10]

儘管王氏年紀輕輕（生於一八六四年十二月十七日，年僅二十一歲），但她已經是一個寡婦了。在她第一任丈夫去世後，她隱居在金竹庵一段時日，但不久就又被安排了一樁姻緣。如此看來，尼姑的生活並不適合她。她工作勤奮，不習慣奢侈，寧穿土布粗衣，也不要綾羅綢緞。她個性固執，擁有敏銳心靈與旺盛活力，同時又是一個優秀的家庭主婦，既會織布又擅廚藝，雖然自己是素食者，但能以雞鴨魚肉做出佳餚。她又精於醃漬竹筍——這是蔣介石終生所好的一道小菜。蔣也嗜好一道由類似小鱸魚的黃花魚做的有名浙江湯、有點像馬鈴薯並且和雞肉清燉的芋頭湯，以及肥豬肉和梅干菜做的梅菜扣肉。[11]

蔣介石出生幾個月後，全家從鹽鋪二樓搬到附近一處有七個房間的新屋，那是中國傳統圍著長方形庭院的三棟建築的三合院，家人稱之為素居（簡單住所），這是蔣度過童年的地方。他的妹妹和弟弟同樣在此處出生：一八九〇年六月七日大妹瑞蓮，一八九二年小妹瑞菊，以及一八九四年弟弟瑞青。不幸的是，瑞菊才幾個月大時就亡故了。

蔣孩提時多病，但身體好的時候，他就快樂地和鄰家男孩在鎮上到處跑，和他們打架，假扮戰爭，在剡溪裡游泳，攀爬周遭的山丘，點燃火堆。由於極為淘氣，鎮上人們稱他「瑞元無賴」。[12]「凡水火刀梏之傷，遭害非一」，他回憶道。現代醫師可能會診斷他有注意力不足過動症（ADHD），但當時沒有人了解這種病。作父親的從早到晚坐在店裡，沒時間和兒子共處，但祖父、特別是母親照顧他。「〔當我生病時〕，我祖父總是看顧著我。他隨時在我床邊……〔而〕我可憐的母親為我操的心，比別的母親為孩子擔憂的多一倍……她愛我有如我是個一直在她臂彎裡的嬰兒」，他寫道。[13]

但祖父在蔣介石七歲時因肺炎而逝。蔣極為悲傷，痛哭流涕並且戴孝兩個月。但很快新的打擊又來了。幾個月以後的一八九五年八月二十四日，他那才約五十四歲的父親，突然往生，而一年後的一八九六年，他同父異母的兄長，時年二十歲的瑞生，現在也是家裡最年長的男性，要求分割家產。蔣的母親大為震驚，雖然瑞生是在他父親沒有子嗣的兄長、也就是他的伯父家長大，但她一直視之如子。更加令人痛心的是，蔣肅菴臨終前要求瑞生發誓，要照顧繼母與同父異母的弟妹。（蔣九歲，大妹六歲，瑞青才二歲。）瑞生含淚立誓，但他食言了。顯然，儒家孝的概念不在他的德行中。他拿取大部分的家產，包括店鋪與一半的房屋——東廂房。另一半的西廂，依照中國的傳統，要正式分給另外兩個男性繼承者——蔣介石與幼兒瑞青；蔣介石的那半稱作豐房，瑞青的那半稱作鎬房，這是根據周朝兩個早期都邑的名字：位於陝西省澧水河相對兩岸的豐京和鎬京。之後整個西廂開始被稱作豐鎬房。[14]

這房子現仍位居剡溪河岸的溪口鎮：三個房間兩層樓的小廂房，曲竹為頂，長而開放的陽臺圍繞整個二樓。庭院種有松樹與肉桂。[15]失怙的蔣介石在此度過青春期，以他之言，充滿艱辛與屈辱。

他的母親把從丈夫那兒保留的一塊二十畝地放租出去。此外，她自己多方勞動，主要是織布。丈夫留下的在山上的一片竹林，也挹注了少許收益。但她是一個寡婦，也沒有人脈，沒人保護，因此她與子女都備受親戚與朋友的輕視。「不幸先考棄養，吾家內外之事，一萃先妣一人之身，而家難頻仍，禍患相乘，先妣節哀忍苦，狀至慘惻。」蔣苦澀地寫道。「嘗以田賦徵收，強令供役」，他繼續道。「鄉里既無正論，戚族亦多旁觀，吾母子含憤茹痛，荼蘗之苦，不足以喻。」[16]有一次地方上收成欠佳，有兩個租戶拒絕付租給弱勢的王氏，而其他租戶則要求降低稅負。不幸的寡婦只好節縮自己的開支。[17]

自然而然地，作為一個可憐的孤兒，塑造了這位未來革命家的性格。蔣長成了一個敏感而高傲的孩子。他很早就開始展現出一個領導者的本能，希望向周圍的人顯示他比其他人都優異。在孩童的遊戲中，他向來靠雙拳伸張自己發號施令的角色，以此彌補自己較低的社會地位。[18]他同樣喜歡向同輩演說，表情手勢活靈活現。他經常有強烈的情緒波動，從激動狂放感情洋溢到歇斯底里的啜泣，從野心的夢想到深度憂鬱與自責。[19]幸虧蔣母王氏的堅毅性格，她一心一意要兒子接受適當的教育而成為正人君子。蔣在人生盡頭，還銘記他所有在青年時所得到的，都要歸功於自己的母親。

一八九八年，不幸再次降臨這個家庭：蔣的四歲弟弟瑞青往生。幼子的死亡對母親是特別沉重的打擊。所有孩子中，她最疼愛這個么兒。「天賦殊姿，兒輩均莫能及」，蔣介石回憶道。「先妣悲痛深至，精神與軀體因之大衰耗。」[20]在她最喜歡的瑞青去世後，她把所有的愛都灌注在蔣介石身上。[21]

蔣很早就入學了，還不滿六歲。照他的說法，這是他母親的決定。她很憂心這個好動的孩子會發生不測，不論是淹死或摔斷了脖子。她的疑慮是很有理由的。三歲時，蔣把一根筷子深深插入喉嚨中。他想知道能插多深，家人不得不找醫生來搶救這個差點窒息的孩子。兩年以後，蔣介石為了要看外頭天寒地凍中一口大缸水上面的冰層，結果用力過猛，跌入缸中，費了好大的勁才爬出來。[22]這也無怪乎他的母親雖是一個虔誠佛教徒，卻非得要時常在手裡拿著一根棍子，正如蔣後來自己承認的，這樣才不會「姑息」他。[23]

祖父讓五歲多的蔣介石進入的第一個教育機構，是鎮上的一所私立學校，他在那兒學習讀寫。雖然年紀還很小，但在嚴師要求下，他開始研讀儒家的四書：《大學》、《中庸》、《論語》與《孟子》，之後還有一些權威的典籍，諸如《禮記》、《孝經》、《春秋》、《左傳》以及《古文辭類纂》。[24]閱讀這些典籍，不僅把儒家的倫理道德規範深植其心，並且教會他以優美文字正確表達他的思想。十歲時他以文言文寫了第一篇文章，用以悼念亡弟。[25]

他的母親與老師，以語言與棍棒，教會他熱愛學習與工作。除了研讀以古老艱澀的文言文寫就的儒家經典，並且讀誦佛經，佛經教導慈悲、愛與尊敬長者，小小的蔣介石還在家裡到處幫忙母親。「當我幼小時」，許多年後他說道，「我的父母和老師要我做許多的事，如灑掃、煮飯、做菜，甚至洗碗碟等。我要是不留心掉下幾粒米，或是沒有把衣服扣好，我定然受到嚴重的告誡」。[26]

一八九九年蔣十二歲時，他到鄰近外祖母家的另一所學校繼續學習，這讓第一次和母親分開數個月的他刻骨銘心。據傳當暑假回家時，一見到親愛的母親，他就眼淚奪眶泣不成聲；當返校時刻到來，他再次嚎啕大哭，以致鄰居衝到他家查看怎麼回事。大家試圖安撫他，但即使已離家好幾英里路，他仍不停啜泣。[27]並非他在外婆家的日子不好過——外婆非常愛護他，但對那實際上把生命全放在他身上的母親，他的愛戀與感激實在讓他情不自禁。[28]

在這所學校，他開始寫短文，也寫詩篇。他並未成為詩人（蔣一生所寫短詩不超過十篇），但老師對他在第一次作詩所下的功夫大表肯定，讚不絕口。其詩如下，坦白說，並沒有特別出色的文采：

一望山多竹，
能生夏日寒。[29]

一九〇一年，年方十四的蔣，不敢違逆母命，在母親安排下，與來自鄰鎮十九歲（生於一八八二年十一月九日）的女子毛福梅成婚。如同蔣的父親，新娘之父也從商，不賣鹽酒而賣大米等物。蔣母很滿意新娘比新郎大五歲，她需要家裡有一個能幹的幫手，[30]完全不考慮其子是否喜歡他的新娘。在當時，中國的婚姻都憑父母之命，因愛情而結婚聞所未聞。

和父親不同的是，婚禮之後，當蔣單獨和妻子共處並揭開她臉上的紅蓋頭時，他一點也沒目眩神迷。「結婚以前，我從未見過這位妻子的面貌，成婚以後，我們無法相處。」他後來說道。[31]新娘的名字意思是「幸福的梅花」，但她與蔣的婚姻一點也不快樂。雖然毛福梅長相不俗，但他並沒有和她發展出親密感情。她有豐唇、甜美的鵝蛋形臉、豐滿的大胸脯。但蔣並沒有和她同住，婚後不久就回去讀書，這次是在他妻子家鄉的村學。毛氏帶著一個女侍去和他的母親同住。

蔣的新老師是妻子的一個遠房親戚——二十九歲的毛思誠——一九二〇年代中期，蔣將聘其為祕書。當一九三六年蔣已成為國家領導人時，毛將寫出有關蔣委員長最初三十九年的一本最佳著作——一本二十卷的編年史傳記。在書中他對他的學生有以下的回憶，讓人對後者的性格有如下的印象：「以講舍為舞臺，以同學為玩物，狂態不可一世。迨伏案讀書，或握管構思，雖百紛囂然於其側，冥無所覺，一剎那間，靜躁如出兩人，思誠深異焉。」[32]

顯然，雖然蔣介石修習儒家與佛教，他的個性並未有甚大的轉變，蔣依然如故地極不平衡。「他無法正常地回應，無法調和大幅度的情緒起伏，」他的一個傳記作者如是言，「但是在危機時刻，他能接受挑戰並擔起責任，因為在這樣的狀況下，他不僅能召喚出本身擁有的最佳本質，也因而能得到最大的心理滿足。在需要領導與權威、要求英雄行動的時刻，他會覺得更『正常』或富創造性，並且能得到適當的機會，好讓他的焦慮與猜疑、恐懼與敵意，得以投射出來。」[33]在毛思誠指導下，他研讀《易經》，並以文言文撰寫史哲文章。他準備參加預計於一九〇三年八月在寧波舉行的秀才考試（譯注：因年尚幼，此為秀才考試前之童子試）。但他未通過測驗而大為失望，這為剛剛滿十五歲既驕傲又敏感的青少年留下深刻的印象，特別是和他關係複雜的兄長及格，並且取得了想要的學位。最重要的是，「親歷場規苛辱」，讓他憤憤不平。[34]

蔣閉關並且開始更堅持地學習，但他並沒有得到再次參加考試的機會：在當時正進行的國家教育改革過程中，科舉考試被廢止了。之後他轉去新近在奉化縣城開辦的另一所學校，學校不只教授經典舊學，也有幾門包括算術與英文的當代新科目。他的母親持反對意見：她希望兒子從商，但蔣堅持己見。雖然他不情願，但在母親要求下，他的妻子跟隨著一起去。

作為四千年前就建立的一個貿易中心，早在西元七三八年的唐代，奉化即是地區政府的所在地，縣城四圍有壯觀的中世紀城牆，大鐵門在夜晚上鎖。街上人潮熙熙攘攘，甚至有時會遇到中國人所謂的「滿身毛的洋鬼子」。他們是傳教士——蔣介石所見的第一個白人。[35]

蔣介石在這所學校讀了兩年，再一次表現出他暴烈的性格，和行政單位發生爭執。一九〇五年春，他偕妻子搬遷到寧波，在當地也是新近由顧清廉成立的箭金學堂註冊。顧文質彬彬，畢業於日本橫濱教育學院，不久前方自日本回國。雖然親愛的母親為他付出昂貴的註冊費，但很難責怪蔣浪費了這些金錢。這所學校及才華洋溢的顧清廉老師在他的人生中扮演了重要的角色。就是從這位可敬的顧老師口中，十七歲的蔣介石第一次聽說，中國在滿族征服者的奴役下，必須發動一場國民革命。顧向他介紹刻正以中山樵[36]之名居住於日本東京的國民革命最高領袖孫逸仙醫師。[37]

蔣既驚又喜地聆聽他的老師介紹的，這位又以孫文之名為人所知的非凡人物令人振奮的故事。當一八八三或一八八四年，孫在香港作為一個中學生，由美國公理會的喜嘉理（Charles Robert

Hager）博士[38]施洗時，接受他的中國基督教老師之勸，以逸仙為名號。

孫是中國南方廣東省人，說的是粵語，因此他的綽號發音為 Yat-sen（標準中文發音是 Yixian）。他家境貧寒，於一八六六年十一月十二日出生於離葡萄牙殖民地澳門不遠的香山。十三歲時偕母移民夏威夷群島——當時為夏威夷王國——投靠住於該地做生意的兄長。他先後在夏威夷、廣東、香港求學。一八九二年畢業於香港西醫書院，在澳門與廣州工作，但兩年後他再次去國回到夏威夷，一八九四年十一月，他在那兒的檀香山創建中國第一個革命組織，由中國人組成的興中會。[39]

孫呼籲以共和的原則、用革命的方法，全面重建中國的社會政治制度。一八九五年秋，興中會成員在廣州發動了第一次反滿清起義，結果失敗。之後滿清當局發出重賞，要緝拿孫的人頭。一八九六年十月，孫在倫敦遭到滿清公使館人員綁架，企圖暗地把他解送回國。英國新聞界掀起一波抗議浪潮，迫使倒楣的綁架者在十二天後釋放他。此一失敗的綁架行動，只是讓孫在西方自由主義者與傾心於民族主義的中國大眾、特別是中國移民者間，享有更高的知名度。[40]

倫敦事件給蔣介石留下深刻印象。同樣地，他的老師推薦的兩本書，也讓他讀後不忘：其一是他的浙江同鄉黃宗羲（一六一〇—一六九五）譴責專制的《明夷待訪錄》，另外是知名儒家哲學家王陽明（一四七二—一五二九）的語錄《傳習錄》，後者是少數把人放在哲學概念中心的中國思想家之一。

在老師所教與自己閱讀書籍的影響之下，蔣得出結論：首先必須「啟發民族大義，確立革命思想的基礎」，其次是「闡明致良知的道理」，第三是「貫注民主思想的精神」。[41]

蔣又透過顧老師了解到，未來中國革命中軍事因素的重大角色。他教導蔣中國軍事的戰略與戰術，詳述有名的軍事戰略家孫子（西元前五四五—四七〇）與曾國藩（一八一一—一八七二）的著作，是他勸說蔣盡快到國外學習的。[42]「當出洋留學異邦」，蔣在他的日記中寫道。[43]

顧常常談到他自己在日本的生活。一九〇五年，日本向世界證明，即使是一個亞洲國家，在擺脫專制政制枷鎖，步入現代化道路後，也能打敗一個歐洲的強權——沙俄，後者正為一個集權君主所箝制。在一九〇五年九月五日的當時，日俄戰已然終止。該次戰爭日本打得非常漂亮，在中國出讓的滿洲地方，重挫了俄國。

和奉化一樣，浙江最大城市之一的寧波，擁有四千年的歷史。興起於唐代，並於其後持續發展。城市中心，高聳著弧形磚造屋頂的儒、釋、道寺廟，在陽光下閃閃發光。路邊有貴族的莊園；窮苦人家窩居在窄巷或堵塞運河的舢板船上。大體上，寧波像「一個狹窄、彎曲、人滿為患的街道迷宮」，到處都有橋彼此連接著富饒的街區。空氣中瀰漫一股魚腥味，因為寧波以販售至華中、華東的鹹魚乾聞名。[44]

一九〇五年的寧波，看似一個典型的殖民港埠。位於將之從西到東一分為二的餘姚江北岸，有一個雖小但十分舒適的外國區域，有基督教教堂、二與三層樓的磚石房屋、時尚的旅舍，以及高級的餐廳。大街上人力車四處奔行，各國來的船隻在嘈雜與煙塵瀰漫的港口卸貨。緊接在一八三九到一八四二年所謂鴉片戰爭中擊潰滿清之後，英國殖民者強迫清廷開放寧波連同其他四個口岸（廣州、廈門、福州與上海）從事國際貿易。滿清政府被迫簽下不平等條約，對自己的關稅喪失部分控制權，亦即喪失經濟的獨立。很快美國與法國也簽下同樣的條款，而接下來幾個其他國家也依樣畫葫蘆。第一次鴉片戰爭後，中國又和英法兩國發生第二次戰爭（一八五六—一八六〇），接著針對越南又有一個新的中法戰爭（一八八四—一八八五），清廷連戰皆輸。結果中國變成一個西方列強的半殖民地，而日本在一八九四到一八九五年打敗滿清後，在一八九五年也加入列強。一九〇一年九月，在華北義和團（精於武術的中國貧農，其打鬥方式類似拳擊）起事，八國列強聯合介入意圖鎮壓之後，強迫清廷接受最後協定（Final Protocol）（譯注：辛丑條約的正式名稱是《中國與十一國關於賠償一九〇〇年動亂的最後協定》）。義和團之起是為了反抗「洋鬼子」，他們甚至得到當時統治中國的慈禧太后之助。依據此一協定，中國在今後三十九年之間，必須支付六億七千萬美國金元的賠償，包括每年四%的利息。

二十世紀初，中國共與十八個國家簽有不平等條約，包括秘魯、巴西與墨西哥。外商不需要支付中國內部的關稅（釐金），反倒中國商人在跨越省界時必須支付。外國人也有權在開放給他們的口岸，設立自己的租界。一八六〇年像這樣的口岸有十五個，到了二十世紀開始，已多至一百零七個。外國人在中國內部享有治外法權，或者是領事裁判權，這意味著他們不受中國法庭的管轄。

當然，蔣不會忽略外國人的優越性，但反帝國主義的想法還沒有在他腦海裡出現。他把中國半殖民地的處境以及社會落後的罪責，全怪怨到在十七世紀後半葉征服中國的滿清當局頭上，另外他又怪罪背叛民族的腐敗官員及寡頭精英。最上層的這些寡頭精英擁有自己的軍隊，亦即他們是軍閥，他們利用政治與軍事上的權勢，阻遏個人私有企業的活動，而且又無情地剝削民眾。「只有出洋求學，」他在日記中寫道，「余既痛國事之衰墮，滿族之凌夷，復痛家事之孤苦，被其欺凌，更欲奮發圖強。」[45]

此時在寧波，蔣的妻子懷孕了，但她未能讓胎兒如期生產。[46]很長一段時間，溪口流傳著謠言，說她流產了，或者說因為她為了某些事情頂撞丈夫，而被「瑞元無賴」痛打後死產。[47]悲痛至極的王氏好長一段時間難以接受，一位鄰居聽到她對兒子大吼：「不孝有三，無後為大。」[48]

一九〇六年初，蔣和妻子從寧波回到奉化，並重新研讀英文。他的老師是一位與他同齡的董顯光，七年之前從上海的中西書院畢業，以英文自稱為 Hollington Tong。多年以後的一九三七年十月，在蔣的同意下，他從毛思誠那裡取得大量資料，用來出版兩卷的蔣介石英文傳記。以下是部分他對他學生的回憶：「其努力學養，誠摯異人……公晨起甚早，盥洗畢，即挺立室前廊下，雙唇緊閉，狀貌堅毅，屹立恆半小時，習以為常……後讀公日記，知公在龍津數月中，正籌劃如何赴日留學，學習陸軍，以備將來獻身國家。」[49]

很顯然地，蔣在磨鍊自己的意志，培養男性氣概，全力投注於嚴格紀律。與此同時，他開始認真運動，以強健自己的體魄。不久，在寧波第一次學生運動比賽中，他在跑步項目得到第三名。

他把空閒時間用在學習與運動，並在圖書館裡飢渴地閱讀來自上海的報紙。他想跟得上世界最新發生的一切事情。[50]

一九〇六年四月，十八歲的蔣介石放棄學業，充滿決心地回家，向母親宣告，他打算盡快前往日本，進入一所軍事院校。顧老師的故事，以及他生命中所經歷的種種屈辱、他在童子試的失敗，再加上他內在的驕傲、野心，與他經由每日的鍛鍊所發展出來的目的意識——全部加總在一起，讓他清楚知道，他強烈渴望參加遠在日本的革命行列，而那裡正在發展一個社會與政治的大膽革命計畫。此外，他決心要成為一個軍人，這樣他才能更積極地參與注定會非常血腥的革命鬥爭。「以為非出洋求學加入革命，再無其他出路」，蔣回憶道。當時他對孫逸仙的革命理論仍然一無所知。他在日記中寫道：「惟知嫌惡土豪劣紳、貪官汙吏之狼狽為奸，壓迫孤寡之情，不可言說，故自尋出路，以為只有出洋留學，力求自強。當時親友阻力雖大，但余決心難移。」[51]

蔣母知道兒子心意已決，而費用是非要不可的，她就設法籌集。「先妣自是益勤儉適平時，蓋將以其所餘資中正學費也」，蔣充滿感恩地回憶道。[52]

他向母親、他不愛的妻子、經常蔑視他的親友告別，出發前往寧波，接著到離家鄉約一百一十英里的上海。他在那裡搭上一艘客輪，駛向日昇之地的日本。在寧波時，他將剪下的髮辮送給母親，讓她知道他已踏上一條革命的路途。[53]所有滿清帝國治下的男性臣民，都蓄留長辮以示效忠。當鎮上居民得知此事都嚇壞了，但他母親保持沉著：她相信心愛的兒子，她一無所懼。

第二章
日昇之國的陰影下

然而蔣介石到了日本，卻只有失望：不論軍事學校或任何其他學校——公立的或私立的——都不能接受他的入學，因為一九〇五年三月二日，日本政府依據與清廷的協議，頒布一道法令（第十九條），禁止未得滿清當局推薦信函的任何中國人，在日昇之國入學。[1]清廷與日本都要確保，不會有中國革命分子出現在日本的學校中。

不光采地回家是絕無可能的，這意謂著「丟臉」。因此蔣到東京牛込區唯一開放給流浪街頭的中國人的教育機構——清華學校入學。此校是著名的改革者與教育家梁啟超在一八九九年七月所創辦的，由中國移民出錢。滿清使館也供應財務支援，這也是何以學校名之為清華學校，表示是清廷的學校。事實上，學校都是教授一些預備課程，其中日文是主要科目。學生也可選修英文、化學、物理與數學，但蔣只修習了日本語言課。[2]

當時日本有許多中國留學生。對俄戰爭的勝利，讓越來越多中國學生希望複製日本經驗，走上現代化，而且是刻不容緩、分秒必爭。一九〇一年的時候，在日昇之國就讀的中國學生只有二百八十人，但到了一九〇五年已有八千人，一九〇六年更超過一萬三千人。[3]雖然清廷行使嚴厲審查，但許多學生都同情革命，正是這群人將扮演「顛覆朝廷的核心角色」。[4]蔣介石很快就見到了其中一些人，這些會面帶給他非常強烈的印象。他們戰鬥性的愛國主義，激勵起這個脾氣火爆的鄉下人，而他正躍躍欲試要執行一些英雄行動。

蔣與他的浙江同鄉、又名陳英士的陳其美，發展出最密切的關係。陳也是一個孤兒，經歷極大的困苦，在蔣之後不久也到了東京。但他有齊備的推薦函，並進入東京警監學校。他是一個氣宇不凡的二十九歲年輕人，有生意人的樣子，而且意志堅決，圓形眼鏡鏡片後有一雙銳利的眼睛。陳比蔣幾乎大上十歲，立刻得到蔣的極高敬重，並很快開始被蔣尊稱為「大哥」。他們所有閒暇時間都處在一起，某次在高昂的情緒下，兩人用一把刀割開右手，歃血為盟（這種親密關係在中國被視為平常），所以蔣獲得第二個家庭連同一位「兄弟」。後來陳其美的姪兒——陳果夫與陳立夫——變成了「介石叔叔」最親近的助手。[5]

之後陳其美向蔣透露，他不久前加入了孫逸仙在一年以前的一九〇五年八月二十日成立於東京的革命黨。他說孫稱之為中國革命同盟會，而在組織的初次代表大會中，孫被選為總理。他又說在同盟會成立不久，一九〇五年十一月二十六日，在黨的機關報《民報》的發刊詞中，孫提出了一個激進的政治方案——所謂的三民主義：民族主義、民權主義與民生主義。

陳解釋三民主義中的第一個民族主義，包括「全中國民族的解放」與「中國領土上所有民族的平等權」；第二個民權主義表示不僅人人都有投票權，也有創制權、複決權與罷免權；第三個民生主義意謂著「節制資本」，亦即將資本轉變為國家資產，或者是將所有最大的、最至關重要的生產工具（土地、礦產以及頂尖的產業部門）都置於國家管轄之下，還要「平均地權」，方法是基於土地的價值課徵土地稅。孫稱他的方案是「社會主義」，有時甚至是「共產主義」。他心中的構想是，未來中國國家不只是民族的，也是「社會的」，亦即，對人民的福利有全面發展制度的一個國家。

然而，孫逸仙並未想要摧毀私有財產，而是期待基於各個階級的共同合作，來把中國建立成一個民主國家。孫的國家干預論（étatisme）（國家中心制，state-centered system）是一個政治規劃，目標是確保國家在經濟上的主導性，反制只為當權派製造有利條件的寡頭資本主義。這位中國革命者的真正目的，是要以國家為手段，讓中國的中產階級發展起來。對孫逸仙來說，國家是一股控制與引導的力量，這也就是何以土地價值的累進稅，要用來在國家經濟政策上扮演一個重要的角色。從孫的角度來看，引進這樣的稅制，或許可以終結寡頭官僚體制的壟斷性政策，從而能建立一個理想的機會均等並「互愛」的「公義社會」。[6]

受過教育的所有中國人都熟知的古代中國哲學傳統，孫稱之為大同。大同出之於古籍《禮記》，其中引述孔子所言：「大道之行也，天下為公，選賢與能，講信修睦……力惡其不出於身也，不必為己……是謂大同。」[7]孫逸仙引述了《禮記》，宣布：「天下為公！」

從而孫提出三方面的目標給革命者們：推翻滿清，建立民國，組成一個民族國家，大家擁有平等機會，並且在國家體制掌控下，有一個混合經濟。他認為這將是一個帶有「真正民主」的共和國，與西方立基於三權分立不同，而是有五權：行政、立法、司法、考試與監察。[8]

經常環遊世界為革命籌募基金的孫逸仙，在一九〇六年底再次到了東京，陳其美建議蔣介石與孫會面，蔣當然萬分願意。因此在當年十一月或十二月的某日，經事先安排，這對歃血兄弟連同另外一位朋友、長蔣五歲的河北人、已從事重要革命工作——編輯《民報》——的張繼，抵達孫的密友、日本革命者與哲學家宮崎滔天的公寓，就在那兒蔣介石與孫逸仙展開了第一次的會面。[9]

此次會面未留有文獻紀錄，但依據一些資料來源，即使這位年輕的浙江人，對於孫逸仙提出的所有問題，都未能給出直接的回答，但孫對他產生了良好的印象。多半時候蔣都保持沉默，完全折服在這位領導者的偉大之下。孫不能容忍非常具有獨立思想的人，而這正是讓孫滿意的地方。孫本性是專斷的，他需要的是隨時可以執行指派給他們任務的人。他立刻意識到蔣正是這樣的一個人：充滿活力、意志堅定、完全獻身而又可靠。聽說蔣有意當軍人，他給予熱烈支持。「學習軍事科學很好，」他建議道，「之後你可以為革命效力。」[10]會後，孫向陳其美評論道：「那位同志將是我們革命的英雄；在我們的革命運動中正需要這樣一個人。」[11]

當時，蔣剛滿十九歲，而孫四十歲。革命領袖只比蔣的母親年輕兩歲。但不像因操勞而相當顯老的王氏，孫看起來比實際年齡年輕。他穿著歐式西服，雪白襯衫、領帶，以及亮晶晶的皮鞋。向後梳的短髮因髮油而閃光，小鬍子帥氣地翹起。他明顯地自信，但同時帶著一股沉思氣質，有點基督新教牧師的模樣。在高高的前額下，有一雙棕色的眼睛，「靈活又閃亮」，十分專注地看人。他大概矮蔣五英寸（蔣五呎七吋，孫五呎二吋），但他有較大的體型。[12]他的領袖魅力是顯而易見的，明顯地能影響人們，蔣離開時陷入一種興奮迷醉的狀態。[13]

蔣住在東京的華人區，離陳其美不遠。他喜愛日本，整個城市甚至華人區都整潔而迷人；街道乾淨，電車穿越城市，有許多汽車與無數的人力車，夜晚許多街區亮起電燈。當春天櫻花綻放時，東京特別美麗。那時城裡街道看似覆蓋於「皚皚白雪之下……而當櫻花散落地面時，就像一場戲劇性的雪暴。」[14]當然，蔣無時或忘日昇之地的貪婪不下於歐美，刻正在劫掠自己的家鄉；而且不少東京的日本人毫不掩飾他們對中國人的輕蔑。而同時，日本人又顯示出他們與生俱來的、內化的紀律與組織能力，讓蔣印象深刻。而一如既往，他仍持續努力完善自己的性格。

早上他在學校讀書，休息之後，傍晚和朋友在便宜的中餐館用餐，並且熱烈地討論推翻滿清的計畫。他只有一個弱點：夜晚喜歡到紅燈區消磨時間，柔順的藝妓能讓他的革命熱情平緩幾個小時。[15]

一九〇六年底，他收到母親要求他回家的來信。她告知在農曆十二月十二日，亦即西曆一九〇七年元月二十五日，大妹瑞蓮要出嫁。「根據農民曆那是吉日」，她寫道，所以婚期是不能延宕的。[16]作為長兄，蔣必須出席典禮。他不得不離開學校。他的結拜兄弟陪他到火車站，看他搭上往長崎的列車，從那兒坐船回家。

婚禮當日，塗脂抹粉的十六歲妹妹穿著大紅高叉長旗袍，模樣非常美麗。她臉上蒙著紅蓋頭，看起來很愉快，特別是她從孩提時代就認識她的新郎。新郎之前是她父親蔣肅菴鹽鋪的幫手。確定的是，他文化不高，但她並不需要一個受過教育的丈夫。他們將在接下來的三十一年夫唱婦隨幸福美滿，直到她過世。他們將有兩個孩子：一兒一女。蔣的外甥日後會成為一個飛行軍官，在一九四〇年代晚期，將在對共產黨戰鬥中陣亡；外甥女將遷居上海，日後即使毛澤東掌權，仍一直住在當地。[17]她的父親則隨著蔣介石遷往臺灣。[18]

婚禮後兩週半，蔣與全家人團聚一起，慶祝中國最重要的假期——農曆新年（春節）——那是二月十三日。幾天以後，蔣再次離開母親、妹妹及妻子，前往浙江省會杭州。他打算參加保定軍校的六個月速成學堂考試。保定軍校是中國最好的教育機構之一，課程是設計給希望到國外軍事學校學習的預科生的。學校離北京不遠，但考試分別在帝國十八個省的省會舉辦，讓每個省的當地人能夠參加。浙江省人因為之前沒有在軍中服務的，所以名額有十四席，而參與考試的有志之士超過七十人，但蔣成功地通過測驗被錄取了。[19]他驕傲極了！終於，他的夢想要實現了。

一九〇七年夏，他抵達保定，開始努力學習，課堂講授結合野外操演，不斷練習與培養體能。但他對於學習並非總是滿意。有幾門課程是由日本講師教授，他們抓住每一個機會來顯示他們比中國見習生優越，不只是專業性，而且是以他們的民族來說。脾氣火爆的蔣忍不下這口氣。有一次他怒而抨擊一個傲慢的日本軍官，因為對方把中國比喻為微生蟲。這個日本人正在教衛生學，他把一團泥土放置桌上，輕蔑地說：「這一塊土約一立方寸，計可容納四萬萬微生蟲，好比中國有四萬萬人。」勃然大怒的蔣衝向這個日本人，剁下一小塊泥土，挑釁地說：「日本有五千萬人，是否亦像五千萬微生蟲？」這個教官「丟臉」了，向上級投訴，但蔣很好運，學校長官是愛國者，並未對他施以嚴懲。[20]

修完短期課程後，蔣可以再次前往日本，但身為保定軍校的畢業生，這次他有了陸軍部的推薦函。一九〇八年三月，他再度到了東京，進入軍事預備學校的振武學校（高階軍事技藝學校），這是中國政府為中國見習生設立的，位於華人區。

在此教育機構，課程不限於軍事科學，見習生要研讀日文、歷史、地理、數學、物理學、化學、生物與繪畫，日文與數學尤其密集。[21]曾就學於此的很多中國人，後來回國後都享有盛名：一九〇四到一九〇五年——程潛，後來在蔣介石手下任湖南省政府主席，但在一九四九年投奔共產黨；還有一九〇九到一九一一年——何應欽，未來蔣介石手下的軍政部部長。蔣介石另一個同學暨密友張羣，也是保定軍校的畢業生，蔣是在赴東京的船上認識他的，一九三〇年代他將在蔣政府擔任外交部部長。

回到日本並與結拜兄弟會合不久，以蔣自己的話說，他感到「非加入同盟會之革命黨，則仍不能達吾志」。[22]因此一九〇八年在陳其美介紹下，他加入孫逸仙的組織。他的另外兩個革命朋友替他擔保，在一個祕密儀式中，他鄭重宣誓效忠，誓言忠於三民主義，[23]他舉起右手宣告：「吾人要驅逐韃虜，恢復中華，創立民國，平均地權！矢信矢忠，如或渝此，任眾處罰！」[24]

在此期間，孫與其戰友正在中國發動接二連三的武裝起義，但眼下他們還不讓蔣涉入其中。「黨中同志以余學習陸軍，期望較大，未令回國參加戰役。」他回憶道。[25]在課餘時間，蔣熱切地閱讀革命文學，與張羣及包括戴季陶在內的其他新朋友們討論。戴是一個受高等教育的學生，在日本一所大學研讀法律與政治，先祖也來自浙江省，但他自己出生於四川，比蔣小四歲。

四川人鄒容在一九〇三年撰寫的一本激進反清書冊《革命軍》，讓蔣留下深刻印象。書中呼籲在中國發起一場暴力的民族革命，建立議會制度，並且採用憲法。由於寫了這本冊子，年輕的鄒容被判處苦役，摧毀了他的健康，二十歲時身亡。依蔣的說法，讀過這本冊子後，他久久不能平息，甚至幻想和鄒容討論如何推翻滿清王朝。[26]

滿懷著革命抱負，他題詠一首小詩寄送給一個親戚，詩名為〈述志〉：

騰騰殺氣滿全球，
力不如人萬事休！
光我神州完我責，
東來志豈在封侯？[27]

就學一年後，一九〇九年夏，蔣回家度假。現在他雖然仍像以前一樣戀慕母親，但他不再留在家裡隨侍在側。而對於妻子，他只感到厭煩。因此幾乎沒有待在溪口，他就出發前往上海幫忙結拜兄弟陳其美，陳在一九〇八年末承孫逸仙之命，從東京抵達，為下一次的起義預作準備。他們開始一起籌劃在上海及老家浙江省奪權，但卻一事無成。蔣打算八月返回日本，但他的母親及沒有愛情的妻子突然出現。母親命令他履行夫妻的義務，因為風水先生預言如果毛福梅這個夏天懷孕，她生的孩子將會成為大官，榮耀整個家族及國家。蔣拒絕了，但母親威脅要跳入瀕臨上海的混濁黃埔江中自盡。這個可憐的兒子能怎麼做呢？他不情願地完成了要求，但他一知悉妻子懷孕，就立刻把她送回溪口，而自己則火速地登船前往東京。[28]

九個月以後，一九一〇年四月二十七日，農曆狗年第三個月第十八天，毛福梅生下一個男孩，蔣母王氏在一個道士算命師幫助下，取了兩個名字：乳名建豐，意思是「他將建立豐京」，另名經國——「他將成功地治理國家」。[29]後一個名字被視為主要的名字，如此選擇是因為大體上符合族譜中蔣介石兒子的這一代，也就是第二十九代，此代的名字中要有一個「國」字。在母親的要求下，蔣介石同意將孩子登記為母親摯愛的亡弟瑞青的兒子。[30]

算命先生的預言完全正確。許多年後蔣介石去世，蔣經國成為臺灣的中華民國總統，為了島上人民的利益，實施經濟與政治的深度改革，讓全世界的人都稱讚「臺灣奇蹟」。

同時之間，蔣在一九一〇年十一月從振武學校畢業，和朋友張羣一起被指派到日本新潟縣高田陸軍第十三師團野戰砲兵第十九聯隊實習，預計以一個士官候補生接受實戰訓練，作為進入日本軍事學院的必要條件。[31]實際上，蔣在期末測驗中成績並不好；總共六十二個畢業生中，他只排名五十五，得到的分數是六十八分，而張羣得分九十五、名列第三。[32]但重要的是，他獲選進入實戰訓練。[33]

實習訓練令人精疲力竭；食物菲薄（幾乎沒有菜味的冷飯），但主要的是，身為南方人的蔣，到冬季極度受苦，在野外冰凍氣溫下的深雪中忍受強行軍。他的身形相當單薄（五呎七吋高，體重一百三十磅），儘管每日都做身體的鍛鍊，到了晚上體力就徹底耗盡了。[34]不過他不敢表現出任何軟弱，而讓自己接受鐵的紀律。「將來戰場生活其苦楚當不止如今日而已，」他向同伴說，「是固尋常，有何難耐者。」[35]春天與初秋對他來說比較輕鬆，雖然差別不大，而夏天這些見習生就能放假返家。他並沒有顯現出特別的熱情（「他沒有任何地方能吸引人的注意」，他的一位長官回憶道），但所有對他的要求，他都做到。[36]

但突然地，在一九一一年十月某日，當高田再次覆蓋在白雪下，蔣的結拜兄弟從上海寄給他一封電報，披露一件驚人的消息。十月十日在武昌（華中的湖北省）發生另外一次反清起義，這次終於成功了。大部分的舉事者都是和同盟會關係密切的共進會成員。第二天鄰近武昌的漢口和漢陽的滿清勢力也被推翻了。因此，通常共同被稱為武漢的漢口、漢陽和武昌三個城市，成為革命事件的中心。此一自發性事件召喚起全國許多城市波濤壯闊的反清情緒，而陳其美要求蔣即刻返國參與一波波展開的革命。

蔣大為震撼。畢竟他和陳其美在上海共度暑假後，九月才剛回到日本，而現在事出如此突然。[37]於是他和張羣及另一位見習生立刻向直屬長官請假，長官並不反對，但只給他們四十八小時離開日本。告別時，長官說：「在日本，武士道的武士[38]告別時以喝水來表示他決心不要活著回來。」[39]於是他們三個中國見習生用水裝滿杯子，莊嚴沉默地一飲而盡。

兩天後，蔣與張羣及其他一百一十八名中國學生與見習生，決心獻身於祖國的民族解放大業，登上一艘從長崎駛往上海的船。在離開前，蔣、張及他們十九聯隊的夥伴們，把他們的制服及劍打包好寄給他們的指揮官。這表示他們並不是從軍隊開溜，而是光榮地退伍。[40]

第三章
天下為公

他們於十月三十日抵達上海，蔣即刻與陳其美會面。[1]陳正在協調上海及周遭地區的所有工作，吩咐蔣以當時正在上海奉化地區的鄉親漁民，組織成一支敢死隊。敢死隊要參與襲取浙江省會杭州的行動。每個漁民都得到十六元大洋（這在當時是一大筆錢，因為人力車伕一個月還賺不到十五大洋），他們立刻把其中大約十元寄回老家。[2]蔣集合了一百二十人在十一月三日出發到杭州革命。在行動前，他給母親及同父異母兄長寄出訣別信，寫道，他「誓為革命犧牲，雖死無憾」，而如果他不幸身亡，請求他們「勿以兒為念」。[3]

十一月四日晚上，蔣的特遣隊加上其他愛國人士，襲擊浙江清廷總督衙門。防守的駐軍幾乎未發一彈就投降了，整場「交戰」前後四十分鐘，攻擊方只放了幾槍，很快地就慶祝勝利了。第二天整個杭州城即落入他們掌中。[4]

這就是蔣第一次戰火的洗禮，當然，並不怎麼像拿破崙在土倫（Toulon）的戰役，但事情差不多就是這樣。像一百一十八年前遠在法國大名鼎鼎的砲兵尉官，這位前砲兵團的低階軍官，以二十四歲之齡，開啟了他邁向光榮的道路。杭州被攻下，隨後浙江全省的滿清勢力瓦解，並宣告脫離北京獨立。

與此同時，十一月四日陳其美奪取上海，之後宣布自己為都督，也宣告上海市脫離滿清政府獨立。他仰仗的是一個商團以及地方黑道派給他指揮的三千名殺手。他與孫中山以及其他一些同盟會的成員，長久以來都和上海黑道（洪門、尤其是青幫——控制地方上鴉片交易的祕密結社）維持生意一樣的關係，因為這些地方黑道向來痛恨滿清異族，[5]甚至謠傳陳其美本身就是青幫的一員，占有領導地位之一，但是否為真並無可考。[6]

幾天後蔣回到上海，就像杭州一樣，人們正在慶祝外來王朝的滅亡。華人區家家戶戶窗口旗幟飛揚，而警察帶著大剪刀在城裡四處巡檢，如果遇到某個綁著髮辮的人，他們就強制剪去這個象徵中國人屈從於滿清的辮子。他們袖子上戴著寫有「恢復主權」的臂章。[7]

法國租界及公共租界保持沉默。它們占地超過城市的三分之一（三十五平方英里市區土地中的十二平方英里），分別是在一八四九年及一八六三年就存在於城裡。人們正在觀望事情會如何發展，但這並不能妨礙居住其中、人數比外國人多出十倍的中國人的沸騰情緒，他們掩蓋不了對革命一事的歡欣雀躍。都督陳其美任命蔣介石為他自己領導的滬軍第五團（後改為第九十三團）團長。[8]可以確定的是，這個團仍然必須以同樣的那些黑幫成員、都市貧民與混混們組織出來。

在他的結拜兄弟引薦下，蔣很快地就進入地方上的黑社會。[9]不久後也像陳其美一樣，變為其中一員。他大膽、任性與果決，很容易就和黑幫高層熟悉起來，並得到他們的敬重。與此同時，他又與另一個浙江同鄉、也是黑社會成員的古董商人張靜江稱兄道弟起來。雖然張比蔣年長十歲，但他們很快建立起親密關係。張是一個身體羸弱的身障者，因關節炎而以輪椅代步，暗色眼鏡後有一雙弱視的眼睛，但擁有驚人的強大與霸道氣質。他對蔣擁有巨大的影響力，不久後和蔣也歃血為盟，結拜為兄弟。

在上海法國租界內監視可疑人物的警察們，在他們自己的圈子內稱張靜江為「卡西莫多」（Quasimodo，譯注：法國作家雨果小說《鐘樓怪人》中的主角），但張非常自信，自稱為「人傑」。有時他還幽默到開自己身體缺陷的玩笑。「我是一隻臥蟬」，他笑著說。[10]（譯注：張靜江別號臥禪，作者可能將禪誤為蟬）他不只是一個生意人，也是一個卓越的藝術家、書法家，並且大體上是一個接受過廣泛教育的人。雖然他比較傾向於無政府主義，而非三民主義，但從一九〇六年開始，他就和孫中山有了密切關係，經常對這位同盟會革命領袖提供金援。[11]

張極為富裕，他的私人宅邸位於公共租界中央大道的南京路，離外灘不遠，被視為上海最好的屋宅之一，和他同住的有四個女兒（其夫人已移民美國）。此處永遠為蔣敞開，但如同在東京，這位未來的委員長晚上寧可流連於青樓。軍隊事務所占時間不多，一天大概兩三個小時；家事有僕人與廚子打理，而張靜江借給他大筆錢財，作為友誼的象徵，所以蔣能耽溺於各種娛樂。

此期間，他在一家妓院遇見一位名為姚怡琴的驚人美女。[12]她與蔣同齡且至為可愛，以致蔣真心陷入情網。他待之如情婦，並給予一個新的名字「冶誠」，[13]將她安置在他自己法國租界內的簡樸公寓。[14]

與此同時，中國大事一件件迅猛展開。十二月二十五日，一個颳風下雨的耶誕日，孫中山從海外新聞得知國內的事件，乃返回上海。[15]四天以後，來自全國十八個省的四十三位代表，聚集在南京市，並以絕對多數選出孫中山為臨時大總統（十六位省代表投票給他）。一九一二年一月一日，孫即位並宣告中華民國成立。

中國分裂了。北京政權依然由皇帝掌握，支持皇帝的是部署於北方、全國最強大的北洋新軍指揮、反革命的袁世凱。南方則由孫逸仙與在南京的各省代表聯合會統治；後者在元月二十八日重組為中華民國臨時參議院。內戰看來勢無可免，而滬軍團長蔣介石預備參戰。和結拜兄弟陳其美聯袂，一致贊成和袁世凱公開對決。

正當其時，一九一二年伊始，陳其美的老敵人陶成章抵達上海，他是一個浮誇、自信的三十歲年輕人。陶對於革命也有貢獻，但作為光復會的會長，是同盟會的對手。他像蔣一樣是浙江人，同樣畢業於日本軍事學校（成城學校，陶在一九〇二到一九〇三年與陳獨秀同時在校學習）。他從一九〇二年開始就積極地參與反清運動，出版一份報紙，並且籌集資金。但像會裡其他成員一樣，他公開批評孫逸仙，追求自己的權力，至少在浙江及上海所在地鄰近的江蘇省這些地方。他公開宣稱要終結陳其美在上海及其夥伴在浙江的絕對權力。蔣其後聲稱陶並非不願自己成為上海的都督，因為他「欲將同盟會之組織根本破壞」，[16]但與此同時，一九一二年元月，陶參與競選浙江省省長，依恃他具有影響力的省區祕密會社成員協助。他本身是浙江省祕密龍華會的會員。[17]

但他失敗了，輸給一個革命同盟會的追隨者，而且顯然擔心自己現在已不能和都督陳其美勢均力敵。為逃避災禍，乃藉口稱病，把自己關在上海的一家醫院——法國租界裡的廣慈醫院。

很顯然，天下並非每一個人的，當然更不是他的。陳決心不計任何代價要除掉他的對手，他託蔣來處理此一「精細的事」。於是一九一二年元月十四日凌晨兩點，蔣和一個信任的夥伴溜進醫院，衝進二樓陶的病房，朝他們的政治對手頭部開槍：「主席〔蔣介石〕怒不可遏，拔出他的手槍對〔陶〕一槍斃命。」[18]之後蔣聲稱，他因為得知陶的剷除陳其美計畫才誅殺他；他「聞之甚駭」並決定「不能不除陶以全革命之局」。[19]

得知刺陶案後，瞧不起他對手的孫中山總統虛假地宣告「可為我民國前途痛悼」，因為陶成章先生對革命「實有巨功」。他與陸軍部部長黃興甚至要求陳其美「務令凶徒就獲」。[20]但當然，陶之死亡與光復會的弱化，都是玩弄於他的股掌之間。正如十八世紀末的法國，在中國，「像農神一樣，革命吞噬自己的孩子」（like Saturn, the Revolution devoured its children）（譯注：這是法國大革命時 Jacques Mallet du Pan 的名言。Saturn 是羅馬神話的農神，為防止兒子們奪權而將他們全部吃掉），退化成罪犯一樣的清算鬥爭。

然而陶的死亡對孫並沒有什麼幫助，孫很快開始喪失實權。革命之後，軍隊的角色開始急遽成長，而孫未有一兵在手。了解自己的力量，許多地方的軍隊領袖與軍方政府，開始獨斷地統治周遭的領土，眼裡全無弱勢的總統。臨時參議院的成員十分溫和，無意與好戰分子發生衝突，更別說與指揮全國最強大部隊、最有勢力的袁世凱有所對撞。結果在一九一二年二月十三日，孫中山被迫提出辭呈，第二天參議員一致接受。二月十五日他們又一致地選舉袁為臨時大總統；在三天之前（二月十二日），袁成功地說服清帝遜位（一九〇八年光緒皇帝與慈禧太后去世後，由當時才六歲半的溥儀繼位為帝，並由光緒的皇后隆裕太后為攝政）。清廷「下詔」袁「全權組織臨時共和政府」，並且為了恢復秩序，與同盟會及其他革命團體談和。[21]從一九一一年十月十日武昌開始的起義，所有的事件都發生在中國農曆的辛亥年，因此，中國稱這些革命為辛亥革命。

蔣深感失望。他仍想與袁一戰，並且無法理解革命領袖的姑息立場。氣急敗壞之下，一九一二年三月，他再次前往日本。以他的說法，他「公私相權，不能不除陶而全革命之局」，但實際上他非得離開上海：當然，他的結拜兄弟無意「緝捕」他，但刺陶案是法租界警方所在意的，而如果他們在蔣身上發現任何蛛絲馬跡，也可能會連累到陳與孫本人。[22]

在東京他開始學習德文，因為他已決定在某個時刻，要前往最進步的歐洲國家德國進修。在此同時，他以自己的資金創辦一份雜誌《軍聲》，在其上發表他最初的五篇政論文章。其中一篇，他追隨孫逸仙，發展出有關於全世界的「大同」觀念，主張在中國反帝制革命勝利之後，列強將會接受中華民國為國際社會平等的一員。當時他想：「向使各國均以民生為前提，知國際紛鬥戕賊夫生靈，侵略主義有背於公理，而由均勢以進趨於大同，則五洲統一，中外無分，合黃白紅黑各色種族，建造一世界共和國。」另一篇文章是有關於沙俄滲透被中國民族主義者視為中國一部分的內蒙古。蔣呼籲中國共和主義者即刻在蒙古發動一場軍事行動，驅逐入侵的俄國，並捍衛國家的統一。[23]

他在東京得知，一九一二年八月底至九月，孫逸仙正要與袁世凱協商出一個聯合行動方案。九月九日，孫接受袁的提議，出任袁政府的鐵道局督辦，薪俸是每年高達三萬銀元的鉅款。[24]十月六日，在上海和他自己的政黨黨員開會時，他宣稱：「余在京與袁世凱時相晤談，討論國家大政策，亦頗入於精微。故余信袁之為人，很有肩膀，其頭腦亦甚清楚，見天下事均能明澈，而思想亦很新。」[25]

當然孫逸仙有其權謀，正在尋求一個妥協的辦法。但蔣卻心情鬱悶。他在十二月回國數日，時間只夠帶他的情婦姚冶誠回到日本。一九一三年二月初，他再次回國，也再次只為私人理由。在前往德國之前，他想回溪口老家慶祝農曆年，和母親、妻子、兒子及他帶回家的情人，享受一下溫暖的家庭氣氛。[26]有趣的是，他的妻子毛福梅和他的情人姚冶誠相處融洽。王氏也接受兒子的情人。在傳統中國，男人通常會納妾，所以這也就不足為怪。王氏決定讓姚冶誠睡在她房間，毛福梅母子和蔣請來教文盲的姚冶誠如何讀寫的一個婦人，同住第二個房間，而蔣占有第三個房間。就這樣每個人都有了空間。[27]

同時間，中國的政局明顯趨於穩定。一九一二到一九一三年冬，為成立新的立法機構——一個國會，而辦理選舉。在這些選舉中，孫逸仙為作準備，以同盟會為基礎，藉著和其他四個組織結合起來，在一九一二年八月二十五日成立的新政黨，勝過三百個以上的政黨，得到完全的勝利。新的政黨被命名為國民黨。在下議院，贏得五百九十六席中的二百六十九席，占四五％。而在上議院，贏得二百七十四席中的一百二十三席，占四四．八％。[28]

告別了親友，蔣與姚冶誠在三月來到上海，打算從那兒航向歐洲。但其後發生一件事，徹底改變了他們的計畫。三月二十日晚在上海火車站，作為國會中國民黨一派黨魁的宋教仁，被兩顆子彈嚴重打傷。他正要前往北京就任總理一職。兩天後他逝世於醫院，再兩天後警方找到了殺人凶手。結果後者和代理總理有關聯，是袁世凱最信任的同夥之一。現在怎麼可能思考去德國求學的事呢？孫逸仙親自下令上海都督陳其美留蔣於市內，並說服他放棄歐洲之行。[29]孫現在特別需要軍事幹部。蔣把他打算用於德國留學的三千元交給陳，並留待事情的發展。[30]

大受震動的國民黨員，開始公開指責袁世凱策劃此一犯罪。而袁根本就沒考慮為自己辯解。他真的一點都不想和孫逸仙或宋教仁等任何人分享權力，而且他已得到西方列強的支持，提供他超過二千五百萬英磅（大約一億美元）的鉅額貸款，他旋即開始公開準備內戰。在他指使下，北京陸軍部隊重新部署在全國重要性戰略中心。此外，他又換掉了很多親國民黨總督。

於是孫決定發動二次革命——這次是對付袁世凱。一九一三年七月十二日，在江西國民黨都督李烈鈞領導之下，爆發反袁起義，後續江西宣布獨立。接下來南京、安徽、湖南、福建與浙江等的國民黨都督也宣布獨立。其後孫最親密的夥伴之一、廣東的代理都督陳炯明，同樣出來反袁並宣布獨立。八月初，重慶（四川省）也開始起義。

理所當然地，蔣的結拜兄弟陳其美作為上海都督，也起而叛變，並於七月十八日宣布獨立。在事變中，蔣也扮演一個十分積極的角色。他策劃攻擊由效忠於袁的部隊掌控的上海兵工廠。七月二十二日、二十八日與二十九日三次，他統帥國民黨兩個營進攻，但並未成事。他的軍隊受到停泊於上海港口的袁世凱船艦砲火猛轟。如同他後來悲痛地回憶，反他的是「滬上帝國主義者」，還有「買辦豪紳」，[31]所以他被迫撤退。袁軍占據了上海。[32]

跟著「人傑」張靜江，蔣溯揚子江而上到南京，在那兒繼續戰鬥，但在此地一樣，革命勢力也未得其功。不久忠於袁大總統的部隊敉平起義。[33]二次革命以失敗告終。

三個月以後，一九一三年十一月四日，袁世凱宣告國民黨是非法的，接著解散了國會。孫逸仙、陳其美、蔣介石與其他許多反獨裁的鬥士都被迫再次逃往日本。陳其美寫道：「辛亥革命，手持寸鐵，集眾數百，武昌一呼，全國震盪者，革命黨之精神有以致之也。癸丑（一九一三）一役，據地數省，擁兵十萬，賊軍猖獗而全局失敗者，革命黨人銳氣銷沉之所致也。」[34]

抵達東京後，孫和其他國民黨黨員開始恢復如同陳回憶的那樣的一個革命黨，孫名之為中華革命黨。一九一四年七月八日，在一個超過四百位支持者的集會上，他宣布黨的成立，號召大家準備「第三次革命」。不像孫現在認為「完全破產」的議會國民黨，因為那有太強烈的「西式政黨」的味道。現在這個新組織要建立在嚴格的中央集權與保密性原則上。蔣加入黨，成為第一〇二號黨員。[35]

到了此時，蔣已與孫有了密切的合作。根據某一消息來源，是陳其美，而另一來源是半黑道的雙方朋友張靜江，再次把他們湊在一起，讓他們在一九一三年十二月重新有了個人的接觸。這次是在孫的居所。[36]

孫再次顯露對「未來革命英雄」的興趣。蔣已經對革命有所貢獻，但最重要的是，他依然對孫忠心耿耿。尤其是，他毫不掩飾只要發現任何孫的敵人，不論外在的或在黨內部的，他都隨時準備加以摧毀。孫當然極為珍視，特別是在「二次革命」失敗後，他絕大多數的支持者都背棄了他，他們甚至拒絕加入中華革命黨。幾千個從前的同志中，只有幾百人加入新的黨。他們許多人確實不再像以前一樣對孫表現出尊敬的樣子。[37]後來蔣回憶道：「當時，響應總理的號召，在日本參加中華革命黨組織的，只有極少數的幹部；而真正信仰總理之義，了解革命真義，始終如一的，更是不多。……尤其對總理侮蔑跋扈。……我當時就有一種決心，……我既身為黨員，若不能為領袖報復此恨，我就不是一個忠實的信徒。」[38]

從此以後蔣與孫的關係尤為親密。之後他積極地與他的敵人戰鬥：獨裁者袁世凱、一九一六年袁死後分裂中國的軍閥，以及最後，殖民帝國主義者——在孫終於開始與後者鬥爭的時候。

跟隨孫逸仙並依恃他的支持，蔣現在穩健地攀登權力之途。但並非一帆風順，他必須克服無數反對者與競爭者的阻礙。因此，他不但要意志堅定，而且也要步步為營。無怪乎中國偉大的哲學家、道家的創建者之一莊子（西元前三六九—二八六）說道：「大勇不忮。」[39]（譯注：頑固大膽並非大勇。）

第四章 孫逸仙的頑強弟子

中華革命黨成立的主要原則是，黨員對領袖個人的效忠。孫明確地向同志宣告：「很多事情你有所不知……你應全心全意地聽從我。」[1]他要求加入革命黨的人，「為救中國危亡，拯生民困苦」，不只要承諾「犧牲」自己的生命與自由，也要立誓無條件地效忠與從屬於他個人。[2]蔣與結拜兄弟陳其美視此為理所當然，不像其他許多革命分子。他們在對孫的誓約文件上附上簽名，並且蓋上紅手印。

雖然依照中國祕密結社的路線建立一個新政黨，但孫逸仙並未從爭取民主的道路上退卻。依他判斷，現在要朝向此種民主政治形式邁進，需要相當長的時間。在一九〇五年他建立革命同盟會的時候，認為中國只要六年就可以達到民主：三年的軍事獨裁，再加上三年限定公民投票權的臨時憲法基礎上的治理；但在一九一四年時，他宣稱在導入民主之前，要花費多久的時間是無法預言的。他甚至開始主張在此期間，憲法並非必要，國家將在他的政黨「政治指導」之下，亦即，本質上就是在一個公然的一黨專政之下。[3]

孫逸仙眼前的目標，還是和袁世凱的軍事對抗。依照他的見解，為達到此一目的，所有的手段都是可行的，甚至是來自於日本的支援，雖然這位「充滿著崇高精神和英雄氣概的革命的民主主義者」[4]非常清楚，日本正在謀求奴役中國，但他準備做出極大的犧牲，甚至於對滿洲，他也可以接受一個實質上是日本指使的分離主義運動的地方君主主義。[5]

但孫並沒有忘記為在中國的再次起義做準備。例如一九一四年五月，他派蔣介石到上海，之後在秋天到哈爾濱，去尋找該處是否有可靠的人可以對抗袁世凱。但兩處地方都無功而返，蔣其後回到東京，開始專心讀書。他閱讀了他所喜愛的儒家哲學家王陽明的所有著作，後者主張所有人都有做批判性思考的權利；此外他也研究曾國藩的所有作品，後者是平定太平天國之亂的人。太平天國之亂是在一八五一到一八六四年之間，鄉村的貧下遊民與無產客家族群，群起作亂肆虐於中國東南方的著名事件。[6]他讀書過度以致視力受損，必須去找眼科醫師治療。同樣地，他一如既往努力地鍛鍊體魄與每日靜思，在身體上與精神上調和自己。[7]

與此同時，一九一四年七月二十八日爆發第一次世界大戰。袁世凱宣布中立，而日本加入協約國，在八月末連同英國，從山東半島的青島地區登陸。青島與鄰近的膠州灣自一八九八年以來，一直是德國的殖民地。德國因為全力投注在歐洲，所以並沒有大力抵抗。十一月七日青島陷落，現在正式變成日本的殖民地。中國並未參與。一九一五年一月二十八日，日本對袁世凱提出一份最後通牒，即所謂二十一條要求，如果中國接受，那就會變成日本的殖民地。

日本明目張膽的要求，激起中國知識界的憤慨。然而，袁世凱畏懼日本帝國軍隊入侵，在五月七日接受了大部分的要求。這次甚至連議會都不予同意，拒絕核可此一協議。後來在一九一五年五月二十五日，袁蓋印認可此要求。作為回應，一個反日運動在國內展開，而儘管孫逸仙早前與日本周旋，也公開指責袁世凱的叛國，號召「討袁」。[8]

此時「三次革命」時機非常有利。因此孫指派陳其美，其後再加上蔣介石再次回到上海。一九一五年秋，蔣又回到此城市，第一次和陳其美共同設計刺殺上海鎮守使，然後於十二月五日，發動下一次的起義，但這次又失敗了。陳其美僅驚險脫逃。蔣悲憤至極而病倒，他的母親聽聞此事，前來照顧。[9]

與此同時，對袁大總統政策的不滿持續快速地增長。一九一五年十二月末，袁邁出另一躁進腳步。他依照他的美國顧問古德諾（Frank Goodnow）的建議，在一九一五年十二月最後一日宣布，要在一九一六年元月一日恢復帝制。他詔告自己是新皇帝，即將展開洪憲年代。此舉引起一片譁然。雲南、廣西與貴州，亦即三個西南省分宣布脫離中央，內戰之火再次燎原。儘管袁世凱在恢復清醒後，於八十一天後昭告取消帝制，但蔣接受來自孫逸仙的命令，在討袁一役扮演了一個積極的角色。

在討袁戰鬥中，現在日本給予孫全力的支持，因為在西方列強的壓力下，袁對二十一條的履行做出杯葛。一九一六年初，孫得到一百七十萬日元（相當於七十萬美元），讓他用來準備一次在華東的新起義。[10]一九一六年五月五日，蔣介石和一群造反分子，共同占取揚子江沿岸居於上海與南京中間的一處堡壘。但對他和孫同樣不幸的是，他未能堅守據點，五天之後，在失去希望之下，蔣自己的士兵叛變。他能倖免於難只能算是一個奇蹟。[11]

其後，一九一六年五月十八日，蔣受到另一個新的打擊：在上海法國租界內，由於內奸的安排，他的結拜兄弟陳其美被陰謀殺害了。陳當時只有三十八歲。

很難形容蔣介石的悲痛。兩天之後，他在葬禮上誓言，要繼續他的盟兄開始的使命。「繼死者之志，生者也；完死者之業，生者也，」他對逝去的朋友宣告，「以履去春握別扶桑第二化身之讖語，以守我之信，堅我之約而已。」[12]後來，他在自己的日記中寫道：「余之革命基礎可說立於民國二年討袁失敗之後，而成於民國五年英士亡後，自立自強之時也。」[13]早半個月之前，在一九一六年五月一日，孫逸仙帶著半年前和他在東京結婚的一位年輕且有驚人美貌的女子回到上海。她的名字是宋慶齡，只有二十三歲。她的基督教名是羅莎蒙德（Rosamonde），但家人稱她蘇西（Suzy）。

她是孫的一個朋友、上海實業家暨基督教牧師宋查理（Charlie Song，宋嘉澍）的女兒，而宋查理只長孫逸仙三歲。孫有好幾次長時間住在宋上海的房子，所以他在慶齡還是個小女孩時就認識她了。他們的年齡相差了二十七歲。

孫對年輕女孩很熱衷。在他結婚前幾年，他曾向慶齡的二十五歲姊姊宋靄齡求婚，後者也是一個美女，她擔任他的祕書，並且只比宋慶齡大五歲。根據朋友的說法，同時之間，他還頻頻造訪日本妓院。「這個老男孩就是無法把手從女人身上拿開」，他的老朋友、澳洲記者端納（William Henry Donald）回憶道。[14]而其實孫早就有合法的婚姻了。沒錯，他和妻子沒有感情。在孫十八歲而新娘十九歲時，他的父母安排了此一婚事。他的妻子也是一個基督徒，兩人生了三個孩子。他的兒子孫科，只比宋慶齡小兩歲（不久他也成為家喻戶曉的革命志士），還有兩個女兒。他另外還有第三個女兒，是他的一個日本情人所生的，但孫並未承認這個女兒。[15]

儘管以上種種，被迷住的宋慶齡滿心崇拜這位偉大的革命志士，民國之父，並且自幼就熟悉、尊稱為中山叔叔的人。之後她說，她「並未陷入情網」，只是被浪漫情懷所感動：她仰慕他是一個偉大的英雄。[16]她的姊姊曾建議她考慮嫁給蔣介石，「蓄有小鬍子的苗條軍官」，早在一九一四年宋靄齡就在孫逸仙東京的公寓認識蔣，但宋慶齡拒絕了。[17]當時她父親不希望女兒嫁給一個年長的已婚男子，把她鎖在上海的家裡。（孫承諾離婚，但作為一個衛理公會教徒，查理不承認離婚。）但在一個女僕的幫助下，把一座梯子架到她臥室窗子，慶齡爬下來投奔在東京的孫。在一九一五年十月二十四日，她到來的夜晚，孫宣布和第一任妻子離婚，第二天，十月二十五日，孫與宋舉辦一場簡單的婚禮。一天以後，孫指定他的新婚妻子擔任他的祕書。[18]

現在他們回到了上海。孫逸仙試圖與他之前的朋友，也是現在的岳父重修舊好，但後者終究既不能原諒他的女兒，也無法接受他的朋友，並在兩年之後過世。而同時之間，查理的子女們則認可這樁婚姻：慶齡的姊姊靄齡，基督教名為南西（Nancy），慶齡的妹妹，十九歲的美齡，基督教名為奧莉維亞（Olivia），以及他們的三位兄弟，包括最年長、二十二歲的宋子文——大家都以他的基督教名喬（Joe）稱呼他，或者以當時拉丁譯名頭一個字母——T．V叫他。[19]他們都是革命分子，因而非常敬重孫逸仙。尤其對孫在婚禮上贈與新娘的禮物印象最為深刻——一把帶有美麗木手柄的伯朗寧左輪手槍。孫呈獻給他的摯愛，說道：「這槍配有二十顆子彈——十九顆給敵人準備，最後一顆，危急時刻留給自己的。」[20]在當時事情就是這個樣子——愛情與革命是不可切割的。

同時間中國內戰持續著，但在最激烈時，於一九一六年六月六日，袁世凱突然因尿毒症過世，享年五十六歲。曾參與一九一一年起義，綽號菩薩的黎元洪將軍，被選為總統。孫逸仙把中華革命黨總部遷移到上海，然後開始與黎總統商討恢復約法。[21]與此同時，他在六月指派蔣介石到山東，任命他擔任未來的所謂中華革命軍東北軍參謀長，而可以確定的是，他並未成功建立東北軍。其後蔣到北京釐清軍政情勢，秋天時回到上海。[22]

蔣的一個老朋友，是他一九〇八年第二次到日本時相熟起來的學習法政的學生戴季陶，和孫一起從東京回到上海。戴在哲學、特別是西洋哲學領域的教育，比蔣優秀多了。他是一個身矮體弱的年輕人，蓄著一撮黑色的八字鬍，一雙慧黠又帶有嘲弄意味的眼睛。他也是孫逸仙的黨員，曾參與辛亥革命，並自一九一二年開始擔任孫的私人祕書。一九一三年逃往日本後，蔣與戴二人變得尤其親密，很快他們就義結金蘭，開始共用一間公寓。住在一起的除了姚冶誠，還有戴的情人，名為重松金子（Goldie）的一個日本護士。和蔣一樣，戴也是結了婚的，但年輕就是任性，而且在他們之前，還有他們敬愛有加的領袖孫逸仙放蕩的例子。

然而，隨著中國政治環境的變化，先是蔣在一九一五年秋離開東京，接著一九一六年四月二十七日戴也跟著走了。並不真正清楚，戴在離開日本諸島之時，是否知道他的年輕護士女友已有三個月身孕。也許他知道，因為在她生產前夕，他給東京的一個朋友去信，請求他照顧金子。事實是他無意與她同居，或承認這個嬰兒，因為他非常畏懼他的髮妻鈕有恆，即使在私底下，他也因膽怯與敬重而稱之為「大姊」。她比戴年長五歲，性子剛烈，若讓她知道丈夫有私生子，一定輕易地就會鬧出一個大醜聞。她是一個真正的解放者，而且，還是孫逸仙非常尊敬的一個革命黨黨員。她和戴有一個婚生子，因此，無怪乎當一九一六年十一月初，戴得知金子生下一個男孩的消息時，擔心極了。於是即刻向他的盟兄蔣介石懇求幫忙。蔣表現他的義氣，答應收養這個孩子。一九一六年十一月底，戴寫信把此事告訴他東京的朋友。[23]

三年後，文靜而害羞的金子出現在蔣與戴上海的家門前，手中牽著可愛纖瘦的孩子。[24]她仍然希望戴能承認孩子，但他躲在二樓，連看她一眼都不願。在與蔣會談並了解整個情況後，女子眼眶含淚的離開，放棄自己的兒子，交由命運安排。[25]蔣信守承諾，收養這個孩子，並為他取名為建鎬，意思是「他將建立鎬京」，[26]並且依照族譜排名，命名為緯國，和經國的名字寓意一樣——「他將成功地統治國家」。[27]

蔣因此而得到第二個兒子。他請託情婦姚冶誠照料撫養孩子，而她終其一生視其如親生兒子。蔣帶著冶誠及這個新兒子回到家鄉溪口鎮。祖母王氏歡喜迎接她的新孫子，但蔣的元配毛福梅不想讓這個孩子待在她屋裡。根據蔣緯國的回憶，她將姚氏與他安置在存放材薪與乾草、跳蚤肆虐的一間棚屋。直到過一陣子後，蔣的兄長對處境困窘的二人心生憐憫，把他們帶回他家。他們住在那兒好幾年，直到一九二四年搬到寧波。[28]

同時間，中國的事務以令人眩目的速度進展著。黎元洪總統先是試圖恢復他的前任所毀棄的約法，但在北洋軍閥的壓力下，於一九一七年六月十三日解散國會。出於對總統行事的憤慨，國會代表們撤離到上海，其後再到孫逸仙在七月十七日抵達的廣東。八月二十五日，一個緊急國會會期在此南方城市廣州召開，九月一日，孫逸仙被選為華南的大元帥（正式名為中華民國大元帥，但當然，他所建立的軍政府並未掌控全國）。

中國陷入混亂的深淵。由貧農與其他失業者自願投入的部隊，讓坐擁部隊的無數軍閥開始互相戰鬥。西方列強對此只有大力鼓吹，以此得到出售軍火給中國的利益，而且還能從地方軍頭們收取額外的經濟特權。奠基在廣東的革命領袖，開始準備北伐對抗這些軍閥。

至於蔣介石，承孫逸仙的命令，留在上海一段時間，協調孫的追隨者在華東的活動，並為籌募黨的財務，從事一些非法手段。根據國際租界區警方的資訊，一九一七年十月十八日，他參與了一場對市中心私人住宅的搶劫。[29]

蔣也從上海接連兩次，把北伐的作戰計畫寄給孫。他提議，為了讓南方政府能控制整個華南及東南海岸，首先應該攻打福建與浙江等地方軍閥的部隊。[30]

直到一九一八年三月初，蔣才在孫之後抵達南方。藉著同夥、前廣東省長朱慶瀾及華南將軍陳炯明之助，在一九一七年成功組織一支萬人的粵軍。依照蔣的計畫，攻下福建，孫下令蔣即刻前往粵東的汕頭，那裡是總司令陳炯明坐鎮的總部。三月十五日，陳派任蔣以上校之階，擔任總司令部作戰科主任。[31]

作為粵軍幹部的一員，蔣參與軍事行動並展現傑出的軍事才能，草擬了幾份作戰計畫。然而，他和陳炯明之間發生了個人的衝突。年齡四十的陳是一個專斷的人，他看起來像一個典型的鄉紳，留著長長的、稍微下垂的八字鬍，有一個高高的額頭；他寧穿灰棉袍而不願著軍裝，走路時使用一根手杖。他是廣東省本地人，但像孫逸仙一樣，是屬於被壓迫的客家人。但的確，不像他宗族的多數成員，他家並不窮苦，他甚至還能受到極佳的教育（一八九九年得到秀才資格，一九〇八年從廣州的法政學堂畢業）。他大概和蔣同時在一九〇八年成為革命同盟會的一員，但一九一四年他不想加入帶有陰謀性的中華革命黨。以他之言，他「發現〔新組織的章程〕相當令人不滿」。[32] 如果沒有忘記的話，孫逸仙是要求黨員宣誓對他個人效忠的。像陳這樣的人有好幾個，也不難理解他們的立場。但蔣介石從一開始，就把對抗叛徒、保衛孫逸仙視為自己的責任。因此，儘管陳將軍現在熱切地支持孫，但蔣陳無法相處也就不足為怪了。

蔣介石就是無法信任他，此外，他深覺被冒犯了，以他之見，他被授予的階位太低了。「忍耐五年，用功五年，不過三十多歲，何事不可為，何事不可成。午前，到總司令部，就上校參謀職。」他在日記中寫道。[33]

很顯然，他早就指望成為一名將軍了。一九一八年春，他廢寢忘食地閱讀拿破崙的回憶錄，後者輝煌的成就，可能激起他自己的虛榮野心。[34] 他並不掩飾他受傷的傲氣，而陳很快就意識到他的作戰科主任，是一個高傲又頑強的人。但陳聰明又狡獪，他明白蔣不只和孫逸仙、而且和很多其他的革命領導人士都有關係。因此，不像脾氣火爆的蔣介石，陳並不洩露自己真正的感受，雖然在一個湊巧的時機，他否決了蔣所擬定的作戰計畫。

許多粵軍軍官同樣不喜歡蔣，對其作戰計畫亦抱懷疑，這並不只是他們試圖取悅總司令。他們都把蔣看作外來者，一個從華東來的人。他不認識地方習俗，更不會說廣東話與客家話。因此，他所有在軍事科學領域的知識，以及他的浙江口音，只會讓他們不悅。到目前為止，衝突還沒有公開化，然而從蔣的日記來判斷，曾有三個時機他決定辭職，因為他「受恥思辱，為從來所未有」，而三次「半以時勢所迫而不得辭，半以忍耐妄想」控制住自己，他強迫自己不提出申請。[35]

同時之間，孫逸仙在南方的勢力不保。一九一八年五月初，鄰接廣東的廣西桂系軍頭陸榮廷，其部隊人數超過陳炯明的陸軍，要求撤除大元帥，而孫別無他法只能退職。在戴季陶的陪伴下，六月二十六日搭乘一艘日本郵輪回到上海，住進法國租界莫里埃街二十九號，草木葱蘢的一棟兩層樓私人豪宅，那是一位加拿大愛國華僑贈與他的。

蔣介石受夠了軍隊內部的爭吵，七月三十一日提出辭呈，在一九一八年夏天離營到上海。[36]但陳炯明立刻要求他回返。雖然陳不喜歡這位高傲的浙江人，但也不想承擔決裂的責任。他寫了幾封信給蔣，以各種可能的方法加以奉承。「粵軍可百敗而不可無兄之一人」，他寫道。[37]蔣在勸說下讓步，特別是因為孫逸仙信任陳炯明，請求他到福建承擔一項新的活動。[38]此時，孫希望福建可以成為革命的新基地。

一九一八年九月，蔣被任命為部署在閩南漳州市的粵軍第二支隊司令官。該支隊包括四個營部，總計約有一千名作戰人員。在蔣的指揮下，運作相當成功。士兵滲透敵軍前線，攫取了幾個重要的戰略點，對福建省會福州構成直接的威脅。但到了十二月蔣染病發燒，一九一九年元月，他的部隊被切斷與主力的聯絡，落入陷阱，遭受重挫。粵軍軍官因此無法原諒蔣；他們開始公然嘲笑他。[39]陳炯明快動作與福建談和。

一九一九年三月，被激怒的蔣再次到上海，並從那裡出發前往故鄉溪口鎮拜見母親。在三個月以前的一九一八年十二月，她剛過五十五歲生日，但因為蔣在前線，無法向她祝賀。現在他完成了自己的責任。孫逸仙也向蔣母溫情致意並送上禮物。[40]

一九一九年夏，不想再投身於總司令陳炯明麾下的蔣介石，從家鄉提交一份辭呈給陳的副手，此人是少數他尚友好者之一。「本軍今日最大惡習，整頓為難，收斂無方，其故由於各官長以保全地位，把持勢力，孜孜以個人私利為懷，而不為本軍全體著想也。即前之所謂痼疾與初症者，亦莫不由此而生。」他寫道。基本上蔣是在抱怨軍中缺乏紀律，他無法讓部屬執行他的命令，軍隊充滿了「省界之見」（他想到的是軍官對外來者的疑忌）。[41]

同時之間，一九一九年十月十日，孫逸仙再次重組他的黨，現在名為中國國民黨（一九一二到一九一四年時也叫做國民黨，但現在他加上中國兩字）。黨的派系特質不再適合現在中國的情勢，把那些產生很多爭議的舊法條改了。孫終於刪掉了規定黨員要宣誓效忠於他個人的章節，然而他仍然堅信他不只是黨、而且也是革命的體現。他堅持：「服從我，就是服從我所主張的革命。而如果你跟隨我的革命，自然你〔也就〕該服從我。」[42]在新成立的黨，他依然擁有所有的權力，給自己保留總理的職位。

當然，蔣與陳炯明都成為新黨的黨員，但蔣依然不信任陳。因此，他總是情緒不佳，甚至請求孫逸仙派他到英美長期旅遊。他想到一些高等教育機構註冊並研讀三年。近來，他甚至重新學習英文，雖然未有多大進展。[43]

他也想去訪問蘇聯，這時他開始對他們的布爾什維克實驗感到興趣。當然他聽說過十月革命，也知道一個組織了一支強大紅軍的神祕極端主義政黨，和由帝國主義者支持的反革命勢力之間，正在進行一場激烈的內戰。他知道一九一九年三月在莫斯科布爾什維克領袖列寧與托洛斯基已組成了共產國際，號召所有民族進行他們所謂的世界社會主義革命。在此時，他的結拜兄弟戴季陶正在專注研究布爾什維克理論與實踐，並不停地談論有關馬克思主義與共產主義。

蔣介石一向比較傾向激進的左派。他童年的貧困與受到的屈辱，對他母親孜孜不息勞作的深切同情，還有對欺騙他家人的富人之憎惡，全都激起他對封建地主階級的憤恨。他爆烈的脾氣，再加上令人著迷的、中國新聞日益報導布爾什維克在俄羅斯內戰中的勝利，讓他渴望終結可恥的社會不公義的欲望更為強烈。他越深入研究，就越想了解俄羅斯革命分子如何成功打敗反革命分子與帝國主義者。或許複製他們的經驗會有道理？

一九一九年十月，他在日記中寫道：「紳耆階級之不打破，則平民無伸張權力之理。為平民之障礙者，不在官僚與武人，實在資本家與紳耆，……吾以為革新社會，資本家與紳耆二者之中等階級須先掃除廓清。」[44]有這種思想實足以加入共產國際。

孫逸仙同樣也對俄羅斯事務感到興趣，雖然他當時尚未產生如此想法。他僅在一九一八年對莫斯科的蘇維埃政府致以賀電。[45]他只同意蔣到東京旅行，而且限時三個星期，去拜訪一些老友並且休息一下。但這趟旅行只讓他對蘇維埃俄國更感興趣。一九一九年十月二十五日，幾乎還沒有從上海開航，他就開始寫一篇有關各種強權對俄羅斯工農政府關係的文章。而一旦抵達日本，他就開始瀏覽左翼媒體與有關社會主義的書籍。[46]然而當他開始探討社會主義理論時，他對於中國人民接受的能力不免感到失望。「以中國人民不識字者甚多」，需要巨大的努力才能把其他國家的進步觀念，灌注於幾乎完全文盲的中國民眾意識中。「今日日本人民之智識普及過於吾國者，其改革之速更可知矣，」他在日記中寫道，「日本改革之期不滿三年而至其乎即在目前乎。但即使十年亦不足以讓吾人實現革命。」[47]他在日本買了《俄國革命記事》一書，一九一九年十一月中回航上海時，他在船上興致勃勃地閱讀。照他的話說，此書給他留下深刻的「想望」。[48]

一九一九年十二月，陳炯明派人帶信函到上海找他，粵軍總司令再次緊急召喚他。但蔣一點都不急。他在上海開始每天研究俄羅斯，不斷閱讀激進左翼期刊，包括由著名教育家陳獨秀在法國租界出版的《新青年》，也和戴季陶及另一位朋友、曾與之在福建並肩作戰的國民黨將軍許崇智，一起討論托洛斯基的觀點。[49]

布爾什維克世界革命的觀點，盤桓他的意識中。「世界各國如有一國革命能真正成功，則其餘當可迎刃而解。」他寫道。[50]他決定把到俄國一趟當作他一九二〇年的主要工作。[51]對於布爾什維克如何果斷地對付他們的敵人，他日益印象深刻。但他明白，要取得俄國共產黨獲取的那種成功，國民黨必須要有自己的軍隊。他從不懷疑陳炯明與其他軍人是不可靠的，因此早在一九二〇年二月，他就建議應該成立一所國民黨軍官學校。[52]但當時他的建議未被接受。

他同時也了解，馬克思主義的基礎，是經濟因素在文明發展中具有決定性角色的理論，於是他閱讀兩本討論經濟議題的書：著名的英國經濟學家馬歇爾（Alfred Marshall）的《經濟學原理》，以及日本作家津村秀松（Tsumura Hidematsu）的《國民經濟學原論》。看過這兩本書，只是更加深他對中國有錢人的痛恨。「看經濟學，心思紛亂，」他在日記中寫道，「以中國商人惡習不除，無企業之可能。」[53]

孫逸仙也繼續對俄羅斯表現高度的興趣。一九二〇年夏，當紅軍正準備對俄國歐洲部分的白軍發動最後一擊時，他在上海會見沙俄陸軍前將軍波達波夫（Alexei Potapov），此人因十月革命被困於中國，正打算返回故鄉。很顯然，孫認為布爾什維克黨的領導分子會接見他，所以請求他在抵達俄羅斯時向列寧轉達問候。「他沒有以書面向蘇維埃政府致意，」波達波夫到了莫斯科後寫道，「後來證實了預期的擔憂，我將遭受協約國代表調查。」[54]

稍後在一九二〇年九月，孫會見一位阿穆爾州俄羅斯共產黨委員會書記，一個名叫劉謙

（Fedorov）的中國人。由於陳炯明的部隊一直無法以任何手段取得勝利，孫對華南的情勢深感失望，於是開始認真和這位布爾什維克的密使討論一個荒謬的計畫：結合國民黨和蘇維埃俄國的軍事力量，推翻北京政府。根據孫與劉謙的協議，蘇維埃紅軍將進攻新疆，從該處取道四川，他們「將能自由地移師到華北」。為了協調此一行動，孫甚至派他的聯絡官到海蘭泡，但布爾什維克領袖並不支持此一計畫。[55]

一九二〇年十一月，孫逸仙歡迎蘇維埃共產黨員吳廷康（Grigorii Naumovich Voitinsky）到他上海莫里哀街的私宅造訪。吳廷康的真實名字是扎爾金（Zarkhin），曾依據共產國際執委會的協定，由俄羅斯共產黨遠東局海參崴（Vladivostok）部派到中國，建立與當地左翼知識分子的聯繫，並且組織一項共產主義運動。吳廷康回憶，在會談中，為了「結合中國南方的戰鬥與遙遠蘇維埃國的戰鬥」，在孫與蘇維埃政府之間建立一個規律性聯繫的可能性出現了。孫逸仙日益對西方民主國家明顯不願對他施援感到失望，於是表現出和蘇維埃政府保持長久接觸的願望。[56]出版《新青年》的陳獨秀，在四個月以前，藉由吳廷康的協助，已在上海組織了第一個中國布爾什維克政黨，也參與了這次會談。

吳廷康在上海和國民黨刊物《星期評論》的編輯們有幾次談話，包括戴季陶。戴和雜誌社的其他同事，把談話內容通知了隨陳炯明軍在福建漳州市孫的親密夥伴廖仲愷與朱執信，而他們也都知會了孫逸仙。

此時孫更加堅定要與蘇維埃俄國建立密切關係，乃特別為廖仲愷、朱執信及另一位夥伴李章達聘請一位俄文老師，希望不久的將來，他們能出發去蘇維埃國土，並且學習他們的經驗（他已和波達波夫安排好他們到莫斯科的任務）。[57]雖然他們終未成行，但國民黨領袖們「學習俄文很快就變成流行了」。[58]

孫逸仙仍然無意派遣蔣介石去莫斯科。他需中國有優秀的軍事人才，因此蔣此時無法前往俄羅斯。一九二〇年四月，孫堅決地要求蔣再次加入陳炯明軍，他不想介入他夥伴之間的個人關係。蔣只能服從，但是這次他並未在南方久留。倦於爭吵，只經過三個星期，他就再次拋開一切回到上海。像從前一樣，歐洲在向他招手，而如果他不能到俄羅斯，那麼可能就是去法國。他非常希望和廖仲愷、朱執信一起到那兒，但孫不答應。[59]有點像故意的，五月初蔣忽然因斑疹傷寒而住院一整個月，所以到哪裡去旅行都不可能了，不論是華南、俄羅斯或法國。[60]

當蔣在一九二〇年七月康復，無論如何，孫還是下令他再次出發到陳炯明部隊，但同樣還是沒去多久。他在七月十六日抵達漳州，又陷入憂鬱，而在八月七日回到上海。他滿心憤慨，他已到南方四次，但總是缺乏成效。他認為粵軍顢頇無能，軍官團貪腐已極；他也仍然被視為外來者，而與陳炯明的關係依然未盡如意。「粵軍作戰無望，」他在日記中寫道，「余仍思遊俄以求對情勢之全面認識。」（直譯）[61]

在上海，他再次像青年期一樣，放佚冶遊。後來他自承：「人人言弟為好色，殊不知此為無聊之甚者，至不得已之事。」[62]他的朋友與同僚，包括結拜兄弟戴季陶與張靜江，都鼓吹他回到南方，但他一點都不想聽要他再一次去旅行的建議。[63]最後，孫逸仙提供他一個選擇：如果他仍然非常想的話，就去俄羅斯，或者到四川，在那裡組織一項革命運動；或者，再一次到陳炯明部隊。他表明希望他的弟子選擇陳炯明，這是一個效忠的測試。蔣還算有控制自己的力量，「去粵則公益大而個人損失不小……而仲愷必主張我往粵」。後從廖仲愷之意，第五次出發往南方。[64]

此時總司令陳炯明在孫逸仙的要求下，正積極準備與國民黨的老對頭——像以前一樣，正盤據廣州的桂系軍頭們一戰。孫再次決定把這個現下被視為華南首都的城市，作為他的革命基地，所以現在是一個非常重要的時刻。陳於是任命蔣為第二軍指揮，這是一個將軍職位，所以看來，蔣的雄心應該得到滿足了。[65]

蔣迅即擬出三項軍事行動計畫，得到陳總司令的核可，並且成功地實行。不只取下廣州，而且廣東全境的桂系軍頭也被清剿。儘管如此，傲氣的蔣介石，認為他已完成了義務，再次陷入憂鬱，在一九二〇年十一月初，又提交一份新的請假要求。

孫逸仙主張他在黨內是唯一的領導確實有其困難。極有可能他真正看重蔣，看重這位才華橫溢、目標導向，而且大膽的軍官，同時是「急躁、固執、衝動，並且脾氣火爆，週期性的顯現身心失衡症狀」。[66]亦即，心理異常並偶有嚴重的負面情緒。再一次，為了要讓頑固的蔣恢復理性，孫寫給他一封簡短但非常重要的信，表達對其行為的不悅：

介石兄鑒：

競兄（陳炯明）此番回粵，實舉全身氣力，以為黨為國，吾人亦不惜全力，以為競兄之助，同德同心，豈復尋常可擬。我望競兄為……民國二年後之英士（陳其美）……然兄性剛烈而嫉俗過甚，故常齟齬難合；然為黨負重大之責任，則勉強犧牲所見，而降格以求，所以為黨，非為個人也。以上吾兄同意耶？或不同意耶？[67]

但蔣不同意。他放棄一切回到溪口。十一月二十五日，孫逸仙起身前往廣州，此地現在已沒有桂軍了。十一月二十九日，他再一次在中國南方的這個最大的城市，建立一個軍政府。此地位於珠江左（北）岸，和英國殖民地香港相距九十英里。[68]遠在西元前二一四年建立的此城，一直是重要的商業中心。在二十世紀初期，雖然它看上去和上海這個華東首府十分不同，比起所有其他中國城市，上海更被西方文明腐化，但廣州的活力卻毫不遜色。的確，廣州有幾條大街，上面汽車橫衝直撞，到處都有明亮的電力街燈，美麗時髦的建築點綴著堤岸。甚至還有兩棟「摩天大樓」——六層和九層的百貨公司。但給予這個有一百五十萬人的南中國人口稠密城市地方風味的，並非這些西方文化的果實。城市大體保留著純然的中國味，但不像智性的、拘謹的北京，它是多采多姿而又多元化的。

在建立新政府後，孫開始安頓下來。十二月二十五日，戴季陶顯然奉孫之命，來到蔣的鎮上，要求他回到南方。[69]戴宣稱陳炯明目前已全力為黨服務，而孫醫師已去到廣州，在那兒領導軍政府，而其目標是準備征討華北的軍閥。他堅持蔣及其他人，都必須忘卻所有爭議，在南方緊密聯合起來。但蔣無意如此，會談一無成果。「促我出山作事，」他說，「是促我之壽命。」

結拜兄弟互相叫罵，戴氣極甩門而去。不過事後他們交換禮貌信函，正可額外提供有關蔣的性格與此時其政治觀點的資訊。這些信件的第一封，日期是一九二一年元月五日，蔣坦承：「弟素性急躁，平時對人又欠恭敬……不知不覺之間醞釀之久，是以爆發於今。」

對此，戴在下一週回覆：「前日兄云，『促我出山作事，是促我之壽命』，此語弟聞之頗痛……兄之自我之強，有不可當者。然而杯酒失意，輒任性使氣，不稍自忍，以此處世，深虞召禍。即不然，亦足礙事業之成功。」

蔣反駁道：「〔廣東〕內容複雜尤非吾兄所能盡悉。如以對我個人言之，則揮之使去，招之使來，此何等事，而謂吾能忍受之耶？氣度太褊狹則或有之，然吾人妄自尊大固不可，輕自菲薄，亦何可為耶！來函謂我有促出山作事是促我壽命一語，此係兄誤聽弟言，或誤會弟當時之意也。弟當時只言我的性質暴戾，不適合於世，必離隔朋友，獨居深山荒野之間，或可延長命運。」[70]不過蔣還是對戴的話語細加尋思。接下來兩個月，孫逸仙寄來的四封電報也有其效果。他還收到黨內其他同志的信函，像戴季陶一樣，他們懇求他為了共同大業，犧牲自我。

經過一番艱苦的內心掙扎，一九二一年元月二十日，當國民黨部隊宣布動員攻入廣西省的時候，他終於決定去廣州。[71]這將表示他和孫逸仙兩人一直奮鬥的北伐之開始。蔣甚至為此役準備了一份新的、詳細的計畫給孫，這次希望在廣西之後拿下四川，接著是陝西與湖北。放棄沿著福建與浙江海岸朝東打，現在他堅持朝西移動。[72]當他終於在一九二一年二月初抵達廣州，會見黨領袖時，蔣再次表示他對陳炯明忠誠的懷疑，但孫只重複他在信件中所寫的：「試著和我們的朋友攜手合作。時間是站在我們這一邊的。」[73]

蔣試過了，但為期不久。兩星期後，他遞交辭呈，之後又赴上海。[74]他在留給孫的信中批評陳炯明是「非見危授命尊黨攘敵之人」，希望孫能改變他並指導他。[75]

然而孫並沒有把他頑固但卻忠心耿耿的弟子的勸告放在心上，看來他和陳炯明的關係很緊密。狡猾的陳努力讓孫相信，他是忠於他的人，他甚至愚弄了刻正試探性地到訪華南、經驗豐富的蘇俄代表們。依照幾個激進傾向的中國人之言，陳炯明早在一九二〇年四月，就把漳州改造為一個真正的「閩南莫斯科」。[76]其中的第一人路博（Lubo，未知他原來的俄羅斯姓氏），為了遞交來自列寧的個人信函，[77]特別到漳州去見陳炯明。廖仲愷與朱執信參與了此次的會面，後者為陳草擬了一份給列寧的回函。路博向與談者介紹蘇俄的情勢，熱烈歡迎中國革命的發展，並且表達蘇俄隨時準備對中國在實現國民革命時施予援手。廖仲愷與朱執信向孫逸仙報告了此次會談。[78]一九二一年元月，另一名布爾什維克代表——之前我們已提過的吳廷康——也拜訪了陳炯明，這次是在廣州。他對陳致以極大的同情。[79]蘇聯的中國外交使節顧問，老布爾什維克維連斯基－西筆里亞科夫（Vladimir Dmitrievich Vilensky-Sibiriakov）在一封給列寧的信中，形容陳炯明是「正在經歷解放的青年中國的領袖」之一，「以他的政治紀錄，以他對革命理念的熱誠，以及他的組織才能」，他「或許能與孫逸仙放在同一地位」。[80]一九二〇年十二月，甚至著名的左派公眾人物陳獨秀，也到了廣州。不要忘記，此時他已開始積極地與共產國際合作。在陳炯明邀請下，他出任廣東省人民教育委員會主席。[81]

一九二一年四月七日，孫逸仙被宣告就任中華民國非常大總統，並於五月五日舉辦就職典禮。（實際上，他只控制了部分的華南，但這樣聽起來更有分量。）不久，他收到一封來自蘇俄人民外交委員齊采林（Georgii Vasilievich Chicherin）在一九二〇年十月三十一日寄給他的問候信函，一九二一年八月二十八日，孫回函道：「殷切期望同齊采林以及莫斯科方面其他友人保持私人的接觸，並對俄國蘇維埃的組織、軍隊和教育體制有興趣；尤其是在教育方面，希望像莫斯科一樣，在青年學子中深深的打下中華民國的基礎。」他請求齊采林向「我的朋友列寧」深致問候。[82]

蔣當時正在溪口，他的母親已罹病一長段時間，他正設法減輕她的痛苦。但恰在此時，他收到孫的電報：北洋軍閥出乎意料地宣布要攻打南方的廣州政府，而國民黨領袖向他求援。陳炯明也請求他回返。孫、陳及其他黨內戰友的電報接二連三地到來。四月二十一日，孫甚至通知蔣，他已如蔣所願，宣布了動員令。在一九二一年五月下半，蔣第七次動身往南。[83]然而在他抵達的第三個晚上，他做了一個怪夢。一座覆滿白雪的山出現在他面前。由於在中國，白色代表哀悼，蔣情緒極壞。此夢是個預兆。第二天蔣接到一份家鄉來的快報，告訴他母病每下愈況。現在甚至孫也無法留住他。五月二十七日，他從廣州搭船出發，在五月三十一日午夜回到溪口。[84]他並未參與在六月開始的攻克廣西戰役。

然而他無法幫助母親，因此深陷憂鬱並且一直充滿怨氣。他不只在世間最愛母親，也把她當作是最親密的朋友。現在他覺得自己變成完全孤獨了，他一點都不想和任何人打交道。「除母子之外，天下決無義友紅戚。無事則首聚談心，似為至交，有事則彼此避匿，一如風馬牛之不相及者，甚至背笑腹罵，幸災樂禍，今而後乃知友朋之交，竟止如此而已，抑或吾自不能以誠待友乎！」[85]他在日記中寫道。病弱不堪的王氏在一九二一年六月十四日上午七點四十九分安靜地過世，享年五十八。[86]

蔣消沉已極。他面無表情地看著高聲哭喊的親戚與鄰人聚集屋內，他們把遺體放在正廳中由三塊板子做成的所謂「水床」上。之後婦女清洗遺體，用紅繩把雙腳綑在一起，這樣逝者就能安靜地入眠而不再起身。有人把窗子密封起來，用白紙做一個家庭祭壇，另外有人在屋子大門張貼一張祭奠告示，還有人把一隻死公雞懸吊在逝者上方，這樣死神就不會再來光顧這間屋子。根據地方迷信，閻羅王要看到兩具屍體才滿意。不久，蔣母曾帶髮修行的金竹庵的尼姑來到，為逝者誦經祈福。每個來悼祭的人，都放一根頭髮在亡者手中，表示他們在她來生也願作伴。保持冷漠的蔣，也拔下頭髮，放到他母親冰冷的手中。第二天，裝著遺體的棺材被放進一個幽深冰冷的地窖，要一直放到葬禮舉行的時候。依照地理師（剛好是蔣特別從上海請來的一個老國民黨員）的建議，葬禮應該在十一月二十三日舉行，那是大吉之日。[87]

三天後，蔣收到了孫逸仙的一封悼慰電報及兩千元，還有陳炯明的一千元。不久許多黨內同志的慰電一一到來，包括盟兄張靜江及戴季陶。但蔣依然悲不自勝。他捐出一萬元給金竹庵，請她們用這筆錢去建一所尼姑學校。之後，他處理所有關於十一月二十三日隆重葬禮的財務問題。他決定喪事要在溪口以西約兩里的一座山頂舉行。[88]到那天，墓地應該已經準備好，臨時的墓碑應該也已豎立起來。（永久的墓碑應該在兩年以內完成。）清理土地與挖掘墓穴的初步花費，估計要花三到四千元。[89]

之後在一九二一年八月底，蔣前往上海，並從那兒再次航行到廣州。在那裡他花了幾天的時間，和孫逸仙及那些和他關係最密切的人，討論北伐的計畫與時程。之後他起程到陳炯明的總部，廣西省會南寧。但此地讓他再次感到失望。陳並不想展開北伐，認為首先必須鞏固他在華南的地位。[90]蔣再次失控。「廣東、西者。欺人殊甚，不勝嫌惡。」他在日記中寫道，「由此而知最有友誼者粵人，最無道義者亦粵人。」[91]

蔣在盛怒下回到廣州，把情況報告給孫，後者召開一次和自己夥伴的祕密會議。會中決定，由蔣親自指揮的第二軍，在適當的時機，向湖南南部發動北伐。[92]然後他讓蔣回到溪口，埋葬母親遺體並執行所有必要的儀式。

在十一月二十三日預定的日子，隆重的葬禮在地理師先前選定的山丘上舉行。應蔣的請求，蔣的領袖與導師為其母送來墓石，豎立在紀念碑上。其上銘刻著「蔣母之墓」。其文體為孫本人的書法，由領袖的親密戰友胡漢民與汪精衛鐫刻。[93]孫派蔣的結拜兄弟之姪子陳果夫來參加葬禮，並轉達共和國之父的弔唁。[94]

代表孫的陳果夫，要求蔣盡快回到廣東。他下定決心展開北伐。[95]在離家前，蔣向毛福梅與姚冶誠宣布，現在母親喪事已了，他要和她們離婚，所有家產要分給兒子們。家事的安排將交給他的非血親舅母孫氏（他父親第二任妻子的妹妹）。實際上，他並沒有正式和毛福梅離婚，因為她和她的親戚堅決反對。毛福梅只喪失其財產權，但繼續住在溪口。和情婦姚冶誠的事情比較簡單，蔣答應給她一筆相當的生活費，而她也就答應了。[96]他的長子經國留在母親身邊，幼子緯國跟著姚冶誠。他給他們兩人都寫了一封信，說從今而後，在他們的祖母過世後，他能讓自己「一心致力革命」，「余十八歲立志革命以來，」他說明道，「本已早置生死榮辱於度外，惟每念老母在堂，總不使以余不肖之罪戾，牽連家中老少。」蔣宣告：「今後既與家人脫離關係，可無此念。」[97]

幼子緯國在他離去時嚎啕大哭。他想跟著父親，不斷大喊：「爹！爹！」他緊攬蔣的頸項，姚冶誠費了好一番功夫才把他拉開。蔣心如刀割。他愛這個收養的小兒子更甚自己的親子（「緯兒可愛，經兒可憐」，他在離家前夕這麼寫道）。[98]但他必須擔起自己的責任。十二月十二日，他再一次走向外面的大世界。[99]對自己的家，沒有更多的可以給予了。

第二部

PART II

反帝國主義革命

THE ANTI-IMPERIALIST REVOLUTION

第五章
廣州—上海—莫斯科—廣州

在一九二一年十二月南向途中，蔣在上海停留了幾天，為自己解決了另一個重要的問題。他新納一妾，此一新情婦真的只是一個小女孩，她在三個半月前才剛滿十五歲（她出生於一九〇六年四月三日的馬年）。蔣自己現在是三十五歲，所以兩人年齡相差十九歲。

蔣在這一方面，可自認為是孫逸仙的忠實學生，不要忘記，後者也愛慕天真的青少女。在孫結婚時，他的妻子宋慶齡雖非十五，但也不過是二十三，而孫那時已五十歲了。

這個女孩名叫陳鳳，來自非常富裕的上海人家，和蔣的結拜兄弟張靜江極為熟識。蔣兩年半前在張家第一次見到她。她當時大約十三歲，長相十分普通：又高又瘦，有一張大嘴及稍稍前突的下巴，但一雙黑幽幽的眼睛像能看穿別人的靈魂。她舉止拘謹，但顯然受過良好教育。僕人及朋友稱她阿鳳，或者以英文叫她珍妮（Jennie）。

但後來證明，和外表相反，她絕對不是好惹的。蔣一九二七年九月離開她，和宋查理的三女兒、孫的朋友、也是宋靄齡與宋慶齡的妹妹宋美齡結婚時，她就是無法放下這個恥辱。在蔣內戰失利飛去臺灣後，她將於一九六四年住在香港時，寫下一部回憶錄。其中，首先她堅稱她是蔣合法的第二任妻子（排在毛福梅之後），而事實上她只是他正式的妾；其次，她說了一籮筐關於蔣介石、姚冶誠與宋美齡的骯髒故事。例如，「瑞元無賴」遇到她之前，在上海與東京淫亂的性生活，導致他感染淋病，在治癒之後再度染病，並在他們蜜月期間傳染給她。他們二人最後都治好了，但蔣罹患了副睪炎，以致往後一生都不孕。她又說，據稱姚冶誠之前的情人，報復冶誠為了蔣而離棄他，把一鍋滾燙的魚翅湯從她頭上倒下，造成冶誠皮膚嚴重受傷，顏面大為毀損。她還發誓，蔣介石從沒愛過宋美齡，和她結婚只是為了政治，甚至從未和她上床過。總之，照她的說法，蔣一生只愛她一人，他高傲的美人：無論是之前、兩人在一起的歲月，以及和她決裂以後。[1]

當然，她說的許多事都無法證實，在一九九二到一九九三年幾乎同時在臺灣、中國和美國出版的這本書，給人一種大體上是廉價浪漫小說的奇怪印象，帶著所有的元素：鮮血、激情、背叛、一把利刃、性病，甚至一個野蠻土包子強暴一個十三歲女孩的企圖。蔣先是被形容為一個渴望愛情的年輕軍官，為了贏得一個冰山美人的青睞，準備剁下自己的指頭；接著是一個邪惡的自私鬼，他對女人的背棄，害得她差點自殺。書中所描述的只有少數事件，由於有文獻佐證，不致引起質疑，但一般來說，此書確實充斥著一些錯誤與公然的虛構。只是令人驚訝的是，包括諸如范比在內的幾位蔣介石傳記作者，卻都毫無質疑的把其所有內容視為真實。

舉例來說，珍妮聲稱，蔣於一九二一年十二月五日在上海正式和她結婚，之後年輕新婚夫妻在大東飯店住了三天，再到蔣的老家溪口鎮十天，然後在上海四天，之後造訪蘇州，並再次回到上海，在那兒治療淋病至少十天。[2]如果她有關十二月五日的宴會資訊是正確的，那麼她說的大部分都是不可能的，因為根據蔣的日記，他是在十二月十五日下午兩點離開大東飯店到香港，並在十二月十八日上午九點抵達目的地。[3]這表示，總的來說，他只有九天，一點都不多，包括治療淋病。顯然，他和她確實到過溪口（至少，根據他的日記，十二月十二日蔣在寧波，和溪口只有一箭之遙），但所有其他的，都是一個憤憤不平的女子幻想的結果。[4]

事實最可能是這樣。當蔣欣賞的女孩到了適婚之年，在蔣請求之下，張靜江和她的母親（父親已在一九二一年九月七日過世）談了一下，她同意女兒去和這位重要的國民黨將軍、張靜江的結拜兄弟，以及共和之父孫逸仙的戰友同居。因為蔣並未正式和毛福梅離婚，所以對一宗合法的婚姻不可能有任何的討論。不過，在舊中國，一個寵妾的地位，不會低於、有時甚至比失寵的髮妻還重要，所以在這方面是不成問題的。蔣提出要求，珍妮接受了，並且在大東飯店的接待大廳舉行了一個宴席。但並沒有「婚禮」，雖然珍妮敘述的「結婚證書」，據說有蔣和她自己的簽名，還有張靜江、媒人、她母親與新郎的證人戴季陶的作證，但她既沒提出證書的複本，也沒有婚禮的相片。再者，蔣在日記中沒有關於結婚的隻字片語。他只寫道他在上海住進大東飯店。[5]

一九二一年十二月末，蔣介石帶著他的新寵妾抵達華南。他給他的心上人一個新名字「潔如」，意為純真和貞潔，她很喜歡這個名字。

此時孫在廣州西北約一千里的桂林。那裡由孫視之如子的許崇智指揮下的國民黨部隊，都效忠於他。他們在當地正在為北伐作準備，而孫則不斷地召開軍事會議。[6]此外，從一九二一年十二月二十三日起，孫逸仙在桂林和一個新的共產國際代表Hendricus Sneevliet舉行會議。後者是一個荷蘭猶太人，他以Maring的假名在共產國際執委會工作，該名的中文發音近似馬林（Ma Lin），他以此名面見孫。在中國他也以安德森（Andresen）與菲利普（Philipp）之假名為人所知。他年約四十，非常自信，充滿活力而且氣勢逼人。[7]

馬林帶著自己的翻譯來見孫，這是一個大約二十三歲、戴著圓形大眼鏡、貌似知識分子的年輕中國人。他的名字是張太雷。馬林建議孫，在國民黨與蘇俄間，建立一個祕密聯盟，並派送幾個國民黨「代表」偽裝商人，經德國到莫斯科。他同時建議國民黨把目標放到一般大眾身上，為革命的需要來設置學校訓練軍事幹部，並且把國民黨組織成一個強大的政黨，以將社會各不同部門的代表結合在一起。[8]他給許崇智部隊的軍官做了一個關於蘇俄的演講，強調在內戰以後，以恢復部分市場關係為目標而轉向新經濟政策的布爾什維克黨，很可能會逐漸脫離共產主義。[9]

他的提議給孫留下特別深刻的印象，孫私下向馬林保證他自己是一個「布爾什維克」。[10]一九二二年元月四日，孫在桂林一個廣東同鄉聚會的場合，告知大家，他想在中國建立一個像蘇俄一樣的國家，那是「一種新的共和型式」。[11]在向廣州的戰友廖仲愷寫的信中，[12]他說道：「俄國經濟狀況，尚未具實行共產的條件。故初聞蘇俄實行共產，甚為訝異。今與馬林談始知俄國的新經濟政策，與我們的事業計畫，相差無幾，至為欣慰。」[13]孫現在深信「平均分配資產原則已在俄國實施」，而他自一九〇五年就開始奮鬥的民生主義，已「完全付諸實踐」。[14]

此時在俄國布爾什維克的協助下，中國的共產主義運動開始發展起來。在陳獨秀依靠共產國際代表吳廷康的財務支援下，於一九二〇年七月在上海組織第一個布爾什維克組織後，北京、長沙、濟南、廣州、武漢甚至東京，類似組織都出現了（最後兩地由中國學生合組）。在馬林與蘇俄另一個特使尼科爾斯基（Boris Nikolsky，又名 Vasilii Bergi、Vasiliii、Vasilev，他的真名是 Vladimir Abramovich Naiman）幫忙下，中國共產黨（CCP）第一次代表大會在一九二一年七月的上海與嘉興（浙江省）召開，會中陳獨秀被選為中央局書記。陳並沒有與會，因為他在廣州，時為廣東政府的部長之一。

在當時中國共產黨員並沒有多少，只有五十三人，但他們全都決心要改造中國，並置之於蘇維埃布爾什維克的道路上。早在一九二〇年夏，共產國際就下定決心，將中國共產主義者與當地的民族主義者建立成一個反帝國主義聯合陣線，像其他殖民地與次殖民地一樣，這些地方的民族問題比社會問題更為迫切。然而中國最早的共產主義追隨者，一致堅決反對和孫逸仙有任何結盟，雖然他們自己的領導者陳獨秀是廣州的一個部長。馬林與尼科爾斯基未能成功說服他們。[15]

馬林的南方之行，以及和孫與包括陳炯明在內的其他國民黨領袖的會談，再加上對國民黨在廣州組織勞工運動的成就的認識，強化了他說服中共領導者宣布放棄「他們有關國民黨的片面立場」。此外，馬林想到中共應該加入孫逸仙的政黨，以便於「在國民黨內部從事政治活動」。他評估以此種方法，中共將能更容易地在孫逸仙支持者掌權的華南，和勞工與士兵接觸。當然，馬林強調，中共不應該「放棄自己的獨立性，相反地，同志們應討論在國民黨內部該追求何種戰術……當他們不與國民黨結合時，這些〔共產黨員的〕小小團體的宣傳狀況，真的是非常可憐」。[16]孫逸仙與一些其他國民黨領袖歡迎馬林有關共產黨員加入國民黨的提議。他們向共產國際代表保證，他們不會阻止共產黨員在他們黨內的宣傳。但對於國共兩黨之間的共同合作，孫是悲觀的。[17]

馬林在一九二二年元月中離開桂林，那時蔣與陳潔如正好抵達孫逸仙的總部。[18]蔣可能恰巧錯過會見莫斯科的特使，否則他應會在日記中有所記載。當然，有可能孫就是不想讓蔣介入他的政治與外交事務，因此並未把蔣介紹給馬林。在此刻，他通常只是試圖利用蔣來作為一個軍事顧問，看重他作為一個參謀與戰略家的才幹。

在政治諮商方面的人才，孫有胡漢民與廖仲愷，兩人均體弱但精力充沛且才華橫溢。生於一八七九年的胡漢民，是一個出色的公關專家與無畏的革命分子，和孫特別親近。作為革命同盟會主要機關報的《民報》編輯，在辛亥革命期間，他擔任廣東都督，然後，像陳其美一樣，在反袁世凱之後失去職位。比胡大兩歲的廖仲愷，也參加了革命，並且也一樣大膽地與袁鬥爭，孫認可他的組織才能。孫又高度重視黨的最佳演說家汪精衛，他在一九一〇年因安排謀刺滿清攝政王載灃而變得特別出名。當然，行動失敗了，而時年二十七歲的汪，被判終生監禁，要到辛亥革命才獲釋放。[19]這三位革命家從同盟會成立以來，就是孫的智囊團，而他們在黨內的地位，是在蔣介石之上的。在這時，他們三人，特別是廖與汪，熱切地支持國民黨與蘇俄之間關係的發展。[20]

蔣精神飽滿地到達孫的總部，並帶著一份詳細的北伐計畫。但他很快就發現，再一次，軍事北伐行動是無望的。雖然許崇智與滇軍和他聯合起來有三萬名官兵，但孫既沒有充足的資源，也欠缺軍火。陳炯明繼續反對北伐，雖然與孫妥協時，他答應送來資金與武器。但到最後一刻，他讓孫失望了，而且在一九二二年三月底，他甚至安排暗殺孫的中間人，此人正在香港進行爭取武器的談判。[21]

蔣立刻向孫建議，對在廣州的陳炯明發動懲罰性征討，但孫不同意。他只解除了陳在政府中的粵軍總司令、廣東省省長、陸軍部總長與內務部總長職位，他不想負起和陳開戰的責任。蔣再次於四月退職；怨恨與惱怒再起之下，他和陳潔如前往上海，在四月二十七日抵達。[22]他從那裡到湖州（浙江省）的太湖邊他結拜兄弟陳其美的墓地。[23]顯然的，他想把所有近來累積在身上的怨氣向老朋友發洩一番。

同時之間，孫與陳炯明之間的武裝衝突已到了一觸即發的關頭。在接到解除他所有職位的命令後，陳即刻離開廣州前往他自己老家、粵東的主要城市惠州。他還沒有準備好與孫一決高下，因此決定先回家鄉鞏固自己的地位。陳不滿孫長期以來的野心，對他想快快把全國控制在他手中的莽撞願望感到惱怒。和孫逸仙不同，陳炯明認為目前不可能靠武力統一中國，因此他贊成組成一個中國聯邦，亦即，基本上是全國獨立區域結成的一個聯盟。他想像自己作為擁有三千萬人口的粵桂兩省結合而成的廣大區域的軍事首長。在一九二二年初，他與孫逸仙的矛盾，已然明顯到逃不過馬林的眼睛了。「他和孫逸仙的關係已然非常負面了」，[24]馬林後來向莫斯科報告。陳開始堅持要孫辭職。[25]

孫同樣也對陳越來越怒不可遏。「我是總統，部會首長理當服從我」，[26]他向另一位一九二二年四月底從莫斯科來造訪的代表達林（Sergei Alekseevich Dalin）憤憤不平地說。「他公然出來反對我……沒什麼妥協可言。」他甚至訴諸威脅：「我有八吋大砲，火力強大，可以在三小時內收拾他們六十個營。」[27]

五月九日，他宣布攻打江西軍閥的北伐開始，在許崇智麾下效忠於他的部隊越過邊界進入該省。孫與他的其他同志，不停地號召蔣介石回返。但他咬緊牙關並在滿懷怨氣下，從上海不停去電孫與其他國民黨領袖。他堅持必須與陳炯明做一了斷，指出那是北伐得以成功的必要條件。他甚至寫信給陳炯明，請求他「基於我們過去之友誼，我熱切的勸你永遠退休，或至少目前暫退」。[28]

很難說蔣是否知道，正是他的電報，挑起陳與孫之間一個公開的衝突。很可能他是刻意讓情勢更加惡化。儘管他在黨內的同志一再警告，督促他「請勿再催促總理進攻陳炯明將軍」。例如胡漢民寫信給他：「你給各同志許多信件電報，將引致重大困擾……不少傷害及惡感，已因此發生。尤可慮者，設如陳炯明竟然相信此等謠言，則廣州可能輕易就成為血腥戰場。」[29]

這正是所發生的事。一九二二年六月十五日至十六日晚，陳炯明的支持者再也不能忍耐，起而反叛孫逸仙。孫與妻子在如雷槍砲聲中，奇蹟似地逃離總統府。宋慶齡和友人在廣州對面珠江南岸的嶺南大學避難。（她懷有身孕，但當晚因焦慮而流產。）[30]孫本人逃離到停泊於珠江廣州港口的永豐艦上。在那兒，他失落到近乎要「自殺」，[31]六月十八日他給蔣介石發一封電報（為保險起見，他指名給蔣的兒子緯國）：「粵局危急，軍事無人負責，事緊急，請速來。」[32]汪精衛與孫另一位親密朋友林業明，也發給蔣類似有關政變的電報。[33]

我們可以想像蔣應該會有什麼感覺。「當初我就料到這件事！我料到這件事！」他喊道。然後轉身向陳潔如，脫口而出：「準備行裝！我們要搭最早一班船去廣州！」[34]之後他寫信給張靜江，託他如若自己身亡，請照看他的家人，又透過孫的戰友、上海商會會長籌集了六萬元，在六月二十五日，和陳潔如已在一艘從上海開往廣州的船上了，並在四天以後抵達。[35]

登上永豐艦，他看到孫幾乎忍不住淚水。在所有宣誓效忠他的軍事人員中，現在除了蔣，他一無所靠。許崇智與其他將軍們在江西前線，不久消息就到來，在攫取廣州後，陳炯明攻向許的部隊，並重創他們。北伐已陷入泥淖，孫已無處可以求援。在絕望下，他轉向美國，請求他們派遣部隊到廣州，但美國政府拒絕了他的提議。他試圖和陳炯明聯絡，但對方毫無反應。[36]

在此情況下，蔣勸告唯一正確的決定就是：即刻逃離。他保持冷靜；幾乎每日登艦，閱讀柯南．道爾（Arthur Conan Doyle）的《福爾摩斯偵探案全集》。[37]這位偉大的偵探在一團混亂中，能一心專注的能力，必定給了信奉新儒家主義的他深刻的印象。

孫同意逃離，並在八月九日下午四點，和宋慶齡、蔣及陳潔如，搭乘一艘英國提供的雙桅帆船摩西號前往香港。八月十四日晨再搭加拿大郵輪俄國皇后號從香港抵達上海。[38]在離開前，孫送一便條給留在廣州的達林：「這些日子以來，我對中國革命的命運做了很多思考。對我以前相信的幾乎每一件事，我都感到幻滅。現在我深信，中國革命唯一真誠的朋友只有蘇俄……萬一事不成功，我將前往蘇俄。」[39]

回到上海後，孫不久就和莫斯科建立起更密切的關係。在一九二三到一九二五年他與軍閥的不對等鬥爭中，他因為沒有自己的軍隊，而不得不接受他視為理所當然的盟友——反帝國主義的蘇俄——的財務與軍事支援。後者那時不僅在內戰中對白軍取得決定性勝利，也打倒了帝國主義的干預。其結果是布爾什維克政權的成立，還有在其指導下的共產國際，目標是帶來一場全世界的社會主義革命。現在他們變成中國政治舞臺上最重要的演出者。

蔣也在極短時間內向左派靠攏。從一九二一年十月到一九二三年三月，可在其日記中發現如下記載：「擬辦學堂事，為鄉愿阻礙不少。……鄉間事業辦理之難如此，社會不知何日方有進步。……鄉居極感痛苦，事事為鄉愿所阻礙，不能改良稍些，愧恨無涯。……中國商人見之頭痛，商家利祿之心，狡猾之謀，過於官僚也。」他又補充道：「又因奸商妒忌，發怒憤激。」一九二一年底他離開溪口走向更大的世界，他發誓：「鄉愿不死，殊無回鄉之樂，甚想不願來鄉也。」在農村精英被徹底摧毀前，他絕不回頭，雖然在他靈魂深處，他承認這樣做是他母親敬愛的佛陀說的「殊非其道」。[40]

和孫回到上海後，在孫的要求下，蔣專心起草一個計畫，要把中國革命的軍事基地，轉移到蒙古的首都庫倫。此計畫需要和蘇維埃協調合作，因為在辛亥革命之前由滿清掌控的蒙古，一九一二年之後，事實上依照一項祕密條約，已變成俄羅斯的保護國，被劃歸在沙俄之內。十月革命之後，由恩琴（Roman Fedorovich von Ungern-Sternberg）男爵領導的白軍占據了蒙古，之後紅軍在一九二一年五月到八月間攫取過來。包括孫在內的所有中國政治人物，儘管認為蒙古是中國領土，但孫現在要仰仗蘇維埃支援，對蒙古出現的布爾什維克部隊，也只能視若無睹。[41]

蔣的計畫並不切實際，但得到了當時狀況不佳的孫的批准。蔣打算未來兩年內，在蒙古組織並武裝一萬八千到三萬名的官兵。下一步是攻入中國，推翻北京政府，成功控制整個黃河流域以及由西向東橫亙華北地區的隴海鐵路。[42]之後他計畫跨越長江[43]並解放華南[44]。

從九月底到十二月底，孫和前紅軍軍事學院院長，也是蘇俄駐華武官的格克爾（Anatolii Ilyich

Gekker）、馬林，以及一九二二年八月抵達北京，擔任蘇俄外交使節團團長的布爾什維克領導人越飛（Adolf Abramovich Joffe），討論這個他稱之為「大膽、創新、革命性的」計畫。越飛向莫斯科通報這個在他看來是「幻想」的計畫，但孫「一直執迷不悟」。[45]一九二二年十一月，孫派一位他信賴的助理到北京與越飛聯繫，並在十二月底向越飛提出一個不容迴避的問題：「我能動員大約十萬人從四川經甘肅到內蒙……**你的政府能經過庫倫來幫我嗎？如果可以，會幫到什麼程度？又如何幫？**」[46]但是蘇聯政府並不急著回覆。而孫繼續和越飛、馬林以及蘇聯與共產國際的其他代表磋商，他甚至還寫信給列寧、托洛斯基和齊采林。

同時，為了取得俄國的信任，他開始和中國共產黨員就他們加入國民黨一事舉行會談，並在此基礎上，建立一個聯合反帝國主義陣線。一九二二年九月初，孫接受了首批四個共產黨員入黨任職，包括陳獨秀與張太雷。[47]一九二三年一月一日，他發布了有關重組國民黨的宣告，第二天他在上海召開一個關於黨務的會議，在會中他揭示了黨的計畫與章程。孫的三民主義在這些文件中被以一種更激進的方式重加詮釋。孫特別強調反帝國主義、維護工人權益，以及中國的民主變革。[48]

在整段期間，蔣不只襄助領袖，並且強化他在黨內的位階。除了草擬軍事計畫，一九二二年九月十三日，他還寫了一本七十頁的冊子《孫大總統廣州蒙難記》，以編年體涵蓋從一九二二年六月十五日到八月十五日的事件。此冊一九二二年十月在上海出版，此後再版了許多次，對蔣饒具深意。其中主要人物為孫逸仙與蔣自己——領袖弟子中唯一奔往馳援者。在蔣請求下，孫為之作序，而張靜江以美麗的字體慎重地寫下名稱，之後並印在封面上。序言中，領袖稱讚他忠實的弟子：「陳逆之變，介石赴難來粵，入艦日侍予側，而籌策多中，樂與予及海軍將士共死生。」[49]為了爭取自己在孫身邊的地位，他甚至機巧地選擇書名——它令人聯想到孫自己對他一八九六年在倫敦被綁架的回憶（孫的書名為《倫敦蒙難記》）。

同時蔣公布了一張在艦上拍的照片——他，一個年輕軍官，站在孫身後，彷彿在保護領袖，防止任何可能的背叛打擊；二人皆著白色海軍貼身制服，而他們的目光散發出勇氣，直直看向正前方。正如那本書冊，照片確立了蔣是總理（孫在黨內的稱號）最密切的戰友角色，明明白白向孫的每一個扈從展現了蔣與領袖的親近關係。

蔣在上海參與一系列孫召開的軍事會議，一再建議攻打陳炯明的作戰計畫，最先是從福建，之後是從廣西。一九二二年十月二十日，孫派他到閩南，並任命他擔任許崇智部隊的參謀長，許在對抗陳炯明戰役失敗後，再次部署該地。

然而蔣情緒不平衡的特質又再次浮現。即使許崇智一直視他如兄弟——他們同齡——蔣設法在他指揮下工作也只維持了一個月。十一月二十七日，他又到了上海並從該處回到家鄉。極可能的是，他就是無法讓自己從屬於大部分人。除了他已過世的母親、已故的盟兄陳其美、孫逸仙及張靜江，他無法承認任何其他的權威人物。我們應該還記得，自幼他即自認高人一等。現在他既然已成為一名將軍，並且是領袖的親密戰友，他極可能無法與其他任何人共處，特別是在軍中。所以他一再和許崇智發生口角，先是陷入憂鬱，接下來變得歇斯底里。

幾乎還沒有冷靜下來，一個月之後他再次應孫逸仙新的請求，動身前往福建，但還是只有很短的一段時間。在一次和許崇智爆發激烈爭執後，他回到上海又再前往寧波。[50]作為一個極為衝動並且心理不平衡的人，他就是「無法以理性控制自己在壓力下的行為」。[51]再一次，如同一九一四年一樣，因為神經衰竭，他的眼睛劇痛而且一度失明。他找不到容身之處，現在在所有之外，還加上眼疾！從他的日記判斷，他現在心緒低落到開始認真考慮自殺，只有在相信「天意」把黨交託在他肩上的信念，才讓他打消念頭。[52]

蔣確實是一個難以相處的人，而包括孫逸仙在內，重視他、尊敬他的人，必須以極大的耐性來和他打交道。他知道自己神經不正常，因此，繼續照著他自幼開始的日常行事，每早在五或六點起床後，無論天氣如何，在敞開的窗前靜坐冥思半個小時，雙腿盤坐身下，雙臂交叉胸前。他是遵循他最喜愛的哲學家、新儒家學派的王陽明之建議，後者強調，在觸及個人的自我上，在開發每一個文化人正面的、創造性的潛能上，冥想具有的重要意義。他甚至曾經請求孫逸仙以書法為他在紙上寫四個字：靜、敬、澹、一。[53]在寫下這些字後，孫在二月二十一日的舊曆年，把這幅字送給蔣，蔣把字掛在他屋子裡。[54]

同時之間，在一九二三年元月中，孫以四十萬元賄款爭取到的廣西與雲南部隊，對陳炯明施以一系列重擊，迫使他逃往粵東。[55]此事讓莫斯科更有興趣建立與孫的關係。一九二三年元月十七日，越飛親自到上海會見孫。以蘇維埃代表自己的話，孫逸仙在談話中，提供給他「從頭到腳」「明確的」軍事計畫。孫既不再要求蘇俄介入中國，也不要求提供蒙古的土地給他的軍隊，但是，如未來將顯示的，他也沒有否認這些計畫。此次他只要求軍事與財務支援，因此越飛熱切地支持他。在給列寧及布爾什維克黨其他領袖的一封信中，他建議他們在必要時與孫妥協。[56]

在元月二十六日，越飛與孫在上海發布了一則共同宣言，強調：「中國當得俄國國民最摯烈之同情，且可以俄國援助為信賴。」兩方都表現「關於中俄關係各重要事件，意見一致」，特別指出「共產組織或甚至蘇維埃制度，事實上均不能引用於中國」，因為尚欠必要的條件；「中國最重要最迫急之問題乃在民國的統一之成敗與完全國家的獨立之取得」。[57]

一個月後的二月二十一日，孫回到解放的廣州，再次領導一個地方軍事政府，也再次宣稱自己為大元帥。一九二三年三月八日，俄共（布爾什維克）中央委員會政治局終於採取決策，提供「給孫逸仙一筆大約二百萬元墨西哥幣的金錢支援」，[58]同時派給他一團「政治與軍事顧問」。此外，政治局決定「在華西建立一個革命軍的基地」。[59]

當還在上海時，孫開始急切召喚蔣介石和他一起到廣州。一九二三年二月三日，他將蔣列入他親自領導的中國國民黨本部軍事委員會委員。二月十八日，任命蔣為參謀長，但不是在蔣不願從屬的許崇智軍，而是孫自己個人的總部。[60]

但蔣繼續感到不舒服。不只是生理上的，也是情緒上的。很可能他只是無法擺脫他例常性的神經失調週期，並且不斷地困擾在自己與他和周遭人的關係中，從他日記所載可以明顯看出。「父母期望我克成完人，」在這些日子他寫道，「小子今日過惡滿身……除中師（孫中山）外，誠意待我者屈指為誰，昔日以為可信之人而今愈不可信矣。天下事惟求諸己者為足恃也。世間唯一中師可親，此外則家中小孩子，餘皆厭物也。」[61]很有可能此時他將其新歡——陳潔如——置於這些厭物之列。無論如何，他那時沒把她當一個親近的人似的提到她。不過，在孫逸仙、張靜江、廖仲愷及其他黨內同志急切要求下，他在一九二三年四月中，帶著她一起到了廣州。

在廣州，他開始專注在草擬摧毀盤踞粵東的陳炯明部隊計畫。作為大元帥的參謀長，現在他只向孫負責，因此吾人可能以為他的自負總算得到滿足了。但非也！即使這樣，他還是覺得微不足道。一如此前，他希望所有軍官將領都毫不質疑地接受他的作戰計畫，但其中還是有些人有他們自己的想法。此外，他和孫逸仙政府的財政部部長廖仲愷，在有關軍隊的財務問題上產生了爭執。

其結果是在七月十二日，蔣暴躁復起，「盛怒下」大罵廖仲愷，之後他再次提交辭呈，並在幾個小時後和陳潔如登船出發前往香港。從香港又再奔赴上海，之後回到家鄉。[62]在離開時，他留下一封信，信中對他從前的朋友——廖仲愷與許崇智將軍多所抱怨，而且，就像他以前一再做的，請求把他送到俄國，聲稱從莫斯科回來後，他將接受任何可以讓他不受別人干擾做自己事的軍中職位。他沒有具體說明他心目中的職位。[63]

當時在廣州的共產國際代表馬林大為吃驚。他最近花很多時間和蔣在一起，一九二三年七月底馬林給越飛的一封信中，形容蔣為「孫最可信任的助手」、「他最好的將軍之一」，並且是「國民黨最佳黨員之一」。「他從未爭取某一特定職務，或參與謀求官位」，他又說道。馬林試圖從孫逸仙那裡了解蔣離去的原因，但孫不想對此多談。然而廖仲愷多少比較坦白：「他因為在廣州這裡不成功的奮鬥而精疲力竭，因為將軍之間的爭吵，讓他的計畫無法實施。」[64]

很有耐性的孫逸仙再次聯絡蔣。七月二十三日在蔣回到溪口的第二天，汪精衛顯然受命於領袖，發給蔣一封電報，召喚他到上海。三天後的七月二十六日，他轉達了孫的提議：由蔣領導一個代表團到莫斯科，其成員將在接下來幾天決定。[65]最後結果是：兩個國民黨黨員，包括蔣，以及兩個共產黨員，其中之一是張太雷——馬林的前翻譯，我們之前已識此人。[66]蔣介石長期以來造訪俄國的夢想就要實現了。[67]

孫對此行抱持極高期望。首先，他希望他的人能以自己雙眼，看看蘇聯正在發生什麼事，並了解蘇維埃權力制度的正面向與負面向。其次，他想蔣應該會讓自己認識蘇俄的政黨與軍事建設經驗，以及在教育、宣傳與青年政策領域的組織工作。其三，他期待蔣能和俄國共產黨（布爾什維克）與共產國際領袖們，就有關將國民黨轉變為一個群眾政黨的議題舉行會談，並且在意識形態與組織議題上獲得建言。最後也最重要的是，他希望蔣能說服他的莫斯科同志，有關他一直以來在內心琢磨的舊有軍事權宜計畫，那就是，預設協調孫的部隊和紅軍一起對付華北軍閥，並藉蘇聯之助，在蒙古或其邊界建立一個新的國民黨軍事基地。他在近幾個月重新回頭作此計畫，甚至想像將莫斯科分配給國民黨的物質援助的三分之二，用於在華北或華西建立一個軍事基地。[68]

蔣代表團一行於八月十六日離開上海。整個上海國民黨高層人士，包括汪精衛、張靜江以及陳潔如和蔣的兩個兒子，為他送行遠至大連港，在該處代表團棄船改搭火車。蔣為此行做足準備。在八月五日，他曾撰寫一份十二頁的報告，敘述中國革命歷史與國民黨的活動，這是他打算提交給布爾什維克黨的領導們的。[69]

在蔣還在過境旅途中的時候，孫給列寧、托洛斯基與齊采林發出密件，並在九月中也給新任蘇聯駐華大使加拉罕密件，信中他直接明說，蔣介石之行的主要目的，就是討論他的軍事計畫。[70]十月六日，他再次向共產國際執委會領導也是布爾什維克黨的一個老黨員鮑羅廷（Mikhail Markovich Borodin）重述。鮑羅廷是早在七月三十一日，依史達林的建議，蘇聯中央政治局派給孫的政治顧問。「最吸引他的是蒙古的一個基地」，鮑羅廷向莫斯科報告。[71]

蔣一行人在九月二日抵達莫斯科。他們在雅羅斯拉夫爾（Yaroslavl）火車站，受到人民外交委員會代表，與莫斯科街上群眾的盛大歡迎。蔣欣喜若狂，在他看來，人數幾乎多至二十五萬。[72]（譯注：根據蔣日記：「途中恰遇社會黨群眾運動參會者，約有二十二萬人，觀者塞途，余等亦在車上觀望甚盛事，初到其地，適逢如此紀念大會亦一大快事。」並非指歡迎他的場面如此盛大。）

第二天，時任共產國際執委會遠東部副部長的吳廷康會見了代表團，再兩天後，齊采林接見了他們。他們兩人都對蔣的「真誠」印象深刻，因為他即刻以電報通知了孫逸仙。在初次會面的印象下，蔣重新熱切地利用餘暇學習俄文，並且研讀馬克思的《資本論》。「我發現這本書前半部讀起來很吃力，」他寫信給陳潔如，「但後半部則既深奧又吸引人。」[73] 接下來的幾個星期，他繼續研究馬克思主義，閱讀《共產黨宣言》與其他幾部馬克思的著作。[74]

一切看起來都很順利。這位三十六歲的中國將領，年輕、長相聰明，教育程度不差，給莫斯科領導們留下最好的印象，特別因為他在各方面，都表現國民黨以及自己對布爾什維克的「親近」。「蔣介石……屬於國民黨的左派，也是該黨最資深的黨員之一，」這是人民外交事務委員會東方部部長杜可夫斯基（Sergei Ivanovich Dukhovsky）對蔣的形容，「孫逸仙非常信任他。他和我們很接近。目前他已離開了他在華南的軍事工作……他在中國被視為教育最良好的人之一。」[75] 孫逸仙在寫給列寧、托洛斯基與齊采林的信中，對他愛徒頑固但忠心的形容，對他們如何看待蔣造成很大的影響。當杜可夫斯基很高明的將信展示給蔣看時，蔣大為感動，幾乎哭了出來。[76]

九月與十月初，一個會接著一個會。代表團團員與俄共中央委員會書記魯祖塔克（Jan Ernestovich Rudzutak）、革命軍事委員會托洛斯基的副手斯克良斯基（Efraim Markovich Sklianksy）、紅軍總司令加米涅夫（Sergei Sergeevich Kamenev）等舉行會談，還有與回到莫斯科的吳廷康及馬林無數次的見面。他們參觀了部署在莫斯科的紅軍步兵第一四四團、各個軍事學院及一個空軍基地，還有一九二一年四月布爾什維克為亞非共產主義者創辦的東方勞動者共產主義大學，校內有中共黨員及中國共青團團員。甚至還舉辦了一次到彼得格勒及喀琅施塔得（Kronstadt）的旅行交誼。後面這一項活動，給他們留下特別深刻的印象。

在談話中，蔣稱共產黨為國民黨的「結拜姊妹」，而他的東道主以「兄弟」來指國民黨。在會議中，蔣自己宣稱國民黨員們隨時準備「為對帝國主義與資本主義的戰鬥而犧牲」。他雙手顫抖，很顯然，「他強烈而誠心地感受他說的話」。他高唱「國際歌」，大喊「萬歲」，在他演說、歌唱與大喊後，亢奮的聽眾把他和其他代表團團員抬起抱入雙臂，拋入空中，並把他們抬進等候的汽車。[77]共產國際的官員們，受到他左傾主義的鼓舞，甚至建議他加入共產黨，但他予以推諉，說要先諮詢孫逸仙。[78]

蔣與斯克良斯基和加米涅夫討論關於蘇聯提供國民黨軍事援助的主要問題。在執行孫的任務上，他向他們轉達一項在中國的新軍事行動計畫，強調不論是在蒙古本身或沿其邊界，為實施此計畫，必須為孫逸仙的部隊建立一個西北基地。[79]這是僅僅在蔣出發旅行之前十一天，孫在八月五日才批准這個計畫的最終版本。[80]

但在這時，事情有點不對勁了。俄國的好客熱情根本性消失了。整個十月與十一月的前十天，代表團除了訪問一些莫斯科的工廠與作坊之外，幾乎都無所事事，不論齊采林或其他高層人物都沒有接見他們。蔣被激怒了，他認為俄國就只是「不想」接受孫的計畫，而該計畫，附帶一提，是蔣介石親自擬定的。[81]這對病態性敏感的蔣，是一個嚴重的打擊。他陷入低潮，每天不斷學習如何演奏中國古琴，也不外出。十月十八日，他送交共產國際執行委員會一份「中國民族運動與國民黨報告」，他在其中特別堅持，孫逸仙三民主義的第三個主義，實際上就是邁向共產主義的第一步。但在那同一天，為了回應齊采林的提議，他們見了面，他說他病了。[82]

動了怒的蔣，同意在三天以後會見外交事務委員，但很明顯情緒不佳，正如齊采林當晚知會蘇聯駐華使節加拉罕的：「代表團很煩躁，因為幾乎無事可做，也沒地方可去。」[83]加拉罕勸告齊采林：「要小心對待孫的參謀長。」加拉罕也這樣通知史達林、托洛斯基與其他黨與共產國際的領導，請他們注意：「參謀長已經神經過敏到極點，他認為我們完全不把他看在眼裡。」[84]

布爾什維克黨的領導們，確實對孫與蔣「異想天開的」軍事計畫抱持懷疑，但這並非他們預料之外對蔣的代表團冷淡的主要原因。從一開始他們就認為，如果他們自己的代表（鮑羅廷與在一九二三年秋派去華南的軍事專家們）和孫就地討論每一件必須的事，會更好一些。不論齊采林或在莫斯科的其他任何人，對於中國軍事情勢，都沒有一個準確的了解。坦白說，他們認為在收到鮑羅廷與蘇維埃軍事專家的訊息之前，蔣來到蘇聯是「不方便的」，但以齊采林的話，他們「不能擺脫」蔣，因此最先他們為他舉行「一些談話」，只為了「不引起他的反感」。[85]

十月分，他們的重心根本沒放在中國。當時，布爾什維克黨內爆發了一場鬥爭。一邊是政治局委員及軍事與海軍事務人民委員的托洛斯基所領導的左翼反對派，他們反對黨組織結構的官僚主義退化，另一邊是由總書記史達林（Josef Vissarionovich Stalin）所領導的中央委員會的多數派。以齊采林的話說，兩派「完全專注」在預訂十月二十五日至二十七日舉行的共產國際執委會全體會議的對決上。[86]與此同時，中央委員會（CC）、共產國際執委會與外交事務人民委員部，被抽編到德國合力組織一場大規模的共產主義起義。當時，德國革命被視為在一九一七年十月以後，點燃世界革命最重大的一項企圖。

然而到了一九二三年十一月初，情勢明朗了，不論德國的布爾什維克政變，或是左翼反對派，都輸掉了戰役。看起來，大約在那時，克里姆林宮的人雖然仍不接受孫的軍事計畫，但總算想起了中國。[87]「〔孫的〕軍事計畫，以及向我們提出的純軍事要求，要延遲到歐洲局勢明朗以後」，托洛斯基宣布。[88]斯克良斯基以比較溫和的語氣，將此通知蔣及代表團其他成員。與此同時，蘇維埃同意為中國革命，協助國民黨訓練軍事幹部，當然也會提供國民黨武器與資金。

蔣自然並不十分滿意。[89]他一直憂悶不樂，甚至要求他的蘇維埃東道主替他安排住到療養院兩個禮拜，治療他的焦躁情緒。[90]但他後來重新思考，因為十一月初，他收到廣州來的壞消息：孫不久前征討陳炯明戰敗，所以他匆匆返國。[91]

在返國前的最後幾天，代表團會見了蘇聯中央執行委員會委員長加里寧（Mikhail Ivanovich Kalinin），此人因對國際事務所知不足，在蔣心中留下不好的印象。他們也見到了盧那查爾斯基（Anatoly Vasilievich Lunacharsky）。代表團還參加了共產國際執行委員會、由共產國際執委會主席季諾維也夫（Grigori Yevseevich Zinoviev）主持的會議。他們甚至還拜會了托洛斯基，後者基本上認為「會見已然見過斯克良斯基同志與總司令加米涅夫的中國將領是不恰當的」，但依然對齊采林讓步，後者堅持為蔣和人民軍事與海軍事務委員「安排一次會議」。[92]

雖然蔣和從前一樣，稱讚了布爾什維克，並稱國民黨也「將在共產主義的基礎上做一些事情」，但可以感覺到他已徹底絕望。托洛斯基更是讓他惱怒，因為他不只勸告孫與國民黨「盡快」打消軍事冒進的念頭，專心於中國的政治工作，而且還提醒未來「國民黨著手的軍事行動，不是從蒙古開始……而是從它自己國家的本土開始！」

蔣滿腔憤恨，因為不論他或孫，都像所有中國人一樣，認為蒙古是中國的一部分。「此一會談後，蔣開始對每一個人發火，說托洛斯基出賣他們。」回到中國後，代表團的共產黨團員沈玄廬，向蘇共中央報告道。「如果蒙古想獨立，那需要我們承認，需要我們給予它獨立，而不是它自己承認自己。」蔣也無法「平靜下來，明白紅軍在那兒〔在蒙古〕」。以沈之言，當他和蔣意見不同時，後者幾乎和他打了起來，蔣就是如此憤怒。[93]

一個關於中國民族解放運動與國民黨問題的決議，激起蔣新的一番怒火，儘管該案是在中方要求下，由布爾什維克黨領導人之一布哈林（Nikolai Ivanovich Bukharin）帶領共產國際的一個委員會草擬的。問題在於布爾什維克沒有考慮到中國人的心理，他們對於被用優越感的態度對待他們特別敏感。該決議讀起來好像是一個老師在教導學生。共產國際執委會指示孫，該如何把他自己的三民主義以「時代精神」重新詮釋。布爾什維克表現出他們有信心，孫將會執行徹底的反帝國主義、民族民主革命的方案，而其關鍵特色為號召激進的農民革命與工業國有化。[94]

十一月二十八日，在蔣和他同伴回中國的前一天，共產國際執委會主席團通過了該決議。蔣對其已然熟悉，在日記中寫道：「浮泛不實，其自居為世界革命之中心，驕傲虛浮。其領袖徐諾微夫（季諾維也夫）似有頹唐不振之氣，吾知不久必有第四國際出現。」[95]

十一月二十九日，蔣在這種惡劣的心情下，和代表團團員離開莫斯科回返家鄉。臨行前，齊采林再次接見他們，之後人民外交事務委員會為他們舉辦了一個告別宴。但這已不能改變蔣對布爾什維克的負面觀感了。莫斯科之行的結果，是帶給這個三十六歲的革命家，對世界觀的決定性影響。之前持有左派觀的蔣，花費三個月時間在蘇俄後，得到一個結論，就是不能信任布爾什維克黨。[96]

他在一九二三年十二月十五日回到上海，當天與孫最親密的戰友會面，包括胡漢民、汪精衛與廖仲愷，並把他在前一天撰寫給孫逸仙的遊俄報告書給他們。第二天他回到家鄉鎮上。[97]他相信自己已完成了使命，不再在軍中或國民黨有任何職務，因為，如前所述，他在一九二三年七月辭職了。此外，他必須完成為母親墳墓建造永久性紀念碑的工作。[98]他不能延宕悼念措施，因為他必須遵循儒家的傳統：「慎終追遠，民德歸厚矣。」[99]

以下是他向孫的報告：

俄黨對中國之惟一方針，乃在造成中國共產黨為其正統，決不信吾黨可與之始終合作，以望我成功者也。至其對中國之政策專在滿蒙回藏諸部皆為其蘇維埃之一，而對中國本部未始無染指之意。

凡事不能自立而專求於人而能有成者，決無此理。國人程度，卑賤自居，如此而欲他人替天行道，奉如神明，天下寧有是理？彼之所謂國際主義與世界革命者，皆不外凱撒之帝國主義，不過改易名稱，使入迷惑於其間而已。[100]

隨同報告，他還向孫提交共產國際關於中國民族解放運動與國民黨問題的決議。他透過廖仲愷口頭向孫報告，對於俄國的信任，不能超過三〇%。他同樣如此知會汪精衛。

但令他失望的是，孫並沒有把他的警告放在心上。對國民黨領袖來說，莫斯科的援助是不可或缺的。那就是何以至少在形式上，孫幾乎接受了所有共產國際的建議。他只拒絕了其中一項——有關農民問題。他將利用共產國際執委會主席團的決議，起草一份關於重組國民黨的宣言，並在一九二四年元月底的第一次黨代表大會上採行。

在孫逸仙、張靜江、胡漢民、廖仲愷及其他國民黨領導者一再請求之下，蔣和陳潔如在元月十六日、全國代表大會開始前四天來到廣州。孫希望蔣當面向他報告蘇聯之行，而不是透過書面。在聆聽過蔣報告後，元月二十四日，孫任命他擔任一所特別的國民黨教育機構——陸軍軍官學校籌備委員會委員長。雖然他本人對布爾什維克持負面觀感，但在孫的要求下，蔣必須藉蘇聯顧問之助來建立這所學校，特別是建校的想法來自於布爾什維克，而且他們捐出九十萬盧布，用來補充孫逸仙政府勉強湊足的十八萬六千元。[101]

蔣並不在國民黨第一次全國代表大會的一百九十八名代表之列。該會正式宣告，在保留國民黨內部共產黨員的獨立性下，國共兩黨組成一個民族統一戰線。但他與陳潔如以貴賓身分，參加了一九二四年元月二十至三十日在廣州市中心、國立廣東高等師範學校大禮堂的會議。他沒獲選為黨機關——由四十一人（二十四名委員與十七名候補委員）組成的中央執行委員會（CEC）與五名委員及五名候補委員的中央監察委員會（CCC）代表，[102]自然地，他也沒有成為國民黨中執會常務委員會的最高黨機關的一員。孫在該機關安排八名他最親密的戰友，包括廖仲愷、戴季陶、胡漢民與汪精衛，還有象徵中國存在著統一陣線的共產黨員譚平山。[103]蔣對於被忽略可能有所不平（陳潔如寫道，他感覺「自己渺小，沒有分量」），[104]但他奉派為陸軍軍官學校籌備委員會委員長，稍稍緩和了他的心情。在抵達廣州之前，蔣已知道孫決定派任他為軍校校長。胡漢民、廖仲愷及汪精衛已在十二月二十六日寫信向他告知此事。[105]實情是，最初孫想指定程潛將軍——一位日本陸軍士官學校畢業生，並任其大本營的軍政部部長——擔任該職。在前一日，程將軍曾在其部門規劃了軍事課程，孫想他將會是一較佳候選人。但當蔣從莫斯科來到上海時，領袖重新思考此事，並決定把這職務交予失業中的蔣。[106]二月三日，他再次引導蔣參與國民黨軍事委員會。此時，孫也為未來的學校選定一個位置——廣州以東大約四十里的珠江高水位三角洲、黃埔區的小島長洲。此處有前粵軍步兵與海軍學校舊校舍。黃埔軍校得其名於該地點。

蔣熱切地處理籌組學校的工作，但在二月二十一日，突然間他再次丟下一切，怒氣沖沖地再一次辭職。孫接受其辭職，並任命廖仲愷為學校籌備委員會代理委員長。[107]事因是在一次籌備會中，蔣嚴詞指責蘇聯軍事顧問，再次覺得他們不考慮他的看法。更糟的是，所有其他的黨內同志，甚至包括孫在內，都沒有支持他。[108]

其後蔣解釋他「拒絕受命為〔黃埔〕軍校校長」，乃是他已「發現共黨分子挾俄自重的一切言行，和本黨黨員盲從共產主義的迷惘心理」。而他一直「深以本黨不能達成孫醫師所賦予的任務為憂」。[109]

這些黨員之一是四十七歲的廖仲愷，國民黨中最左傾的一員。之前在黨內以「屠富」之筆名而為人所知。[110]此時孫本人也相當左傾。在給領袖的一封長信中，蔣說明他覺得他的導師並不信任他。他提醒孫，他曾在永豐艦上站在他身邊，隨時準備追隨他，但請求孫像信任自己的結拜兄弟、死於敵人子彈的陳其美一樣的信任他。他也在給廖仲愷的一封同樣長的信中，抱怨孫對自己的不信任。但之後他表示後悔，因為廖「太信任俄國」而不相信他（蔣）說的，沒有費心去查明誰是誰非。「吾兄如仍以弟為不足信，而毫不省察，」在給廖的信中他下結論道，「則將來恐亦不免墮落耳。」他再次說明，俄國只想要國民黨從屬於他們自己，他們的戰略目標是讓中共奪權。「以弟觀察，俄黨殊無誠信可言。即弟對兄言，俄人之言，只有三分可信者。亦以兄過信俄人，而不能盡掃兄之興趣也。」[111]

在密集的信件往返後，孫終於向蔣讓步。畢竟他真的只是想利用俄國，而當然並不想受其掌控。他說道：「我們得其利而去其害。我們只是套住蘇聯並騎乘其上。」[112]又進一步說：「中國沒有空間讓共產黨和國民黨共存。我們必須接受共產黨員（進入我們的黨）並轉化他們，三民主義可用來做一個優良熔爐。」[113]儘管他極度反對帝國主義，但在接受布爾什維克幫助的同時，孫時而也會提到和英美兩國結盟的可能性。因此，在一九二三年二月，他的親密戰友陳友仁（英文名Eugene Chen），和美國國務院的一位官員，談到接受美援的可能性。而在一九二四年元月，孫本人和美國駐華大使討論到同樣的話題。一九二三年二月二十日，人在香港的孫，似乎忘掉了前一年他曾說，他希望建立「一個以蘇俄為模式的新共和型態」，[114]然後在一所當地大學告訴學生：「我們必須拿英國來做我們的模範，並且延伸英國優良政府的例子於全中國。」[115]

為了顧及蔣的感受，孫撤除軍事部與國民黨中執會對黃埔軍校的掌控，而正式置之於他自己指揮下。終於，蔣擁有了他一直夢想的那種職位：現在他可以不在任何人干預其事下行動。他在四月中回到廣州，並在五月三日正式擔起作為學校校長的責任。[116]同一天，孫任命他為粵軍總司令部參謀長。六天以後，他指派廖仲愷為黃埔軍校政治委員（以當時說法：黨代表）。[117]

六月十六日，學校舉行開學典禮。蔣與孫合影好幾次：在講臺上和身材矮小、穿著白西裝、特別平民長相的廖仲愷與孫的妻子宋慶齡一起合影；在主要的行政大樓平臺上，和學校的兩個教官——蔣從前在日本軍校的同學何應欽，以及王柏齡一起合影；在同一平臺上，單獨和領袖合影。

蔣可能最喜歡最後一張他單獨和領袖在一起的照片。在他統治中國和臺灣時，這張照片經常被用在國民黨的宣傳上。這相片充滿了象徵意味：勇敢、年輕、身著全套制服的軍官，側身佩劍，站在坐在柳條椅上的年長孫逸仙右邊。很顯然，黃埔軍校校長全然決心保衛領袖，直到流盡最後一滴鮮血：他大膽地注視相機鏡頭，右臂在手肘處彎曲，他的手緊握為拳。蔣與孫一起，周遭沒有別人。順帶一提，不論在中國或在臺灣，其他兩張照片也廣為流傳，但第二張，在蔣要求下，被修飾過：何應欽與王柏齡的影像被裁切掉，只有一位軍官能保衛領袖——他無私的、忠誠的弟子，蔣介石將軍。

第六章
黃埔軍校校長

蔣介石與陳潔如搬到黃埔後，就安頓在兩層的行政大樓二樓的三個房間。一如以往，蔣早睡早起（早上五點），在床上做體操，在敞開的窗前靜坐冥想半個小時，匆匆用過早餐，之後就全力專心工作。他仍然無法控制自己的情緒，經常變得歇斯底里，早晨學員在整編隊形時，他總是一遍遍大聲訓斥，其音量之大，遠距即可聽聞。訓練完學員，他就和官員及蘇聯專家舉行會議，講授軍事科學課程，草擬行事曆，規劃方案，為教官訂定薪資，並和經常造訪學校的國民黨公職們會談。他仍如向來一樣不能忍受任何人干預他的工作。「我希望所有兄長們，」他向他的國民黨戰友們說，「多關注責任少作建議。」[1]

起初陳潔如擔起蔣唯一助理的職責，但之後蔣又增加了其他的祕書，全都是他老家浙江省本地人。其中最年長的是蔣從前的老師、五十二歲的毛思誠。二十五歲最年輕的陳立夫，是畢業於美國匹茲堡大學的採礦工程師，一個很可愛的年輕人，有一個中國人不常見的鷹鉤鼻，是蔣過世的結拜兄弟陳其美的姪兒。其他的祕書包括陳布雷，畢業於浙江大學，他很有生意人味道並且極為守時，是傑出的記者；還有邵力子，一個短小精悍的人，戴著大大的圓眼鏡，曾就學於上海天主教震旦學院，並且也具有卓越的文學能力。[2]一九二五年他成為蔣的祕書，時年四十三歲，並且已經是五年的中共黨員了。[3]不過一九二六年在陳獨秀的建議下，他退出共產黨，以便於「專注在國民黨內的工作，避免任何對他的懷疑，在國民黨內部取得蔣介石的信任……並在統一戰線扮演積極的角色」。蔣在不知道邵退出共產黨的真正原因下，對其信任有加且指派給他重要的任務。不久，在蔣的影響下，邵真的脫離共產黨，並成為和蔣最親近的人之一。[4]

蔣沒有特別的家用開支：他當然不支付住所的錢，也不必支付他總是和祕書們共享的食物。但他的薪資非常可觀：每月一千五百元（在當時是一筆鉅款；中共領袖陳獨秀的月薪只有三十元）。[5]蔣只付毛福梅五十元來撫養他的長子；顯然，他支付同額的錢給姚冶誠來供應緯國，所以陳潔如可以存錢。不過，後來她會說「介石的薪資……當然不夠支用」，但這極不可信。[6]

依陳潔如所言，他們會共度閒暇夜晚，但他們沒有生育子女。之前曾述，陳潔如日後會責怪蔣因淋病而造成不能生育。范比及其他幾位傳記作家完全聽信其言，後來也會寫到蔣的不能生育。一九九七年春，著名的臺灣藝術家范光陵同樣寫到這件事，但是提供了一個非常不同而且聳動的故事。不像陳潔如，他聲言，蔣從未能生育，因為在四、五歲時，他意外地坐到了一個暖爐上，並且燒到了他的陰囊，之後，他的母親把鴨油敷在燒傷的皮膚上，一隻狗聞到味道，凶猛地咬了該痛處。照范之言，蔣的長子蔣經國終究也是收養的。這個故事是他在一次和蔣次子蔣緯國過世前三年的訪談中，後者告訴他的，而他應是從其養母姚冶誠處聽到這個暖爐與狗的故事。[7]

這些故事沒有一個得到文獻證實。有說蔣在一九二七年十二月一日迎娶的新婚（如蔣所寫「心愛的」）妻子宋美齡，至少有兩次懷孕，但兩次都未能保住胎兒。蔣在日記中寫道，第一次流產是發生在一九二九年八月二十五日，因為歹徒夜晚闖入房內使她受驚而導致。[8]此事由宋美齡的外甥女、宋靄齡長女孔令儀證實，後者回憶宋美齡在婚後（孔令儀在一九二九年是十四歲）懷孕。另外陳誠將軍的妻子告訴丈夫，宋美齡向她說了流產的事。[9]第二次流產發生在一九三五年八月底，當時和蔣關係密切的陳誠將軍，寫信告訴妻子此事。[10]在最後一次流產後，她就不再能生育小孩。

不管事實真相如何，蔣和陳潔如大部分的夜晚都安靜地共度，沒有孩子的哭叫打破他們的孤寂。晚餐菜餚相當普通：白飯、蔬菜、魚，或者有時照寧波式料理以各種醬料調味的肉類。[11]蔣以開水配飯；他既不要茶也不喝酒。依陳潔如之言，這也和那同樣的淋病有關。自認為把病傳染給了她，蔣在罪惡感下，對自己施以苦修——除了開水，絕不喝其他任何東西。[12]直到過世，蔣只喝開水此事是千真萬確的。他這樣做是否為了紀念他在一九二七年拋棄的陳潔如，就不得而知了。[13]

然而在軍校開學以後幾個月，蔣和陳潔如的寂寞生活結束了。廖仲愷的妻子何香凝，是國民黨中執會婦女部部長，一個善良的好女人，帶給陳潔如一個大約兩歲的孤女。[14]小女孩一直住在一家棄嬰醫院，因為她父母在她一出生時就拋棄了她。這些人非常窮苦，沒有能力撫養一個女兒。如果當初生的是男孩，情況就會不同。在窮人家女兒被視為一個負擔。養她、餵飽她，最後一切都是徒勞。時候到了，她就要嫁進一個陌生家庭。好心的廖，待陳潔如如小妹，視蔣如兄弟，提議她和蔣收養這個孤女。他們高興極了。蔣給這個收養的女兒取乳名為陪陪，正式的名字是蔣瑤光。就這樣，黃埔軍校出現了一個可愛的「小學員」，而蔣與陳潔如都對她寵愛有加。[15]

一九二四年，在廣州工作的蘇聯軍事專家不下於二十人，其中包括在黃埔軍校的。軍校是國民黨「黨軍」幹部的最重要來源，在未來將被稱為國民革命軍（ＮＲＡ）。作為軍校校長，蔣現在必須每天都和蘇維埃顧問打交道，但他此時不再對此公開表現任何的不滿。正如孫逸仙勸告他的，他只是「套住」他們，利用他們戰場的經驗與知識，還有蘇聯政府投資在軍校的不少金額。除了九十萬盧布，單單在一九二五年，莫斯科不只一次轉匯鉅款「以支援黃埔軍校」：先是十萬，之後幾乎四十萬盧布。如果還記得的話，孫逸仙政府起初每月只投資給軍校三萬元，那麼蘇維埃援助的重要性就不可估量了。[16]

從一九二四年五月到七月，蘇聯顧問團由巴甫洛夫（Pavel Andreevich Pavlov）領導，他在俄國內戰期間領導一個軍團。但他在一個悲劇性意外中喪生。在離廣州不遠的石龍鎮附近的東江，當他從小船換搭大船時，失足掉落水中溺斃。到了十月，一名新的軍事總顧問來接替他的位置：布留赫爾（Vasilii Konstantinovich Bliukher），是一名傑出的指揮官與未來蘇聯的元帥[17]。孫逸仙開始和他思考把全中國統一在國民黨統治下的軍事行動計畫。布留赫爾一直停留在廣州，直到一九二五年七月他回返蘇聯接受醫療為止。[18]

布留赫爾在中國以Zoi Vsevolodovich Galin之假名工作（Zoi和Vsevolod是他孩子的名字，而Galina是孩子母親的名字，在他到中國之前應是與妻子離婚了）。中國人稱他為加倫（Jialun），而他在共產國際以機密假名Uralsky為人所知。未來的委員長很快就和這位英俊又聰明的人建立了良好關係，他們年齡相當，他長得就像蔣介石本人。他們身高幾乎一樣，只是加倫精壯一些，兩人都有小鬍子，不久在熟悉以後，蔣像加倫一樣開始剃光頭。加倫成為蔣在黃埔軍校以及其後整個國民黨的軍事總顧問。「我認為他是俄國將領中最為傑出以及最合情理的一位良友。」蔣回憶道。[19]

加倫同樣也對蔣有很高的評價。以下是幾則他的描述：

> 對孫博士最忠誠的人之一，黨內最好的將軍……孫醫師很敬重他，蔣介石是將軍們當中，唯一甚至於在個人生活上，也和孫親近的人。外表上，他以軍人氣質和其他人截然不同，他的舉止顯示他是一個完全無負其名的軍事指揮官。他又因為工作能力而表現卓越。他要求自己，也同樣要求部屬，因此軍校內紀律嚴明而極為出色……國民黨中執委的一般觀感是，他不只是一個優良的黨員，而且在政治上也有多方面的發展。

同時加倫也提到蔣的負面部分：

極度自負，在各方面他都自認高人一等，而且他自己只承認孫的權威。他很頑固，點子很多，而如果他腦海出現一個點子，那麼就很難讓他放棄他的直接決定，或是改變這個「點子」，如果有人要那麼做的話，就要讓這個決定的改變，好像是他自己要做的一樣。

加倫也提到「蔣介石欠缺對一件事情發展的良好操作分析」。[20]

除了蘇聯軍事專家們之外，蔣也經常和國民黨政治顧問鮑羅廷會面。此人同時取代馬林的位置，成為共產國際駐華代表。他是一個四十歲高大肩寬的人，有一個「毛髮濃密的頭」以及「像海象一樣濃密的鬍子」。他被視為在所有關於革命問題上的最高權威，並且「給所有在中國遇見他的人，留下他擁有非凡才幹的印象」。他從一九〇三年開始就是布爾什維克黨員，並且認識列寧與史達林。他「以不帶蘇俄腔調的美國中部口音說話，聲音低沉、清楚、從容，有如男中音，只有在強調重點時，才將聲音減緩放低」。他給人的印象是「具有控制力並且極富魅力」。[21]

但是他的魅力對蔣起不了作用。蔣一貫地親自決定所有關於黃埔軍校的問題，只向孫逸仙及加倫諮商。學校第二級的人物是黨代表廖仲愷，但他花在學校的時間很少，因為他同時是國民黨中執委、孫逸仙政府的財政部部長、中央執行委員會工人及其後農民部的部長，還擔任廣東省省長。總之，他提供蔣物資支援，籌募學校必要的基金，因此學員們稱他為「軍校之母」。[22]

政治工作由學校的政治部處理，蔣指派他的結拜兄弟戴季陶負責。曾在一九二〇年代早期深受馬克思主義吸引的戴，現在已完全喪失他對共產主義的幻想，並且變成一名虔誠的佛教徒。在成為國民黨右翼領袖之一後，他開始說：「把共產黨員引進〔國民黨〕，只是一種調味、一種醬料，並非真正的食物。」他認為共產黨員不值得信任，要求把他們逐出，不然就把他們吸收進國民黨。[23]（當時國民黨左派領袖是廖仲愷，他支持無條件與共產黨結盟；胡漢民被視為「中道派領袖」，是中間的一派。）[24]

戴季陶的轉變發生於一九二三年秋，不久之後他和自己強悍妻子的外甥女、可愛的趙文淑開始過從甚密。當時他非常擔心會被他的妻子發現，他甚至於試圖自殺，只是沒有成功。後來，有一次出發在長江航行時，他產生幻覺，突然看見一個發光的白色圓圈：佛陀之光。他喜出望外到恢復了求生的熱望。他為妻子的外甥女而離棄妻子，同時皈依佛教，揚棄唯物論。他在妻子面前依然會發抖，也沒有和趙文淑合法的結婚。直到一九四四年自己妻子過世後，才正式和所愛的人在一起，這是在他自己過世的前一年（仍然是自殺，但原因不同），也是他再婚妻子過世的前六年。不論以上種種，趙文淑在一九二六年給他生了一個女兒。[25]

在一九二四年中秋，學校有六十二名教官以及一百三十一名行政人員。[26]完成六個月講授課程的學員有一千零六十二名。第一期（六百一十三名學員）在一九二四年五月中入學，並在十二月畢業；[27]第二期（四百四十九人）在一九二四年十月入學，並於一九二五年夏畢業。在一九二六年十月，又多兩期（三千八百七十五人）從學校畢業。於是在那時總共有四千九百三十七名學員從學校畢業。[28]

一九二四年十月中，軍校學員第一次受雇於一次軍事行動。他們參與鎮壓一次廣州商團的反政府叛亂。通常這些商團被稱為「紙老虎」，雖然實際上商團相當強大且人數眾多：根據各方估計，有說六千人，有說一萬二千人，甚至有說多至二萬五千到二萬七千人。他們屬於市總商會。[29]

孫和廣州商人之間的衝突開始於一九二四年五月，當時政府開徵新的稅金，但那時事情只限於商人的罷市。孫取消了幾項稅賦，甚至於開始向商團示好——拜訪他們並頒給他們一面旗幟。雖然衝突沒有擴大，但一直沒有止息。謠言持續在市內流傳，據說如果陳炯明將軍決定攻打廣州，商團要給予支援；城裡有一支「第五縱隊」的存在，自然讓孫有所疑慮。[30]

衝突在八月初加劇，當時一艘挪威船舶哈佛號（SS Hav）駛抵廣州，載著總商會會長陳廉伯訂購的軍火：有五千枝步槍、三千枝毛瑟手槍，以及五十萬發子彈。孫極為震怒，下令蔣去攫取貨品並存放於黃埔軍校，蔣依命照做。吾人可以設想他是滿腔熱血地這麼做：當時學校裡幾乎沒有武器，只有三百三十枝步槍。[31]當然商團極力抗議，甚至向外國列強代表要求支援，但孫咬緊牙關不為所動，並且決定和國內的反對勢力做一個了結，而蔣完全支持他。

站在孫這一邊的是蘇聯專家和蘇聯駐華大使加拉罕，他們一致決議「大加利用」此一衝突。「這是一宗非常嚴重的事情，」加拉罕在一九二四年八月二十五日寫給齊采林，「因為關於這一次衝突，有可能和所謂的紙老虎做一個了結……而且在另一方面可以打擊〔國民黨的〕右派。」[32]假設蘇聯方面向孫本身提出這個點子（至少在有關於商團這一部分），那麼是合乎邏輯的。

儘管如此，但很可能是孫在一九二四年十月十日挑撥起「紙老虎」的叛亂。值得注意的是，亂事是在一艘蘇維埃海軍艦艇伏羅夫斯基號（Vorovsky）從列寧格勒抵達黃埔的兩天後發生的，該艦送給孫，或更精確的說，送給蔣幾門帶著砲彈的大砲、八千枝步槍，還有一萬枝手槍與子彈。十月九日，一直到那時還完全不考慮對商團讓步的蔣，決定依孫與胡漢民的指令，還給他們一部分沒收來的武器，之後，恰在十月十日商團開始在碼頭卸貨的那一刻，一支親政府的巡行隊走向他們，衝突就這樣爆發了。[33]

孫迅即命令蔣組織一個革命委員會「以對付種種非常之事」，要求他所有事情「以俄為師」。他又要求把武器分發給「我同志中之隊伍，肯為我殺奸殺賊者」。[34]蔣自己指揮革命委員會部隊，蔣也成為這個新機構的三位領導人之一，另一位是孫逸仙，他成為會長（胡漢民在十月十四日取代了孫的這個職位），還有擔任祕書的廖仲愷。[35]他們對該市發布戒嚴令，在十月十五日叛亂被無情地鎮壓下來。整個商團曾盤踞的廣州西關，被洗劫一空，三分之一的地方被夷為平地。[36]

這場勝利強化了孫的地位，但蔣更勝一籌，在十一月十一日，他被任命為國民黨中執會軍事部祕書。[37]此外，在擊潰「紙老虎」不久後，一九二四年十一月中，孫離開廣州前往北京，此事後來變成一去不回頭了。他此行起因在十月底受到馮玉祥將軍的邀請，參加一個統一全國的和平會議，後者之前是控制華北和華中的軍閥吳佩孚的助理。一九二四年十月，馮出來反對他的長官，宣布他支持孫逸仙。他把自己的部隊依照孫的國民黨路線，重新命名為國民軍，並占據北京，呼籲停止內戰。同時之間，他轉向蘇聯要求支援，很快地好幾十個蘇維埃顧問前來，接著還送來價值逾六百萬盧布的軍火。馮本人長久以來是一個堅守中國社會儒家傳統的人，帶有濃濃的戰士氣息。對他的傳言很多。有人說，早在一九一三年，不論是做一個隊長或是軍官，他丟棄了祖先的信仰，變成衛理公會基督教徒。之後他以消防水帶的噴嘴來給自己的部隊受洗，禁止他們喝含酒精飲料、吸鴉片及欺壓百姓。[38]

十一月十三日，孫偕妻子宋慶齡搭船離開廣州，隨行的人有汪精衛及其妻。送行後來變成「一次廣州民眾的大遊行」，加倫回憶道。

全廣州、一直到最貧窮的舢舨，都用國民黨的旗子裝飾。[39]城裡的街道縱橫交錯著無數的拱門。不計其數的遊行者與孫擦身而過，熱烈地向他致意。遊行者充滿了廣州前所未見的革命熱情……廣州到處都是活動。到處是會議與群聚……一系列工人、士兵與學生的革命組織，都號召全國支持在北方的孫醫師。[40]孫逸仙政府的所有成員都到港口祝願領袖一路平安。當然蔣和陳潔如也到場，還有胡漢民與鮑羅廷，一路護送孫和宋慶齡到黃埔。孫氏夫妻與汪氏夫妻在那裡過夜，之後和廖仲愷一起航向香港。在出發前，依據蔣的回憶，孫向他說：「我現在進京，將來能否回來，尚不能定。然而，我進京是去奮鬥的。我看見這個學校的精神，能繼我的革命事業。就是死了也可安心。」[41]以蔣所言，鮑羅廷以蘇聯政府的名義，邀請孫北京之行後到俄國訪問，但孫在諮詢過聲言「我力加反對」的蔣後，婉拒了此一提議。[42]

戴季陶前往北京擔任孫逸仙的祕書。既然戴作為黃埔政治部部長的職位懸缺出來，蔣乃任命一九二四年九月從法國回到廣州、年方二十六的共產黨員周恩來，作為戴的代理人。周曾在法國的華人移民間，組織了一個共產黨運動。蔣很快就和這位聰明的年輕人，發展出極佳的關係。周是一名傑出的組織者，他不只博學，而且非常謙虛。[43]

一般來說，此時蔣和共產黨分子關係良好，中共黨員與蘇維埃顧問認為他極左，甚至「色彩是相當紅的」。因此，以鮑羅廷而言，強調在組織國民黨軍隊時，重點應該放在「側重扶植黃埔」，周恩來完全贊同他。一九二四年秋，鮑羅廷與中共決心「抬高蔣介石將軍的地位，使黃埔力量能夠快速發展」。[44]

他們真是大錯特錯！如我們所知，事實上蔣一點兒也不親共，但既然在一九二四年初接受了孫對蘇聯與中共的精明算計，他就盡可能讓自己顯得「比教宗還更天主教」。沒錯，他還有左傾意向，而且像從前一樣，看不起土豪，但如同陳潔如正確的寫道（此處她沒弄錯），「蔣光頭」（因為他當時習慣剃光自己的頭，所以有這個稱號）與共產黨員周旋，基本上是因為他亟需蘇維埃軍火，以能一次徹底粉碎他不共戴天的敵人陳炯明。蔣「富有侵略性、倔強、敏感、任性不羈、急躁易怒」。[45]陳將軍對他所施加真正的或是想像的冒犯，已然太多了，以至於蔣為了摧毀他的敵人，準備和任何可能的人結盟。那時陳退出廣州，全然安心地在自己粵東的地盤上。來自蘇聯的軍火與顧問，將協助蔣在國民黨本身建立自己的勢力，如果——但願不會，孫不幸過世的話。

這就是他何以在一九二四到一九二五年間與共產黨員為友，全力「利用」共產黨與蘇聯顧問及群眾。[46]他自己、他的學員以及教官們，全都戴紅領巾，他在黃埔與外界的演講，充滿了對蘇俄與世界革命的忠貞誓詞，而且他倚重蘇聯顧問，以中共領導之一張國燾的話說：「在校內更具權威；政治工作和政治教官多由中共黨員擔任。」[47]仿照他在蘇聯熟悉的紅軍的經驗，在學員組成的單位中，引入政治委員的制度，甚至授予他們「擁有與指揮官平等的權力……來操控作戰命令」。[48]最後，他答應在學校裡成立共產黨的「青年軍人聯合會」，當然，為平衡起見，也有國民黨的「孫文主義學會」，而那成為右派學員的堡壘。

同時間，在一九二四年十二月底，孫經上海、長崎、天津抵達北京。海上航行使他疲累，到天津時他已然感到不適，經過檢查，結果是罹患了肝癌。他只能臥床，接下來的兩個半月，必須依賴定時注射嗎啡而活。[49]一九二五年三月十一日，他簽下由汪精衛為他撰寫的遺囑，並且給蘇聯發出由鮑羅廷寫就的致蘇俄書。他呼籲國民黨繼續「進行民族革命運動之工作，俾中國可免帝國主義加諸中國的半殖民地狀況之羈縛」。並且命令「國民黨長此繼續與你們（蘇俄）提攜」。[50]

其後，他環視在場的人，艱難地說道：「我如果是死了，敵人是一定要來軟化你們的。不要忘了敵人是很危險的，不要被敵人軟化。」站在床邊的宋慶齡大聲哭泣。

「吾死之後，」他向汪精衛說，「可葬於南京紫金山麓，因南京為臨時政府成立之地，[51]所以不可忘辛亥革命也。此外，遺體可用科學方法永久保存。」[52]

「他希望民眾記得他」，在孫床邊的廖仲愷之妻寫道。

在半無意識狀態下，孫一再重複：「和平……奮鬥……救中國。」革命領袖在一九二五年三月十二日逝世，享年五十九歲。[53]

第七章 孫逸仙遺產的爭奪

在孫逸仙過世後，國民黨內部各派系之間發生激烈的權力鬥爭，但右派很快就失勢。孫正式的繼承者是中間派的胡漢民，這是偉大的領袖本人在去北京前親自指派為代理大元帥的。胡成為國民黨中執會政治委員會主席，這是黨的最高權力機構，負責協調與領導黨與政府兩者的工作。政治委員會是孫在國民黨第一次代表大會之後六個月的一九二四年七月倡議成立的，當時孫在布爾什維克影響下，決定在自己黨內組織一個類似擁有最高權威的蘇共政治局的機構，而他本人成為第一任主席。政治委員會在權力層級上，高於在一九二四年元月成立只處理黨務的中執會常務委員會。

然而在實際上，權力集中在四個人的手中：除了胡漢民以外，還有汪精衛、廖仲愷以及鮑羅廷。政治觀點接近胡漢民的新任粵軍總司令許崇智將軍，也是一個實力派人物。而蔣介石同樣也擁有相當大的權威。[1]孫已亡故，國民黨、蘇聯以及馮玉祥元帥之間的合作關係仍然持續發展。

在孫臨終時，蔣正置身粵東，該處從一九二五年二月開始效忠孫的部隊，正參與針對陳炯明的東征。得悉他的導師逝世，蔣即刻發布訃聞，向所有官兵發表悲悼之詞，並且和汪精衛、胡漢民連署向所有黨內同志講話，誓言完成領袖遺願與囑咐，並對革命貫徹始終。[2]

黃埔軍校的教導團也參與了東征。從一九二四年十月底，國民黨員開始稱呼他們為黨軍，而敵方則稱他們為「俄國紅軍」。[3]學員們包括兩個團，是在許崇智將軍領導下的右翼軍的一部分。加倫協助他們，而軍事顧問斯捷潘諾夫（Vasilii Andreevich Stepanov）則協助蔣，他留下很獨特的回憶，以下是他所記述的蔣：

我們〔斯捷潘諾夫與包括陳獨秀在內的中共黨員們〕認為蔣是一個極具特色的特殊人物，其中最突出之處是他對榮耀與權力的渴望，而且他亟欲成為中國的英雄。他說他不僅主張中國國民革命，而且也支持世界革命……為達此目標，權與財不可或缺。然而他並非拿錢來自肥……他有很強的決心與耐力……但他也免不了有疑心與嫉妒。他不容任何人和他對任何事有所爭執或是代表他。[4]

在三月底，右翼軍擊潰了陳炯明的部隊，鞏固了粵省東部的控制權。一九二五年四月初，蔣回到廣州，那時當地就像在孫治下時的充斥著革命激情：「街頭巷尾隨處有五顏六色的革命標語；十字路口往往橫掛起白布條，上書大紅字的動人口號；……工會和其他民眾機構的門面，多裝飾得色彩繽紛。」[5]

與此同時，絕非革命者的廣西與雲南部隊駐紮在城內。之前曾述，在一九二三年元月，因總額四十萬的款項，他們曾將陳炯明逐出廣州，扶植了孫逸仙的權力。他們共有二萬五千名官兵（來自廣西的有五千，來自雲南的有二萬）。他們停留廣州時期，向所有賭場與鴉片館徵稅，控制了廣州與雲南之間的毒品交易，對當地人而言，他們搶劫侮辱，根本就像是入侵者一樣。在孫過世後，他們的將軍企圖掌控整個城市，於是針對「共產黨員」的統治發動一場軍事行動。他們所謂的共產黨員，包括的不只是中共，還有廖仲愷甚至胡漢民。幾個雲南軍官甚至支持逮捕胡元帥。[6]

四月末，加倫、廖仲愷與蔣介石針對新的敵人，規劃出一個基本的作戰方式，以蘇聯大使加拉罕的說法，這些敵人「甚至比陳炯明還更危險」。[7]六月初，得到其他忠於國民黨中執會的部隊之助，蔣的「黨軍」擊潰了雲南與廣西軍隊。他們俘虜了五百名軍官、一萬六千五百個士兵，而廣西與雲南將軍們逃到了香港。[8]美國駐廣州總領事向華盛頓呈報：「廣州的勝利，毫無疑問是因為黃埔的學員。」[9]

不久之後，一個新的軍人集團統治了廣西，領導者是年輕的李宗仁將軍與白崇禧將軍（李三十五歲，白三十二歲），他們被稱為「新桂系」。一九二五年夏，兩位將軍經由廣西鄉親、黃埔軍校教練部主任李濟深的斡旋，與國民黨結盟，從而統一了廣西與廣東兩省。[10]

同時之間，全中國正經歷一場風起雲湧的民族主義運動，工人與學生的反帝國主義抗爭之深化最為明顯。一九二五年五月三十日，反帝的騷動從上海展開，並很快擴及全中國的多數城市。當天，在國際租界中央的南京路，英國警察向一群為了五天前一名共產黨工人顧正紅被日人殺害而抗議的中國人開槍，結果造成十人死亡，好幾十人受傷。[11]

上海大屠殺標誌著一波新的愛國熱潮的湧現，即所謂一九二五年的五卅運動。事實是，一個反帝革命已在中國展開。[12]馮玉祥的國民軍宣布為期兩天的哀悼，他並發出號召：「我們正在展開一場反帝國主義戰鬥，其他人會追隨我們的腳步。」[13]他敦促在各個城市的廣場，展示裝有罹難者遺體的棺材，從而「喚醒全國起而對抗外國人」。[14]

革命浪潮也席捲了廣州。六月十九日，在擊潰雲南與廣西部隊不久之後，廣州與香港的工人開始罷工。他們得到位於沙面的英法租界區工人的支持。沙面位於該市西南白鵝潭的一個同名小島上，珠江在此分流為兩股。六月二十三日，工人、學生、商人和黃埔學員們，總計有數萬人，在租界旁邊組織一場示威遊行，他們呼喊口號：「為我們遇難同胞的鮮血復仇！」還有「打倒帝國主義！」有人開了一槍（很可能是一個破壞分子），於是租界警方開火了。支援租界警方的是停泊於定錨處的外國船艦的連發砲火。其結果是沿著珠江岸、連接沙面東區與廣州華人區的橋邊，躺著五十二名死者與一百七十八名重傷的示威者。死者中有二十個黃埔學員。在沙面則有一個法國人死亡，其他幾個外國人受傷。[15]

為回應新的屠殺事件，香港與廣州開始了全面罷工。超過二十五萬人停止上工，大規模的工人出亡潮開始從沙面與香港進入廣州與鄰近的村鎮。國民黨政府開始盡其可能支援罷工者。他們宣布封鎖香港與沙面，國民黨中執會勞工部組織了一個香港—沙面罷工委員會。[16]

七月一日，一個新的內閣部會正式組成，並被賦予「中華民國國民政府」這樣一個極富野心的名字。汪精衛擔任主席，胡漢民任外交部部長，廖仲愷任財政部部長，而許崇智則為軍事部部長。

許將軍很顯然以汪精衛的名義，也推薦蔣加入政府，但蔣拒絕了這個阿諛的提議：「自以為受政府直接指揮者，不宜加入。」[17]結果是在七月三日，他只被延攬入同樣由汪精衛擔任主席的軍事委員會。除了他和汪精衛，此會還包括胡漢民、廖仲愷、許將軍、譚延闓將軍、朱培德將軍，以及伍朝樞。譚是前湖南省長，一個百萬富翁，並且自一九一二年以來就是國民黨員，是一個「有尊嚴的、沉著的，並且聰明的人」[18]；朱是雲南部隊新的指揮官，以及軍事裝備與物資供應部部長；而伍朝樞是廣州的新市長，他是一個知名的外交家與法學家，曾在西方受教育。在領導班子中，他是唯一了解西歐與美國法律的人，鑒於中國反帝運動的興起，這一點尤其重要。

同時之間，由於蔣在國民黨的組織架構中的地位越來越強大，他與軍事部部長許崇智的摩擦很快浮現出來。在和加倫的一次對話中，蔣甚至表明了他對許將軍的不滿，指出許這個人「和他在一起工作十年，並視之為朋友，但在第十一年，你可能被甩出他的朋友圈子，並且變成一個白痴」。多年來一直以庇護之姿對待蔣的粵軍指揮官，很明顯地對於野心勃勃的黃埔校長已無關緊要了，就此一事件，加倫稱蔣為「一個難捉摸的權謀者，絕非平庸的政治人物」。[19]此外，許是堵在半路阻礙他爭取更大權力的人。

在這一點上，鮑羅廷大力幫助蔣。他完完全全確信蔣的親共意向，對於蔣暗地裡和許的較勁，他給予全然的支持。這點和加倫有很大的差異，後者雖然對蔣十分尊重，但堅持支持許崇智將軍為軍事領袖。以消息靈通的中共領導人張國燾的話來說：「結果由莫斯科裁定，否定了加倫的意見。」後者乃回返莫斯科。[20]

蘇聯在中國的代表提出一個問題，要增加「黃埔部隊幾個師，並且，如果情況允許，到了一九二六年元月一日，把部隊增加到二至三萬人[21]……如果成效良好，那麼國民黨政府將擁有一支能很輕易威脅長江流域的軍隊」。[22]大約在同一時間，布爾什維克黨中央委員會政治局通過一項決議，批准在一九二五年十月一日之前，在廣州成立兩個新的師，並轉送價值相當於四十七萬七千盧布的武器來裝備他們。[23]故而，藉蘇聯同志之助，蔣持續壯大他的部隊。

俄國人對蔣的左傾越來越高興，特別在他的二十個學員受到英國子彈攻擊，在通往沙面的橋上倒地身亡以後，他的反帝國主義到達最頂點。此一時期他的日記充斥著反英的條目，一直要到一九二六年九月七日，他的部隊參與北伐並攻下長江邊的漢口的不久之後，這樣的條目才消失。「國勢至此，不以華人之性命為事，任其英賊帝國主義所慘殺」，他在一九二六年六月二十三日寫道，他的斑斑仇恨處處可見於他日記的頁面上。接下來的七十七天，幾乎每一則條目都以對英國人的咒詛開始。「如何可以滅此橫暴之陰番……陰番不滅非男兒……陰番必滅！」等等，總共有四百九十四則這樣的條目。[24]

不只是蔣，當時國民黨的其他許多領導者，對英國也越來越憤慨。其中的一個原因是，控制中國關務的香港英國當局，把關稅收入先依不平等條約扣掉對中國強徵的賠款，剩下的關稅餘額，不是付與孫逸仙及其繼承者，而是將之匯到北京，因為北京政府是國際所承認的。國民黨接收這一部分關稅的一切努力，全都徒勞無功。而接下來發生了槍殺事件。

許多國民黨領導者，也把八月二十日上午九點五十分所發生一件震撼全市的新事件，聯想到是香港英國當局的密謀。當時在國民黨中執會大門前，正趕往參與一場會議的廖仲愷，才剛下車就遭到槍擊。受雇的殺手，以四顆子彈擊倒了他。他在被送往醫院途中過世。[25]

刺殺事件發生幾小時以後，召開了一場中執會、政府與軍事委員會的聯席會議，會中在鮑羅廷的提議下，由汪精衛、許將軍與蔣介石三人組成一個特別委員會，集中國民黨所有權力負責調查此一犯罪。鮑羅廷與代理加倫的首席軍事顧問羅加覺夫（Viktor Pavlovich Rogachev）擔任特別委員會的顧問，廣州也宣布了戒嚴令。

委員會的每一個委員，似乎都毫不懷疑，凶手的「背後是英國人」。畢竟，廖是國民黨左派最英明的領導者，所以除了帝國主義者，誰會得益於他的死亡呢？廖過世幾個小時以後，蔣已然指向英國是謀殺案的組織者。[26]在猜疑中以極快的速度，將「買凶的人」定位於國民黨本身：正如張國燾所寫：「胡漢民的堂〔弟〕……及其親信……均有刺殺廖的嫌疑。」[27]他們都是右派分子，因而都是廖在黨內的反對者，所以「當時謠傳廖是被右派刺殺的」。[28]

就委員會來說，不幸的是，幾乎所有涉案者都逃到香港去了。他們只設法逮捕了其中一人——胡漢民的前祕書。鮑羅廷很快地要求逮捕胡本人，胡被軟禁於黃埔軍校。考慮到觀感，廣州公安局（OPS）局長也被捕了，而他也是右派的一員。可能由於不利於他們的證據不夠充足，或者是為了某些其他的原因，總之，胡和局長兩人都被釋放了。有說是蔣介石出面捍衛公安局局長，而出面維護胡的，可能是蔣，也或者是因為對被發生的事搞得緊張不安的汪精衛。蔣後來聲稱，是他「決定了胡先生的命運……而鮑羅廷、汪精衛以及汝為（許崇智）都認為該利用這個時機『殲滅胡』，但我堅決反對」。汪精衛這一邊，則說是他救了胡，把他從嗜血的許將軍手中救了出來。到了許這邊，他其後告訴胡，他之所以沒有被殺，是因為他親自出面斡旋。[29]（後者不太可能是真的：眾所周知許憎恨胡漢民，順便一提，國民黨領導班子中的許多人，因為胡的聰明才智與自命不凡而不喜歡他。）[30]九月二十二日，以國民黨中執會代表的身分，胡被光榮的流放到莫斯科。鮑羅廷非常高興，他「希望共產國際能留住胡漢民，不讓其歸國」。[31]

其結果是，出現在匆促召開的特別軍事法庭前的唯一嫌疑人，是胡漢民的前祕書。非專業的三名法官（他們全是將軍，不是法學家）基本上無法證明他有罪。被告斷然否認他參與刺殺行動。儘管如此，他仍然被囚禁在離黃埔不遠的虎門島上的一個要塞裡，他留在那裡兩年半，一直到蔣介石於一九二七年春和共產黨的統一戰線決裂。他被釋放的那一天，國民黨右派分子在要塞大門口，把他像英雄一樣的迎接出來。

「廖仲愷刺殺事件」的另一個結果是，特別委員會本身的一名成員被撤職了，那就是許將軍。在調查的過程中，揭發了他的部屬——廣東第一師師長，和「陰謀者們」有密切關係。蔣的「黨軍」即刻對這個單位執行繳械行動，之後許本人也喪失汪、蔣及鮑羅廷對他的信任。此外，對許將軍不利的抱怨也很多，他是個知名的講究享受的人，也是個酒鬼。例如，一九二五年六月初駐紮於粵東時，他未得允許就拋下部隊前往廣州，只是因為他覺得在鄉間太無聊。當他獲悉，他和蔣大約兩個月前在東征時攻下的一切地方，都因他擅離職守而被陳炯明重新拿回時，他似乎一點也不心痛。

總之，國民黨領導班子對許將軍喪失了信任。蔣與其學員包圍他的住所，並以政府之名，建議他離家到上海休養「一年」（另一資料是說三個月）。但許離開後，在一九二五年十月中，蔣重組國民黨軍，把大部分許的部隊歸屬給自己。[32]當然，受騙的許與他的戰友氣極了，許的堂弟甚至試圖刺殺蔣，但是這位未來的委員長，在保鏢的護衛下得以身免。[33]

特別委員會的工作，導致這樣的一個結果：國民黨最高領導班子的前成員們，中間派的胡漢民與許崇智，都被迫離開廣州。那麼，到底是誰因為這個結果以及廖仲愷的死而得利了呢？只有兩個人：一個是汪精衛，鮑羅廷形容他是一個最投入與最精力充沛的工作者；再來是蔣介石，「他絕對大力顯示他是一個國民黨內最熱切左傾的分子」。[34]當然，廖仲愷被刺殺對很多人都有利，包括右派分子，只是他們未因此得到任何好處。相反的，他們的地位還被削弱了。在國民黨內，正如對此結果極為欣喜的鮑羅廷一樣，形容這是汪精衛與蔣介石的「革命專政」的建立。沒人知道是否汪、蔣與鮑羅廷支持刺廖，但毫無疑問的是，他們善加利用此一悲劇，撤除了中間派與右派領袖們的權力。[35]「我們已經擺脫了許崇智、胡漢民，」鮑羅廷承認道，又加上一句，早在一九二五年五月，中共中央執行委員會就已決定，針對胡漢民政府，「準備以軍事—政治力量，進行無可避免的鬥爭。」[36]

所有的這些事件，完美地成就了鮑羅廷應該執行的莫斯科的對華政策：其目標不只是要把國民黨內的中共轉化為一個群眾性政治組織，而且要藉國民黨左派與共產黨員在黨內奪取權力，以激烈方式轉變國民黨本身的階級與政治特質。在這樣的一個政策框架內，中共黨員應該要利用他們在國民黨內的出現，把這個組織盡可能向左推動，更精確的說，即將之轉化為一個「群眾（工人—農民）政黨」。他們應該要藉著把「資產階級代表」逐出領導位置，之後在國民黨內消滅他們，來達到以上目標。接著他們應該要把他們的「小資產階級」盟友，從屬於他們自己的勢力之下，以在最終不直接經由共產黨，而是透過國民黨，建立中國的「無產階級專政」。一九二五年春，此一政策在史達林的壓力下，由共產國際加以落實。[37]當年秋，實施該政策的第一個成就已然明顯可見。

銳氣受挫的右派曾試圖分裂國民黨；十一月二十三日，他們另外召開一個他們稱為國民黨一屆四中全會的集會，地點在北京郊區的西山碧雲寺，那是經過防腐處理的孫逸仙遺體暫時安厝之處。十四位知名的國民黨領袖要求開除共產黨員，解除鮑羅廷的職務，並且把國民黨中執會從廣州移到上海。他們的理論家是戴季陶，他在一九二五年夏，出版了兩部理論性著作——《孫文主義哲學的基礎》與《國民革命與中國國民黨》。戴在書中控訴中共「寄生」在國民黨組織裡，煽動階級暴力，挑撥黨內衝突，並誘使國民黨左派加入共產黨。

戴也給他的結拜兄弟蔣寫一長信，警告他與中共合作的風險。但蔣與汪精衛像許多其他中共支持的國民黨領袖一樣，出來反對「西山」派。蔣甚至還回想起孫曾當面告訴他：「鮑羅廷的意見就是我的意見。所有政治問題都必須諮詢他的意見。」四中全會以失敗收場。但奠基於上海的西山派，開始在一個地方性報紙《民國日報》，刊載反共文章。[38]

與此同時，一九二五年秋，國民政府對陳炯明發動第二次東征。蔣現在是此役總指揮，而羅加覺夫是他的顧問。在一九二五年八月二十六日任務的前夕，國民黨控制下的軍隊，被重編為單一的一支國民革命軍，包括六個軍（後來在一九二六年三月擴編了第七軍，同年六月再增加了第八軍）。[39]蔣介石本人指揮由黃埔學員組成的第一軍；譚延闓指揮第二軍；朱培德第三軍；李濟深第四軍；李福林第五軍；而孫逸仙曾一度想任命擔任黃埔軍校校長的程潛，則指揮第六軍。周恩來被任命為第一軍政治部主任。有相當多的中共黨員也在其他軍十分積極活躍。[40]

接近一九二五年年底，訓練精良、裝備齊全的國民革命軍部隊，在由蘇聯飛行員駕駛的十四架飛機幫忙下，徹底擊潰了蔣宿敵的部隊。[41]一九二六年元月，海南島的地方軍閥也被清剿一空。黃埔軍校校長這顆巨星，此後在國民黨內被稱為「無敵的」，其地位並開始快速的躍升。

中共與蘇聯顧問在國民黨內更為活躍，還有國民黨領導者們本身與蘇聯發展關係的興趣，日益明顯且穩定提高，這在在表現於一九二六年元月一日至十九日，在廣州所召開第二次全國代表大會中的一波左派親共的措辭上。選出的代表大會代表有二百五十六人，其中實際參加的有一百八十九人。迄至此時，根據各種不同的資料來源，國民黨黨員人數居於十五萬到五十萬人之間。

這次蔣介石也側身代表之中。據一位觀察者的說法，他讓自己「引人注目」。他「頗有自命不凡之態」，「軍事領袖的姿態表現得淋漓盡致，使汪精衛等為之失色」。[42]元月六日，蔣就軍事事務向代表大會做了一個報告。他很開心地說道，國民革命軍有八萬六千名官兵，此外，政府也有六千名學員可供徵調。但是他指出，有一連串的問題，特別是武器的短缺：將近九萬名的士兵，卻只有六萬枝步槍。他把重心放在部隊的財務津貼上，強調他們的薪水少軍官十六倍，甚至少將軍四十五倍。「雖事有勞逸，級有高低，而何至若是懸殊」，他說道。[43]

大會結束時，蔣以壓倒性多數，被選入國民黨中央執行委員會。蔣和汪精衛兩人都只比胡漢民少一票，後者儘管被流放到莫斯科，但仍得到全體一致的同意票。[44]在一月二十二日至二十五日的中執會第一次全體會議中，蔣個人同時進入國民黨中執會的兩個領導機關——常務委員會與政治委員會（兩者都由九人組成）。除了他與少數幾個其他的人之外，兩會還包括汪精衛（兩會的主席）、譚延闓與胡漢民（缺席）。一九二六年二月一日，蔣又增加一個國民革命軍總監的職位。[45]

汪與蔣的「革命」專政日益壯大，把國民黨轉變成一個「人民（工人—農民）黨」的時機已近。第二次代表大會的一個月以後，國民黨中執會向共產國際執委會主席團正式提出國民黨加入共產國際的請求。[46]

但事情並沒向蘇聯顧問與中共所急切推動的方向發展。他們到了某一個階段，嘗到了勝利的滋味，開始以極拙劣的方式行事，公開試圖掌控國民黨中執會與國民政府。就這一點，以下是蘇聯顧問中一位通情達理的人——齊采林在一九二六年初尖刻地寫的：「中共系統性地以自己取代國民黨，提出自己的口號，任命黨員到領導職位，甚至疏離像胡漢民這樣的國民黨左派〔實際上，如我們所知，胡漢民是中間派〕」。[47]與此同時，新來了一位華南蘇聯軍事顧問團團長、年方二十九的軍團指揮官古比雪夫（Nikolai Vladimirovich Kuibyshev），他是一個自大的人，自一九二五年十月底開始以季山嘉（Kisanka）的假名在中國工作，在國民黨第二次代表大會後，特別是在一九二六年元月底、鮑羅廷因公暫時前往北京後，開始流露他對中國軍人的輕蔑，包括蔣本人在內。他觀察到蔣是「性格上……優柔寡斷的，但卻很頑固」，並且「他的頑固是一種特別的中國式的，就比如某些人占有了某個職位（尤其軍人之間特別會這樣），如果事情發展不如他們的意，那就馬上辭職或就一走了之，但在漫長的協商和別人的請求後，又再回來」。有一個「高高額頭」的季山嘉，本人也很頑固，因此開始看不起蔣，視之為「激進類的典型『知識分子』」，[48]並且認為蔣「如果沒有我們〔蘇聯〕教官的幫忙，作為戰場上的部隊領導，不可能獲得太大的成就」。[49]此外，雖然幾乎所有的國民革命軍指揮官以及蔣本人都贊成立刻北伐，但他卻反對。就此一事，季山嘉所為應該是符合史達林與布爾什維克政治局大多數人具合理性的指令，因為把國民黨軍隊從廣州往北調動，無可避免地會限制以軍事必要為藉口，讓廣州政權更為激進的機會。[50]在低估蔣介石之下，季山嘉於是完全忽視他的存在，寧願和汪精衛一起處理所有的軍事問題，後者除了他其他的職位，也擔任廖被刺殺以後的黃埔軍校政治委員。季山嘉的副手——羅加覺夫和以奧力金（Ol'gin）的假名在中國工作的拉茲貢（Israel Razgon），也開始有樣學樣起來。

汪精衛也回過來利用季山嘉與其他蘇聯顧問來詆毀蔣介石。在表面上意氣相投的背後，是一股互不相容的暗流。相當大的程度上，就像蔣與陳炯明的衝突一樣，問題的核心在於地域分歧。汪是一個驕傲的廣東本地人，而雖然他的祖先來自浙江，但他就是無法忍受蔣這個「鄉巴佬」的浙江人。此外，這兩個領導者擁有完全不同的氣質。總是整整齊齊的蔣將軍，瞧不起無事閒談的人，他完全無法忍受英俊的「淑女殺手」、也是一個十足政客的汪精衛。蘇聯軍事顧問與中共對汪精衛和季山嘉的明確支持，或許就是他們招來不幸的原因。

知道蔣介石是多麼的病態性敏感和暴躁易怒，就不難理解他的憤慨之深了。一九二六年元月十九日，他在日記中寫道，他對羅加覺夫與季山嘉的觀點與行動「心輒不樂，我以誠往，彼以詐來，非共事之同志也」。在二月七日下一次和季山嘉的會面後，他加上：「其疑惑戒懼之心，亦昭昭明甚。」

一天之後蔣提出辭呈，但汪並未接受，雖然他對蔣留任「也沒有表現特別的熱心」。深感抑鬱之下，他在二月十一日的日記裡寫道：「蘇俄顧問，疑忌我，侮弄我，未知何為而然？惟有以誠格之。」[51] 他很清楚記得孔子教的：「主忠信，無友不如己者，過則勿憚改。」[52]

蔣在和汪精衛會面時，當面向他抱怨季山嘉，顯然認為汪會把後者送回莫斯科，但汪反而勸蔣自己到蘇聯休息，並研究俄國革命的經驗，同時在共產國際討論他個人的問題。汪立刻告訴季山嘉被冒犯的蔣所說的一切。[53]

蔣能怎麼做？最先在一九二六年二月，他真的決定去俄國，並要求他的祕書陳立夫作陪。陳很有效率地買了票也做了匯兌，但在去港口的路上，蔣再三思量，好幾次令司機回頭。最後，毅然決然地下定決心，他回家了。陳立夫說，蔣是聽了他以武力對付敵人的勸告後，才這麼做的。[54] 在這個時候，所有不滿政府親俄路線的人，開始在他身邊集結，這就是他何以有機會打敗季山嘉、汪精衛以及中共的緣故。當然，蔣不打算把他掌握的權力交出來給這些人。

在此期間，他接受了《紐約時報》記者甘尼特（Lewis S. Gannett）的訪問。甘尼特之後寫道：「蔣是一個喜怒無常、脾氣暴烈的人，他已然證明了自己是一名管理者，但他很神經質。」[55]這也不足為怪：因為他一天比一天更敏銳地感知到環繞著他的恨意越來越迫近。現在他可以看見到處都有敵人在他背後搞陰謀。一次，在參加蘇聯顧問安排的紅軍建立八週年的宴會後，他在日記中寫道：「茂如〔王柏齡將軍，右派之一〕言有人毀我。昨夜又見人厭我之狀，余心滋怫，既而思之，喜諛惡謗之人，即為患得患失之鄙夫，心地何不光明乃爾，切記。」[56]

一九二六年三月十九日至二十日晚上，蔣在壓力下採取斷然行動。他下令逮捕了大約五十名共產黨員，派軍隊包圍蘇聯軍事顧問的住宅，並對廣州發布戒嚴令。他對此的解釋是，他成功揭發一宗「共產黨陰謀」。共黨打算綁架他，將他挾持到俄國，並在那裡囚禁他。[57]

但是否真有此一陰謀存在，是很有疑問的。畢竟如前所述，莫斯科認為蔣是極左的——比國民革命軍其他指揮官更偏向左。而季山嘉本人，不管他對蔣介石擺出多麼一副高高在上的樣子，但也至多認為他是個「雅各賓黨人」（Jacobin）。[58]在這樣的情況下，中共不太可能敢去逮捕蔣並把他挾持到俄國。最有可能的是蔣自己挑起了這起事件，這似乎才是最合理的解釋，尤其我們要想到在當時，蔣是處於怎麼樣的一種心情鬱悶已極的狀態下，還有他是多麼擔心在季山嘉面前丟臉。在發生這些事件的前夕，他請求他的結盟兄弟、當時住在上海擔任國民黨中執會常務委員會主席的張靜江，立刻到廣州扮演黨際事務最高仲裁者的角色，也就不令人意外了。[59]很有可能的是，蔣因為患有被害妄想症，真的相信有一件中共的「陰謀」存在，但並沒有事實能加以佐證。

另據了解，在這些事件發生前兩天，孫逸仙去世後改名為中山艦的永豐號軍艦艦長、中共黨員李之龍，接到蔣透過一位長官的口頭命令，要他把軍艦駛回黃埔軍校，據說要加以保護。不過當他依命行事，把艦艇停泊到小島邊並電告蔣，蔣卻聲稱他是第一次聽聞此事。當中山艦返回廣州，蔣立刻宣布李之龍是一個「叛變者」，並匆匆編造出一個「中共陰謀」的故事。[60]

隨著廖仲愷過世後，藉著共產國際官員及中共之助，汪精衛成為國民黨左派領導人。為了挑起人們對汪的懷疑，蔣公布一封一九二四年十月孫逸仙給他的信，信中孫要求他不要把胡漢民或汪精衛列入為擊退商團而設立的革命委員會之中，因為以孫之言，「今日革命，非學俄國不可，而漢民已失此信仰，當然不應加入。……精衛本亦非俄派之革命，不加入亦可」。[61]

他取得的主要成就是季山嘉、羅加覺夫與拉茲貢被迅速撤換，而他信任的加倫與鮑羅廷回任，還有就是汪精衛地位的弱化。不過，他並不想破壞和蘇聯的關係，他一如以往表現為一個孫的忠實信徒，隨時準備完成孫的遺願，包括和蘇聯的友誼。

根據蘇聯顧問切列帕諾夫（Alexander Ivanovich Cherepanov）的報告，季山嘉完全驚呆了，他發給蔣一封信，但被注明收件人不在家而退回。[62]以伊萬諾夫斯基（Ivanovsky）的假名，早在一九二六年二月就在廣州訪問的紅軍總政治部主任、蘇共政治局宣傳部部長布勃諾夫（Andrei Sergeevich Bubnov），負起調查任務。他發現自己置身事件的中心點，去拜訪蔣試圖釐清整個情勢。他和他的觀察團其實內心明白，三月二十日的事件，與共產國際在國民黨內「進一步推動奪權路線」有關，但他們不想加以承認。[63]蔣向布勃諾夫提供了幾條線索，並承諾他本人次日早晨會去面見，以「進行更嚴肅與深度的討論」。但他並未履約，以此暗示他是情勢的主動者。

由於什麼事都做不了，所以四天後，季山嘉、羅加覺夫與拉茲貢依布勃諾夫的決議離開了。[64]

俄國人做出了讓步，但以其中一人的說法，只是「爭取時間，並準備清算這一位將軍（蔣介石）」。[65]他們不打算就三月二十日的事原諒他，他們只是在等待時機。但目前此一事件和平地落幕了。在讓大家明白自己的論點後，蔣釋放了那些他逮捕的人，甚至向仍在廣州的蘇聯專家們致歉。四月二十九日，鮑羅廷回到華南的首都，加倫則在五月底現身。從那時開始直到北伐（一九二六年七月），所有根本政治大事，開始由「三巨頭」——蔣介石、三月二十二日回到廣州的張靜江，以及鮑羅廷決定。他們在張靜江的家集會。從前國民黨領導們開會的鮑羅廷家，「盛況已大不如前」。[66]

三月二十日的兵變，不只大大削弱了中共與蘇聯顧問的地位，也重傷汪精衛身邊的國民黨左派勢力。汪與蔣的「革命專政」被打破，而蔣則大大增強了自己的權力。三月二十二日，政府要員與軍隊指揮官，向蔣表達支持之意。[67]當日他在日記中語帶諷刺寫道：「事前皆反對我出此舉動，而事後將余之言奉為金科玉律，人心之變化，其如此之速也。」[68]

汪深感鬱悶。他長期受糖尿病所苦，在政治上的挫敗更使情況惡化。他不得不臥床休養；他的妻子陳璧君一再延請醫師給他看病，他並且拒絕做「任何和工作有關的對話」。在「他一直支持的」季山嘉被撤職後，汪覺得「丟臉」。俄國人對蔣讓步，也讓他覺得受辱，認為他必須「離開工作一段時間」。[69]他就此寫一封信給蔣最信任的張靜江。[70]五月他經上海到國外去治病。

命運何其諷刺，他的老對頭，中間派的胡漢民，在早幾天前的四月二十九日，不顧蘇聯當局想扣留他，從莫斯科經上海返回廣州，汪從廣州到上海搭的就是同一艘船。同樣的四月二十九日那天，胡在黃埔會見了蔣，他對蔣在三月二十日採取的行動大表贊同。他向蔣介石分享了他對蘇聯的印象，聲稱俄國的目標是「從內部摧毀國民黨，並在最終以中共替代國民黨」。他建議蔣逮捕鮑羅廷，但蔣可能還沒準備這樣做。在北伐之前沒道理和蘇聯決裂。他沒說是也沒說否，但在同一天，為了顯示他對與蘇聯結盟的誠心誠意，並同時再一次顯示自己的權力，他把胡的話轉述給同樣在黃埔和他會面的鮑羅廷。[71]之後胡別無選擇，只能離開廣州，在上海投身文字活動。[72]

當時在廣東農村由中共組織的所謂農民協會（事實上是指貧民與遊民）開始被解除武裝。此外，蔣對中共發布一系列命令，目的是嚴格限制他們在國民黨內的政治與組織自主權。這些是蔣親自在國民黨二屆二中全會（一九二六年五月十五日—二十二日）上宣告的。支持這些命令的有譚延闓、張靜江以及孫逸仙第一次婚姻所生的兒子孫科。這些命令包括：禁止批評孫逸仙及其遺教；提供一份加入國民黨的共產黨員名冊給國民黨中執會主席；限制中共在中執會、國民黨省、市委員會的名額只能占總數的三分之一；禁止中共擔任國民黨中執會各部門首長；禁止在未取得黨領導人同意下，國民黨員以黨的名義召開會議；中共傳達對其黨員的指令前應先交國共聯席會議批准；禁止國民黨員未得允許參加共產黨的活動；[73]以及禁止國民黨員加入共產黨。[74]蔣已故結拜兄弟陳其美的大姪兒、年方三十四的陳果夫，和蔣關係密切，應蔣之要求，在全會召開的前夕，從上海來到廣州，五月一日，他取代共產黨員譚平山，成為中央執行委員會主要部門——組織部的部長。那本是譚自第二次全國代表大會後即擔任部長的。以他弟弟陳立夫親眼見證所言，他開始清查在國民黨內部的祕密共產黨員，以便在適當時機加以肅清。[75]

中共依據的史達林路線是要在適當時機從國民黨內部奪權，但這時中共暫時退卻了，接受了這些命令，否則他們就必須離開國民黨。但如此一來，把國民黨轉變為一個「人民（工人—農民）黨」的莫斯科的期望，就會完全落空。[76]蔣操控的手段如此高明，莫斯科領導者與中共中執會都被蒙騙了。在兵變一段時間後，他不只對共產黨，也對國民黨右派限制了行動。他同時解散了共產黨的

「青年軍人聯合會」與國民黨的「孫文主義學會」，並且撤除了幾個右派的職位。在五月底他甚至逮捕了最熱切支持把中共排除於國民黨的廣州警察局局長吳鐵城。莫斯科主要的訊息來源鮑羅廷，視此為右派分子「軟弱」的具體表現，國民黨五月全會採行的限制共產黨活動之決議，只是一項戰略性的路數，用意在消除共產黨與忠實國民黨員間的「誤會」。他甚至認為國民黨中執會對共產黨的決議，給右派造成的傷害比給共產黨的還來得嚴重。[77]「即使孫先生健在，也要採取某種步驟來限制中共的活動。」他坦白地對中共中執會的張國燾說。[78]

二次全會後，蔣逐漸把所有權力掌握在自己手中：他成為國民政府軍事委員會主席、國民黨中央黨部軍人部部長，並成為國民革命軍總司令。七月初他甚至成為最高機構——中執會政治委員會主席。此一職位結合了政治與常務委員會的功能。在汪精衛辭職後，政治委員會主席的責任由同時擔任國民政府主席的譚延闓扛起，而張靜江則任常務委員會主席，但他們現在都把這些職位讓給蔣。不過蔣要求張在北伐期間負起他在黨內的職責。[79]

如此這般地，時年三十八歲的蔣，在一九二六年的前半年，明顯地完全掌控了黨與軍隊。諷刺的是，他在取得孫逸仙遺產的鬥爭中，是由華南的共產國際代表們幫他贏得勝利的，後者自一九二四年開始，誤以為他是左派（鮑羅廷、加倫），因而盡其所能強化黃埔軍校及其校長的地位，之後又激起和他的衝突（季山嘉、羅加覺夫）。其結果是蔣依恃在國民革命中握有指揮權的大部分的黃埔學員及畢業生，不但擊敗了他在國民黨中的對手（陳炯明、許崇智、汪精衛及其他人），也同時限制了同一批蘇聯顧問、中共以及國民黨左派的勢力。黃埔畢業生成為國民黨武裝力量的核心，並且成為國民黨內部的最強大組織。

蔣介石出生的房間。（作者拍攝）

蔣介石在溪口鎮的住居。
（作者拍攝）

蔣介石、蔣母、毛福梅（蔣第一任妻子）及其子蔣經國
（1910 年末）。（國史館提供）

蔣介石在加入孫逸仙的中國革命同盟會後不久（東京，1908 年）。（國史館提供）

陳其美，蔣介石最親密的朋友及「結拜兄弟」。（國史館提供）

孫逸仙與宋慶齡。（國史館提供）

蔣介石，時任黃埔軍校校長（1924 年 5 月 12 日）。（國史館提供）

黃埔軍校正式開幕時的國民黨領袖們，司令台上（由左至右）的是：廖仲愷、蔣介石、孫逸仙、宋慶齡。司令台右邊穿白西裝的是孫的侍從官科恩（Morris Abraham Cohen）（長洲島，1924 年 6 月 16 日）。（國史館提供）

在清黨之前四天，史達林寄給蔣介石的照片。上面的題詞是：給中國國民軍總司令蔣介石，慶祝國民黨的勝利與中國的解放。（1927 年 4 月 8 日）。（俄羅斯國家社會與政治歷史檔案館提供）

蔣介石與他第二任妻子宋美齡的結婚照（南京，1927 年 12 月 1 日）。（國史館提供）

中原大戰期間蔣介石在前線（1932 年）。（國史館提供）

根據中國人算法，蔣介石與宋美齡慶祝蔣的五十歲生日（洛陽，1936 年 10 月 31 日）。（國史館提供）

張學良。
（胡佛研究所檔案館提供）

盧溝橋，1937 年 7 月 7 日中日之戰在此爆發。背景是宛平城。
（作者拍攝）

蔣介石與宋美齡（右三），宋美齡站在她的兩個姊姊之間，她左邊是宋靄齡，右邊是宋慶齡（1940 年，重慶）。（國史館提供）

蔣介石視察四川省途中（1941 年 1 月 2 日）。（國史館提供）

蔣介石在重慶（1943 年 10 月 10 日）。（國史館提供）

蔣介石與宋美齡在印度。坐在兩人之間的是印度總督霍普（Victor Alexander John Hope），其妻米爾納（Doreen Maud Milner）坐在蔣的左邊（新德里，1942年2月10日）。（國史館提供）

蔣介石與史迪威（Joseph Warren Stilwell）將軍（外號醋喬，Vinegar Joe）（1942年3月6日）。（國史館提供）

開羅會議。從左至右：蔣介石、美國總統羅斯福、英國首相邱吉爾、宋美齡（1943 年 11 月 27 日）。（國史館提供）

蔣介石與（從左至右）中國外交部長宋子文、魏德邁（Albert C. Wedemeyer）將軍、赫爾利（Patrick J. Hurley）將軍（重慶，1944 年 11 月 1 日）。（國史館提供）

蔣介石與美國陸軍第十四航空隊少將司令陳納德（1945 年 3 月 24 日）。
（國史館提供）

蔣介石與宋美齡，身後自左至右為：陳誠將軍、蔣子經國、行政院長宋子文（重慶，1945 年 10 月 3 日）。（國史館提供）

蔣介石與毛澤東在和談期間（重慶，1945 年秋）。（國史館提供）

在國共內戰期間，蔣介石接收報告（1947 年 5 月）。（國史館提供）

中華民國總統蔣介石（南京，1948 年 5 月 20 日）。（國史館提供）

蔣介石、宋美齡與家人，包括蔣經國（第二排，最左）、蔣緯國（第二排，左二）、蔣方良（第二排，左四），時間是蔣介石依據中國人算法的七十歲生日前夕（臺北，1956 年 10 月 10 日）。（國史館提供）

蔣介石號召消滅共匪、反攻大陸（臺北，1962 年 11 月 12 日）。（國史館提供）

根據中國人算法的蔣介石八十七歲生日（臺北，1973 年 10 月）。（國史館提供）

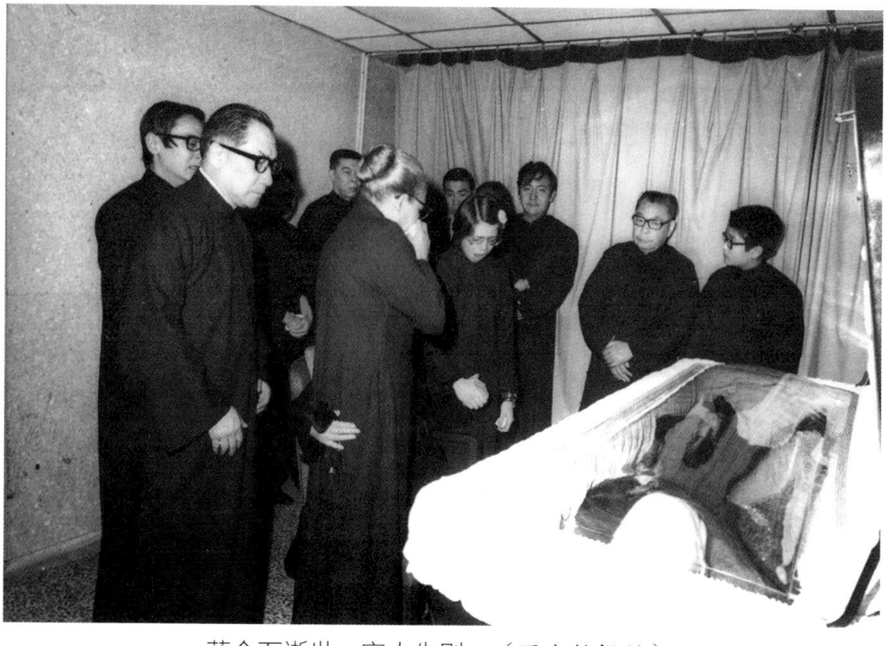

蔣介石逝世，家人告別。（國史館提供）

第八章
北伐與國民黨的分裂

一九二六年五月二十一日，國民黨發布一則有關國內情勢的宣言，表示孫逸仙長久以來夢想的北伐就要展開。過了幾天，在六月五日，蔣被推舉為國民革命軍總司令。當時官兵總數大約為十萬人。如前所述，早在一九二四年十月，由馮玉祥領導的國民軍（十五萬人）曾宣布支持孫逸仙，所以就客觀上來說，應該是國民革命軍在華北的盟友。但一九二六年四月，他大敗於北方軍閥手下，隨之在五月初，他和家人旅行至蘇聯，商談有關擴充蘇聯軍事援助及「等待中國事件的發展」。[1]在他抵達莫斯科的第二天，他成為國民黨的一員，並在列寧石棺前作此宣示。他也和布爾什維克領導者做一協議，提供他約值四百三十萬盧布的物資供應支援，並且增加新的幹部，來擴編蘇聯軍事顧問團。但在他一九二六年九月中回到中國之前，並未能對蔣提供實際的支持。

儘管如此，在一九二六年七月初，北伐成為事實了。以一個目擊者的說法，北伐激起了國民黨的「革命精神」。[2]雖然兩方並非勢均力敵，但從一開始北伐行動就取得了成功。對抗國民革命軍的三支軍事集團，其人數遠遠超過廣東軍。這三支部隊為首的是華中的吳佩孚將軍、從吳佩孚部隊分裂出來的華東的孫傳芳，以及華北與東北的張作霖。吳與孫的軍隊各有大約二十萬戰士，而張則可動員三十五萬人。但蔣介石很幸運。早在一九二六年二月，吳將軍集團的湖南省長趙恆惕的軍隊就發生分裂，其第四師指揮官唐生智將軍，在早先與廣州政府建立關係後，起而叛變。在廣州的支援下，唐攻擊趙將軍，迫使他逃離湖南省會長沙。一九二六年三月底，唐宣布自己是湖南省省長，但他無法立即鞏固自己在長沙的地位。吳佩孚將軍移師攻擊他，他不得不離開長沙。在這種種情況下，蔣在五月十九日派出國民革命軍一個大約兩千人的軍團到湖南。六月二日唐的部隊被納入國民革命軍第八軍，唐宣布展開對抗英國的戰鬥，攻打吳佩孚，並且驅逐趙恆惕。

一九二六年七月九日上午九點，在明清兩代用作閱兵場地的廣州東校場，蔣在出席的五萬多人面前，隆重宣誓就任國民革命軍總司令一職。在「令人印象深刻的典禮」中，群眾給予如雷的掌聲，他發誓：「在北洋軍閥與帝國主義者已重重包圍我們、壓迫我們，如果國民革命的勢力不集中統一起來，我們再沒有同生死共甘苦的決心，一定不能衝破此種包圍，解除此種壓迫。……此次出師，也是要完成總理遺志，洗清我們的恥辱。」[3]僅僅兩天之後，在國民革命的理想激勵下，他的軍隊得到對吳佩孚的第一場重大勝利，之後他們占據湖南省會長沙。當地民眾憎恨建立恐怖政權的總督趙恆惕，「把〔他們〕當英雄來歡迎」。大紅旗子在長沙每一個店家招展，「學生遊行好幾個鐘頭之久」，高呼共產黨的口號：「打倒西方帝國主義」以及「俄羅斯萬歲，人類的救星」。[4]

之後一些小軍閥，惟恐如果他們抵抗的話，會失掉他們的部隊，並繼而喪失其權力及收入，於是開始倒向國民革命軍總司令這一邊。以當代人的觀感，國民革命軍是「一種新型態的人：能幹、機敏、有執行力」。[5]蔣接受他們，任命他們為將軍，並把他們的軍團及師部納入自己的部隊。「到處都有人想向我投降，」他很高興地說，「他們唯一擔心的是我可能不允許他們投降……他們全都是機會主義者。」[6]由於軍閥的成分進入國民革命軍的結果，造成其軍官團開始沾染一種很明顯的保守主義性質。其後右派的勢力變大，而蔣也越來越偏向他們的立場。與此同時，隨著國民革命軍部隊進入湖南與湖北的鄉村與城市，遊民與貧民的騷動越來越多，也就是自遠古以來，一直被富裕地主、普通農民與商人視為社會中最具破壞性的那一部分城鄉民眾。和國民革命軍部隊混在一起的這些遊民與貧民，三餐不繼、衣衫襤褸，只要是生活比他們好一點點的任何人，都想主宰、羞辱與踐踏他們。在革命與戰爭的情況下，他們就有機會把自己遭遇的羞辱與貧窮報復到別人身上。即使一般農民並沒有犯錯，但因為他們居住在一起，就變成最方便的報復目標。當然，遊民與貧民結成幫派對統一戰線構成威脅，因為國民革命軍的將軍與軍官來自多少算是富裕的人家。但共產黨開始像他們在廣東所做的一樣，把這些遊民與貧民組織成所謂的「農民協會」，試圖在未來的革命建立他們自己的領導權。至於從國民黨清除掉反共產主義者，共產黨顯示出其完全無能為力，因為他們在國民黨內的權力平衡處於不利的地位。[7]

同時在八月中旬，唐生智與蔣介石會面後，決定繼續北伐，方向是湖北省的武漢三個都市；攻下後將分兩路前進：西路以北京為目標，東路以江西省會南昌為目標。蔣介石親自領導東路，唐生智則帶領西路。八月十七日，北伐重新展開。[8]

一九二六年秋，國民革命軍取得重大勝利。他們推進至長江流域，九月六日攻下漢陽；第二天攻下漢口。然而武昌則堅持了一整個月，一直到國慶日的十月十日才成功得勝。至此武漢的三個都市全都落入國民革命軍之手。湖北省會武昌之戰特別血腥，一目擊者回憶道：「我騎著馬奔馳而去，沿途死屍遍地，臭氣熏天，遠遠望去，每一屍體的臉面全是黑的。可是，當我的馬經過時，馬尾一拂，一張張黑臉上滿布的蒼蠅就全部嗡嗡地飛了起來，臉又變白了，霎時心中的感覺是難以形容的。忽想起「一將功成萬骨枯」這句詩，我勒緊馬轡，呆了好久，才繞著屍體迂迴而行，以免馬蹄踏到死屍上面。」[9]

九月在漢口的時候，蔣意外地收到他過去幾個月來一直惦記著的一位女士——宋美齡的賀電，她是孫逸仙遺孀宋慶齡的妹妹。此時他對陳潔如的情感已冷，雖然他與她依然維持著正常的關係，一如他對撫養幼子緯國的姚冶誠一樣。同時之間，蘇聯共產黨正在撫養與教育他的長子經國。一九二五年十月，蔣經國在北京蘇聯大使館的俄國友人影響下，寫信給父親，需求同意他到莫斯科留學。[10]得到父親的同意後，就到莫斯科的中國勞動者孫中山大學（ＵＴＫ）就讀。學校在十一月於俄羅斯首都成立，那是個共產國際的高等教育機構，希望能成為一個「國共統一戰線的教育中心」。[11]經國是一個一百一十九人團的成員，到十一月二十三日，他已成為一名學生，並且從ＵＴＫ行政管理處得到一個假名（為保密之故）——尼古拉．維拉迪米洛維奇．伊利扎洛夫（Nikolai Vladimirovich Elizarov）。[12]

陳潔如大多時候住在廣州。在廖仲愷被刺後，如前所述，他的遺孀何香凝對陳潔如很好，於是請求她和蔣在東山高級地區廖家旁邊租一小房子，該區多半都是兩層樓的歐式別墅，所有國民黨的高官與蘇聯顧問都住在那兒。蔣與陳潔如的另一個鄰居是張靜江。後來在北伐戰爭平息的一段時間，陳潔如從廣州去到蔣那兒。但蔣從未停止想另一個新的女人。

蔣認識宋美齡可能是在一九二二年十二月初，或者是在一九二三年元月初，地點是孫逸仙位於上海莫里哀街二十九號的私人住宅。[13]但如前所述，當時蔣的狀況並不很好：他從閩南前線疲憊地退出，並與當地的許崇智關係破裂。此外，他仍非常愛戀陳潔如，所以他與宋美齡的相識並未有任何進展。

兩人重新會面是在北伐前夕的廣州，在宋美齡的姊姊、商業鉅子孔祥熙的妻子宋靄齡家中。孔是一位十足的紳士，看似憂傷的雙眼藏在圓圓的眼鏡後。他在美國接受教育——在俄亥俄州的歐柏林學院（Oberlin College）與耶魯大學就學——他被認為是中國最優秀的經濟學家之一。孔與妻子邀請蔣與陳潔如及其他的一些國民黨高官共進晚餐。那是一個炎熱的週六夜晚，美麗的兩姊妹，身材曼妙，穿著絲質旗袍的盛裝，優雅地搧著扇子。她們完美梳理的黑髮在後頸處綰了一個髻。「看起來，她們實在好像是上海時裝書上刊登的時裝模特兒」，陳潔如回憶道。[14]

而此時正如花朵盛放年齡的美齡（她三十歲），突然給蔣留下深刻的印象。當然在陳潔如面前，他甚至沒和她說幾句話，而我們不知道他是否開始想到一樁新的婚姻。但毫無疑問，他非常喜歡她。一九二六年七月二日，在見面後不久，他在日記中寫道：「美齡將回滬，心甚依依。」[15]

從那時起她毫無音信。然後在九月她意外地寫信給他，向他攻下漢口道賀。此外，她稱他為「英雄！」他非常興奮並且立刻就忘了陳潔如，邀請她前來。[16]但美齡在兩個月後才回信，禮貌地感謝他的邀請，並對不能前往表達遺憾：以她的說法，她必須照顧住在上海的母親。

在那時蔣已不在漢口。即使在攻下武昌之前，蔣已明瞭吳佩孚將軍的軍隊實際上已被打垮，九月的第二個星期他領軍朝向江西，攻打一個新的敵人孫傳芳元帥，把征服湖北的榮耀讓給唐生智。九月二十二日跨入江西邊界，以一個月的時間他和他的戰士向該省首府南昌挺進，並在十一月七日攻克。蔣與隨軍的加倫下一個目標很清楚：拿下華東最重要的兩座城市：上海與南京。同時之間，曾與蔣同為日本軍校學生、並且擔任黃埔教官的何應欽部隊，正從容地穿越福建省朝向蔣的家鄉浙江省前進。[17]

在前線新獲勝利不久之後，蔣在十一月收到美齡的第二封信，讓他對這位美麗女子又起回憶。從她繼續與他通信來判斷，她應該對他也有興趣。她為何不呢？他是一個強壯、高大、英俊的男人，他那雙「機警的黑眼睛……似乎能看穿一切」。[18]他明顯的擁有天生領袖的魅力。所以這位知道自己身價的有野心又任性的女子，決心要製造一樁絕佳的配對，於是就不會放下他了。這位國民黨的新領袖與軍隊總司令，非常有可能成為國家領導人，對她是再適合不過的了。她的大姊同意這些看法，不像她的二姊、孫逸仙遺孀的宋慶齡，從來就不喜歡蔣，並且如前所述，早在一九一四年就拒絕考慮和他結婚的可能性。在丈夫過世後，慶齡和蔣的關係更為惡化。根據她的說法，在喪禮過後的一段時間，他膽敢派一個媒人給她。但她毫不理睬，因為她相信「那是政治而非愛」。[19]一段時間以後，當她得知蔣對她妹妹有意時，只讓她更為確定他是一個一心追求事業的人。「他千方百計要進入我們的家庭，亦即，孫逸仙的家庭。」她這樣判斷。

她是對的嗎？部分是的。有機會和有財有勢的宋家建立關係，當然必定讓蔣充滿了想像。他因而能成為孫逸仙的妹夫，以及能幹的金融家孔祥熙及美齡的兄弟宋子文的親戚，而他們能夠提供不可或缺的資金，鞏固他在國民黨內的權力。但我們不要忘了，單單作為一個女性，宋美齡就足以讓蔣開心了。她真的是個迷人、聰明、具藝術氣質、受過良好教育並且睿智的女子。總之，她名副其實的是一個淑女。

她出生於一八九八年三月四日上海外圍的川沙鎮。[20]從十歲到十六歲，她和慶齡一起住在美國喬治亞州的梅肯鎮（Macon），那是亞特蘭大東南大約八十英里處，慶齡在享有盛譽的威斯理安女子學院（Wesleyan College for Women）就讀，而美齡則由私人教授英文。直到一九〇九年，她的大姊靄齡也在同一所學院就讀。一九一二年十五歲時，她也向這一所教育機構註冊，但一年後，在慶齡完成學業並返回中國後，美齡轉到離就讀哈佛經濟系的哥哥比較近的地方。她向位於劍橋以西大約十六英里的著名衛斯理女子學院（Wellesley College）註冊，這是偉大的納博科夫（Vladimir Nabokov）（譯注：俄裔美籍作家，衛斯理學院俄語系創辦人）將在一九四〇年代教授文學與俄文的同一所學院。一九一七年春，美齡以優異的成績完成了她的主修——英語與文學——並排名在前三十三名。她愛美國，這並不足為怪，因為那兒是她長大的地方。以她的思考方式與成長背景來說，她是美國人。「唯一中國式的，是我的臉孔」，[21]她說。當然，她說一口流利的英語，只是帶有很重的南方口音，那是她童年時在喬治亞學來的，並且她怎麼樣也改不過來。[22]

她很早熟，清楚自己對男性很有吸引力，就像許多其他女人一樣，她喜歡穿得漂漂亮亮的。深信男性很難抗拒她，她只擔心體重增加。「我唯一的奢侈，衣服……我最喜歡的座右銘，別吃糖果——一個都不行……我的隱憂就是肥胖」，她在日記中寫道。[23]在她很年輕的時候，她的渴望愛與被愛，就和功成名就的強烈欲望交織在一起。她完全無法想像和一個普通男人結婚。有此一說，在她遇到蔣之前，她曾和宋子文的某個朋友有某種關係。那人名叫劉紀文，他們應該也訂了婚。但是否真有其事，沒有人確實知道。順便一提，在孫逸仙領導的國民黨占有相當的地位、絕非等閒之輩的劉，否認此一傳言。[24]

但是她全心全意喜愛蔣。「我與蔣介石的婚姻完全美滿幸福」，她回憶道。「從我是個年輕女孩子開始，我就崇拜英雄。」更進一步說：「這是我的機會。我不會袖手旁觀，我會和我的丈夫一起努力，讓中國更為強大。」此外她又說：「我被他閃亮的眼睛吸引了……我傾心於他。」[25]

與此同時，蔣在軍事上的成就越來越讓鮑羅廷不安。即使在一九二六年五月的中執會全體會議後，蔣並沒有針對共產黨執行任何新的措施，但「高級政治顧問」鮑羅廷仍深信，在攻下全國最大工商業中心的上海後，蔣就會立刻開始屠殺共產黨員。早在十月下半的廣州，鮑羅廷已背著蔣介石與張靜江，召開一次國民黨中執會聯合會，出席者多半是左派的省委與特別市委代表們。該會通過了一項新的方案，其中特別的是共產黨對農民問題的要求，包括降低租金、高利貸的利率、減輕稅賦以及禁止投機行為。在這一方面，首先批評的對象就是蔣與張靜江，會中並決定請求當時住在法國的汪精衛銷假回國。這個打擊很明白就是針對蔣而來。

十一月初，國民黨中執會政治會議通過一項決議，要把國民政府移到武漢，一個月後，第一批部長（四位男性及孫逸仙遺孀宋慶齡，全部都是左派）以及鮑羅廷搬到新址。[26]從廣州出發的路上，在十二月七日深夜，鮑羅廷在江西省廬山的度假勝地會見了蔣。兩個早已熟識的人在緊張的氣氛中會談。[27]鮑羅廷在一種惱怒的狀態下抵達武漢。

他立刻會見了西路指揮官唐生智，並告知他不再信任蔣，他只依靠唐。「誰能忠實履行孫逸仙先生的主張，就能成為中國最偉大的人物」，他向受到奉承的將軍宣稱道。唐是一個體弱、蓄著稀疏小鬍子、兩耳突出的人，畢業於保定軍校，並且是一名虔誠的佛教徒。他欣喜若狂地回答道：「我一切願聽指揮」。[28]之後唐公開地說了許多次：「蔣介石太勞累了，休息一下對他比較好，因為他已無法在江西成就任何事了。如果讓我來領軍，我不只能攻下江西，還能打進南京。」[29]從此之後，唐與鮑羅廷心心念念不能或忘要鬥垮蔣。[30]

中共、蘇聯顧問以及左派或在國民黨內左傾的人，再次開始在黨內展開攻擊，試圖奪取黨的官僚組織。這次攻擊的主要目標是蔣本人，蘇共黨中央委員會政治局自一九二六年夏就不再視蔣為左派，現在認為他是一個中間派。共黨採取散布謠言的手段：「蔣介石打算走拿破崙的路線。他是一個獨裁者。」甚至於違反事實地說：「他不想要汪精衛回來。」事實上，蔣在一九二六年九月主動去函汪，並且有好幾次請求他的「兄長」回來承擔黨的事務。「我才疏力薄，」他寫道，「我無法同時兼顧政治工作及軍隊管理。」十月初，他甚至派他的老同志張靜江到法國面見汪，說服「頑固的」汪回國，但卻徒勞無功。[31]

鮑羅廷積極地支持這些陰謀，不再理會蔣對別人哪怕是最輕微的卑視與猜疑都表現的敏感性。

他又發動一場對張靜江的誹謗活動。如前所述，張是一個殘障者必須坐輪椅，所以鮑羅廷與他的戰友們開始到處放話：「打倒昏庸老朽」的張靜江。[32]此外，在鮑羅廷發起下，十二月十三日在武漢召開了一次所謂黨政機構的臨時聯席會議，其權遍及所有的國民黨地區。鮑羅廷這樣的做法不單單背著蔣與張靜江，也背著和第二批部長們正準備離開廣州的國民政府主席譚延闓。蔣介石的死對頭司法部部長徐謙，被選為聯席會議主席；另有三名共產黨員以及一些國民黨左派。[33]

蔣不能容忍對他自己的這種姿態，也不能接受這樣對待譚延闓與最親密的結拜兄弟張靜江。莫斯科的代表顯然正在玩火。一九二六年十二月十一日，張靜江、譚延闓與第二批的其他部長們從廣州來到蔣介石處。他們對臨時聯席會議召開卻沒有通知他們參加，理所當然不悅，因此他們決定不跨界進入左派的武漢。[34]一九二七年一月一日，他們得悉武漢已經被正式宣告為國民黨中國的首都。作為回應，元月三日蔣召開一個國民黨最高權力機關的中執會政治會議，會中經投票，多數決定「中央黨部及國民政府暫駐南昌；三月一日，在南昌召開第二屆三中全會，決定駐在地後，再行遷移」。[35]之後鮑羅廷決定做個徹底了斷。「一九二七年一月三日，決裂變成勢不可免，」他後來承認道，「我們並沒有用一根爛繩子綁住蔣介石，因為在元月三日，我們已經走向和蔣介石的決裂之路。」[36]

為想解決「誤會」，元月十一日蔣離開南昌前往武漢。但在逗留那兒一星期後，他一無所獲。鮑羅廷、共產黨員以及國民黨左派，公開地羞辱他。在元月十二日晚的第一次宴會上，鮑羅廷開始和蔣對話（宋子文當翻譯），口氣強硬地要求蔣在各方面都要聽命於武漢政府，根本上是在指責蔣的目的是要成為一個獨裁者。鮑羅廷幾乎遏制不住他的怒氣，但確定每一個人都聽到他說的，他告訴蔣一個西方寓言故事，內容是有一個國王，不喜歡聽別人的意見，禁止他的大臣們說話；然後大臣們告訴他：「只有狗不說話，如果你，陛下，不要我們說話，那就給自己找些狗來。」[37]蔣認為這些話是公然侮辱。他非常憤怒又深感受到冒犯，以致宴會後整夜不能成寐。到了早晨，他甚至想要自殺。想到自己丟臉了，他深陷憂鬱。[38]從前他在黃埔的一個朋友，屬於國民黨左派，了解到鮑羅廷說了這些話後，蔣與國民黨左派勢必決裂，喝醉了酒並整晚痛哭。[39]

這個時候，美齡在武漢。她和母親及長姊靄齡在一九二六年十二月抵達，要拜訪她二姊慶齡（孫逸仙的遺孀）及兄長宋子文。在廖仲愷過世後，一九二六年九月末宋成為國民政府的財政部長，並且和第一批部長們抵達武漢。像他極為尊敬的姊姊慶齡一樣，那時宋子文是極左的。那個星期蔣和他及慶齡不只一次在某種場合會面，但蔣是否見到美齡則不得而知，至少在他日記裡沒有這樣的記載。

滿腔怒火又怏怏不樂，蔣在元月十八日回到江西，並在二月初對上海與南京發動一次攻擊。同時他要求共產國際領導們即刻召回鮑羅廷，隨他們想要換什麼人都可以（蔣特別建議的候選人有著名的蘇聯共產黨員拉狄克〔Karl Radek〕或加拉罕）。[40]在二月十七日的一次祕密會議中，蘇共政治局通過一項決議，要蔣完全聽命於武漢政府。「國民黨中執會的路線〔實際他們心裡想的是鮑羅廷的路線〕相對於蔣介石的，我們認為是正確的，」史達林告知鮑羅廷，「我們必須採取措施……以便讓鮑羅廷不至於太突出，因而衝突就不會被視為鮑羅廷與蔣介石之間在爭權奪利。」[41]

二月底，當時在武漢的吳廷康非常憂心，於是避開鮑羅廷到南昌與蔣會談，但一無所獲。蔣堅持召回鮑羅廷。「本黨之糾紛皆由鮑一人所起也，」他直言不諱地說，[42]「衝突的根源在武漢……最近鮑羅廷開始走一條分裂國民革命運動的路線……現在我正在反對他，因為他遵循的是危險的路線，將導致兩個政府的存在……我們準備要決裂。」蔣也向吳廷康抱怨共產黨正在散布謠言：「有關於說我會變成一個軍閥，說我是一個獨裁者，說我打算和蘇聯決裂，說我可能要和日本簽一個協議。」[43]

回到武漢後，吳廷康向中共領導人之一的張國燾說：「事態已無法挽救了。」聽到他的談話的鮑羅廷，責怪吳廷康，說他的南昌之行只是「增長了蔣的氣焰，損傷了我們自己的威信」。[44]在和鮑羅廷一番激烈的對話後，吳廷康告知莫斯科蔣以武力移除武漢政府的意圖。共產國際執行委員會另一個代表 Alexander Emelianovich Albrecht（別名 Arno）也同樣如此告知共產國際執委會（ECCI）。[45]

與此同時，在二月二十七日，蔣發布了一則「宣言」，內容為：「國民黨的一部分同志總是在後方，另外一部分則在前方，因此，由於缺乏聯繫，不同的意見就產生了……如果再繼續這樣下去，不只我們黨會分裂，我們革命的未來也會受到威脅。每思及此，我總心懷不安。因此，我希望所有的同志都能結合在一起，努力強化本黨力量，並高度尊重所有本黨的原則。」他更新其提案為「所有同志都請求汪精衛銷假回來，以期黨領導者間能團結一致」，強調「我時時刻刻都在思念汪精衛」，並且「我已決定如果汪同志不回來，我也要提交辭呈」。他提議盡早召開國民黨中執會全代會「來決定一些根本問題」。「目前已到了我們黨瀕於分裂的時候」，[46]當然，他並非心口如一，但重要的是，他不能看起來像是一個引起分裂的人。

在同樣一份「宣言」中，蔣抱怨中執會在財政問題上「沒有一個堅定的路線」。武漢政府正在準備開始限制給他軍隊的資金，想方設法要他們聽命。了解除非他能和財政部部長宋子文建立良好關係，他才能打敗鮑羅廷，所以在三月初他寫了一封信給宋的大姊靄齡，邀請她與母親到江西。她接受了邀請，並抵達沿著長江離武漢約一百八十六英里的九江港埠。但不論她或她母親，都不願上岸，所以蔣必須到船上和靄齡會談。他需款孔急，所以請求宋靄齡說服其弟到他這邊來。據陳潔如的回憶（她在這裡的回憶基本上是正確的），[47]宋靄齡同意了，但直言不諱地告訴蔣：「我願與你作成一項交易。……我不但要如你所願，慫恿我的弟弟子文脫離漢口政府，而且要更進一步，他和我並將盡力號召上海具有帶頭作用的大銀行家們，以必要的款項支持你，……而作為交換條件，你要同意娶我的妹妹美齡。」[48]已經準備為了美齡離開陳潔如的蔣同意了。

現在只剩下和陳潔如談這件事了。要記得，蔣從來沒有在未得和睦的協議下拋棄他的女人。他給妻子及正式的側室以財務上的支援。現在他決定以同樣的方式對待陳潔如，坦白地告訴她他與宋靄齡的協議。當然，陳潔如傷心欲絕，但據她的說法，他向她保證他們不會永遠分離：「避開五年，讓我娶宋美齡，獲得不理會漢口、繼續推進北伐所需要的協助。這只是一樁政治婚姻！」[49]他建議陳潔如為了他到美國讀書，發誓五年以後，當萬事都底定了，他將回到她身邊，並且和她快樂地共度餘生。

是否真有這樣的對話我們不得而知，但是陳潔如在一九二七年三月的第三個星期離開南昌到上海是千真萬確的。蔣給宋美齡與宋靄齡一封信，請求她們還有其他的宋氏家族成員，立刻離開武漢到他那兒。他更愛宋美齡了。「今日思念美妹不已」，他在三月二十一日的日記這樣寫道。[50]

與此同時，圍繞著蔣的政治局勢持續升溫。在他密會宋靄齡不久後，三月十日至十七日，國民黨三中全會在武漢召開，會中取消了蔣在黨中的所有最高職位，包括中執會政治會議主席之職。又把政治會議取消，代之以重新恢復的政治委員會；選出七個人的主席團，包括（缺席的）汪精衛以及共產黨員譚平山。全會又否決了之前二中全會不准共產黨員擔任國民黨各部門領導的決議，並決定為國民政府選出新的一組人，且兩個職位（勞工部與農業部）要保留給共產黨員。為了不想發生公開的衝突，未出席全會的蔣宣布他支持會議決議。但國民黨內的兩極化更為加劇了。

在國民黨軍隊占據的一些省區，高漲的新一波貧下階層的群眾運動，讓黨的分裂更為深化。「暴力隨著〔國民革命軍部隊〕之後而來」，一位目擊者寫道。[51]在一九二七年的春天，以中共中執委委員張國燾之言，此一運動進展到「凶猛的程度」。[52]比貧下階層更為極端的，是在一些城市非常活躍的所謂工人糾察隊，加入這些組織的下層民眾甚至會攻擊國民黨與共產黨要員的親屬。[53]共產黨變得更為強大，黨的領袖陳獨秀向中共中央執委會報告：「工人與農民運動正日益發展。寺廟被充公了，糖與麵粉被沒收了。看來買賣也被禁止了。」[54]

試圖在與國民黨鬥爭上利用此一運動，三月三日，布爾什維克黨中央委員會政治局向中共中執會發送一則指令，然而一直到十二天後，此令才送抵中國。政治局要求中共：「必須動員群眾去揭穿國民黨右派……必須在軍隊中加強國民黨和共產黨的支部工作……必須堅持武裝工農，把各地農民委員會變成擁有自衛武裝的實際權力機關等方針。」中共在理想上應該「在任何地方都必須以自己本來的面貌出現，不容許隨意採取半合法的政策」，其決議強調「共產黨不能成為群眾運動的障礙……否則革命就會遇到極大的危險」。[55]

緊接在三中全會之後，鮑羅廷向武漢左派領導人建議，要他們向在長江右岸的國民革命軍指揮官程潛將軍發出祕密命令，一有機會就立刻逮捕蔣介石，中國共產黨應協助他達成此密令。這已是一個直接的對抗了，而武漢集團將冒極大的風險。程潛雖是一個左派，但他和蔣是有關係的。要記得他和蔣在同一所日本軍事學校就讀，雖然他早三年入學，但對中國人來說，他們有如同一親族般的意識，關係非同小可。所以無怪乎雖然程同意執行此一命令，但並沒有真正去做。[56]與此同時，武漢左派向所有正朝上海挺進的國民革命軍蘇聯軍事顧問發出一則祕密指示：「要打敗仗。接近上海的北伐的失敗，將會被視為蔣介石的失敗。」[57]但在三月二十一日，一場群眾起義在上海爆發，並且取得勝利。孫傳芳元帥被推翻。為防萬一，公共租界當局雇用了好幾百個中國勞工在租界區周邊挖掘壕溝，並圍起鐵絲網及建立碉堡。岸邊有六千七百五十個美國人及一千五百個日本水手，如果必要的話，他們就會登陸協助租界的九千人守備隊。但三月二十二日傍晚，國民革命軍進入已被工人民兵解放的上海中國區時，很幸運的並沒有和外國軍隊發生衝突。[58]

與此同時，蔣介石部隊與工農武裝組織的衝突越來越頻繁。三月二十三日，在安徽省的大城安慶，蔣介石部隊攻擊了國民黨左派及共黨組織，進行了一場真正的屠殺。在一些其他地方，他們擊毀了職業工會。[59]現在很顯然蔣正力圖重演一九二六年三月二十日的中山艦事件，但這一次更具決斷性。

不久南京的情勢開始惡化。根據一位目擊者所言，儘管「不論中國人或是（在南京的）外國人，大體上都同情南方部隊」。[60]但在三月二十四日的前一天，被國民革命軍占據的南京市，發生了屠殺外國人的事件。此目擊者曾擔憂會被正從該市退出的孫傳芳的凶殘部隊搶劫，而不是被蔣介石的士兵掠奪。但結果和預想的非常不同。占領南京的是國民革命軍士兵，而市區貧民支持他們，他們開始闖入外國人的住宅，偷竊他們的物品，並破壞所有他們無法帶走的東西。結果是許多家庭、學校、南京大學、美國人所建立的一個長老會機構、神學院以及美國領事館被搶劫與焚毀，包括南京大學副校長、一位美國傳教士文懷恩博士（Dr. John E. Williams）以及一或二位天主教神父在內總共六個外國公民被殺害。誰組織了這次屠殺不得而知，直到今天國民黨與共產黨還在互相指責。很有可能的是士兵與地方住民自發性行事：戰爭經常會激起人的獸性。作為報復，位於長江右岸的南京，受到英國與美國戰艦的砲擊，而蔣必須花一番功夫說服列強接受道歉。（重要的上海商人代表蔣，來做中間調和者。）[61]

蔣在三月二十六日抵達上海。四月一日汪精衛也從國外回抵上海，最初他行事非常謹慎，他甚至在莫里哀路的孫家與蔣會面，他們決定不久後在南京召開一個中執會的新全體會議。但在四月五日，他和中共領導陳獨秀公布一則聯合宣言，呼籲在中國建立一個「各被壓迫階級的民主獨裁」。這正是史達林所堅持的那種獨裁。[62]在同一天，他又祕密地潛赴武漢，去見鮑羅廷並宣告「他認為蔣介石是無可救藥的」。[63]

而史達林繼續在中國操弄。一九二七年四月八日，他在他的一張照片上題詞道：「給中國國民軍總司令蔣介石，慶祝國民黨的勝利與中國的解放。」[64]照片送到邵力子手上，邵當時是共產國際執行委員會國民黨代表，應該會將之轉送回中國。

但此時蔣介石的支持者需要盡快剷除掉共產黨，為了達到目的，他們認為所有手段都是可接受的。蔣的祕書陳立夫回憶道：「我們決定清黨，議案由中央控制委員會一致通過……將國民黨中的共產黨分子清除……此時我們發現我們的官方印信放在武漢。為了清黨必須公布一則公告，但都沒有印信。……我提議找出上面有中央印信的舊公文，照樣刻一方新印信來使用。現在回想起這件事，依然覺得當時的做法實在是革命性的膽大妄為了。」[65]清黨的高潮發生在四月十二日清晨四點左右。那時蔣剛從上海商人處拿到三百萬元，並且得到他的舊識、黑社會組織「青幫」領導者的同意，幫他解除工人糾察隊的武裝。青幫還安排與公共租界及法租界警察一起參與聯合行動。設置上海清黨委員會後，蔣在上海及華東其他地區大肆展開一場白色恐怖。蔣的士兵與一千五百個青幫分子，把寫有嘲弄字眼「工」的白色布條綁在衣袖上，之後開始逮捕共產黨員與工人民兵隊的成員，在沒有任何審問與不計任何後果之下，當場就在嚇壞的路人面前處決他們。刀劍一揮，他們就輕易砍掉被捕者的人頭。一位目擊者報告：「當天下著雨……上海舊城區（華人區）的街道上，頭被砍掉的受害者真的是血流成河……人頭像熟透的梅子一樣在窄巷的溝內滾動，而機警的行刑者像印度搖扇者一樣以單調韻律揮動他們的刀劍。」[66]未被當街殺害的人，或者被帶去已被轉變為大規模屠殺場的佛教龍華寺，或者被帶到南車站，在那裡活生生的人被丟進蒸汽火車頭的爐膛中。當沒有頭顱的屍身被埋葬時，劊子手還會仔細地施行一種暴行，把被砍下來的女人的頭和男人的身體放在一起，相反地也是一樣把男人的頭和女人放在一起。根據古老的迷信，這對受害者的風水極為不利。[67]

死亡的確切人數一直不得而知。以陳立夫之言：「我必須承認這是為剷除內賊所引起的一場腥風血雨的鬥爭，許多無辜的人民都犧牲了可貴的生命，我們所付出的代價也太大了，令人心傷不已。」[68]但是唯有如此，「上海遂得歸於平靜」，蔣回憶道。[69]

上海政變後三天，武漢左派將革命叛徒蔣介石驅逐出黨，解除他國民革命軍總司令的職位，並且公開對他發出逮捕令。程潛將軍應該逮捕蔣，但「該命令的訊息……〔在他總部〕南京被耽擱了一個星期」。[70]即使他沒有耽擱訊息，現在也不可能去執行此令了。一位目擊者表示驚訝：「當蔣自己能成功在上海逮捕任何人的時候，誰能逮捕他呢？」[71]

武漢左派本身可能也了解自己的弱點，承認「分裂使得蔣介石在各方面」都強過武漢。[72]因此在把蔣驅逐出黨時，他們請求「希望每一個人都能仔細思考這件事並且詛咒蔣介石，這樣往後才不會有人膽敢重犯他的罪行」。[73]此外，他們懸賞二十五萬來緝拿蔣介石，另外以十萬元拿他的人頭。[74]

但蔣並不在意。一九二七年四月，故意要給武漢難堪，他再次組織中央執委會政治會議作為黨的最高機關，並以全力支持與左派鬥爭的胡漢民擔任其主席。此外，在一九二七年四月十八日一個出席人數超過十幾萬的莊嚴儀式上，蔣與其戰友宣布以南京作為首都，並且宣稱他們是按照孫逸仙的要求來執行的。不過可以確定的是孫並沒做此要求；如前所述，在孫臨終時，他曾要求在南京近郊的紫金山為他建一陵墓。但蔣認為如果領袖希望在南京安息，那麼該城就應作為首都。[75]

汪精衛與武漢的其他國民黨左派出面強烈反對南京，並立刻開始集結力量發動反蔣的戰役。當然，他們得到莫斯科的全力支持。被蔣的政變激怒的史達林，決定即刻把左派國民黨轉變為一個親共產黨的「工農黨」。此一政黨將領導農村地區的土地改革運動，武裝工人與農民，重組軍隊，並將武漢政府轉變為一個農民與無產階級的革命民主專政機關。[76]

此一決定的具體形式，是一系列蘇共政治局下達給中共中央委員會與共產國際在中國的代表的訓令，日期是一九二七年五月三十日及六月三、六、九、十八、二十日。[77]在六月二十三日，政治局甚至給汪精衛一則電報，希望說服他「國民黨應該支持土地革命與農民」。[78]六月二十五日，國民黨領導又收到另外一則電報，號召他們建立一軍事單位，致力於「包括工人與農民的」革命。[79]在這方面，蘇聯積極地提供貸款給武漢政府。

但事情超乎史達林的想像。武漢國民政府在他眼前就這樣分崩離析了。一個接一個，各個城市的將軍們棄絕了武漢政府並轉而支持蔣。同時之間，由於長江港埠與武漢之間商業與金融間的連結斷裂了，工業家與商人開始自發性地從武漢撤離，而此導致嚴重的經濟危機，失業率急遽攀升。有指馮玉祥元帥在六月十九日至二十一日和蔣介石在徐州有幾次會面，針對中共與北方軍閥，協調聯合行動，此一消息不啻是對左派的一記重擊。為了爭取馮，蔣答應從七月開始每月付給他二百五十萬元。此外，他甚至表達他「余甚思以總司令名義交煥章（馮玉祥）同志任之」。[80]馮很樂意拿錢，但婉拒了職位。他從徐州發給汪精衛及國民黨左派中執委一則最後通牒，要求他們也切斷與共產黨的關係。「共產黨應對湖南與湖北的所有災禍負責。共產黨正在密謀摧毀國民黨，」馮說道。他又說：「人們想要壓制這樣〔共產主義〕的專制政治。」[81]沒有實力改變情勢，武漢政府領導者開始轉向更公然的反共產主義政策。

在一九二七年六月底、七月初，史達林開始意識到汪精衛不久就會追隨蔣介石的道路。六月二十七日他承認道：「我恐怕武漢會喪失勇氣並向南京投降。」[82]有一段時間，他試圖做一些操弄，包括在國家與共產國際路線上，向汪精衛做出讓步。他準備召回鮑羅廷，「如果武漢希望」，並且送出額外的補助「但要給我們一些武漢將不會投降在南京的溫柔慈悲之下的保證」。[83]不過最後他收回了做出讓步的念頭，在七月八日共產國際執行委員會向中共中央委員會送出一道指令，要求中共退出國民政府，因為「武漢的主要武裝部隊……實際上已經變成反革命的工具」。[84]但為時已晚。一九二七年七月十五日，汪精衛與共產黨決裂，一場白色恐怖也在武漢爆發。中國共產黨的失敗是一個事實。

不久之後鮑羅廷與加倫離開中國。蔣介石的支持者懸賞三萬要拿人頭的鮑羅廷，經由馮玉祥占據的中國西北部回到俄羅斯。馮與國民黨左派，對他一路並沒有設任何障礙。在漢口火車站，汪精衛與宋慶齡甚至為他安排一場盛大的送行。[85]

加倫從上海離開。儘管統一戰線破裂，蔣介石仍對他的軍事顧問懷有深厚的感情，甚至會見了他，祝福他旅途愉快。臨別時，蔣對加倫說：「我們將來還有共事的機會，不必過於悲傷。」「今日不是我們最後的一別。再會吧！」加倫回答道。[86]

然而，共產黨的潰敗並沒有讓國民黨的兩派——汪精衛派和蔣介石派——立即統一，他們之間結怨太深。此外，蔣介石八月初在南京的地位急遽衰敗。在與馮玉祥成功談判後不久，儘管有來自武漢的威脅，蔣仍繼續北伐，然而戰事在一個月內以失敗收場。蔣未能攻下山東省會濟南，因為最強大的軍閥張作霖與張宗昌的部隊，得到視山東為其既有土地的日本支援。馮並沒有提供必要的協助，所以蔣的部隊在八月初退回南京，他遭受到極大的恥辱。汪精衛利用此一情勢爭取到廣西將軍李宗仁與白崇禧，此二人雖加入南京政府，但他們在國民黨內有自己的派系。[87]統一全中國既已失敗，國民黨看來就要面臨一場新的戰爭。

在這種情況下，蔣介石於八月十三日公開地宣布辭去所有職務。這一方面可以澄清整個氣氛，另一方面，作為一個為黨與國的統一而自我犧牲的高貴革命者，可以強化他在國民黨及中國本身的影響力。蔣在他的辭呈裡強調的正是這種犧牲的要素。他的心機非常完美，中國媒體對他一片好評，宣稱「他的退隱被譽為一種空前的英雄主義行動」。[88]

在這種情況下，國民黨許多和他不同派系的黨員，決定擺出一張勇敢的臉孔。馮玉祥發給蔣一則電報，懇求他回來：「我兄一身繫黨國安危，為民眾之救主……此為黨國存亡關係，非我兄一人之進退，若兄依然堅持，我也只能同行。」[89]（當然，蔣並沒有理會他的勸說，馮也沒有任何同進退的舉動。）支持汪精衛的新桂系領導李宗仁，甚至親赴上海請求蔣重新思考他的決定，雖然他實際上認為蔣「既不長於將兵，亦不長於將將」，而且還「剛直其表，陰柔其裡，護短多疑而忌才」。[90]他自己派系的成員，也就是黃埔軍校從前的畢業生們，在八月二十五日和他會面，也請求他留下來。[91]不像馮與李，他們是真心誠意的。

但蔣依然堅持不改。「軍人不懂政治經濟，是一定要失敗的，」他告訴前黃埔幹部，「……你們要多多讀書，多研究，如個個人能學總理，中國革命成功才有希望。」[92]他的話帶有一種憤慨和相當程度的諷嘲。跟著蔣之後，胡漢民、張靜江以及其他幾個國民黨領導也下臺了。

蔣請求宋子文到武漢去和汪精衛一談。根據一位當時人的回憶，「宋子文是一個鬍子刮得乾乾淨淨的、活潑的年輕人，戴一副稍帶顏色的眼鏡」，具有「非常輕鬆愉快的舉止，與相當具魅力的自信」。[93]蔣本人則在兩百名護衛的陪同下，前往他的出生地溪口鎮。當然，他的引退只是一種戰術性策略。他無意讓步。留在家中四天後，他會見了他在軍中的主要支持者、黃埔軍校同學會的領導們。此一同學會成立於一九二六年六月底，總共有好幾千名軍官，他們都效忠於蔣。會中決議為同學會開辦一份雜誌「以指導群眾與學員」。[94]其後，蔣隱居於他母親過去曾在那兒當一名在家女眾的金竹寺。但即使在那兒，他也不忘掌握中國政治生活的脈動。「說蔣將軍是在『隱居』毋寧是一種神話，」一位拜訪過蔣的外國記者寫道，「在如此僻遠之地，蔣將軍本欲暫時忘懷於國事軍事者，卻不可得。」[95]他在金竹寺停留超過一個月，頻繁會見記者與祕書們，並寫情書給宋美齡。[96]與所愛的人通信讓他快樂，可能是擔心有人會看他的日記，或者為了某些其他的原因，在他日記的記載中，他謎一樣地稱她為三妹，甚至三弟。

與此同時，八月十九日，以汪精衛為首的武漢左派決定遷往南京。九月十五日，各派系領導人決定成立某種國民黨中執會的特別委員會，其功能既可作為中央執行委員會、中央監察委員會，也可作為已解散的政治委員會。第二天委員會就開始工作。九月十七日一個新的國民政府與軍事委員會建立起來，它涵括了三大派系的領導人：西山派（亦即極右派）、汪精衛左派（此派主要依賴桂系將軍李宗仁與白崇禧），以及蔣介石的支持者。政府正式邀請蔣介石返回述職。[97]

但是無法達成完全的統一。以宋子文的話來說，試圖「把國民黨內矛盾的、並且一直以來無法調和的元素合而為一是注定失敗的」。[98]汪精衛拒絕作為特別委員會及政府的一員，蔣則繼續留在金竹寺，而唐生智將軍不久就反叛了南京政府。不過十月他就被忠於政府的程潛將軍所部攻擊，被迫放棄他的部隊並逃往日本，但在國民黨控制之下的國土情勢並未好轉。次月廣東國民黨內的李宗仁將軍與年輕且野心勃勃的將軍張發奎之間爆發了戰爭，其間陣亡的官兵不下於一萬人。接著在南京對面長江左岸的浦口，李宗仁與白崇禧的部隊，對直接威脅國民黨首都的孫傳芳將軍的戰事失利，情勢進一步惡化。不久孫傳芳又被逐退，但前線的局勢依然複雜。[99]最嚴重的是，十一月底，南京警方向一群要求解散中執會特別委員會的學生和工人開火，造成三人死亡，七十六人受傷。[100]

然而這段時間，蔣除了在浙江山上深思冥想及思考國家大事外，正全力準備他與宋美齡的婚事。早在八月十九日造訪上海時，他已把之前的妾陳潔如及他收養的女兒瑤光，伴同張靜江的兩個女兒，一起送到了舊金山。[101]但當她在九月八日抵達美國境內，他在九月十九日就正式背棄了她，告訴記者他「不認識」一個「抵達舊金山名叫蔣介石夫人」的女人。「我已在一九二一年與我合法的妻子離婚〔事實上，如前所述，他仍未和妻子離婚〕，」他聲稱，「之後我有兩個妾。但今年我放她們自由了，因為我不想繼續擁有妾。」[102]

根據陳潔如之言，當她從美國媒體上得悉這一消息時，她試圖自殺，但最終她還是向命運低頭，特別是蔣給她及女兒提供金援。她和女兒從舊金山搬到紐約，並於哥倫比亞大學就讀。瑤光把姓從蔣改為陳。在一九三三年獲得碩士學位後，陳潔如和女兒回到上海，一九三〇年代末，陳瑤光在當地嫁給一個韓國人安某，但之後揭曉，他是日本的祕密情報員。戰後的一九四五年，此人逃走，留下妻子及兩個孩子。一九四六年陳瑤光再婚，這次嫁的是一位四十四歲的共黨老兵陸久之，並和他生有一女。不過在一九五五年陸受到荒謬的控告，並被判坐牢十五年。一九六二年，當饑荒肆虐中國大陸時，陳潔如搬到香港，並改名陳璐。從黃埔時期就與陳潔如熟識的周恩來，給她離開的許可令。在臨去之前，他與他的妻子邀請她到北京。他們分別都稱她「師母」（黃埔的幹部都這樣稱呼她）。他說：「妳有遷移的自由；如果妳不喜歡香港，妳可以回來。」但陳潔如並沒有回去，多年來她住在香港時，蔣每三個月付給她五百美元。在她移居香港不久，蔣甚至透過他結拜兄弟戴季陶的兒子，送給她一封信。「妳為人一向溫良敦厚，」他寫道，「往昔風雨同舟，所受照拂，未嘗須臾忘懷。」[103]

陳潔如在一九七一年二月二十一日亡故，比蔣早四年過世，享壽六十五歲。在那之前她也寫信給蔣，信中包括如下的句子：「三十多年來我的委屈唯君知之。然而為了保持君等國家榮譽，我一直忍受著最大的自我犧牲。」[104]在陳潔如死後，她女兒繼續從她父親那兒接受金援，其後從她的哥哥蔣經國那兒。二〇〇二年秋，在中華人民共和國政府允許下，陳瑤光帶著她三個孩子中的兩個——長子陳忠人、女兒陳玖莉，把她母親的骨灰重新安葬在上海福壽園。現在陳潔如的墓塚種滿了黃色與紅色的花朵，她的半身像基座上刻著她的名字「陳潔如」，石頭上的字體是蔣介石的手筆。紀念碑左後側矗立一塊黑色花崗岩碑，上面複製了一張蔣和陳潔如年輕時代的著名照片，那是一九二六年五月在黃埔軍校拍攝的，在右邊是一個深紅色的石碑，上面刻著陳瑤光手寫的「母儀軍校」的字樣。（黃埔軍校學員稱呼陳潔如為師母。）陳瑤光在陳潔如過世後又活了四十一年。在二〇一二年於香港過世。[105]

與此同時，蔣在送走侍妾並且又背棄她之後，和宋美齡在九月二十六日訂婚。兩天後他前往日本，他新娘生病的母親為躲避上海的暑熱，[106]正停留在那兒。他知道他未來的岳母有很多理由反對這樁婚事。首先，她知道蔣並沒有正式和他合法的妻子離婚。在九月十九日接受新聞記者的採訪中，他違背自己的良心，說他在一九二一年已與毛福梅離婚了。宋美齡的母親不希望她心愛的女兒成為一個已婚男人的新側室。此外，作為一個極為虔誠的衛理公會教徒，她一般性地反對離婚，認為只有當自己的配偶違犯了聖經十誡的第七誡「不可奸淫」時，一個男人才能第二次結婚。[107]當時，她和已故的丈夫一樣，對二女兒宋慶齡與孫逸仙的「不道德」婚姻深為不悅，因為從她的觀點來看，孫同樣沒有權利結第二次婚。而有關蔣介石的情況甚至更為複雜。不像革命的領導者，蔣甚至不是一個基督徒！然而驕傲的宋美齡認為她母親的反對毫無理由。以她的思考方式，蔣的第一次婚姻並不能被視為合法的。他們並沒有教堂婚禮，而為了與她結婚，蔣可以接受基督教。「我希望能得到家人的祝福，」她向朋友說，「但儘管反對，我還是一心一意要結婚。我真的愛這個偉大的將軍。」[108]

儘管如此，蔣在不想與未來的岳母關係惡化下，十月三日，他到神戶拜訪了她。陪伴他的有宋子文與劉紀文。造化弄人，後者正是多年前應該曾和美齡訂婚的那個年輕人。而在這時，劉正在擔任蔣的祕書。蔣立刻向宋美齡的母親宣告，他願「以開放的心態」來研究聖經，並且「誠心地禱告」以讓上帝能引導他「做正確的決定」。年長的女士深受感動：她未來的女婿並非為了結婚而承諾受洗，而似乎正以完全認真的心意接近最重要的基督教奧祕。[109]

蔣又告訴她，他已解決了所有和第一任合法妻子的問題。為此在八月底、九月初，他在家鄉時，他把正式離婚這件事，和地方長官、毛福梅、毛的家人以及毛的兄長討論。一開始，毛福梅與她的親戚都不同意離婚。後者說道：「福梅是一個已婚女子，她不再是我們家庭的一員。俗話說『嫁雞隨雞，嫁狗隨狗』，只要她活著，她就是蔣家的一員，她死了後，也是蔣家的鬼。」最後蔣去找一位地方耆老解決了這一糾紛。他說離婚並不表示毛福梅和蔣家決裂；福梅仍然是家中女性第一人，經國是主要的繼承者，福梅娘家的姓將被登載在「武嶺蔣家族譜」中。蔣簽下協議書，從此以後就被認為離了婚了。之後，根據那時的規矩，他在上海《共和日報》一連三天（九月二十八、二十九、三十日）刊登一則離婚消息，標題為「蔣中正家事啟事」。[110]

在得到他未來岳母的祝福後，蔣在十一月十日返抵上海，三個星期後，「偉大將軍」與美麗的宋美齡就要結婚的消息傳遍了全世界。《紐約時報》的一則報導說，有三千多人受邀參加婚禮，包括一千名以上的中國著名政治人物，以及所有駐上海的外國領事。[111]

婚禮在十二月一日舉行，共有兩個儀式，第一個儀式在下午三點舉行，比較簡單，是根據衛理公會美以美會的教規，在他岳母家中寬敞的圖書室舉辦（那是一棟兩層樓歐式的磚造屋子，位於公共租界的西摩路一三九號）。[112] 新婚夫妻婚事由中華基督教青年會總幹事余日章主持，後者是廣為人知的一位社會賢達，是中國紅十字會的組織者，並且也是一位作曲家，他在一九〇五年寫出一首反清歌曲〈學生軍軍歌〉，不久該曲因為成為「中國第一首革命歌曲」而家喻戶曉。接著在四點十五分，一個依照中國儀式的隆重典禮展開，地點在離公共租界區南京路不遠的上海最豪華的大華飯店舞廳，現場來了很多記者及攝影師，甚至有電影攝影師拍片。飯店前面聚集了很多人，大家都渴望一睹蔣及他新娘的風采。為了維護安全，有很多制服員警及便衣偵探。前北京大學校長、可敬的蔡元培，主持這場盛典。證人中有譚延闓將軍和廖仲愷的遺孀何香凝。受邀貴賓的注意力都被蔣之前的宿敵汪精衛所吸引，還有就是一九二七年四月十二日上海大屠殺的「英雄」——因為他的大耳朵而被大家稱為「杜大耳」的青幫頭子杜月笙。

宋美齡與蔣二人看起來都令人驚豔。她穿著符合西方而非中國傳統的銀色薄紗旗袍（在中國，新娘應該穿著紅色），一襲白色蕾絲及地面紗，巧妙地繡上橙色花蕾，銀色拖鞋及同色長襪，手中捧著一大束紅玫瑰，以白色及銀色絲帶束起。他則穿著黑色燕尾服與一件及腰外套，暗灰色條紋長褲，漿得硬挺的白襯衫與立領，並戴白手套。她的兄長宋子文牽著新娘帶去給他。「見余愛姍姍而出，如雲飄霞落，平生未有之愛情，於此一時間並現，不知余身置何處矣！」蔣婚禮後在他的日記中寫道。[113]

在照相機的閃光燈下，蔣與宋美齡在兩邊分別是國旗與國民黨旗的裝飾、中間是孫逸仙的遺像前，行三鞠躬禮，立誓相愛一生，彼此互相鞠躬，再向證人與來賓鞠躬。之後結婚證書被宣讀出來，所附的印章被展示在大家面前。蔣與宋美齡坐到扶手椅上，一時之間數千片玫瑰花瓣從一個掛在天花板上的籃子裡飄落下來，包括新婚夫妻在內的每一個人都歡欣陶醉。這是上海曾見證過的「最盛大婚禮」，「所有領事機關的人成群地參與，但我又恍惚又惶恐，以致我沒看到任何事或任何人」，婚禮後宋美齡寫信給她美國的大學朋友道。[114]

在為時不長的婚禮後，年輕夫妻乘一輛汽車在城裡繞一圈，然後回到宋家參加一個慶祝宴會。但到晚上九點，他們就把自己關在拉都路三一一號的一棟小小的私人住宅裡，這是蔣在婚禮前租的一間房子。這裡是一條典型的中國巷道，雖然它只離法國租界的主要大道淮海路（霞飛路）以南四個街區。

從蔣的日記來判斷，他和宋美齡婚後極為幸福美滿。「與愛妻擁談，」他在新婚之夜第二天寫道，「乃知新婚之蜜，非任何事所可比擬。」[115]但是根據一九四二年十月《展望》（*Look*）雜誌創辦人考爾斯（Gardner Cowles）的證言，宋美齡告訴他，和蔣結婚的那天晚上，什麼事都沒發生，因為蔣從婚宴回家後，告訴她除非他們的目的在懷孕，否則他反對性關係，而因為他在之前的婚姻已有一個兒子，並不打算再生孩子，所以他們之間就沒有性了。[116]

宋美齡為什麼要這樣撒謊我們不得而知。顯然，她只是想在美國記者面前合理化她自己。該記者在一九四二年十一月某晚，目擊她和威爾基（Wendell Willkie）背叛了她的丈夫，威爾基是前共和黨總統候選人，當時正在訪問中國。毫無疑問，宋美齡很可能受到威爾基的吸引，因為他像個好萊塢演員一樣英俊，但她應該也不致如此拙劣地撒謊。我們知道蔣從年輕時就是個淑女殺手。此外，如前所述，宋美齡在一九二九年曾經歷了第一次流產。

他們在三一一號住了一段時間，直到宋子文在不遠處的賈爾業愛路給他們買一棟大房子（他是把它當嫁妝送給蔣）。這幢兩層樓獨立歐式磚房是九號，位在七號孔家（宋靄齡與孔祥熙），與十一號宋子文的家之間。蔣與宋美齡極愛此屋，蔣稱其為愛廬，而宋美齡以不掉色的紅漆把這兩字寫在院子的一塊大石上。這棟四周高牆圍繞的屋子，至今依然屹立，只有路名更改了。自一九四三年開始，被稱為東平路，而看似一座宮殿的房子本身，被一所專門的音樂中學所使用。[117]

不久在一個記者會上，蔣宣布「如果他重回革命的計畫」注定不會實現的話，他與妻子打算到美國做一次結婚旅行。[118]但根本沒有越洋蜜月旅行，甚至在中國的都沒有。「大部分人認為我們有蜜月旅行，」一九二八年元月二十四日美齡向一位女性朋友抱怨，「我們沒有！我們結婚的第二天，他就開始參加政治會議，並接見客人——而從此以後就都是這個樣子。」[119]

婚禮之後兩天的十二月三日，國民黨中執會第四次全體會議預備會在上海蔣家召開。會中考慮重組最高權力機關，因此國民黨的三十三位領導者，包括汪精衛、譚延闓、張靜江、新桂系的領導者，以及其他的人都來和蔣商議。大家決定盡早解散特別委員會。該日的前一天，中國西北最強大的軍閥馮玉祥與閻錫山，發送一份聯合電報給蔣，請求他重新掌權。而就像以前一樣，他自己的將軍與軍官們，都懇求他承擔起拯救國家的使命。連汪精衛都沒有袖手旁觀，他了解沒有一個像蔣一樣具有魅力的軍事領袖，就不可能回復軍隊與國民黨的秩序。十二月十日，在蔣介石家的另一個新的會議上，汪和幾個中執會成員的支持者，讓大家大為吃驚地公開建議蔣重新擔任總司令的職務。[120]蔣極為喜悅：他主要的敵人投降了。幾天以後，汪精衛再次前往法國「接受治療」。蔣與宋美齡前往杭州，在僻靜的別墅純廬享受幾天蜜月的日子。該處有開放的陽臺，透過窗子可以欣賞美景如畫的西湖，是杭州主要的旅遊地。[121]三層樓的別墅位於南屏路，是一樹木蔭蔽的小巷，沿著西湖的東緣。[122]

十二月十三日，蔣再次向記者發表講話，宣布基於兩個原因，他要恢復總司令職務：首先，「消滅共產黨」；接著，要完成北伐，不只要終結「拒絕以我們黨為最高權威的軍閥」，還有「利用我們內部矛盾謀求自己利益的官員與陰謀家」。[123]

十二月二十八日蔣接到消息，由於未能統一國民黨，中執會特別委員會已自行解散。一九二八年一月二日，南京政府正式發送一封電報給他，要求他擔任部隊的領導職務。一月四日，他正式接受此一邀請，並從上海搭乘火車到南京。沿途每一個車站都有熱情的群眾向他致意。伴隨他的譚延闓將軍，情緒激動地說：「觀於今日民眾之歡騰，從可知去年八月吾子下野以後，全國民心之惶惶為何如矣。」[124]也有一些不高興與「上海工人的血腥謀殺者」會面的人。在從上海到南京的七小時、一百八十六英里的車程中，身分不明的恐怖分子兩次企圖炸毀蔣的火車。[125]

元月七日，蔣回任國民革命軍總司令一職。為紀念此事，南京辦理了一次上千人出席的慶祝會。兩天後，蔣向軍方與國家宣布他已復職。[126]

這時他只有四十歲。當然拿破崙在同樣的年紀，已經當皇帝五年了，但蔣走上權力頂峰也同樣花不到很長的時間。史達林四十歲時只是民族問題人民委員（Commissar of nationality），而希特勒才剛剛在德國得到全國知名度。然而蔣已能統一大部分的中國，其面積是法國的四倍大！現在他打算展開攻向北京與東北的北伐最後階段，目標對象是張作霖元帥。

和共產黨以及統一戰線的遊戲似乎永遠結束了。史達林和中國共產黨遭受了災難性的挫敗。蔣徹底打敗了他們。為了切斷中共與蘇聯的連結，在蔣復職前二十天的十二月十四日，南京政府正式斷絕了和蘇聯的外交關係，把在國民黨統治範圍內的所有蘇聯領事館與貿易代表處都關閉起來。以蔣之言，這些機構都是中共陰謀滋生的溫床。[127]

和「四十而不惑」的孔子一樣，[128]蔣在這個年紀也找到了自己的道路。他已將他激進的左派幻想都拋諸腦後了。統一戰線的血腥經驗，已給他足夠的教訓了。

第三部

PART III

腹背受敵

BETWEEN SCYLLA AND CHARYBDIS

VICTORIOUS IN DEFEAT

第九章
完成北伐

抵達南京後，蔣介石夫婦安頓在國民革命軍總司令的參謀總部。這是一棟小小的建築，位在市中心一個相當骯髒的街區：三元港區二號（此建築已不存在）。像其他中國城市一樣，南京並不以整潔聞名。此外，都市人滿為患，所以即使是總司令夫婦也找不到一戶私有住宅。在一九二七年四月十八日國民政府宣布南京為首都後，特別是國民黨各派系之間關係正常化後，許多官員、生意人、商人、工人及其他種種人都蜂擁而至。住家及辦公室短缺，許多官員甚至必須睡在自己的辦公室。市街狹窄且行人擁擠，人力車四方衝撞，兩車相會十分困難；幾乎沒有電燈，少數大街的路燈光線朦朧，「像螢火蟲一樣黯淡」。[1]「這是個非常骯髒的地方，非常可怕」，[2]宋美齡向她的美國朋友寫道。南京必須現代化並且重加建設，要從一個鄉村城市轉變成世界級的首都。

不像北京，南京作為帝國的中心只有半世紀，而且是在很早以前的明朝開始的，從一三六八年到一四二一年。南京建城在西元前五世紀，位於紫金山、又名鍾山山腳下的長江右岸，在西元前三世紀末開始作為縣治所在，直到一三六八年明朝建立，其間只有在國家分裂狀態時（二二〇—五八一）作為獨立王國的首都。然而，對現代與當代中國來說，「南京」一名總會召喚起一種對首都的懷舊之情。大多數市民都視之為他們的「情感之都」，[3]但這只是因為北京在許多世紀的時間中，曾是征服中國的野蠻人的首都，最先是女真人（一一五三—一二一五），接著是蒙古人（一二七一—一三六八），然後是滿洲人（一六四四—一九一二）。不過中國人似乎忘了，在明朝皇帝朱棣於一四二一年從南京移到那兒後，北京也曾經作為首都超過兩百年。

關於南京的傳說很多，其中之一是，在紫金山上住有一隻巨龍，它會把統治權賦予上天選定的未來皇帝。它將未來皇帝的形貌，顯示在經常於日升日落的光線中，出現在山上的紫金色雲上。據說第一個統治天下的偉大秦始皇，曾有一次旅行全國，在雲裡面看到了自己的形象。當夜他住在紫金山對面的長江左岸，他形容了自己在天上的畫像。由於太過興奮，他命人把他送到對岸，並爬上了山，發現了龍穴。由於渴望永遠統治天下，又唯恐時間到了龍會在雲裡描繪別的人，他就致贈這可怕的野獸珍貴的禮物。[4]但如眾所周知，這終歸枉然，他在幾年以後過世了。從那以後，山上雲裡的皇帝肖像一個換過一個，直到王朝崩解。其中明朝的創建者朱元璋皇帝，在他一三六八年打敗蒙古人之前的好幾年，龍就一再顯現他的形貌。後來他甚至要求把他葬在紫金山。他的墳墓上聳立著一座巨丘，從此變成愛國的中國人朝聖的地方。[5]在滿清最後的皇帝遜位以後，孫逸仙也曾登頂。[6]孫逸仙遺命要求葬在此山的原因之一，可能就是此地神祕的歷史意義。

蔣在搬到南京後，立刻投身於國民黨二屆四中全會與北伐最後階段的準備中。美齡稍後在元月十五日才回到他身邊。自從十二月底開始，她都一直在罹病狀態（她有嚴重的神經失調），這也是她之所以沒能陪伴丈夫凱旋進入南京的原因。到元月中她還未完全恢復，但她答應丈夫過來，因為他說如果她不在身邊，他就會六神無主。也許他真的愛她，沒有她在身邊，他就感覺不對勁。但這並不表示他對她比對其他的女人更為溫柔，特別是在結婚後的最初一段時間。在一九二七年十二月底，因為蔣的粗暴態度，美齡甚至離家出走，但是只有幾個小時。「復以其驕矜而余亦不自知其強梗失禮也，」蔣在日記自我反省地寫道，「彼甚以不自由為病，復勸余以進德，心頗許之。」[7]

她不再覺得自己被侮辱了，但她一直存在著對獨立性的渴望。「我不認為婚姻應該消泯人的個性，」她在一九二八年元月底寫信給她的美國朋友，「為此之故，我想做我自己，而不是將軍的妻子。」[8]她成功地做到了這一點。事實證明，她的性格比蔣介石更為堅強。二月底，她在南京附近湯山度假區的一家醫院住了一段時間，身體多少康復了一些，她開始在南京政府扮演一個重要角色，最主要的是蔣的首席顧問及最親近的祕書。[9]一年後，蔣讓她成為立法院的一員，從事為全國起草法律的準備工作（在立法院只有另外兩位女性，其他全是男性）。[10]

蔣完全無法沒有她。他不只是帶她參加幾個立法院的會議以及外賓接待會，還帶她參與軍事計畫。「他很明顯地在戀愛中，」前美國情報官詹姆斯・麥克休（James M. McHugh）回憶道，「他時不時帶著明顯的驕傲與深情瞥她一眼，有時還偷偷地牽她的手。」[11]他還對她充滿嫉妒，尤其當她以他完全不懂的英語和別人談話時。

除在國事上幫助蔣，美齡也成為新首都的建築起草計畫的一員，幫助她從前的朋友劉紀文，後者之前是蔣的祕書，但在一九二八年七月成為南京市長。劉發展出一個全面性的建築計畫，不只政府投入所需資金，連一些了解利益的上海與外國商人也參與投資。[12]「我看到有許多工作需要進行，我要看看我能做些什麼」，美齡寫信給朋友道。[13]她開始籌集資金來建立一家軍醫院、為革命戰士的孤兒建一所孤兒院，還有為年輕戰士設一個俱樂部。

理解到自己不只在丈夫生命上的、而且在國事上的重要性，以美齡之言，她終於獲得「無可言說的平靜與自信」。當然她偶爾還是感到低潮，有時也會覺得消沉，但她喜歡主導的天性會幫她克服危機。大體上她是快樂的，「我一再感謝上帝讓我擁有任何女人所能得到的最大的祝福：在上帝的大願中喪失小我的機會，還有一個和我有同樣信仰的丈夫。」美齡寫道。[14]

不過，當然，她沒有孩子，有時此事會讓她憂鬱的情緒更為惡化。蔣的每一個女人都有一個孩子：第一個福梅有一個兒子經國；第二個冶誠有一個養子緯國；第三個潔如有一個養女瑤光，而她一個都沒有。沒錯，蔣的長子住在遠離父母的蘇聯，那是在一九二五年他年方十六歲時到那兒的。在莫斯科中山大學期間，蔣經國滿腦子都是革命書刊，在蔣介石祕書邵力子的幼子、他親密的朋友邵志剛的介紹下，他加入共青團。[15]他開始執行黨指派的任務，加入壁報《紅牆》的編輯工作，而在一九二七年四月對上海政變大為震驚，以致在一次大學會議上，他譴責他的父親為「殺人凶手」。之後他簽署一封信，明顯是大學官方單位或共產國際執委會職員所寫。信中寫道：「革命是我所知道的唯一要務，今後我不再認你為父……現在我是你的敵人……請原諒我，我要和你斷絕關係。」[16]

經國是最早加入托洛斯基組織的中國學生之一，而且在其中非常活躍。[17]他心目中的頭號英雄是擔任莫斯科中山大學校長的一個托洛斯基派領導分子卡爾拉狄克（Karl Radek）。此人飽讀詩書，滿腹經論，不只辯才無礙，而且富幽默感。經國對他大為折服，乃至於即使他視力良好且不吸菸，卻模仿他而戴起眼鏡、抽起菸斗。[18]

不過，在一九二七年十一月托洛斯基組織被國家政治保安總局瓦解後，蔣經國與反對派做了一個斷然的決裂，以他的夥伴托洛斯基派的齊樹功（Qi Shugong，音譯）的話來說，經國「被我們積極的托洛斯基主義工作驚嚇到」。[19]在幾個同學的勸告下，經國寫了關於他和托洛斯基主義斷絕關係的正式聲明。[20]

在一九二六年十二月底或一九二七年初，他和一位名叫馮弗能的年輕女學生結婚了（假名Nezhdanova）。女方是馮玉祥的女兒，所以這樁婚事對蔣和馮都很有利，他們因而變成了親家。但幾個月以後，在一九二七年末經國與妻子分手，此事很容易解釋：馮也變成了「一隻嗜血的狗」，但經國的妻子，對政治一無所知，不願譴責自己的父親。一九二八年五月二十五日，她跟著兄長馮洪國（順帶一提，他之前也是托洛斯基的支持者）及妹妹馮弗伐（他們兩人各以Sobinov及Sobinova的假名同在莫斯科中山大學就讀）返回中國。[21]而經國則被指派到列寧格勒的托爾馬喬夫（N. G. Tolmachev）軍政學院。[22]

他的母親毛福梅因為和兒子分離而痛苦萬分。她同樣對政治一無所知，只希望她鍾愛的小兒子能夠返家。一如以往，她住在溪口蔣家，並打理家務。當蔣與宋美齡返回溪口，她與親戚待之以禮，他們不想製造任何醜聞，雖然蔣曾經非常擔憂這一點，在他造訪前夕，甚至請求他的兄長先去做一試探。美齡同樣善待福梅，她們彼此很投緣。福梅安排一位本地的廚子每日為蔣調理他最喜愛的菜色，也就是他母親從前做的那些食物：雞湯燉芋頭、梅干扣肉。美齡通常吃西餐，但她喜愛這種鄉村料理。福梅只要求蔣一件事：把她的兒子還回來，[23]但這正是蔣無法做到的事。

他偶爾探視他的二兒子緯國。在一九二六年緯國十歲的時候，冶誠把他從寧波帶到上海。一開始這個男孩很喜愛此地，電影尤其給他深刻的印象。但他後來回憶道，不久當他走過法國租界，看到某一公園大門前有一標牌寫著狗與中國人不得進入，他第一次體驗到自尊受傷，開始對「洋鬼子」心懷憎恨。[24]一九二七年當他父親和宋美齡宣布就要結婚不久之後，在蔣的安排下，冶誠帶著緯國回到她的故鄉蘇州，蔣很快地以二萬元為他們買了一棟房子。此外，他還每個月付給他從前的侍妾一百二十元，在當時，那是一筆不小的金額。緯國進入由美國傳教士在一九〇〇年興建的東吳大學附屬中學就讀。[25]

蔣介石一到南京就面臨的主要問題，是吸收統治著河南、陝西和甘肅的馮玉祥，以及山西的統治者閻錫山和新桂系的領袖李宗仁，希望他們加入第二階段的北伐。沒有這些最重要的軍閥支持，他就不可能指望戰勝據有山東的張宗昌、孫傳芳和控制北京的東北寡頭統治者張作霖。

他很快就成功地和馮達成協議。馮對張作霖有他自己的索求。一九二六年初就是東北的軍閥把他趕出了北京。蔣跟李宗仁也沒有什麼糾紛。此時李已對汪精衛不存任何幻想，因為他並不十分能幹。汪精衛真的不過是個「花瓶」，李宗仁回憶道，「許多老同志也認為他不能負實際責任」。此外，他也「自知非蔣的敵手那樣聰明」。[26]至於閻錫山，雖然他的一些軍官傾向張作霖，但他最後也同樣支持一個新的軍事征伐，而且一開始時他本人還試著說服蔣和東北元帥達成協議比較好。比起其他人，閻較晚加入國民黨，那是一九二七年，而且只是形式上，完全只是擔心喪失他在自己省分的權勢，因此並不是十分可靠。中國有一說，他只是「易幟」（升起青天白日滿地紅，降下五色旗）。[27]

一九二八年二月二至七日，國民黨二屆四中全會在南京召開，地點位於城北的國民黨中執會大樓內（丁家橋），離風景優美的玄武湖不遠。[28]與會者有三十一人，但位於蔣之下的兩位最重要的國民黨領導者並未參加——汪精衛與胡漢民。二人都在國外；像汪一樣，胡和蔣有著複雜的關係，所以在情勢明朗之前，他也決定去旅行。[29]

蔣在大會開幕上致辭，他說道：「吾人所希望各委員同心戮力者，一為掃蕩共產黨，確立總理之遺訓；二為掃除軍閥及帝國主義，完成北伐之大業，以建國大綱為最高政治方針。」在這方面，他強調「本黨中興」是中國中興的關鍵。[30]大會正式將共黨分子及極左派驅逐出國民黨，但其實他們並未決定終止孫逸仙遺孀宋慶齡的黨籍，而她是非常左傾的。與蘇聯的結盟則正式地破裂。

全會最後選出了由三十六名委員及三位候補委員組成的新中央執行委員會。國民政府主席譚延閻成為中執會主席。一個原來中執會組成的常務委員重新開始運作，其成員有九人。蔣再次被確定為國民革命軍的總司令，並獲選為常務委員之一以及組織部部長，並在一個月後成為國民黨最高權力機關——中執會政治會議主席。全會強調，「國民政府受中國國民黨中央執行委員會之指導及監督掌理全國政務」。國民政府委員由四十九人組成。[31]蔣介石再次領導政府的軍事委員會。[32]

此時，北伐最後階段的準備工作正在全面展開，一九二八年四月初，蔣介石宣布新一波北伐。國民革命軍分為四個集團軍，蔣本人指揮第一個集團軍，馮玉祥第二個，閻錫山第三個，李宗仁第四個。李宗仁回憶道：「在停歇一長時段後，北伐正式再次啟動，根據計畫，革命軍以四個軍團向北推進，我們全面的攻勢在一九二八年四月底開始。」[33]第一集團軍有二十九萬人，第二集團軍有三十一萬人，第三集團軍有十五萬人，第四集團軍有二十四萬人。因此，總計大約有一百萬名官兵。而他們的對手張作霖及張宗昌、孫傳芳，總計也大約有相同的人數。[34]

蔣介石的部隊向最危險的方向挺進：從南京─上海地區的東南方向，向山東省省會濟南市進攻，並更進一步朝向北京。孫傳芳及張宗昌的部隊直接和他們對壘，但他們並不算是主要威脅。山東是日本的經濟和政治利益範圍。日本皇軍駐紮在那裡，一九二七年三月南京的流血事件後，居住在濟南和其他幾個城市的日本臣民面對國民革命軍極為驚惶。閻和馮從西與西南方向北京推進，而李宗仁則從南方前進。

蔣介石很快擊潰了孫傳芳的主力，並於五月一日攻占了濟南。但不到幾個小時，有六百名日本士兵從青島抵達，支援日本駐紮當地的三千五百三十九人。所有居住在華北的外國人，包括美國人，都鬆了一口氣，希望日軍不讓南京事件再次發生。[35]

但在五月三日，中日兩軍發生了流血衝突。日本方面自然而然指責中國，而中方也自然而然指責日方。所有事情本來可以大事化小、小事化無，蔣也可以很快地重啟北伐，但日本駐軍指揮官福田中將決定要給蔣一個教訓。五月七日這位傲慢的老兵指揮官，在未得日本政府同意下，發給蔣一個最後通牒，要求他嚴厲處罰「有關騷擾及暴行之高級武官」，解除所有「對抗日軍」的國民革命軍武裝，並將國民黨部隊撤離膠濟鐵路二十里（約七英里）之外。他要求在十二小時之內回覆。[36]

蔣介石不想惡化與日本的關係，因為日本的干預可能導致北伐失敗，他部分地接受了這些要求，希望達成妥協，但他的回應被耽擱了，因為他在五月八日才收到該最後通令。福田沒有等，五月八日一大早，他命令他的士兵攻擊蔣介石為數約五千官兵的部隊，以徹底將他們驅逐出城。戰鬥持續了三天，導致該市許多地區被毀，三千二百五十四名中國軍民喪生，一千四百五十人受傷。日本人損失了二百三十六名士兵。一名目擊者報告說：「在人行道，在家門口，常常就在大街中間，躺著中國死者，身著制服或便服，不分年齡和性別……在那個炎熱的五月下午，濟南以新的、令人驚駭的形式，向我展示了大規模的屠殺：人體被彈片爆破，死者在塵土中或黏稠的水溝中長時間未被處理，血肉模糊的孩子們的屍體，在前一晚上被老鼠啃嚙。」[37]五月十日，蔣介石在日記中寫道：「倭軍橫暴，聞今又攻濟南城內」，「余自定日課，以後每日起床，必作國恥紀念一次，勿間斷，以至國恥洗雪淨盡為止。」四天後，他補充說：「每日必記滅倭方法一條。」[38]在蔣介石內心，日本早已取代英國成為主要敵人。

中國向國際聯盟發出正式抗議，但日本也做了同樣的事。兩方都有自己的衝突版本。與此同時，蔣介石的部隊不得不繞過濟南，找到一個穿越黃河的地方，而不是穿過城市，並跨越鐵路上方的一座橋梁。山東的省會繼續掌握在日本手中很長一段時間。經過複雜的談判，一九二九年三月底才終於達成協議，同年五月二十日，日軍撤離濟南和山東全省。[39]

濟南事件耽擱了蔣，這可能是日本刻意的作為。比起不允許在他勢力範圍內有反日示威的閻錫山，他們可能更怕以反帝國主義著稱的蔣介石。[40]但無論如何，一直要到五月三十日，蔣才在離濟南約一百八十六英里的石門（石家莊）和閻錫山連結起來。在和閻談論過情勢之後，他把未來征服北京的榮耀授與閻，這可能是不想得罪日本。他甚至預先在五月四日，指派閻擔任京津衛戍總司令。不久之後，一九二八年六月六日一大早，閻將軍的部隊進入北京，並在兩天內完成占領。[41]六天後接收天津。

張作霖撤回到東北，但在六月四日清晨大約五點左右，在首都瀋陽郊區，由於駐紮在當地的日本關東軍軍官意圖刺殺他，他受到重傷。[42]在河本大作大佐的指揮下，一群傾向民族主義的軍官，借助韓國工程師的幫忙，炸毀了那列載著他入城的火車。由於想將全東北都置於關東軍統治之下，河本和他的同志認為要和張作霖做出協議並不容易，所以不如找他的長子、年輕的張學良將軍——一個著名的享樂主義者、酗酒者和癮君子。[43]「張作霖是一個最嚴重的腫瘤，處處和日本對東北—蒙古的政策作對……」河本想道，「不管用什麼手段，如果我們能成功地推翻他，那麼之後和青澀的張學良在安排和解方面都不會有任何困難。」[44]像濟南的福田一樣，關東軍按自己的責任行動（他們藉通訊的方法，甚至切斷和自己分部指揮官的聯絡），再一次顯示日軍「比在東京的日本政府更為強大」。當日本首相田中義一試圖對犯案者課以罪責的時候，卻在軍方的壓力下，被迫下臺。[45]

暗殺的前一天，六月三日，張作霖的盟友孫傳芳退職了。他離棄自己的軍隊，逃到日本控制下的中國大連市。十二天後的六月十五日，國民黨政府宣布國家統一。

六月二十日，在蔣前祕書陳立夫的建議下，北京更名為北平。此處國民黨是依循明朝創建者朱元璋的榜樣。正是他在一三六八年，以南京為根據地，重新將前首都命名為北平。同時，原首都所在的省分直隸，更名為河北，意思是「黃河以北」。[46]

七月六日，蔣與美齡在閻錫山、馮玉祥、李宗仁等陪同下抵達北平。蔣非常緊張：畢竟，他偉大的導師夢寐以求的事情，是由他來實現了。他冷靜地和許多人致意，他們來面見他，並且整晚在火車站等著他的來到。他揮動帽子說些諸如「謝謝你、很好、很好」[47]的話，並在美齡、閻、馮、李以及其他國民革命軍領導者，還有國民黨中執會委員陪同下，即刻前往西山碧雲寺，那是孫逸仙經處理過的遺體靈柩暫時存放的地方。蔣向前接近棺木，而其他人則站在後面。美齡撐著蔣的傘，替他遮擋灼熱的陽光。蔣凝視安息在玻璃罩下孫的遺體，輕撫棺木，無法克制自己的情緒而啜泣起來。許多在場的人看他啜泣，也開始掉淚，甚至肥胖的馮元帥與留著鬍子看起來像海象的閻將軍，都開始鼻塞。只有那莫測高深的李宗仁將軍，雙眼藏在墨鏡後，連一小滴淚都沒流。馮元帥走近蔣試圖安撫他，但蔣花了很長一段時間才停止悲泣。最後馮流著淚水帶他離開寺院。[48]

北伐已結束，國民黨的領導們不敢繼續前進東北，因為那無可避免會和日本發生衝突，後者是將中國東北省分視為自己的繼承物的。國民黨希望和平統一，而他們很幸運。年輕的張學良元帥無法原諒殺害自己父親的日本人。他在七月一日宣告終止和南京的武裝衝突，承諾不會妨礙國家的統一。蔣在七月二十五日和他的代表在北平的一家餐廳會面。他保證如果東北和中國統一，他們可享有高度的自治權。

同時他派自己的代表到張學良處。瀋陽的日本領事得知此事，警告張，如果他和南京合併，日本可能會入侵東北。不能少了嗎啡的張學良，瘦弱又蒼白，因憤怒而顫抖。「我是中國人，」他說，「所以我的想法當然是以中國為本位；我之所以願與國民政府妥協，是要為完成中國統一。」「令尊和我是好朋友，我把你當作自己子姪，[49]我要奉告，你的想法是很危險的。」領事搖著頭這麼說。但張迴避不答。「我和貴國天皇同歲。[50]對於閣下所奉答的就是這些。」[51]

一九二八年八月，國民黨二屆五中全會在南京召開。在政治方面通過了一些決議。其中討論到重組政府的必要。幾個月以後的十月初，以中執會的名義，政治會議宣布，自一九二九年一月一日開始，軍政時期結束。換句話說，中國建立起公開的執政黨專政，和當時蘇聯存在的政治制度沒有什麼差別。

前文曾言，中國在軍事統一後，應該由國民黨導入訓政時期，這是孫逸仙在一九一四年說的，因為他相信在一個落後的國家，直接轉入民主制度是不可能的。國民黨的第一次代表大會，在蘇聯顧問的影響下，孫產生此一觀點，他甚至提出一項驚人的四字口號「以黨治國」。[52]十月四日，「中華民國國民政府組織法」頒布下來。依據孫五權分立的遺教，政府由五個院組成：行政、立法、司法、考試、監察。行政院包括數個部會與軍事委員會，再加上幾個辦公室。國府委員組成國民政府會議——國民政府的最高組織（在不同時期包括十二到十六個委員）。[53]

政府完全隸屬於黨，事實上，政府不過是國民黨的最高行政機關。[54]國民黨代表大會被宣布為國家最高權力機關，代表大會閉會期間由中執會政治會議決行。很明顯的，這個制度與布爾什維克的制度沒有什麼不同。跟隨孫逸仙，他的繼承者嚴謹地複製蘇聯的黨國建設經驗，顯示其效率。[55]

蔣介石占有整個組織架構中最高職位。他成為中執會政治會議主席、國民政府與國務會議主席、國民黨中執會軍事委員會主席，以及中華民國軍隊的總司令。

他的盟友同樣也位居要津。馮玉祥擔任軍事部部長，閻錫山為內政部部長，譚延闓任行政院院長，九月三日方才回國的胡漢民成為立法院院長，前孫逸仙政府第一任外交部部長王寵惠為司法院院長，蔡元培為考試院院長，戴季陶任監察院院長。戴對蔣特別有用，他不只是完全效忠，而且滿腦子充斥種種想法：「他的腦筋好像是一家工廠，生產了那麼多必須不斷推銷的貨品，否則貨倉裡就無處儲藏。」[56]一九二八年十月十日，蔣介石與新政府其他人員，在一個莊嚴肅穆的儀式上宣誓就職。

幾個月之前的一九二八年七月，新疆的督辦宣誓支持與祖國和平統一。而在十二月二十九日，少帥張學良接受了三民主義，代表他對南京政府的忠誠。兩天後蔣正式任命他為東北邊防軍司令長官，易言之，也就是東北軍。[57]只有西藏在一九一三年初，滿清帝國最後一個中國士兵離開後保持獨立。一九二九年末與一九三〇年初，蔣開始與達賴喇嘛通信，建議他承認中國的主權，即使形式上的也好。不久他的代表就抵達拉薩，只是會談毫無成果。[58]但這並不困擾國民政府，他們就只是把西藏視為統一中國的一部分，特別是因為根本沒有一個國家承認西藏的獨立。

一九二〇年代末，中華民國的新國旗——紅色，代表在統一國家上的流血奮鬥，在左上方是國民黨的藍色旗幟，上面有帶著十二道光芒的白色太陽（表示一年十二個月），開始在全國所有的城市飄揚。

第十章 戰勝與戰敗

北伐的結束和國民黨一黨專政的建立，並沒有帶來反帝革命的勝利。中國在政治和經濟上仍然依賴許多外國勢力，不平等條約也並沒有廢除。

有關沙俄政府與滿清政府之間簽署的條約，甚至到蘇聯時代仍然懸而未決，儘管在一九一八年七月四日，蘇俄外交委員齊采林曾宣布，蘇俄當局有意加以廢止。[1]一九二四年五月三十一日，蘇聯駐北京大使加拉罕曾簽下一份《中蘇解決懸案大綱協定》，其中宣稱：「所有條約……有礙中國主權或利益的，概為無效。」[2]但問題是，齊采林與加拉罕協議的若干問題點，依然淪為紙上作業，因為蘇聯根本無法廢止所有條約。其中若干觸及到領土問題——例如依據一八五八年的《璦琿條約》，沙俄從滿清帝國攫取了阿穆爾河（黑龍江）以北二十三萬平方英里的土地；在一八六〇年的《北京條約》，另外占有了十五萬四千平方英里的土地（全在烏蘇里地區）。一八八一年的這次，俄國得到新疆西部八千八百八十平方英里的土地；在這方面是滿清在聖彼得堡簽的條約。蘇聯如何能廢除這些條約？他們甚至不急著歸還中東鐵路及其毗連的路權，這是他們依據滿清在一八九六至一八九八年所簽的密約在中國東北所建設的。[3]蘇聯更不想從他們在一九二一年占據的外蒙古撤軍，他們唯一真正做到的，是效法美國人早在一九〇八年做的，放棄他們在庚子賠款的一份，並且，作為世界第一個主動放棄他們在中國的治外法權和領事裁判權（即其公民在中國法院免於遭起訴的權利）的國家。在此之前，只有德國和奧匈帝國不再享有這項權利，但這並非出於自願，而是因為他們在第一次世界大戰戰敗。只有西班牙在一九二七年十二月效法蘇聯，自願放棄在中國的治外法權。[4]

就這樣，情勢依然非常複雜。雖然在一九二八年六月十五日，國民政府宣布正在展開一場新的鬥爭，在國際舞臺上獲得平等，但也承認這不是容易的事。不只必須迫使所有列強終結其治外法權和領事裁判權，而且也要強迫他們給予中國完全的關稅自主權，把他們的步兵和海軍撤離中國，並停止在中國境內及海岸線自由航行，把中國所有特許的、租界以及殖民地占有物還給中國。[5]儘管如此，七月十八日，蔣介石在北平宣布，他打算在未來三年內與外國人就廢除所有不平等條約達成協議。[6]

他確實在這方面取得了相當大的成就。一九二八年七月二十五日，國民政府成功地與美國締結了條約，恢復中國與該國商業往來在關稅上的自主權。簽約代表是宋子文和美國駐華全權公使馬慕瑞（John V. A. MacMurray）。[7]當年年底，有十一個歐洲國家放棄了在中國的關稅特權，而在一九三〇年五月，日本也同樣放棄了關稅特權。這當然是中國外交上一個巨大的成功，儘管國民政府對主要進口商品徵收的新關稅，平均只比舊關稅高出二．五%至五%。只有對於酒類、香菸和其他幾種奢侈品才徵收高稅率，從二七．五%到五〇%不等。[8]

此外，一九二八年，葡萄牙、比利時、丹麥和義大利都回應了國民政府的要求，取消其治外法權和領事裁判權，墨西哥隨後於一九二九年也做出同樣回應。一九二九至一九三一年，英國終止了其在廈門（福建）和鎮江（當時的江蘇省省會）的租界，並歸還了位於山東北部的威海衛租界地，而比利時則歸還了在天津的租界。但英國和美國均未對放棄治外法權和領事裁判權有任何行動，法國、日本、瑞典、秘魯和巴西也繼續利用這一權利。[9]關於中國不平等地位的其他問題之談判，艱難地進行著。

與此同時，在一九二九年春夏，與蘇聯的關係急遽惡化。得知共產國際執行委員會計畫在哈爾濱的蘇聯領事館召開一個祕密會議，張學良下令他的士兵占據領事館建築。[10]在扣押的文件中，發現其中披露共產國際執委為自身利益，提供中東鐵路的辦公室作為聯絡點來支援中共。張逮捕了領事館的官員，並在七月占取了中東鐵路。在南京的蔣介石密切觀察事情進展，以了解事件將如何了斷。他並未介入此一衝突。

不久，蔣介石熟識的加倫指揮了一支紅軍部隊跨越邊界，進入東北，從陸空同時攻擊張學良。[11]史達林對張學良非常憤怒，甚至在一九二九年十月七日，寫一封信給他的親密戰友莫洛托夫（Vyacheslav Mikhailovich Molotov），主張需要「考慮以東北的革命運動組織一次暴動」。他想建立「主要由中國人組成的兩個軍團」，很顯然，是指那些住在蘇聯的人：

> 把他們派到東北肩負以下任務：……占領哈爾濱，把兵力集結後，宣告張學良被推翻了，建立革命政府（屠殺地主、引進農民、在城市與鄉鎮建立蘇維埃，以上等等）……我認為這是我們能夠而且應該做到的。沒有「國際法」會牴觸此一任務。大家都能明白，我們反對與中國戰爭，我們的紅軍士兵只是在保衛我們的鄉土，並無跨入中國領土的意圖，在張學良施政的氛圍下，如果東北發生叛亂，那也是很容易理解的。[12]

然而，史達林並沒有試圖實施此一計畫。一九二九年十二月，張學良將鐵路恢復為中蘇共管。否則，滿洲很可能成為蘇聯的加盟共和國之一。

所有這些事件都對蔣介石有利；一方面，他巧妙地利用中東鐵路衝突，激化了中國社會的反蘇和反共情緒；另一方面，他試圖暗示少帥，沒有他的支援，他將無法「立足」。[13]的確，由於這些事件，中國政府不得不恢復在華蘇聯公民的治外法權，但這是祕密進行的，以免在和西方列強與日本談判這些權利時，讓他們找到取消的藉口。[14]

與主要帝國強權及蘇聯的錯綜複雜關係，迫使蔣必須在同樣具有遭受帝國主義壓迫經驗的國家中，尋找盟友，特別是那些在第一次世界大戰中失利的國家。從一九二〇年代末開始，德國成為他心中的主要目標：「德國不像蘇聯有國內的政治盟友（如中共），也沒列強在中國的巨大利益。」[15]

如前文所言，蔣很早之前就對德國產生興趣，一九一二至一九一三年某個時刻還曾學習德文，打算到那兒留學。現在他考慮到依據《凡爾賽和平條約》，德國在一九二〇年代，被剝奪再次武裝自身的可能性，結果成為中國主要的武器輸入國。中國軍火有四二%來自德國，而由於陸軍與海軍的裁員，他們有大批的專業軍事人員失業了。[16]

一九二七年十二月底，他任命一個半月前來華的德國上校鮑爾（Max Bauer）為政治、經濟與軍事顧問。這位英勇的砲兵軍官，在大戰期間曾服役於德國參謀總部，並曾在一九一六年被授予最高等級的勛章——功績勛章。他是由李濟深將軍推薦，因為鮑爾曾和他在廣州工作了幾個星期。他五十九歲，充滿幹勁又有雄心壯志。蔣之所以喜歡他，是因為他像蔣一樣同時反對帝國主義與共產主義，他說：「每個國家都應發展出自己的社會主義、自己的政府型式。」他向蔣保證，他認同孫逸仙的理念，並且以他的看法，國民黨「將取得勝利，因為它的目標符合中國自然發展的方向」，所以他應該可以幫助國民黨。[17]蔣注意到，鮑爾非常像加倫——同樣肥肥的臉、小鬍子，以及意志堅強的長相。很可能這也影響了蔣介石的選擇。

鮑爾在一九二八年三月回到德國，集結了一群軍事專家，當年十一月返回南京。有二十五位軍官跟隨他；他們的任務包括訓練幾個國民革命軍的模範師。這些師不只應該訓練精良，而且也配備了最新式的德國軍火。為達此目的，鮑爾在柏林的中國公使館，設置一個商務部門，其任務就是在歐洲購買武器與工業材料。一九二八年最早的兩名中國軍官抵達，在德勒斯登（Dresden）的步兵學校學習。[18]

在蔣介石非常尊敬的鮑爾去世後——鮑爾是在一九二九年五月六日因天花而逝，[19]另一位德國民族主義者軍官克禮拜耳（Hermann Kriebel）成為蔣的首席顧問。他年已六十三歲，曾指揮過一支納粹民兵，參與希特勒一九二三年十一月在慕尼黑的暴動，甚至在南巴伐利亞蘭茲伯格（Landsberg）要塞和希特勒共住一間小室。但蔣不喜歡他。他就像蘇聯顧問季山嘉一樣，非常高傲；此外，不像鮑爾，他花很多時間在研究戰術問題而非重組國民革命軍。[20]在蔣的要求下，他很快就回返德國，而蔣試圖拉攏大戰期間的德國前參謀長、陸軍元帥魯登道夫（Erich Ludendorff）本人。順帶一提，他也以擔任顧問之名，參與了希特勒的啤酒館政變（Beer Hall Putsch）。不過他拒絕了蔣，代之的是另一位在一九三〇年五月到達南京的著名將軍魏澤爾（Georg Wetzell），他曾在一九二六至一九三〇年間作為威瑪防衛軍（Reichswehr）的參謀總長。新的德國軍官服從他，而蔣部隊中的德國顧問從一九三〇年五月的四十個，在十二月增加到五十個，在一九三四年增加到九十個。[21]

德國軍事顧問們孜孜不倦地協助蔣創辦了五個模範師，計畫針對所有國內的敵人採取軍事行動，此事極關重大，因為隨著北伐的終結，國家仍然沒有太平日子。

儘管中國在形式上統一後，引入了一套中央集權化的嚴格治理體系，同時有一套疆土行政管理的原則（省—縣），將全國分為在形式上從屬於中央的二十八個省與兩個地方（內蒙古與西藏），但完全控制各自領域的軍閥，直到一九二九和一九三〇年還在繼續交戰。只是現在所有的寡頭統治者都標榜在單一政黨——國民黨的旗幟下。每一個在國民黨內反對蔣的人都「宣誓效忠於國民黨的三民主義，」一個當代人寫道，「每一支和南京交戰的軍隊，都揮舞著國民黨的黨旗。」[22]

一九二九年二至四月整個華南都被捲入了一場戰爭，一邊是蔣介石，一邊是李宗仁將軍及白崇禧將軍所領導的一群桂系軍閥，他們得到廣東省主席李濟深及汪精衛追隨者的支持。此一新戰役的催化劑是一九二九年元月蔣在南京召開的編遣會議，參加的有二十二名國民革命軍高階指揮官，主持的是蔣。在二十五天的過程中，與會者討論起草一份裁軍計畫，但並沒達到結論：「這是個失敗的會議，是場災難！」[23]將軍們不能接受蔣以裁減他們自己部隊的員額，來重組軍隊的計畫。[24]

李宗仁和白崇禧特別不滿。前者是一位「矮壯而貌醜的」將軍，他自認「有能力取代蔣介石來領導國家」。他確實給人一種「血氣之勇（physical courage）與義理之勇（moral courage）兼備的印象。〔他〕非常野心勃勃」。他的年輕搭檔白崇禧也有著難以置信的雄心壯志和活力。「高大、體格強健，有一個高高的聰明相額頭」，他左腿跛腳，是個穆斯林，但願意喝酒吃豬肉，這加強了他在以非穆斯林為主的桂系部隊中的權威。[25]他們兩人都是才華橫溢的指揮官，無意屈居於蔣介石之下。他們跟著其他寡頭軍閥一起，開始散布蔣介石試圖在中國建立個人獨裁政權的謠言。[26]

他們是對的嗎？蔣介石真的想成為中國拿破崙嗎？也許是的。但畢竟，由於中國一再分裂，軍閥繼續像以前一樣占地為王，只在名義上承認中央的力量，總得有人把中國凝聚在一起。在中國這個國家，資本主義仍未觸及社會各個面向，沒有一個共同市場，經濟生活上有各個不同階段的發展，九七％的人口都是文盲，非常大一部分群眾的經濟與社會生活，都局限在穩定的地方範圍內。[27]

儘管他們雄心勃勃，李和白很快就敗陣下來。到了四月，蔣的十萬大軍對陣他們的六十萬兵馬已占了上風，他們喪失了華中省分及之前掌握的廣東的控制權。早在一個月前的三月十五到二十七日，在南京召開的國民黨代表大會，代表四十二萬二千名黨員的四百零六位代表與會，搞分裂的李與白被「永遠」開除黨籍，李濟深將軍（他甚至被逮捕）也一樣。至於那些汪精衛的積極支持者——陳公博、甘乃光、顧孟餘同樣被取消黨籍。至於仍在國外的汪精衛本人，收到一份書面警告，但仍被選為中執會的一員。這是蔣所希望的：是他在和胡漢民協議下親自選出的，雖然胡向來不喜歡汪，但不得不對蔣讓步。[28]

但這次同樣沒有迎來和平。在一九二九年五月，一場新的戰役爆發了——這次是蔣與馮玉祥元帥之間，後者離棄他在南京政府軍事部部長一職，並返回他在河南的老家。五月二十三日，國民黨「永久」開除他的黨籍，[29]但同樣離開南京的閻錫山挺身支持這位分裂主義者。

在種種戰役中，蔣還同時持續著力於深化他政權的合法性。如他所構思的，這些工作中有一個重要的角色，那將會是讓孫逸仙的遺體，安眠於南京紫金山橫嶺上一座宏偉的陵寢，同時將急遽提升對偉大導師的崇拜。孫的遺體轉置於南京陵寢的穹窿下，蔣及其戰友對他的崇拜之推動，比起布爾什維克對列寧的崇拜毫不遜色，他們的意圖當然是想聚焦在蔣的權力上，並授予他額外的權威與神聖性。[30]一九二九年三月，國民黨第三次全國代表大會宣告，孫逸仙的教義將成為全國的思想體系，這標示著已故的領袖，被轉化為真正的一個宗教崇拜對象之開始：「此一全國代表大會之理念為，此後教育必須以立基於三民主義而開創新文化為目標……取代之前所採行的自由放任政策，現在將開始一套嚴格的民族主義教育政策。」[31]從此以後，不只是在教育機構，在國民黨中國的所有其他組織，每週集會都要大聲朗誦孫逸仙的「遺囑」並加以討論。[32]即使是北平的美國基督教燕京大學，傳統的宗教課程也被基於孫逸仙遺教的政治課程所取代。[33]

早在一九二九年元月，國民黨就設置了一個委員會來處理此一殯葬典禮。當然，蔣介石擔任主席。而汪精衛、馮玉祥、李宗仁、閻錫山必然不在委員之列，很顯然就是因為他們對編遣問題存在著分歧。五月十日，一列由十二個車廂組成、車身漆著國民黨黨旗藍白兩色的特殊火車，離開南京，開往北平。車上要運載的，就是要裝著孫遺體的靈柩，並將之轉送南京。

五月二十六日，在靈柩移往南京之前，孫的遺體被穿上新的衣裝，由二百零七位專業抬棺人送至火車站。大約有三十萬市民為孫在北平的最後一程送行。發出一百零八響禮砲，市內各處都有軍樂團奏出喪禮進行曲。據官方統計資料，沿著火車行進的道路，大約有百萬人參加了此一移靈集會。濟南到場的人群，陣容更是特別龐大：超過十萬人。

孫逸仙的遺孀宋慶齡，在蔣的邀請下自國外返回，從北平開始陪同移靈。作為一個極左派人物，為了表示對反共政變的抗議，她於一九二七年八月底，在共產國際的資助下遠赴蘇聯，大部分的時間都逗留在莫斯科。[34]她以各種可能方式來表達對「嗜血惡犬」蔣介石的憎恨，[35]參加由共產國際支持的一個左翼組織的反帝聯盟工作，甚至被吸收進祕密的共產國際網絡中。她在一九二九年五月回國，在上海稍作停留，以蘇西夫人與莉亞夫人的代號，開始祕密地提供資料給蘇聯間諜與共產國際的特務，還參與地下財務運作，以中間人身分，把大筆共產國際的資金轉交給中共的領導們。[36]

蔣介石在江蘇省邊境迎接火車，他不敢越界到馮玉祥控制的北平。在鐵路終點的長江左岸浦口站，靈柩被移置到一艘軍艦上，運到南京。在那裡，禮砲齊鳴喪樂演奏，而張學良派出三架飛機在上空進行列隊飛行表演。

城內到處都是中華民國國旗與國民黨黨旗。靈柩在國民黨中執會展示三天（五月二十九、三十、三十一日）。一九一一年十二月二十九日，孫逸仙曾經在這棟建築被選為中華民國臨時大總統。在入口處前，群眾形成一條巨大的人龍，都希望向領袖告別。蔣及其最親密的顧問們，決定違反逝者的遺願，將其靈柩置入一個陵墓中。他們解釋因為遺體已有腐化的跡象。但這可能有一個不同的原因。如吾人所知，宋氏家族成員都是基督徒，而蔣自己正準備受洗。因此，順帶一提，孫也是基督徒，所以保存前領袖防腐處理過的遺體，並且展示給大家瞻仰，其實是他們不能夠做的，他們不像無神論的布爾什維克。五月三十一日，孫氏家族及包括蔣在內的與他關係密切的人，舉行儀式將承載著遺體的靈柩蓋起來。

次日，亦即一九二九年六月一日，孫的遺體被安葬於由白藍兩色（國民黨的顏色）的花崗岩與大理石起造的宏偉陵寢中，政府花費在這座建築上的經費，根據不同的估計，從一百萬到六百萬銀元不等。四百一十級寬敞的臺階，通向山丘上的龐大的宮殿，其側則植有高大的松、柏與銀杏樹。從入口走向墳墓，有幾個鍍金的中國字——「天地正氣」閃閃發光。以孫逸仙的筆墨及其他六個字，形成民族、民權與民生這幾個字，此亦即三民主義，是採國民黨的老黨員、蔣向來尊敬的張靜江的書法寫下。同樣的二百零七位專業抬棺者，身著藍色短外套，前胸後背都以象徵國民黨的白色太陽裝飾，把靈柩抬到山丘頂上。穿著白色長袍黑色外套的蔣，衣袖上帶孝，走在前面，而後面則是一片人海——黨政官員、軍官、各省的代表，還有工人、農民、學生、企業家組織，大家都跟在抬棺人後面。之後來的是打著白藍色領帶的國民黨先鋒分遣隊，哀樂演奏以及禮砲雷鳴。

靈柩置放於陵寢內以後，蔣與其他所有人都往前行三鞠躬禮；把花圈放上，並致哀悼之辭。之後在十二點整，南京默哀三分鐘，而蔣隨著代表十八個國家外交官的孫的一位外國朋友，在工人的協助下，將靈柩吊入墳墓中，並由宋慶齡關上大門。[37]

對蔣不幸的是，一九二九年九月，國家情勢再次惡化。華中的張發奎將軍起來造反，其他幾個在蔣與李宗仁及白崇禧交戰時曾支援蔣的軍閥，也跟著起而反蔣。煽動他們的是汪精衛。一九二九年十月一日，其中兩人：俞作柏與李明瑞，從廣西攻入廣東。[38]其後汪精衛從歐洲返抵香港；一九二八年他的支持者聚集在所謂「改組派」的國民黨內部派系中，他們要求對國民黨進行改革，並開放國民黨政權。[39]汪也介入了與蔣介石的鬥爭。在他抵達前夕的九月二十九日，他和其他十一名「改組派」，公布了蔣介石的十項「罪行」（都指向蔣介石企圖建立個人獨裁政權）。「他所有的所作所為，目的都在他的個人利益。他視國家為他的私有財產」，他們呼籲對蔣介石發動全面武裝起義。[40]

一九二九年十月底，在國民黨主要機關報《中央日報》發表的一篇文章中，蔣介石首次界定了自己政策的先後次序，重複了北宋著名政治人物趙普（九二二—九九二）的一句話「欲攘外者必先安內」。[41]同年十一月，在福建駐地的許崇智將軍的原部隊造反，蔣介石不得不開除這位老友和其他幾名支援兵變的國民黨主要成員的黨籍。[42]一直到一九二九年底，蔣介石才成功地壓制了他的對手。他幸運之處在於「對他叛變的時間點，都落在相當方便的間隔期：方便他可以用全部時間，一個接一個對付他們」。[43]

一九二九年十二月十二日，在國民黨與廣州黨委會的要求下，蔣把汪精衛「永久」逐出國民黨。[44]而對此的回應，是擁有二十萬大軍的閻錫山將軍再度反叛。蔣被迫再次作戰。

閻錫山攻克北平，並再次更名為北京。蔣也立刻將他驅逐出黨。但造反者要求召集一個全國代表大會，他的部隊並在一九三〇年六月十八日占據了天津。在九月九日，以閻為首的一個分裂政府在北平（北京）成立，還包括汪精衛、馮玉祥與李宗仁。[45]在軍事舞臺上的要角中，只有東北的年輕張學良元帥依然效忠於蔣。在他父親被刺殺與國家統一後，他視蔣為其兄長。一九三〇年九月二十日，他迫使閻錫山從北平逃出，接著並把他自己的總部從瀋陽遷到北平。[46]

蔣介石任命這位少帥為副總司令，亦即他自己的副首長。九月二十四日，蔣又擔起另一個重要的職位：行政院院長，取代兩天前過世的譚延闓。之後他決定與馮玉祥做一個了結（後者手下有二十萬以上的部隊，而蔣則約有七十到八十萬大軍）。[47]他安排三十七歲的將軍楊虎城擔任前鋒部隊的指揮，後者戴著圓圓的眼鏡，有高高的額頭，外表給人是個紳士的印象。一九三〇年十月二十九日，楊將軍攫取馮的根據地西安，蔣立刻任命他為陝西省政府主席。馮與他的殘兵敗將（他的二十萬大軍只剩約五萬）盤踞在山西西南部，再次試圖建立與共產黨及蘇聯的接觸。據一位蘇聯情報官員的說法，他派人到上海，而那人「混進我們的黨」，但史達林與中共領導都不想和他有什麼關係。[48]

在一九三〇年的戰爭中，由德國顧問訓練的國民革命軍模範師首次參戰，德國將軍魏澤爾在所有行動的規劃方面，扮演了決定性角色。[49]但儘管如此，這場戰爭還是特別困難。「分裂、衝突、破壞、貿易中斷、對農民和城鎮橫徵暴斂、令人震驚的背信棄義和公開使用金錢購買『忠誠』——這些都是一九三〇年戰爭的無聲特徵。而這是一九一一年以來，以駭人聽聞的頻率反覆出現的戰爭一向以來——雖然程度較淺——的無聲特徵。」一個當代人寫道。[50]大體上在一九三〇年的戰爭中，共有二十四萬以上的人員傷亡。[51]

只有借助強大的軍事力量，以及少帥的支援，蔣在與所有軍閥的武裝衝突中，才終於成功取得勝利。此事強化了他對上帝的信仰。一九三〇年十月，在開封城附近對抗馮玉祥優勢部隊的一場最激烈的戰役中，當他的部隊瀕臨敗亡時，他無意間走進一間天主教教堂並向上帝說話。他發誓如果他打敗敵人，他就要受洗。突然之間，大雪開始飄落，變成一場扎扎實實的暴風雪。他對手的行動被阻擋，而蔣得以接獲南京來的援軍，最後大獲全勝。

一九三〇年十月二十三日回到上海後，蔣就在他岳母家，依據衛理公會的儀式，接受了洗禮。[52]此後他對上帝的信仰堅定不移，雖然他能否被稱為一個基督的真正追隨者，是頗值得懷疑的。〈登山寶訓〉的召喚（「不要與惡人作對」並「要愛你們的仇敵」），[53]在他內心並未引起迴響。蔣的對手稱他為舊約聖經基督徒，在意的並非基督教真理，而是以上帝給予摩西的誡命為指導——「以眼還眼，以牙還牙」。[54]他的一個敵人甚至惡毒的說，在他的衛理公會（Methodist）基督教中，蔣只在一件事上是有章法的（methodical），就是「瘋狂」。[55]

當蔣與黨內一再背叛他的同志作戰時，他還同時與在中國的蘇聯代理者——莫斯科培養的中共黨員的武裝對手衝突。如前所述，一九二八年二月國民黨第二次中執會第四次全會時，蔣介石及其他國民黨領導們將中共黨員驅逐出去，但當然，這只是一個形式上的姿態。中共因此不再處於國民黨內。到了此時，中共已組織了一系列反國民黨的武裝起事，用以回應白色恐怖。一九二七年七月三十一日晚及八月一日，南京的張發奎部有幾個單位起而造反。之前是黃埔政治部領導，也屬國民革命軍第一軍的共產黨員周恩來，領導這次的叛亂。軍事組織者之一是一名極富才華的指揮官，早在一九二二年即成為共產黨員的四十三歲朱德，他是一名客家人，如前所述，他的氏族是在幾個世紀之前，從北方落腳於南方省分，但他們從未與當地居民同化。

這起造反大約有二萬名官兵，在城內劫掠後，第三天離開朝向廣東，宣布成立一個新的革命政府。但在九月底十月初，他們在汕頭（粵東）附近遭到重創，在該地他們接受了蘇聯布爾什維克從海參威走水路送來的軍火。一九二七年九月初，共產黨創建者之一、時年三十四歲的毛澤東組織了一支由貧下中農、軍人與礦工聯合的武裝暴亂，但仍以失敗作收。蔣早在一九二〇年代中期就認識了毛，當時毛以其天賦的宣傳家與組織者而廣為人知，孫逸仙在國民黨第一次全國代表大會上，安排毛成為國民黨中執會的候補委員。

毛與朱最後退到湖南和江西交界的井岡山地區，他們在那兒建立了第一個蘇維埃區。同時間在一九二七年十二月，馬林的前翻譯、曾在一九二三年秋隨同蔣介石到莫斯科的張太雷，以及共產國際的代表紐曼（Heinz Neuman），指揮共產黨員在廣州組織了一起武裝暴動。此役同樣未得成功，幾個介入此役的蘇聯特務被逮捕並被處決，張太雷也一樣死亡了。

國民黨白色恐怖和共產黨盲動主義的暴動政策，對共產黨來說通常結局都非常悲慘。到一九二七年底，它失去了大約五分之四的黨員，從約五萬八千人下降到一萬名。[56]在這種情況下，不僅毛與朱，其他許多共產黨員也被迫撤退到農村地區，他們在莫斯科指示的蘇維埃口號下，開始新的鬥爭。他們沒收所有地主的土地，包括一般的農民，將之平分給地方所有居民，包括貧下階層。可想而知，這樣無差別分配讓很大一部分的農民反對他們，但是得到了較激進社會階層的支持，如貧下中農及窮苦的鄉間客家族群。正是由於這些團體，中國共產黨的游擊隊和中共本身開始再次壯大起來。

一九二九年初，毛和朱從遭受蹂躪的井岡山地區率領部隊，在江西各地遊蕩了一年，像在井岡山一樣，他們在那裡從事掠奪和殺戮活動。之後在一九三〇年十月，他們落腳於江西、福建、廣東三省交界處。此一區域在中國被非正式地稱為「客家鄉」，因為此地是外來客家族群居住最稠密的地區。從這個被稱為中央蘇維埃區的地方，他們開始進軍贛南與閩西等鄰近各地區的城鎮和村莊。

在安徽、湖北、廣西與廣東，其他共產黨員也從事掠奪和殺戮活動。從一句口號可以清楚觀察到共產黨的傾向：「只有殺與燒」，因此殺死「剝削分子」與燒掉村鎮，變成了「號召」。[57]一位當代人寫道：[58]「從『赤眉』和『黃巾』開始（我們世代初的農民暴亂），幾個世紀的時間以來，中國屢屢被恐怖的農民造反的怒火所燒毀。就像大草原上的野火，現在正在全國各省分燃燒的大火，依然帶有強烈傳統中國札克雷式（Jacqueries，農民暴動）起義的氣味。」[59]除了一九二七到一九三〇年的中央蘇維埃區外，在湖北和湖南西部、湖南—湖北—江西和湖北—河南—安徽地區，在廣西西北部和福建西部都建立了蘇維埃區。中國紅軍共有約五萬四千人。[60]

然而在上海的中共領導中心只能轉入地下。史達林將一九二七年夏中共的失敗諉罪於陳獨秀，陳被罷黜而由其他人領導。從一九二八年夏，著名的工人運動領導人與五十歲的前造船工人向忠發，以及相較之下十分年輕的知識分子李立三與周恩來（兩人在一九三〇年都才剛年過三十）是黨的領導。

一如以往，黨的金流主要還是來自莫斯科。一九三〇年，此一數額總計有數百萬盧布與美金。在這種情況下，中共領導人必須像從前一樣，密切關注他們莫斯科老大的指示。當共產國際執委會第十次全會（一九二九年七月）明確指出，在世界上，一個「新的革命高潮」已出現，斷言「右傾機會主義」是威脅所有共產黨的主要危機時，中共領導決定「比共產國際更冒進」的路線，並開始準備奪取中國的政權。

接著在一九二九年十月底，紐約股票市場驟然崩盤，使局勢急遽惡化。對許多中國和莫斯科的共產黨員來說，這看起來就像馬克思與列寧有關世界資本主義無可避免會崩潰的預言快速逼近了。經濟危機雖然沒有像已開發國家遭受到那麼大的衝擊，但還是直接影響到中國經濟。[61]世界市場上白銀價值的變化，給中國帶來特別大的影響，因為中國的貨幣體系是基於銀本位，與除墨西哥和英國殖民地香港外，絕大多數的國家不同。一九二九到一九三一年，世界市場上的白銀價值急遽下降，導致中國錢幣迅速貶值。僅在一九三〇年，白銀就便宜了近四〇％，從每盎司二十一．六美分跌至十四．五美分。結果是，一九三〇年九月，三．六銀元可購買一枚美國金元，但在一九三一年六月初，要花四．七銀元才買得到。因此，海關收入下降了一二％，外貿營業額至少下降了三分之一。預算赤字為一．四三億銀元。[62]物價出現了災難性的上漲。一九二九年九月初，一石[63]大米的價格是十五．五銀元，但到一九三〇年六月，已經要二十一到二十三銀元。[64]財富更加不平等。以上所有這些事項，是在各個寡頭派系之間的衝突進一步加劇和新戰役的背景下發生的。

一九三〇年六月十一日，中共領導人採取一項決議：「新的革命高潮與一省或數省的先獲勝利。」這是李立三寫的，指使中共藉掌握幾個中國大城，迅速發動一場奪權的革命鬥爭。當然中共領導者的計畫是失敗的；對城市的凶猛進攻沒能成功。但這場新的戰役，迫使正努力維持國家統一的蔣，開始認真思考要徹底解決共產黨的問題。

在對馮玉祥與山西省政府主席閻錫山的冗長戰爭獲勝後，一九三〇年十月到十二月，蔣發動一場針對江西蘇維埃區的強勢進攻。此役由國民革命軍第九軍擔綱，加上後援單位，總計大約十萬人，被稱為第一次圍剿。江西省政府主席魯滌平擔任指揮官，但國民黨部隊戰敗。毛與朱採取一種後來被稱為「人民戰爭」的戰術，毛以簡潔的口訣如此表達：「敵進我退，敵駐我擾，敵疲我打，敵退我追。」[65]此役之勝非同小可。毛軍消滅了對手一萬五千名以上的官兵，拘捕了許多囚犯，取得超過一萬枝來福槍甚至一具無線電發報機，不過還沒人會操作它。甚至一個名為張輝瓚的前敵總指揮被俘。他被斬首，捆綁在一木板上，沿著贛江漂流而下。人們認為他的頭最後會停留在江西的省會、位於贛江的南昌，直接到留駐在那兒的蔣介石的手中。[66]蔣承認：「〔一九三〇年十二月初〕情勢極為危殆。我們命懸一線。」[67]

第一次懲罰性戰役後，毛澤東的軍隊成功地擊退了蔣介石其後分別於一九三一年四月至五月、和七月至九月組織的兩次圍剿行動，雖然蔣介石向「恐怖分子」投入了最佳陣容。第二次戰役由和蔣關係密切的新任軍政部部長何應欽將軍親自領導。第三次戰役由蔣本人領導。然而全都吃了敗仗。殘酷而曠日持久的反共戰爭已成為現實，也是蔣介石全神貫注的事項。

一位當代人寫道：「到一九三一年，共產主義的地位，已成為中國的國家大事……中國的詛咒是其欠缺效率；而中國共產黨則是有效率的。」[68]一九三一年七月二十二日，蔣在他的日記中，再次重述他一年半前在《中央日報》所寫的：「攘外應先安內。」[69]這次他心裡想的，不是打垮馮玉祥或其他分裂主義的軍閥，而是共產黨。次日他在對全國講話時說到這一點。[70]

蔣介石的首席軍事顧問魏澤爾將軍直接參與了打擊毛澤東的懲罰性戰役，但他同樣對共產黨束手無策。氣急敗壞之下，魏澤爾開始把怒氣發洩到中國將領身上，尖刻地指責他們在執行軍事行動上不稱職。[71]這樣的結果是搞得人人都反他，包括蔣自己，他開始尋找替代人選。一九三二年三月，他找到了已退休的塞克特（Hans von Seeckt）將軍，此人在一九二〇至一九二六年間，是威瑪防衛軍陸軍總指揮，一九三二年四月滿六十六歲的他（他與孫逸仙同年出生）受邀來華，並在一年後的一九三三年五月，也就是希特勒在元月三十日掌權的同一年，塞克特抵達上海然後到南京，在那兒與為他著迷的蔣連續說了四天的話。塞克特為人機敏但十分堅定：他告訴蔣，權力的基礎在於軍隊，而其效率不在於人數，而在於其士兵、特別是軍官的素質。蔣全盤同意，塞克特在南京受聘，以他自己的話說：「做一個軍事上的孔夫子，智慧的導師。」[72]

一九三三年十一月，塞克特同意擔任蔣介石的首席軍事顧問，並在次年四月上任，取代了魏澤爾。他做的第一件事就是將顧問人數減少到四十五人（不過一年後人數又增加到六十一），只留下最好的一些人。[73]隨後，他擴大與德國實業家的關係，爭取德國增加對中國軍火的供應，以換取中國的原材料。有好幾年的時間，德國成為蔣介石現代武器的主要供應國。

他們只有在航空技術領域居於落後，而在這方面美國人和義大利人成為蔣介石的主要夥伴。一九三三年秋天，墨索里尼甚至派遣了一批軍事顧問、工程師和機械師到中國，由蔣介石任命的空軍首席顧問洛迪（Roberto Lordi）上校和空軍工程師加蘭特（Nicola Galante）領導。一九三四年，在離南昌不遠的江西，設立了一所有二百零二名中國飛行員和八百名空軍工程師的義大利飛行訓練班，並在河南省洛陽市建立了一所航空學校。[74]另外指派了二十五名中國工程師前往義大利學習。一九三五年夏天，墨索里尼以個人禮物名義送給蔣介石一架三引擎飛機。[75]但與此同時，墨索里尼召回了洛迪，並在未經蔣介石同意的情況下，用斯卡羅尼（Silvio Scaroni）上校代替了他。[76]蔣介石很不悅，但結果斯卡羅尼是一個很得力的助手，蔣也任命他為首席顧問。一九三五至一九三六年，在離南昌不遠的地方建造了一家航空機械廠，還有一個機場，在那裡停有十架飛機，包括蔣介石的私人轟炸機在內。[77]而在幾年前的一九三二年，美國人在中國創辦了一所航空學院。[78]

與此同時，蔣加強了城市內反共恐怖的力度。在他的命令下，他結拜兄弟的姪子陳立夫，在國民黨中執會組織部設置了一個特別的調查科，類似蘇聯的國家政治保衛總局（ＯＧＰＵ），專事揭發共產黨員。[79]但蔣還覺得不夠。為賦予這項特別任務的特殊重要性，他在國民政府軍事委員會內部建立了另一個調查統計局這樣的機構。這項任務的領導者，是年紀輕輕（他出生於一八九七年，只比陳立夫大三歲）、來自浙江的蔣的另一個同鄉戴笠。蔣介石希望他的特務部門能互相競爭，這通常是他的領導風格。像其他獨裁者一樣，他喜歡讓下屬互相對立，並賦予他們類似的任務，「藉著平衡這些力量來維持最終的權力」。[80]不過，這並不會困擾陳立夫。「我們的工作，可稱之曰黨的耳目，你們看人身上耳與目都是成雙的。所以黨的耳目，亦不妨有兩個。」他向同事解釋需要兩個類似部門的必要性，「互相查對，是有益無損的」。[81]

由於陳立夫和戴笠的活動，許多共產黨領導分子被逮捕。一位蘇聯情報人員向莫斯科報告說：「噩夢般的失敗情勢，挑釁又挑釁、失敗又失敗。」[82]一九三一年四月二十四日，領導中共中央委員會的一個祕密部門、政治局候補委員的顧順章在漢口被捕。他的部門負責在國民黨政府控制的城市運作紅色恐怖。這個職業殺手害怕被槍決，帶著一副上海花花公子的樣子，向警方提供了中共中央政治局和江蘇、湖北兩地黨委祕密組織的所有位址和信號。五月和六月，三千多名中共分子被捕，其中許多人被槍決。只有中共領導人之一的周恩來，奇蹟般地逃過逮捕。但是，中共中央委員會總書記向忠發並沒有那麼幸運。他被抓獲，在酷刑之下，反過來提供了情報。然而，這並沒有挽救他的生命。國民黨寧可處決這樣一位傑出的共產黨員，即使是一個已被折磨到不成人形的人。

一九三〇年代初，國民黨特工開始與公共租界當局積極進行合作。根據一九三一年的協定，國民黨的員警可以自由進入上海租界，並以各種原因逮捕中國人。[83]租界員警也不再寬容，所以現在不僅中國人，連外國共產黨員也無處可藏。由於顧順章的背叛，一九三一年六月中旬，共產國際執委會祕密國際聯絡部（International Liaison Department, ILD）的兩名官員被關進監獄——魯德尼克

（Yakov Matveevich Rudnik）和達吉亞（Tatyana Nikolaevna Moisenko-Velikaia）這對夫婦，帶著他們三歲的兒子一起，一直以牛蘭（Noulens）夫婦的身分住在上海。他們是共產黨透過掛名為大都會貿易公司向中共中央委員會提供資金的管道。因此，他們的被捕破壞了中共的財務安全，因為與以前一樣，中共的城市組織主要依靠共產國際的補貼。從一九三〇年八月到一九三一年五月，共產國際執行委員會，每月向中共中央支付超過二萬五千美元。[84]（這比一九二九年的每月支付多出五千美元。）

同時，在一九三一年春天，蔣與黨內反對派代表的關係再次惡化。原因是當年二月二十八日，蔣藉口請胡漢民到家中用餐而逮捕了他。在幾個月前的一九三〇年十一月，當胡漢民反對蔣決定任命一名張學良的部屬擔任國民政府的部長時，蔣胡關係已然不佳。由於蔣計畫召開一場國民會議，相當於國會，來採用一部中華民國訓政時期約法，以賦予蔣額外的權力：指派政府各部門的首長與各部部長，胡對此提出嚴厲批評，讓蔣極為不悅。國民會議的成員，將包括國民黨與非國民黨員，如此將可顯示蔣介石政權的「全民支持」形象，並且為準備從訓政時期轉移到憲政時期踏出第一步。蔣的反對者如汪精衛、閻錫山與馮玉祥，都堅持採用一部約法，所以就蔣而言，召開國民會議，是中立化反對派的一個相當技巧性的手法。

但胡認為由於訓政時期尚未結束，現在召開一個立法會議，時機並不合宜。他並不想捲入蔣的戰術遊戲。而蔣像以前一樣，大發雷霆，開始大吼，但胡也一樣，提高了嗓門。之後，孫逸仙的徒弟逮捕了另一個徒弟。[85]

第二天二月二十九日，國民黨的老黨員胡漢民被移置於湯山，軟禁於蔣的一棟房子。已不耐於被人反對的國民黨領袖，即使是立法院院長，也不能原諒對他的不順從！而這是可以理解的：在

「訓政」的口號下，黨的領袖，已把國家置於他的專制獨裁下，除了專制獨裁，他已沒有辦法治理他的黨。如前所述，他的老師孫逸仙也非民主派，而在一九三〇年代早期，領導者集權的效率性，已不只印證於蘇聯經驗，而且還有義大利、土耳其、匈牙利和波蘭。此外，「效忠領袖」(führerism)也在德國越來越鞏固。這是蔣本人必須說的：

> 革命的黨和革命的政府，因為革命的需要，隨時可以限制黨員與官吏個人的自由，所以胡同志的行動是否自由，不是什麼重大問題。[86]

但是立法院院長被捕導致的反彈，出乎蔣介石的預料。四位極受敬重的孫逸仙的夥伴，也是國民黨中央監察委員會的委員，要求蔣辭職。為了回應蔣介石的專橫統治，五月在廣州發生了一場新的政變，蔣的宿敵汪精衛在那裡召開了所謂國民黨中執會緊急會議，之後成立了一個分裂主義的「國民政府」，除了他以外，還有李宗仁、唐生智將軍、孫科等國民黨知名領導人，其中孫科是孫中山第一次婚姻的兒子，他是一個受過良好教育、個性堅定的四十歲男子，但「像許多名人的兒子，具有不出色的個性」，[87]他們都參加了這個政府。一場新的軍事衝突爆發了。一九三一年夏天，蔣介石部署了軍隊對抗廣州叛亂分子。六月初，他取消了孫中山兒子的黨籍，同時還開除了幾名支持廣州政府的國民黨資深黨員。[88]

與此同時，召開了一場國民會議。從一九三一年五月五日至十七日，在南京國立中央大學新會堂舉行的會議上，與會的代表有四百四十七名，其中包括當時因與達賴喇嘛發生衝突而住在中國的班禪喇嘛。只有四十四名與會者代表國民黨中執會和國民政府。蔣介石在大會開幕式上宣布，中國摒棄諸如法西斯主義、共產主義、自由民主等當代政治理論，而著力於發展以古代傳統和法律為基礎的本身的政治制度。正如人們所料，他得到了「人民的」全力支持。五月十二日，國民會議通過了《訓政時期約法》，確認了國民黨的治國以及政治上教育人民的專有權力。[89]

但蔣介石又面臨新的試煉。與一九三一年內戰有關的問題，因災難性的洪水而更惡化。傾盆大雨和強勁的季候風導致華中和華東地區，包括長江在內的數千條河流和湖泊水位上升。面積有英格蘭和蘇格蘭一半的國土都被淹沒了。不下於五千三百萬人流離失所並喪失生計。七月底，武漢市全市被淹，三十萬市民失去住房。[90]首都本身也有一半泡在水裡。當時正在南京訪問的一位記者回憶說：「積在街道的水發出惡臭。停滯的積水裡堆滿了腐爛的屍體。我住在老橋屋飯店，房子下層淹沒在水中……蚊子群聚，肥大的腐肉蒼蠅到處爬行。」[91]

更嚴重的是，在一九三一年底，由於英國和日本轉為銀本位制，中國銀元的匯率上升了九〇%。但由於中國經濟連結於廉價的進口品，這又反過來給經濟帶來負面影響，導致經濟衰退。工商實業機構倒閉，失業率急遽上升。根據某些數據，一九三一年中國有七千萬失業人口，[92]上海三百五十萬城市人口中近三分之一沒有工作，南京、北平、天津和青島約有一半的可就業人口失去生活保障。[93]

但令人驚異的是，在這種連一天的和平都享受不到的狀況下，蔣介石及其政府還能成功地把注意力集中在戰爭、自然災害、經濟危機和在國際舞臺上為了爭取國民革命的成功而奮鬥之外其他事情上。不過早在一九二九年十月，蔣介石就已通過了《工會法》，允許工人加入工會，「保障和改善工作條件與生活」，而且在同年十二月，通過《工廠法》，規定每天八小時的工時制並禁止童工。[94]

總的說來，不管看起來多麼奇怪，在當時絕非共產黨、而是國民黨才應該讓人看起來像中國的工人黨，這不僅是因為蔣介石努力滿足受雇勞工的基本利益，也取決於這個黨的社會組織構成。一九二九年，國民黨的多數成員是工人——二九%。知識分子也占有相當的比率——二五·七%，軍方占二三%，學生占一〇·五%，而農民和商人分別占七·五%和四·三%。[95]當時的中共則絕大多數是農民，以及農村的窮人：他們占八〇%。根據各種數據，工人全部也只占二%到七%。[96]

蔣介石政府也試圖為農村勞工提供真正的協助。例如，一九二八年七月二十八日，國民黨通過了土地徵收法，讓政府有權透過購買極大範圍的私有土地，「興辦公共事業；調劑土地之分配，以發展農業或改良農民之生活狀況」。[97]一九二九年一月二十四日，通過了關於向農村居民提供協助，以建造灌溉工程防止洪災的條例，一年後通過了一項關於河流的法律，規定對遭受自然災害損失的人給予部分賠償。最後，一九三〇年六月三十日頒布了《土地法》，將租金降低到三七·五%。這確實是一場真正的革命，因為當時很多地方的租金是六〇%到七〇%。該法源於一九二八年十一月制定的國民黨土地法原則：「在使地盡其用，並使人民有平均享受使用土地之權利；總理之主張平均地權，其精意蓋在乎此。……須設法使土地本身非因施以資本或勞力改良結果所得之利益歸於公有。」[98]不允許任何人提前徵收租稅。從一九二八年二月開始，在蔣介石的倡議下，採取措施發展農民之間的合作運動。一個重要步驟是一九三〇年十二月通過了一項關於農會的法律，根據這項法律，農民和農場工人享有在互助原則基礎上建立組織的充分權利。[99]三年後，中國農民銀行成立，初始資本額為四百萬銀元，並開始向農民提供廉價信貸。[100]

當然，由於蔣介石權力不足以迫使大批地主和軍閥實施這些法律，以致多半只能淪為紙上談兵。[101]然而，儘管速度極慢，但不可能沒看到蔣介石正在千方百計地去貫徹孫逸仙的民生主義。

一九三〇年代初，蔣介石政府成功地採取措施，由國家控制蠶的養殖和絲的生產、穩定幣值

（中國銀元）、標準化稅收、度量衡制、對高等教育實施嚴格的集中化制度、制定高等教育入學考試的綜合規則，甚至著手鋪設新的道路。一九二六年，現代公路只有一千三百英里，但在一九三〇年，已有三萬一千七百英里。而是在八〇%至八五%的年度預算用於軍事開支的情況下發生的！[102]一九三二年，政府廢除了國內關稅（釐金）。

到了一九三二年，南京已完全轉型了。一位目擊者在國民黨占領此城五年後到訪，她在日記中寫道：「我幾乎迷失在陌生而新的、有人行道的寬闊大街上——這是中國陽光下的新鮮事。無數新房舍和各種商業大樓在不到一年的時間內建造出來，城市的一部分，曾經是菜園、不穩的山坡或墳場，已經變成了人口稠密的城市街道……我們開始看到自來水和適當的下水道系統的夢想成真了……去年，這座巨大的體育場正好為十月分的遠東奧運會完工[103]——由於東北的問題和戰爭的威脅，這場運動會並沒有舉行。」[104]

與此同時，在這四年（一九二八—一九三二）當中，儘管蔣盡了一切努力，但無論在黨或國家，他都未能成功地建立個人的極權專政。如果他的對手一再以全軍之力投入對抗他的戰鬥中，而且在被打敗後，又像浴火鳳凰一樣從灰燼中復活，那他算是什麼獨裁者？一九三一年是關鍵：蔣介石對廣東的戰役失利。他也無法擊潰毛澤東，而在上海，中共中央委員和共產國際持續運作地下活動。事實上，這個國家並未統一。

然後，在此最艱困的時刻，日軍於一九三一年九月十八日入侵中國東北。到秋末時節，擁有三千萬人口的整個東北，都在日本的掌控之下。的確，老天爺親自起而和蔣作對，但要打垮這個人並非易事。他永遠記得孔子的話：「君子坦蕩蕩，小人長戚戚。」[105]

第十一章　新生活運動

中國無法抵抗像日本這樣擁有現代軍事力量的強國。中國的工業尚處於低度開發階段，其軍隊缺乏足夠數量的最現代化武器，而且，無論是國民黨還是中國本身都尚未統一。在這種情況下，一個輕率的領導人可能會給國家招致大禍。此外，我們應該不要忘記在某種程度上，中國自己應該對東北發生的事情負責。從一九〇七年起，中國愛國者在與日本打交道時，一再採取經濟杯葛手段。到一九三〇年代初，已經有八次全國性抵制日本商品的運動。最強烈的是一九一五年那次（回應日本對袁世凱的二十一條要求）、一九一九年的運動（回應日本對青島的立場）、一九二五年的運動（回應一名日本人在上海殺害一名共產主義工人），以及一九二八到一九二九年的運動（回應濟南大屠殺）。

不能說中國人只抵制日本貨。一九〇五年，美國商品受到廣泛抵制；一九〇九年和一九二五到一九二七年，英國商品遭到抵制。但抵制運動更常針對的是日本人。[1]大多數中國人就是無法說服自己的國家被這些「倭寇」剝削，後者一直被視為「劣等人」，因為他們從第六世紀才開創了自己的文明，而從中國借用了如此之多——治國之術、書面文字、哲學等等。

一九三一年七月，在韓國發生針對中國人的種族大屠殺後，又展開了新一波對日貨的抵制。當時在十天的時間裡，由於日本的煽動，韓國人摧毀了半島上各個城市的中國商店和餐館；一百四十三名中國商人被殺，三百四十三人受傷，另有七十二人消失無蹤。[2]韓國當時是日本的殖民地，所以日本要為這場屠殺負責，然而，現在不是抵制的理想時機。日本和所有工業化國家一樣，正經歷著嚴重的經濟蕭條：從一九二九至一九三一年，即使沒有抵制，日本的出口也下降了一半：國民生產總額下降一八%，資本投資下降三分之一。經濟收縮無所不在；一百多萬人淪為失業族，許多小公司倒閉；由於絲和米的價格急遽下降，許多日本農民一貧如洗；此外，一九三一年，由於收成不佳，日本北部爆發了饑荒。[3]而現在又來一個抵制日貨！

尤其刺激日本的是，這場新的中國「經濟戰爭」並非自發性的：這場抵制行動是由國民黨的領導蓄意組織和指揮的，國民黨從此堅持革命外交原則，實行進口替代政策，更甚者是完全針對日本商品；蔣介石和他的夥伴歡迎英美進口商品。一九二八年濟南事件後，以蔣介石親屬宋美齡、宋子文、孔祥熙以及外交部部長王正廷為首的親美派，在南京政府中掌握主導地位。

而以日本之見，早在一九三一年的抵制運動之前，南京政府已採取了一系列其他「不友好」的措施。一九三一年二月一日，中國對進口棉紗和布（大部分來自日本）徵收保護主義關稅，隨後又提高了在華外資企業（其中大部分是日本企業）的產品稅。此外，自一九〇五年以來一直被日本占領的東北大連市，其進入中國市場的所有貨物，也都一概視為「舶來品」，被徵收更高的稅額。[4]

居住在東北的日本人約有二十萬，其中一半是婦女，她們越來越擔心自己的安全。[5]在一九三〇年代初，中國東北地區有三千萬人口，日本人就與漢人、滿族人比鄰而居。此外，經濟蕭條對東北的日本人打擊甚劇。屬於日本資本的南滿鐵路大規模裁員，日本中小企業開始倒閉。

讓東北日本人更擔心的是，一九三一年五月四日，中國內政部發布的一則聲明，其中宣告中國政府自一九三二年一月一日起，將繼續在國際舞臺上爭取平等，單方面廢除外國人的治外法權和領事裁判權，其後打算取回所有外國租界、租借地和外國人在中國建造的鐵路（包括中東鐵路），以及禁止外國船隻在中國沿海和內陸水域航行。第二天，即五月五日，蔣介石在國民會議開幕時也發表了類似的聲明。[6]

大多數來自日本農民和城市商業階層的關東軍軍官們，對家鄉經濟危機的消息深感不安。他們還對一九三〇年大選中上臺的日本執政黨立憲民政黨，企圖爭取與中國發展友好關係，做出非常負面的反應。從關東軍軍官的角度來看，這是對東北日本人利益的背叛，用他們的話說，立憲民政黨人對待他們就像對待「後母的孩子」一樣，此外，他們對立憲民政黨減少軍隊開支的計畫也憤慨不已。[7]

一群關東軍軍官決定介入局勢。像他們一九二八年的前輩一樣，他們自行承擔行動的風險，直接違背紀律。一九三一年九月十八日，幾名軍官主動現身瀋陽火車站，下午一點，一列載有日本參謀本部第一部長建川美次將軍的火車抵達瀋陽，他銜命禁止關東軍對中方採取任何行動。軍官們把建川拖到一家餐館，把他灌醉，讓日本藝妓照顧他。[8]結果是這位將軍無法及時將命令傳達給軍隊指揮官，而當他沉溺在美女的懷抱中時，晚上十點二十分，幾名日本軍官炸毀了瀋陽北郊的南滿鐵路路基，不過只造成輕微損壞。[9]隨後，關東軍司令部指控中國要對這次「嚴重的破壞」負起責任，之後日軍襲擊了瀋陽駐軍，第二天早上，在瀋陽的日本青年支援下，集結成軍事化團體，占領了整個城市。與此同時，東北吉林省省會長春也被占領。[10]

蔣介石當時在江西省省會南昌指揮第三次對共產黨的圍剿，儘管他對於日本的挑釁已有心理準備，但仍感到震驚。一九三一年九月十九日，他在日記中寫道：「昨晚，倭寇無故攻擊瀋陽兵工廠，刻接報已占領我瀋陽與長春。」接著又寫道：

是其欲乘粵逆叛變之時，內部分裂，而侵略東省矣。內亂不止，叛逆毫無悔禍之心，國民亦無愛國之心，社會無組織，政府不健全，如此民族，以理論決無存在於今日世界之道，而況天災匪禍相逼而來之時乎！余所恃者唯一片愛國心，此時明知危亡在即，亦唯有鞠躬盡瘁，死而後已耳！[11]

蔣向全國民眾發表演講，呼籲民眾團結在政府周圍。「願我同胞，團結一致，在中國國民黨領導指揮之下，堅忍刻苦，生聚教訓。」他宣告道。[12]

在這一連串事件中，東北的領袖、少帥張學良在北平。九月十八日，他從北京協和醫院出院，在那裡他因毒癮已接受了一段長時間的治療，又因斑疹傷寒讓治療變得更複雜。當晚晚飯後，他去戲院欣賞京劇，著名演員梅蘭芳在劇中扮演女主角。（在中國京劇中，所有的女性角色都是男性扮演的。）深夜他才收到有關瀋陽和長春事件的消息，致使他陷入失魂落魄的狀態。不久，日本人又重擊了他的驕傲：他們刻意從他瀋陽住所收了四百一十七箱物件寄給他。他和蔣介石取得了聯繫，不知道該怎麼辦。當時，他軍隊的主要單位並不在東北，而是在華北。他應該去瀋陽和長春嗎？做了各方面的審慎考量後，蔣介石下令他不要反抗，希望和平解決這一事件。[13]九月二十一日，蔣的政府向國際聯盟發出抗議，而同時採取最嚴格的措施保衛在華日僑。[14]

與此同時，儘管蔣介石與中國共產黨作戰，但他開始著力於與蘇聯關係正常化。他需要一個對付日本的盟友，而蘇聯最適合扮演這個角色。占領東北後，日本人對中東鐵路和蘇聯本身都構成潛在威脅，蔣介石明白史達林在地緣政治的算計中必須考慮到這一點。當然，德國繼續幫助中國，但只有直接與東北接壤的蘇聯才能介入這項衝突中，至少在日本威脅時要防衛他們自己的中東鐵路。蘇聯和日本之間的衝突，對蔣介石而言，將會是最理想的結果。一九三一年九月，前蘇聯駐大連領事謝貝科（Ivan Ivanovich Shebeko）寫信給人民外交委員會第二東方部道：「中國試圖挑撥，讓人們承認，蘇聯正將軍隊帶進中東鐵路，由於日本入侵是針對蘇聯和中國的……普遍的看法是，蘇聯藉由其地位，必須以某種方式對抗日本。」[15]

在與蘇聯副外交人民委員加拉罕（九月二十至二十九日）的討論中，真實身分為蔣在莫斯科全權代表的東三省鐵路公司理事長莫德惠，一再試圖提出蘇聯與中國共同合作來對抗日本的問題。[16]

但史達林試圖避免與日本發生衝突。一九三一年九月二十日，蘇聯政治局決定「推遲就日軍占領南滿洲和瀋陽的外交步驟做出決定，直到收到更多情報」。[17]史達林顯然希望蔣介石能對他做出某種讓步。當然，要求對共產黨停戰是不可能的，但蘇聯的領導人可能會得到別的某種東西。一九三一年十二月十六日，為共產國際工作的宋慶齡，在莫斯科領導人的指示下，和蔣介石在南京會面，並提議用他的兒子經國，交換蘇聯特工牛蘭夫婦。

當時蔣經國是莫斯科列寧國際學校的研究生。一年前，他從列寧格勒的托爾馬喬夫（N. G. Tolmachev）軍政學院畢業，後來在莫斯科狄那莫（Dynamo）工廠當了一段時間的金屬工人，之後參加了蘇聯的集體化運動。一九三〇年，他成為蘇聯共黨的候補黨員，並作為該黨投入建立集體農場的萬名共產黨員之一，他於一九三一年五月至十一月在莫斯科地區科羅維諾村（Korovino）擔任十月革命集體農場主席。[18]

蔣介石非常想念經國，從一九三一年一月起，他的日記中出現了一些感傷的紀錄，講述他如何認為自己不僅是個壞兒子，而且也是個壞父親：「少年未聞君子大道，自修不力，卒至不順於親，不慈於子，至今悔之不及。」[19]但他的作為就像史達林在十二年後所做的那樣，當時蘇聯領導人拒絕用二戰期間被納粹俘虜的兒子雅科夫（Yakov），來交換納粹戰地元帥保盧斯（Paulus）。[20]儘管他的妻子美齡要求他同意交換，[21]但他拒絕了宋慶齡，他說「他將把這牛蘭夫婦移交民事法庭，他只能這樣做」。[22]

「孫夫人欲釋放蘇俄共黨東方部長，其罪狀已甚彰明，而強余釋放，又以經國交還相誘，余寧使經國不還，或任蘇俄殘殺，而決不願以害國之罪犯以換親子也。絕種亡國，乃數也。余何能希冀倖免！但求法不由我犯，國不由我而賣，以保全我父母之令名，使無忝所生者則幾矣。區區後嗣，豈余所懷耶！」[23]

宋慶齡氣憤不已，就在一九三一年十二月十六日當晚，她與蘇聯軍事情報員佐爾格（Richard Sorge，以化名 Johnson 住在中國，在莫斯科則用 Ramsay 為名）祕密會面。[24]從一九三〇年一月佐爾格抵達上海開始，她就一直與他保持聯繫。在他們會面期間，她「要求一百名優秀共產黨員，把他們派往南京；她想讓他們取得武器，而她自己也想用一輛政府車輛把牛蘭夫婦從監獄中帶出來」。[25]不過這場冒險一事無成。一九三二年八月十九日，牛蘭被判處死刑，但後來改為無期徒刑；他的妻子也被判無期徒刑。然而，緊接著共產國際執行委員會書記皮亞特尼茨基（Josef Aronovich Piatnitsky，化名 Mikhail）命令佐爾格，要求宋慶齡與包括蔡元培和孫科在內的國民黨著名領導人取得聯繫，請求釋放牛蘭夫婦（在皮亞特尼茨基的加密電報中，為保機密之故，他們被稱為「病人」）。[26]佐爾格可能就是這麼做的，但在國民黨的領導者中，沒有人能夠或想要幫助他們。他們要在五年後的一次大赦中才獲釋，一九三九年他們成功地返回了祖國。[27]

因為是被尊為國父的孫逸仙之遺孀，所以蔣介石的姨子也被稱為國母，[28]現在她正從事犯罪活動，與蘇聯紅軍第四（情報）局特工合作，供應軍火給共產黨，還企圖釋放犯了禍國重罪的人。蔣的治國何其難也！

此外，她是在中國最關鍵的時刻這麼做的。蔣介石未能確保他曾希望的和平。中國的反日運動，上升到了一個新的水平，而其中心在上海。在被稱為「小東京」的城內日本人居住區，出現了大大小小的海報（大字報和小字報），寫著「殺死日本人！」以及「打倒日本帝國主義！」上海學生霸占一列火車來到南京，他們攻擊外交部大樓，要求對日採取積極措施。他們抓住了外交部部長王正廷，還差點殺了他。

但蔣介石仍然保持沉著。他在參訪南京中央大學時宣稱：「如果團結起來，這所大學的一千五百名學生就能打敗日本帝國主義。但是，如果不團結，四億人也無法展現強大的陣容。」（直譯）[29]他向家鄉溪口鎮一所學校的學生保證：「〔我們〕將永不投降，也永不與日本簽署不平等條約。」[30]而對最親密的夥伴，他痛苦地說：「革命的責任落到我肩頭。既然我知己知彼，我絕不能不負責任地讓我們的總理（孫逸仙）和我們的烈士、我們的國家和人民失望……我〔現在〕所能做的唯有忍辱負重。」[31]但學生繼續組織示威和抗議罷工，要求與日本開戰。一九三一年十二月中旬，全國各地的七萬多名學生來到南京，攻擊國民黨中執會、黨報《中央日報》印刷廠及其他的政府機構。

以汪精衛為首、在廣州號召反蔣的人，趁勢聲稱蔣介石已把國家賣給了日本「倭寇」，並再次要求他辭職。為了國家和黨的統一，蔣介石被迫與廣州談判。他釋放了長期患有高血壓的胡漢民，懇求他去見汪精衛。[32]一九三一年十月，在胡的調解下，各派代表在孫逸仙之子孫科的家中開會，開始討論如何解決危機。在討論中，胡漢民要求蔣介石立即辭職並永遠離開中國。蔣介石憤慨地拒絕，回返南京。「我在孫逸仙的遺像之前、在人民和國家之前發誓，如果我必須為之而亡，我還是將遵守《約法》。」他斷言道。[33]稍後他在日記中憤怒地寫道：「胡賊之肉，其足食乎。」[34]

但是，非得要找到一個妥協方案不可。一九三一年十一月十二日至二十三日，蔣介石在南京召開國民黨第四次全國代表大會，通過決議，對三屆二中全會以來（即一九二八年二月以來）被開除黨籍的人士，包括汪精衛、馮玉祥、閻錫山、李濟深、李宗仁等將軍，進行恢復黨籍。蔣介石在大會的講話中宣布，黨的統一是解決危急局勢的唯一途徑。之後成立了由戴季陶和軍政部部長何應欽領導的日本問題特別事務委員會。此外，人數為三八一人的代表，決定將九月十八日定為國殤日。

幾乎同時在廣州（十一月至十二月）和上海（十二月初），胡漢民和汪精衛分別召開了各自的國民黨第四次代表大會。就像蔣介石的大會，他們也選舉了黨的中央執行委員會。在這種情況下，為了一勞永逸地團結全黨，蔣介石向對手提議三組中執會在南京召開第一次全體會議，但孫科在十二月十日以反對派之名，要求先決條件是蔣在十二月二十日前辭職。[35]

十二月十五日，蔣介石意識到進一步抵抗也將毫無作用，他再次決定放棄所有職務。[36] 陳立夫回憶道，他「樹敵太多，因而在他的權力達到巔峰時，第二次被迫下野」。[37]

蔣介石和妻子一起回到他的家鄉溪口。十二月底，中央執行委員會第一次全體聯合會議舉行。蔣沒有參加，但他在缺席下被選為國民黨中央執行委員會九名常委之一。全會根據國民黨中央執行委員會的建議，選舉孫逸仙的老同事林森為國民政府主席，孫科為行政院院長。[38]

與此同時，一九三二年一月，上海面臨到一個直接威脅。在沿長江巡航的艦艇上服役的日本海軍軍官，試圖重複其關東軍同志的「功績」，特別是因為對九月十八日的事件一無所知的日本政府，在事後被迫批准關東軍的行動，甚至獎勵那些參與事件的人。關東軍司令也表示贊同，儘管他的軍官在沒有他命令的情況下採取了行動。

就此狀況，在一次國民政府緊急會議上，再次決定要求蔣介石回來領導國家，林森和孫科對他發出了正式邀請。甚至當時正在上海一家醫院的廣州領導人汪精衛也明白，蔣對軍隊擁有權威，沒有蔣介石他們將無法應付局面。日本正威脅要征服整個中國，必須為未來的戰爭預做準備。出院後，汪動身前往杭州，恰好落腳在西湖東岸的澄廬別墅，也就是蔣在婚禮後與美齡度過了幾日蜜月的地方。一九三二年一月十七日，汪再次與蔣介石會面，在討論了眼前局勢之後，他們取得了一個折衷的解決辦法。蔣介石將再次出來領軍，汪將取代孫科出任行政院院長，孫科將出任立法院院長。[39]（譯注：蔣介石於一九三二年三月十八日正式就任國民政府軍事委員會委員長，直至一九四六年五月三十一日裁撤；一九三五年四月一日國民政府主席林森任命蔣介石為特級五星上將。）

一月二十二日傍晚回到南京後，蔣介石立即在家裡會見了他最親密的幾個夥伴，檢討整個情勢。自一九二九年十月以來，他和美齡在一棟特地為他們建造的兩層歐式紅磚新房住下。這所房子緊挨著中央陸軍軍官學校，它是一九二八年三月在前黃埔軍校基礎上建立的（現為黃埔路三號）。[40]蔣很愛這棟房子，稱之為憩廬，但美齡想住在城外。他們在湯山的橫嶺處有一棟離南京十七英里的鄉間別墅，靠近溫泉——一座帶有小小院子的石頭房子，種有玉蘭花，地址是湯山溫泉街三號，但它不得美齡之心。首先，它就在湯山村的中心，鄰近另外兩間小屋；第二，它太小了，一樓只有三個房間，地下室只有兩個石頭浴池。它是由中國四到五世紀偉大的詩人陶淵明的後裔之一，於一九二〇年建造的，因此被命名為陶廬。[41]張靜江從原屋主那裡買來，把它送給蔣氏夫妻作為結婚禮物，但美齡和蔣都很少住在那裡。一九三一年五月，胡漢民被軟禁在相鄰的一間小屋裡，一直停留到七月中旬，之後蔣介石把他轉移到孔祥熙家，如前述，一九三一年十月，因事關日本對東北的侵略，蔣釋放了他。[42]蔣在美齡的勸說下，將要在一九三四年建造一座新的鄉村別墅——一座豪華的三層樓、有柱廊，屋頂是綠色曲線瓦片的黃色石頭宮殿——耗資三十六萬元，他將在三月四日妻子生日那天送給她。此處離孫逸仙的陵寢不遠，在紫金山橫嶺的樹林裡，此屋後來被稱為美齡宮。夫婦二人於一九三六年夏天搬到了那裡。[43]

但那是後事。在一九三二年一月二十七日，蔣介石得知上海地區日本艦隊司令鹽澤幸一少將向上海市市長發出最後通牒，要求他停止抗日抵制行動。日本艦隊不想被陸軍超越，最後通牒的藉口是，前一天晚上，黃浦江支流吳淞江（又稱蘇州河）北岸的工人區閘北，中國流氓毆打了幾名日本僧侶。儘管第二天市長接受了海軍少將的要求，甚至關閉了反日組織，但鹽澤還是決定給中國人一個教訓。他對《紐約時報》的記者說：「我對閘北的情況不滿意。上海閘北區有六十萬激憤的中國人，其中大多數是暴力抗日分子。大約六千名無助的日本平民的家和商店在閘北。」[44]

一九三二年一月二十八日晚上十一點，他下達命令進攻閘北。但和瀋陽不同的是，在上海，登陸的水手們遭遇到強勢的抵抗。這是汪精衛早在一九三〇年底，從廣東調來的第十九路軍部隊。一九三二年一月二十八至二十九日午夜，鹽澤下令空軍轟炸閘北，這是史上第一次對城市住宅區的轟炸。飛機低飛，精準轟炸在恐慌中逃竄的和平居民。經過幾個小時這樣的血腥轟炸，閘北沒有一處建築完好無缺，數千人非死即傷，難民湧入公共租界。[45]但這絲毫沒有讓五十歲的海軍少將鹽澤不安，「他的長相和舉止似乎是一個最善良溫和的男人」。「我看到你們的美國報紙給我起了個『嬰兒殺手』的綽號，」在行動開始四天後，他對《紐約時報》的同一個記者說，「但畢竟，他們也應該給我一些讚揚。我只使用了三十磅重的炸彈，而我本來也可以選擇使用五百磅炸彈的。」[46]

五年後，納粹德國空軍中隊的禿鷹軍團，對格爾尼卡（Guernica）的巴斯克（Basque）城同樣的血腥轟炸，震驚了全世界。多虧了畢卡索的天才，格爾尼卡才會被人們記住。唉，現在國外很少有人還記得對閘北的殘酷轟炸！

為了支援第十九路軍，蔣介石派出了他最好的部隊，第五軍的兩個師，包括由德國人訓練的第一模範師。他在命令中寫道：「十九路軍之榮譽，即為我國民革命軍全體之榮譽……務與我十九路軍團結奮鬥，任何犧牲均所不惜。」[47]

蔣介石了解他的軍隊將無法打敗日本人，於是連帶他的政府迅速撤退至洛陽市（河南省），在那裡他召開了內閣成員和軍方的會議。會中決定依據行政院院長汪精衛的指示：「一面抵抗，一面交涉」，開始與日本以談判來解決上海的局勢，這個方案對雙方都很重要。軟弱的中國如果不進行交涉是不可能抵抗的，但同樣不進行抵抗而交涉也是不可能的，否則中國可能會很快就失去其獨立性。[48]第十九路軍的軍隊抵抗了日軍，向敵人展示了中國的能力，現在是外交官們解決問題的時候了。他們於一九三二年五月完成這項工作，安排日軍退出閘北，不過中國相對地要使整個上海及其周邊地區非軍事化，當然，自由輿論堅決反對。簽署停戰協定的外交官後來遭到學生毒打，隨後住院治療。蔣介石直到一九三二年十二月才回到南京。[49]

一九三二年二月五日，日軍占領了哈爾濱，二月十八日，面積是美國六分之一大的東北被宣布獨立於南京政府之外。三月一日，所謂的滿洲國宣告成立，三月九日，日本宣布幾天後被更名為新京的長春，由清朝最後一個皇帝溥儀——他們把他及其兩個妻子，從他居住的天津帶來——成為這個「國家」的最高統治者。兩年後，即一九三四年三月一日，日本人將滿洲國更名為大滿洲帝國。同一個溥儀，被宣布為「大帝國」的皇帝，年號康德。[50]

日本政府千方百計地以各種方式強調，滿洲國不僅獨立於南京之外，而且也獨立於東京之外，但他們沒有成功地說服世界輿論，對於中國在外交上一再重申滿洲是中國不可分割的一部分，也束手無策。國際聯盟譴責侵略者。[51]但在一九三二年從春天到秋天，史達林實際上承認了中國東北的「獨立」，他開始就中東鐵路的出售和新的滿洲當局（其實就是日本）進行談判。[52]此外，他決定允許在海蘭泡（Blagoveshchensk）設立滿洲國領事館，該領事館於一九三二年落成，批准中東鐵路的管理用滿洲國政府任命的官員來取代中國管理人員，允許日本軍隊搭乘鐵路，並開始向日本提供航空燃料（協定為期五年）。[53]值得注意的是，當時一些日本軍官在蘇聯紅軍見習服役，他們不僅沒有被要求返回祖國，而且合同還延長到一年。蘇聯不贊成國際聯盟關於中日衝突的決議。[54]

與此同時，史達林同意恢復與中國的外交關係，擔心在這個問題上行使「冷處理」，只會將「南京推入日本的懷抱」。他強調：「這個問題，就像我們與美國的關係一樣，直接關乎到日本攻擊蘇聯的問題。如果日本由於我們對中國的過度冷處理和粗魯，而控制了南京，並與南京形成統一戰線，如果美國是中立的，日本對蘇聯的攻擊將會加速並獲得保證。因此，對南京的冷處理……不應該變成粗魯和拒絕，不應該剝奪他們對和解的可能性的希望。」[55]然而，這對蔣介石來說是不夠的。從蘇聯情報部門的資訊來判斷，可以得出的結論是，一九三二年六月初，蔣委員長開始表示不僅對與蘇聯交換大使有興趣，而且同時也想與蘇聯締結互不侵犯條約。他需要以這樣的一個條約，來迫使史達林正式承認滿洲是中國的一部分，因為南京與蘇聯政府有關互不侵犯條約的談判，應該把東北納入為中華民國的領土。[56]六月二十九日，中國駐國際聯盟代表顏惠慶在致蘇聯外交事務委員李維諾夫（Maxim Maximovich Litvinov）的正式信函中，提議締結互不侵犯條約。[57]但正如蘇聯政治局委員莫洛托夫和卡岡諾維奇（Lazar Kaganovich）正確指出的那樣，這項條約可能會阻礙「我們（蘇聯）需要的與滿洲的關係」。[58]

當時史達林並無意締結互不侵犯條約，但他確實在一九三二年十二月十二日恢復了與中國的外交關係。一九三三年四月，蘇聯駐華大使鮑格莫洛夫（Dmitrii Vasilievich Bogomolov）抵達南京。時年四十二歲的他是一位經驗豐富的外交官，曾任駐波蘭大使，一九二九至一九三二年曾在倫敦蘇聯大使館工作。五月二日，他向南京政府主席林森呈遞到任國書。[59]

一九三三年十一月七日，為紀念十月革命的成功，在蘇聯大使館舉行的第一次招待會上，幾乎所有的國民黨要員都到場，包括汪精衛和蔣的連襟孔祥熙在內，共約一百五十人出席。但蔣介石缺席了，可能是有正當的理由，他當時正在湖南省會長沙進行視察。然而，就在同一天，他褒揚了聚集在一起的國民黨省黨部官員：「現在湘省不僅將境內之匪完全肅清，並有餘力助鄰省剿。」[60]不用說，他指的是共產黨員。他因此所表示的是，恢復與蘇聯的關係，並不意味著內戰的結束。

顯然，蔣介石和史達林都在玩兩面手法。南京領導人在尋求與蘇聯結盟以遏制日本的同時，也繼續與中共進行持久戰；而這位莫斯科領導人，雖然同意與中國發展友好關係，但不僅一如既往地幫助中國共產黨，而且也舒緩了與蔣介石的死對頭——滿洲和日本——的關係。[61]在與朋友的通信中，史達林稱蔣介石是小騙子，[62]但他自己也好不到哪裡去。

占領東北和入侵上海，只標誌著日本侵略中國的開始。日本繼續在華北擴張，一九三三年三月，日軍占領了與東北南部接壤的華北的熱河省。與此同時，日本退出國際聯盟。

很難不同意蔣介石的一位傳記作者從國家領導人角度寫的：「需要有超人的力量，才能吞下此一羞辱……當全國人民都在大聲疾呼戰爭的時候。但他（蔣）選擇違背民意，把全部責任都扛在自己肩頭上。」[63]一九三三年五月，蔣介石與日本達成一項新的停戰協定，這次是在華北地區。在離天津不遠的塘沽小鎮，中國代表團簽署了一項羞辱性協定，在中國長城以南建立一個一百公里（六十二英里）的非軍事區。事實上，日本軍隊非常接近北平（十五英里遠）和天津（三十六英里的距離），對包括蔣介石在內的任何人來說，這都不是祕密，儘管說是停戰，但他們的吞併計畫已擴展到了整個華北地區。

無論和日本的停戰協議多麼恥辱，無論在愛國者的輿論眼中，這種休戰多麼嚴重地破壞了蔣的個人權威，但它為南京政府提供了結束共產主義運動不可或缺的喘息空間。一九三三年六月一日，蔣介石在日記中寫道：「昨日停戰協定在塘沽簽字，事實上未有過，而文字實令人難堪，代表之無能，與前方之怯餒，不勝慚惶。然而彼既簽字，則我不能不負責自任。」[64]

但就在第二天，他又把注意力轉向了江西的共產黨，在當地靠著奇蹟，第九師才逃過了慘敗。與此同時，病重的少帥的部隊，像以前一樣被部署在華北，但並未抵抗日軍，成為熱河恥辱性慘敗的替罪羔羊。儘管蔣本人基本上遵循了安撫侵略者的政策，不過一九三三年三月，他仍然把所有責任都推到有毒癮的張學良身上，並要求他辭職。張學良聽從指示，並號召他所有官兵從此由蔣委員長指揮，要「一致支持政府」。[65]他自己則帶著兩個也有毒癮的妻子前往上海，開始了一個新的、密集的對藥物依賴的治療過程，最終被治癒了。

之後，他去了歐洲，在那裡他與澳洲人端納（William Henry Donald）一起旅行了六個月，「一個神奇的、氣色紅潤的、棕色頭髮的澳洲人」，他以前是孫逸仙的朋友，現在則擔任張的顧問。[66]在那裡，他不僅休養，而且還尋找可能的抗日盟國。在義大利，他與被他譽為傑出人物的墨索里尼舉行了會談。[67]這次會面是墨索里尼的女兒艾達（Edda）幫他安排的。艾達是張的情人，他在上海多少施了點魅力迷住了她，而她的丈夫齊亞諾（Ciano di Cortellazzo）伯爵，後來是義大利駐華特命全權公使，之後任外交部部長，當時則擔任總領事。但墨索里尼對軍國主義的日本沒有什麼批評。隨後，張學良前往德國，會見了希特勒和戈林（Hermann Goering），但結果也無濟於事。之後張學良前往法國，與李維諾夫在路上偶遇。他希望現在能得到共產黨的援助，於是要求李維諾夫安排一次蘇聯之行，但遭斷然拒絕。和以前一樣，史達林不想惡化與日本的關係。此外，一九三三年二月，他甚至批准在蘇聯領土上開設另一個滿洲國領事館——在赤塔。而滿洲國已經有五個蘇聯領事館了。[68]一九三三年五月二日，李維諾夫向日本駐蘇聯大使太田為吉轉達一份計畫書，希望重啟關於恢復過去一年中斷的向滿洲國出售中東鐵路的談判。一九三三年六月二十六日，一名蘇聯駐東京代表再次討論了這個問題。[69]

在前一年期間，蔣介石與中國共產黨的鬥爭，似乎開始有了至少部分成功。這次他們打敗了共黨的一個編隊——中國紅軍第四方面軍的一萬六千人，他們在中共創始人之一的張國燾指揮下，在湖北—河南—安徽地區作戰。當時人已在漢口的蔣介石，親自指揮一支六十三萬人的軍隊，他們包圍了鄂豫皖蘇區，但他並沒有完全打垮張國燾。一九三二年八月底，張軍突破封鎖後，率領部隊向西進軍四川北部和陝西南部。蔣介石的部隊在後追擊，但第四方面軍的部隊，穿越了五千多里（即超過一千五百英里），失去了四〇%的兵力（「這是一場驚人的退卻戰」，張國燾回憶道）。[70]在一九三三年初仍然設法鞏固了他們對川陝地區的控制。[71]

此後，蔣介石將精力集中在江西的中央蘇區。此處，他安排軍政部部長何應欽為剿匪總司令，但再次嘗到了失敗的苦澀。和以前一樣，當地共產黨員採用毛澤東的「誘敵深入」戰術。「敵進我退，敵駐我擾，敵疲我打，敵退我追」，正是這套「神奇」的公式拯救了中共。[72]

一九三三年九月底，蔣介石發動了新的第五次圍剿，向中央蘇區的「赤匪」投入了百萬大軍。這一次，他親自率領部隊，將總部轉移到了江西省北部，離九江市不遠的廬山山區的「醜惡洋化」的牯嶺鎮。該鎮「經常被逃離平原炎熱的傳教士所光顧」。這是一個相當大的地方，有討論和集會的空間。[73]從一九三四年起，在離這個小鎮不遠的森林裡，他們有另一個鄉村住所，蔣介石名之為美廬。[74]這座兩層樓高的石頭別墅，四周圍以綠地，建於一九〇三年，是美齡的傳教士朋友在一九二二年購得，並贈送給她的。從別墅的窗戶和二樓陽臺看出去，眼前美景如畫，以一位造訪者的話說，它有「瑞士般的祥和」。[75]但面對此景，蔣介石還是滿腦子陰鬱的念頭；他已來到慈悲女神橋上的房子，必須一勞永逸毫不慈悲地消滅共產黨。眼前是一場艱難的戰爭，他明白毛澤東基本上無法第五次獲勝。

兩位英國記者在此採訪蔣介石——倫敦《泰晤士報》特約記者弗萊明（Peter Fleming）和路透社記者約克（Gerald Yorke）。兩人都駭異於這間斯巴達式設計的「小平房」，而且只有六名手持衝鋒槍的士兵守衛。用弗萊明的話說，蔣介石在一間小房間接待他們：「低調的歐式風格家具。牆上掛著以宗教為內容的廉價複製品。〔『鋼雕的基督和聖母像』，約克補充說。〕[76]家具簡單、乏味、陳舊。中華民國軍隊總司令的家看起來完全不符合他的地位。」蔣介石身著藏青色長袍，在客人眼中看起來極為憔悴。弗萊明回憶道：「他悄悄地走進房間，筆挺站立看著我們。他超過平均身高，而且出人意料的瘦。他的面色黧黑，臉頰骨高而顯眼，有一個突出的，有力的下唇，像哈布斯堡王朝人物。[77]他人很英俊，雙眼……大，而且非常銳利——幾乎帶有侵略性。他的掃視具有銳利逼人的特質，這在中國非常罕見，因為即使不是真正的迴避，中國人的眼睛也大多是消極的，不明朗的。」[78]

弗萊明和約克基本上對兩個問題感到興趣：「他（蔣介石）期望多久能清除紅區，解決中國的共產主義問題？」以及「何時我們能看到中日之間的和解？」蔣介石立即回答說，他將在耶誕節前了結共產黨，亦即一九三三年十二月二十五日，他絕不會在滿洲問題上妥協。然後，他掃視英國人一眼，「這就是那種讓人對某些重大衣著的疏漏不自覺地自責起來的一眼。我們排隊沿著花園小路行進，感覺自己非常渺小」。[79]「他是我見過的最令人印象深刻的中國人」，約克總結道。[80]

蔣介石的德國顧問們為戰役擬定了一個計畫，要沿著紅區邊界總計數千公里的長度，每隔兩到三公里（一．二至一．八英里）的距離上，建造一座碉堡——堅固的石頭堡壘，以此扼殺中華蘇維埃共和國。決定一勞永逸地解決中共，蔣的態度非常謹慎。最重要的是他可以慢慢來。士兵們以每天兩到三里（即一到一．五公里或一英里）的速度緩慢地深入「紅區」，在每條新的戰線上鞏固他們的位置，每天有十二到十六架飛機轟炸紅軍陣地，每月投下大約三千枚炸彈。[81]時間流逝，邊界圍線收緊了。蔣的一位將軍將戰術描述為：「竭澤而漁。」除了軍事措施，蔣介石也不忘採取政治手段。此外，他還特別強調後者——三〇%的力量放在戰事，七〇%的力量放在政治。在收復的領土上，恢復了傳統的農村互助制度（保甲），重建了地方農民民兵（民團）。還提供大筆酬金，作為捕獲共產黨領導人的獎勵。例如以毛澤東的頭來說，有二十五萬元酬金。[82]

但不久又出現了新的難題。一九三三年十一月，第十九路軍的部隊起而反叛蔣介石，他們是蔣介石在與日本簽署停戰協定後，重新部署到福建的前上海捍衛者。十一月二十二日，在福建省會福州，以蔣介石長期對手、國民黨的廣東將軍李濟深為首，所謂的中華共和國人民革命政府宣告成立。第十九路軍的部隊大多是廣東人。新政府的「外交部部長」是國民黨左派的陳友仁，他的祖先也來自廣東。叛亂分子宣布退出國民黨，並成立了新的「生產人民黨」。他們的計畫不僅嚴苛地反蔣介石，而且反日，還反帝國主義。反叛分子領導人宣布，他們支持民主，反對任何形式的獨裁，贊成國家控制經濟和有利於「飢餓農民」的土地再分配。他們不再與中共作戰，而是開始與中共合作，但他們無法堅持太久。[83]一九三四年一月，蔣介石壓下叛亂，然後回頭處理中共問題。

一九三四年二月，為了剿清共產主義，在宋美齡、陳立夫和端納——後者是少帥前顧問，他和少帥連袂遊歐返回後，開始為蔣介石提供服務[84]——等的倡議下，擬定了一個全面的民族文化復興方案，其目的是恢復失去的儒家倫理道德規範。[85]蔣對此表示全力支持，強調滿足人民謀求新生活的精神需求，在一定程度上要仰仗政府，特別是政府的教育體制、經濟政策和保障全民的措施。[86]

一九三四年二月十九日，在蔣委員長總部當時所在地的南昌，蔣介石在一次群眾大會上，宣布發起一場名為「新生活運動」的活動。[87]之後，支持該運動的一波會議和示範席捲了整個國家。在某種程度上，它的發起者在其中貫注了宗教特質，努力灌輸人們的理想意識的，是等量的中國傳統哲學部分與基督教部分。[88]

新生活運動的主要理念，表現在一個普遍的四字口號：禮、義、廉、恥。[89]這句口號是從中國古代偉大的哲學家管子（管仲，西元前七二〇—六四五年）那裡借來的，而蔣介石在一九三四年初，曾仔細地閱讀過。他說道：「新生活運動是以中華民族固有之德性『禮義廉恥』為基準……新生活運動者，即除去不合理之生活，代之以合理之生活……非準備全國國民之軍事化，不足以圖存；而軍事化之前提，即在養成國民生活之整齊、清潔、簡單、樸素、迅速、確實之習性，以求其共同一致之守秩序、重組織、盡責任、尚紀律，而隨時能為國家與民族同仇敵愾，捐軀犧牲，盡忠報國也。」[90]從中央蘇區邊界的江西開始的運動框架，之後迅速擴展到其他省分，以運動的開展，來提升「兄弟情義」、「家庭秩序」、「清潔」和「衛生」。這些運動旨在與「骯髒」的共產黨員不文明的行為來形成對比。[91]城市員警開始密切監視路人，確保他們不在街上吐痰、亂扔垃圾甚至抽菸。[92]

運動還對鴉片交易採取了措施，鴉片是嚴重影響中國社會的禍害。這一點尤其重要，因為儘管鴉片交易長期以來一直被禁止，但人們到處都很容易買到。沒有人曾經真正反對過鴉片買賣，商人只是被課以稅金。「孫中山先生的塑像，俯視著漢口最大的鴉片店。該店的櫥窗上掛著一塊大看板，上面寫著：『鴉片廉售。大量購買者，免費得到政府彩券。』」端納看到後義憤填膺，在一九三四年春天給宋美齡寫了一封信。[93]從此之後，蔣介石才發布法令，開始與鴉片貿易進行真正的戰鬥。然而，並未得到特別成功。端納建議蔣介石和宋美齡對鴉片販子和貪官採取嚴厲措施，包括槍斃他們，但蔣介石無從聽取他的勸告，否則，他將不得不射殺數百萬人。所以，他基本上僅限於宣傳。一九三四年十一月，宋美齡確實在西安開設了一所戒毒中心。[94]新運動的「步兵」是中國童子軍總會同年新組織的成員。加入這個組織的中小學生沿街步行，「確保公共場所是衛生的，行人穿著乾淨、適切的衣服」。[95]

一九二九年一月一日，黃埔軍校的畢業生們，將全國性的運動所積累的經驗付諸實踐，其中兩千人一起加入清教徒式軍官的黃埔校友會，以建立意志（黃埔同學勵志社）。[96]這個組織是以一八七七年日本偕行社的保守官員組織為模式建立的。[97]蔣本人成為該社的名譽社長，對他的絕對忠誠被定義為勵志社的最重要的要求。宋美齡被選為董事會成員。勵志社成員應該成為整個國家的道德榜樣。他們被禁止喝酒、抽菸或賭博。該社的總部最初位於黃埔軍校內、離蔣介石居所憩廬不遠的地方，一九三一年搬到離黃埔路稍遠一點的地方，即位於黃埔路和中山東路交叉口的中山東路三〇七號豪華私人宅邸。蔣介石經常造訪這棟有他自己辦公室的大樓。現在新生活博物館就位於這棟樓裡。蔣介石為這個組織設計了口號：立人立己，革命革心。[98]

當時，除了勵志社之外，中國還有其他一些準軍事組織，參與這些組織意味著對領袖，亦即對蔣介石的堅定支持。他們中的大多數也同樣由軍官學校的畢業生組成。他們全都非常珍視蔣介石在畢業典禮上頒給他們的佩劍，劍上刻著「成功成仁」的字樣。[99]這些組織的成員後來被稱為黃埔系。

其中最大的一個組織，是一九三二年二月由蔣介石直接參與成立的三民主義力行社。[100]其社員超過五十萬人，大多數不超過四十歲，他們不僅發誓要實踐三民主義，而且要復興「中華民族」。深具權謀的是，蔣氏的這支禁衛軍，在忠心耿耿的陳誠、胡宗南等同鄉將軍的指揮下，透過自己的合法組織——藍衣社、[101]革命軍人同志會、革命青年同志會和復興社來運作。他們彼此關係非常密切。[102]此外，還有陳果夫和陳立夫兄弟建立的CC派，他們與力行社的意識形態關係密切，但二者卻有所爭執。

從其政治目的、結構和活動來看，其中有幾個組織類似於墨索里尼的黑衫軍或希特勒的褐衫軍。他們不乏毆打、綁架甚至殺害蔣介石的反對者，這些人員稱蔣為領袖，盡其所能地來煽動對他的個人崇拜。順便說一句，蔣本人也加以鼓勵。[103]他們借用了很多法西斯和納粹的外部屬性，例如他們的雄辯滔滔、他們的火炬遊行和樂隊行進，而擁有一萬四千名成員的藍衣社，甚至公開呼籲蔣介石模仿墨索里尼和希特勒。[104]然而，蔣介石及其組織成員從未試圖以法西斯主義或納粹主義來取代孫文主義，也從未否定過「國民黨的傳統社會與政治哲學」。[105]

這充分顯示蔣介石所推動的新生活運動，儘管承認運動的理念跟強有力的「當代義大利與德國」原則相符合，卻訴諸中國傳統，也就是儒家的道德倫理規範，確切地說，也混雜了一些基督教倫理。[106]他要求在純正中國家族習俗與規範的基礎上強化紀律、法律與秩序，尊敬長者與長官。「我們不應該模仿西方的表面現象，也不應該抄襲帝國主義國家的力量至上論。……我希望建立在民族特色的復興上。」蔣說。[107]宋美齡補充道：「每個國家……都會尋找方法脫離停滯恢復正常……義大利有法西斯主義，德國有納粹主義，蘇聯有第一和第二個五年計畫，美國有新政。」[108]

事實上，蔣介石、張學良和國民黨的許多其他領導人，都饒有興味地關注和羨慕墨索里尼、希特勒如何利用「領袖」（Il Duce）、「元首」（Führer）稱號，促使他們的人民服從於他們自己的獨裁統治之下，又如何喚醒義大利人和德國人，讓他們能抬頭挺胸站立起來。與少帥一起造訪義大利與德國的端納，也對法西斯—納粹的實驗心醉神馳。回到中國後，端納離開張學良，轉而擔任蔣介石的首席顧問，他建議蔣委員長，要他像「領袖」和「元首」各自在自己國家所做的一樣，重振中國民族精神。[109]一九三三年二月，在孔祥熙訪問梵蒂岡期間，墨索里尼的崇拜者教皇庇護十一世（Pius XI），也「建議中國政府，以那位天命男子墨索里尼所引進義大利的法西斯社團制度（corporative system）為基礎，進行國家的重組」。[110]那個時候墨索里尼在中國確實非常有名。上海媒體稱讚他為「一名士兵、演說家、政治家、農民和飛行者」，就連偉大的中國藝術家徐悲鴻也稱他「有遠見」。[111]

這並不足為怪。在一九二〇年代末和三〇年代初，法西斯和納粹的實驗吸引了蔣介石及其同伴們的注意，就像布爾什維克主義在當時所做的那樣。他們從不懷疑衰弱的中國需要極權專政。例如，一九三三年七月二十三日，蔣介石告訴他的軍官，義大利、德國和土耳其正在快速發展，因為他們的統治者提出了「共同的口號」：「勞動！創造！武力！」[112]一九三三年，蔣介石派四名官員到義大利研究法西斯統治制度。[113]

蔣介石想讓分裂的中國強大起來，因此他試圖在他的國家建立一種社會—經濟制度，使中國能夠團結起來。由於中國欠缺單一的經濟市場，而且像以前一樣，存在著各種軍事派系，一再掣肘中央政府，而且尚未發展出中產階級，大部分人口是文盲且極度貧窮，國家不可能在民主和自由原則上統一起來。只有單一的一個政黨，掌握獨裁政權，嚴格集中化且有等級分明的組織結構，才能統一中國。這樣的一個政黨，需要有一位偉大的領導人，他在全國所享有的無限度崇拜，將有助於鞏固社會。從蔣介石的角度來看，必須完全控制公民政治和思想生活的國安機構，亦應服膺於同樣的目標。為了同樣的統一之故，接下來私有財產應置於國家嚴格控制之下並部分國有化，從上而下按照中央計畫發展經濟。「革命的黨和革命的政府，因為革命的需要，隨時可以限制黨員與官吏個人的自由。此原則適用於所有人，無論他們的地位、過去的紀錄或所賦予責任的性質。」（直譯）蔣說。[114]此外，「我相信，除非每個人都對一個人具有絕對的信任，否則我們無法重建國家，也不能完成革命。」（直譯）[115]

這是類似法西斯的觀點嗎？也許吧，但首先，不像墨索里尼和希特勒，正如我們所見，蔣介石在此一計畫上的成就非常小，他甚至不能統一中國。其次，早在墨索里尼和希特勒之前，孫逸仙就呼籲在中國建立一個訓政政權，即公開的一黨專政，將黨和社會都置於自己的個人權力統治之下。同時孫逸仙要求，所有的大型和關鍵性生產都要轉為國家資產，或置於國家控制之下。換句話說，蔣介石試圖做的一切，都是符合孫逸仙的遺訓，而不是墨索里尼和希特勒的教導。

共黨總是試圖指責蔣介石法西斯主義，甚至納粹主義，但結果對他們未必有利。例如，共產國際駐華首席代表埃韋特（Artur Ernst Ewert）於一九三二年十二月初寫信給莫斯科：

> 蔣介石正在國民黨內部組織一個法西斯集團——「藍衣社」……該組織提出了以下國家社會主義口號：
>
> 一、土地改革（平均地權）。[116]
>
> 二、對抗外國侵略者與不平等條約。

三、發展工業（為此目標向外國貸款，其中一部分用於支持法西斯組織）。
四、消除工人和資本家之間的衝突。
五、強化軍隊，並在徵兵制的基礎上進行改組。
六、性別平權，等等。[117]

是的，蔣介石創立了一個多麼可怕的納粹法西斯組織，如果它努力實現這樣的目標的話！性別平權似乎特別「納粹」，不是嗎？

在某種程度上，共產國際代表對傳統主義新生活運動的有悖常理的反應是可以理解的，因為當時蔣介石急遽增加了他的反共宣傳，這讓共黨極端痛恨。「在過去的幾個月裡，」蔣介石在一九三四年告訴全國，「他們（共產黨）吞噬一切的火焰已經比以往更高了……他們經過的村莊都遍地鮮血。他們正在摧毀每一個人，男人和女人，老人和孩子……他們正在做人類無法做的事情。在過去的兩百年裡，沒有人做過這樣的事。當我說到這些事情時，我的心因痛苦而痙攣，當我想到這樣的事情時，我不禁怒髮衝冠。」[108]毫無疑問，共產黨製造了暴亂，他們燒毀了富農的房屋，沒收其財產，甚至殺害了那些他們視為「地主」和「富農」的人。但蔣介石的官兵們也遠非基督教傳教士。他們更像是中世紀宗教法庭的法官，用火和劍摧毀「異教徒」。因此，習慣於暴力的蔣介石，他的心不太可能因痛而痙攣，或是他會怒髮衝冠。特別是因為，如前所述，他是光頭的；他把頭髮都剃光了。

最終，在第五次圍剿過程中，蔣介石開始達到他的目標。正如中共黨員楊松後來回憶的那樣，蔣「在第五次戰役比我們聰明，這是他從所有的舊經驗中學習到的」。[119]中國紅軍大出血，一場又一場的敗仗，最後撤退到中央蘇區深處。到一九三四年夏天，情況危急。「中央蘇區的危險情況……」六月二日，埃韋特向莫斯科彙報了有關問題，「近期內，沒有希望會有對我們有利的根本性改變……我們的損失是巨大的。逃兵在增長中。」[120]史達林向「中國同志」致贈了二十萬盧布[121]（按當時匯率計算約為十五萬元），他所做的也只能到此為止。[122]

一九三四年十月，中央紅軍部隊開始突破封鎖，十一月初進入湖南南部。當時，他們的人數只略高於八萬六千，他們行進的目標並沒有從頭到尾的考慮透徹，他們只想從圍堵大鍋裡逃出來。看來只要穿出封鎖線，一切都會變得清楚了。他們與共產國際執行委員會沒有無線電通訊，跟其他蘇維埃區也沒有任何溝通，沒有人知道那裡發生了什麼事。只有一件事或多或少是清楚的：他們必須向西移動，朝向廣西、湖南和貴州交界的邊境地區移動，並且根據共產黨的情報，邊界地區「沒有敵人的防禦工事」。[123]他們選擇的路線非常精準：穿過客家人口稠密的地區，因為他們當然歡迎紅軍來解放他們。[124]正是由於他們的支持，紅軍在歷經將近兩千里後，於十二月進入貴州省。國民黨軍隊在並行追趕下，不敢冒險攻擊紅軍主力。他們擔心居住遠地遵循自己宗族法的客家人會叛亂，而且客家人也不承認國民黨對本地人的權威。[125]

藉由強迫紅軍向西，蔣介石緩解了華東和東南地區的緊張局勢。此外，為了追擊共軍，他的部隊最終開始讓邊遠地區從屬於南京，在此之前它們只是名義上在中央的控制之下。例如，進入貴州後，蔣介石的軍隊立即更換了該地省政府主席，而親自來到貴州省省會貴陽的蔣介石，則迫使這位前省主席飛往南京，而蔣介石則任命了一位自己的將軍來替代。李宗仁將軍回憶道：「所以共軍西竄，替蔣先生打下了一個貴州。」[126]一九三四年十二月中旬，蔣介石飛抵四川省會成都，同樣替換了該省省主席。這次真的是個錯誤，蔣任命的地方軍閥劉湘將軍，向蔣表示完全效忠，但很快就開始在四川建立自己的組織。

儘管如此，但對蔣介石來說，一九三四年結束得還不算差。大蕭條（the Great Depression）看來已經結束了。經濟增長，外國投資增加。和共產黨內戰的終結似乎就要到來，中共正在向西藏的山腳撤退。而日本雖然控制了滿洲和熱河，但他們基本上遵守上海和華北的休戰，所以中日關係或多或少在正常化。的確，一九三四年，日本成功地突破了對滿洲國的外交封鎖。三月，薩爾瓦多承認了溥儀政府，隨後是多明尼加共和國和梵蒂岡，但這並沒什麼影響。國際聯盟繼續譴責侵略者。

一九三四年九月，蔣介石指派祕書陳布雷一項工作，為他撰寫一篇有關中日關係的文章。他想向日本政府說明，如果不能結束其侵略政策，可能導致整個東亞「邪惡勢力」（即共產黨）的勝利。文章相當尖銳，因此蔣介石沒有以自己的名義發表。蔣介石的祕書徐道鄰被列為作者。它出現在一九三四年十二月，上海《外交評論》雜誌（十一、十二月合刊）上，其標題為〈敵乎？友乎？——中日關係的檢討〉，後來被列印為摺頁冊。[127]日本政府對這篇文章沒有做出回應，但確實避免了新的挑釁行為。其後，該文被收錄在蔣介石的選集中。

西元一九三五年一月一日新年過後，蔣介石飛回家鄉溪口。他總算能休息幾天。

第十二章
與史達林鬥智

一九三五年，局勢再次惡化。儘管三月十九日，蘇聯政治局通過決議「開啟」與中國的關係，聲稱「蘇聯絕對尊重其領土的主權、完整性和不可侵犯性」，但四天後，蘇聯以一億四千萬日元（按當時匯率略多於四千萬美元）的價格，將中東鐵路出售給滿洲國（實際上是賣給日本）。[1]幾乎在同一時間，政治局認為「〔與中國〕締結互不侵犯條約……是得當的」，但對蔣介石來說，這也未免太不足取了。[2]華北地區局勢日益升溫，對日全面開戰的威脅日益明顯。

六月，關東軍進犯河北東部，同時在察哈爾省北部挑撥起一樁武裝事件，並開始滲透到綏遠省。[3]七月四日，財政部部長孔祥熙向鮑格莫洛夫大使通報，南京政府希望締結的不是互不侵犯條約，而是與蘇聯的互助條約。[4]

當蘇聯在考慮這個問題時，蔣介石被迫向日本做出進一步退讓。七月六日，軍政部部長何應欽以他的名義，與侵略者簽訂了新的（祕密）協定，基本上准許建立一個所謂的「冀東防共自治政府」。根據這項協定，包括張學良在內的所有國民黨部隊都撤出了河北。[5]察哈爾北部事件同樣得到羞辱性解決：察哈爾省非軍事化。一九三五年十一月底，在日本人的鼓動下，「冀東防共自治政府」宣布脫離南京獨立。

此時張學良在漢口。一九三三年十二月，少帥遊歐歸來後，蔣介石賦予他一項重要職責，讓他擔任剿除華中共黨匪徒的領導者之一。但對這些新的承擔，他並不樂意，他在歐洲未能取得抗日鬥爭的援手，因而情緒低落。顯然，少帥對中華民族捍衛獨立權利的能力已經幻滅了。一九三四年夏天，端納寫信給《華盛頓郵報》的編輯埃利斯頓（H. B. Elliston）：「少帥認為只有布爾什維克的方法才管用——砍掉大約百萬個人頭。他說，唯一該做的，就是把國家交給一些外國列強，讓他們管理中國二十五年左右。」[6]

然而，張學良心裡並沒有把日本列入治理中國的外國勢力中，他繼續像以前一樣憎恨日本。但蔣介石不允許他與「倭寇」抗爭。相反的，一九三五年夏天，他把東北軍的主力部隊（約十六萬人）從河北、湖北調往西北的甘肅、陝西等省。毛的部隊在完成長征後，正向該兩省挺進。張受命新職「西北剿匪副總司令」（蔣介石自己任總司令），且必須遷往陝西省會西安，當時該處是由一九三〇年十月底，擊潰馮玉祥的楊虎城所掌控。楊將軍曾指揮過六萬人的第十七路軍（又稱西北軍），一九三〇年十月起任陝西省政府主席，但一九三三年六月，根據蔣介石的決定，他把這一職位讓給蔣委員長的前祕書、也是他最信任的下屬之一邵力子。這很難讓楊將軍高興，特別是因為邵的妻子是「一個精力充沛、雄心勃勃的女人」，並且非常腐敗，做些賣官鬻爵的勾當，還開始插手省政府事務。楊將軍向蔣介石抱怨，但無濟於事。[7]然而，邵力子和他的妻子只關心民事部分，而該省的軍事仍然完全在楊的手中，特別是因為從一九三一年開始，他還領導所謂西安綏靖公署。張學良並無意質疑楊虎城的地位，儘管他的部隊比第十七路軍強大得多。少帥和將軍都強力反日，所以他們很快就建立起融洽的關係了。

與此同時，史達林繼續玩弄心機。他不想與中國締結互助條約，因為他不想被捲入中日戰爭中，但他擔心蔣介石在與日本簽訂反共聯盟後，會向日本投降。如果是這樣，中共不僅將面臨徹底毀滅的威脅，而且日本會成為一個真正的威脅，他們將可依靠中國的資源來攻擊蘇聯。從一九三四年開始，史達林定期從國家政治保衛總局（OGPU）外事部和軍事情報局收到日本可能入侵蘇聯的軍事情報。一九三四年夏天，上海的墨西哥法律顧問弗雷斯科（Mauricio Fresco）告訴蘇聯：「根據義大利各界情報，蔣介石收到日本將在一到兩個月內對蘇聯發動戰爭的消息。」[8]墨西哥人的情報並未成真，但蘇聯遠東邊界的緊張局勢也沒有緩和。蔣介石繼續玩弄心機，像以前一樣，試圖挑起蘇聯與日本的衝突。他越來越相信，中國的命運在決定性的程度上，將取決於即將來臨的第二次世界大戰的結果，而以他之見，第二次世界大戰將始於日本和蘇聯之間的衝突。[9]同時，他非常清楚史達林和他一樣，在未來的世界大戰中都需要一個中蘇聯盟。

因此，史達林不得不面對許多狀況，而儘管他一直試圖透過他的大使，向蔣介石灌輸「蘇聯和中國之間的協定對中國比對蘇聯更有利」的想法，[10]但他也明白自己並沒有掌握所有的王牌；蔣介石倒是掌握了不少。問題是誰會使用它們，以及何時迫使他的夥伴作出讓步。

在得知孔祥熙的提議一段時間後，史達林以自己獨特的方式回覆了蔣介石。一九三五年七月二十五日至八月二十日，在共產國際第七次代表大會上，世界共產主義運動政策發生了正式的改變。由於擔心德國和日本進犯蘇聯，史達林命令外國共產黨員放棄推翻他們統治階級的鬥爭，轉而與他們組織新的統一戰線：在西方反法西斯，在東方抗日。當然，史達林並沒有回應孔祥熙的訴求，與中國建立新統一戰線的念頭還沒出現在他腦海中。第七屆代表大會的決定是在稍早之前的一九三四年年中開始準備的，但它們準確地反映了克里姆林宮領導人對蔣介石的兩手政策。[11]儘管兩國邦交正常化，莫斯科和南京之間正在就各種條約（互不侵犯、互助）繼續進行談判，但史達林主導的第七次代表大會明確表明，共產國際和中共打算與任何有意的人在中國建立統一戰線，唯獨排除蔣介石或國民黨的其他領導人。

一九三五年十月一日，共產國際在巴黎出刊的中文《救國報》，以中國蘇維埃和中共中央的名義，發表《為抗日救國告全體同胞書》，呼籲全體中國人民停止內亂，團結起來，共同對抗日本。這份日期為一九三五年八月一日的文件，由中國共產黨和共產國際代表王明（本名陳紹禹）於七月起草。後者是一位雄心勃勃的三十歲年輕人，自一九三一年以來擔任中共中央政治局委員。九月二十四日經共產國際中央執委會書記批准。蔣介石、汪精衛、張學良以及其他幾名「賣國賊」被排除在「同胞」名單之外。在這份呼籲中，他們被貼上了「敗類」、「人面獸心」的標籤。[12]

當然，蔣介石對此文不滿。很明顯的，史達林像一隻貓，把他當老鼠一樣的戲耍，先是給他在抗日鬥爭中尋求援助的希望，然後威脅著兩國關係的惡化和內戰的持續。就在這時的十月四日，日本政府向中國駐日本大使，提交了一份包含穩定東亞局勢「三原則」的文件，這是由日本外務大臣廣田弘毅制定的。他們要求蔣介石首先要停止在中國的反日宣傳，並停止依賴歐美；第二，要承認滿洲國的獨立；第三，要與日本帝國軍隊結盟，以消弭中國西北地區的共產黨。[13]

從理論上來說，蔣介石並不反對在反共鬥爭中得到日本的協助，但他並不打算放棄獨立性。儘管在一九三五年秋天，美英兩國政府都開始逼迫他做一個「現實主義者」，並承認滿洲國，但他還是堅持此一立場。[14]對於蔣如此的一個堅定的愛國者和革命者，這樣的一步，自然是不能接受的。相反的，他再次決定弄清楚蘇聯的立場。十月十九日，他派孔祥熙去見鮑格莫洛夫大使，孔「祕密」地通知蘇聯大使，當晚蔣委員長將到他家看望他（孔），如果大使願意，也可以前來。當然，鮑格莫洛夫不會放過這樣的機會，當晚私下會見了蔣介石。蔣介石直截了當地提議與蘇聯締結一項祕密軍事協定。順便一提，他暗示日本正在向他提出反布爾什維克主義的軍事聯盟，但他並無意於此。[15]

一切都很清楚了，但史達林並不急於回答。同樣蔣介石也願意等待，特別是剛好那時，國民黨內部的問題又爆發了。一九三五年十一月一日，汪精衛遭到暗殺未遂。依前述，透過與蔣介石的協定，汪精衛自一九三二年一月起擔任行政院院長。

在過去的三年半裡，國民黨兩位雄心勃勃的領導人之間，爆發過種種衝突。第一次發生在一九三二年八月，當滿洲國成立後，一直心灰意冷的汪終於爆發了，要求張學良下臺。他給張發了一封歇斯底里的信，指責他丟失了東北，又不願保衛熱河。當時，蔣介石不想疏遠少帥。於是汪在內閣其他部長的支持下，公開辭職了。他是有權生氣的，因為張違反了政府指令的那句口號：「一面抵抗，一面交涉」，而蔣沒有懲罰他。汪明顯的「丟了臉」。[16]蔣的舅子宋子文成為行政院代理院長。汪前往上海，隨後因擔心蔣介石的「藍衣社」企圖暗殺，於十月到了法國。要等到一年以後，熱河恥辱性的敗仗後，兩人的衝突才結束。一九三三年春，張學良應蔣介石本人的要求，終於下臺。在此之後，汪精衛才回到中國，這次不僅領導行政院，還擔任外交部部長一職。[17]再次在蔣介石的全力支持下，他對日本採取同樣的策略：「一面抵抗，一面交涉」，但從秋天起，他開始強調第二個面向。然而，蔣介石也這樣做了。他們兩人都得出結論，首先他們必須消滅共產黨，之後再來積極對付日本。因此，他也和蔣一樣，開始召喚愛國民眾對中共的仇恨，而民眾則指責蔣和汪都走上了安撫「倭寇」的道路。

當時的蔣－汪聯盟似乎「空前的牢固」，[18]但實情則非如此。為了想在公眾眼中粉飾蔣委員長，他最親密的夥伴（特別是陳果夫、陳立夫和其他CC派的成員，以及以宋子文和孔祥熙為首的親西方派系）開始散布謠言，指汪在國民黨領導一個「親日」派系。這可能是在蔣介石的指示下，或者得到他的批准，以便將姑息政策的責任轉移到汪一個人身上。實際上，蔣介石比汪精衛更支持這一政策。[19]

那就是何以汪成為圖謀刺殺的目標。此一企圖發生在國民黨中執會的建築內，恰在四屆六中全會開幕前的照相時間。有一百多中執會委員列隊集合在攝影師前，當時有個「攝影記者」大喊「打倒賣國賊」，並對汪開了四槍。汪的臉頰、左臂及脊椎受傷，但第四槍沒打中。汪被送醫住院，恐怖分子也被汪的護衛打傷並被逮捕。在蔣的要求下，特務機關頭子戴笠（在中國被稱為中國的希姆萊〔Himmler〕）親自審問恐怖分子，得知他是名為孫鳳鳴的一個軍官，畢業於黃埔軍校，在日本攻擊上海時，是第十九路軍的連隊指揮官。[20]為了刺殺他視為主要的「人民公敵」蔣介石，他擠在記者群中混進議場。但令他失望的是，蔣並未參加照相集會（陳立夫說蔣當時身體不適，另有人說蔣在廁所），[21]因此孫鳳鳴槍擊了汪精衛。第二天恐怖分子被處決，他的妻子及姨子和其他應也涉入陰謀的好幾十人也被槍決了。

蔣極為激動。[22]最主要是因為這一事件讓他蒙上了陰影。當然，汪和他的妻子會有一些疑問，為什麼蔣在拍照時未現身？何以恐怖分子能獲准進入國民黨中執會？他不是奉蔣介石自己的特勤組織的命令行事嗎？畢竟，他是黃埔畢業生！當然，蔣介石盡了一切可能說服汪和他的妻子相信自己的清白，他們應該會接受他的解釋，但仍然存在著一絲懷疑。

在汪精衛缺席的情況下，一九三五年十一月十二日的孫總理六十九歲冥誕，蔣介石召開了國民黨第五次全國代表大會。此一論壇持續了十一天，直到十一月二十二日，才真正成為團結的大會，連閻錫山將軍都來南京參加。除四百零五名有表決權的代表外，中央執行委員會和中央監察委員會有一百零三名委員加入，還有由中執會及國民政府邀請的約一百五十名來賓也出席了會議，他們代表五十二萬名黨員。

當然，主要問題是制定對日政策。十一月十九日，蔣介石本人就此發表了一份報告，提出了以下原則：「和平未至絕望時期，決不放棄和平；犧牲未至最後關頭，決不輕言犧牲。」[23] 換句話說，他讓大家知道，目前他並沒有放棄安撫日本侵略者的政策，但他並無意向他們投降。這一聲明是他對「廣田三原則」的回應。

在新一代的中執會選舉中，蔣介石獲得的選票最多，汪精衛排在第二位，第三位是自一九三五年六月以來一直在國外的胡漢民。不過在與蔣介石協議下，蔣的老對手、年高德邵的胡被選為中執會常務委員會主席。面對日軍暗地裡的侵略，蔣介石不得不把國民黨的所有領導人團結在身邊。蔣介石的宿敵汪精衛獲得控制政府的中執會政治委員會主席的關鍵職位，實非偶然。蔣本人也成為中執會中常會和政治委員會的唯一副主席。[24] 他公開表達希望可敬的胡早日回到祖國的願望。在他的指示下，財政部部長孔祥熙甚至寄給胡漢民四萬元的旅費，因此胡漢民於十二月底離開法國里昂回國。但抵達廣州後，他堅決拒絕再進一步去南京，因為他不想與蔣介石合作。對此，蔣介石在日記中寫道：「聞漢民詆中央政治，表示不來南京，人以為憂，我無所謂，或以為慰乎。」[25]

當然，他並不認為胡漢民不在南京是一件不幸的事，儘管他寧願敵人近在身邊，以便更容易地加以控制。[26] 胡漢民從未到達南京，讓中執會常務委員會主席一職空在那兒，因為在一九三六年五月九日傍晚七時，他嚴重中風，三天後，這位著名的孫逸仙戰友去世，享年五十七歲。[27]

不久之前的一九三六年春，在醫院住了半年之後，汪精衛和妻子再次離開，到歐洲去療養。醫生們一直無法從他的脊椎中取出子彈，他的身體和情緒都備受折磨。[28]

因此，蔣介石的對手們都未能填補國民黨中的最高職位。我們不清楚蔣介石是否涉入了胡漢民的死和對汪精衛的謀刺，或者他只是非常幸運；蔣介石的傳記作者都不認為他有罪，儘管他們沒有證據。[29] 但毫無疑問，他是淘汰對手的大贏家。即使在形式上，現在他也是大權在握，因為他是中執會常務委員會和政治委員會唯一的副主席。一九三五年十二月第五次代表大會後，他第二次擔任行政院院長，取代汪精衛和孔祥熙。[30]蔣介石任命張羣為外交部部長，來代替受傷的汪。張是他的密友、保定軍校以及日本振武學校的同學。

當蔣介石忙於全國代表大會的時候，蘇聯終於傳來好消息了。十一月十九日，負責遠東事務的副外交人民委員會斯托莫尼亞科夫（Boris Spiridonovich Stomoniakov）通知鮑格莫洛夫，蘇聯已同意出售武器給蔣。一個月後的十二月十四日，史達林甚至透過斯托莫尼亞科夫和鮑格莫洛夫，暗示蔣介石他準備與之討論一項祕密軍事同盟，但明確指出，這取決於國民黨與中共的關係：「如果沒有落實蔣介石的軍隊與中國紅軍部隊的統一軍事戰線，就不可能進行一場反日侵略的嚴肅鬥爭」。[31]

誰會這麼說呢？是依照史達林政策的中國共產黨自己，他們不希望與蔣介石統一戰線。儘管他們公開表示反蔣立場，但史達林很可能試圖迫使蔣介石先與他們進行談判。換句話說，他希望蔣介石向他和中共投降。

如前述，國民黨左派、一九三三年曾任福建人民革命政府外交部部長的陳友仁之子陳丕士，擔任共產國際執行委員會的祕密情報員，根據莫斯科的決定，利用陳丕士的家族關係，會見了國民黨的一些黨國大老：監察院院長于右任、馮玉祥、孫科、孔祥熙、宋子文，以及立法院副院長葉楚傖，讓他們了解共產國際統一戰線政策。于右任、孫科、馮玉祥將這些會見知會蔣介石，他乃決定成立一個「小組」來研究這個問題。[32]

蔣介石早就明白，他不僅要與蘇聯繼續會談，也要與中共進行會談，儘管他無意讓步：他想迫使瀕於徹底失敗的共產黨投降。早在一九三五年十一月，他已為中共架起了一座溝通橋梁，祕密指派陳立夫「同時執行與中國共產黨和蘇聯的交涉」。[33]透過中間人，陳得以與中共上海和北平地下組織的一些工作人員建立聯繫，他的手下著手與他們談判。同時之間，應宋子文的請求，宋慶齡與上海共產黨進行了接觸。[34]

這時，史達林想要蔣本人投降的機會驟然升高。一九三五年十二月，一波反日學生抗議浪潮席捲全國。它發動於十二月九日的北平，並迅速蔓延到中國幾乎所有的大城。各地的學生要求蔣介石組織抗日，中國知識分子的各種愛國組織迅速湧出。[35] 蔣介石處境艱難，而史達林希望他因此能更從其意。

但這位中國領導人繼續玩他自己的遊戲。一九三五年十二月十九日，他再次會見鮑格莫洛夫，尋求在中國共產黨問題上取得折衷。他向莫斯科轉達了一個要求，利用一九二三年一月二十六日孫逸仙和越飛聯合宣言中制定的原則，作為中蘇關係的基礎。如前述，該宣言只是平鋪直敘地宣稱「共產組織甚至蘇維埃制度，事實上均不能引用於中國，因中國並無可使此項共產主義或蘇維埃制度成功之情形存在之故」。[36] 這是聰明的一步，但史達林沒有回應這一要求。

然後在十二月二十五日耶誕節，蔣介石派陳立夫和國民黨中執會組織部副部長張沖，身懷祕密任務到蘇聯，但最後沒有結果：陳和張中途折返，因為史達林不想與他們見面。[37]

但是蔣仍不放棄。新年過後，他派另一位信任的人鄧文儀去跟王明見面。鄧是復興社的組織者，而王則是中共駐共產國際的代表團的領導人。鄧和王還有另一層關係，他們跟蔣介石的兒子蔣經國都是一九二五至一九二七年間莫斯科中山大學的同學。鄧的假名是Zatsepin，王的假名是Ivan Andreevich Golubev。[38]

時任中國駐莫斯科大使館武官的鄧文儀與王明，在一月十七日至二十三日進行了三次會晤。他毫不掩飾他是蔣介石派來的，蔣介石「真誠地」且「長期以來一直希望與紅軍舉行會談」。用他的話說，蔣介石可以接受任何形式的統一戰線：要麼中共可以再次進入國民黨，要麼它能夠繼續獨立存在。蔣委員長甚至答應提供中共彈藥、武器和口糧，但他要求解散蘇維埃政府，將紅軍改組為國民革命軍。對此，鄧指出，蔣介石想派他（鄧）到四川或陝西會見中共領導人，但他擔心「因為紅軍方面還沒有事先達成協議」。

中華蘇維埃共和國外交部副部長潘漢年也加入了會談。會議決定，鄧帶著潘「前往南京與蔣介石會談」，然後從南京前往蘇區，與毛澤東和其他中共領導人討論「抗日救國的具體措施」。一月二十三日，潘漢年致信蔣介石，保證鄧文儀在蘇區境內的人身安全。[39] 在此之前的一天，蔣介石在鄧文儀報告談判成功後，對鮑格莫洛夫說，他「認為有可能與中國共產黨達成協定」，但要求蘇聯「利用其權力，說服紅軍承認實際的政府（南京）」。但鮑格莫洛夫與史達林（透過斯托莫尼亞科夫）先後讓蔣知道，蘇聯「無法承擔或執行」他和中共之間的調解，[40] 再次把主動權推給他。

這時，中共已極度弱化。儘管如此，它並沒有被打垮。一九三五年十月底，中國共產黨結束了長征。十月二十二日，在陝北吳起鎮的小村莊，毛澤東宣布長征結束。總的來說，中共已經從東南到西北行進了一萬二千里（約五千英里）。[41]（不過毛澤東宣布他們走了二萬五千里，即一萬英里，這聽起來更神勇）。在一九三四年十月突破圍剿的八萬六千名官兵中，只有不到五千人來到這個村莊，然而，我們卻不能說中共已土崩瓦解。

中共開始落腳在陝甘寧邊區的一個新的蘇維埃地區。由於他們與共產國際仍然沒有無線電聯繫，所以他們對抗日統一戰線政策一無所知。一九三六年二月，他們的軍隊入侵山西省，在那裡，他們再次像在中央蘇區所做的那樣，開始搶劫和殺害所有他們認為屬於剝削者的人。否則，他們不可能倖存下來。而他們來到的陝北則是中國最貧困的地區。此外，在毛澤東軍隊到來之前的一九二八至一九三三年間，這裡已有五十多萬人死於飢餓。許多村莊裡所有十歲以下的兒童，都無倖存者。陝北幾乎杳無人煙，存活下來的人日子也是非常悲慘。[42]中共無法從他們那兒榨取任何東西了。陝西省隔壁的山西省則是另一回事，他們在那裡可以取得物資。

當然，蔣介石必須回應共產黨的土匪行為。在不中斷與莫斯科和中共的談判的情況下，他動員了所有部隊，包圍並摧毀毛澤東在山西的部隊。[43]中共被迫返回鄰近的陝西。

同時，蔣在一九三六年二月九日知悉《列寧格勒真理報》刊載一封他的長子經國寫給母親的信。就像一九二七年四一二事件後的信一樣，這封信也用了最惡毒的字眼譴責父親。信中說：

> 您以前的丈夫以極端野蠻的手段屠殺了數萬、數十萬的兄弟同胞，前後連續三次叛變，前後連續三次出賣中國人民的利益。……蔣介石在宣傳孔子的孝悌和禮義廉恥的學說，……母親，您還記得嗎？是誰毆打您，抓住您的頭髮，將您從二樓拖到樓下？那不是他——蔣介石嗎？您向誰跪下，請求不要把您趕離家門？那不是他——蔣介石嗎？是誰打我的祖母，使祖母因此致死？那不是他——蔣介石嗎？……每一個有人格的中國人都應該和蔣介石作無情的鬥爭。[44]

二月十四日，蔣介石在日記中寫道：「得經兒在莫斯科（實為列寧格勒）報上致其母函詆毀其父之消息，疑信未定，而中心為之一慰。」[45]

蔣想的沒錯：這信真的是假造的。中共駐共產國際代表團團長王明，在一九三五年十一月二十三日撰寫了這封信。[46]據經國說，當他得知此信刊載後，就真的生了一場病，還住院十三天。[47]

這時，如前述，經國以俄國名字Nikolai Vladimirovich Elizarov，從一九二五年十一月開始在莫斯科中山大學就讀，現在則住在烏拉山區的斯維爾德洛夫斯克（Sverdlovsk），那是他從列寧國際學校研究所畢業後，在一九三二年十一月被調到此地，並擔任烏拉機械車間副主管。一九三三年或一九三四年，他在那裡認識了一個蘇聯共產主義青年團的金髮孤女芬娜（Faina Ipatievna Vakhreva），她比他小七歲。

她一九一六年五月十五日出生在離雅羅斯拉夫爾不遠的加夫里洛夫—亞姆（Gavrilov-Yam），她的父母費德羅維奇（Ipatii Federovich）和彼得羅夫娜（Ekaterina Petrovna），以及比她大十七歲的姊姊安娜（Anna），在商人洛卡洛夫（A. A. Lokalov）的亞麻紡紗廠工作。據各種消息來源，費德羅維奇的國籍是白俄羅斯，從奧爾沙（Orsha）搬到了那裡。在白俄羅斯，他的名字是瓦赫拉瓦（Vakhrava），但搬到俄羅斯中部（先是弗拉基米爾省，然後到雅羅斯拉夫爾省）後，他把名字改成像俄國人。她的母親在一九二二年芬娜只有六歲時去世，她的父親在一九三一年去世。芬娜是由安娜撫養長大的，安娜是她的「姊姊媽媽」。[48] 她的家裡還有一個尚處哺乳期的孩子，一個弟弟，但他在芬娜的母親去世後不久也去世了。在她父親去世的同一年，安娜被送到斯維爾德洛夫斯克市的機器製造所學習，十五歲的芬娜和她一起去了。芬娜最初在一所技術學校學習，兩年後開始在烏拉爾機器廠做車床操作員。據經國說，他對她是一見鍾情。一九三五年三月十五日，在他已經擔任了半年的工廠報紙《重工業日報》的副主編時，他們結婚了。這對年輕夫婦住進紅黨街四號的十九號公寓，離工廠只有兩步之遙。一九三五年十二月十四日，他們的第一個孩子出生了，經國給孩子取名為愛倫，芬娜給了他當時流行的名字艾瑞克（Eric）。他是早產兒，體重只稍高於三．三磅，但芬娜和經國仔細照顧他。因此，蔣介石有了他的第一個孫子，只是他一無所知。當然，在那種時候。

一九三六年十二月七日，經國從候補黨員晉陞為正式黨員，一九三七年初被任命為斯維爾德洛夫斯克蘇維埃組織部副部長。[49]他被視為一個好人，在提到他時強調：「在政治生活中最積極地參與……作為一個堅強的黨員極為突出，一個布爾什維克，在他所做的一切工作中，積極維護我們黨的總路線。」[50]

當然，王明並非自行刊登經國給母親的一封假信。他必定得到了最高當局的許可，亦即史達林的許可，因為從一九二五年起，這位領導人個人控制了所有關乎中國關係的事項。顯然，史達林再次想在並不急於投降的蔣介石面前揮舞他的王牌。但結果正好相反。蔣介石顯然沒有被嚇著，並繼續追擊中共。

此時，毛澤東和中共的其他領導人，已獲悉了共產國際第七次代表大會的基本決議。他們與莫斯科仍然沒有無線電聯繫，但一九三五年十一月中旬，中共駐共產國際代表、老黨員林育英（化名張浩）作為信差，抵達陝北蘇區首府瓦窯堡，並帶來了訊息。這些帶來的共產國際文件中，包括「八一宣言」。中共領導人花了幾天時間討論這些文件，當然，他們只能批准，因為與以前一樣，他們必須受到共產國際的約束，而且，一如既往地，他們必須依賴莫斯科提供財政和軍事支援。

一九三五年十一月二十五日，中共中央發出向全國人民的宣言，提出「願意抗日的所有政治派別、武裝隊伍、社會團體、個人類別，立刻討論抵抗日本侵略的聯合作戰條件與方法。」[51]第二天，毛澤東首度向布防陝西的一位東北軍將領提出停戰、共同抗日。[52]本質上，這是對東北軍領導人張學良的善意表示。宣言的發表就是針對張學良而來的。一個月後的十二月二十五日，中共中央政治局通過了〈關於目前政治形勢與黨的任務決議〉，指出共產黨的方向就是要建立「最廣泛的反日民族統一戰線」，這是與共產國際的決定一致的，不僅要反對日本帝國主義，而且要反對另一個「主要敵人」——「賣國賊頭子蔣介石」。[53]

一九三五年十二月，中國共產黨與楊虎城將軍建立了聯繫，楊虎城將軍原則上同意抗日統一戰線的構想，一九三六年初，他們又派人聯絡張學良。聯絡員是兩個月前他們俘虜的東北軍某團的指揮官，他已受到共產黨對他的宣傳洗腦。他向張學良元帥轉達了中共中央的提議，把紅軍和東北軍之間的內戰，轉變為抗日戰爭。根據張學良後來的自白，共產黨「感動了他」，這並不足為怪。我們知道他對日本人會有怎麼樣的感覺。當時，他已設法與上海的幾名共產黨員建立了聯繫，試圖探討在抗日鬥爭中與中共聯合行動的可能性。不久，中共中央聯絡局局長（這是中共情報局的名稱）李克農，在陝北洛川會見了張學良。他們開始祕密談判，其中張學良只對一項中共的建議不同意：不僅聯合抗日，而且也要反蔣。[54]

在這些談判進行的同時，二月二十七日，中共上海組織的兩名成員抵達瓦窯堡，帶來一份陳立夫向中共領導人提出的建議，陳立夫可能是按照蔣的命令行事，要求開始直接協商。[55]由於無法諮詢莫斯科的意見，一九三六年三月下旬，毛澤東和他的戰友們，在新一屆中央政治局會議上，決定以自己所認為的，不去妨礙南京，而是提出了一項條件：建立一個國防政府和一個聯合抗日部隊。[56]三月二十一日，孔祥熙「祕密」地告訴蘇聯大使，蔣介石「已經與共產黨就統一戰線問題舉行會談」，「他個人希望能夠成功」。[57]

這真的沒有什麼意義。蔣介石沒有採取進一步措施與中共建立統一戰線，中共領導人也同樣沒有採取任何具體行動。但是共產黨加緊了與張學良的談判。四月九日，周恩來在陝北延安市的一所天主教堂，會見了少帥。會談在友好的氣氛中進行，但張繼續堅持共產黨改變與蔣介石的關係。周不直接回答，張隨後提出了一個折衷方案：不要以「反蔣抗日」為口號，而是要呼籲中國人民「逼蔣抗日」。

到一九三六年仲夏，周和張又見了兩次面，周終於同意（然而沒有徵求毛澤東和其他中共領導人的意見）改變黨的口號。之後，周和張都流下了喜悅的淚水，張很快從自己的個人資金中送給共產黨一大筆錢。[58]

但這同樣也毫無意義。中共頑固地繼續其反蔣路線，利用一切機會削弱蔣介石。因此，在六月十二日和十三日，他們發表了兩份支援西南軍閥陳濟棠、李宗仁和白崇禧的聲明，他們三人在一週前再次反對蔣介石，宣布「北上抗日運動」。[59]共產黨稱這場運動為一場全國革命戰爭，「反對賣國賊頭子蔣介石」。[60]

史達林與共產國際對中共領導人在蔣與西南軍閥衝突中的行為表達不滿，但這是在相當晚的時候（一九三六年八月十五日），並且是祕密地表達，[61]以致蔣介石對此一無所知。但是，共產黨的「背信棄義」行為，不可避免地影響了蔣委員長對中共與蘇聯二者的談判態度，這些談判都沒有取得真正的成果。此外，一九三六年三月十二日，蘇聯和蒙古人民共和國（外蒙古）簽署了互助條約，規定在發生戰爭時相互支持，從而嚴重損害了和中國的關係。[62]如前述，中國認為蒙古是中國的一部分，所以蔣自然認為這項條約是不友好行為。四月七日和十一日，他的外交部向蘇聯發送兩次正式抗議。[63]

甚至中國和蘇聯間的經貿關係也發展乏力。一九三五年，中蘇間的商品交易額不超過九百五十萬美元，而當時中國與主要的貿易夥伴美國為二．四七億美元，日本為一．八二億美元，英國為一・二五億美元，跟納粹德國也接近一・二億美元。[64]

蘇聯並未履行其運送武器的承諾，德國仍然是向中國提供軍火的主要供應國。一九三六年二月，中國與納粹簽署了一億元非常優惠的信貸協定，德國同意中國向他們購買武器，交換條件是供給德意志帝國原物料，最主要是鎢。一九三六年六月下旬，蔣介石派出龐大的運動員代表團參加柏林奧林匹克運動會，陪同他們的有二十九名官員，由考試院院長戴季陶親自率領。儘管中國運動員沒有贏得任何一個項目，連一枚獎牌都沒得到，但蔣介石可以認為此行是成功的。這是「〔中國〕得到國際承認的新水平」。[65]戴季陶見到了希特勒和帝國銀行行長沙赫特（Hjalmar Schacht）、希特勒青年團負責人席拉赫（Baldur von Schirach），以及德國科學、教育與民族文化部部長魯斯特（Bernhard Rust）。這些會見和談話給了戴季陶非常深刻的印象，他在中國運動員面前發表演講，建議他們自己培養德國人民的「偉大精神」。（在該屆奧運會，德國在非官方統計的獎牌榜上名列第一。）[66]

一九三六年七月，由於對發展雙邊關係的貢獻，納粹甚至授予蔣介石榮譽佩劍，頒發孔祥熙紅十字勛章。蔣介石的新首席軍事顧問法肯豪森（Alexander von Falkenhausen）於一九三五年三月接替塞克特，就像塞克特一樣，法肯豪森盡了一切可能，盡快為蔣介石的軍隊訓練幾個模範師。蔣介石是在一九三四年夏天認識他的，那時他擔任塞克特的參謀長，蔣對於這位「有修養、有同理心、愛音樂」的人的尊重，[67]不亞於因病離任的塞克特。[68]

一九三六年夏天，納粹德國的中國首席說客之一賴歇瑙（Walter von Reichenau）將軍，甚至提議蔣介石簽署德—中反共產國際協定，承諾大幅增加軍事援助。[69]賴歇瑙兩年後占領捷克斯洛伐克，一九四〇年占領巴黎，一九四一年占領基輔和哈爾科夫，將承擔在惡名昭彰的巴比谷（Babi

Yar）大規模處決基輔猶太人的主要責任。一九三六年七月，納粹甚至與蔣介石簽署了價值一億德國馬克（以當時的匯率超過四千萬美元）的易貨協議，然後又簽署了新的武器供應買賣協定。就在一九三四年八月至一九三七年十月期間，共締結了好幾項此類協定，總金額為三．八九億德國馬克（約合一．五七億美元）。[70]

雖然蔣介石沒有與納粹結成政治聯盟，但他與希特勒的友好關係，在與史達林和中共的博弈中非常有用。他不僅可以用來像與日本締結假想聯盟那樣來嚇唬史達林，而且依靠德國人的支援，他可以透過繼續對中共開戰，來敲詐克里姆林宮首腦。由此可見，蔣介石伎倆之幽微，不亞於史達林的心機。

因此，毫不足為怪的，一九三六年六月，毛澤東在山西的部隊潰敗後，蔣介石對陝甘寧邊區發動了新一波的攻勢。奉蔣之命，國民黨第八十六師師長高雙成突襲共產黨，占領了他們的首都瓦窯堡。中共不得不逃往在瓦窯堡以西近三百里的保安。[71]

當然，這在戰略意義上沒有任何改變。中國紅軍穩步成長，已擁有二萬五千多名戰士，而陝甘寧邊區人口約五十萬。中共繼續成功地玩弄張學良，甚至提議張擔任他們計畫建立的西北國防政府主席。此外，他們開始考慮祕密地接納他加入共產黨。張本人表達了成為共產黨員的願望。[72]

如果在一九三六年六月底，共產國際的廣播電臺沒能成功地與他們建立無線電聯繫，他們很可能就會接受張入黨。八月十五日，共產國際執行委員會書記處向中共領導轉達了史達林的最新指示，這是共產國際總書記季米特洛夫在七月底與克里姆林宮領導人談話時收到的。這些指示是基於共產國際執行委員會書記處給中共中央委員會書記處的電報，該電報的案文由共產國際執行委員會於七月最後一週起草，八月十三日得到史達林的批准。最有可能的是，中共在八月十七日之前並沒有收到。[73]這封電報清楚地顯示，史達林開始擔心蔣委員長和納粹之間日益密切的關係。蔣介石顯然不願意在統一戰線問題上向蘇聯和中共做出任何讓步，這也增加了他的不安。

史達林斷然禁止允許「不可靠盟友」的張學良加入共產黨，要求毛澤東與中共的其他領導人擴大統一戰線的規模，改變中共對蔣介石的負面態度。可以理解地，他完全沒有提到他自己早先要求中共執行兩條戰線的鬥爭（既抗日，又反蔣）。電報簡單地說道：「把蔣介石和日本侵略者等量齊觀是不對的。……為了對日本進行真正的武裝抵抗，還必須有蔣介石軍隊或者其大部分軍隊的參與。……基於這個目的，我們覺得中國共產黨和紅軍指揮部有必要正式向國民黨和蔣介石提出建議，立即進行關於停止軍事行動的談判，締結關於共同對抗日本侵略者的具體協議。」[74]莫斯科對蔣介石路線的改變，不太可能讓毛澤東和其他中共領導人感到驚訝。他們已經從潘漢年處得知此事，一九三六年一月，潘和王明在莫斯科已與中國大使館武官鄧文儀舉行了會談。一九三六年四月，潘來到南京後，與陳氏兄弟（陳果夫和陳立夫）和張沖就統一戰線問題舉行會談，潘堅持使用個人密碼與「共產國際」聯繫。應國民黨官員的要求，他於八月八日前往中共新首都保安，以了解毛澤東等領導人對統一戰線的態度。他還向黨領導人介紹了莫斯科對蔣介石的新路線。[75]當然，他們遵守共產國際內部的紀律，熱烈地支持這條路線。八月十日，他們通過決議，「承認南京是民族主義運動的偉大革命力量」。[76]十五天後，他們盡職盡責地給國民黨中央執行委員會送出一封信，建議停止內戰，開始磋商。[77]「我們政策的本質，是與蔣介石團結抗日」，毛澤東循此宣言。[78]

一九三六年九月一日，周恩來致信給第一次統一戰線時的老友陳果夫和陳立夫，以中共中央委員會的名義，向國民黨建議聯合「蘇聯與中共共同抗日」。[79]在此之後，蔣介石決定給共產黨最後一次投降的機會。陳和張沖向周恩來通報了他們的要求，如果這些要求得以落實，蔣介石就同意結束內戰，中共將不得不「為徹底實現三民主義而奮鬥。取消一切反政府之暴動政策與赤化運動，停止以暴力沒收地主土地的政策。取消紅軍，改編為國民革命軍，受軍事委員會的統轄，承擔抗戰任務。取消蘇維埃組織，改為行政區，以期全國行政權之統一」。[80]

共產黨同意一切，但提出了自己的一項要求：發動一場對日戰爭。而這正是蔣介石不能接受的。主要原因是，他不能允許中共把他們的意志強加於他——國家領導人。他認為，只有他才有權決定犧牲的最後關頭何時終於到來。正如鮑格莫洛夫大使向莫斯科彙報的那樣，蔣介石「只有在與日本戰爭的前夕以及與蘇聯協議方面」，可以決定與共產黨結盟。[81]在一九三六年底，他還沒有做好與日本開戰的準備。

蔣就是無法信任共產黨，這也很難責怪他。畢竟，與亞洲和歐洲的許多其他反共主義者一樣，他堅信「共產國際始終是最不誠實國家（USSR）中最根深柢固的不誠實的機構」。[82]因此，他沒有與中共簽署協定，而是決定直搗「巢穴」，了結他們。他集結部隊，準備進行新的第六次圍剿。[83]就在九月中旬那時，他費盡心力，包括賄賂，成功地解決了西南軍閥的問題，迫使他們結束兵變，現在他能夠再次部署他所有的部隊來對付共產黨了。

把共產黨徹底打垮的一擊，交由張學良元帥和楊虎城將軍負責，如前述，他們的部隊駐紮在陝甘寧邊區邊界沿線。一九三六年十月二十二日，蔣介石從南京飛抵陝西省省會西安，協調最後一次反共行動。但是，十月二十六日，他以及駐紮在西北國民黨部隊的將軍們，收到了四十六名中共領導人的呼籲，這次中共要求結束對紅軍的進攻，並再次提出建立反對日本侵略者的統一戰線的直接談話。[84]不過，蔣介石還是認為他們的呼籲是一種欺騙。他堅定地說，中共「必為國際主義者傀儡，而以中國人為犧牲品」。[85]但少帥並不以為然，試圖說服蔣介石結束圍剿，並與中國共產黨團結起來。蔣介石怒氣沖天，對他大吼大叫，把他的提議當作是「投降」而拒絕了。他在日記中寫道：「〔張學良〕如此無識，可為心痛。」[86]

之後在十月二十九日，他飛往洛陽（河南省），兩天後，他在那裡慶祝了他的五十歲生日（根據西方的計算，他還是四十九歲，但中國人把在子宮裡度過的九個月也算在內，所以他完全有理由來慶祝）。全國各地都舉行了慶祝活動，蔣介石向同胞們發出呼籲，在描述他艱難的童年並再次表現他對母親的愛之後，他請求他的同胞們協助他實現「母親的遺訓」：完成中華民族的解放。[87]應在上海生病的美齡（她患了潰瘍）之求，他派飛機去接她，這樣她就可以和他一起過生日了。慶典中有許多客人，包括張學良，甚至還有蔣介石的前敵人馮玉祥，美齡親自把立了五十支蠟燭的蛋糕，為每一個人切一片。蔣再次回憶他的母親，並因未能實現她的心願而悲傷。同一天，蔣介石和美齡參加了一個向壽星致敬的閱兵式。有二十一響禮砲，在場的每個人都向蔣介石三鞠躬。[88]

在壽宴上，除了美齡，沒有其他親戚。美齡的姊姊們，也就是蔣的姨子們，在南京：他的姊夫孔祥熙發著高燒正臥病在床（他罹患血吸蟲病，心臟也有問題），所以他的妻子宋靄齡陪伴在他身邊；[89]至於宋慶齡，我們知道，蔣的生日不僅不是假日，還是最糟糕的日子。蔣介石的舅子——宋子文、宋子良和宋子安——也沒能來。他自己的孩子同樣不能來。眾所周知，長子經國在斯維爾德洛夫斯克；十月二十一日，次子緯國，在賴歇瑙將軍的支援下，要出國去納粹德國接受軍事教育。他從上海搭乘德國遠洋輪波茨坦號，[90]如前述，計畫要完成蔣本人在年輕時曾夢想過，而未能實現的到德國旅行。根據緯國的記憶，他的父親為他送行，曾說：「中國應該向一個踏實而非搞花稍的國家學習。我們還不能以花稍的方式做事……德國是我們唯一可以從之學到東西的國家。他們可以給我們發展自己風格的基礎：堅定而扎實。」（直譯）[91]緯國從新加坡發電報向他的父親致賀。[92]

最盛大的慶祝活動在首都舉行，二十萬人在國民政府主席林森的帶領下，聚集在機場，熱情地看著三十五架飛機在空中飛翔，寫下了中正兩個字，即蔣的正式名字。為了紀念蔣介石的五十歲生日，全國各地都募集資金購買新飛機，到十月底，已經購買了七十二架飛機，另外還有三十多架的合同也正在起草中。[93]

集資購買飛機是出於宋美齡的想法，她是一名飛機愛好者。在端納的建議下，她爽快的丈夫很快於一九三六年十一月九日，任命她為政府航空委員會祕書長。這一招很聰明。中國沒有飛機工業，委員會負責人的基本要求，是要有與西方夥伴談判的能力。以這個身分，會說一口流利英語的迷人的宋，在這方面真的會很管用。

與此同時，十月三十一日，儘管是蔣介石的生日，張學良還是就與中共締結統一戰線一事，和他再次作了一次不愉快的談話，參與談話的馮玉祥也支持他。但蔣介石一如既往大發雷霆，詛咒他們。他在當天的日記中寫道：「到西安東北軍軍官團訓話，精神與紀律接受共匪不良之宣傳，漢卿（張學良）學無根底，徒事敷飾，為可嘆也。」[94]

可能和孔子一樣，蔣介石認為他已經五十歲了，「五十而知天命」，[95]因此每件事情都絕對正確，不需要小的和老的元帥們的建議。如果他能遵循孔子最喜歡的學生子路（西元前五四二－四八〇年）的例子，他一定好過多了，假如他能相信孟子說的：「子路，人告之以有過則喜。」[96]

第四部

PART IV

擁護與反對

PRO ET CONTRA

VICTORIOUS IN DEFEAT

第十三章
西安事變

國際局勢繼續惡化。一九三六年十一月，蔣介石視為友好國家的德國，與日本簽署了反共產國際協定。[1]固然此非針對中國，但它為納粹和日本之間發展戰略夥伴關係奠定了基礎，特別是因為幾個月前，德國與滿洲國締結了商業條約，因此在實質上等於承認了滿洲國的「獨立」。[2]同樣在一九三六年十一月，在日軍的煽動下，蒙古可汗對蔣介石的軍隊發動進攻，使綏遠省的局勢急遽惡化。一波強大的抗日運動，席捲了中國社會，削弱了蔣介石的地位。

在這種情況下，蔣介石必須盡快擊敗中共，如此在與史達林談判時，才有更強勢的地位。固執而又威權如他，當然希望取得勝利，這樣以後不管對蘇聯或對被打垮的中共，他都能伸張自己的條件。他在日記中寫道：「俄使與赤匪之狡計仍未變也，端在吾人之自強而已。」[3]

同時，失望的張學良回到西安之後，見到楊虎城，告訴他跟蔣談話未能成功的事，並徵詢他的意見。他感覺就像在洛陽被澆了一盆冷水那樣，委員長尖銳的寧波口音持續在耳際響亮：「凡主張容共的人，連殷汝耕都不如。」[4]楊虎城陷入沉默，然後他說出了一些最初像閃電一樣擊中張的話。「下次蔣先生來西安時，做古時候人們做的事——兵諫。」

「兵諫」或「強諫」意味著「藉兵規勸」，這是在古代中國編年史《春秋左傳》中談到的一詞。內容是，在西元前七世紀，楚國的指揮官之一，名叫鬻拳者，揮軍逮捕了統治者（楚文王），迫使他糾正自己的錯誤。他無意傷害國家元首，但作為一個愛國者，他只能訴諸於最終的論證，試圖施壓統治者。為了表示對文王的忠誠，他甚至砍斷了自己的腿。之後，這位受懲罰的統治者糾正了自身的錯誤，甚至提高了鬻拳的官階。當然，張學良不想切斷自己的腿，但兵諫的高尚念頭卻深植其心。

一九三六年十一月二十三日，蔣介石的員警逮捕了全國各界救國聯合會的七君子。（第八個君子是蔣的姨子宋慶齡，但當然，沒有人敢逮捕她。張大為震驚，十一月二十七日，他寫一封信給蔣介石，懇請蔣允許他和他的部隊參加抗日鬥爭，並為此向綏遠省派兵。前一天，他已經派遣他部隊的一個單位到這個省，但沒讓蔣知道。[5]

十二月三日，張再次飛往洛陽，蔣介石正在該地召集他的將軍和軍官，討論第六次剿共的計畫。但是，在與委員長會面時，雙方再次言語失和。張學良懇求他釋放愛國者，蔣介石又爆怒起來：「你是全國唯一把事情看成這樣的人。我是革命政府，我所做的就是革命！」[6]

當天，日本海軍陸戰隊登陸青島市，開始向山東省滲透。震驚之餘，蔣介石決定立即採取措施，盡快地打垮中共，就像他以前一樣，頑固地認為這一點是發動抗日戰爭的必要條件。[7] 第二天上午，十二月四日，他和四十九名幕僚搭車前往西安，處理東北軍發展的情況。他一心求戰：幾乎在整個行程中，他都在重讀中國古代哲學家孫子的《孫子兵法》。[8] 少帥在委員長之後也前往西安。

蔣介石當天晚上九點抵達西安，或者更準確地說，是在西北郊的小村子華清池。他一直喜歡住在唐朝皇帝玄宗（李隆基）的古老住所，四周小山環繞，美景如畫，並以其礦泉而聞名。出於某種原因，他喜歡公園建築群西南翼只有一層且相當陰鬱的五間廳。

十二月五日，他向西安軍官訓練團的學員們發表了一場歇斯底里的演講，呼籲他們徹底粉碎「赤匪」。兩天後，根據少帥的回憶，委員長再次對他吼道：「除了在西北地區，以及除了你，張學良之外，沒有人敢像你用那種態度跟我說話，也沒人敢批評我。我是委員長；我不會犯錯；我是中國；沒有我，中國就不可能好過！」[9]「蔣先生這個人啊，很守舊的，太守舊了。頑固！」很多年後張學良回憶，「假設能做皇帝，他就做皇帝了……他不能容忍人家挑戰他的權威，我損害了他的尊嚴。」[10]

四天後，西安的局勢惡化了。針對日本戰爭大臣十二月八日再次威脅中國的講話，次日的十二月九日，北平抗日示威一週年之際，西安一萬多名學生走上街頭。他們要求結束內戰，統一所有勢力抗日。在從西安到蔣介石住居的路上，他們遭遇到軍警開槍射擊，兩名學生受傷。碰巧，他們是東北軍一名軍官的孩子。[11]但學生們繼續遊行，稍後在離蔣住居不遠的灞橋上，行進路線被部隊封鎖了。若非少帥趕到現場，雙眼含淚懇求學生們回頭，大量生命的損失將無可避免。「作為一個愛國軍人，」他對學生們說，「也想能奔赴抗日前線。」他承諾，他將「轉達」學生對蔣委員長的要求。「相信我，」他說，「如果你們大家信得過我，我一定在一週之後用事實來回答大家。」跟著張學良，很多學生也哭了出來。[12]

第二天，蔣介石在他的居住處接待了少帥。張學良開始為學生求情，但再次盛怒的蔣介石，開始像往常一樣對他吼道：「用機關槍打啊！」張學良心情惡劣地回到了家。當晚蔣介石也接待了楊虎城，但他們同樣也未能取得共識。就寢前，蔣介石在日記中寫道：「對漢卿（張學良）說話不可太重……可悲也。」[13]

張和楊虎城明白，再也不可能忍受任性的蔣介石了，他根本沒給他們選擇的餘地。第二路軍總司令、甘肅省主席于學忠也在西安，並支持他們。楊和于對蔣介石的行為非常氣憤，他們甚至沒有參加蔣在十二月十一日晚上舉行的惜別晚宴（蔣打算次日星期六，即十二日飛離西安）。[14]不過，謹慎的張學良確實來參加晚宴，但蔣介石注意到他「形色匆遽，精神恍惚，余甚以為異」。就寢前，蔣思量於此，向神祈禱，並決定保持警覺。正如天下的偉大軍事戰略家諸葛亮（西元一八一一二三四）所說：「豫備無虞，古之善政。」[15]之後蔣平靜下來睡著了。[16]

當他醒來時，天已經破曉。他的手錶顯示，現在才早晨五點三十分。他起身，做了他例常的半小時健身操，正準備穿衣服，這時他突然聽到槍聲。他認為土匪，很可能是共產黨，正在襲擊他的居所。他把一件輕便的長袍披到長衫上（他從不穿睡衣），跳窗而出，跑向圍籬，躍過柵欄，側身受到重傷，然後跳進環繞住所的溝渠裡。他身受極大的痛苦。從九米的高度跳下來後，他的尾椎重重地摔在冰凍的地面上。拖鞋丟了後，他完全沒有注意到冰凍的冷風，就赤腳沿著小路跑進山裡。兩個僕人跟著他。更深入地爬進積雪覆蓋的山丘，在其中一座小山上發現了一條狹窄的縫隙，於是避難其中。後來他會說，上帝給他指出了藏身之處。[17]他不知道在他的住所裡發生了什麼事。他絕對想像不到，襲擊他的人，是少帥派去逮捕他的士兵。

十二月十二日與蔣分手後，凌晨一點鐘，張學良集合了所有東北軍高階軍官到他的總部，並向他們說，他打算立即訴諸於兵諫。之後，他向他的個人衛隊營長、二十六歲的孫銘九下達命令，帶領由一百二十人組成的行動隊前往華清池，逮捕蔣介石。但他強調：「如果我們的計畫成功，我們明天可能還活著，但如果計畫失敗，我們可能就沒命了。」[18]

早上五點三十分，孫隊長的行動隊到達各自崗位，大約半小時後襲擊蔣介石的住所。他們與蔣介石的護衛們發生戰鬥，打死其中四十名保鏢和憲兵。結果耽擱了時間，讓蔣有逃跑的機會。[19]直到上午九點他們才找到他。他赤腳又狼狽，因冰寒而劇烈發抖，起初甚至連一個字都說不出來。在匆忙中忘記了他的假牙。[20]孫按照軍事禮儀向蔣介石敬禮。然後，蔣艱難地喃喃說道：「如果你是我的戰友，現在就開槍打我，把事情都做個了結。」

「我們不會開槍的，」孫回答，眼淚滾落雙頰，「我們只要求您領導我們的國家對抗日本。然後，我們將是第一個為我們的委員長歡呼的。」

「叫張元帥來這兒，然後我就下來。」蔣介石說。

「張元帥不在這裡。部隊正在城裡騷動；我們來這裡是為了保護您。」

話說到此，委員長平靜下來，要求帶一匹馬給他，這樣他就可以下山了。

「這裡沒有馬，」孫回答，「但是我會背您下山。」

他在蔣介石面前，雙膝下跪。在短暫的耽擱後，委員長爬上了上尉寬闊的背部。把委員長帶到車上，張學良的警衛長最後說：「過去已經過去。從現在起，中國必須制定新的政策。」

「我相信，」蔣介石諷刺地說，「張元帥對中國有最佳的政策。」

「這是一個民族危機的時代，」孫閃避地說，「我們希望委員長能夠接受人民的請求。」

「我時刻準備著考慮張元帥的要求。」蔣介石說。

「中國的一個迫切任務就是抵抗日本。這是西北地區民眾的一致要求。何以您不打日本，而是下令去攻紅軍？」

「我從來沒有說過我不去打日本！」蔣介石氣沖沖地回答。

「但東北軍要求您盡快與日本作戰，因為他們的家園被敵人占領，全中國都苦於他們的損失。」

「我是中國人民的領袖，」蔣突然爆發出來，「我代表國家。我認為我的政策是正確的，而不是錯誤的。」

「如果您代表中國人民，」孫說，「您為什麼不抵抗日本？這是整個中華民族的要求。當您不執行他們的要求時，您如何能夠聲稱代表他們？」

「我是一個革命者，」委員長說，結束了爭端，「我時時準備犧牲自己。我從未改變過我的觀點；即使你把我囚禁起來，我的精神永遠不會屈服於別人的。」[21]

與此同時，楊虎城軍隊的士兵，逮捕了下令驅散在十二月九日示威學生的陝西省政府主席邵力子、他的妻子（在被捕時受傷），以及蔣介石的扈從人員。然後，在市中心的古鐘樓上，懸掛著一張巨大的海報，支持所謂的「抗日聯軍」的勝利。那個古鐘樓是早在一三八〇年代，明朝開創者朱元璋統治時期建造的。

到上午十點三十分，蔣介石被帶到西安，來到楊虎城總部，出乎意料的是，他不僅受到張學良和楊虎城的歡迎，還受到軍樂團和儀仗隊的歡迎。張和楊顯然沒有傷害他的意思，他們的行為嚴格按照兵諫的傳統行事。但蔣介石一如既往地無法控制自己。他開始歇斯底里地對張大吼：「如果你是我的部下，就立即把我從這裡送走！如果你已不是我的部下了，就在這裡槍斃我好了。」別過臉，張說：「您真頑固。」[22]

此後，蔣介石被軟禁，叛亂分子發出一則包括八項要求的公開呼籲給國民黨中執會、國民政府主席林森以及其他國家官員和各家報紙的編輯：一、改組南京政府，容納各黨派共同負責救國；二、停止內戰；三、立即釋放上海被捕之愛國領袖；四、釋放全國一切政治犯；五、開放民眾愛國運動；六、保障人民集會結社一切政治自由；七、確實遵行孫總理遺囑；八、立即召開救國會議。這是十二月十二日以電報傳送，第二天西安的《解放日報》就刊登出來。[23]當日張元帥還給蔣的連襟孔祥熙（政府第二號人物）和蔣夫人美齡發了個人電報。他試圖安撫蔣夫人，宣稱這只是「暫請介公留住西安」。[24]

與此同時，市內的士兵們開始到處打劫，一連三天不見緩和。西北軍的軍人定下了基調。幾乎所有的銀行，包括少帥的主要銀行，倉庫和商店都被搶劫一空。甘肅省省會蘭州也發生了類似的暴動，這是支持兵變的于學忠將軍的故鄉。[25]

在蔣介石被捕之前，很可能是在凌晨兩點左右，張學良和東北軍的高階幹部會面不久後，一個中共派駐張學良總部的代表劉鼎，向保安的中共領袖們發了一則緊急密電，通知他們張要逮捕蔣的決定。[26]稍後，大約凌晨三點到五點之間，張學良本人給毛澤東和周恩來發了一封重中之重的電報：「吾等為中華民族及抗日前途利益計，不顧一切，今已將蔣及重要將領扣留，迫其釋放愛國分子，改組聯合政府。兄等有何高見，速復。」[27]

中共領導人收到這個消息後欣喜若狂。所有關於蔣介石統一戰線的話，都立刻被遺忘了。在一次群眾大會上，中共通過了一項決議，要求進行「人民公審」，以審判蔣介石為「叛徒」；在保安大家「瘋狂的歡慶」。[28]根據張國燾的回憶：「有的人說：蔣介石也有今日！有的人說，張學良確實幹得不錯。毛澤東一直在那裡狂笑。」[29]

十二月十二日午夜十二點，毛澤東和周恩來通過無線電回覆張，說周恩來打算去西安「協商大計」。[30]十二個小時前的中午，他們把張學良的電報轉傳給共產國際執行委員會書記處。[31]

共產國際在十三日破譯來文，季米特洛夫也欣喜若狂，他在日記中寫道：「對張學良的樂觀、有利的評價，蘇聯的回應應該有所節制，並大膽地對與西安事件有關的反蘇運動做出反應」。[32]

但十二月十四日上午，在他閱讀了蘇聯主要報紙《真理報》的社論後，他歡欣鼓舞的心情破滅了。在該文中，張學良的起事被描述為「中國親日分子」的陰謀，他們「千方百計的要讓日本帝國主義達到奴役國家的目的」。在另一份蘇聯報紙《消息報》，也發表了類似的看法。[33]同樣的報紙發表了一份塔斯社（蘇聯通訊社）的聲明，駁斥日本同盟通訊社有關於張學良應該是得到蘇聯支持的資訊。季米特洛夫明白，這是史達林的立場，他在十二月十三日也收到了有關西安事件的消息。[34]因此，他立即改變觀點，召開一次會議，與他最信任的夥伴討論中國事務。之後，他給史達林寫了一封信，把逮捕蔣介石一事，不僅歸責於張學良，也歸咎於中共領導人，很明顯地試圖與他們劃清界線：「很難想像張學良在沒有與他們協調，甚至沒有他們參與的情況下，採取了他的冒險行動。」[35]為了證實這一點，他甚至給史達林發了一份中共領導人的報告。

但史達林可能已經知道季米特洛夫對蔣介石被捕的最初、樂極了的反應（目擊季米特洛夫有多興奮的斯托莫尼亞科夫也許已向他報告了此事）。幾個小時後，午夜時分，史達林去電季米特洛夫。史達林並沒掩飾他的不悅，問道：「中國發生的事件，是在你們的准許下發生的嗎？」

「不是！」嚇壞了的季米特洛夫大聲說。

「這是一個人可以給日本的最好的禮物。」

「我們也是這麼看待這些事件的。」

「你的王明怎麼了？是他挑撥的嗎？他想發個電報說他們應該殺掉蔣介石。」

吃驚的季米特洛夫說，他對此一無所知。

「我會送你這個電報！」史達林說完，砰的一聲掛上電話。[36]

我們不知道是否有電報，也許沒有，但史達林顯然對共產國際領導人的立場不滿意。畢竟，處決了蔣介石，絕對會使中國的內戰更為嚴重，讓中國很容易成為日本帝國主義的獵物，而在未來日本帝國主義可以依靠中國資源，來打擊蘇聯。此外，史達林明白，汪精衛可能會接替蔣介石，而這根本不是個什麼好兆頭。在德國接受治療期間，汪曾與希特勒會面。史達林不知道他們談了些什麼，但有理由擔心，如果汪上臺，中國可能會加入反共產國際聯盟。[37]

中共對蔣介石被捕的慶幸歡情並沒有減弱。十二月十五日，中共中央委員會政治局向南京政府與國民黨，發來一封尖銳的信，信中說：「觀其宣布之八項主張，實為全國人民之所言，力行不暇，何可厚非。……夫中國國民黨中愛國英賢豈得謂少，然受制於蔣氏，復受制於媚外殘民之親日派……公等而果欲自別於蔣氏，復欲自別於親日派，謂宜立下決心，接受張楊二氏主張，停止正在發動之內戰，罷免蔣氏，交付國人裁判。」[38]（中共領導人一點都不尷尬，不管張學良或者楊虎城，都沒有要求罷免蔣氏或交付國人裁判，想要這樣子做的是中共。）

但最終他們在史達林指示下，成功地採取了與克里姆林宮一致的政策。十二月十六日，史達林在克里姆林宮的辦公室，與季米特洛夫、共產國際執委會書記馬努伊爾斯基（Dmitrii Zakharovich Manuilsky）和布爾什維克黨政治局四名成員——莫洛托夫（Molotov）、卡岡諾維奇（Kaganovich）、伏羅希洛夫（Voroshilov）和奧爾忠尼啟則（Ordzhonikidze），就此局勢討論一番。之後，共產國際中執會書記，向中共中央委員會發出指示：「中國共產黨必須考慮到現實情況並堅決主張在以下基礎上和平解決事變：改組政府，吸收抗日運動的若干代表和擁護中國領土完整與獨立的人士參加政府；保障中國人民的民主權利；停止執行消滅紅軍的政策並在反對日本侵略的鬥爭中與紅軍實行合作；和那些支持把中國人民從日本帝國主義的進攻下解放出來的國家〔亦即蘇聯〕實行合作。」[39]

這封電報於十二月十七日或十二月十八日送抵保安。然而，由於一些技術上的困難，有部分內容沒有傳到。直到十二月二十日，毛澤東才得以閱讀全文。[40]但這並沒有改變什麼。那時，他和其他中共領導人已經知曉《真理報》的文章與塔斯社的聲明，史達林和共產國際的立場已再明確不過了。此外，他們也看了西安兵變分子對國民黨中央執行委員會和南京政府的訴求，這時他們一定很清楚，張和楊將軍都無意審判和處決蔣介石。他們的目標只是一個很浪漫的兵諫，即「借用兵力的諍諫」。

十二月十七日深夜，周恩來抵達西安，與張學良會晤後，給毛澤東和其他中共領導人發了一封電報，其中提出了一個折衷方案：「為了緩和蔣系進兵，便我集中分化南京內部，推廣全國運動，在策略上答應保蔣安全是可以的，但聲明如南京進兵挑起內戰，則蔣安全無望。」[41]十八日，中共中央委員會，以周恩來電報精神為基礎來重新措辭，給國民黨中央執行委員會發出呼籲。聲明在南京政權接納各黨各派代表的基礎上，建立抗日統一戰線。第二天，中共中央委員會和中國蘇維埃政府，又致函南京和西安，呼籲雙方和平解決衝突。[42]與此同時，周會見了楊將軍，楊將軍認為，只有蔣介石在十二月十二日的兵變時提出的八點要求下，附上他的簽名，他才能獲得釋放。[43]

這段時間，蔣介石一直心情惡劣，裹著毯子躺在床上。儘管張學良不斷敦促，他幾乎沒碰過自己的食物，張一再為自己造成的不便道歉。與楊虎城不同，他並不樂意參與這項危險的事件。西北軍士兵的劫掠，讓他大為不安，而蔣介石的固執，也嚇壞了他。因此，他希望盡快結束「兵諫」，並不斷懇求蔣介石至少在口頭上承諾結束內戰，領導一統的國家來抗日。[44]但蔣介石甚至不願討論這個問題。「無論其為個人利害，或國家安危，只有立即徹悟，送我回京。」他告訴少帥，「勿有自投魔鬼共匪的陷阱，及今悔悟尚未為晚。」[45]

這時，南京的國民黨領導決定了該怎麼辦。他們是在十二月十二日下午一點得知蔣介石被捕的消息，很快就接到了張和楊的要求。美齡和孔祥熙在上海，因此晚上八點才收到西安事件的消息。[46]他們立即啟程前往南京，在那裡把情勢釐清後，飛往西安的第一個人，將是蔣介石的顧問端納，他作為蔣介石的密友已三年了。如前述，端納也曾是少帥的顧問，美齡知道他仍然對張學良有影響力。他們最關心的是蔣介石是否還活著。端納毫不懷疑蔣是活著的，因此，美齡、孔祥熙和宋子文立即主張，只要他們親人的生命得到保障，就和平解決衝突，畢竟，沒了蔣介石，他們家將失去一切權力。然而，他們遭到了軍政部部長何應欽的反對，這位任性又果斷的將軍，開始將軍隊調往陝西省邊境，預備懲罰叛亂分子。戰機開始在西安上空巡邏，一再威脅要發動血腥轟炸。何將軍似乎不太擔心蔣的安全。在最壞的情況下，他本人可以領導國家。堅定地看著美齡的眼睛，何將軍一遍又一遍地重複著：「他（蔣介石）死了，我們將下達進攻令。」他代蔣擔起委員長的責任，立即解除了張學良所有的職務，因此將他排除在法律之外。蔣介石的親屬們只有努力，才能說服好戰的指揮官，在他們與張學良談判時稍安勿躁。[47]

十二月十四日週一，端納已抵西安，下午五點面見了仍被拘留在楊虎城住所的蔣介石，該處位於市中心，在有廊柱的單層巨大建築，即所謂的黃樓（現在此處是陝西省人民政府所在地）。他發現蔣介石躺在一張木床上，裹著一條蒙面毯子面對牆壁。房間裡除了床，就是角落裡一對竹掃把和蜂蜜桶。端納用英文（如前述，他並不會說中文）向蔣說道：「你好，Gissimo。」他總是這樣稱呼他，幽默地縮減蔣介石的委員長頭銜。順帶一提，同樣地，他把Madame與Generalissimo二字合併縮減，稱呼美齡「Missimo」。

蔣立即翻身起來，坐在床沿，開始抽泣。「我知道你會來。」蔣說。張學良充當翻譯。[48]

這個房間頗為陰沉，不適合居住，因此端納在徵得張同意後，勸蔣搬到一個較適合的地方——西北軍八十四師師長高桂滋的私宅。這是三年前才建好的新房，各種設備一應俱全。

第二天，十二月十五日，端納飛到洛陽打電話給美齡，讓她放心，因為她與西安的聯繫不通。顯然，他真的是一個好朋友。得知丈夫還活著，美齡給蔣發了一封電報：「寧抗日勿死敵手。」[49]

十二月二十日，宋子文飛抵西安。與張學良見面時，張立刻說，他準備和平解決一切，並護送他往見委員長。宋子文把美齡的信遞給蔣，信中說：「如子文三日內不回京，則必來與君共生死。」[50]蔣又開始痛哭流涕，宋子文不得不安撫地說：「全世界都關心他，同情他。」他試圖讓委員長打起精神來。他們討論了政府軍對西安採取軍事行動的可能性，蔣介石說這是「唯一解決之道」，但宋子文強烈反對，指出對叛亂分子的襲擊，不僅會加劇內戰，而且儘管有張的保證，但還是會給蔣本人的生命帶來致命的危險。他沒有弄錯。當晚，張學良坦率地告訴他：「一旦爆發大規模戰爭，〔西北臨時軍政〕委員會已經決定把委員長交由共產黨保護。」[51]

宋子文了解這諷刺性的暗示，感到相當擔心。十二月二十一日上午，他又去見蔣介石。蔣給了他三份遺囑：給人民的、給妻子的、給兩個兒子的，並請宋把這些遺囑拿給張學良看。他準備死，絕不妥協，讓原本認為蔣「將頑固行事」的端納非常驚訝，但無論是端納或宋子文，都不能讓他改變心意。當日中午，他們從西安飛往南京。[52]

在他們離開之前，蔣介石懇求宋子文不要讓美齡來西安，但她已決定來說服張學良盡快釋放她的丈夫。有傳言說，在一九二〇年代的某個時候，美齡和張元帥有過一段戀情。[53]這是否屬實尚不得而知，但少帥在與第一夫人的會面中，脈搏加快是一件事實。這就是為什麼美齡決定用她所有的魅力，來營救她的丈夫。「譬之造屋，端納既奠其基，子文已樹壁柱，至上梁蓋頂完成之工作，實為余無可旁貸之責任矣。」她想，心裡琢磨著和平解決西安事件的談判。[54]宋子文支持她的決定，認為只有她才有能力讓頑固的委員長鬆動。[55]

美齡於十二月二十二日飛抵西安，陪同的有宋子文、端納、特務處處長戴笠和另一位將軍。起飛前，她遞給端納一把小左輪手槍。「如遇軍隊譁譟無法控制時，即以此殺我。」她請求道。[56]但是當然沒有人逮捕她。少帥親自在過道迎接她，禮貌地向她致意，並護送她到她的丈夫那兒。見到她，蔣情緒崩潰。「乍見驚訝，如在夢寢」，他回憶道。在美齡的影響下，他終於同意了冒險者的幾項要求：「改組政府，從現在起三個月內召開救國會議，重組國民黨，批准與俄羅斯結盟，並與共產黨合作」，[57]指示宋子文與張進行談判。但他斷然拒絕簽署任何文件，他只口頭承諾。[58]

十二月二十三日，宋子文上午和下午都會見周恩來，美齡也在下午會見了周恩來，第二天上午，他們與張學良和楊虎城進行了冗長的談判，終於找到各方都能接受的解決辦法，為組建新的統一戰線奠定了基礎，重組政府，以及抗日。會議決定結束內戰，讓共產黨合法化，並且過一陣子後，把紅軍重新編組為國民革命軍的一個單位。[59]

十二月二十四日晚，周恩來拜會了蔣介石。[60]這是他們自一九二六年以來第一次見面。如前述，當時周在黃埔軍校是蔣介石的下屬，但現在他禮貌地帶著尊嚴和蔣介石談話。

「蔣先生！我們有十年沒見面了。你顯得比以前蒼老些。」

蔣點點頭，吸口氣，然後突然決定提醒周，自己是他的長官，即使在過去。事情是，以中國人的氏族觀，在長幼的關係之間，在家族內外之間，有著儀典性的、不變的特質。「君君、臣臣、父父、子子」，孔子說。[61]然後蔣介石說：「恩來，你是我的部下，你應該聽我的話。」但周卻迴避的說：「只要蔣先生能夠改變『攘外必先安內』，停止內戰，一致抗日，不但我個人可以聽蔣先生的話，就連我們紅軍也可以聽憑蔣先生的指揮。」[62]

蔣介石理解一切，並很快結束了談話，說「停止剿共，聯紅抗日」，中國的統一將實現，而統一的國家將在他（蔣）的領導下。他還任命宋子文、宋美齡、張學良為全權代表，與周恩來「解決一切」，並承諾返回南京後，將與周恩來「直接談判」。宋子文急切地說服周相信蔣。[63]之後，蔣對周說他累了，周離去前說：「蔣先生，休息吧，我們今後有機會再談。」蔣點頭：「好，好。」[64]

一切似乎都在朝著一個令人滿意的結局順利前進，但在十二月二十四日，當有關談判和即將釋放蔣介石的傳言，傳到東北軍和西北軍的軍官耳裡時，他們之中的許多人都大為憤慨，要求蔣以書面保證，會履行十二月十二日對他的要求。十二月二十四日晚，就釋放蔣一事，張學良與楊虎城之間也爆發了一場劇烈衝突。楊也不想在沒有書面保證的情況下釋放蔣。「他定會讓你我人頭落地」，他喊道。十二月二十五日清晨，軍官們送了一封恐嚇信給宋子文，宣稱他們誓死反對放走蔣介石。宋子文了解，「在未獲任何保證下，而今你竟允許委員長離去」，他們會面對多大的風險，他就將這封信告訴了蔣介石，[65]而蔣非常害怕，請求他的舅子去求張學良當日就釋放他。

迷人的美齡向少帥請求同樣的事，結果是他決定贈送這位美麗的女士一份耶誕禮物。他宣告他本人會護送她和她的丈夫去洛陽，然後去南京。[66]

十二月二十五日上午十點剛過，周恩來又拜訪了蔣介石。他們達成協定，共產黨將停止干擾國家的統一，中國紅軍將把蔣介石當最高統帥歸順其下；而作為回報，蔣介石將結束他的剿共。蔣介石邀請周恩來，一俟他「充分休息」後，就到南京繼續談判。[67]

他似乎很坦率。用周恩來的話說，「蔣的態度真的變了……他確具誠意」。[68]然而，在內心深處，周被懷疑折磨著，他很後悔張學良打算和蔣一起去南京。「張中了『連環套』這種老把戲的毒，」[69]周後來對戰友們說，「他像猴子一樣，扮演一個中國羅賓漢，表現出極大的耐心和肚量。他不僅釋放了歹徒，甚至承認自己有罪！」[70]

同時，宋子文請求周與楊將軍討論一下，以免在釋放蔣的時候，遇到任何障礙。宋子文說：「委員長明確表示，若今天不能動身，他就不欲再走。」周立即去見楊，經過冗長的勸說，楊終於同意不再扣留蔣。[71]離開前，蔣介石對張學良和楊虎城訓話，向他們承認自己的錯誤，並表示對他們也未心懷惡意。[72]

當天稍晚，張學良安排蔣宋美齡、端納和宋子文坐上三輛車，把他們帶到機場。汽車迅速駛上機場的停機坪，停在張的飛機前。這是一架波音飛機，坐在駕駛座的，是一名美國飛行員倫納德（Royal Leonard）。張坐在第二軍官的座位上，美齡坐在飛機座艙的另一張扶手椅上，蔣、宋和端納爬進了主艙。在坐上飛機之前，蔣對張說：「今天以前，發生內戰，你們負責；今天以後，發生內戰，我負責。今後，我絕不剿共。我有錯，我承認；你們有錯，你們須承認。」[73]當他說話時，美齡不耐煩地坐在她的扶手椅上。蔣終於說完了後，她以英文問倫納德：「你準備好要飛了嗎？」飛行員瞥了她一眼，掩飾不住內心的喜悅。「我見過最漂亮的中國女人之一，坐在機艙的左前座上。」幾年後他回憶道。[74]

「是的，」他點點頭，「隨時。」

「好的！」興奮的美齡說，「離開這兒，我們走吧！」

飛機起飛的時間是下午四點鐘。

在一小時二十分鐘後抵達洛陽。[75]「感謝上帝保佑我」，蔣介石在日記中寫道。[76]第二天早上，休息後，他們飛往南京。這一次，蔣介石、美齡和端納與德國機組員一起乘坐蔣介石的容克斯（Junkers）飛機。他們於中午十二點二十分降落在首都，迎接他們的是震天響的鞭炮聲和成千上萬前來機場迎接他們的人群的雷動歡笑。張學良和宋子文兩小時後乘坐波音飛機抵達，當張學良從飛機上出來時，群情因激憤而沸騰。士兵和特勤人員不得不形成一道人牆，讓張通過。否則，他會被撕成碎片。淚水順著張的臉上流下來，但他昂首穿過人群。[77]在機場出口處，他被上銬，並在戒護下被帶往宋子文的家中。一九三六年十二月三十一日，蔣介石違背諾言，將兵變的元帥移交給軍事法庭。少帥知道他要去哪裡，而真的，像古代的英雄鬻拳一樣，他要犧牲自己。[78]十二月十九日，他在給倫敦《泰晤士報》記者弗雷澤（David Frazer）的一封私人信函中寫道，他準備跟隨蔣介石前往南京，「如果一場冷靜而公平的審判是可能的話……我會接受懲罰，哪怕是死刑」，少帥他向他保證。[79]

十二月三十一日，張被判處有期徒刑十年，褫奪公權五年。直到他行將就木，他一直認為蔣本人已原諒了他，讓他沒被槍斃。[80]但他之所以沒被處決，主要是由於美齡的大力保護，她後來也表現出她的關心：她送他錢、衣服和藥品；有一次，當她心愛的狗兒產下小狗，甚至送給了他一隻。[81]五天後的一九三七年一月五日，他被移送並被軟禁，此後他將斯人獨憔悴多年。一月十三日，他從南京被帶到蔣的老家溪口，在那裡住了幾天，但一月二十四日，他被帶到山上，安置在一個陰鬱的、一層樓的、像軍營般的招待所裡（他的博物館現在在那裡）。布置是斯巴達式的，但囚徒可以閱讀、寫作、散步，甚至會見他的兩個妻子（一個月與其中一個，下個月與另一個）。有三十名士兵守衛他。

似乎是命運的嘲弄，他那鬱悶的囚居，緊鄰佛教的雪竇寺，在其廣場上高聳著一尊巨大的微笑彌勒佛像。[82]這位智慧的老師不是正對著他笑嗎？仰視雕像，少帥只能傷心低迴：一九三七年，他只有三十六歲，但他的職業生涯已接近尾聲了。

談一下後來發生的事。一九四六年十一月，在與共產黨開戰後不久，蔣介石將當時在護衛看守下，住在貴州省省會貴陽市郊的張送到臺灣，起初他定居在臺北以南八十英里，新竹山上的一間私人小房子裡。蔣介石自己飛抵臺灣後的十二年，一九六一年八月，再移住臺灣首都的郊區陽明山腳下。（現在兩個地方都有博物館。）[83]在之前六年的一九五五年，他接受洗禮，成為一個虔誠的衛理公會教徒。直到一九九〇年他才被釋放，那時已是一個年近九旬的老人。

在他獲釋後，許多知名人士，出席了由中國前外交部部長張羣為他舉行的宴會。其中有行政院院長郝柏村。一九七六年一月去世的周恩來，他的遺孀從北京給張學良發來一封賀電，當時住在紐約的宋美齡送來一束鮮花。前少帥深為感動，對這些祝賀回應說：「我九十歲了，老了，眼睛和耳朵都不好使了，但我還不糊塗，如果國家和民族需要我的時候，我一定還像年輕的時候那樣，盡力奉獻。」[84]但臺灣政府和人民可能不需要他，一九九四年，張和他的一個妻子（那時另一個已經去世）搬到夏威夷的檀香山，他於二〇〇一年十月十四日死於肺炎，享嵩壽一百歲。[85]

至於他的同謀，西北軍總指揮楊虎城，和甘肅將軍于學忠一樣，於一九三七年一月五日被解除了所有職務。一個月後，西安被忠於蔣的顧祝同將軍所部占領。不過，楊將軍並沒有被逮捕。六月時，蔣介石送他出國，隨同的有妻子和幼子。一九三七年七月七日，中日全面戰爭爆發後，楊將軍要求蔣介石允許他回國參加抗日，但遭到拒絕。所以他別無選擇，只能去旅行。他訪問了美國、英國、法國、德國、捷克斯洛伐克、奧地利、瑞士和西班牙。但在一九三七年十一月，他忍無可忍，自作主張回到了中國。然而，十一月二十六日他一到香港，就立即被蔣介石的祕密特工跟蹤。不久，蔣介石親自打電話給他，邀請他到南昌。但當楊將軍和他的家人到達中國時，他們立刻當場被逮捕。從那時起，他們就被關在監獄裡，先是在湖南，接著是湖北，然後是貴州與四川。一九四六年十一月底，他的妻子絕食，一九四七年二月去世。一九四九年九月六日，在離開中國大陸之前，蔣介石祕密下令處決楊將軍和他的一兒一女兩個孩子。這三人與楊的祕書及祕書的妻兒一起在重慶監獄中被殺。[86]很明顯，蔣從未原諒楊虎城，因為他不像張學良，在西安時並不想釋放蔣。

再回頭來說。回到南京，還沒有從磨難中恢復過來的蔣，在十二月二十六日當天，收到溪口姪女寄來的一封令人不安的電報，說他的哥哥瑞生就快要死了，這讓他極為痛心。事情是，聽到西安叛亂分子逮捕他的弟弟，瑞生心煩意亂，以至於中風了。[87]兩個星期來，村醫奮力搶救他的生命，但沒有什麼成效。十二月二十六日晚，蔣介石給他派來了最好的醫生，但為時已晚。十二月二十七日，他去世了。依照慣例，他的遺體被放進一個又深又冷的地窖裡，等待下葬。

兄弟倆之間的關係並不總是親熱的。如前述，有很長一段時間，蔣不能原諒瑞生在父親去世後，不公平地分家，也沒有幫助母親。但過去就過去了，蔣介石早就原諒了他，特別是如吾人所知，根據儒家所教，晚輩總是要尊敬長輩，特別是如果他像瑞生一樣，是一家之長。蔣極為哀痛。在日記中寫道：「嗚呼，兄弟三人，今只殘余一人矣。蒙難之中，使病兄驚悸，致其速亡。但余出險之訊，彼已聞之，當可慰其靈矣。」[88]

十二月二十九日，蔣介石再次提出請求，希望解除他所有的職務，聲稱作為總司令，他應對西安下屬的行為負責，並應與他們分擔責任。這是一個優雅而獨特的中國姿態：全國必定會欽佩蔣介石的謙遜。當然，國民黨中央執行委員會成員一致拒絕了他的要求，但他仍然第二次提出。不用說，這當然是徒勞的，他只獲准休假三個月。[89]蔣確實需要休息一下。根據幾份報告，由於「在西安事件中，他從窗戶跳下時不幸受傷，而又由於感冒，他的雙腿情況惡化」，他遭受了「脛骨挫傷」，醫生擔心他必須「截肢」。但後來都痊癒了：藉按摩之助，他的腿部恢復了正常血液循環。[90]

一九三七年一月二日，蔣介石來到溪口向兄長告別。大家決定將正式葬禮推遲到春天。舉行的日期是四月十五日。[91]除蔣介石和美齡外，出席的還有國民政府主席林森、軍政部部長何應欽、馮玉祥、閻錫山，以及蔣的老朋友、上海黑手黨杜月笙等人，如前所述，杜被稱為「杜大耳」。為招待來自全國各地參加葬禮的人，擺了一千桌以上的筵席，整個場面隆重又氣派。耗資一萬二千多元。[92]

葬禮三天後，蔣和他的妻子離開溪口前往杭州。第二天，即四月十九日，他們從上海收到了好消息。他的長子經國和他的妻兒，從海參崴搭乘蘇聯船隻回國了。

經國是如何設法離開蘇聯，而且還和他全家人一起離開的呢？他自己認為，他在一九三七年初寫給史達林的信，「要求返國」發揮了一定的作用。[93]但這很值得懷疑。他的命運事關高度政治性，史達林不太可能感情用事。

史達林之所以決定讓經國回到中國，是因為在西安事變和平解決後，國民黨和中共在抗日統一戰線上聯合一事並未迅速到來，史達林對此感到不滿是可以理解的。蔣介石在獲釋後，違反了所有的協議，繼續為第六次剿共做準備。十二月底，新的部隊開始積極在陝北蘇區邊界集結。作為回應，中共中央委員會也開始「堅決地準備與國民黨的一場〔新的〕戰爭」。[94]

史達林不得不再次干預，一九三七年一月十九日，他透過共產國際，首先警告毛澤東，和平解決西安事變，「不僅可能因為日本帝國主義及其代理人，以各種方法企圖挑起內戰的陰謀而遭到破壞，而且也會由於你們黨的錯誤步驟而被破壞」。[95]同時，他交代季米特洛夫以個別信件的形式，向毛澤東發出指示，指稱為了統一戰線，必須「從蘇維埃制度向人民革命的管理制度及時轉變」。[96]而這當然，將是對蔣介石的一大讓步。

此外，在莫斯科領導人的幫忙下，中共中央委員會向預定於二月十五日召開的國民黨五屆三中全會，撰寫了一封表忠的電報，承諾結束旨在推翻國民政府的全國武裝叛亂政策。中國共產黨同樣表示，願意將蘇維埃政府更名為中華民國特區政府，將紅軍改名為國民革命軍，宣布將隸屬於國民黨中央政府和南京軍事委員會。再者，他們同意在特區實行民主普選制度，並停止沒收「地主」土地。[97]他們於二月十日將電報發往南京。[98]

但蔣介石和國民黨中央執行委員會其他成員認為，接受中共建議的時機尚不成熟。二月二十一日，為回應他們「太籠統的」承諾，他們通過了《根絕赤禍案》，[99]其中載有以下四項要求：

第一，一國之軍隊，必須統一編制，統一號令，方能收指臂之效，斷無一國家可許主義絕不相容之軍隊同時並存者，故須徹底取消其所謂「紅軍」，以及其他假借名義之武力。

第二，政權統一，為國家統一之必要條件。世界任何國家斷不許一國之內，有兩種政權之存在者，故須徹底取消所謂「蘇維埃政府」及其他一切破壞統一之組織。

第三，赤化宣傳與以救國救民為職志之三民主義絕對不能相容，即與吾國人民生命與社會生活亦極端相背，故須根本停止其赤化宣傳。

第四，階級鬥爭以一階級之利益為本位，其方法將整個社會分成種種對立之階級，而使之相殺相讎，故必出於奪取民眾與武裝暴動之手段，而社會因以不寧，民居為之蕩析，故須根本停止其階級鬥爭。[100]

三天前，蔣介石在日記中寫道：「共黨非人倫不道德的生活，與無國家及民族的主義，必須根絕淨盡。」[101]

同一天，他向全會作了關於西安事件的報告，[102]全會成員拿到他剛剛完成的《西安半月記》。《西安半月記》後來被翻譯成幾種外語，是由蔣介石的祕書陳布雷準備的。[103]應蔣介石的要求，他以「日記」的形式撰寫，那應該是委員長在監禁期間保存的，以便賦予歷史更大的真實性。事實上，蔣介石在西安被監禁期間的日記，比陳布雷編撰的筆記要簡潔優雅得多。[104]

大約在這個時候，一九三七年一月二十日，共產國際執行委員會總書記季米特洛夫，收到蘇聯駐華使館官員某個叫尼可諾夫（Nikonov）的一則訊息，稱蔣介石應該給希特勒寫了一封信，承諾「完全與德國合作，甚至讓中國參與可能的反蘇鬥爭」。[105]隨後，駐中國的蘇聯代辦斯皮瓦內克（Ivan Ivanovich Spil'vanek）告訴斯托莫尼亞科夫：「德國駐南京大使……向中國外交部提議，讓中國加入日德〔反共產國際〕協定。」[106]史達林當然有理由擔心。

與此同時，新一波剿共並沒有隨之而來，史達林在三月初向中共匯了八十萬美元，並承諾會再給一筆類似的款項。[107]他也明確地決定對中國的委員長，透過將兒子交還給他，擺出寬宏大量的姿態。史達林可能還認為，作為共產黨員的經國，或許能夠說服他的父親加入蘇聯和共產黨的聯盟，擊退日本的侵略。無論如何，史達林顯然是在算計經國的回國，可能避免中國內戰的重演。

形式上，經國的離去，是回應在一九三六年十一月蔣介石經由美齡轉達給中國駐蘇大使蔣廷黻的間接請求。據蔣廷黻的回憶，在啟程前往莫斯科之前，美齡告訴他委員長非常希望他的兒子蔣經國能回到中國。[108]蔣廷黻向蘇聯副外交人民委員斯托莫尼亞科夫轉達了這一要求，後者將之上傳指揮系統。但史達林拖延了，在一九三七年二月中旬後才做出決定。[109]二月二十三日，無論是王明，還是共產國際執行委員會某個其他人，以蔣經國的名義，給父親寫了一封信。說道：「我很高興……恭喜您，我的父親，正在採取一切措施來團結中國……我衷心祝願與你們攜手共進，為建立一個統一、獨立、強大的中國而奮鬥……幾週後，我將帶著妻子和兒子離開莫斯科。」[110]

在經國離開之前，藉外交郵袋寄出的是這封信，或是由經國本人寫的另一封信，我們不得而知。[111]但我們確實知道的是，三月八日，蘇聯政治局決定：「如果蔣介石兒子本人同意，不反對他回到中國。」[112]第二天，經國收到共產國際執行委員會的電報，要求他立即從斯維爾德洛夫斯克（Sverdlovsk）到莫斯科。三月十日，共產國際執行委員會總書記季米特洛夫在日記中寫道：「把蔣介石的兒子叫來此地，並送到中國去。」[113]他顯然執行了來自克里姆林宮領導人的命令。在史達林的指示下，當時在莫斯科的鮑格莫洛夫大使也會見了經國，之後，經國叫芬娜來到莫斯科。[114]

在三月二十六日他們乘火車經海參崴前往中國之前（史達林本人負責他們的行程），他們給經國一筆錢，讓他給他的妻子買像樣的衣服和其他必需品，以及購買火車票。此外，他還得到了硬通貨——一百二十美元的「旅費」。[115]經國鄭重宣誓，遵守蘇共領導人的指示。他在斯維爾德洛夫斯克最親密的朋友，到火車站向他和芬娜做最後一次道別。蔣經國把這些指示當作祕密通知他的這位朋友。以下這就是經國一位熟人蘇希克（Sukhikh），在一九三七年七月底，寫給斯維爾德洛夫斯克州內務委員會（NKVD）和市委的：「在Elizarov（蔣經國）啟程前往中國時，火車停在斯維爾德洛夫斯克，來自烏拉爾重型機器製造廠的阿尼基耶夫（Anikeev）和帕夫洛夫（Pavlov）去和他見面。在火車站，他把阿尼基耶夫招到一邊，說他肩負一項特別使命，要從莫斯科到他的父親那裡，日中兩國之間不久將爆發戰爭，而由於我父親蔣介石的政策不穩定，我必須對他施加一些影響。他要和他的妻子去中國。」[116]告密者真是太天真了！三天後，經國在路途中給季米特洛夫發了一封電報：「我在路上向您致以最衷心的布爾什維克問候。我會完成您的所有指示。」[117]四月十二日，他從海參崴啟程前往上海，十天前，鮑格莫洛夫大使將蔣的兒子即將抵達上海一事，通知了蔣的盟兄之子陳立夫。[118]

十二年後，經國再次踏上了中國的土地。四月十九日當天，他在去碼頭迎接他的杭州市長陪同下，與妻兒從上海乘火車前往父親當時所在的杭州。但蔣介石不想與他見面。他的兒子仍然沒有為一再拒絕他的要求而祈求他的原諒，而且，他還是一個共產主義者。四月二十日，蔣介石離開杭州前往上海拔牙。毫無疑問，他的牙齒長期以來有很多問題，其中幾顆需要拔掉，[119]但這何須他去上海呢？如果他願意的話，他要麼可以去杭州看牙醫，要麼叫上海牙醫到他家。因此，毫無疑問，他的離去是有目的的。陳立夫建議經國給父親寫信，道歉，並要求加入國民黨。[120]經國照做，蔣終於在四月三十日自上海回來後，在他的杭州住所澄盧接見他。

據說，當浪子進入蔣等待他的房間時，他在父親面前下跪並磕頭三次。之後，他們談到了未來，經國說他有「進步思想」，並想在中國付諸實踐，但蔣介石建議他先複習一下他的中文（經國說寫俄文流利，但已經忘記了許多漢字），還要重新研讀中國經典——孔子、孟子、王陽明等哲學家以及孫中山先生的作品。[121]他希望他的兒子重回中國文化的懷抱裡。

然後，蔣介石把經國介紹給他的新媽媽——美齡，她偷偷把一個裝著錢的信封塞給他。經國這方則敬獻父親和新媽媽來自莫斯科的禮物，這是他和蔣廷黻大使一起挑選的。他給蔣介石一套用烏拉爾黑檀大理石做成的桌組，美齡一件俄國羔羊毛皮大衣。然後把芬娜和兒子介紹給蔣介石和美齡。蔣和美齡都非常喜歡他們的媳婦和孫子。可能是在同一天，蔣介石給芬娜取了個中文名字——芳娘。顯然，之後孫子也從祖父那裡得到了一個新名字——氏族名字。蔣給他取名叫孝文。孝文的一代是武嶺蔣氏的第三十代，以中文孝字為代表。換句話說，他的名字完全符合儒家的傳統。可能是在那天，但也許稍後幾天，應蔣與美齡的要求，經國和芬娜同意讓他們的兒子受洗。在他的洗禮儀式上，他們給他取了Allen的名字，此後，家裡的每個人都這樣叫他。

後來，當蔣晚上獨自一人的時候，他在日記中寫道：「經兒由俄歸來，一別十二年，骨肉重聚，不足為異，而對先妣之靈可以告慰。」[122]

與父親和解後，經國現在可以去看望母親福梅了。五月初，他和妻兒終於來到了溪口。喜極而泣的福梅，看著他和自己的孫子。她也喜歡她的兒媳婦，她很謙虛，很安靜。芬娜之所以安靜，主要是因為她不會說中文。幾年後，當她掌握了寧波方言後，她變得健談起來。經國的母親唯一不喜歡的，就是芬娜的中文名字。「不，這可不行，」她說，「她已結婚了，怎麼能是個女孩名字？」我們必須把她的名字改成方良（意為端正、善良）。[123]

經國非常高興。於是他，接著是整個中國，開始以方良這個新名字稱呼芬娜。

應福梅的要求，很快為她的兒子和方良安排了一場新的中國式婚禮。方良穿著一襲漂亮的紅色絲綢旗袍，開衩到大腿，繡著花朵和巨龍。經國穿著三件式西裝。[124]許多親戚朋友被邀請，方良準備了幾道俄羅斯菜，當然，這不容易，因為鎮上淘氣的人，把濕木枝放進火爐裡。在中國婚禮上，對新娘耍些花招是一種習俗，所以大家都開心地笑了。

金髮、謙虛勤勞的方良，給當地人留下了很好的印象。唯一令他們大為吃驚的是，婚禮幾天後，方良身著泳衣突然出現在河邊。一群無聊的人湧上河岸，看蔣介石的「赤身露體」的媳婦。但福梅趕走了他們，解釋說西方女人就是這樣洗澡的。[125]

新婚夫婦搬進了蔣介石一九三〇年在溪口郊區建造的一棟獨立磚房。這棟一層三室的私人住宅，位於剡溪岸邊，即使現在也與村裡的其他房屋不同，因為它是西式風格建築，屋頂平坦，周圍環繞著低矮的女兒牆，還有直通河邊的石臺階。房子具備所有的便利設施，甚至還有廁所和浴室。經國這次回鄉在那裡待了半年之久，之後他去南昌工作。在這裡他寫了小小一本回憶錄《我在蘇聯的日子》。[126]一九三八年二月十五日，方良在這裡生下了一個女兒，高興的祖父第二天在給兒子的一封信中，提議取名孝章。[127]如前述，「孝」是蔣介石孫輩的漢字。漢字「章」有雙重解釋：第一，在字義上，它與「文」字很接近，甚至還有「文」與「章」的表示（字面意思是「內文和章節」）；第二，它可以翻譯為「循規蹈矩」、「有章法的」。顯然，蔣孫女名字的儒家含義，是無庸置疑的。經國和方良同意了，不過在他們之間開始把女兒叫做Emma。[128]而在洗禮時，她被命名為Amy。

至於蔣介石的小兒子緯國，一九三六年十二月初抵達柏林後，最初在柏林大學上語言密集班，在那裡他只學習了將近四個月。期間，他差點遇到了嚴重的麻煩，因為他公寓的房東，某個男爵馮·斯滕格爾（von Stengel），向蓋世太保揭發他，可能是說他不尊重元首而又同情共產黨。緯國好不容易解決了此事，搬到另一間公寓，幾個月後，一九三七年十一月，以Wego的名字，被收編在韋爾馬赫特Wehrmacht山地步兵師，不久就成為一名預備士官。[129]

蔣介石經長時間的休假後，於一九三七年五月二十七日回到工作崗位。前一天，他來到自己的避暑別墅美廬，如前述，其地點離廬山牯嶺鎮不遠（江西省北部）。六月八日，他在這裡與中國共產黨代表周恩來恢復當面對談。中共方面參與的有林伯渠、博古等領導人，國民黨方面有美齡、宋子文、張沖（國民黨中央執行委員會組織部副部長）。

第一輪談判早在三月二十六日就已在杭州舉行，但當時雙方幾乎沒有什麼共識。在那次會議上，蔣介石表示，由於國民黨元老的強烈反對，他深信國共合作是不可能的，他只在「原則上」同意結束內戰。[130]但新一輪在廬山的談判一直持續到六月十五日，比較成功，達成了結束內戰的正式協定，孫逸仙的《三民主義》被宣布為合作的基礎。但並非所有重要問題都得到解決，例如，蔣介石和宋子文堅持認為，中國共產黨「人數不應該太多」，而其發展不能「給蔣介石帶來巨大的困難」，[131]在這一點上沒有取得一致性。蔣介石也沒能迫使毛澤東出國，儘管蔣介石非常希望這樣。[132]

六週前的四月初，蔣介石在上海與鮑格莫洛夫大使舉行了祕密會談。[133]作為與中國共產黨結盟的交換，他希望與蘇聯政府取得提供國民黨物資支援的協定。他非常希望在發生戰爭時與蘇聯締結互助條約，但史達林自然不想捲入中日衝突之中。四月十二日，鮑格莫洛夫通知中國新任外交部部長王寵惠，與其簽定一項互助條約，莫斯科倒是尋求盡快開始與南京就「互不侵犯條約」進行談判。[134]

雙方繼續討論可能的變數，但蔣介石和史達林都不急於締結協議。正如吾人所見，蔣介石繼續與中共進行討論。史達林此時確信，日本在遠東的政策已經「有所軟化」。鮑格莫洛夫曾多次向外交部報告，「一段（中日關係）『和平期』將持續很長的時間……他們（日本）還沒有準備好在中國發動一場『大規模』戰爭」，史達林傾向於這種想法。[135]蘇聯情報部門也以同樣的觀點報告史達林。

顯然，蔣介石還懷抱著日本不會決定攻擊中國的希望。從一九三六年四月起，他的首席軍事顧問法肯豪森（von Falkenhausen）向他進言，「日昇之國」正「試圖避免在中國的冒險」。英勇的德國將軍甚至認為，中國軍隊有可能主動對日軍在中國的陣地發動進攻：安排破壞分子和游擊隊進入滿洲和日本本土，攻擊漢口、上海、華北和朝鮮西海岸的日本駐軍。他對中國在未來戰爭中的機會給予高度評價，認為中國完全有能力將日本推回長城以北。[136]

但史達林的蘇聯訊息提供者和蔣介石的德國顧問都錯了。情勢很快就明朗了。一九三七年仲夏，日本人對蔣介石的軍隊進行了新的攻擊，這次是在北平附近。中國軍隊進行抵抗，但未能打敗侵略者。至此，開始了一場大規模的戰爭，許多在中國大陸和臺灣的人，都認為這是第二次世界大戰的開始。

第十四章
犧牲的最後關頭

很難責怪蔣介石缺乏遠見或過於信任他的德國顧問。是的，他知道日軍在離北平和天津不遠的地方集結了部隊：他的祕密特工給了他情報。此外，四月十七日，一位美國熟人，《紐約時報》的記者，剛從滿洲國旅行回來，在牯嶺也告訴蔣介石，他看到大批日本軍隊在滿洲由北往南重新部署，他們正沿著中國邊界集結。[1]但蔣介石還握有其他情報，即日本剛剛在與蘇聯交界處增加了二萬軍隊，可能是為了準備與德國聯合進攻蘇聯。[2]

在他的美國客人眼中，他顯得很累。一九三六年十二月十二日，他在華清池不幸從牆上摔下來後，儘管穿著醫療胸衣，他的脊椎還是持續疼痛。無論是外國醫生還是中國醫生都幫不了他，他們肯定地向他說，即使動手術也無濟於事。[3]但他現在似乎鐵了心要與日本作戰。無論如何，他堅定地向客人宣布，「這次他不會再屈服於日本的壓力，而是會戰鬥到底」。[4]

對於一個像他這樣過於驕傲的人來說，西安事件不可避免地給他心理帶來了深刻的影響。畢竟，西安事件本質是讓他「喪失顏面」，為此，不僅張元帥和楊將軍非得給個交代，日本「倭寇」也一樣。蔣的耐心已到極限，就像一只裝滿水的杯子：只要再加一滴，水就會滿溢出來。

這讓水杯滿出來的一滴，就是一九三七年七月八日星期四清晨，他收到的無線電訊息。據報，前一天晚上，即七月七日晚上十一點左右，中日軍隊在北平西南約三十里處，跨越永定河的盧溝橋附近，發生武裝衝突。永定河早前被稱為盧溝河（意即「黑水河」），因此橋名與美麗的橋本身並不搭配，那橋由白色石頭建成，兩側都刻有凶猛的石獅（約五百隻）。外國人稱這座建於十二世紀的橋為馬可波羅橋，因為這位偉大的旅行家在他的書中提過它，指出它「是一座非常精緻的石橋，真的非常精緻，以致幾乎沒有能出其右者」。[5]

衝突本身很普通。開始的時候，按照一九〇一年《辛丑和約》的規定，駐紮在河右岸的日本駐屯軍指揮官，把他早就為那一天作的計謀做了個了結。[6]他向位於河岸宛平城的中國駐軍指揮官要求，允許他的士兵進城尋找失蹤的日本軍人，中國軍官拒絕。之後就開火了，很難說是那一邊先沉不住氣。中國自然指控日本而日本指控中國。起初是步槍射擊，但後來日本對中國陣地發射連串大砲。中方對此也予回應。然而，第二天，一切都平靜下來，失蹤的士兵出現了。原來他在一家中國妓院過夜。[7]因此，接下來的一切本來是可以避免的。

但在得知所發生的事情後，蔣介石爆發了，這完全是他的天性。正如前述，他總是不平衡的，抑鬱期與激烈的憤怒爆發期交替。在某一時刻，他的反應無疑會因他的身體狀況而加劇，再加上他的後西安症候群，讓他的反應更為強烈。他沒有把這起事件忘卻，而是決定採取行動。

七月八日上午，甫接到北平的消息後，他立即召集一批國民黨文武官員開緊急工作會議。當時很多重要官員都在牯嶺，一是因為蔣介石在那裡，二是因為南京熱得讓人難以忍受。在山上，有著松香的新鮮空氣，帶來讓人提神醒腦的清涼，「在山谷嚴酷的濕熱之後，此地空氣非常甜美和純淨。山坡百花怒放，有高大的虎皮百合和小巧的白色帶穗梅花草」。[8]在牯嶺的參與者中，包括一九三七年一月結束國外治療返回的汪精衛。他有心臟病，但很活躍。[9]

七月八日當天，蔣介石發出幾道命令，包括給第二十九軍司令宋哲元將軍的，就是他的部隊在盧溝橋與日軍發生衝突。蔣要求宋固守宛平，無論如何不要退卻。此外，他還命令參謀總長程潛將軍，向北方增派部隊。[10]晚上，他在日記中寫道：「倭寇已在盧溝橋挑釁矣。彼將乘我準備未完成之時使我屈服乎？或故與宋哲元為難使華北獨立乎？倭已挑戰，決心應戰此其時乎？此時倭無與我開戰之利。」[11]他想保持操之在我。這就是為什麼他把增兵調往北方，進入平漢和津浦鐵路地區，他完全知道日本會不高興。進入華北違反了一九三三年五月的《塘沽協定》，根據該協定，在長城以南建立了一百公里（六十二英里）的非軍事區。[12]

七月九日，他在牯嶺對國民黨領導人的閉門會議中，發表了兩個小時的講話。他說，他向北方派出六個師，而中國將要開戰。[13]第二天，他在日記中寫道：「其意在非奪取盧溝橋不可……此為存亡關頭，萬不可失守也。動員六師北運增援，如我不有積極準備，示以決心，則不能和平解決也。」[14]儘管如此，蔣介石認為，現在還不是正式宣戰的時候，一直要到這成為絕對必要的時候。[15]

不管看起來多麼奇怪，和蔣不同，當時的日本首相、從一九三七年六月初開始領導日本政府的近衛文麿親王，並沒有完全的決心發動一場真正的戰爭。七月九日，行事謹慎的近衛，拒絕了陸軍省所提出向華北地區增派五個師的要求。在石原莞爾少將的建議下，為了避免日本可能會「像拿破崙在西班牙那樣，陷入中國泥淖」，甚至下令準備一架飛機，以便飛往中國與蔣介石談判。[16]

但是，這種和平的彎路並沒有持續多久。日本政府的好戰軍方派系已經行動了，兩天後，近衛宣布向華北地區派遣軍隊，不是五個師，而是三個師。與此同時，他也並不急於宣戰，他目前只打算建立日本對華北部分地區的控制——從北平到天津，再到保定，之後向蔣介石提出和解條件，這將導致中國喪失其獨立性。在中國的這部分地區，日軍相對較少，不超過十三萬人，[17]日本知道，展開全面性軍事行動，他們將無法占領整個中國。

七月十二日，當日本新增部隊已經登陸天津時，蔣介石與汪精衛討論了相關情勢。蔣可能在汪從歐洲返回後，就開始與之修復關係。一九三七年二月，蔣介石甚至提名汪精衛為國民黨中執會常務委員會主席，但一直還沒有得到黨內其他當權領導人的支持。[18]和蔣介石一樣，在盧溝橋事件後，汪也非常反日，並表示準備戰鬥。但是，與以前一樣，他沒有拒絕和平談判的可能性，堅持他的「一面抵抗，一面交涉」的信念。[19]然而，他堅決反對與共產黨建立統一戰線：「這樣的一步（統一戰線），無異於飲鴆止渴。」[20]

七月十七日，蔣介石又向黨政高官發表講話，這次演講打算發表在媒體上。他提醒道，兩年前，一九三五年十一月在國民黨第五次代表大會上，他說過：「和平未到根本絕望時期，絕不放棄和平；犧牲未到最後關頭，絕不輕言犧牲。」然後，他宣告：「最後關頭一到，我們只有犧牲到底，抗戰到底。唯有犧牲到底的決心，才能博得最後的勝利。」他拒絕一切妥協的希望，強調只有在維護中國領土完整和尊重中國主權的基礎上，和平才有可能實現。[21]

七月二十日上午，中華民國中央通訊社發表了這一講話。[22]四天後，蔣介石給在溪口的兒子寫信說：「你不必分心於倭寇之擾華，以我必有以制之也。」[23]

然而，蔣介石七月十七日的講話，對日本人沒有起任何作用。他們認為他只是在虛張聲勢，七月二十六日他們進攻北平。[24]三天後，在蔣介石的命令下，宋哲元棄守這座城市，南撤到保定，第二天天津淪陷了。蔣介石相當震驚：「倭寇這麼輕易地攻占了北平和天津，出乎所有人的預料。但是，如果今天他們可以如此輕易的做到，那有一天他們是不是也可能同樣容易的被打敗？」[25]

他決定親自選擇這樣的一天和一個新的地方，讓他能夠教訓日本人一下。八月初，他決定將軍事行動從華北平原轉移到上海。顯然，他的首席軍事顧問法肯豪森向他提出此一建議。他和蔣介石都認為，中國輕武器部隊在城市街道上採取軍事行動，會比在廣袤無垠的華北地區更容易。[26]此外，在英美投資者經濟利益中心的上海開闢一條戰線，可能導致西方列強直接介入衝突，這最可能迫使日本減少在中國的軍事行動，因為日本當時還沒有準備好與西方公開衝突。最後，蔣介石認為，上海的戰爭將阻礙日本在華北的快速進攻。

他的小兒子緯國後來寫道：「一九三七年八月七日，當蔣主席採取持久戰略時，決定……集中主力於華東，對上海之敵採取攻勢，以迫使日軍改變其作戰線為沿著長江自東向西……改變日軍作戰方向，是領袖在戰略指導上的傑作。」[27]令人吃驚的是，無論是緯國、法肯豪森，還是蔣介石本人，都毫不考慮這一「傑出成就」的結果，是把這座城市轉變為設給日本人的陷阱，造成成千上萬上海平民的死亡。他們也不去關心這個中國最大的工業、商業和文化中心的城市本身會被摧毀，甚至被夷為平地！

八月七日那天，蔣介石一回到南京，就召開了新的最高領導層祕密會議，專門討論防務問題。他嚴肅地環顧大廳，聲音嘶啞，緊張地對大家說：「與會者要有一個決定，請大家為民族、為國家的存亡上做個忠實的打算。」[28]他要求那些想抵抗日本的人站起來。大家都站起來，包括汪精衛。那天晚上，他在日記中寫道：「全國將領齊集首都，共赴國難，乃勝利之基也。」[29]

在選擇上海作為主要戰場地點後，蔣介石迅速在該地布建了主力部隊——派遣了四十五萬名官兵，其中包括兩個由德國人武裝和訓練的最精良的師團。[30]他還下令在長江下游三個地方埋設地雷，並在南京附近的長江上擊沉二十多艘船隻，以阻止敵軍進入大運河。[31]就像他七月向北方重新部署部隊一樣，他也非常清楚，他違反了早些時候與日本達成的協定，即一九三二年三月，日軍在當年初攻打上海後達成的協定。如前述，根據這項協定，中國不得在上海或其附近地區駐兵。換句話說，蔣介石再次蓄意製造挑釁行為。[32]

日本要求蔣介石撤軍，但他沒有遵行。他們向外國政府代表尋求協助，但他們無能為力。然後，每個人都很清楚，上海一場新的大屠殺已是無可避免的了。[33]

作為對蔣介石行動的回應，日本人首先開始撤離居住在上海虹口區（小東京）的三萬名僑民；其次，他們重新配置了公共租界區東郊的高爾夫球場，作為空軍使用地帶；第三，他們開始積極從華北前線調兵到上海。八月初，市區有五千名日本士兵和水手，到八月九日已經有八千人了。同時，在上海的錨泊地，日本軍艦的數量從三艘增加到十二艘。兩天後，又有十六艘日本軍艦接近上海，到八月十三日星期五，沿河岸已經有三十二艘戰艦，[34]其中包括旗艦「出雲號」，該艦早在一九〇五年日俄戰爭期間，在著名的對馬海戰中就已表現出色。其火砲的砲口已對準了市區。

在前一天的八月十二日，上海已陷入恐慌：成千上萬的中國人，回憶起一九三二年一月的日本轟炸，湧進跨過吳淞江橋的公共租界區。人群綿延九英里多。一位目擊者回憶道：「我們像沙丁魚一樣，很快就形成一條十英里長的人流，朝向上海公共租界區——一個安全的島嶼。我們像穿著涼鞋或拖鞋，步履匆忙……我的腳一直滑……在血肉上，我知道我走在被群眾擠倒的兒童或老人的屍體上，他們被無數的腳踩扁。」[35]同一天，中國上海市長出亡，租界區當局開始將難民分散到任何可能的地方——倉庫、辦公室、商店、電影院，但空間仍然不夠。成千上萬的人在街上、公園和小巷裡過夜。[36]

八月十三日星期五上午九點十五分，槍聲開始。就像七月七日在盧溝橋，不清楚誰先開火的。同一天下午四點，蔣介石接見了幾個西方強權的大使，稱「中國無意〔與日本〕引發敵對行動，中國渴望和平」。[37]但恰好就在下午四點，日軍開始從他們的艦艇上對上海進行砲擊。中方對此做出了回應。[38]蔣情緒高張，命令他的部隊「在海上驅逐敵人，封鎖海岸，抵抗敵人登陸」。[39]

第二天星期六，中國飛機起飛攻擊日本船艦，他們的主要目標是出雲號。但其中一名飛行員，受驚於船隻反空襲高射砲的猛烈砲火，在國際租界區投下兩枚炸彈，一枚在著名的外灘，另一枚投向匯中飯店（Palace Hotel），造成七百二十八或七百二十九人死亡，八百六十一人受傷。不久，另一名中國飛行員在法國租界區西北邊的新世界遊樂場不遠處，誤投兩枚炸彈，造成一千零一十一人死亡，五百七十人受傷（根據其他數據，有三千多人死傷）。[40]

全世界從未見過這樣的事！顯然，蔣介石和他的飛行員那天運氣不好。一名目擊者回憶說：「灰塵、煙霧和噪音弄得我們視線不明、頭腦昏花。碎片如雨淋在我們身上……我……進外灘一處神奇地沒有難民的地方。在拐角處，一名無頭的錫克族員警，伸出雙臂，彷彿在阻擋迎面而來的交通……頭、胳膊、腿散布在殘缺的身體軀幹遠處。屍體到處橫陳在兩棟建築間長長的人行道和過道上。」[41]在這個受到詛咒的安息日，和平的城市居民，為他們委員長的「傑出的戰略計畫成就」，付出了高昂的代價。

而這僅僅是個開始。日本海陸軍登陸河岸，戰鬥轉移到了城市的街道上，還伴隨著日本從空中與河面的地毯式轟炸。與此同時，幾天後，為了尋求彈性政策，近衛透過外務大臣廣田弘毅，請求德國駐東京大使，充當與蔣介石和平談判的調解人。但結果是一無所獲。[42]

九月初，日軍迅速從華北前線和自一八九五年以來一直處於日軍占領下的臺灣，調集了十萬軍隊到上海。[43]戰鬥持續了三個月，中國士兵英勇抵抗，但他們缺乏足夠的武器彈藥。日本人掌握了制空權。中國居住區幾乎被完全摧毀，成千上萬的無辜者被殺害。除了和平的公民，超過十八萬七千名中國官兵，在有如史達林格勒戰役的中國版戰役中陣亡或受傷，平均每天有兩千名軍人死亡。儘管蔣介石要求攻擊「雖至最後之一兵一卒，亦必在陣中抗戰到底」，但他不得不承認失敗。[44]一九三七年十一月初，大約四十萬中國士兵撤出了這座城市。十一月十一日，日軍士兵高喊「萬歲！」開始進入城市，第二天完成了他們的占領。三十五萬城市居民設法逃離了上海，但該市四百萬和平居民中的大多數處於被占領之下，他們在恐怖統治的無情敵人掌握下生活。日本人也不好過，超過四萬二千名日本軍人在這座城市的爭奪戰鬥中陣亡。[45]

的確，在攻占這座城市的前夕，日本政府認為中國軍隊已一敗塗地，再次求助於德國人（這次是透過他們的駐東京大使和駐南京大使），要求德國調解與蔣介石的和平談判。像以前一樣，近衛的戰術，是希望蔣介石在遭到一連串的失敗後，會傾向於和平。無庸言，上海的勝利是這一戰略計畫中最重要的一部分。

一九三七年十一月五日，在上海市淪陷前一週，德國駐華大使向蔣介石轉達了日本的和平條件：內蒙古自治、擴大華北和上海非軍事區、結束抗日運動、共同抵抗共產主義、降低日本商品關稅，尊重外國住民的權利，但蔣介石斷然地拒絕了。[46]日本人沒有堅持，因為現在他們有力量取得新的勝利。

蔣介石在各條戰線上的失敗並不足為怪。儘管中國軍人勇敢又有人數優勢——中國軍隊有二百三十七萬八千九百七十人，而日本軍隊僅幾十萬，但他們還是無法在廣袤的華北平原，或狹窄的城市街道上克敵制勝。[47]用蔣緯國的話說：「日本在開戰之前，它的戰力，論質論量都是優勢的……當時日本一師團的戰力，可與中國編裝完整的三個師對抗。」[48]戰爭開始之前，中國擁有一百七十七架軍用飛機，但到一九三七年底，這些飛機幾乎全部被摧毀。只有七十輛坦克，幾乎沒有現代火砲，只有七十六門中小型口徑高射砲和四十八枚野戰火砲，而幾乎沒有砲彈。[49]一九三七年八月二十六日，鮑格莫洛夫大使肯定地向史達林報告，中國「幾乎沒有武力配備來應付三個月的戰爭」。[50]這時，蔣介石本人悲觀地評估中國在抗日戰爭中的機會——如果沒有外力來援助，他認為中國大概撐不過六個月。[51]

但國際形勢不利於中國，因為不論美國或英國，都不準備向他提供真正的援助。此外，美國儘管自一九三五年八月底宣布了中立政策，但卻積極幫助日本，向日本提供武器以及某些戰略物資，如廢金屬、鋼鐵，以及最重要的石油，而這是日本幾乎完全欠缺的東西。美國的石油，供應了日本八〇％的需求。[52]在這方面，美國是遵循一九一一年《美日貿易與航行條約》的條款，對於美國和日本帝國之間的貿易，建立了最惠國原則。英國和法國也不急於支援中國，他們同樣重視與日本的商業關係，此外，他們還擔心未來必須兩面作戰——要對抗來自德國越來越明顯的威脅，以及對抗日本的威脅。一九三七年五月至六月戰爭前夕，英國與日本正就承認後者在華北的權利進行談判。雖然這些談判毫無結果，但鮑格莫洛夫仍然認為，「在某種程度上，他們解開了華北日本人之手」。[53]他沒有向中方隱瞞自己的觀點。

這一切蔣介石都知道，這就是為什麼一九三七年八月七日，他表明要準備戰鬥，他承認：「在精神上，美國和英國將在道義上幫助我們，但正如義大利案例所示，他們並不可靠。」[54]一九三七年十一月，國際聯盟以及因應中國戰爭的爆發而舉行的布魯塞爾九國會議，都很快確認了西方的不可靠。[55]無論是國聯還是世界任何一個主要國家，都對日本束手無策。蔣介石提到義大利是適當的。一九三六至一九三七年，墨索里尼完全切斷了對中國的援助，以示對蔣介石的不滿，因為蔣介石加入了國際聯盟對義大利的制裁，以回應一九三五年十月法西斯之入侵衣索比亞。但蔣介石不得不譴責義大利的這一侵略行徑，因為這是「日本準備侵略中國的『惡性例子』」。應蔣介石的要求，孔祥熙會見了斯卡羅尼（Silvio Scaroni），建議他在不通知義大利大使的情況下，以私人電報把這一想法轉達給墨索里尼。蔣請求墨索里尼「盡快解決衣索比亞問題」，否則義大利「不可能履行其與中國的商業往來」。[56]當時義大利已經出售給中國一百三十多架教練機與轟炸機，數百名中國飛行員和工程師在義大利和中國上課。[57]一九三七年，只有一位著名的義大利人德斯特凡尼（Alberto De Stefani）擔任蔣的經濟顧問，為蔣介石積極工作，他是墨索里尼政府前財政部部長和法西斯大議會（the Grand Council of Fascism）的成員。[58]

然而，納粹繼續向中國提供軍事援助。一九三七年夏秋，希特勒以各種可能的方式，向蔣介石表示同情。九月，在紐倫堡納粹黨代會的大廳裡，他長時間緊握著中國大使的手，對蔣介石的「英勇」表示欽佩。[59]在那段日子裡，蔣緯國以「中國委員長之子」的身分被介紹給元首。根據緯國的回憶，希特勒「熱情地招呼」他，並要他向緯國的父親問好。[60]顯然，根據蔣介石的指示，一九三七年九月，正在德國接受治療的蔣介石連襟孔祥熙，給希特勒寫了一封信，信中充滿了禮貌的語句，懇求元首不要支援日本。他向元首保證，中國與帝國的共同點，遠大於日本和帝國的。中國和德國一樣，有一個由單一民族主義政黨和一個強而有力的領導人領導的專制政權；而日本，有的則是一個腐敗的議會制度。[61]雖然他沒有得到答覆，但希特勒在十一月回應了蔣介石的要求，提供價值五千萬德國馬克（略高於二千萬美元）的新武器。總的來說，一九三七年，中國以八千三百萬德國馬克（約合三千二百萬美元）的價值，占有德國武器出口總額的三七％，但納粹也出售武器給日本，他們獲得德國武器出口的一三％，總金額約為一千一百萬德國馬克（略高於四百萬美元）。不久，希特勒同意向中國提供價值一億德國馬克（超過四千萬美元）的額外武器。儘管日本提出強烈抗議，德國軍事顧問仍繼續在中國工作（戰爭開始時有四十六人），還有將近一千五百名德國文職專家。德國在中國投資了四億德國馬克（超過一．六億美元）。[62]

然而，蔣介石不能完全信任納粹。雖然他可能不知道，一九三七年八月十六日，希特勒告訴他的外交和國防部部長，「原則上」他有與日本通力合作的想法。蔣介石很清楚，早在一九三六年四月和一九三七年六月，德國就與滿洲國締結了貿易協定，之後於一九三七年九月四日，曾向溥儀提供一億德國馬克的信貸，以換取滿洲國向帝國供應商品。[63]然而，希特勒並不是唯一就滿洲國與蔣介石玩雙面遊戲的人，史達林的滿洲政策也是挑釁性的。因此，在獲得德國武器時，蔣介石可以對希特勒在滿洲國問題上的不友好行為視而不見，就像他對史達林的類似行為視而不見一樣。當然，他不會忘記，希特勒已經與日本簽署了反共條約。他還知道，一九三七年一月三十日在柏林，和九月六日在紐倫堡，儘管他對緯國和中國大使表現友好，但希特勒指出，日本正在盡一切努力打擊「共產國際運動」，防止「對文明世界的攻擊」。[64]這一切加劇了蔣介石對中德合作前景的憂慮。

考慮到中國複雜的國際形勢，早在一九三七年八月初，蔣介石就意識到，不可能再推遲與蘇聯簽署正式的互不侵犯條約。如前述，蔣介石非常希望與蘇聯締結一項互助條約，以便將其捲入戰爭，但最終因為謹慎的史達林堅持，他被迫同意一項互不侵犯條約。此時此刻，克里姆林宮領導人，不想將自己與援助中國的書面義務捆綁在一起，他只是希望得到正式承諾，保證蘇聯出售給中國的武器，不會被用來對付蘇聯自己。

當然，史達林是個危險的對手，一九二〇年代統一戰線的不愉快經驗，提醒蔣介石不能放鬆警戒。但是在那個特定的時刻——而且蔣介石對此非常了解——只有史達林能夠透過一切可能的手段，迅速、毫不拖延地幫助中國。這並不是因為他對中國民族主義有任何同情，而是因為蔣介石的失敗，以及中國屈服於日本，可能導致中國共產黨的毀滅，而且——最重要的是——導致日本對蘇聯的攻擊。因此，蔣介石和史達林有一個共同的敵人，蔣仍然希望蘇聯不僅能提供他武器和資金，而且最終介入中日衝突，對關東軍施以先發制人的打擊。

蔣介石知道史達林準備馬上開始援助。一九三七年三月八日，在戰爭爆發前四個半月，蘇聯政治局通過了一項決議，「同意向南京政府出售總值五千萬墨西哥元（近一千四百萬美元）的飛機、坦克和其他軍事技術物資。交貨期為兩年，另為期六年」，由中國提供同等價值的戰略原材料支付。[65]盧溝橋事件三週後，蘇聯政府應蔣介石的要求，重新檢視該決議，並決定：

一、增加（向中國）的武器供應，信貸額為一億中國銀元（即將近二千八百萬美元），提供給南京政府二百架附有配備的飛機，和依早前約定條件的二百輛坦克，以一年的時間交付。

二、建議南京政府允許一小群軍官，到南京熟悉中國軍隊的需要。

三、同意接受在這裡培訓一批中國飛行員和坦克駕駛學員。[66]

這正是蔣介石所需要的。這就是為什麼被日軍逼到絕地的蔣，與史達林做了這筆交易。正如他非常明白的，這筆得到史達林支援的交易，其回報是必須讓中國共產黨及其紅軍合法化。

一九三七年八月中旬，條約草案很快商定。在蘇聯方面的倡議下，決定在條約簽署的那一刻就生效，不用浪費正式批准的時間，而其有效性為期五年。[67]此外，應史達林的要求，蔣同意在簽署互不侵犯條約後，外交部部長王寵惠將口頭發表「君子」聲明：「在互不侵犯條約實施期間……中華民國將不會與第三方締結旨在對共產主義做所謂的聯合行動而實際上是針對蘇聯的任何其他條約。」作為回報，應中方要求和在史達林同意下，鮑格莫洛夫宣布，蘇方「不會與日本締結任何形式的互不侵犯條約」。[68]一九三七年八月二十一日晚上十點，王寵惠和鮑格莫洛夫在南京簽署了該條約。

次日，即八月二十二日，蔣介石發布命令，將中國紅軍納入他指揮的國民革命軍組織。中國工農紅軍更名為第八路軍。不久，中共控制的中國西北地區，開始被稱為所謂的國民政府特區，成立陝甘寧邊區政府。以延安為新首都的邊區包括陝西、甘肅、寧夏三省的十八個區。一個月後，即九月二十二日，中國共產黨宣布承認國民黨的領導角色，二十三日，蔣介石發表了關於建立中國各政黨抗日統一戰線的聲明。

但是，在國民黨和中共統一戰線的實際作為方面，仍然存在著問題。其中最主要的是，蔣介石和毛澤東都互不信任對方，根本上，他們兩人都不想要真正的統一戰線。「我們絕不能允許〔共產黨〕過於獨立」，蔣介石在統一戰線成立前兩個月的日記中寫道。[69]

與此同時，他準備容忍中國共產黨，因為他迫切需要蘇聯的武器。此外，他明白，只要中國對日發動戰爭，「俄國於我抗戰期間，必不促使共黨叛離也」。[70]再者，他繼續指望蘇聯軍隊對滿洲的干預，在與蘇聯代表的談話中，更加堅持蘇日戰爭的想法。

「指望日蘇戰爭一如既往是蔣介石的執念，」早在七月十七日，鮑格莫洛夫就向莫斯科報告，「在最近的一次與萊平[71]的談話中，他再次表示他的看法，即從日本的角度來看，根本問題不是中國，而是蘇聯。」[72]八月的時候，國民黨人員開始不斷向蘇聯代表要求，請他們直接的，或「在滿洲邊境沿線進行蘇聯軍隊的某種行動，『以轉移日本對中國的注意力』」。八月一日，中國駐蘇大使蔣廷黻向蘇聯外交人民委員李維諾夫發表了這樣的言論，次日，立法院院長孫科，即孫逸仙之子，向鮑格莫洛夫提出了類似要求。[73]八月二十八日，蔣介石親自請鮑格莫洛夫向史達林轉達，請他不僅要加快蘇聯飛機的交付速度，還要允許蘇聯飛行員「以志願者的身分加入中國軍隊」。[74]秋天，率領中國代表團在莫斯科就軍事採購進行祕密談判的楊杰將軍，向蘇聯領導人提出了參加抗日戰爭的要求。他將此轉達給國防人民委員伏羅希洛夫（Kliment Efremovich Voroshilov），聲稱這是蔣介石的個人要求。對此，伏羅希洛夫建議蔣介石恢復他自己軍隊的秩序，並「掌控」所有將軍和軍方首長。「目前CKS〔蔣介石〕必須成為獨裁者，」他說，並解釋道，「他應該砍掉所有試圖逃避職責的將軍的頭。」[75]

伏羅希洛夫的話很有道理：國民革命軍和以前一樣，是由各種軍事派系組成的聚合體，將軍們並不總是服從上級指揮官的命令，因為他們擔心在戰鬥中失去他們權力和財富來源的軍隊。這也是蔣介石在前線失敗的原因之一。然而，正如前述，蔣介石無法成為像史達林和希特勒那樣的獨裁者：他有各式各樣的對手，而且為數眾多——從共產黨到軍閥，即使在危急時刻，他們也只是暫時支持他的政府。

地方主義甚至表現在上海戰役中。因此，用英國總領事的話說，部署在浙江南部的五萬中國軍隊沒有參戰，因為地方當局擔心沒有人留下來保衛自己的領土。張學良之前帶領的部隊，從西安調到上海以北的江蘇省無錫市，表現更糟。他們不想支援逮捕他們指揮官的委員長，而且根本拒絕把武器運交給浴血捍衛中國史達林格勒的部隊。「地方主義非常頑強，」總領事總結道，「我們可以同情蔣介石對擁有一支國軍的渴望。」[76]

與此同時，九月十四日，楊杰一行與蘇聯就軍火交付問題達成協議。以一個月的時間（從九月二十五日到十月二十五日），二百二十五架飛機將抵達中國。與此同時，有關中國購買這些飛機的貸款，尚未簽下正式協定。第一個這樣的協定將在一九三八年三月一日簽署，而且價金不是一千四百萬或二千八百萬美元，而是五千萬美元。屆時，已有二百八十二架飛機飛抵中國，根據這項協定，蘇聯將向中國提供總計二百九十七架飛機、八十二輛坦克、四百二十五門大砲和榴彈砲、一千八百二十五挺機關槍、四百輛汽車、三十六萬發砲彈、一千萬枝步槍和其他戰略物資。[77]

一九三七年十一月十一日，上海淪陷的前一天，楊杰將軍得以謁見史達林。當然，他利用這個機會，要求蘇聯領導人直接參與中日戰爭。當時史達林不僅突然出人意料地沒有拒絕這種可能性，而且宣稱「當日本開始打敗」中國時，「蘇聯將參戰」。[78]很難說他為什麼這樣做：所有現有的文獻檔案，都表明他無意參加這場戰爭。

我們只能想像，當楊杰將軍回到中國，向蔣報告了史達林的話，蔣是多麼高興，他馬上（一九三七年十一月二十五日）給克里姆林宮領導人寫了一封信，這是隨後一系列信件中的第一封信。當然，他熱情地感謝史達林的「道義和物質支援」，並向他保證他的「友好感情」。只有一封信還不夠，第二天他又寫了第二封信，再次要求克里姆林宮領導人決定「派遣軍隊的問題」。顯然，他想打鐵趁熱。[79]

十二月一日，第一批蘇聯飛機降落在南京：二十五架I-16戰鬥機，指揮的是著名的飛行員普羅科菲耶夫（Gavriil Mikhailovich Prokofiev），他在五個月前因參加西班牙內戰，而被授予蘇聯英雄稱號。[80]幾個小時後，二十架蘇聯ＳＢ轟炸機也降落。[81]蔣介石很高興，但他在日記中痛苦地指出：「惜時已晚，但尚有效用也。」[82]

兩天後，即十二月三日，他收到了日本提出的新的和平建議，依然由德國駐華大使轉達給他。日軍現在要求他承認滿洲國、內蒙古獨立和日軍在華北的存在，擴大非軍事區，發展經濟合作，共同打擊共產主義，並且結束抗日運動。[83]

為了促使史達林迅速參戰，蔣介石立即向蘇聯大使館新任武官通報了這一建議。[84]他是師長德拉特文（Mikhail Ivanovich Dratvin），蔣介石從一九二〇年代中期就認識他，當時德拉特文曾在黃埔軍校擔任總顧問。[85]他才剛剛隨同第一批蘇聯軍事專家抵達南京，除其他任務外，他已經開始履行對蔣的軍事總顧問的職責。德拉特文立即通知莫斯科他與蔣介石的談話，直到蔣介石得到莫斯科對中國支持的新保證後，蔣才對德國大使做出否定的回應。[86]

他戰鬥到死的決心仍然不可動搖：他已咬緊牙根，絕不退讓。這就是他的性格：狂野而無羈。就像在他早已遠去的童年，當一個「躁」取代了「靜」，他就再也無法控制自己，而全速前進。[87]所有的懷疑、所有對「贊成」（pro）和「反對」（contra）深思熟慮的權衡，都被拋到天外。他等待莫斯科的答覆，只是因為他在虛張聲勢：他需要向史達林灌輸這樣一種想法，即如果蘇聯不給他足夠的援助，他可以輕易地結束戰爭。實際上，只有日本恢復盧溝橋事件之前的狀況，他才會同意與侵略者和平相處。有些人可能認為這是固執，另一些人則認為這是英勇。

第十五章
鮮血與灰燼

當蔣介石等待史達林的答覆時，他的軍隊又遭受了一次損失，這次是在首都南京。這座城市位於距上海上游六百里（一百七十五英里）處的長江沿岸，在「中國史達林格勒」（上海）淪陷後，它受到了直接威脅。因此，一九三七年十一月底，蔣介石決定將以林森為首的國民政府，撤退到深入大後方的重慶市，另將軍事總部疏散到武漢。這兩個城市也位於長江沿岸，但比南京往西上溯更遠的地方。四川的重慶，距南京一千多英里處，湖北省的武漢市大約五百英里。

十一月中旬，蔣介石在南京召開了三次軍事會議，討論捍衛該城市的問題。並非所有出席者都認為有必要捍衛很難保護的首都。敵人可以從三面加以包圍，長江又會阻礙中國部隊從第四面撤出。廣西將領李宗仁和白崇禧強烈堅持不戰而退，認為上海潰敗後，軍隊失去了戰鬥精神，需要一個喘息的機會。他們建議宣布該市「不設防」，避免給日本人一個鎮壓和平老百姓的藉口。法肯豪森支持他們，[1]但蔣介石害怕「丟臉」，決定保衛首都。「國父陵寢之所在地」，他宣稱，我們「必須防守」。[2]

當然，我們可以理解蔣介石的觀點：儘管南京沒有戰略意義，防禦也注定會失敗，但領導人不能輕率地將首都讓給敵人，南京這個城市是新中國的象徵。然而，蔣介石防禦到底的決定，顯然是錯誤的。它造成中國軍隊，特別是平民人口的大量犧牲。

包括普羅科菲耶夫在內的蘇聯飛行員也參加了南京戰役，但他們同樣無法改變戰果。十二月七日，在集結了大量火砲、飛機和坦克之後，日本開始攻擊這座城市。中國軍隊只堅持了五天，在那段時間裡損失了七萬人。(他們每天的損失是上海損失的七倍！)

十二月七日清晨，蔣和美齡逃離了這座城市。在凌晨四點起床後，他們向上帝禱告；到五點半，他們登上航程兩個半小時到牯嶺的一架飛機。走出飛機，蔣急切地深深吸入一口純淨的空氣。那天晚上，他在日記中寫道：「空氣清明，精神順爽，思慮亦能舒展。」[3]他的顧問端納與他們一起飛來，他回憶說，他們「從未想過逆境或失敗」。他們沿著山路漫步，「從沒討論戰爭的駭人事件，從未為此煩惱」[4]。

與此同時，首都的局勢變得非常恐怖。十二月八日，南京市市長逃逸。到那個時候，所有可以拿走的東西(大部分是文化藝術品)都已送到了重慶。之後，士兵們開始放火或炸毀建築物。城市一片混亂。人們試圖逃出圍困，但他們無法渡過近一英里寬的長江，街上擠滿了已經聽到砲聲的人。與此同時，血腥的戰火正向城市迫近。十二月十二日晚，南京衛戍司令唐生智將軍，終於下達了撤退命令。當天深夜，他自己坐著一輛小汽艇離開城裡。[5]十二月十三日下午兩點，日本士兵進入市區。

除了大約三十人外，所有外國人都已在秋天離城。那些留下來的人(商人、傳教士和醫生)，想辦法在美國大使館周圍的城中心區，建立了一個所謂的安全區。[6]他們用白旗和紅十字圈圍了一．五平方英里的土地，宣布其為「中立」，並在那裡建立了一個難民營。為了管理和守衛該區，他們設立了一個國際委員會。這些勇敢而天真的人，希望日本人會因擔心外交糾紛，而不敢冒險進入該地區。畢竟，除了他們的委員會和美國大使館之外，[7]該地還有國際紅十字會南京委員會、義大利大使館、荷蘭外交使節團、國際和德國俱樂部，以及美國開辦的金陵女子學院。[8]然而，正如不久後所顯現的，該區當然並不完全安全。國際委員會與日本進行了多次談判，但只得到迴避答覆或口頭承諾不占領該區。

在南京淪陷之前，多達二十萬中國人聚集在這個安全區（戰爭開始時南京的人口是一百萬），不久之後又有五萬人湧入。該地區很快變成了人口過剩的貧民區，許多人盡其所能聚集在一起：在荒廢的建築物裡、在地窖裡、在挖坑裡、在戰壕裡、在匆忙建造的小屋裡，甚至在露天的大街上。這裡當然沒有衛生設施，惡臭難以忍受。最糟糕的是，日本人經常闖入，儘管國際委員會成員堅決抗議，而且經常英勇抵抗，但他們還是殺害和強姦難民。[9]

儘管如此，那些在該區避難的人，逗留在那兒一直到一九三八年二月中旬，至少還有一點存活的機會。[10]南京的其他居民則簡直就是置身地獄，他們遭遇到的，完完全全就是大屠殺。在至少六個星期的時間裡，日本官兵陶醉於勝利，他們痛恨中國軍隊的抵抗，但主要是因為無休止的血腥戰鬥而精疲力竭（大多數攻下南京的士兵也參加了上海戰役），他們真正地殺盡了南京的居民。同時，彷彿在嘲笑他們，到處都張貼了聲明，宣稱日本是中國唯一的朋友。[11]

「沒有人想到事情會像這樣子，」一位外國目擊者寫道，「隨著日本士兵的到來，我們想……和平就要到來……但我們所有人卻是驚駭又驚駭。搶劫、掠奪、酷刑、謀殺、強姦、焚燒——一切可以想像到的，從一開始就毫無限制地進行著，現今時代無能出其右者。南京幾乎是一個活生生的地獄……士兵們想拿什麼就拿什麼，不想要的就加以摧毀，幾百幾百大批公開地強姦婦女和女童。」[12]一九三七年十二月十九日另有一則筆記：「上週的恐怖超出了我所有的經驗。我從沒想過日本士兵會這麼野蠻。這是謀殺和強姦的一星期……他們不僅殺害了他們所能找到的每一個囚犯，而且還殺害了所有年齡層的廣大普通市民。他們中的許多人像獵兔一樣在街上被射殺。全城都是屍體。」[13]結果是，在六週的大規模恐怖事件中，根據各方估計，日本人殺害了成千上萬的無辜者！[14]

不能說蔣對這方面漠不關心。一九三七年十二月十六日，他向全國發布訊息，表達對首都的淪陷負起責任。[15] 一九三八年一月二十二日，得知南京慘案的規模後，他在日記中寫道：「倭寇在京殘殺姦淫未已，似此獸類暴行，彼固自速其亡，而我同胞之痛苦極矣。」[16] 一個月前，即一九三七年十二月二十四日，他向美國總統羅斯福發出援助請求，但羅斯福沒有做出任何具體承諾。[17]

與此同時，蔣介石接受了一位德國記者的採訪，他說：「中國人民有抵抗的堅定決心。」他表示自己正從蘇聯接收足量的戰備與軍火（如前述，可能是故意說的，因為他想挑起日本和蘇聯之間的衝突）。史達林非常震怒：畢竟蘇聯的武器都是以非官方形式供應給中國的。但是，經過再三思量後，克里姆林宮領導人平靜了下來，畢竟，在那個時候，蔣介石繼續抵抗日本對他來說很重要。因此，他寫信給莫洛托夫和伏羅希洛夫：「蔣介石行事並不很謹慎——但是，讓他下地獄吧。」當然，莫洛托夫和伏羅希洛夫都同意把蔣介石送給魔鬼。[18]

與此同時，一九三七年十二月二十六日在武昌——蔣介石是十二月十四日抵達該地的——德國大使再次拜訪他，並轉交了日本和平條款的第三次草稿，幾乎與之前的兩個草案相同：日本只增加了一個要求——中國支付「適當的賠款」。但兩天後，蔣介石將此事通知了蘇聯新任大使盧幹滋（Ivan Trofimovich Luganets-Orel'sky），再次試圖嚇唬史達林。「情況就是這樣，」他虛張聲勢地說，「如果蘇聯不公開出面用軍事力量援助中國，那麼中國的失敗是不可避免的……中國的輿論中……人們的情緒高張起來，如果蘇聯方面軍事協助的希望落空，失敗將不可避免，還不如支持一個親日政府。」（直譯）[19] 蔣介石以兩個半小時的時間，仔細闡述了這一想法。鐵匠之子盧幹滋，「一個像大力士一樣身強力壯的人」[20]（他將大使辦公室與蘇聯外國情報機構駐地職務結合起來），全神貫注地傾聽著。[21]

為了嚇唬其他國家，為了迫使它們援助中國，蔣介石下令將日本的和平條件也送達美國、英國和法國政府。很明顯，他是在虛張聲勢。十二月二十七日，在最高國防委員會會議上，他把日本的要求告知他們後，又讓下屬知道，在任何情況下，他都不打算接受這些要求。他宣稱：「今日除投降外無和平，捨抗戰外無生存。」[22]新年的前兩天，他在日記中寫道：「今日最危險之處，莫過於停戰言和。」[23]

儘管如此，他還是指示勸告他不要拒絕德國調解的孔祥熙，與日本舉行會談以爭取時間。但日本已經失去耐心，一九三八年一月十六日，近衛宣布，從現在起，他將不再與蔣介石政府打交道。此後，日本轉向建立華北和華東地區的傀儡政府。作為回應，蔣介石召回了駐東京大使。但後來日本也召回他們的大使。[24]因此，中日兩國的外交關係斷絕了。[25]

為了向不計大規模敗仗與無數犧牲者仍堅持抗日的中國致敬，由熱烈同情中國的亨利・盧斯（Henry Luce）出版的美國《時代》雜誌，在一九三八年一月一日，宣稱蔣介石和美齡為「年度夫妻」。蔣介石身穿中式長袍，左手拿著氈帽，美齡身穿樸素的西式連衣裙。由於某種原因，他們站在羅馬式廊柱的背景前，也許是為了讓西方讀者比較容易接受他們吧。

這時，正在湖北省會武昌的蔣介石，開始制定捍衛武漢三鎮的計畫，此三鎮是中國事實上的首都，不僅具有政治上的、而且具有巨大的戰略上的意義。該市位於中國最重要的兩條交通大動脈的交匯處——從西向東流的長江，以及北平至廣州的鐵路。[26]武漢也是全國最大的大城市之一。居民大約有二百萬人，包括好幾十萬難民。「如何能守住武漢？」一九三八年一月一日，蔣介石在日記中寫道，「使倭寇知併吞中國之不可能，使之知難而止。」[27]

一月十日，他飛抵位於武漢以北二百八十英里的宋代（九六〇—一一二七）故都開封，第二天他又召開了一次高階指揮官會議。他在會中怒火中燒，甚至下令逮捕山東省政府主席韓復榘將軍，後者不戰而將泰安市交給了敵人，於是被遞交給軍事法庭，幾天後被槍決。蔣堅定要求加強軍事紀律，並動員一切力量保衛武漢地區。[28]二十天後，他再次寫信給羅斯福總統，要求他介入戰爭。[29]但是，和之前一樣，美國堅持中立政策。

蘇聯現在為蔣介石在武漢的防禦上提供了大量援助。用中國前駐蘇聯大使蔣廷黻的話說：「無論在外交還是在軍事裝備供應方面，莫斯科都比華盛頓或倫敦更親華。」[30]最初是德拉特文（Dratvin），後來從一九三八年七月起接替他的新首席軍事顧問，也是蔣在一九二〇年代就認識的切列帕諾夫（Aleksandr Ivanovich Cherepanov），都參與蔣的參謀作業，一同起草軍事行動計畫，而另有數十名軍事顧問被安插在前線的戰鬥部隊中。[31]一九三八年一月至二月，三十一架蘇聯轟炸機降落在武漢機場，同時有四十架戰鬥機抵達南昌。到二月中旬，已有一百架蘇聯飛機進駐在這個地區。總體而言，截至九月初，中國已經從蘇聯購買了一百二十三架ＳＢ轟炸機、一百零五架I-16戰鬥機和一百三十三架I-15戰鬥機。一九三八年五月至十月，蘇聯空軍已摧毀了一百多架日本飛機和七十多艘軍艦和運輸船。但犧牲的飛行員也不少。一九三八年夏天，中國軍隊的全部軍火裝備（六百零二架飛機），[32]到了十月二十八日，只剩下八十七架飛機。[33]

三月分，第一批蘇聯坦克抵達——四十輛T-26坦克與教官。不久，在蘇聯顧問的協助下，中國軍隊第一個機械化師團成立。四月，第一批蘇聯大砲抵達。[34]七月一日，再次在莫斯科簽署一項新協定，對中國提供五千萬美元的貸款。根據這項協定，蘇方將向中國提供一百八十架飛機、三百件火砲、一千五百挺輕機槍、五百挺重機槍、三百輛卡車、航空發動機、備件、子彈、彈藥筒和其他戰略物資。[35]

但這些對蔣介石來說還是不夠的。在整個一九三八年，他不斷要求史達林增加對武器和顧問的援助，進一步努力將蘇聯捲入對日戰爭中。此外，他還懇求與史達林締結祕密軍事聯盟、互助條約，或發表聯合政治宣言，或只是交換有關友誼的照會。蔣廷黻大使向蔣介石肯定，這些是沒有意義的：史達林不會參戰，但蔣介石不願相信這一點，並且十分惱恨，召回了蔣廷黻，代之以楊杰。[36]蔣單方面不斷向史達林承諾，從今以後，他將永遠追隨蘇聯外交政策的領導。此外，從一九三八年六月初開始，他一再要求史達林把加倫將軍（Bliukher）送來，擔任他的首席軍事顧問，後者在一九二〇年代曾與他有過良好的關係。一九三八年六月，蔣介石甚至向史達林提議，邀請他到莫斯科「討論這些問題」。[37]

但史達林雖然經常向他保證「將盡一切可能幫助偉大的中國人民」，但拒絕參戰、簽署祕密軍事協定、新條約或發表宣言。[38]他更不希望交換有關友誼的照會，也不想把加倫送到中國，[39]或者在莫斯科接待蔣介石。

然而，很難輕視蘇聯對中國援助的重要性，因為就在那時，蔣介石與他的另一個盟友——納粹德國——的關係急遽惡化。希特勒早在一九三七年八月十六日告訴其黨員的事，現在開始成為現實：從一九三八年二月起，他開始公開支持日本。這不僅是出於種族考慮，[40]而且還因為希特勒不能原諒蔣介石拉近與布爾什維克的關係，儘管中國外交部部長在與蘇聯簽署條約文本之前，已向德國大使（同樣還有法國、英國、美國和義大利大使等）保證，該協定並不表明背離中國政府「傳統反共的政策」。[41]與此同時，希特勒對日本的反蘇毫不懷疑。德國和日本之間的密切合作，正是在反蘇的基礎上發展起來的。此外，希特勒也有其經濟考量。侵占了中國大片領土的日本軍隊，取得令人印象深刻的勝利，使元首表示有興趣發展與日本的廣泛商業關係。現在他可以從日本人那裡獲得他所需要的中國原物料了。

因此，一九三八年二月二十日，希特勒正式承認滿洲國，並就此宣布：「無論遠東事件何時、或如何地終結，德國在防禦共產主義的立場上，將永遠看待與珍視日本為一個捍衛因素——亦即捍衛人類文明。」[42]（三個月前，即一九三七年十一月二十九日，滿洲國得到墨索里尼的承認，墨索里尼於十一月六日也加入了日德反共產國際條約。）

蔣很失望。[43]一九三八年三月，為了要給希特勒一個好印象，他透過德國駐華大使，向希特勒表示祝賀德奧合併（Anschluss）。順便一提，蔣介石的小兒子緯國作為一名士官，在德意志國防軍（Wehrmacht）的步兵師參加了兼併奧地利行動，當然，蔣和希特勒都知道這一點。同年十月，緯國和他的師團參加了德國入侵蘇台德戰役，之後他進入慕尼黑軍官學校。[44]在同一封信中，蔣介石請求希特勒賣給他二十架轟炸機，一九三八年四月，孔祥熙也再次送交希特勒一封新的友好信函。

但不論蔣介石或孔祥熙都未取得任何成就。四月底，希特勒發布命令，停止向中國供應武器，並要求所有德國軍事顧問——當時有三十二名——返回德國。並不是所有的人都服從命令。有七個人留下來，但其中大多數將在未來兩個月內經香港離開中國。最後一批人，包括法肯豪森，於一九三八年七月五日離開。[45]與此同時，德國大使也被召回柏林。在他們離開前三天，蔣介石邀請他們參加一個惜別宴會，並熱情地感謝他們的服務。日本政府對柏林表示感謝。[46]

與德國關係的惡化自然令人不快，但蔣介石沒有時間去處理他受傷的心靈。一九三八年從春夏到初秋，他竭盡全力加強武漢軍事基地建設。三月二十九日至四月一日，他在武昌武漢大學大樓召開了國民黨臨時全國代表大會。（在重慶開幕，但蔣介石沒有去那裡，其他會議都在武昌舉行。）[47]參加會議的有二百七十二名由黨中央執行委員會邀請的代表（在戰時條件下，不可能舉行選舉）。周恩來應邀作為觀察員，代表中國共產黨。在這個關鍵時刻，蔣介石想團結全國所有的力量。大會最後一天，蔣發表了題為「對日抗戰與本黨前途」的講話，強調抗日戰爭是革命的延續。[48]

大會賦予蔣介石真正的獨裁權力，任命他擔任新設立的總裁一職。[49]他的宿敵汪精衛被選為副總裁，好能多少平衡各派系。大會通過的《宣言》和《抗戰建國綱領》，總體上相當模糊，但表達了一個要點：中國絕不會向侵略者低頭。似乎所有代表都同意這一點。這兩份文件都呼籲，在抵制日本一事上各黨派都要加強合作，《綱領》還談到，有必要「組織國民參政會，團結全國力量」。[50]

國民參政會成立於一九三八年七月初，參與者有兩百人，其中一半不是國民黨成員。它沒有權力，但為各方提供了發表意見的機會，從而成為蔣介石政府的抗日統一戰線諮商機關。包括毛澤東在內的七位共產黨員也是參政會代表，但毛從未參加過參政會的工作，因為他從未到過武漢。此外，中共在武漢有自己的代表，即所謂的中共中央委員會長江局。[51]

這段時間蔣一直都很忙。他不僅參加各種軍事和政治活動，發表講話與演說，還要制定軍事行動計畫，並經常到前線，通過電話或無線電與戰區指揮官和各單位指揮官聯繫。他似乎有「一百雙手和眼睛……他繃緊的身體如何產生這種能量是一個謎」，一位目擊者驚歎道。[52]也許直到現在，在武漢的捍衛中，他才從第一次意外的失敗中恢復過來，成為一個「更堅定、更有效率的領袖」。[53]

美齡也沒有袖手旁觀，她為湧入武漢的流浪兒童建立了孤兒院。城市裡擠滿了難民，他們住在街道上或長江岸邊。乞丐挨家挨戶地尋找施捨。四處都有士兵們在街上行軍，苦力們拖著人們的行李衝來衝去。街上響起了難以忍受的噪音和喧鬧聲，警報聲不時響起，警告敵人的飛機迫近了。在一切平靜後，滿眼看到的，是各處扭曲的屍體；滿耳聽到的，是傷者撕心裂肺的哭號。[54]

蔣變得更瘦了，滿面風霜，開始顯得比實際年齡老得多。一九三八年夏初，第一次見到他的蘇聯軍事顧問卡利亞金（Aleksandr Yakovlevich Kalyagin）回憶說：「側門打開，一個中等身高的男子出現，他穿著沒佩徽章的卡其色制服……他走得很慢，彎腰駝背的……像個老人的步態……虛弱的身影，穿著一件刻意簡單的制服，雙手柔弱，眼睛飄忽。」[55]儘管如此，我們可以在他身上感覺到一種活力，雖然他的緊張顯而易見，就像處於危險時刻的野獸一樣。另一位目擊者，一位英國記者寫道：「我對蔣介石的主要印象……是他的活力，他的警覺性，他真誠的信心，和莫測高深的微笑，身材精瘦，面容英俊。他苗條而動作優雅……非常有威嚴有禮貌，但我們有一種他從不放鬆、時刻保持警戒的印象。他的眼睛是他最引人注目的特徵：大，非常幽黑而又明亮，極為聰明，個性完全深藏不露……他走出來……比較像是一個十七世紀的清教徒，而非一個二十世紀的獨裁者。」[56]

與此同時，中國的戰爭仍然持續著，看來沒有終結的一天。春天，前線傳來了令人鼓舞的消息：三月至四月，在張自忠將軍和李宗仁將軍的指揮下，中國軍隊在山東省南部臨沂和台兒莊附近的戰鬥中，對日軍施加了重大的打擊。但是這些戰役對戰爭走向沒有影響。日本攻占了華北與華東所有主要中心城市，包括五月十九日拿下隴海鐵路（由西向東走）和津浦鐵路（由北向南走）的重要樞紐徐州市，五月底，他們又快速沿著隴海鐵路挺進河南省省會鄭州，此為另一個主要交通樞紐，位在隴海和平漢鐵路的交匯處。

六月六日，他們占領了位於鄭州以東四十七英里的開封，情況非常危急。自五月十二日開始在鄭州的蔣明白，幾天後鄭州就會淪陷。[57]鄭州的占領可能很快就導致武漢的淪陷。看來似乎人力無以阻止日本人。就在那時，駐紮北平至漢口鐵路沿線第一戰區司令長官、同時擔任河南省政府主席的程潛，向蔣介石提出了一個真正大膽而令人難以置信的計畫：炸毀黃河堤防，因為暴雨過後黃河水位特別高漲，以此在華北平原的廣闊土地上製造人為洪水，阻止日本「倭寇」。[58]

從軍事角度來看，這個計畫似乎很有效，但卻注定了蔣介石日記中極為憐憫地提及的處於饑荒、毀滅和死亡的這些同胞的命運。儘管如此，蔣介石還是批准了。六月九日，兩千名士兵，每人都得到承諾兩千元的獎勵，執行這項可怕的任務，炸毀了鄭州以北約十英里（離前線三十英里）的堤防。這次行動完全保密：當地居民都沒有得到預先警告，因此日本人也不會知道這件事。

一場雷霆萬鈞的洪水，超過六百英尺寬，近五英尺高，淹沒了大地，向東南方向前進。黃河改道了，吞沒水道中的一切，咆哮著湧向在安徽省匯流入長江的淮河。結果，華中的二萬一千平方英里——河南、安徽和江蘇三省的四十四個縣——被洪水淹沒，大約五百萬名老百姓喪失了牲畜。[59]根據各種估計，有五十萬至八十九萬多人喪生。[60]換句話說，蔣介石親手殺死的平民，比在南京的日本「倭寇」還多。

戈培爾（Joseph Göbbels）（譯注：納粹德國宣傳部部長）得知此事後，稱蔣介石的行為比日本人的行為「更加野蠻」。[61]可以肯定的是，從他的嘴唇所發出對蔣介石的譴責顯得虛假。為了追求自己的目標，沒有一個獨裁者——無論是希特勒、史達林還是毛澤東——會因為可能犧牲數十萬無辜受害者而躊躇。然而——這也是事實——他們都沒有淹死數十萬自己的平民。因此，蔣介石的行為實在是史無前例的。[62]

蔣本人知道他犯了大罪。因此，六月十一日，他給程潛發了一封祕密電報：「我們必須告訴民眾，敵機轟炸了黃河上的堤防。」[63]其後蔣介石和程潛都沒有承認他們的所作所為，執行蔣的命令的國民黨文宣，堅持把責任推到日本人身上。

上帝對蔣做了審判，特別是因為，從軍事角度來看，即使考慮到洪水實際上只推遲了日本對武漢的攻勢五個月，它也不算特別有效。六月中旬，日本向武漢發動了新的攻勢，這次是在洪災區以南的沿長江區。六月十五日，他們攻下安徽省主要城市安慶，其位置在南京上游一百零五英里處，七月二十六日，占領重要的河岸港埠九江。在此處，他們進行了一場新的對平民的屠殺，試圖嚇阻中國人。一九三八年十月二十二日，他們出人意料地迅速占領了廣州後，武漢的命數已定。他們切斷了中國通過香港連接世界上大多數國家的粵漢鐵路。

「廣州的淪陷暴露了我們的側翼，」蔣介石向端納解釋道，「現在我們必須離開。」

「他談到一個城市的喪失，就只像是在一場棋局中失去了一塊。」端納想。

但蔣介石，彷彿讀出了他的想法，補充說：「我不會因為失去幾個城市而感到不安。如果我們失去太多，我們會多建立一些。」[64]

對這個說法感到震驚的端納，不知道蔣介石只是在重複史達林的想法，這是孫科在與克里姆林宮領導人談話後，向他轉達的：「最主要的是……不要害怕失去幾個城市。在鬥爭的過程中，這沒有什麼意義。」[65]

武漢於一九三八年十月二十五日淪陷。超過五十萬中國官兵在保衛戰過程中死傷，但沒有人驚慌的逃離。[66]蔣介石得以將他的主力部隊，井然有序地向西撤退，[67]在離城之前，他甚至能從容地從一輛敞篷的汽車，視察沿堤岸排成一列的部隊。但與此同時，他又下達了另一個可怕的命令——

徹底摧毀武漢，這樣它就不會落入敵人之手。[68]

他和妻子從冰天雪地的武漢飛向南方，再次向著群山，但這次不是去牯嶺，而是位於湖南省省會長沙以南一百零五英里的衡山山區的南嶽小鎮。他和美齡在十月二十四日晚間十點離開煙霧籠罩的城市，是最後一名離開的高級指揮官。[69]他們還算平靜地到達南嶽。但幾天後，由於擔心日軍會很快攻占長沙（距離武漢僅二百二十英里），蔣介石突然驚慌失措，無法自持，他又犯下了另一個可怕的罪行：他命令湖南省政府主席張治中將軍，如果日本人靠近長沙，就將長沙燒成灰燼。[70]

熱心的下屬們認為，如果不是今天，那明天城市就會失守，十一月十二日晚，他們就在長沙放火。他們甚至沒有想到預先警告那些熟睡的居民。這座三千年前建立的古城，於十一月十二日和十三日延燒了兩天。一位美國醫院的醫生目擊了此事，他寫道：「兩天兩夜的大火轟鳴聲、煙幕和肆意破壞，是我意識中最懾人的三件事……熱氣逼人……〔醫生〕看到有人放火，可憐的人們試圖用手肘破壞醫院的門窗，把自己拉出來，傷病士兵在醫院被活活燒死。」[71]二到三萬人死於大火。[72]

但日本人沒有拿下長沙。清醒過來後的蔣，設法毫髮無損地出現了。美齡給長沙的美國醫院寫了一封信，說她和委員長都對所發生的事情非常痛心，縱火不是按照委員長的命令執行的。蔣介石把責任推到了當地軍方身上。蔣介石心腹之一的長沙警備司令、警備第二團團長和長沙市警察局長，甚至被逮捕和槍斃，湖南省主席張治中將軍則被迫退休。[73]

在這個悲慘的時刻，蔣介石顯然未遵循唐代偉大的中國軍師李靖（五七一—六四九）的古老法則：「威克其愛，雖少必濟；如愛勝其威，雖多必敗。」（譯注：意即在立威與關愛間要取得良好的平衡。）[74]

第十六章 持久戰

一九三八年十一月二十五日至二十八日，仍在南嶽的蔣介石召開了自開戰以來規模最大的軍事會議，總結令人失望的戰果，並制定未來的戰略和戰術。一如既往，儘管人員和裝備損失巨大，他仍然向民眾廣播，決心繼續抵抗（根據各種來源估計，官兵陣亡、受傷和失蹤的人數是一百萬到一百五十萬）。日本占領了中國一半的領土，包括華北、華東和華南最高度開發地區、主要城市和交通線路。中國喪失了九〇%的工業產能和八〇%的稅賦收入。[1]但蔣介石堅信最終會得到勝利，從十月下旬開始，他甚至考慮是否應該正式向日本宣戰。然而，因為遭到一些政府成員的強烈反對，他並沒有如此做。[2]但他在南嶽會議開幕的公開演講中斷言，隨著武漢的淪陷，戰爭的第一階段才剛剛結束，現在中國已經進入第二階段，我們「將轉守為攻，轉敗為勝」。[3]

實際上，這是對三週前的十一月三日，近衛對日本人民廣播講話的回應，日本首相在廣播中提出了所謂的「東亞新秩序」的原則。這一次，近衛提議在日本帝國、中國和滿洲國之間建立平等合作，聲稱東京對中華民國沒有實質性要求，並承諾廢除日本在中國的租界和治外法權。他只希望與中國人和滿洲人共同對抗共產主義和西方帝國主義。[4]

蔣介石拒絕了近衛的建議，特別關注發展日軍後方游擊戰的必要性，並請周恩來和出席會議的中共八路軍參謀長葉劍英，幫忙為這場戰爭培養幹部。不久，游擊戰課程就在南嶽展開，甚至有一名蘇聯軍事顧問還被指派到南嶽。[5]

蔣介石早些時候曾談到有必要進行游擊戰。第一次是在一九三七年八月二日，在他的參謀總部的一次會議上，之後他一再回到這個主題。但直到武漢淪陷，這個問題都未得到實踐，因為蔣介石基本上不知道如何發動這樣的戰爭。他只想到把幾個單位和分隊，調到敵人的後方，讓他們像前線的士兵一樣，在那裡進行常規行動。但許多將軍對此不屑一顧，認為那些被派往日本後方的人，實際上會避免真正的戰鬥，並「救自己的藏身處」。因此，在日本戰線後方作戰的想法，在不想「丟臉」的軍官中變得極不受歡迎。

但隨著武漢的淪陷和日本對國家很大一部分的占領，蔣介石重新認真回到了這個問題。實情是，日本沒有足夠的軍隊來占領中國每一平方英里的土地，他們只控制了比較重要的城市和其他戰略目標，包括交通要道。因此，在後方仍留有他們軍力所不及之處，這就是中國游擊隊可以行動的地方。

一九三九年三月，蔣介石成功地打破了自己軍官對游擊戰的輕蔑態度，國民革命軍終於開始向前線後方派遣大批軍隊，並將日本後方劃分為五個戰區（中國共組織了十個戰區）。但到最後，蔣介石沒有意識到，敵人後方的戰爭，不可能是陣地戰或機動戰，而只能是老百姓的戰爭。他沒有設法把老百姓組織成非常規的戰鬥單位。[6]

這不同於共產黨，共產黨參與了發展敵後的人民戰爭，充分運用了蘇維埃運動時期積累的經驗。一般來說，毛澤東不想在委員長的領導下，參加抗日的陣地戰爭或機動作戰。他沒有拒絕協助「友好正規軍」，但從他的角度來看，八路軍可以而且應該只在日本後方進行游擊或機動游擊軍事行動（他稱之為「麻雀戰」），獨立於國民黨之外，從而能夠掌握主動權。他認為，這樣的戰爭方法，將「更加機動、靈活和有效」。[7]史達林也給了他同樣的建議。「這是〔八路軍〕戰術，」他說，「應該是……引誘對手，拉他深入鄉村，在後方打擊他。你必須炸毀通信線路、鐵路、以及〔被日本軍隊使用的」橋梁。」[8]毛澤東和史達林都認為抗日戰爭會曠日彌久。毛澤東解釋說，人們必須有耐心能等待，直到日本軍隊耗盡兵力。[9]他繼續遵循他心愛的規則：「敵進我退，敵駐我擾，敵疲我打，敵退我追。」

根據日本的數據，一九三九年初，已有三十萬游擊隊員在日本戰線後方的長江以北活動，十萬在華中，二十五萬在上海、南京和杭州之間的地區。中國提出不同的數字，聲稱有二百五十萬武裝愛國者在前線的後方活動。根據一位居住在上海的荷蘭情報員提供的資訊，一九三九年有八十萬至一百萬游擊隊員在日本後方作戰。有的是在國民黨的領導下行動，有的則在共產黨的領導下行動。[10]

像毛澤東和史達林一樣，蔣介石也開始認為抗日戰爭會是持久戰。[11]因此，他開始投入大量精力，不僅發展和武裝他的軍隊，而且為黨教育與訓練領導幹部。一九三八年十一月十五日，他在日記中寫道：「幹部決定一切，黨的政治路線、戰略與策略之實際應用，在於黨有堅強的幹部，黨的力量如何區分，幹部如何同群眾發生聯繫，幹部所有的實際經驗與理論準備的程度等問題，應切實討論。」[12]

他明顯地再次引用了史達林的話——這次是一九三五年五月四日史達林在克里姆林宮對軍事院校畢業生的演講。[13]顯然，他對蘇聯領導人所說的一切都很感興趣，決不輕易放過向他學習的機會。第二年，他甚至計畫召開一個以「幹部決定一切」為口號的會議。「政治重於軍事……精神重於物質」，他在南嶽的一次會議上宣布。[14]

一九三八年十二月一日，他從湖南飛往廣西東北部的桂林，一週後抵達新首都重慶。他選擇這個位於四川省的城市並非偶然，主要考慮它位在中國主要水系大動脈長江、與另一條寬闊的河流——嘉陵江交匯處的戰略地位。後一條河流發源於中國北方的陝西省。此城兩側河流緊迫，形成一個像鸚鵡嘴的狹窄半島，在陡峭的山坡拔地而起。它離前線相當遙遠——五百多英里，而且通往它的道路被山脊與峽谷——三峽阻隔，並將四川與中國其他地區分隔開來。

這座城市始建於西元前十一世紀，但直到十二世紀才被命名為「重慶」。這個名字是由掌管這座城市的南宋太子趙惇授予的，用以紀念他生命中的兩則快樂事件：他的四十二歲生日，以及高齡皇帝已任命他為繼任者的消息。除了其戰略意義外，這座城市沒有什麼值得稱道的。這是一個「荒僻、潮濕、令人不悅的地方」。[15]它會立即讓新來乍到的人感受到是「一個非常不適人類住居的地方，因為幾乎沒有平地。無論到哪裡，人都要費勁得像隻山羊」。[16]迄至一九三八年十二月，這個城市已經擠滿了來自中國各個角落的難民。城市人口增加了二．三倍，從一九三七年七月的四十八萬增加到一百一十萬。[17]當然，這讓所有城市問題更為惡化：糧食供應、住房、社區公寓、衛生、生態、交通和公共衛生。犯罪率急遽上升。

從早到晚，幾乎所有城市的四百條大街小巷都擠滿人潮，用各種方言吵成一團。很多人就直接住在大街上，睡覺、吃飯、照料他們的生活所需。員警無法建立秩序。到處都是乞丐——瘦弱、衣衫襤褸、全身骯髒。有的坐在路邊，有的跟著路人，抓著他們的衣服。附近「沿街屍體橫陳，沒有人收埋他們……員警毫不理會」。[18]許多乞丐罹患痲瘋病「因而心懷惡意；你急忙在錢包裡找錢，如果不夠快，他們會觸摸你瑟縮的皮膚」。[19]鼠輩成群跑過街道。[20]人類排泄物的惡臭瀰漫在空氣中。

一年有九個月，重慶被雲層覆蓋，小雨淅瀝不斷，街道變成了排水溝，渾濁、惡臭的水隨之排入長江和嘉陵江。當時，太陽的光線很少穿透濃霧，難怪在中國有人說「蜀犬吠日」。[21]在夏季，氣溫達到攝氏四十度，濕度幾乎達到一〇〇%，人和動物都喘著大氣。

正如海明威（Ernest Hemingway）的妻子在訪問中國戰時首都時所寫的那樣，重慶看起來像「一片灰褐色的瓦礫……奇形怪狀，泥濘不堪，單調的水泥建築和寒傖小屋集成一片，頂多只能說像是一個熱鬧的市場」。[22]海明威也不喜歡這個城市。「重慶的生活是難以置信的艱難和不愉快的」，他寫道。[23]然而，外國人和富有的中國人住在城外長江以南的黃山地區。那裡也都是山丘，但松柏高大蔥蘢，空氣清新甜美。這是一個夏日度假小屋的地區，既沒有噪音，也沒有城市的骯髒。

當然，蔣介石和他的妻子落腳在黃山，特別是因為我們知道，他們熱愛大自然，尤其是青山綠水。為了準備他們的到來，政府已從屋主那兒購買了夏季房屋，因此，除了蔣氏夫婦之外，其他幾位高層官員也定居在這個舒適的地方，包括蔣的連襟孔祥熙，他從一九三八年一月開始再次擔任行政院院長。不過由於他的妻子靄齡，以及美齡的二姊、孫逸仙的遺孀慶齡，那時在香港，所以他是獨自住那兒的。蔣的老朋友和導師張靜江也不在，他沒有陪同大家去重慶，而是離開被圍困的武漢去瑞士接受治療。讓我往後講一點，一年後，張前往紐約，之後他就一直留在那裡。戰爭結束後，蔣介石要請他回到中國，但他沒有回去。不久之後在一九五〇年九月三日，死於心臟病，享壽七十三歲。他被埋葬在紐約北部哈茨代爾（Hartsdale）的芬克利夫墓園（Ferncliff Cemetery）。

蔣當然想念他的老朋友，但他有太多的事情要關照。戰爭期間，他在長江南岸的黃山二十三號夏日住所，成為中國抗戰總部。這座獨立、三層、十間客房的房子，在茂密的松樹包覆下，融合了中西風格，一度屬於一個銀行家，位居於黃山山頂，而黃山實際上是一座海拔僅一千六百四十英尺的低山。地下室裡建了一個舒適的防空洞，這一點非常重要。

蔣介石在城裡也有住所，實際上是兩個。一個在市中心的一條小街上，德安里一〇一號，是一棟有柱子的兩層獨立房屋，一旁就是中共代表處辦公室，周恩來訪問重慶時會在那兒工作。附近是中國政府反情報部門和其他特勤局的建築，與以前一樣，這些祕密部門由「中國希姆萊」戴笠領導（譯注：希姆萊〔Himmler〕是納粹德國黨衛軍領導人）。第二處住宅是位於南郊的小泉官邸，當時被國民黨中央政治學校師生所使用。由於蔣介石經常因為各種原因來到那裡，他們以西式風格為他建了一個小亭子，讓他休息和工作。

但蔣介石喜歡他在黃山的夏日別墅，他稱之為「雲洞」，尤其是會讓人想起偉大的陶淵明所寫的：

雲無心以出岫，
鳥倦飛而知還。[24]

不過重慶民眾稱他的住所為希特勒的巴伐利亞山中別墅「鷹巢」（Eagle's Nest），但蔣介石不喜歡這樣的比較。[25]

蔣介石的住所由他的侍衛長施太乃斯（Walter Franz Maria Stennes）指揮的幾十名士兵看守，後者是一九三八年七月不想回國的七名前德國軍事顧問之一。施太乃斯曾是納粹黨及其衝鋒隊的組織者之一，在一九三〇年代初與希特勒決裂，一九三三年希特勒上臺後，他被迫出亡。從那時起，他一直住在中國，為蔣介石工作。他是個四十多歲勇敢的雅利安白人，「一個金髮大個兒德國人」，[26]他得到蔣和他的妻子的充分信任。不幸的是，他們不知道，一九三九年三月，施太乃斯曾向蘇聯情報部門提供服務，之後他開始向莫斯科提供祕密情報。俄國人給他的代號為「朋友」。[27]

儘管因戰爭而落腳重慶，蔣介石一如既往地堅持嚴格的日常起居。[28]他像以前一樣在凌晨五點起身，首先向上帝祈禱，並閱讀他岳母送給他的聖經。然後，他在一扇敞開的窗戶前冥想半個小時，做了健身操，用冰冷的水沐浴，不允許任何人進入他的房間。然後，他大喝：「喂！」一個勤務兵就出現，遞給他一條熱毛巾。他擦乾身體，之後永遠是喝一杯溫開水。（如前述，他既不喝茶也不喝咖啡。）然後，他出去呼吸一些新鮮空氣，要麼低哼著小曲，要麼喃喃自語。他散步時總是這樣做。一個半小時後，他吃一頓清淡的早餐（蔬菜、麵條或米粥），然後去辦公室工作。下午一點和妻子一起午餐（米飯、一點肉、蔬菜），然後睡到下午三點，再次散步，然後去辦公室。傍晚六點，他第三次去散步，這次是和美齡一起。晚上七點三十分吃晚飯，菜色一如「斯巴達式簡單的」一早午餐，蔣通常會邀請幾個客人共用。他的一位傳記作者寫道：「委員長喜歡看人吃飯，因為他非常相信，在私人的用餐環境裡，人會表現出真正的自己。他喜歡人們吃得快，身體幾乎沒有什麼動作，對食物並不那麼在意。」[29]晚飯後，他要麼再次工作，直到深夜，要麼像在重慶經常做的那樣，和美齡及客人一起看電影。睡覺前，他在日記中簡短地記下關於當天的事件，如果他沒能寫，就第二天早上寫。晚上十點，在祈禱後上床睡覺。[30]

他要求那些照顧他的人一定要按照既定的日常生活規矩，他經常對無精打采的下屬發火。他很嚴格，少有笑容，從不和侍從開玩笑。他不喜歡新衣服，經常下令修改舊衣服。知道老闆的嚴厲和易怒的天性，家裡的每個人都怕他，只有美齡不怕。她凌晨一、兩點睡覺，十一點起床。不過她強迫自己在蔣介石黎明前起身時，清醒十五分鐘，這樣他們就可以一起向上帝祈禱。之後她又回床上去睡。她喜歡華服美食，會跳舞和開玩笑；她抽的是塔斯社記者羅戈夫（Vladimir Nikolaevich Rogov）提供的俄羅斯香菸，喝昂貴的酒，玩橋牌（蔣比較喜歡中國象棋）。她周圍的人都崇拜她。

總之，她跟她那相當無聊的丈夫很不像。[31]

與此同時，對新家感到不適應的蔣，在抵達後第二天的一九三八年十二月九日，召開了最高國防委員會會議，會中他重複在南嶽所說的話：這是一場持久的戰爭，我們不會投降。[32]一位目擊者回憶道：「他持續作戰的決心是堅定的。」[33]

參加會議的有黨和國家第二號人物，副總裁汪精衛。南京投降後，他一直很鬱悶。武漢失利，尤其是離他出生地很近的廣州失利，真的讓他很受打擊。在與蔣介石的私下談話中，他分享了自己的想法，即既然中國不知道「如何繼續戰爭」，而日本不知「如何結束戰爭」，[34]那麼現在該是與日本坐上談判桌的時候了，而近衛也明顯軟化了對中國的要求。汪和以前一樣，還是按照「一面抵抗，一面交涉」這個標準行事，但蔣介石不同意，儘管他知道這並非只是汪一個人的立場，黨的許多其他領導人也持這樣的立場，包括他的親密戰友孔祥熙和陳立夫。[35]甚至還有一個名為「低調俱樂部」的團體，不斷鼓動反對「戰爭歇斯底里」。汪精衛與俱樂部成員關係密切。[36]

儘管如此，汪繼續堅持。他提出很多論述，但主要有兩點。第一，持續的抵抗，將導致中華民族的滅亡；其次，由於西方列強的漠不關心，中國其實處於蘇維埃的掌控之下，他們透過軍事援助來支配蔣，為共產黨掌權的到來掃清道路。但蔣介石似乎「完全不明白國家處境的困難……不假思索地拒絕和平的建議」。[37]在談話中，他怒不可遏，大發脾氣，兩人開始唇槍舌戰。

汪不再作聲，但一週後，他再次拜訪「盲目樂觀主義者」（這是汪和他的支持者們對蔣的稱呼）。然而，依舊徒勞無功。[38]中國前駐蘇聯大使蔣廷黻也是這樣回憶的：「當我去他（汪精衛）的住所時，我發現他很沮喪。他告訴我，委員長完全反對他的觀點。」[39]此時，蔣介石的地位相當鞏固。十二月十五日，羅斯福決定向中國提供一筆初期二千五百萬美元的貸款。不過由於美國繼續奉行孤立主義政策，所以款項不能用於購買美國武器，[40]但這筆貸款本身就證明了美國對中日衝突立場的改變。[41]蔣介石在日記中寫道：「此項借款告成，實無異給予敵人以最大之打擊也。」[42]

結果，汪決定自負責任來行動，在未經蔣介石批准的情況下，與日本進行公開的談判。[43]他完全清楚自己可能會受到眾人的譴責，但照他的說法，他準備以拯救中國的名義「做出犧牲」。[44]

十二月十八日，在與蔣介石最後一次會面兩天後，他先把孩子送出國，然後他、妻子和戰友們飛離重慶。首先到雲南省會昆明，他在那裡求助於當地省政府主席龍雲。但龍態度模稜。第二天，汪和他的支持者飛往河內（北越），之後他們移往鄰近的一個山地度假勝地。[45]十二月二十二日晚，近衛首相在得知汪精衛的叛逃後，發表了新的聲明，提出「和中國同感憂慮，具有卓識的人士合作，為建設東亞新秩序而邁進」的和平建議，並且只要基於三個原則：善鄰友好、共同防共和經濟提攜。[46]

與此同時，在十二月二十一日得知汪精衛叛逃的蔣介石失眠了。[47]他不知道黨和軍隊中，有多少人認真的支持汪。最重要的是，他擔心雲南和廣東是否會造反。第二天，他與高階軍官舉行了會談，他總共與八十多位將軍交談。[48]但他的焦慮是多餘的。儘管他們只是形式上服從委員長，但雲南和廣東的省主席們並不支持汪。十二月二十六日，蔣介石正式拒絕了近衛的三項原則，並通知西方列強。

然而，三天後，汪精衛給重慶的老同志發了一封「和平電報」，公開表示近衛的原則是談判的合理基礎。[49]作為回應，一九三九年一月一日清晨，在向已故孫逸仙遺像鞠躬後（顯然是為了爭取他的支持），蔣隨即召開國民黨中央常務委員會臨時會議，討論汪的行動。他自己謙虛地建議給叛徒一個「警告」，要他不能吞下「日本誘餌」，但那裡的大多數人理解總裁的實際想法，要求將孫逸仙最親密的弟子「永遠」開除出黨，並撤除他「一切職務」。蔣介石立即宣布午餐休會到下午二點三十分，之後重新進行討論，他假裝服從大多數人的意見。「必須把汪精衛驅逐出國民黨，並剝奪其所有職位，」他說道，「因為他九成是個叛徒。」以這種方式扮演好他的角色後，他建議大家投票。「誰贊成開除？」在六十八名常委會委員中，有六十四位舉手（據另一消息來源說，在出席的六十位委員中，有五十八位舉手）。順帶一提，在不同意這個決定的人當中，有孔祥熙，他說應該先予譴責，如果汪不改變心意，再開除他。[50]

孫科在一月二日向蘇聯駐華大使通報了此一事項，他說汪精衛是中國的托洛斯基。「你們驅逐了你們的托洛斯基，我們驅逐了我們的托洛斯基——汪精衛。」[51]在史達林的指使下，一直試圖在反托洛斯基的鬥爭中贏得中國支持的盧幹滋，也同樣很滿意這樣的比較。[52]幾天後，蔣介石本人在日記中坦言：汪叛逃「實足為黨國之大慶也」。[53]

事實上，隨著汪的叛逃，蔣介石在黨、軍和國家中的地位更為鞏固。一九三九年一月二十一日至三十日在重慶舉行的國民黨五屆五中全會上，蔣介石獲得了一個新的職位：他現在不僅是總裁，而且成為國防最高委員會委員長，結合了黨和軍隊的領導。[54]二月十日，他派人到河內勸汪去更遠的地方，比如去法國，甚至還給了他一本外國護照和五十萬元的路費。但汪堅決拒絕。[55]

然後，蔣介石向特工首腦發出殲滅叛徒的祕密指令——就像史達林對付托洛斯基所做的那樣。[56]一九三九年三月二十一日，刺客潛入汪的臥室，向睡在床上的人開火，接著很快地消失。令蔣介石大失所望的是，汪逃過一劫。出於某種原因，前一天晚上，他與他的祕書交換了臥室。結果是，這個可憐的年輕人因效忠上司而獻上了生命，而汪擔心蔣介石不會就此罷手，於四月底從越南出發，前往一個不那麼危險的地方——日本占領的上海。[57]和一年半後，被史達林的特工重傷的托洛斯基比起來，汪比較幸運，但他的命運也同樣不值得羨慕。他在一九三九年五月五日抵達上海，把自己交到日本人手中。他與侵略者實現「睦鄰友好和平」的浪漫夢想，在殘酷的現實中粉碎。從那時起，他只有一條路：成為日本傀儡。為此他的第一步是建立一個親日政府。[58]

與此同時，一股愛國熱潮在重慶昇騰著。每天早上，國歌在收音機隆隆作響，傍晚到處都傳來軍號聲，伴隨著降旗儀式。[59]電影院「放映電影之前，銀幕上先出現國旗飄揚的圖像和黨與國家領導人的照片。每個人都必須安靜起立聆聽國歌」。[60]新生活運動在城市展開，大家正努力解決都市問題。一位目擊者回憶道：「數以千計的工人日夜勞作，在重慶山城石基上鑽孔爆破，以建築避難所，又用這些開挖出來的石塊，建造新的工廠、商店、辦公室和私人住宅。」[61]一直到那時都很熱絡的鴉片買賣，被嚴格禁止。又下令所有居民都要穿著簡樸、注意衛生和遵守道德規範。長期以來在重慶很興旺的混合性別公共浴池被關閉，酒類銷售停止，不准在街上吐痰與舉行盛大的宴會——無論是婚禮或葬禮，婦女——除了妓女——禁穿高跟鞋。街道被改取革命性名稱：中山路、中正路、民族路、民權路、民生路。[62]蔣介石本人不時開車在重慶四處奔波，檢查軍警的著裝和行為是否得體，或者「城市市容是否還有其他缺失」。[63]新的道路和人行道鋪好了，甚至開始架設一條引水道，將長江和嘉陵江的水引進城市。這是一場真正的革命，因為像引水道這樣的奇景，是城市居民從未見過的。一長列一長列的苦力，肩上扛著水桶，爬上石階，向城市走去，供應居民的需求。[64]

換句話說，重慶的生活，就像整個四川和中國其他自由地區一樣，正在逐漸恢復正常。四川是一個富裕的省分，也是中國人口最多的省分，當時約有五千萬人，基本上自給自足，亦即是可以自食其力。當然，它沒有原料棉花，且完全缺乏現代工業，但所有問題都可以解決。棉花開始從其他地方運來，搬遷此地的工廠恢復了生產。蔣介石甚至沒有受到之前完全控制四川的地方當局的為難。委員長真的很幸運。之前不太情願地接受蔣的四川軍閥劉湘，在蔣介石抵達重慶前不久，於一九三八年一月二十日去世。「未始非國家之福，」蔣在當天的日記中寫道，雖然他對劉湘的逝世「甚悲，但從此四川可以統一，抗戰基礎實矣。」[65]現在他正在打下那個基礎，但他面臨很多難題。一九四〇年十一月九日，他在日記中寫道：「川中舊式軍閥無智無能，且貪且怯，實最可憐，而亦最令人頭痛，寬嚴皆非，輕重兩難，惟有置之緩圖，以觀其後也。」[66]

的確，重慶不時遭到日軍的轟炸。第一次，也是最可怕的一次，發生在一九三九年五月初。一位澳大利亞記者回憶道：「一大隊飛機——我在中國見過的最大的一隊——直接從頭上飛過。我爬上懸崖，穿過一個大火燃燒的貧民窟，到達老城牆圍著的城市。重傷者正爬向出口處。一個臉被打爛的男子，盲目地衝撞牆壁和電話站……到處都是已死的和瀕死的，被轟炸而燃燒中的建築物，傳來尖叫，熊熊火焰照亮了可怕的景象。」[67]這次持續兩天恐怖轟炸的結果，市中心的居民人數幾乎減少了將近一半。[68]「重慶已經成為一個巨大的墳場」，一位嚇壞了的法國傳教士說。[69]到一九三九年九月中旬，日本已經在重慶上空進行了三十次的飛機轟炸，每一次都帶來新的破壞和受害者。能源供應經常受到毀損，供水被切斷。[70]

與此同時，在所有其他困難之外，一九三九年春天，蔣介石與其主要盟友史達林的關係開始惡化。從表面上看，一切似乎都很正常，蘇聯也繼續向中國提供物資，蘇聯飛行員盡其所能地保衛重慶，雖然日本轟炸機仍然能夠進入重慶，但這並不是他們的錯。不過蔣介石意識到，自一九三九年春天以來，事情有點不對勁，史達林出人意料地開始推遲簽署第三份貸款協定，這是最大的一筆款項——一．五億美元。

在那之前，一切似乎都沒問題。一九三九年一月，在國民黨中央執行委員會第五次全體會議上，蔣介石甚至宣稱蘇聯是中國最要好的朋友。他甚至也表示希望中國、蘇聯、美國、英國和法國組成一個和平國家陣線，共同來對抗日本、德國和義大利的侵略集團。[71]三月二十二日，在盧幹滋大使前往莫斯科時（請假二至三個半月），蔣介石請他轉交一封信給史達林，[72]信中寫道：「我堅定地認為，在未來的五十年，蘇中兩國應該在統一戰線下緊密連結。」他強調，他期待這筆一．五億美元的貸款「以填補我們在戰略物資方面的不足」。此外，他還再次提議締結一項補充性條約——這次的標題是「中蘇保障遠東和平協定」。[73]同時，他派遣孫科作為特命全權大使和私人代表，前往莫斯科簽署貸款協定。孫和盧幹滋三月二十五日同機離開重慶，四月七日抵達莫斯科。

但史達林對待孫科和十年後對待毛澤東一模一樣：他把他安頓在莫斯科郊區的一個鄉間邸宅，然後就不管他了。[74]蔣透過許多官員，再三請求史達林接見孫科，孫科本人也一直做此請求，但史達林以各種藉口拒絕與他會面。[75]例如，盧幹滋告訴孫科，史達林「不在莫斯科」，[76]而其實他在莫斯科。[77]一直要到五個星期後的一九三九年五月十五日，蔣介石的特使才覲見了史達林，[78]然而，這毫無意義。這次會面純粹是一種形式，儘管史達林承諾提供「物資」，但他並不急於與孫簽署新的貸款協定，也不考慮締結新條約。也許這就是為什麼在會議開始時，他要求不要對談話進行筆錄，最後他還拿走了口譯員齊赫文（Sergei L. Tikhvinsky）在談話中作記錄的記事本。[79]第二天，莫洛托夫在辦公室接見孫，無恥地告訴孫，鑑於「有關我們最近晚上談話的信息，已經為旁人所知，蘇聯政府已決定延後並在進一步發展之前，推遲目前關於向中國提供蘇聯援助的談判」。[80]

蔣認為，蘇聯對華政策的急遽變化，是由於一九三九年五月換下李維諾夫，而代之以莫洛托夫，擔任蘇維埃外交人民委員；由於某些莫名其妙的天真，他似乎認為，蘇聯的人民委員可以影響國家的政治方向。[81]但他錯了，史達林的行為，很可能正好牽涉到一九三九年春天，在日軍後方的河北省，國民黨和中國共產黨的關係急遽惡化。[82]

本質上，兩個昔日的死敵之間的同盟關係不可能永遠持續下去，在共產黨和國民黨部隊被迫在日本後方並肩作戰的情況下，他們之間的嚴重分裂是不可避免的。畢竟，當地農民無法養活每一個人——日本人、共產黨和國民黨，因此，中共和國民黨軍隊之間的摩擦，亦即為搜尋糧秣和供應品而發生的武裝衝突，是不可避免的。從一九三八年底開始，蔣介石一再試圖解決共產黨問題。他堅持嚴格劃定日軍後方的戰區，要求毛澤東和朱德（共產黨八路軍司令）確實地執行他的所有命令，甚至一再建議共產黨要麼加入國民革命軍，要麼把兩黨都解散，以「共和」或「社會主義」的名義，建立一個單一組織。[83]應蔣介石一九三八年六月三日的要求，國民黨中央監察委員會恢復了陳獨秀、張國燾、周恩來、毛澤東等二十六位早前在一九二〇年代第一次統一戰線時期，加入國民黨的現任或前共產黨黨員的國民黨黨員資格。

但一切都是枉然。在六月三日的同一天，毛澤東等中共黨員否決了國民黨中央執行委員會的決定，拒絕恢復其國民黨員資格。[84]依循一九三七年八月在洛川召開的擴大政治局會議確定的路線，他們獨立於蔣介石之外，繼續在日軍後方地區行動。毛澤東知道中國本身是無法打敗日本的，因此利用這個時間，在被日本占領的區域盡可能多加建立中共抗日根據地。到一九四〇年，已經有十多個這樣的根據地。為了宣傳，共產黨稱它們為「解放區」，儘管實際上他們沒有解放任何人：前線後方的大多數村莊裡沒有日本人。[85]

儘管蔣介石很不高興，但他並沒有中止提供給八路軍資金，因為一九三七年八月的協定中已經規定：每月六十七．五萬元。[86]但有時他忍不住大怒，並開始採取某些反共措施，主要是限制宣傳活動，例如禁止出售有關八路軍的書籍，或下令分發反共傳單。但一旦他這樣做，蘇聯代表立即通知莫斯科蔣「可怕的」反共主義。這就是為什麼史達林想透過拖延貸款協議的簽訂，來給中國的委員長一個教訓。

同時，他也給盧幹滋大使一個教訓，當然，是以不同的理由和其他的方式。五月底，史達林下令逮捕他，當時大使住在茨哈爾圖博（Tskhaltubo）屬於內務人民委員部的療養院。不久，他的妻子也被拘留。然後，在七月八日，兩人在未經調查或審判的情況下同時被處決，他們的頭，在從茨哈爾圖博開往第比利斯（Tbilisi）的火車上，被鐵鎚砸爛。他們的屍體被拖進一輛汽車，推進河裡後，史達林的特工們布置了一場車禍。不久，宣布蘇聯駐中國大使盧幹滋同志和他的妻子在茨哈爾圖博附近的一場車禍中「不湊巧」地去世。七月十四日，在第比利斯為他們舉行了隆重的葬禮。

據另外一些消息來源說，之所以以這種奇怪的方式來謀殺大使和情報頭子，是因為除了其眼前被撤除的職務外，他還「控制」了中國的「毒品貿易」（很可能是根據莫斯科的命令），因此，如果他被公開宣布為「人民的敵人」，他的中國「同夥」可能就躲藏起來了。至少，這是保存在聯邦安全局（ＦＳＢ）檔案中的蘇聯祕密警察首腦貝利亞（Lavrentii Pavlovich Beria）檔案中所說的。但這一切的用意何在以及盧幹滋被捕的原因，直到目前還不清楚。[87]

與此同時，史達林還是批准了一項一．五億美元對華新貸款協定，該協定於一九三九年六月十三日簽署。三天後，蘇聯又和中華民國締結了一項商業條約，再過四天，蘇聯再簽署了幾則合約，蘇聯據以向中國提供軍事技術和其他物資，以抵抗日本的侵略。[88]

一九三九年六月十七日，盧幹滋遇害前三週，史達林在克里姆林宮的辦公室，接見了未來的新任蘇聯駐華大使兼駐華情報站長、國安資深少校、三十四歲的潘友新（Aleksandr Semenovich Paniushkin）。[89]「你必須在外交工作上施展身手」，他對這位相對年輕的男子說，他當時是內務人民委員部第三（業務）特別司的司長，其管轄範圍包括外部監視被懷疑的人，加以搜查和逮捕。在潘友新啟程前往中國之前，亦即在七月十日之前，史達林又與他會面了兩次，來界定他的任務。[90]

用潘友新的話說，領導人對他說：「今後蘇聯將根據中蘇互不侵犯條約，以及提供武器和物資的信貸協議，無條件地向中國提供道義上的支持，並履行其義務。」[91]他很可能真的這麼說，但他顯然並不急於履行自己的義務，特別是一九三九年六月，在河北省的日軍後方地區，八路軍第一二〇師與國民黨部隊進行了全面戰鬥。[92]雖然後者被徹底擊敗，他們的指揮官和省主席一起逃離該省，但史達林忍不住對蔣介石大為光火，因為事實證明，他提供給蔣介石的蘇聯武器，被用來對付共產黨。因此，克里姆林宮老闆開始推遲他們的出貨。

一九三九年七月三十日，蔣介石給伏羅希洛夫寫了一封信，指出「據傳，你向中國承諾的所有武器尚未送出」，[93]但他沒有得到任何回覆。要等幾個月以後，新貸款所訂的第一批武器（二百五十門火砲、五百輛機動車輛、五十萬發砲彈、五萬枝步槍和二百一十萬發子彈）才運抵中國。[94]

與此同時，無論是前線還是後方，蘇聯軍人都繼續在中國積極工作。一九三九年十月，該國有八十名軍事顧問和三千五百多名其他專家在中國。[95]其中之一是未來的陸軍中將弗拉索夫（Andrei Andreevich Vlasov），一九四二年七月他去為納粹服務。一九三八年十一月，他從基輔調到重慶，擔任山西省的閻錫山軍事顧問幾個月後，一九三九年五月被任命為首席軍事顧問切列帕諾夫

（Cherepanov）的參謀長。他一直執行任務到一九三九年十一月底，甚至在切列帕諾夫於一九三九年六月底回國後，以及同年十月新上任的首席軍事顧問卡恰諾夫（Kuzma Maximovich Kachanov，化名福爾根 Volgin）到來之前，他接替了切列帕諾夫的職位。因此，在三個半月的時間裡，弗拉索夫擔任蔣介石的代理首席顧問。與德拉特文、切列帕諾夫和卡恰諾夫一樣，蔣介石與弗拉索夫建立了良好的個人關係。[96]

一九三九年四月、七月和九月，蔣介石依靠蘇聯顧問和專家的經驗，甚至試圖在前線取得三次突破，但都失敗以終，這與一九三九年五月再次獲得幸運的日本人不同：他們占領了江西省會南昌市。[97]

與此同時，八月二十三日，蘇聯與納粹德國締結互不侵犯條約的消息傳來，對中國不啻是青天霹靂。當然，中國就像世界上其他地方一樣，對條約的祕密協議內容一無所知，[98]但蔣介石非常憂心，因為這可能會破壞他建立一個和平國家陣線（中國、蘇聯、美國、英國和法國），來對抗日本、德國和義大利這個侵略集團的想法。他本對此寄予厚望，特別是自一九三九年四月開始，英法蘇在莫斯科就締結互助條約問題進行了談判，而其成功似乎並不遙遠。[99]他真的不知道該如何作想，於是在八月二十五日邀請蘇聯新任大使共進晚餐，並糾纏著對方，請他回答有關蘇德條約的簽署代表著什麼，以及英法蘇談判將會有什麼影響。同時他也擔心，蘇聯在德國的影響下，是否會與日本締結類似的條約。他請潘友新詳細說明史達林對這些問題的看法。應他的要求，孫科和中國駐莫斯科大使楊杰將軍，也試圖澄清史達林對締結蘇日條約可能性的看法。[100]

潘友新是自抵達中國以來第二次會見委員長。他記得蔣是個乾淨整潔的人，「從不大的眼睛露出洞徹人心的表情，短短的灰色鬍子」。蔣的動作給他的感覺是「緩慢、刻意的。在〔第一次〕談話的最初幾分鐘，我明白在我面前的，是一位經驗豐富的東方政治家」。[101]

九月初，蔣介石再次向史達林提議締結互助條約。他認為，這樣的條約能把日本腳下的地毯抽出來，日本將無法與蘇聯締結互不侵犯條約。但在再次拒絕簽署這樣的條約後，史達林透過潘友新給蔣介石寫了一封回應信：「我們不明白蔣介石有什麼好焦慮的。有傳言說，日本向蘇聯提議簽訂互不侵犯條約，並正在就此進行談判，這是毫無根據的。」[102]

與此同時，第二次世界大戰在歐洲爆發，蔣介石非常清楚是什麼起了催化劑的作用。九月五日，顯然在蔣介石知情下，孔祥熙向蘇聯大使宣布：「如果法國、英國和蘇聯之間達成協定，德國就不可能攻擊波蘭……蘇聯只要說一句硬話就可以結束戰爭。」[103]

九月十一日，蔣介石本人在收到蘇聯部分動員的報告後，直接問潘友新以下問題：「蘇聯對這個國家〔波蘭〕持什麼立場？」他強調，「中國政府尚未就此問題做出任何決定，但……輿論是同情波蘭這一邊的，波蘭一直遭受侵略。」[104]大使像一隻在熱屋頂上的貓一樣狂亂，不怎麼肯定地喃喃說道：「在波蘭問題上，蘇維埃將堅守仁慈的中立。」[105]

要麼他在撒謊，要麼沒有被告知史達林的計畫，但六天後的九月十七日，蘇聯攻擊波蘭，與希特勒一起加入第二次世界大戰。九月二十八日，波蘭幾乎沿著寇松線分裂後，蘇聯與希特勒簽署了另一項關於友誼和邊界的條約。[106]蔣介石將蘇聯捲入中日戰爭的期望破滅了，因為日本是德國最親密的盟友——蘇聯的新朋友。

蔣介石大為震驚：「昨晨俄軍侵占波蘭領土……但其聲明中，對德波戰事表示仍嚴守中立，豈非滑稽。前日方與日本妥協，昨又侵波，[107]其國家信義及國際道德均已蕩然無存。」[108]

一週後，在與蘇聯大使的新一次談話中，蔣介石告訴他自己的假設，「德國和蘇聯已經同意分割波蘭」。他甚至沒有試圖掩飾他對「勇敢」的波蘭士兵之同情。[109]

然而，他無能為力，因為他仍然依賴蘇聯的軍事援助。「昨日始與倭方妥協，」他在日記中寫道，「今又侵波，其主義與信義以及國際之道德，已破敗無餘，能不寒心。」[110]無論痛苦與否，但在一九三九年九月，只有在蘇聯軍事顧問的協助下，蔣介石的軍隊才成功地擊退十二萬敵人對長沙的攻勢，這是一次大勝利。在長達一個月的戰鬥中，中國消滅了敵人的四萬名官兵（即三分之一）。

但在十一月底，日本突然在廣西沿海登陸後，占領了南寧市。就在這之前，從莫斯科傳來令人不安的消息，即日本駐蘇聯大使早在一九三九年九月九日，就向莫洛托夫提議簽署一項蘇日商業條約，十月四日又提出一項關於貿易和航行的臨時協定。蔣非常憂心。十一月十三日和二十一日，他兩次要求潘友新通知蘇聯政府，它不應該「與日本有任何商業往來」。但在十一月十六日，史達林同意與日本締結一項商業條約。[111]蔣介石對史達林再也無話可說！

一九三九年十一月三十日，克里姆林宮老闆給他帶來了一個新的、令人不快的驚奇。在得到德國的支持後，他突然襲擊了芬蘭。這比波蘭更嚴重，因為它把蔣介石置於極其困難的境地。在國際聯盟中，有大多數拉丁美洲國家支持的阿根廷政府，很快提議將蘇聯驅逐出該組織。幸運的是，中國是聯盟理事會擁有否決權的國家之一。當然，它不能允許驅逐蘇聯，但如果它行使否決權，中國將像蘇聯一樣，在國際上被孤立。畢竟，不僅拉丁美洲國家，而且西方民主國家都對蘇聯的行動表示強烈反對。此外，英國和法國甚至研擬一個計畫，要派遣一支聯合遠征軍，攻打俄羅斯並轟炸巴庫油田。[112]十二月十四日投票當天，中國代表顧維鈞投了棄權票。[113]儘管有其他八個國家的代表也投了棄權票，但還有二十八個國家的代表投下贊成票，而史達林視中國代表的行為是背叛也就不足為怪了。

蔣介石笨拙的藉口或所謂的「技術障礙」，都無濟於事。一九三九年十二月三十日，蔣介石透過他的特使賀耀組將軍傳達的虛假言論，也沒能說服克里姆林宮老闆。聲明說：「中國輿論認為，站在蘇聯的立場，從歐洲爆發戰爭的那一刻起，蘇聯在波羅的海採取的和平政策，是完全正確的。」[114]

除此之外，在中國本身的北方山西省日本控制區，共產黨和國民黨部隊之間再次爆發大規模衝突，數以萬計的官兵參與其中。最糟糕的是，發生在蔣介石軍隊新的冬季抗日攻勢期間，這次規模非常大，蔣介石為此動員了四十五萬軍隊。此次在華中組織的攻勢，取得了不同程度的成功，因為中國武器嚴重短缺。在當時擁有四百五十萬官兵的所有軍隊中，只有一百六十萬枝步槍、六萬八千七百六十二枝衝鋒槍、一萬七千七百枝機關槍、五千八百八十四門迫擊砲和二千六百五十門各種口徑火砲。[115]現在最麻煩的，是與共產黨的衝突。由於與共產黨的「摩擦」，山西省政府主席閻錫山將軍無法參加抗日，甚至必須與日本人進行談判，在他們協助下打敗共產黨。但是，這仍然沒有結果，共產黨軍隊在與國民黨部隊作戰上，取得了新的、不容置疑的勝利。[116]

但不止如此。大約在同一時間，在劉伯承和鄧小平的指揮下，河北南部的共產黨游擊隊，在一九三九年十月建立自己的銀行，之後開始大規模印刷自己的紙幣，並廣泛流通於華北地區。這只會破壞國家的金融經濟制度。[117]此外，據某些消息來源稱，正是在一九三九年，毛澤東開始定期向日本出售有關國民黨轄區狀況的祕密情報。[118]

與此同時，十二月十二日，日本空軍首次轟炸了蔣的故鄉溪口鎮。炸毀了他父親的房子，他的第一任妻子毛福梅，因牆壁倒塌被壓而受重傷，第二天去世。她才五十七歲。蔣介石深感悲痛，但他無法參加她的葬禮。十二月十三日，在得知她的死訊後，他立即要求經國為葬禮做好一切安排。[119]經國隨即前往溪口，埋葬母親之後，在她的墓上豎立一塊石碑，親手在上面刻了四個字：以血洗血。[120]

十二月十六日，中國軍隊在前線取得勝利，從敵人手中奪回開封，但未能守住。最終，到一九四〇年春天，在打過九百六十場戰役和一千三百四十次小規模衝突之後，他們被迫沿著幾乎整個戰線撤退，損失了二十萬士兵，甚至讓日本再往內地滲透一百八十五英里，一直到長江邊的宜昌市。現在敵人離重慶只有三百多英里遠，但是日本皇軍無法超越這個距離。前線穩定下來，日本沒有對四川和重慶發動任何全面進攻。[121]他們只是繼續轟炸中國首都，在一九三九至一九四一年，進行了二百六十八次空襲，[122]把重慶變成世界歷史上遭受最密集轟炸的城市。[123]

一九四〇年一月，蔣介石開始與共產黨代表進行新的談判，以全面劃清日軍後方的領土分界。他一點都不想與毛澤東進行大規模戰爭。順便一提，即使是蘇聯歷史學家在一九七〇年代也理解這一點，儘管他們對蔣介石的態度總體上是負面的。[124]但他們也無法不承認，在一九三九至一九四〇年國共衝突中，蔣介石不是有罪的一方。首先，蔣介石無法從與史達林的爭吵中獲利，因為不論利弊，蘇聯仍然是中國的主要武器供應國；其次，因為蔣介石知道，此時汪精衛正迅速著手在南京建立政權。抗日統一戰線的解體，將正中汪精衛下懷。汪精衛的傀儡政府，在一九四〇年三月三十日成立。

談判進展緩慢，直到六月中旬，蔣介石和再次代表中共的周恩來，才明顯地成功達成一項協議，根據該協議，所有在黃河老河道以南作戰的共軍部隊，都將撤回到北方。[125]

但就在那個關頭的七月，莫洛托夫收到日本駐俄大使提出的、締結一項中立協定的建議，該協定實質上是針對中國的。日本大使解釋道，「中立」意味著蘇聯將不「向重慶政府提供援助」。莫洛托夫無恥地告訴日本，「所有有關〔蘇聯〕對華援助的談論都是沒有根據的」，儘管他並不否認蘇聯「早些時候」在人員、武器和飛機上向中國提供了援助。「但是，」他指出，「現在情況不同了。」因此，史達林之後的第二號人物，讓中國的死敵知道，莫斯科並不反對在蔣介石背後與東京討論協定。[126]

莫洛托夫知道他在說什麼。沒有史達林的同意，他絕不會這麼做。克里姆林宮領導人這時可能有意在近期內，更換遠東地區的合作夥伴。至少他開始減緩向中國運送武器。[127]

自然，交貨延遲喚起中國的警覺性。一九四〇年九月，中國駐蘇使館參贊劉澤榮[128]向外交人民委員部投訴：「我們大使向外貿人民委員部提出的問題，沒有一個做出決定。也許這就是對中國事務的普遍態度。我們的大使邵力子[129]……以非常興奮的心情來到這裡，但目前他深感沮喪。」[130]

蔣介石也同樣苦惱。一九四〇年九月初，他在日記中寫道：電詢史大林究竟「前托潘大使與總顧問代轉之電，及托邵大使代交手書，未知有否接閱，未得覆電，念甚。中蘇兩國關係決不在一時物質接濟之有無……」。[131]（譯注：我需要給史達林打個電報，問問到底發生了什麼事。他既沒有答覆潘友新大使和主要顧問轉交的電報，也沒有答覆邵大使轉交的信。他收到了嗎，讀過了嗎？我深刻地思考中蘇關係，目前是否可能獲得物資援助？）

與此同時，一九四〇年，由於歐洲戰爭，蔣介石與他最親密的朋友和顧問、澳大利亞記者端納的關係變得極其複雜。迄至一九三九年九月三日，澳大利亞與德國處於戰爭狀態，因此端納開始強烈表達反納粹情緒，試圖引導蔣介石到同一個方向上。但委員長非常謹慎，特別是在蘇德條約方面，他向端納說：「我並沒有和德國作戰。」

「我有和德國作戰。」端納回答，知道現在是分手的時候了。

就在這時，他與美齡做了一次艱難的談話，他以其特有的直率，向她指出她家族成員不可接受的行為，他們的腐敗交易和對貨幣市場的投機行為廣為人知。中國第一夫人怒火中燒，對他說：「端納，你可以批評政府或中國的一切，但有一些人即使是你也不能批評的！」[132]

確實，貪腐和盜竊向來存在於中國，包括在國民黨治下。例如，一九三二年六月三十日，蔣介石在日記中寫道：「老黨員中身自腐敗，不知省察過去之歷史而一意搗亂。」同年八月五日，他稱中國的腐敗為「革命計畫的第二對象」（撤除不平等條約是第一，反動派是第三）。九月一日，他再次抱怨道：「欲得一賢能之士為助，如何求之？舊黨員多皆腐敗無能，新黨員多惡劣浮囂，而非黨員則接近不易，考察更難。」[133]

但是，從戰時道德角度來看，當權者非法致富，尤其是蔣家成員，是特別不能被接受的。然而，美齡和蔣本人並不想干預，並視之為理所當然。當一位外國記者對美齡說共產黨可能是中國最不腐敗的一群人時，蔣夫人怒氣沖沖地喊道：「廉潔，是的；但那是因為他們還沒有掌權吧！」[134]

蔣介石沒有腐敗是無庸置疑的，但從一九三三年起擔任財政部部長的蔣介石連襟孔祥熙，和他的妻子靄齡，就沒辦法被視為清白。他們肆無忌憚地炫耀自己的財富。海明威的妻子在一次招待會上與靄齡會面後說，她讓她想到「邁阿密海灘酒店的庸俗有錢女人……她的衣服是我所見過的最漂亮的。這是中國經典的式樣……黑色天鵝絨。通常從衣領到膝蓋扣緊長袍的小扣子是絲綢盤花扣，而她的則是紐扣大小的鑽石。她說她也有紅寶石和祖母綠扣子」。[135]

一九四一年，孔祥熙和靄齡尤其成為中外新聞界強烈批評的對象。一九四一年下半年住在重慶的一位目擊者回憶道：「我對孔夫人幾乎普遍不受喜愛感到吃驚。每個人都相信她控制了特定的一家銀行，透過這家銀行，在每次新一波幣值重貶之前，她都先買好美元。」[136]一九四二年，孔的一名手下甚至因為貪腐罪被處死，一九四三年，他的幾名同夥被捕。[137]但蔣介石並沒有對孔進行任何調查。

與此同時，一九四〇年五月，端納離開了蔣介石，也離開了他的第二故鄉中國。在兩年的時間裡，他搭乘他的遊艇美華號巡遊於太平洋，直到一九四二年一月，他在馬尼拉被日本人俘虜。然而，他們不知道抓到的是誰：端納隱瞞了他的名字。戰後他才回到中國，不久於一九四六年十一月九日在上海去世，當時蔣介石比以往任何時候都更需要他。[138]

誰知道呢，也許他老朋友的忠言可能拯救蔣介石與中國，讓他們不致遭到三年以後，即一九四九年十月萬劫不復的大災難，當時蔣介石在與共產黨的最後一場戰役中失利，而中國最終落入共產主義的獨裁統治下。但這是不太可能的。蔣介石和他的妻子早在一九四〇年春天就應該聽信端納的話，當時這位誠實的顧問，直接向他們指出了吞噬他們政府的可怕腫瘤——當權者的腐敗。在隨後的抗日戰爭中，這顆腫瘤將致命地轉移，並且伴隨著其他因素，一起導致其政權的垮臺。因此，很難不同意一位目擊者、美國飛行員陳納德（Claire Lee Chennault）的話，他回憶道：「一九四〇年，當端納試圖將反動分子從國民黨政府高層驅逐失敗，而委員長不再聽信他的忠言後，這是全中國的悲劇。端納是東方貪腐和低效率的無情敵人。」[139]

我們不能忽視孔子指出的真理，孔子在他的時代說過：「德之不修，學之不講，聞義不能徙，不善不能改，是吾憂也。」[140]

第五部

PART V

中國之命運

CHINA'S DESTINY

第十七章
聖母頌

與蘇聯關係的複雜局面自然使蔣介石苦惱，但他認為情勢已定。「俄羅斯的外交政策顯然已經發生了根本性的變化，我們不必再希望得到他們的幫助。」（直譯）他在一九四〇年初的日記中寫道。[1]他清醒地評估了他所面對的局勢，特別是因為他當時確信自己很快就會獲得一個新的朋友——美國。

早在一九三九年七月，美國政府就開始採取措施，阻遏日本在遠東的侵略。就在那時，來自華盛頓的好消息傳到了重慶。羅斯福總統獲得國會授權，以六個月時間，廢除一九一一年美日貿易和航行條約，根據該條約，美國可向日本提供戰略原物料。[2]然而，美國奉行其孤立主義政策，只投入一小支軍隊，在一九三九年底包括預備役人員在內只有五十萬官兵，[3]他們仍然不想介入衝突，因此繼續避免任何可能將他們捲入衝突的行動，特別是拒絕向中國出售武器。

但到一九四〇年初，接近廢除對日貿易條約生效時刻，美國輿論有了重大變化。七〇%的美國人對日本在中國的暴行感到憤怒，並以自己的政府在戰爭初期協助侵略者為恥，他們開始表示希望懲罰日本，「必要時動用海軍」。[4]這些好戰的傾向，使美國民眾對日本可能入侵東南亞的憂慮與日俱增，因該地是美國工業的重要原物料來源。

日本與發動第二次世界大戰的納粹之間的同盟關係，同樣引起美國民眾和政府的強烈不滿。這就是為什麼美國駐日本大使格魯（Joseph Clark Grew）早在一九三九年四月告訴《東京日日新聞》的編輯：「如果日本最後與德國同處一個陣營，我們兩國將很難保持和平關係。」[5]

蔣介石也對英日關係的嚴重惡化抱以希望，特別是因為英國已經與日本的盟友納粹德國開戰。（英國於一九三九年九月三日向德國宣戰。）

一九四〇年春，蔣介石的希望開始實現。三月七日，羅斯福第二次向他提供貸款，這次是二千萬美元。雖然數額不大，而且再次指定不能購買武器，但蔣大為振奮。美國的貸款「其數雖小，未始無補，」他在日記中寫道，「美國反對汪偽政權之積極，實與我國以莫大之聲援。」[6] 幾乎與此同時，英國正展開一項計畫，要武裝和訓練三萬名中國游擊隊員。[7]

一九四〇年六月，蔣介石派他的妻舅宋子文到華盛頓，為中國的戰爭努力尋求實質性援助。宋還被賦予委員長私人代表的地位。抵達華盛頓後不久，他就展開一陣旋風式的活動，充分利用美國政府機構中的中國遊說團。在這方面，根據蔣介石的指示，他一再告知華盛頓的當權者，美國的援助金額將決定中國政府是否會繼續抵抗敵人。當然，他和蔣介石都再次虛張聲勢一番。眾所周知，蔣介石無意在任何情況下向日本投降，但他需要盡可能地從美國銀行中挖掘資金。在這方面，恐嚇戰術是最有用的。[8]「如果美國像以前一樣袖手旁觀，不及時介入〔衝突〕，」蔣介石在宋子文抵達華盛頓的同一天給他的電報中寫道，「這將對我們的抗日戰爭帶來負面影響。」[9] 準此，蔣透過美國駐華大使告訴羅斯福，他擔心「膽大挑釁的共產黨」，甚至「遠過於日本軍隊」，換句話說，他試圖用共產主義革命的幽靈嚇唬他。[10]

一九四〇年夏秋，蔣介石面對的是國際形勢的急遽惡化。六月二十二日，希特勒德國攻克法國，後者的印度支那殖民地基本上沒有了主人。顯然，日本不會錯失利用此一局勢的時機。而這正是三個月後發生的事情。九月二十二日，日本皇軍開始占領越南，五天後，日本與納粹和義大利法西斯簽署了針對美國及其盟國的《三國公約》（the Tripartite Pact）。換句話說，它現在正式與他們處在同一陣營。因此，羅斯福和他的最親密的顧問得出結論，美國「最終會捲入戰爭」。[11]所有這些都讓美國對中國更加同情，尤其是在一九四〇年十一月三十日日本承認汪精衛政府之後。存心要讓日本難看，並表示對中國的聲援，羅斯福提供給蔣介石迄今為止最大的一筆貸款——一億美元，其中一半蔣可以用在所謂的「一般性目的」，包括最終在美國購買武器，另一半被指定用來穩定貨幣。[12]

與此同時，羅斯福授權向中國出售軍機，並派遣美國志願飛行員，儘管美國憲法第一條禁止美國軍官在外國軍隊服役。這是蔣介石最想要的，希望美國能幫忙保衛重慶。十月分，他派了另一位親戚到華盛頓去解決這些問題——空軍少將毛邦初，這是他第一任妻子毛福梅的三十六歲姪子。毛不僅是家族的一員，也是黃埔軍校蔣介石的學生，同時還是莫斯科中山大學經國（毛的堂兄）的同學。

陳納德，這位退休的美國空軍上尉，自一九三七年六月以來一直擔任美齡的民間顧問，如前述，他領導中國空軍，陪同毛邦初出訪。（順便一提，毛邦初首次訪問美國期間，在邁阿密的一次航空展覽會上，遇到了陳納德，並邀請他訪問中國。）一九三七年春，由於健康情況惡化，陳納德退伍並轉到美國空軍預備役部隊。他患有慢性支氣管炎、重聽和低血壓。他不能再駕駛飛機了，但中國對他並沒有有這方面的要求。毛邦初、蔣介石和美齡最看重的是，他是一位飛行專家，並且是極有才華的組織者。直到一九四〇年年中，他一直專心於訓練中國飛行員，並且組建一支國際中隊。後一項事業沒有什麼成果，但現在精力充沛的陳納德在毛將軍、宋子文和華盛頓中國遊說團的協助下，開始著手建立一個純粹由美國人組成的空軍志願大隊。[13]美齡全力支持他，而陳納德則被她迷住了。「她永遠是我的公主」，他在日記中寫道。[14]顯然，美齡也喜歡他，他身材高大、強壯、果斷——一個真正雄偉的男子。因此，她就直接地稱他為「上校」，儘管他只是一個退伍的上尉。[15]

陳納德和毛邦初向接見他們的美國官員，報告中國空軍的糟糕狀況。雖然中國有四百八十名空軍飛行員，但他們只有三十七架戰鬥機和三十一架俄羅斯設計的轟炸機，而且根本沒有高射砲。同時，他們又補充說，日本在中國有九百六十八架飛機，在印度支那有一百二十架飛機。[16]

陳納德和毛邦初必須克服很多巨大的困難，因為當時美國對第二次世界大戰的主流看法是以歐洲為中心的。人們認為「必須先透過大西洋和歐洲打敗希特勒，之後對付遠東將相對容易」。[17]因此，所有可用的飛機都被送往英國。

但在一九四〇年十二月中旬，蔣介石的特使們有了一個真正獲得成功的機會。十二月十七日，羅斯福宣布一項幫助各國抵抗侵略者的計畫，名為「租借法案」（Lend-Lease Program）。雖然主要針對英國設計，但也不排除含括中國，特別是因為羅斯福對中國及其人民有著極大的同情——這種感覺是承襲自他的母親和舅舅，他的舅舅曾經和鴉片大貿易商的父親（羅斯福的外祖父）一起住在中國。[18]

一九四一年一月下旬，在宋子文的建議下，羅斯福派自己的人到重慶調查中國的金融形勢，包括通貨膨脹以及可能的租借協助。宋請求他派前商務部部長霍普金斯（Harry Hopkins），但羅斯福選擇了他自己的一個經濟顧問——居里（Lauchlin Bernard Currie）。居里在三月初回美後，建議將中國列入租借法案，儘管蔣介石已經表明他完全無意處理經濟問題和通貨膨脹。蔣介石確信，透過處決最惡劣的投機者，市場價格可以靠武力穩定下來。他甚至把成都市長槍斃了。當前他唯一感興趣的，是來自美國的直接軍事和經濟援助。[19]

與此同時，中國的情況依然複雜。日本人不再前進，但在一九三九年和一九四〇年戰爭之後，自由中國的領土儘管沒有縮小多少，但還是縮水了。現在只有四七．五％的人口生活在其中，而住在日本占領區的人口，則不下於二億。國民黨地區的財經形勢持續惡化，這也就是何以蔣介石無意處理這些問題。基本商品價格大幅上漲——一九四一年六月物價指數與一九三七年七月相比為三二一四％，通貨膨脹水準仍然很高。一九四〇年底，一美元兌換十六元，而戰前匯率為一比三．三。在重慶，大米的運送受到強烈干擾。一九四一年，包括三百八十五萬六千名官兵的軍隊開支，消耗了預算的三分之二。[20]

但蔣介石認為更重要的是，一九四一年初，美國最終決定送給中國最初額度的一百架P-40B戰機（著名的戰斧飛機）。一九四一年三月十一日，美國國會通過了《租借法案》，三月十五日，羅斯福發表了一項聲明，強調：「中國……表達了億萬平民百姓反抗分裂祖國的偉大意志。中國，透過蔣介石委員長，請求我們的幫助。美國已經說過，中國應該得到我們的幫助。」[21]二十天後，宋子文向美國提出一項供應中國一千架飛機的具體要求，包括三百架轟炸機，以及足以裝備三十個師的現代化武器，還有透過租借法案提供的其他軍事物資。[22]一九四一年四月二十六日，羅斯福通知蔣介石，他已批准向中國轉交價值四千五百萬美元的租借物資，五月六日，他宣布捍衛中國對美國的防禦至關重要。[23]

因此，在一九四一年春夏，蔣介石明確界定美國是他的主要盟友。蔣很想好好慶祝，期待數週內美日就會開戰，但必須某種特殊的情境發生。而日本占領越南後，切斷了通過海防港將中國與外在世界連接起來的路線，中國只剩下唯一的一條「生命線」——從昆明到英國殖民地緬甸首都仰光的滇緬公路。從仰光北到緬甸臘戍鎮有一條鐵路，然後要穿過一條狹窄如絲帶盤旋於崇山峻嶺的土路。然而，一九四〇年七月十二日，兩個月前接替張伯倫（Neville Chamberlain）的英國新任首相邱吉爾（Winston Churchill），在雨季的三個月，關閉了長達一百一十六英里的公路。十月重新開放了道路，十二月，他甚至向蔣介石提供了五百萬英鎊的商業貸款。[24]但無人知曉邱吉爾是否會在一九四一年的雨季再次關閉道路。與此同時，史達林終於批准履行合同，從一九四〇年底到一九四一年六月，二百五十多架蘇聯飛機，以及大約在同一時期，三百輛卡車、二百五十件火砲、二十萬枚砲彈和其他設備運抵中國。[25]

但正是在這個關頭，國民黨與中國共產黨的關係再次緊繃起來。新的危機始於一九四〇年七月，當時共產黨對華中地區，在江蘇省主席韓德勤、安徽省主席李品仙指揮下的國民黨游擊隊展開進攻。到了此時，中共八路軍已經把華北地區分布的所有國民黨游擊隊擊潰，現在又有一支以老兵戰士葉挺和項英為首的共產黨軍隊——一萬五千人的新四軍，開始攻擊在老黃河航道以南作戰的國民黨部隊。這時周恩來和蔣介石正在重慶會談，雙方顯然達成了在日軍後方占領區，劃分中共和國民黨游擊隊領域的協定。一九四〇年十月十九日，蔣介石命令葉挺在老黃河航道以北重新部署新四軍，但正是在十月，這支軍隊打敗了國民黨江蘇省主席的部隊，俘虜八千多名官兵。之後，十月三十一日，白崇禧將軍告訴潘友新：「共產黨……行為完全非法又不當。我們不能忍受這些無休止的摩擦、衝突和齟齬，這些摩擦、衝突和齟齬對我們的力量造成了巨大的傷害。」[26]

但在十二月，新四軍和國民黨部隊之間又發生了新的衝突。結果在一九四一年一月六日，九個國民黨師團攻擊新四軍總部縱隊，在九天的過程中「空前的殘暴」，徹底消滅了新四軍。[27]葉挺被俘，項英被殺。

第二天，潘友新和一九四一年新年前剛到中國的新任武官崔可夫（Vasilii Ivanovich Chuikov）以及其他幾位蘇聯代表，會見周恩來和葉劍英（八路軍參謀長），討論此一事件。所有人都很煩惱，沒人知道該如何回應。他們應該開始與蔣介石鬥爭嗎？好戰的崔可夫將軍提議，至少在他們的政治活動中，共產黨應該「表明蔣介石在所有這些事件中是有罪的」，但潘友新不同意。「我們必須保持合作」，他說。討論內容有些含糊，潘友新要求周和葉不要將他們（蘇聯的代表）「對發展情況的個人評估」告知毛澤東。實際上沒有什麼可轉達的：他們沒有做出任何評估。[28]

一月二十五日，在史達林指示下，潘友新會見蔣介石，以確定是否將繼續攻打新四軍與八路軍。根據蘇聯的歷史學家表示，蔣企圖規避回答，這位蘇聯大使不得不連問三次。直到那時蔣才答應和平解決事件。[29]然而，蔣在他的日記中對這次會見有完全不同的記載：「俄使奉其政府令，來詢新四軍事，……余嚴詞正色駁斥之，彼乃赧顏辭去。」蔣還寫道：「中共策略，欲藉俄國援華之政治與武器關係，而壓制中央，阻止反共潮流，其計拙劣玄幻，與抗戰之初，欲以抗戰陰謀，推倒中央，企圖獲得政權之迷夢一也。」[30]之後，蔣介石下令封鎖中共政府所在地的陝甘寧特區。

在這種情況下，等待與蘇聯簽訂新的軍事合約是毫無意義的，二月二日，由返回蘇聯的卡恰諾夫[31]轉達給史達林的一封信中，蔣強調蘇聯在道義上而非物質上支持中國的重要性。[32]他對狀況有正確的評估。一九四〇年末至一九四一年初，蘇聯武器的交付是最後的幾批。

這有關係嗎？一九四一年二月，第一批美國戰鬥機正準備送往中國，[33]蔣介石也可以依靠陳納德，成功地從美國招募二百五十名飛行員。[34]因此，只有史達林的道義支持，蔣介石日子也很好過。

但出人意料的是，一九四一年四月十三日深夜，蔣介石收到來自莫斯科的可怕消息：蘇聯政府在沒有通知他的情況下，與日本簽署了一項中立條約，其中有一項條款，實質上排除了蘇聯對中國的援助，另外還聲明蘇聯承認滿洲國領土的完整性，而日本承認蒙古領土的完整性。[35]這違反了蘇聯的所有道義義務，特別是因為就在兩天前，潘友新向蔣介石保證，儘管日本外相松岡洋右（四月八日抵達莫斯科）訪問莫斯科，但蘇聯「不會為了自私的考慮而犧牲友好國家的利益，蘇聯政府只是以通常的外交禮節接待松岡」。[36]

毫無疑問，蔣介石後來接到報告，四月十三日晚，史達林親自護送松岡到雅羅斯拉夫爾火車站，這是日本外相要離開的地點。松岡本人也沒想到會有這樣的榮幸。這一步相當不尋常：史達林從前以及往後都未護送過外國訪客。火車延宕了一個小時，因為他們在等待史達林。當他到達後，他先是帶領松岡進入車站餐廳，在那裡，他們和莫洛托夫一起互相敬酒致意，然後，擁抱粗壯的日本人，並在他耳邊低聲說：「你是亞洲人，我也是亞洲人，我們應該團結起來。」史達林引導他來到車廂，在一整群聚集在月臺的外交使節團眼前，簡直就是把他拖進了火車。從火車上出來後，他大聲地問舒倫堡（Schulenburg）（德國大使）在哪裡。看到他後，史達林走近大使，擁抱他，說：「我們必須保持朋友關係，你現在必須為此做一切事情！」然後，他轉向代理德國武官克雷布斯（Hans Krebs），「事先確定他是德國人」，然後對他說：「無論如何，我們都必須和你們保持朋友關係。」[37]

當然，蔣介石不可能知道，前一天史達林在克里姆林宮與松岡談話時，史達林曾告訴日本大臣，他是「軸心國的堅定支援者，[38]也是英美的反對者」。[39]但蔣介石所知道的已經足夠了。克里姆林宮獨裁者已向全世界表明，他與日本和德國的友誼已成為他的首要任務。

四月十三日那天，對蔣來說，從一開始就是一場災難。晚餐時，他和美齡計畫與在重慶從事記者工作的海明威夫婦會面（海明威的妻子瑪莎・蓋爾霍恩〔Martha Gellhorn〕代表主流雜誌《科利爾週刊》〔*Collier's Weekly*〕，海明威與紐約一家溫和的報紙《PM》簽有合同）。[40]他們本來應該接待客人的，但蔣介石沒有假牙。不清楚到底怎麼回事（假牙要麼壞了，要麼丟了），但事實就是事實：他被迫在沒有牙齒狀態下接待客人。起初一切都很順利，因為美齡像往常一樣主導了談話。她試圖吸引這位著名的作家。蔣靜靜地聽著，只偶爾插入一個簡短的「好」。瑪莎後來回憶道：「他一身灰色制服，無懈可擊，精瘦直挺，看起來有點僵硬。」但當談話轉向新四軍事件時，海明威和瑪莎暗示他們不相信官方的國民黨版本，這時他就再也無法克制自己了，他插嘴道，這一事件「無關緊要」。由於他的客人持不同意見，他重複講了四遍，並就這個主題詳加敘述。瑪莎看到委員長光禿禿的牙齦，不禁睜大了眼睛。蔣介石注意到了，於是改變話題，顯然，這給雙方都留下了不愉快的印象。[41]

然後，當晚從莫斯科傳來壞消息。現在輪到蔣介石把史達林視為叛徒了。這是他在日記中寫的：「俄日下午兩點在莫斯科簽訂中立協定，[42]內容有互相承認外蒙與偽滿領土完整之條文，此乃俄損人利己一貫之慣技，實其在國際信義上之最大損失，而匪僅加害於我而已。」[43]

四月十九日，他告訴潘友新：「中國軍民……收到締結條約的消息……心如刀割般痛苦……我們的軍民真的很震驚。」而且，他幾乎毫不掩飾自己的憤慨，補充道：「我希望，如果蘇聯要對日本採取任何措施，請不要隱瞞我們。」大使被嚇到了：「你在想什麼？」[44]蔣介石以前從未如此尖銳地跟他說過話。

因此，很有可能在三個星期後，即五月十二日，蔣接到情報部門有關德國打算在一個半月內攻擊蘇聯的消息後，他沒有通知史達林，而是轉達給羅斯福（在與羅斯福的祕密通信中，蔣介石和他的妻子使用了代號Segac）。不過，此一訊息還是從蔣介石的保鏢——蘇聯特工施太乃斯傳到了莫斯科。[45]然而，正如人們可能認為的那樣，史達林不予置信。

然而，一九四一年六月，當蘇聯成為其新「朋友」之一、納粹德國的侵略目標時，蔣介石還是表示無條件支持蘇聯，儘管他對史達林在背地裡與日本簽署條約的怨恨從未消退。現在重慶和莫斯科處在同一陣營，共同對抗軸心國。雖然兩國各自在自己的戰線上與自己的敵人作戰，但蔣非常清楚，由於蘇聯加入第二次世界大戰，「全人類都期待著迎接光明」。[46]七月三日，針對德國和義大利承認汪精衛政府，他與這些國家斷絕了外交關係。[47]

與此同時，蔣介石對中共帶給其政權的威脅之憂慮並未稍減，特別是當他讀到被逮捕、並被提交審訊的新四軍司令葉挺的證詞時。葉挺說道：「莫斯科第三國際正在指揮」中國共產黨八路軍的行動，目的是「擴大他們在〔日本〕占領區的勢力」，並且「延長中日之間的敵意」。[48]一直要到蘇德戰爭爆發初期，蔣介石才希望蘇聯和中共「可以冷靜下來」，[49]但他很快意識到這不可能發生。這就是為什麼他有充分的理由告訴美國記者白修德（Theodore White）：「日本是皮肉之患，中共是心腹之患。」[50]

要是他知道，一九四一年七月三日，蘇聯政治局通過一項決議，授權共產國際執行委員會撥付「一百萬美元支持中國共產黨中央執行委員會」，那他將情何以堪。[51]納粹飛機正在轟炸莫曼斯克（Murmansk）、奧爾沙（Orsha）、莫吉列夫（Mogilev）、斯摩棱斯克（Smolensk）、基輔（Kiev）、奧德薩（Odessa）和塞瓦斯托波爾（Sevastopol），而史達林決定向中共中央執委會匯款一百萬美元。[52]但史達林既不供給錢也沒有武器予蔣介石。[53]一九四一年十月二十四日，克里姆林宮老闆冷冷地告訴蔣介石，他不能再提供軍事援助給他了。[54]一九四二年二月，崔可夫和其他蘇聯軍事專家離開了中國。

這時，美國已經處於高度戒備狀態，儘管一九四二年六月二日才與中國簽署租借協定，但美國已開始運送物資到重慶。[55]截至一九四一年底，他們透過這一援助計畫，提供給蔣約二千六百萬美元，占所有運往友好戰鬥國家的物資總值（超過十五億美元）的一．七%。（與以往一樣，英國還是居於優先地位，在同一時期獲得三十倍以上的救援，另外也援助納粹德國攻擊之後的蘇聯。但一九四一年夏天，在亞利桑那州展開了一個培訓中國飛行員的計畫。）[56]

一九四一年四月十五日，美國志願飛行員獲得羅斯福總統的許可，加入陳納德飛行大隊。因此，由首批一百一十名退役戰鬥機飛行員組成的空軍美籍志願大隊（the American Volunteer Group, AVG）成立。不久，陳納德獲得總統的許可，組建第二批由一百名轟炸機飛行員以及一百八十一名槍手和無線電員組成的隊伍。[57]

一九四一年七月，美齡那精力充沛的顧問陳納德回到重慶，「向委員長滙報美國專案取得的令人難以置信的成功」。[58]然後，他前往緬甸，在那裡建立一個美籍志願大隊培訓中心。隨後，第一中隊抵達緬甸，然後是第二中隊，十二月中旬，又有新組建的第三中隊（也有一百名飛行員），他們都被稱為飛虎隊，因為他們在機首畫上了可怕的鯊魚牙齒。順便一提，他們是模仿在利比亞的英國皇家空軍飛機。為什麼他們被稱為老虎而不是鯊魚不得而知，甚至陳納德自己也無法回答。[59]

對蔣而言不幸的是，由於在緬甸受訓的時間冗長，而運交飛機的時程延宕，直到一九四一年十二月二十日，美國志願者才得以在昆明上空展開戰鬥。[60]但他們作戰英勇，不比蘇聯飛行員差。然而，與後者不同，後者因為明顯擔心不得不與蘇聯內務人民委員部（ＮＫＶＤ）打交道，而不敢超越「道德界限」；美國飛行員卻把所有空閒時間都花在中國娼妓上，這讓中國當局無法認同。[61]

隨同陳納德一起的，有另一位蔣介石期待已久的客人抵達重慶：由美國總統派往中國的新政治顧問。他是拉鐵摩爾（Owen Lattimore），知名中國問題專家，《太平洋事務》（*Pacific Affairs*）雜誌前主編。蔣介石本人曾要求派一名政治顧問給他，但在獲得羅斯福同意後，居里選擇了拉鐵摩爾。結果證明人們不可能期待有一個更佳的人選了。

與蔣介石的其他外國顧問不同，這位四十歲的學者、歷史學家和政治科學家，不僅對中國非常了解，而且能流利地用中文來表達，因為一直到十二歲，他曾經先後住過上海、保定以及天津，他父親在那些地方教授英語、法語和德語。此外，他或多或少聽得懂蔣介石的口音，因為他的中國保母是蔣介石的同鄉。總的來說，他對委員長非常有用，特別是因為根據蔣介石和羅斯福的意願，他在他們之間扮演一個祕密聯絡的特別角色，縮短美國在外交工作上花費的時間，而用拉鐵摩爾的話說，外交部門是羅斯福和蔣介石都不盡信的。蔣和他磋商所有的問題，應蔣的要求，拉鐵摩爾為他撰寫給羅斯福的訊息，經蔣編輯後，再發送到華盛頓，但不是給總統本人，而是給居里。居里加以解碼，最後親自交給羅斯福。這被稱為「熱線」。拉鐵摩爾和居里使用的代碼只有兩個人持有：重慶的美齡和華盛頓的居里。

拉鐵摩爾住在城西風景如畫地區的宋子文私人住宅，位居嘉陵江邊的一處峭壁上。房子閒置著，沒有主人，因為正如前述，主人現在在華盛頓。（居里以前住在這棟房子裡。）儘管這位美國學者的觀點非常開明，甚至與他在一九三七年六月會晤的毛澤東和其他共產黨領導人相處融洽，但他很快就與蔣介石和美齡建立了良好的關係。[62]委員長和他的妻子珍視這樣的事實，即拉鐵摩爾盡了最大的努力，不僅幫助他們從美國爭取盡可能多的援助，而且努力說服羅斯福認可中國是一個平等的大國。總的來說，他熱心支持中國對抗日本帝國主義，以及中國的民族解放鬥爭。但羅斯福對拉鐵摩爾認可中國的建議沉默以對，因為他不想與他的主要盟友英國發生衝突。英國政府擔心戰後認可中國是一個強權，將鼓動印度的民族解放運動，印度是英國的殖民地。[63]

與此同時，一支以馬格魯德（John Magruder）將軍為首的美國軍事代表團於一九四一年十月抵達重慶，負責監督租借法案的交付。就像他們與拉鐵摩爾的關係一樣，蔣介石和美齡與這位曾擔任美國駐北平武官的將軍建立了良好的工作關係。[64] 馬格魯德一直留在重慶直到一九四二年六月，而拉鐵摩爾在一九四二年一月中旬離開。儘管他支持自由主義，但拉鐵摩爾對蔣介石的印象完全是正面的。「認識蔣介石本人，」他多年後回憶道，「我仍然認為他是個偉人。他當然不是聖人，但他也不是一個絕對的惡棍。他不僅是一個愛國者，而且根據他自己的見解，是革命性的人。他想改變中國社會……〔但〕在某些方面有一種舊時的思維……一半是封建主義和軍國主義，一半是現代主義。」[65] 很難不同意這一評價。而也正如拉鐵摩爾說的一樣，即使在抗日戰爭期間，儘管戰爭需要權力的最大集中化，但蔣介石也沒有成為真正意義上的獨裁者。以蔣的處境，他根本無法收服所有的地方軍閥，「作為一名已經登峰造極的中國軍事政治家，他必須在黨內和軍隊中，保持一個派系與另一個派系之間的平衡」。[66]

我們記得，他有時候不能成功地控制自己的家庭。對於美齡的姊妹們，他無能為力：無論是孫中山的極左派遺孀，還是孔祥熙的腐敗妻子。他甚至不能讓自己的妻子從屬於他的權力下，只能讓她干涉一切事務。的確，他習慣於依靠她的支持，但是當她「太過分」，開始太強勢時，他也從來不責備她。他只是讓它雲淡風輕地過去。有趣的是，只有在美齡入睡後，他才與拉鐵摩爾進行嚴肅的談話。在那之前，他坐在扶手椅上，大多時保持沉默，觀察他自信滿滿的配偶是如何壟斷談話的。[67]

然而，對於他的兒子，他是專斷的。當然，他盡了最大的努力來表達父親對他們的關心。甚至在第二次世界大戰開始前，他就擔心他的小兒子，如前述，小兒子當時正在慕尼黑軍官學校學習。與納粹德國關係的惡化，可能導致緯國跟隨他哥哥的腳步，成為人質。當緯國從慕尼黑畢業時，蔣介石要求他馬上離開去美國。到了美國，蔣介石在阿拉巴馬州麥斯維爾（Maxwell）空軍基地的陸軍航空兵戰術學校，為他找到一個位置。當然，緯國聽命行事，於一九三九年九月中旬離開帝國，[68]正好是在德國入侵波蘭兩週後。[69]他很快成為第一個進入這所戰術學校的中國人。[70]但是不久之後，應美國人的要求，他轉到另一個軍事基地——肯塔基州的諾克斯堡（Fort Knox），在那裡他開始和他的美國同事分享他在德國學到的東西。他於一九四〇年十月二十七日返回中國。

應蔣介石的要求，十五年未見到弟弟的經國，在香港碼頭迎接他。之後他立刻帶緯國去一家旅館，他們在那裡整晚喝啤酒聊天。第二天，他帶緯國去看望正在香港接受治療的「媽媽」美齡。[71]

這是緯國和美齡的第一次見面。出於某種原因，蔣介石從未讓他們認識彼此。當然，她曾經聽到傳言，說她的丈夫有一個養子，其母是日本人，父親是一個「國民黨政治人物」。一九三九年，美國記者岡瑟（John Gunther）在他的著作《亞洲內幕》（*Inside Asia*）中轉述了這些故事，[72]美齡取得此書並保存在她的私人圖書館裡。不知道她是否問過蔣介石這些傳聞，並有興趣知道誰是緯國的親生父親，不過，很難想像她會不感興趣。很可能在他們見面的時候，她已經知道她的「新孩子」是戴季陶和重松金子的兒子。從緯國的回憶和蔣介石日記的條目來看，「母親」和「兒子」彼此喜歡。例如，蔣對他們的會面這樣寫道：「詩云『妻子好合，如鼓琴瑟；兄弟既翕，和樂且耽；宜爾室家，樂爾妻孥。』子曰：『父母其順矣乎！』此為余今家庭融融之寫照也，若非上帝眷佑，曷能臻此哉。」[73]

蔣介石的妻兒本應在蔣生日、西曆十月三十一日前抵達重慶的，蔣特別希望大家能團聚用餐慶祝。但他們在香港耽擱了。頗感委屈的蔣寫道：「吾妻本約今日回渝，尚未見到，亦無函電，念甚！」[74]

美齡已經許久沒回來了，但是蔣的兒子們終於在十一月三日回到重慶父親身邊。蔣看到他們兩人喜出望外，尤其是緯國，就如前已提過的，緯國一直是蔣最寵愛的兒子，而蔣也已經四年沒見到他了。蔣把緯國留在身邊，問他許許多多有關德國與美國的問題，而緯國也回應了他從諾克斯堡帶回的大量祕密資料，蔣非常滿意：美國與日本正迅速走向太平洋戰爭，這些文件可能非常重要。[75]他把他鍾愛的緯國帶在身邊整整一個月，直到一九四〇年十二月初，才把他送到江西省南部贛縣他兄長那兒，去見他的嫂子以及姪兒姪女。

一九三九年三月，經國才與家人一起搬到贛縣。他在南昌已經工作了一年，擔任省保安處副處長，這是他父親應當地省主席要求派給他的職務。經國早在一九三八年一月就加入了國民黨，同年春天，他成為少將。在南昌，他獨自生活了將近一整年：這個城市經常遭到轟炸，因此方良和孩子們與他的母親留在故鄉溪口。她每天騎著自行車或坐汽車四處遊逛，同時學習華北官話和當地的寧波話。丈夫很少探望，大約三個月才一次，讓她覺得很無聊。[76]但是一九三九年三月，在南昌被日軍占領的前夕，為了安全起見，經國被調到南邊二百五十英里處，來到贛縣，妻兒隨後跟過來。在贛縣，經國領導整個江西省南部行政督察區的安全部門，此地面積將近九千平方英里，包括十一個縣，人口超過一百六十萬。此外，他還承擔該地區的行政督察專員（即省主席特別代表）之責。[77]換句話說，他掌握了所有地方的權力。他肅清土匪，加以審判；並制定法規，打擊賣淫、吸食鴉片和賭博；實行農村改革，將地租給付降低二五％，重新分配土地；在青年團幹部訓練班上講課，出版報紙，並進行掃除文盲運動。一九四一年，他甚至為該地起草一份三年經濟發展計畫。[78]因為工作負擔很重，他每天凌晨四點或五點就起身，半夜兩點才睡覺。與此同時，方良開始擔任一家孤兒院的院長，照顧三到十五歲的孩子。在四年之內，她的學生人數超過了六百人。[79]

緯國熟悉了哥哥的工作，與方良成了朋友，樂於認識他的姪子和姪女。他還拜訪了他的養母姚冶誠——蔣介石的前情人，如前述，他對養母非常依戀。她現在就住在贛州。之後他和經國來到江西旁邊的浙江省，回到他們的家鄉溪口鎮，對祖墳鞠躬行禮。他們正好及時這樣做，因為半年後，一九四一年四月二十二日，日本占領了溪口，為了破壞蔣的地理風水，日本人毀掉了蔣的家墓。[80]直到十二月二十四日，也就是耶誕節前，緯國才回到重慶。一九四一年初，蔣介石派他到西安，加入他的一位忠心將軍的軍隊。[81]

和兒子見面固然高興，但由於與美齡分離，他心中的痛苦還是揮之不去。美齡是一九四〇年十月六日到香港接受醫療的，而儘管蔣一再苦苦請求，她還是拒絕回去。她是真的生病了。重慶那悶熱的氣候顯然對她不利：她反覆感冒，甚至從美國訂購藥物來治療她的呼吸道疾病。此外，美齡非常害怕轟炸，她因為恐懼而總是神經緊繃，同時她也失眠。有一次一枚炸彈在他們城內房屋前的草坪上爆炸，震碎所有的窗戶，中國第一夫人簡直整個驚慌失措。「轟炸機不斷在我們上空盤旋，」她寫信給她的前同學，「它們列隊出現——成群的——看起來像一群巨大的黑烏鴉。砰、砰、砰！他們現在在河的另一邊投下炸彈。我看不到爆炸，因為我在黃山這一側。我丈夫和我住在山上，因為我們的重慶房子已經不能住了。日本人也知道這所房子，因為那個叛徒汪精衛曾經來過這裡，告訴他們我們的行蹤……天啊，我們這裡真的缺飛機！我們有足夠的訓練有素的飛行員，但飛機的缺乏真是令人扼腕。」[82]此外，美齡此時還患有嚴重的背部和頸部疼痛，醫生的診斷是脊椎位移。這和一次車禍意外有關，那是一九三七年秋天，她和端納在上海前線巡視時遭遇的。一個後輪胎爆裂，乘客被摔到路上。端納沒什麼事，但美齡的一根肋骨斷裂。[83]顯然，她的脊椎也受了傷，但當時她的醫生認為沒有大礙。肋骨癒合得很好，但脊椎卻帶給她越來越多的麻煩。

最最嚴重的是，蔣的妻子患有嚴重的牙痛，重慶的牙醫一直無法確定其病因。[84]這種疼痛很可能與她的神經系統有關。這就是為什麼她於一九四〇年十月初前往香港，蔣介石不得不在沒有她的情況下慶祝他的農曆生日（那一年，農曆九月十五日是西曆十月十五日），還有西曆的生日她也一樣缺席。[85]

不過，美齡的病只是她與丈夫長期分居的原因之一。她離開四個多月了，直到一九四一年二月十二日才回到重慶。另一個原因，可能是嫉妒。與緯國見面時，她突然開始對緯國是丈夫的養子產生懷疑。也許是因為在她看來，緯國的容貌很像蔣介石，或者還有其他的原因。但她顯然覺得自己被騙了。[86]

嫉妒，因疾病而更加嚴重，兩者合起來讓她痛恨重慶。一九四一年四月十日，美齡在給一位想在她回城時拜訪她的美國朋友的信中寫道：「這裡連一個娛樂場所也沒有，一點社交生活也沒有。空襲之間簡直就只有厭倦、心碎的工作。熱氣和雨一點都不浪漫。」她抱怨生活條件差、食物令人厭惡、供水不足而且又生病。[87]

這並不是一個被寵溺、個性又反覆的貴族女人的抱怨，而是一個疲憊又罹病的女人的哭訴。回到重慶後，瘧疾和登革熱（一種急性病毒性疾病）讓她病上加病。她的皮膚上布滿了紅疹，淋巴結腫了起來。[88]她以前就有皮膚問題。早在一九三二年八月，蔣介石在日記中就抱怨說，他的「妻子的皮膚很癢」。[89]在一九四一年四月與海明威夫婦合影時，她顯得瘦弱又疲憊，尤其是在一個吃得飽飽、面帶微笑、對生活很滿意的美國人旁邊。雖然——這也是真實的——像以前一樣，她仍然擁有令人眩目的美麗。

儘管有種種不適，但美齡仍然留在重慶，雖然她並沒有立即原諒蔣。但是要原諒什麼呢？他又沒犯什麼錯。不過正如俗話說的，好男不與女鬥。蔣介石選擇不要讓自己和她的關係弄僵了，特別是因為他妻子的性格比他自己要強悍得多。顯然，他總算讓她相信，緯國不是他的親生兒子，到一九四一年四月，他們的家庭生活總算恢復了正常。蔣快樂得像到了七重天。[90]三月三十一日，他在日記中寫道：「本週心神愉快之時較多，尤以母子親愛，夫妻和睦為最，家有賢婦與孝子，人生之樂，無過於此。」[91]

然而，蔣不知道在美齡回來後不久，出於某種只有她自己知道的原因（背叛？惡意？陰謀？），美齡向回到重慶父親身邊、毫無猜疑心的緯國建議，在餘暇時間閱讀岡瑟的書。可能她是想測試這個年輕人的反應，或者挑撥他與蔣介石做個對話。但緯國表現得很克制，不過，用不著說，他很震驚。他沒接觸過關於他出生的謠言，並確信自己是蔣介石的親生兒子。出於某種原因，他想像書中被指名為「國民黨政治人物」的，很可能是蔣介石的結拜兄弟戴季陶。緯國來拜訪戴詢問此事，但戴只是大笑，從另一個房間帶來一面鏡子和一幅蔣介石的畫像，要求緯國比較一下他像誰。緯國把他的目光從畫像移到戴季陶身上，然後再看鏡子中的自己，說道：「我看我還是像父親〔即蔣介石〕多了些。」

戴季陶又大笑起來，問道：「那不就結了？」

緯國沒有更多的問題。但是，回家後，有些困惑，他想：「對我而言，父親和親伯都是偉大的，做他們倆任何一位的兒子，都是光榮的。」[92]無論對美齡或蔣介石，他都沒有提到這次談話。

與此同時，一九四一年十一月中旬，蔣介石得到令人不安的消息，羅斯福表示願意與日本「倭寇」達成協定，和平解決爭端。委員長很震驚。本來似乎一切都指向美日戰爭，特別是因為美國總統凍結了日本在美國銀行的資產。現在，羅斯福突然開始要與日本討論暫時和平共存，連邱吉爾都感到驚訝。邱吉爾寫信給羅斯福：「當然，這件事是由你來處理，而我們當然不希望有更多的戰爭。但是有一點令我們不安。蔣介石怎麼辦呢？他不是沒什麼選擇嗎？我們憂慮的是中國。如果他們崩潰，我們共同的危險會大大的增加。」[93]

當然，蔣介石並不知道邱吉爾給羅斯福的祕密電報。他只感覺自由西方背叛了他，因此變得非常的歇斯底里。他要求拉鐵摩爾給華盛頓發一封緊急電報，說「他〔蔣〕對美國的依賴，是他整個國家政策的基礎」。他暗示，如果羅斯福與日本和解，將永遠損害美國在中國的威望，就像緬甸公路的關閉損害了英國的威望一樣。此外，他請求拉鐵摩爾警告羅斯福，美日緩和將鞏固汪精衛政權，削弱中國國民政府的地位。拉鐵摩爾告訴居里，「他從來沒有真正看到蔣介石這麼激動過」。[94]

他憂心不減，直到一九四一年十二月八日清晨四點，他被董顯光的電話驚醒，董是國民黨中央執行委員會宣傳部副部長，也曾是一九〇六年初，在奉化地區的學校，擔任蔣的老師的人。董告訴他一個驚天動地的大消息：三個小時前，日本戰機襲擊了位於夏威夷珍珠港的美國海軍基地。密集轟炸持續了兩小時十二分鐘。五艘戰艦和三艘巡洋艦被擊沉，一百七十七架飛機被毀，兩千多名官兵喪生，另有兩千多人受傷或失蹤。[95]幾乎在同一時間，日本也襲擊了英國殖民地香港、英屬馬來亞和新加坡。[96]

不管這些傷亡多麼可怕，蔣介石都忍不住鬆了一口氣：最強大的國家——美國和英國——也加入了對日戰爭。這不僅意味著攻克最可怕的敵人在望，而且表示中國和其盟國站在一起，終將能夠確保一個大國的地位。蔣介石抑制不住內心的激動，把他最喜愛的巴哈（Johann Sebastian Bach）和古諾（Charles Gounod）的唱片——《聖母頌》——放到留聲機上。坐在扶手椅上，他開始諦聽，體驗幸福的滋味。當唱片放完後，他換上另外一片——仍然是舒伯特（Franz Schubert）的《聖母頌》。這兩個版本他都喜歡。

沒有什麼緊急的：從現在起，中國的命運將取決於太平洋戰爭的前線。

音樂再美，蔣也不能欣賞太久。大家都在等著他的回應，因此，四小時後，他在重慶的辦公室召開了國民黨中常會特別會議，決定立即向美國、英國和蘇聯提議建立一個軍事聯盟，締結同盟條約，並聯合對德國、義大利和日本宣戰。[1]當天稍晚，蔣介石向美國和蘇聯大使提交這些建議，[2]甚至與潘友新進行單獨對話，試圖說服他（並透過他轉達史達林）對日本進行先發制人的打擊。當然，與潘友新的談話毫無結果。就在三天前，蘇聯軍隊才在莫斯科附近展開反攻，如果同時對日本開戰，將會是史達林的噩夢。因此，當晚蔣介石只邀請美國和英國的武官，參加他的軍事會議，告知他們，中國將和他們的國家共同作戰。他還呼籲在美國領導下建立軍事同盟，指揮共同作戰之軍隊。[3]

第二天，即一九四一年十二月九日，中國政府正式向日本宣戰，在此之前，和日本政府一直處於未宣戰狀態，同時中國也對德國和義大利宣戰。前一天，美國和英國向日本宣戰，十二月十一日，德國和義大利向美國宣戰。結果，中日前線成為第二次世界大戰戰場的組成部分。

在這個時候，日本軍隊約有二百五十萬人，其中六十多萬人在中國，二十三萬人在太平洋地區。美國、英國和荷蘭東印度群島（印尼）聯合起來有三十七萬名官兵。中國軍隊人數最多：三百八十一萬九千人，但是，像以前一樣，並不是很有效率。在三百一十六個師團中，只有三十個最好的師是蔣介石自己的部隊，其他師隸屬於他們的地區指揮官，也就是之前的軍閥。[4]因此，在向指揮官下達命令之前，蔣介石不得不考慮：「這個人會接受這個命令嗎？或只會加以破壞？」[5]

蔣深知自己軍隊的弱點和在前線一連串無止境的失敗，所以在得知他的盟友最初失敗的消息後，他心情複雜，既感到同情，也有點幸災樂禍。十二月十日，他在日記中寫道：

可說太平洋上英美海軍總力量，已消耗十分之八矣。以目前形勢而言，英美在軍事太無準備，且徒虛張聲勢，致遭此敗，勢所必然。但由世界整個局勢與遠東戰爭最後結果而言，反可因之轉禍為福。以英美以後則不能不集中全力先解決遠東之倭寇，否則英美仍視遠東與中國為次要也。[6]

不久，羅斯福建議蔣介石在重慶召開軍事會議，由盟國代表共同制定出一套戰略。[7]蔣熱切地著手進行。然而，從十二月二十三日舉行的會議可以看出，蔣介石與駐印度英軍總司令、一個高傲的貴族魏菲爾將軍（Archibald Wavell）意見不一。一週之前，日本軍隊入侵緬甸，因此，擔心他們會控制連接中國與世界其他地區的「生命線」的蔣，在十二月二十四日的早餐會上，向魏菲爾提出一項計畫，要部署兩支為數八萬人的中國軍隊到緬甸，來幫助英國。但魏菲爾伯爵，以一個英國領主的態度，傲慢地回答：「我們英國人會認為，讓中國軍隊為我們解放緬甸，是一種恥辱。」[8]蔣介石非常生氣，特別是因為像所有中國人一樣，他認為緬甸北部是中國領土，在一八八〇年代被英國人非法從中國分割而去。

正如吾人所知，總的來說，他處於高度敏感狀態。到一九四一年底，由於新的家庭問題，他已幾乎無法自持。美齡鍾愛的外甥女、孔祥熙和靄齡的女兒令俊（又名令偉），於十二月中旬從遭到日本攻擊的香港回來，不僅帶了無數的僕人，還帶了七隻大狗小狗。她和她的隨員，占用了蔣介石派到香港要撤離中國歷史最悠久的報紙《大公報》出版商的整個機艙。由於這些狗，飛機上沒有空間給出版商。這本來沒人注意也就過去了，但當大呼小叫的隊伍在重慶機場降落時，前來迎接出版商的大公報主編非常憤怒，他寫了一篇社論，掀起了一場風暴。[9]孔氏家族在中國早就聲譽不佳了，現在又來了這個醜聞！

當然，隨著時間過去，事情也淡化了，但許多人心裡還很不是滋味。完全不知自己已犯眾怒的令偉，好像什麼都沒有發生，把一隻小獵犬送給了她的姨丈和阿姨作為禮物。這隻狗很可愛，蔣與美齡都很高興，特別是因為他們碰巧愛狗。但是，這起醜聞給禮物蒙上了一道陰影，然而，這並沒有影響小狗的命運。蔣對那條狗極為愛憐，現在只和牠一起散步。[10]

與此同時，十二月下旬在華盛頓，羅斯福和邱吉爾舉行了一系列代號為阿卡迪亞（Arcadia）的會議。其成果是一九四二年一月一日發表的《聯合國共同宣言》（Declaration by United Nations）（這個詞是由美國總統提出的）。這是由反法西斯聯盟的二十六個成員國代表簽署的。對蔣介石和全中國別具特殊意義的是，一九四一年十二月二十三日就任中國新任外交部部長的中國代表宋子文的簽名，排在第四位，緊隨羅斯福、邱吉爾和李維諾夫（當時擔任蘇聯外交部副部長和駐美國大使）之後。其餘的簽名各按其國名字母順序排列。蔣介石是否知道羅斯福最初將中國排在美國之後，而顯然又擔心邱吉爾的不滿，後來才代之以英國？[11]可能吧。但是，將中國納入四大聯盟國之一，已饒具深意：它代表了中國民族革命的偉大勝利。

一天前，羅斯福向蔣介石提議，由他擔任中國戰區盟軍統帥一職，該區除中國外，還包括泰國和印度支那部分地區。一月三日，蔣介石接受了這一建議，並要求派遣一名高級將領擔任盟軍參謀長，他還希望其中包括美國、中國、英國和荷蘭的代表。

三週後，在總結這個月時，他自豪地在日記中寫道：「二十六國共同宣言發表後，中、美、英、俄四國已成為反侵略之中心，於是我國遂列為四強之一。再自我允任中國戰區最高統帥之後，越南、泰國亦劃入本戰區，於是國家之聲譽及地位，實為有史以來空前未有之提高，甚恐受虛名之害，能不戒懼乎哉。」[12]一九四二年一月，羅斯福同意向蔣介石提供第四筆、也是最大一筆的五億美元貸款，二月七日，國會批准了這一決定。有了這筆款項，就可以大膽地繼續戰鬥下去，直到勝利。尤其是還伴隨著《聖母頌》的美麗樂聲。

在羅斯福支持的激勵下，蔣介石決定讓英國安分地面對中華民國的新地位。[13]是的，英國也提供了財務支援。例如，在二月三日，他們同意提供五千萬英鎊，[14]但是，正如吾人所知，他們視中國為一個三流國家，[15]因此，一九四二年二月，蔣介石和美齡訪問了印度——一個英國殖民地，他們在加爾各答郊區，與印度民族解放運動領袖、英國的死敵甘地（Mahatma Gandhi），進行了五個小時的會談。儘管印度總督霍普（Victor Alexander John Hope）透過英國駐華大使卡爾爵士（Sir Archibald Clark Kerr）轉達，希望他不要採取這一步驟，但蔣介石還是這樣做了。委員長顯然很陶醉於他作為革命者的新角色，他剛剛將國家轉變為一個大國，因此，想在甘地和英國人之間充當調解人。他希望向英國人表明，沒有他，他們將無法說服未曾屈服於日本反殖民宣傳的印度民族之父，來支持他們的抗日鬥爭。當甘地同意「不去妨害抗日戰爭」時，他掩飾不住內心的喜悅。[16]

蔣介石和美齡與願景很接近國民黨的印度民族主義政黨國大黨（ＩＮＣ）主席尼赫魯（Jawaharlal Nehru）的會晤同樣成功。二月二十一日，美齡在加爾各答電臺大聲宣讀蔣介石對印度人民的演講，其中中國的委員長公開呼籲英國人「盡快」給予印度人自由。第二天，該演講在印度刊載出來。[17]蔣介石深信，只有英國和荷蘭給予亞太地區的殖民地人民「真正的政治權力」，他們才能在抗日鬥爭中動員起來。[18]

同一天，蔣介石和美齡返回中國，但三月一日他們又再次出訪。這一次，他們飛往緬甸，他們想弄清楚二月下旬，英國殖民部隊在緬甸南部錫唐河（Sittang River）大橋上慘敗後，局勢惡化的情況。他們到達位於「生命線」大門的緬甸臘戍。兩天後，剛剛由羅斯福任命為蔣介石盟軍參謀總長的史迪威（Joseph Warren Stilwell）中將也飛抵。[19]

蔣認識這個美國人。從一九一一年開始，史迪威曾四次長期訪華，一九三五至一九三九年，他甚至擔任過美國大使館的武官。他總共在中國住了十年以上。他高大、瘦削，年約六十歲，是一個經驗豐富、意志堅定的指揮官。羅斯福在陸軍參謀長馬歇爾（George C. Marshall Jr.）的建議下，於一月二十三日任命他擔任這一職務，蔣介石將再次與他會面。他有可能可以幫上大忙：除了執行參謀總長的職責外，他還應該指揮中國戰區所有的美國士兵。然而，他脾氣異常粗暴，「難以相處，既沒耐性，有時還很刻薄」，這讓他在部隊中博得「醋喬」（Vinegar Joe）的綽號，[20]但蔣介石對此卻不太在意。史迪威有義務服從蔣介石這個統帥，蔣希望他們能和睦相處。

不幸的是，他不知道史迪威對他心存不善。醋喬早就形成了一個印象，認為蔣是一個完全無能的戰士，在他的日記中稱委員長為「一個該死的傻瓜」（a goddamned fool）。[21]甚至蔣的聲音——「尖銳、斷斷續續」——也惹怒他。[22]在抵達緬甸前不久，他飛越大西洋，與下屬討論蔣介石和魏菲爾將軍之間緊張的關係，他高興地聽進兩名年輕軍官的笑話，其中一人指出，蔣對英國的立場「太不穩定，以致無法懷恨在心」。

「以今天中國的混亂，他……」一個傢伙住了口，尋思著恰當的比較。

「……就像在糞堆頂上的一粒花生米。」另一個開玩笑的人建議道。

史迪威忍不住大笑起來。

「對老男孩不錯的描述，花生米。」[23]

每個人都笑彎了腰，被粗俗的貶損之語逗樂了。這就是為何從那時起，史迪威就經常這樣指稱委員長。當然，在他背後。至於美齡，他和他的美國下屬想到一個比較謙恭的綽號「白雪公主」。他們用童話中小矮人的名字，來稱呼蔣介石的七位將軍。

然而，在臘戌的會議進行得很順利。蔣介石和美齡熱烈地迎接史迪威。兩天後，他們三人回到了重慶，但緬甸戰火再次熾烈起來。這次是與三月六日日軍占領緬甸首都仰光有關。此地是依照美國租借法案，美國交付貨物的地方。英國軍隊開始快速撤退，甚至邱吉爾也注意到，「日本的暴力、憤怒、技巧和力量，已經遠遠超出了吾人之所預期」。[24]事情的發展，並非任性的魏菲爾所能控制，順便一提，魏菲爾陷入了重鬱。英國終於同意蔣介石的建議，向緬甸派遣兩支最好的軍隊。

同一天，即三月六日，蔣介石把這些軍隊（第五和第六軍）的指揮權，交給了史迪威，並指示他的將軍們接受這位美國人的命令。「史迪威將軍會指揮你們，而我會指揮史迪威。史迪威將軍不就是我的參謀長嗎？」

史迪威非常驚喜，並已預備改變對蔣介石的看法，他在日記中寫道：「他似乎有戰鬥的意志，並受夠了英國的撤退和懶散。此外，非常懷疑他們的動機和意圖……發現委員長考慮讓我指揮緬甸戰事，[25]讓我鬆了一口氣……從來沒有外國人被授權控制中國軍隊[26]……他在談話中表現很多善意。」[27]

史迪威對英國也沒有好感，那時他憤恨地視他們為拋棄仰光的「婊子生的」以及「雜種」。三月十一日，他飛往緬甸，在那裡待了六天，對局勢進行評估。回來後，交給蔣介石一項戰術行動計畫，提議將中國軍隊空運到緬甸，以便在仰光以北約一百七十五英里處建立一條防線。

正是在那個時候，他們之間又產生了摩擦。美國人提出的一切建議，都被蔣介石拒絕，指稱有必要在緬甸中部修建一道防線，即在仰光以北約三百七十五英里的距離處。當然，蔣介石認為自己比醋喬更懂軍事。

史迪威情緒不佳地回到緬甸，而蔣介石不得不再次將注意力轉移到家庭事務上。一九四二年三月，令偉又有了一次驚人之舉。在重慶郊區散步時，她遇到了一個迷人的年輕人，當場厚臉皮地向他求愛。這個年輕人禮貌地拒絕了她（也許把令偉當成同性戀男子，因為她經常作男性裝扮）。被激怒的令偉，命令她的四個保鏢給這個「不知好歹的人」一頓好打。他們照做了。不巧的是，這個年輕人原來是桂系領導人之一、蔣介石軍隊副參謀長白崇禧的兒子！當然，白將軍掀起了一場風暴，而蔣介石不得不再次加以安撫。[28]

一九四二年三月下旬，蔣介石的大兒子經國給他帶來了新的驚喜。三月二十七日，經國不期而至重慶看望父親並告訴他，差不多一個月前（三月一日），他再次成為祖父，而且一次出生了兩個雙胞胎男孩——麗兒和獅兒。和他的大孫子孝文一樣，他們早產了：不到七個月，因此，他們也被稱為大毛和小毛。[29]當然，對於一位五十五歲的祖父來說，這是一件令人高興的事，但後來發現，新生兒不是經國的髮妻方良生的，而是來自他的情婦，蔣所不知道的某位叫章亞若的。美齡也不知情。

經國有情婦，蔣並不意外。他本人在年輕時也有好幾個，但棘手的是，作為外國人的方良，不習慣中國一夫多妻制的傳統，如果她知道了丈夫的不忠，可能會衍生醜聞。這不僅有損委員長的威望，而且也會使國家的政治局勢複雜化。

經過一番深思熟慮，蔣介石把他孫子的奇怪名字麗兒與獅兒改了，據經國說，他的情婦是從她居住的街道——麗獅路取來的名字。蔣依照自己的家譜重新給他們取了名字：孝嚴和孝慈。[30]如前述，武嶺蔣家第三十代子孫的名字，必須有一個孝字。後來，在他們的洗禮儀式上，也給孩子們取了英文名——約翰和溫斯頓。但蔣介石非常嚴格地禁止讓他的新孫子姓蔣，要求他們從母姓的章。得悉這一點後，經國的情婦陷入憂鬱：她明白她的孩子將被剝奪繼承權。[31]

她是個天真美麗的女子。一九三九年十二月，她和經國相識時，已經二十六歲，但她看上去只有十八歲：嬌小、肉感，有一張橢圓形的臉和丘比特的弓形唇。她一九一三年出生於江西北部吳城鎮的一戶鄉紳人家。兒時名懋李。她十七歲結婚，育有兩個兒子，但六年後，由於某種原因，她的丈夫自殺了。一九三九年三月日本入侵時，她南下江西的贛州，把孩子留給母親照顧。她滿腦子都是浪漫的想法，決定全心全意地投身於解放祖國的英勇鬥爭。因此，她在贛州報名參加青年團幹部訓練班。幾個月後，在十一月的一次大型集會上，她第一次見到經國。[32]自然而然地，她立刻被那個年輕英俊又和氣的男人所吸引，況且他還是蔣介石的兒子。

課程結束後，亞若開始在地方政府工作，正是在那裡，經國自己注意到了她，並很快邀請她擔任他的祕書。接下來的情況再明顯不過了。這段戀情持續了將近兩年，而帶著孩子也住在贛州的方良毫不知情。儘管方良已和亞若很熟悉，甚至偶爾當她不得不離開一段時間時，還請託她照顧自己的孩子——孝文、孝章，但戀情仍然持續著。在方良的要求下，亞若甚至教她中文。

也許經國之所以被亞若吸引，是因為她一點也不像方良，方良也是一個漂亮的女人，但顯然是斯拉夫式的？或者用俄羅斯詩人馬雅科夫斯基（Vladimir Mayakovsky）的話說，他想「把他的鏗鏘聲沉浸在女人的溫柔中」，[33]而溫順、豐滿的亞若，比性格強烈不輸於美齡的方良，更能滿足這樣的欲望？或者，也許，他只是被「草莓園」（strawberry patch）吸引了？誰知道呢？這可能是一種相互的激情。他溫柔地叫她「慧雲」，她叫他「慧風」，這些稱呼是借用自中文的「風雲際會」和「風雲不離」。

然而，在一九四一年十月，當亞若帶著低沉的心情，告訴她的愛人她懷孕了之後，一切都結束了。經國可能當場就大驚失色。他給了她一筆鉅款，把亞若託給她的朋友桂昌德，桂把她從贛州護送到有點距離的廣西北部的桂林。桂的弟弟是縣長，住在離城不遠的地方。

生下雙胞胎後，經國來到桂林，給了她更多的錢，但意識到自己沒辦法不讓別人知道孩子的出生，於是立刻出發去重慶看望父親。顯然，在把事情處理好之後，他又回到贛州，回到他的髮妻身邊。

亞若和這對雙胞胎留在桂林。但在一九四二年八月，她注意到自己被跟蹤。然後，有人強行開鎖闖進她的房子，並帶走一些東西，她決定報警。在那裡，廳長親自接待她，不僅仔細傾聽她的話，還招待她喝茶，再命令一名警衛駐守在她家。一切似乎都很順利，但在拜訪廳長後不久，亞若就發生嚴重的腹瀉，並伴有急性胃痙攣。她痛苦萬分。桂昌德嚇壞了，召喚醫生，送亞若住院，把她安置在單人病房。忠心耿耿的桂一整晚陪著她。

到八月十五日上午，病情好轉。一位醫生走進來，自稱姓王，在中國最常見的一個姓，並說他需要給她打針。她伸出左臂，他迅速注射，然後離開，沒說隻字片語。沒有人知道這是什麼針劑，治什麼病的。「王醫生」沒有再次出現。不久，亞若用右手抓住她的左臂，大聲喊道：「慘了！我什麼都看不到！」醫生要求在病房裡的桂昌德的弟弟，到街上買冰，但冰沒有用：當冰被送進來時，亞若已經死了。她的朋友得到一份證明，說她死於「血中毒」。[34]

她被謀殺是毫無疑問的，但不清楚是誰下的命令。有一些人指控是經國，但其實他一直到死前，都還因為亞若的死亡而痛苦，當他臨死之際，還在睡夢中低喚她的名字。還有人歸咎於他在蘇聯中山大學以馬力謝夫（Malyshev）[35]的假名求學、並在贛州情報部門經國手下工作的同學黃中美。據說他是為了「挽回」上司和朋友的顏面，自己起意這樣做的。這個版本相當合理，特別是因為黃中美後來被國民黨特務逮捕並處死。也許是因為他殺了亞若？

然而，最可能該對這起謀殺案負責的，還是蔣介石。例如，在二〇〇四年的一次採訪中，前國民黨特務官員谷正文就此事指認了他。這位老間諜頭子還指控委員長的親密戰友、也是他結拜兄弟的姪子陳立夫，是此一謀殺案的共犯。[36]很難不去相信像谷這樣的一個人，特別是因為這是在他死前三年談到的。

不管事情的真相如何，蔣介石在給新孫子起名字後，顯然不希望兒子的通姦行為被公之於眾，他害怕醜聞可能成為國際性的。因此，即使在私下，他也不公開此事。例如，以下是他孫子出生兩年後，他在一九四四年七月六日日記中寫道的：「妻近接匿名信甚多，其中皆言對余謠諑、誹謗之事，而唯有一函，察其語句文字，乃為英〔美〕國人之筆，此函不僅詆毀余個人，而乃涉及經、緯兩兒之品格，尤以對經兒之謠諑為甚，亦以其在渝有外遇，且已生育孳生，已為其外遇之母留養為言。可知此次蜚語，不僅發動於共黨，而且有英美人為之幫同，其用意非只毀滅我個人之信譽，且欲根本毀我全家。」[37]

顯然，蔣在掩飾。在他提到的「八卦」中，唯一的假話是經國的情婦住在重慶。其他一切都是真的，包括嬰兒被交給外祖母的謠言。後者確信女兒被殺了，所以她盡其可能來保護他們。她甚至為他們登記不同的出生日期。[38]也許這就是為什麼到現在為止，歷史記載上還是有些混亂：有些作者寫的是三月一日，另一些是三月十三日，還有一些是五月二日，更有一些是五月二十一日。[39]不論如何，從二〇〇八到二〇一四年，這對雙胞胎中的大的——章（蔣）孝嚴——擔任中華民國最重要的職務之一、國民黨副主席，而小的章孝慈，直到一九九六年去世，還是國民黨中央委員和臺北東吳大學校長。有趣的是，章（蔣）孝嚴的護照上仍然寫著他的出生日期是一九四二年五月二日，儘管早在二〇〇二年八月，他已收到桂林市第二人民醫院（原廣東省省立醫院）的出生證明複件，[40]證明他們出生在一九四二年三月一日。[41]

與此同時，史迪威和蔣介石之間的衝突又爆發起來。許多中國將領們注意到委員長在各方面都不支持他的參謀長，於是他們開始破壞這個美國人的命令。一九四二年三月三十一日，被激怒的史迪威在日記中寫道：「中國將領們……當然覺得迫切需要取悅委員長，如果他們認為我的建議或命令會和他背道而馳，他們就會不停的反對……我不能開槍打他們；我不能開除他們；只跟他們說話是沒有好處的。」[42]

第二天，他對蔣本人做了以下的描述：「蔣介石一直以來都是老大，身邊圍著的，都是些等因奉此的人，以至於他覺得他在任何問題上都是萬無一失的……他的精神不穩定，會當著你的面說很多他並不全然確切了解意思的話……我顯然不可能與他周圍成群的寄生蟲和諂媚者競爭。」[43]四月初，蔣介石和美齡訪問了在緬甸的史迪威，試圖多少緩和日益加劇的緊張關係。蔣介石甚至告訴史迪威，他有權解雇和懲戒任何的中國軍官。此事似乎已經解決：四月七日拍攝的照片，看不出來他們之間有任何緊張氣氛，三個人都笑容滿面。

但是，由於中、英兩國軍隊五月初在緬甸遭遇慘敗，局勢很快發生了變化。史迪威和他領導的殘軍，被迫以二十天的時間，徒步穿越叢林退至印度。直到一九四二年六月初，他才回到重慶，極度消瘦（他減掉了二十多磅），滿懷憤恨。他把敗仗歸罪於蔣，怪他沒有回覆他的電報，又從重慶發出「毫無意義」的命令（例如，不要撤退到印度，而是撤退到中國軍隊可能被包圍的中國邊境）。[44]實際上，史迪威在緬甸犯了戰略性錯誤而導致失敗，因此蔣無法原諒這位美國將軍。[45]

有好幾天的時間，史迪威都蟄居屋內，幾乎從未踏出房門——同樣這棟之前居里與拉鐵摩爾住過的宋子文的房子（地址是嘉陵村三號）。[46]從這棟美麗、時髦房子的窗戶看出去，尤其是從屋頂上，是嘉陵江河谷和周圍山丘的醉人美景，但醋喬的眼睛無法受用風景。他的日記中出現對蔣介石更多的負面描述，甚至惡意攻擊：「中國政府的結構基礎是恐懼和恩寵，掌握在一個無知、專橫、固執的人手中，家族財富權勢交織成網，牽一髮可動全局……他〔蔣〕可以用他的「直覺」來跨越邏輯和理性：摒棄行之有效的原則和方法，說中國人的心理是不同的……他固執地拒絕討論，根本就喪失了所有討論的習慣，因為他身邊的每個人，都是等因奉此的人。沒有人敢告訴他一個令他不快的真相，因為他會大怒。他根本就是個死頑固。」[47]

然後在六月十五日，衝突公然爆發開來。在與蔣交談時，史迪威突然控制不住自己而勃然大怒，美齡不得不加以安撫。蔣介石勉強沒有發作，但三天後，在給華盛頓宋子文的一封信中，他痛快地傾訴了自己的憤慨。[48]一週後，他公開表示對美國政策的不滿。因為就在那時，羅斯福決定把駐紮在印度的美軍派往北非，幫助正在與德國最赫赫有名的野戰司令隆美爾（Erwin Rommel）元帥作戰的英國。以他的角度來看，美國並未把抗日戰爭的重要性放在心上，所以他憤憤不平地透過史迪威要求羅斯福，在八月底之前，向印緬邊境派遣三個美國師，另向中國提供至少五百架飛機、每月運送五千噸的物資，否則，他暗示有可能會向敵人投降。蔣介石請史迪威向羅斯福提出以下問題：「美國是否有興趣捍衛中國戰場？」[49]

史迪威認為這是一則「最後通牒」，他非常不悅地這樣告訴美齡——他在當時經常在背後稱呼她為「Madamissimo」（委員長夫人）、「La Grande Dame」（德高望重的女人），甚至「Madam Empress」（皇后夫人）。他不想把任何的「最後通牒」轉達給總統，特別是緬甸的失敗，已導致「生命線」的關閉，中國的邊界也幾乎完全被封鎖了。一九四一年，美國每月對中國的物資供應量從四千噸增加到近一萬五千噸，[50]現在連送五千噸似乎都不切實際。和中國的聯繫，只剩下通過印度和喜馬拉雅山的空運。史迪威告訴美齡，他是一名士兵，不是「橡皮圖章」或「郵局辦事員」。她惱怒起來並告訴蔣。如此這般的醜聞傳出，醋喬甚至生了病。他整晚肚子痛得厲害，不得不反覆地跑廁所。

但羅斯福支持他的手下，而衝突也顯然緩解下來，不過史迪威開始在他的日記中謔稱蔣為花生米，在給妻子的一封信中，他開玩笑地稱中國官員（officialdom）為「官呆子」（Officialdumb）。[51]不過到了九月，羅斯福告訴蔣介石，雖然他不能送來五百架飛機，但可以送二百六十五架，而他也將努力把物資供應規模增加到五千噸。[52]在此之後，精明的美齡試圖緩和她丈夫和醋喬之間的矛盾，有時甚至為史迪威說話，然而，從十月分開始，他造訪重慶的時間都很短暫，因為蔣介石已授權他完全掌控駐紮在印度的中國軍隊。

不久，因為又有家庭問題出現，蔣有一段時間完全忽視了史迪威。十月初，他的妻子突然與一位來重慶訪問的高層客人發展了婚外情：羅斯福的私人代表、正進行環球之旅的前共和黨總統候選人威爾基（Wendell Willkie）。一九四〇年十一月，他以巨大的落差輸給了羅斯福，在選舉人票上只獲得八十二張，而現任總統則獲得四百四十九張。但威爾基並不灰心喪氣，他打算在一九四四年的下屆選舉中再次參選。他還有機會擔任總統。他外表非常英俊，很能吸引女性，即使在一九四〇年，也有近二千二百五十萬美國人投給了他（參與投票的有五千萬人）。[53]

威爾基在中國停留六天，與蔣介石和美齡見了幾次面，討論各種事項，從中國的工業化到蘇德戰爭前線等。蔣迷住了他：「無論是作為一個男人還是作為一個領導者，委員長都比他傳奇的名聲還要大……當不穿軍裝時，他穿著中國長袍，這加強了他給人一個學者的印象——幾乎是一個神職學者——而不是一個政治領袖。他顯然是一個訓練有素的聽眾，習慣於刺激別人的大腦。當他同意你的意見時，他輕輕點頭，不斷細聲說是、是，這算是一種很委婉的恭維，讓和他進行談話的人放鬆下來……他確實是真誠的，他有著極為莊重沉著的人品。」[54]但這個五十歲女人迷的男人威爾基，更喜歡美齡，「最漂亮、最聰明、最性感的女人之一」。[55]他非常喜歡她，沒多加思索地就從委員長的眼皮底下，勾引這位四十五歲的美女。[56]不過在回到美國後，他回想起來，卻聲稱他只是和蔣介石的妻子談論，以「解決宇宙的問題」。[57]

也許。但從與威爾基同行的《展望》（*Look*）雜誌創始人考爾斯（Gardner Cowles）的故事來看，這些問題並不是最重要的。以下就是他寫的：

在重慶的一個晚上，委員長為我們舉辦了一場盛大的接待宴……大約〔活動開始〕一個小時後……溫德爾……低聲對我說，他和夫人過幾分鐘就要離開，請我來替代他，並盡我所能替他們掩飾。果然，十分鐘後他們就走了。

我去坐到委員長身邊，每當感到他的注意力開始不集中，我就提出一連串有關中國的問題。他〔蔣〕在宴席上又停留了一個小時，然後突然拍手召喚他的手下。他要離開了，我決定也離開。我的助理帶我回到我們住的宋子文家……我在想溫德爾和夫人去了哪裡。到了九點鐘，我開始擔心起來……晚飯後不久，院子裡發出一聲鏗鏘巨響。委員長衝進來，一臉怒氣。有三名保鏢陪著他，每人都帶著一把小湯米衝鋒槍（Tommy gun）。為了壓下胸中怒火，委員長冷冷地鞠了一個躬，我也趕快回敬。

「威爾基在哪裡？」他問道。

考爾斯回答他不知道。然後蔣搜查了房子，但沒找到人，就離開了。他似乎已經平靜下來。

威爾基一直到凌晨四點才出現，他滿臉得意地像「一個年輕的大學生在與一個女孩成功過夜後」。他告訴考爾斯他的冒險經歷，說「這真是前所未有的事」，而且「是唯一一次……陶醉在愛裡」。然後，他補充道，他已說服蔣夫人與他一起去華盛頓。考爾斯大為光火地說，「你的妻子和兒子可能會在華盛頓機場迎接」，而「蔣夫人的出現將會相當尷尬」。他不明白這樣子威爾基怎麼能在一九四四年競選總統。

重加考慮後，威爾基同意了，並請考爾斯去見美齡，把這件事擱置下來：「她在鎮上婦幼醫院的頂樓有一套公寓。」（這就是他們幽會的地方。）但考爾斯去見美齡並不完全成功。聽說威爾基重新考慮是否帶她一起去，「白雪公主」跑到《展望》的創始人之一面前，毫不掩飾她的憤怒，用她的長指甲劃過他的雙頰。[58]

之後的事情沒人知道，但儘管美齡沒有和威爾基同機飛往美國，但兩人都不想斷絕關係。臨行前，威爾基正式邀請「委員長夫人」在近期訪問美國。他對孔祥熙和他的妻子靄齡說：「她既聰慧又具魅力，心胸寬大又善體人意，外表儀態美麗優雅，對她〔事業的正確性〕抱持堅定的信念，她正是我們所需要的訪客。」[59]

美齡告訴蔣，她的美國之行，是為造福中國的。他不情願地同意了。也許他只是拒絕相信他的妻子和美國總統候選人之間的關係，或者也許，他為了國家利益而犧牲了自己。很可能是後者。美齡並未試圖掩蓋他們的關係。在威爾基從重慶飛離的那天，她再次單獨會見了他：他們一起度過了將近一個半小時。然後，她不僅去機場為他送行，而且在眾人面前，衝向前去擁抱他，威爾基則在她的唇上深情一吻。[60]而在中國的公開場合，甚至夫妻之間表達感情也被認為是不恰當的。

不久之後，美齡告訴丈夫，她急需去美國「接受治療」。醫生們立即診斷出她患了一大堆疾病，因而說服了蔣介石，她只有在美國才能治癒。

毫無疑問，美齡身體不怎麼好，但不知道她是否嚴重到必須緊急住入一間紐約的診所。無論如何，一九四二年十一月中旬，她飛往美國停留了很長一段時間。她帶了她最喜歡的外甥女孔令偉、她的祕書陳純廉（Pearl Chen）、醫生、三個護士，還有作為她私人新聞祕書的國民黨中央宣傳部副部長董顯光。她被人用擔架抬上飛機，因此她身體的狀況不會讓人起疑。[61]

與此同時，一九四三年的到來給中國帶來了好消息：一月十一日，美國和英國廢除了與中國的不平等條約，並締結新的協定。蔣介石為此一事件出版了兩部著作：《中國之命運》（特別把出版時間訂於三月十日，以紀念孫逸仙逝世十八週年），[62]以及不久後出版的《中國經濟學說》。這兩本書都是為了回答：中華民國在新的國際情勢下將如何發展的問題。蔣介石系統地闡述了自己的社會進步典範（paradigm），對孫逸仙的三民主義（民族主義、民權主義、民生主義）之社會政治理念，做了超國家主義（ultra-étatist）的詮釋。其實，他所論述的就是「新權威主義」（New

Authoritarianism），呼籲本著東方專制主義（Oriental Despotism）[63]——國家壟斷的制度——的精神，加強對經濟和私有財產的控制，限制外國投資，將農民集體化，並收緊國民黨政權，消除異議分子。[64]

根據他的指示，這兩本著作的草稿是出自於陶希聖，一位四十四歲的前教授，曾在包括北京大學在內的多所大學任教。一九三八年十二月，陶跟隨汪精衛來到河內，此後，一九三九年八月至一九四〇年一月，擔任汪精衛陣營國民黨的中常委、宣傳部部長。但隨後他逃到香港，公開揭露了傀儡政權及其與「日本倭寇」的祕密條約。一九四二年香港淪陷後，他移居重慶，蔣介石原諒了他的背叛，並把他視為一位才華橫溢的公關人員，請他擔任他的新祕書。

蔣介石更重視第一本《中國之命運》，這是他在得知美國和英國打算在來年廢除在中國的治外法權後不久，於一九四二年十月十日、即一九一一年辛亥革命三十一週年之際，指派陶希聖撰寫。[65]陶在一九四三年初完成了一份草稿，蔣介石親自仔細編輯。他對結果「非常滿意」。[66]最初印刷二十萬份，為加速其流通，給予補貼後價格為每本十分錢。這本書立即被納入大學課程，並被拿來作為國民黨黨員的一種問答手冊。十天後，蔣本人親自要求所有中學都要教授，所有中學校長都要報告他們打算如何完成這項任務，再過十天，蔣介石決定所有高官都要研讀。[67]到一九四三年底，它已再版了兩百次。

隨後，中國新聞部在紐約發行了英文摘要，在成都出版的英文報紙《華西教會新聞》，也分別刊登了其中的一部分。然而，儘管在一九四三年同年已準備完成，但中國政府沒有出版全部的英文譯本。美齡在缺席七個月後，於七月四日從美國返回，她勸告丈夫不要這樣做，因為其內容是公開的反西方和反自由主義。蔣介石的美國顧問、長老會傳教士畢范宇（Francis Wilson Price）也表達了一些疑慮，[68]指向「英美民眾的心態」。[69]一九四四年一月中國再版時，蔣把美齡的評論也做了一些思考。不過英文版當時在中國也沒有印製。[70]

西方國家政府同樣不願意出版這本書。美國國務院自己做了翻譯，但將稿子以最高機密封存在檔案中。一九四六年一月，六名國會議員要求國務院將文件提供給他們，但他們被告知，適當時機尚未到來。

在第二個中文版出版三年後，兩本完整的英文譯本才在紐約出現。兩者都於一九四七年初問世。第一本是一九四三年準備的國民黨的版本，附帶有著名華裔美國作家林語堂熱切的序文；[71]但新的第二本，由親共的《美亞》雜誌出版商之一、美國史達林主義者賈非（Philip Jaffe），在附錄中大加撻伐，指控蔣是一個法西斯，甚至還把蔣介石的書比作希特勒的《我的奮鬥》。

一九四七年，賈非還出版了《中國經濟理論》的第一本英文譯本，同樣附帶著惡毒的評論。[72]當時，中國共產黨和國民黨正在進行一場決定性的內戰，賈非的言論當然具有非常明確的政治意涵。所有西方自由主義者也認為蔣介石的書是「納粹」的胡謅，或者至少是「侮辱」讀者的文字。[73]甚至一些中國問題專家也認為蔣介石的書是「法西斯」、「反動」和「仇外」，其思想是「烏托邦式」和「曖昧的」。[74]

但它們到底是什麼？蔣的威權主義等同於法西斯主義還是烏托邦主義？絕非如此。蔣介石在書中試圖表明，中國還沒有準備好接受任何形式的民主。此外，他認為，由於中國歷史發展的特殊性，西方意識形態與政治是無法融入中國的。長篇幅的《中國之命運》和相對較短的《中國經濟理論》當中的很大一部分，是用於對西方的徹底批評，包括西方的市場經濟原則。但是，這就是法西斯主義或是烏托邦主義嗎？

孫中山本人也多次寫過基本上相同的東西。孫和蔣都非常了解中國的歷史和哲學，他們毫不懷疑，中國式的文明與西方文明有著根本的不同。中國經濟一向以集體或國有財產擁有權為基礎，而西方國家的經濟則始終建立在私有財產擁有權的基礎上。換句話說，中國政府在經濟中一直扮演著主導角色。它一直致力於壟斷土地、自然與水資源，以及灌溉系統等的主要生產工具。蔣介石在強調這一事實的同時，提到了許多中國經濟學家，如管仲（西元前七二〇—六四五）、商鞅（西元前三九〇—三三八）、范仲淹（九八九—一〇五二）、王安石（一〇二一—一〇八六）和張居正（一五二五—一五八二）。這些學者在不同的朝廷供職，但他們都強調國家對個人的至高無上地位。「這些大經濟學家的理論各有不同之處，但論其本源與目的，莫不脈絡貫通。」蔣指出，「他們都不以人類的欲望為出發點，尤其不以個人之小己的私欲為出發點。他們的學說都本於人性，他們的目的都是國計民生，都是為國計民生而致力於經濟的規劃與統制。」[75]

以上正是蔣介石打算付諸實現的理念，他認為亞當．斯密《國富論》的自由西方理論，並不適用於中國。孫逸仙也寫道：「大凡社會現象，總不能全聽其自然，好像樹木由他自然生長，定然支蔓，社會問題亦是如此。」[76]

蔣拒絕西方價值，理所當然地注意到，由於中國經濟發展的特質，中國人在社會心理上是集體主義者。他指出，這就是為什麼，依於中國哲學的正統思想，「人不是彼此分離的個體，個體的小我是大我的一部分」。[77]

這就是何以蔣介石在闡述孫逸仙思想時，認為未來理想的中國社會，私有財產將像神聖的過去一樣，受到國家的嚴格管控，政府將防止私人資本家壟斷的出現，並且要促進經濟計畫，所有土地產權將均等化，因為政府將徵收差別稅率地租，所有農民們將在類似於軍事屯墾區的集體農場工作，並由農場中所有男性組成軍事團體——某種民團（mintuan）。此外，國家將充當調解人，解決雇主和受雇者之間的糾紛，並制定福利制度以嘉惠窮人。「國家的經濟本務，一方面是養民，養民即是民生；他方面是保民，保民即是國防。」蔣主張道，堅持只有這樣，中國才能實現「大同」，並從而體現「三民主義所要達到的最後經濟理想」。[78]從本質上講，這是在中國和平地建立國家社會主義，也就是孫逸仙所想像的那種社會。

從以上可見蔣介石並未偏離他的老師的基本思想。孫逸仙的論點基礎也是來自於必須「維持國家管制的傳統」，並且肯定「中國文明優於西方文明」。[79]

毫無疑問，蔣介石的方案符合中國的經濟和社會特點，但蔣介石高估了自由西方給予中國完全獨立的可能性。廢除不平等條約，絕不表示蔣——以中國政府的名義——可以自由推進與民主西方接受的自由價值觀相悖的理論。特別是在極權主義與民主制度之間正在進行一場血腥的世界大戰之際，前者在一般人們意識中是關聯到德國、義大利與日本這種政治體制，而後者的主要擁護者不僅被視為美國和英國，而且矛盾的是，也包括蘇聯。

顯然，他犯了一個政治錯誤。之所以特別不可原諒，是因為三年前的一九三九年底至一九四〇年初，毛澤東對孫逸仙思想提出了截然相反的詮釋，指稱自己打算在當權後，實施所謂的新民主主義理論。中共領導人談到必須在中國實行自由民主改革，並摒棄為社會主義專政鬥爭。他承諾會充分尊重私人財產的權利，鼓勵民族企業，並在國家嚴格管控下吸引外國投資者。此外，他呼籲降低稅收，發展多黨制度，建立聯合政府，實行民主自由。毛澤東認為，「新民主主義」不同於西方的舊式民主，因為它將在共產黨的領導下實施。共產黨不再讓自己看起來像一個工人階級的政治機關，而是作為一個統一的革命戰線的組織，致力於團結「一切革命人民」。毛澤東申明，革命後的中國，將不是無產階級的專政，而是「幾個革命階級聯合專政」的共和國，在新國家的經濟中，國家、合作社和私人資本家財產將共存。[80]

因此，毛與蔣的社會政治觀點，至少從文章表面上看，是非常不同的。蔣出版他的書，大部分是為了回應毛的「新民主主義論」。他在日記中寫道：「將來可以作為穩定國民意識之偉大力量，亦可給予中共重擊。」（直譯）[81]但是在中國與西方自由派眼中，毛澤東打扮成一個民主派，而蔣介石則被看成是獨裁者。

蔣介石顯然低估了民主思想對中國輿論的影響程度。二十世紀上半葉的中國，已不是一個從未聽說過民主政治的國家。當時的許多因素激起中國政治文化的革新。其中包括一九一一年反君主制的辛亥革命的勝利、一九一二年一月一日的宣布成立共和國、第一次議會選舉和議會辯論、孫逸仙和袁世凱之間的鬥爭，以及後者之計畫恢復君主制，還有一九一九年五月四日的抗日運動、大規模抵制外國商品，以及一九二四至一九二七年第一次統一戰線時期共產黨與國民黨的合作與對抗。所有以上事件都強化了中國知識分子的民主傾向，也就是社會中的這一部分人，最早熱烈地接受「新民主主義」。一九三九年十二月，在毛澤東代表中共中央研究「新民主主義」概念時，做出把知識分子吸引到共產黨這一邊的決定，也就絕非偶然的了。[82]

不過實際上，毛澤東的理論在本質上是戰術性而不是戰略性的，其立基是在欺騙之上。之所以操作新民主主義，其意在大規模擴大中國共產黨的群眾基礎，其手段則是爭取到反對任何種類的專制獨裁，不論是共產黨還是國民黨的中間階層的代表。其目的是為之後奪取中國政權預先鋪設條件。

早在一九三七年十一月，史達林就向毛澤東提出了此一操作手法，當時史達林正在加緊地為整個世界共產主義運動制定新的策略。他不僅試圖欺騙中國知識分子和蔣介石，還企圖欺騙整個西方資產階級。他希望讓所有人都相信，從共產國際第七次代表大會開始（一九三五年七月至八月），除蘇聯共產黨外，全球所有共產黨都放棄了社會主義鬥爭，取而代之的是建立一個「人民（或新）民主主義」的人道社會的理念。[83]

換句話說，毛澤東提出的社會進步典範是虛構的。毛澤東和他的大多數支持者都不打算付諸實施。他們的目標是削弱國民黨，把蔣介石貼上獨裁者的標籤，讓自己看起來是真正的民主分子。但蔣介石顯然並沒有完全理解這一點。因此，他徒勞地以自己的戰略計畫，來對應於毛澤東純粹的戰術想法。當毛澤東不斷提出必須立刻過渡到「憲政」，巧妙地欺騙中國和世界輿論的時候，蔣介石卻低估了在戰爭過程中發生的極權主義和民主主義之間的強大兩極分化，頑固地堅持，「訓政時期」尚未結束。這一說法不僅在中國，而且在民主的西方，也造成日益壯大的自由主義者圈子的不滿。

西方自由主義者的反應尤其不利。蔣介石的聲望在民主西方開始弱化，同時之間毛澤東的聲望開始增長。敲邊鼓的還有西方記者大量的報導，講述蔣介石政權的缺乏效率和貪汙腐敗，對照以中國人民惡劣的生活狀況。白修德（Theodore White）、愛金生（Brooks Atkinson）、史諾（Edgar Snow）、畢恩來（T. A. Bisson）、貝爾登（Jack Belden）、厄特利（Freda Utley）、維安特（Thoban Wiant）、艾爾索普（Joseph Alsop）、史沫特萊（Agnes Smedley）等人的反蔣文章，尤其給人留下深刻的印象。他們眾口一辭，並向世界保證，中國共產黨與馬克思列寧主義沒有任何共同之處。[84]在這方面，畢恩來的一篇文章特別引人注意，他指稱有兩個中國，一個是由共產黨統治的「民主」中國，另一個則是由蔣介石統治的「封建」中國。[85]結果是，「陰鬱的獨裁者」蔣介石和他的政權正在一步步地「失分」，在許多美國人眼中，輸給了「自由的」民族主義者毛澤東和他的「人民」政府。

逐漸地，白宮也對蔣介石及其政權形成負面印象。這不僅是由於自由派和左派媒體的影響，而且是由於史迪威、看不起蔣的高思大使、[86]大使館二等祕書謝偉思（John Stewart Service）等人提供的機密資料。一九四二年秋，拉鐵摩爾再次訪問蔣介石，也對委員長將抗日戰爭的重擔轉移到美國表示不滿。[87]與此同時，曾於一九三八年五月訪問陝北延安市的中共總部的羅斯福密友、前侍衛卡爾遜（Evans Carlson）上尉，向美國總統報告說，毛澤東是個「夢想家」，當然，也是一個「天才」，而中國共產黨（所謂的）並不是我們習慣所指的共產主義……我會稱他們為一群自由民主分子，也許是社會民主黨（但不是納粹）。他們尋求機會的均等和誠實的政府……依照他們〔美國人民〕熟悉的內涵，它並不是共產主義。[88]威爾基在返回華盛頓後也報告說，中國共產黨運動比較像是「一個民族的和農民的覺醒運動，而不是一個國際的或無產階級的陰謀」。[89]

美齡的美國之行也對蔣介石及其政府的聲望，帶來更不利的影響。她雄心勃勃，不僅希望改善自己的健康，而且希望能享受一段美好時光。她已經擄獲威爾基的心，現在她不僅想要繼續這一外遇，而且還想博得全部美國人的好感。她希望美國人不僅把她看作一名女性，而且還是一個重要的政治人物，從而為自己的國家爭取無條件的全方位支持。當然，目標很崇高，但她顯然高估了自己的魅力。

羅斯福夫婦最初非常親切地迎接蔣夫人，在她造訪接近尾聲時，卻變成不知如何擺脫她。起初，這個嬌小的病婦喚起了他們的自然同情。到哥倫比亞大學長老會醫療中心看望她的羅斯福夫人，甚至把她看成自己的女兒（羅斯福夫人比美齡大十四歲），[90]想要去「幫助她、照顧她」。但是，蔣夫人在出院後，應羅斯福夫婦的邀請，在一九四三年二月十七日搬進了白宮，總統和他的妻子反倒不再著迷。這時，羅斯福從一九四三年一月十五日聯邦調查局局長胡佛（J. Edgar Hoover）的備忘錄中得知，「宋氏被形容為『財迷』，他們想要獲得額外資金的欲望，似乎主導了他們的一舉一動」。胡佛指責整個宋氏家族是一個「巨大的陰謀」，其目的是挪用租借的款項。他寫道，宋氏集團據說「非常綿密地交織在一起，無情地運作……任何『無法掌握』的人，要麼被賄賂收買，要麼被殺人滅口」。用他的話說，這個集團的「大腦」是蔣夫人的姊姊靄齡，她是財政部部長和中央銀行行長孔祥熙的妻子。胡佛表示他懷疑蔣夫人訪美的真正目的不是醫療，而是控制從美國到中國的金流。[91]

有點清教徒傾向的羅斯福夫婦，非常駭異於美齡鍾愛的生活方式之奢華。她炫耀她的珠寶，不想睡在她白宮的床鋪的棉布床單上。[92]她從中國帶來了四套絲綢床單，並要求女傭每天更換。[93]她年輕的親戚，二十三歲的外甥女孔令偉和二十六歲的外甥孔令侃，從哈佛來探望他們的姨媽，表現得也不怎麼恰當。他們還入住白宮，對待下人毫不尊重（像對待中國苦力），讓僕人非常驚愕，同時也讓羅斯福夫婦感到尷尬，用總統夫人的話說，他們「根本就不想要友好」，好像對他們「懷恨在心」。令偉給人的印象最差，擺出一副自己是孔子直系後裔的架子，每天穿著男裝。起初，羅斯福還錯誤地稱她為「我的小男孩」。羅斯福夫婦還對表面上「善良、柔和、脆弱」的美齡出人意料的殘忍感到吃驚，當在晚宴上，他問美齡「對於像劉易斯（John L. Lewis）這樣的勞工領袖，[94]你在中國會怎麼做？」時，身材纖小的夫人默默地把手指劃過喉嚨。[95]總之，一九四三年二月底，美齡終於離開白宮，回到紐約，據副總統華萊士（Henry A. Wallace）說，當提到她時，羅斯福「總是交叉他的手指」（譯注：表示祝福、上帝保佑）。[96]

在紐約，美齡占住了時尚的華爾道夫酒店（Waldorf Astoria Hotel）的整個樓層，並整天造訪第五大道上昂貴的商店。威爾基每天給她送花，並多次拜訪她，但他們的婚外情在他的世界之旅的書出版不久後的一九四三年四月中旬破裂。我們不知道是否是因為這本書，還是另有原因（在書中，他提到美齡時都是用一種迷醉的語調）。不過無論如何，分手不久後，在與羅斯福的一次私下談話中，美齡稱她的前情人為「永遠的青少年」。[97]一年以後，威爾基將參加新的總統競選，但在黨內初選中退了出來。不久之後，他在一九四四年十月八日死於心臟病。

但那是後話。同時之間，一九四三年五月二十六日，總統的助理居里（Lauchlin Currie）收到線人的報告，稱為數三十七萬美元的支票（即美齡在美國收到的捐款），已存入其外甥孔令侃的帳戶。六月十日，根據新的消息，這筆錢被轉移到美齡的個人帳戶，當時該帳戶共計存有八十萬美元。[98]

美齡在美國停留的時間越長，她的家醜就不僅為美國反情報單位所熟知，也為記者所熟知。在她逗留接近尾聲時，媒體已然對來自中國的夫人的任性與財富大肆抨擊。當時美國本身的平均生活水準並不高，在戰時，政府甚至實行了價格管制和消費品配給。此外，根據《時代》記者白修德發布的消息，在她的家鄉以河南省為中心，正在發生一場可怕的饑荒時，美齡卻表現出讓人不能接受的奢侈。美國人看到有關數十萬人死亡[99]和大規模吃人事件的報導時，[100]簡直嚇壞了。他們本能地問：「蔣介石的妻子怎麼能不羞於炫耀自己的財富呢？」

美齡的傳記作者之一李台珊（Laura Tyson Li），指責居里激起了一場反美齡運動，暗示羅斯福的顧問因為是「蘇聯的祕密特工」，所以是在克里姆林宮的指示下行事的。[101]不過這是可疑的。即使居里真的為莫斯科工作——雖然無法確定，但實際上是有一些跡證——但是真正把美齡收到的捐款轉入她外甥孔令侃的帳戶，然後再轉到美齡本人的帳戶內的，[102]並不是他！

當然，如果把美齡的訪問全都視為失敗的，也不盡公平。她精心策劃、充滿熱情地在一九四三年二月十八日對國會發表的講話，還有從波士頓到洛杉磯的無數記者會和演講，使美國對中國爭取獨立的鬥爭，越來越寄予同情。但美齡沒有取得任何具體成果。她的魅力對羅斯福沒有作用，他也沒有給她任何具體的承諾。相反地，在她試圖引導總統參與政治對話時，總統只是微笑以對。[103]他讓她有機會在各種會議上發言，談論所有議題，包括軍事戰略，提出盟國應該首先打敗日本，然後再打敗德國，並呼籲美國增加對中國的援助。但很明顯，他不認為她是中國的威權統治者，所以把具體問題的決議留待和蔣介石的親自會晤。在她結束訪問時，羅斯福對她厭倦已極，他甚至對一個國會議員說，最好這個「當家花旦」趕快回家，這樣這些煩擾才會平息下來。[104]

總的來說，夫人漫長的美國之行弊大於利，儘管一九四三年七月初她回到重慶後，在記者招待會上說，她從美國人民表現出的「由衷的善意」中，感受到了「巨大的精神提升」，[105]但這只是虛張門面而已。

與此同時，羅斯福開始思考與當時掌握中國所有最重要職位的蔣介石舉行私人的會晤。一九四二年八月，七十五歲的林森去世後，蔣介石又接手了國民政府主席一職。[106]

羅斯福早就想邀請蔣介石參加至少一次盟國首腦之間的峰會，討論整個大戰戰略。[107]但由於邱吉爾不想承認中國是一個大國而反對，[108]因此，蔣介石既沒受邀參加一九四三年一月在摩洛哥的卡薩布蘭加舉行的會議，也沒有受邀參加同年八月在加拿大魁北克市舉行的高峰會議。蔣當然非常不高興，但卻束手無策。

他在日記中發洩他的不滿，[109]也把怒氣發洩在史迪威身上，到一九四三年秋天，他與史迪威的關係已經瀕臨破裂。十月初，蔣介石透過宋子文，要求羅斯福召回這位頑固的將軍。美國總統沒有反對，但希望緩和緊張的情勢，所以他邀請蔣介石參加十一月在開羅舉行的下一次盟軍會議。此次邀請函由美國前戰爭部部長赫爾利（Patrick J. Hurley）少將遞交，為此羅斯福專門派他前往重慶。[110]羅斯福預計不僅邱吉爾，而且史達林也會參加開羅會議。（然而，史達林很快就拒絕了，不想因為會見蔣介石而激怒日本。畢竟，蘇聯已和日本簽署了一項中立條約。羅斯福另外也邀請了莫洛托夫，但他當然也沒有來。因此，羅斯福和邱吉爾決定在開羅之後立即到德黑蘭會見史達林。）[111]蔣滿心歡喜地接受了。他甚至決定不把史迪威送走。

委員長於十一月二十一日抵達開羅。當然，他隨行的有美齡，雖然她又病了。這次除了皮疹，她還患有結膜炎以及正在服用藥物的胃部問題。[112]蔣當然擔心他的妻子，但他心情愉快：這是歷史上中國領導人第一次平等地和兩大強權首腦一起舉行峰會！會議本身並不長：從十一月二十三日到二十六日四天，但對蔣介石和中國來說，它確實意義深重。蔣介石終於可以在正式和非正式場合會見羅斯福和邱吉爾，可以形成他個人對他們的看法，並決定一些最重要的問題。他喜歡羅斯福，但卻一點都不喜歡邱吉爾：「邱氏為英國式之政治家，實不失為盎格魯撒克遜之典型人物。雖其思想與精神氣魄不能與羅斯福同日而語，而其深謀遠慮，老成持重，則現代政治家中，實所罕見。」[113]

很妙的是，邱吉爾反倒對蔣介石的印象相當正面，而羅斯福則否。對於蔣介石試圖從他身上榨取盡可能多的金錢和武器，卻不打算用這些錢和武器來對付日本，讓羅斯福感到很不滿。會議前夕，蔣介石在日記中寫道，他不會向美國總統提出任何要求，但在十一月二十六日，他卻派妻子去向羅斯福要求高達十億美元的貸款。[114]

羅斯福認為，蔣介石想欺騙他，為戰後與共產黨鬥爭，把資金和武器都「囤積起來」。[115]由於相信蔣介石正在破壞對日戰爭，所以可以理解他並不打算「為他火中取栗」（為蔣冒險）。[116]在開羅會議期間，他盡了一切可能來說服蔣介石避免與共產黨發生衝突，並將精力集中在與日本人的鬥爭上。他甚至進一步支持中國設定一個條件，要求蔣介石「在戰爭仍在進行期間，與延安的共產黨組成一個聯合政府」。蔣介石承諾，如果羅斯福保證蘇聯尊重滿洲的邊界，而英國和其他外國人在香港、上海和廣州將不再享有特權，那麼他就會這樣做。羅斯福同意了。[117]

十一月二十七日凌晨，開羅會議結束後，羅斯福和邱吉爾飛往德黑蘭，並要求蔣和美齡留在開羅：他們計畫在德黑蘭與史達林舉行峰會後返回那裡，與他們進一步協調戰略。但蔣氏夫妻拒絕了，並在當天從開羅飛返國門。[118]羅斯福抵達德黑蘭後，告知史達林他與蔣介石有關於共產黨的協定，以及他要求蘇聯尊重滿洲邊界的要求。蘇聯領導人點頭同意這一切。[119]

但在十二月二日深夜回到開羅後，羅斯福再次開始懷疑蔣介石的可靠性。四天後，他召見了同樣出席峰會的史迪威，要求他告知他對蔣介石的一切想法。不難想像醋喬會對總統說些什麼。最後，羅斯福命令他盡一切可能確保「中國將繼續戰鬥」，並補充說：「如果蔣介石一敗塗地，就支持別人。」[120]史迪威認為總統說的就是準備一個暗殺蔣介石的計畫，並在適當的時刻付諸實施。從峰會回來後，他告訴他的副手竇爾恩（Frank Dorn）上校：「大男孩受夠了蔣介石和他的脾氣，並如此這般的說。」[121]兩週後，準備好了一個計畫，但史迪威沒有收到華盛頓的執行命令。

與此同時，蔣介石非常篤定地安全返回重慶。他對高峰會議的結果感到滿意。最後的宣言包括一段對中國非常重要的段落：「三國之宗旨……在使日本竊取於中國之領土，例如東北四省、臺灣、澎湖群島等，歸還中華民國。」[122]羅斯福和邱吉爾都同意這一點。

這是蔣介石最美好的時光。委員長既得意又高興，沒有注意到開羅會議期間，在美齡到訪之前與到訪之時，對蔣介石本人及其政權的不信任種子，已在羅斯福內心快速增長。[123]令人遺憾的是，從開羅回國後，蔣介石沒有留意到智者老子的話：「功遂身退，天之道也。」[124]

第十九章
苦澀的勝利

回到重慶六天後的十二月七日晚，蔣介石與長子在黃山官邸共進晚餐。正當他們靜靜地交談時，一封來自羅斯福的祕密電報交到蔣介石手上，蔣從電報中得知，盟軍正計畫在一九四四年春末實行「大君主行動」（Operation Overlord），即登陸諾曼第。羅斯福和邱吉爾在德黑蘭與史達林達成了這一協定，因為史達林堅持要開闢第二條反納粹德國的戰線。[1]

蔣介石深感失望。畢竟，就在幾天前，羅斯福才在開羅向他保證，一九四四年春天，盟軍將在緬甸南部登陸，這次行動代號為「海盜」（Buccaneer），其目的是透過重建英國對緬甸生命線的控制，來突破對中國的封鎖。羅斯福在沒有得到邱吉爾的同意下，與蔣介石討論了其細節，而邱吉爾是必然反對登陸緬甸的。因此，也無怪乎邱吉爾在德黑蘭是支持史達林的。羅斯福別無他法，只能同意他在反希特勒聯盟中的主要夥伴。他現在向蔣介石提議，將海盜行動推遲到一九四四年十一月。[2]

在無法克制怒氣下，一九四三年十二月八日至九日，蔣介石匆匆給羅斯福一封尖刻的信件，再次威脅要向日本投降：「今敝國軍民如果知悉政策與戰略現正擬議根本改變中，則其反響為如何之失望，使中（譯注：蔣自稱）憂慮中國不能繼續支持之結果如何？」他還指出，日本不會不利用這一局勢，在盟軍全神貫注於歐洲戰爭之際，他們絕對會開始「在此未來之一年期間，必對華發動一全面之攻勢」。不過，他理解羅斯福不會違背史達林和邱吉爾而行動，於是呼籲美國總統表現出「向中國軍民保證閣下之十分誠心關注於中國戰區」——只差不是一則最後通牒——要求羅斯福透過向他提供十億美元的貸款，來補償計畫的改變，讓在中國的美國飛機，數量增加一倍，並將喜馬拉雅山的物資運送量增加到每月二萬噸。[3]他沒有等待回覆，十二月十七日，很顯然出於擔心，他給羅斯福又發了一封新的、較為平緩的信，同意將海盜行動推遲到一九四四年十一月。與此同時，他再次懇請總統盡快向他提供金援和飛機。[4]

羅斯福在十二月十八日簡略地回答：「我和財政部說了，並將在週一（十二月二十日）發電報給你。」[5]確實，他在那一天透過史迪威發出了一則周延的答覆，蔣在第二天晚上收到。考慮到美國人已經將喜馬拉雅山的貨物運送量增加了數倍——一九四三年十二月，他們向中國運送了將近一萬三千五百噸貨物，是一九四二年全數的兩倍，[6]總統拒絕了蔣介石的要求。他也拒絕了將美國飛機數量增加一倍的要求。為了某種緣故，關於這筆貸款，他寫道，這個問題仍在「財政部處理中，我將很快給你發電報」，[7]儘管在十二月十八日，他已收到了財政部白紙黑字的明確答覆，「向中國提供貸款……沒有正當理由」。[8]附帶一提，關於貸款問題「仍在財政部處理中，我將很快給你發電報」這句話，是總統親自插入信的文本中。在他的祕書們準備的草稿中，它說的是，這個問題「現在正在我的認真考慮下，並將作為以後信息的主題」。[9]

當然，蔣介石感到失望，因為他迫切地需要緬甸的「生命線」或是美元，最好兩者兼得，這樣他才能阻止可能造成自由中國經濟崩潰的災難性通貨膨脹率。在十二月九日寫給羅斯福的一封信中，他坦率地寫道：「中國經濟情況實較軍事為危急。」[10]他早在一九四二年秋天就明白這一點，[11]而事情也確實如此。一九三九年，經濟情況並不是最差的重慶，批發價格比一九三八年上漲了九九％；一九四〇年，增長率為三〇一％；一九四一年，一四四％；一九四二年，一五四％；一九四三年又增加了一九二％。相較之下，美國的通貨膨脹年增率僅為九．六％；英國為四．四％，納粹德國一九三九至一九四三年期間的物價僅上升了一〇%。[12]

零售價格上漲更為劇烈。某位住在重慶的人寫道：

戰爭始於一九三七年，當時中國貨幣每三元對一美元。到一九三九年，匯率正式增加到六比一；同時間物價翻了一倍。然而，到一九四〇年春天，物價又翻了一倍，當年秋末又翻一倍。到一九四一年六月……物價比戰爭爆發時高出十六倍……一九四二年秋，高了三十二倍，之後，到一九四二年冬，物價達到戰前的六十四倍……到美國參戰時（一九四一年十二月七日），官定匯率已升至二十元對一美元。但隨著中國貨幣貶值，實際匯率變成了一百比一，然後到一九四四年初變成二百比一。[13]

一九四三年一月，蔣介石政府對物價實施嚴格管控（其上限不得超過一九四二年十一月三十日的價格水準），但這只讓局勢更加惡化，因為許多商品開始從貨架上消失，企業倒閉。誰會想賠錢出售？例如，一塊布的官定價格比它製作所需的棉花還要低。[14]

蔣介石採取鎮壓手段，槍斃投機客，打擊黑市，沒收以高於規定價格出售的商品。但實際價格繼續上漲：從一九四二年十一月到一九四三年一月，實際價格上漲了一二%，到一九四三年十二月底，上漲了二〇〇%以上。從一九三七年七月到一九三八年底，重慶的生活費上漲四〇%，從一九三九年一月到一九四二年十二月，上漲了四十八倍：單在一九四三年，就增加了二百零八倍。[15]

通貨膨脹的主要原因，是戰爭導致的國家預算出現嚴重赤字。由於無力支付軍隊、軍備、基本建設、公務員薪資和其他預算項目的費用，政府在貨幣流通市場投入了越來越多的無擔保紙幣。例如，一九四三年印刷了四百二十億元，是一九四二年的兩倍。[16]

另一個原因是大量紙幣從日本占領區流入。在日本征服了中國大片土地後，他們開始收集法幣（一九三五年英國財政援助後，首次發行的中國紙幣）。但是在太平洋戰爭開始後，他們不能再在國際市場上使用，於是他們開始走私這些紙幣，在國民黨和共產黨控制的地區購買商品。[17]蔣介石在日記中寫道：「物價高漲，自法幣由淪陷區向後方倒流以後，經濟問題之嚴重，甚於軍事外交。」[18]

由於日本的封鎖與占領中國大片領土，導致貿易衰減和消費品減少，也發揮了同樣重要的作用。還有一個關鍵因素是，因為難民的湧入而增加的消費需求（單從一九三七到一九四〇年，自由中國的人口就增加了四分之一）。此外，由於地方勢力的反對，政府無法從其正式控制的地區集中徵收稅款。[19]

通貨膨脹自然擴大了從上到下滲透社會的貪腐規模。這可由以下事件為證：一九四三年底，「中國希姆萊」戴笠的祕密員警，揭發了一宗陰謀，一些年輕軍官計畫逮捕從開羅會議回來後在昆明的蔣介石，強迫他肅清貪官汙吏，首先是孔祥熙、軍政部部長何應欽，以及陳果夫和陳立夫兄弟。他們可能是企圖做一次新的兵諫，但失敗了，數百名官員被逮捕，他們的領導人，包括十六名將領，被槍斃。[20]

蔣根本不知道該怎麼辦。他能怎麼叫人不貪呢？舉例來說，一九四三年，成都的物價比戰前高一百七十四倍，而即使是一個教授，工資也只多了十九倍。對於受雇者來說，只有兩種出路——要麼偷竊，要麼收受賄賂。一位目擊者回憶道：「沒有一位官員能長期保持誠實……正如饑荒對河南農民的影響，通貨膨脹同樣對城市和大學的中產階級造成影響：抹去〔對國民黨的〕所有忠誠，拒絕一切努力，只求能活著就好。」[21]

如果國民政府不能提供金錢或食物給士兵，又怎能制止武裝部隊的腐敗呢？迄至一九四四年，包括將軍在內的軍人，幾乎在前線到處都與敵人交易，特別是與傀儡部隊的軍人，他們之間有共同的語言。此外，他們無情地搜刮地方居民，因而往往導致農民造反。最要命的是，軍官和老兵騷擾新兵，從一九四四年八月開始，他們甚至連中學生都不放過。他們毆打他們，沒收他們的食物和薪餉，甚至殺害他們。經常有士兵因精疲力竭而死亡。[22]

一九四四年一月一日，蔣以引自孔子的一段話，作為日記的開端：「子告子張：[23]『尊五美，屏四惡者，可以從政矣。君子惠而不費，勞而不怨，欲而不貪，泰而不驕，威而不猛。』」[24]他以自己的長子，作為這樣的一個君子的例子。但是，像經國這樣的官員很少，經國竭盡心力把贛南改造成一個模範區，並如上所述，他通常在凌晨四點或五點就起身，在凌晨兩點才上床。[25]這就是為什麼蔣介石把克服金融危機的所有希望，都寄託在美國的協助下。

一九四四年一月五日，羅斯福終於通知委員長，財政部拒絕了十億美元的貸款。[26]蔣大怒，十天都沒作回覆，隨後對高思大使做了一個簡短的回應，他說，首先，美國財政部沒有對盟友採取應有的行動；其次，如果美國不想提供十億美元的貸款，他們應該自己支付駐紮在中國的軍隊維護費用、建設和修復空軍基地和其他軍事設施。此外，他們應該按二十元兌一美元的官定匯率支付。[27]他根本無法控制自己，在遞交這封信時，「嚴正警告」大使，「現在的情況比起去年，是糟到無法比較……如果美國財政部不提供資金給中國，那麼從一九四四年三月一日起，駐華美軍必須支付自己的維護費用」。他還說，中國「不是小偷，也不是強盜」，這使得大使和陪同他的使館參贊艾哲遜（George Atcheson Jr.）笑了起來。但是，他不加理會，威脅地說，他的國家正面臨「無可避免的經濟和政治崩潰」。[28]

無庸贅言，蔣介石的憤怒對美國總統起不了任何作用。美國並未拒絕支付他們在中國的軍隊費用，但是要求以二十比一的不切實際匯率來計算開支，自然是不被接受的。高思根據一位擔任中國政府顧問的美國人意見，建議蔣介石接受六十比一或七十五比一的匯率，這雖然也對美國不利，但比較貼近現實。[29]

一月二十日，羅斯福禮貌地寫信給蔣介石，指出「我們有可能無法適當解決共同的問題，並且可能會促做出不符合我們兩國人民利益的決定」，他又告訴蔣，美國政府將花費大約二千五百萬美元，來維持其駐華部隊，但一分錢也不會再多了。羅斯福沒提到匯率問題，只是讓蔣知道，他支付的將不會超過二千五百萬美元。[30]維持二十比一的匯率，意味著在華美國軍人（有好幾千名）將無法維持收支平衡，不可避免地會離開中國。[31]

因此，匯率問題仍未解決：財政部部長孔祥熙只同意提高匯率兩次。但這自然不能滿足美國人。結果是，在一九四四年春天的三個月裡，中國自己不得不為美軍提供一百五十億銀元的維護費。[32]此時的實際匯率是二三〇比一。[33]一位目擊者寫道：「中國貨幣真是太妙了。」[34]

孔祥熙於一九四四年六月飛抵華盛頓，進一步討論金融問題。然而，在白宮，這位愛好昂貴雪茄者得不到尊重而只有蔑視。不僅因為他們知道他難以置信的貪腐，而且從與他共事的美國人的角度來看，這個矮胖的男人，是一個糟糕的經濟學家——其水準只是上海外灘的換幣者。也無怪乎一位美國顧問說：「中國的問題不在於委員長不懂經濟學，而在於他的財政部部長也不懂。」例如，據悉孔在接受記者白修德採訪時大聲說：「通貨膨脹，通貨膨脹！你們這些美國記者一直談論著我們的通貨膨脹。中國沒有通貨膨脹！如果有人想花兩萬元買一支鋼筆，那是他的事，而不是通貨膨脹。他們瘋了，如此而已。他們不應當付錢。」[35]人們應該為蔣介石有這樣一位財政部部長和中央銀行總裁而感到難過。順便一提，蔣介石在日記中也經常抱怨孔（甚至宋子文）的「財政協助」不足。[36]

與此同時，一九四四年春天，中國戰線的情勢災難性地惡化。四月，日本在河南戰線上取得突破，發動一次快速進攻，蔣介石再次不得不專心在軍事上。日本「倭寇」的計畫很明確：對平漢、粵漢和湘桂鐵路實行全面控制，確保原物料的供應不會中斷，最重要的是石油，貨源來自東南亞，供日本軍民利用。這歸根究柢是從一九四二年夏天開始，日本在太平洋上輸給美國一場又一場的戰役。日本貨船未能有效執行運輸貨物的任務：盟國空軍成功擊沉日本油輪，到一九四三年底，日本海上運輸量能減少了七七%。因此，他們不得不緊急改變路線，一九四三年十一月二十二日，日本起草了一項計畫，要統一中國北方與南方領土。他們想奪取一片廣袤的土地，從黃河流域一直到中南半島。此外，他們還需要徹底摧毀中國湖南和廣西兩省的機場，因為陳納德將軍的空軍，正從那裡對日本後方進行大膽的突襲。[37]這是「日本軍隊在歷史上所從事的規模最大的戰役」。[38]

一九四三年十二月，這次行動被命名為「一號作戰」。一九四四年四月中旬，為數十四萬的日本皇軍，開始他們作為第一階段的行動：跨越黃河。蔣介石措手不及，雖然他曾想像日本可能開始挺進華南。他在三月二十七日寫信給羅斯福，表示這樣的發展可能會威脅重慶本身。[39]直到最後一刻他還不相信，日本要重新恢復對中國的大規模進攻。畢竟，一九四四年三月八日，他們才從緬甸領土襲擊了印度，顯然正在展開大範圍的印度行動。誰會想到這是一次轉移注意力的操作手法，而日本人會把他們的主要打擊目標，對準了河南呢？[40]即便如此，當蔣收到關於黃河附近軍事行動的報告時，他還是拒絕相信這是非常嚴重的，在日記中寫道：「敵軍在河南之行動狡詐極矣。」[41]很快地就清楚了這些行動不只是「狡詐」的。部署在河南、對他最忠誠的將軍之一的湯恩伯部隊，在一個月內就被打垮了，兩萬多名官兵傷亡。五月，日本進攻洛陽市，似乎指日就可拿下。大驚失色的蔣，一連幾個小時守在電話的一端，一再地向湯或湯的下屬發出命令。在那些日子裡，他變得特別虔誠，每天都向上帝祈禱好幾次，請求上帝保佑他。他在夢裡，開始尋找上天給予的兆頭。五月十四日，在夢中看到璀璨的月亮和星星後，他認為上帝告訴他隧道的盡頭，有一道光正在逼近。當他得知戰場上意外的洪水，讓日本坦克陷入泥淖時，他就把這解釋為全能者的幫忙。他在造物主面前發誓，如果日本未能拿下洛陽而且被打敗，他就會讓他的長子受洗，這是他以前沒有做到的。[42]

但日本於五月二十六日拿下了洛陽，並快速向南進逼湖北，然後是湖南。他們又攻向西部，開始向西安挺進。蔣食不知味，夜不成眠。他防守陝西最好的部隊，逃離了戰場。蔣介石槍斃了他的三名師長，並在日記中寫道：「如果潼關[43]與西安動搖失陷，則全局實難收拾。」[44]幸運的是，日本並未計畫占領西安。他們在這一個階段的目標是湖南省省會長沙。在打垮蔣最好的部隊後，他們停止了對西安的進攻。蔣鬆了一口氣，並感謝上帝。[45]

但是現在放鬆警戒還為時過早。透過增援，日本將部隊人數增加到三十二．六萬人，之後開始迅速向華中地區挺進。五月底，他們攻向長沙，旋於六月十八日加以占領，隨後他們到達湖南省南部衡陽的重要鐵路樞紐。蔣介石的部隊一直未能做出實質的抵抗。

提心吊膽地密切觀察中國發展的羅斯福，派副總統華萊士（Henry A. Wallace）到中國了解情況。六月二十一日至六月二十四日，華萊士與蔣介石和美齡會談了幾次。[46]他的使命之一是確保蔣介石的承諾，能在中國實現真正的統一，以有效抵抗日本。銜羅斯福之命，華萊士直接向蔣介石要求，終止國共兩黨之間的恩怨。他甚至請求允許他訪問特區，但蔣介石堅決拒絕。

對中國的經濟、政治和軍事形勢極感失望的華萊士，在給羅斯福的報告中，強調：「我覺得你應該準備看到……在三到四星期內，所有華東地區，包括前方的美國空軍基地，都落入日本手中。」他認為應該讓史迪威只專注在緬甸事務上，並提議代之以「一個非常有才幹的美國將軍，至少可以暫時地同時掌握政治和軍事權威於一身」。用他的話說，當他在中國討論這個問題時，「魏德邁（Albert Wedemeyer）將軍的名字被強烈地推薦」。自一九四三年十月以來，魏德邁一直擔任盟軍東南亞指揮所參謀長。[47]

羅斯福同意派遣一位美國將軍，來領導中、美部隊，但他不想把史迪威換下來。因此，一九四四年七月六日，他給蔣介石發了一封緊急電報，建議他為了讓史迪威全面控制中國軍隊，立即把他從緬甸北部召回來，當地自一九四三年十月以來，英美中三國軍隊再次對日軍發動激烈戰鬥。他告訴蔣，他正要把史迪威升任陸軍上將，並指出：「我想我完全了解你對史迪威將軍的感受，但……我認為沒有其他人有才幹、有力量、有決心阻止正在威脅中國的災難和我們戰勝日本的全盤計畫。」當然就此他又說道，醋喬將直接聽命於中國的委員長，但最後面的那一句話，可能只是說說而已。[48]

羅斯福總統表達了他的「真誠保證」，即蔣介石「不會因為他話語的真誠性受到冒犯」，但他錯了。蔣介石非常憤慨，認為羅斯福干涉了中國的內政。[49]他覺得特別受辱的是，他是在七月七日，即戰爭開始七週年時收到了此一電報。當然，這是一個巧合——羅斯福並不想用這種方式來傷害蔣介石的感情，但蔣介石感到羞辱。[50]

當晚，他起草了一份回覆，稱在中國指揮中國的軍隊，與在緬甸北部的指揮不一樣，因此「倉促」任命史迪威是行不通的，「必須有一準備時期」。[51]他拒絕了羅斯福的提議，而總統則在回覆中指出：「情勢危及我們的共同目標，要求我們必須迅速採取行動。」[52]

觀察到中國情勢的史迪威，對中國軍隊缺乏人才極為震驚，並像往常一樣，將一切都歸咎於蔣介石──「花生米」。「在中國，一切事情看起來都非常黑暗……如果這些危機足以排除花生米而不會把整條船破壞掉，那就是值得的。」[53]

最糟糕的是，蔣介石的家庭問題又再次爆發。從美國回來後，美齡總是情緒不佳。她真正的和想像的病，並沒有消失。她痛恨重慶，一切都讓她不高興。因此，她發現很難和蔣介石在一起而蔣介石也很難和她在一起，也就不足為怪了。民眾注意到了這一點。中國的第一夫妻，發現越來越難掩飾他們緊張的關係。謠言開始在重慶悄悄流轉，說委員長收了一個十六歲的情婦。人們聳聳肩膀，一副很了解地說：「你能期待什麼？夫人不孕，而蔣想要更多的孩子。」其他人八卦地說，他之前的侍妾陳潔如，已經回到他身邊，這就是為什麼他拋棄美齡。

雖然蔣介石並不總是一個忠實的丈夫，例如，他可能去妓院，但只能偷偷摸摸地去。[54]無論如何，流言肯定對家庭狀況沒有好處。一九四四年夏天，為了驅散流言，蔣和美齡在自家院子裡為外國記者舉行一個記者招待會。委員長否認了所有關於他私生活的謠言，指稱這些謠言會「危及我們革命的未來」。[55]他的話語聽起來很真誠，包括對他不滿的許多人，都相信了這些話。然而，美國大使告訴華盛頓的是，蔣和美齡之間有「極其嚴重的分歧」。據他稱，美齡經常痛苦地談到「她和他〔丈夫〕有很多麻煩」，孔夫人告訴外國人，她妹妹的問題「沉重地壓在她的心上」。[56]

因此，七月九日，在長姊靄齡陪伴下，帶著忠心耿耿的孔令偉、外甥孔令傑、四名僕人、一名廚師和一名祕書，美齡飛離重慶，在最艱困的時刻拋下丈夫，[57]也就不足為怪了。她飛往里約熱內盧。為什麼？這就不得而知了。那裡沒有好醫生可以幫忙她，巴西的氣候也不利於她的康復。根據一些報導，美齡在巴西有「巨大投資」，而中國最富有的家族之一的孔祥熙家族，也在那裡擁有大片土地。[58]如果是這樣，那就解釋了很多事情：例如，為什麼她的訪問是祕密的，為什麼美國駐巴西大使和巴西外交部部長都對此一無所知。美齡在里約待了一個月，九月初飛往紐約，現在是真的要接受治療，所以她去到以前也住過的哥倫比亞大學醫療中心。她還在巴爾的摩的約翰霍普金斯大學醫院接受治療，但由於她沒有恢復健康，所以在十月分搬到了哈德遜河畔的一棟十七間房間的屋子，孔令偉和孔令侃和她住在一起。她將在美國待上整整一年多，直到一九四五年九月才回國，這已是她離開重慶的十四個月後了。[59]

此時，蔣介石繼續祈禱。七月二十一日，他在日記中寫道：「天父，我沉入深井，只看到四面漆黑的牆，我的身體受了重傷。如果你不向我伸出手，恐怕我將無法完成神賦予我的使命，我將永遠蒙羞。」四天後，他向上帝保證，如果他在衡陽的部隊「戰爭勝利」，他將在他六十歲生日的時候——根據中國農曆計算，應該是一九四六年十月三十一日——在湖南的南嶽山頂上豎立一個巨大的鐵十字架。七月三十一日，他再次發誓，如果勝利，他將讓整個第十軍受洗。[60]

他把失敗的責任全扛到自己肩上。沒錯，他只在自己私下的日記這麼做，他寫道：「五年以來，無論對俄、對美之外交，與對共、對內之政治。皆為我徹底解決之黃金時期，而余乃不能利用此時間與空間，坐待貽誤，甚至當斷不斷，既斷後悔又不敢執行，此所謂打蛇不死，與養癰貽患之拙舉，余之愚昧畏縮極矣。」[61]

在那些日子裡，除了聖經，他開始每天晚上閱讀美國女福音傳道人考門夫人（Lettie Burd

Cowman，一八七〇—一九六〇）寫的《荒漠甘泉》（*Streams in the Desert*）一書，考門夫人在她丈夫查理斯病重時，寫了這部作品。[62]這位可憐的婦女，因為所愛的人健康不佳而非常痛苦，為了求得內心的平靜，她每天寫下因閱讀聖經以及引述聖經和著名傳道者的布道，所啟發出來的想法。這部書的結構像是一種日記，包括三百六十六個短篇章（閏年的每一天一章），章節的標題是「一月一日」、「一月二日」等等。考門夫人藉先知以賽亞之書為她的日記書取名：「在曠野必有水發出，在沙漠必有河湧流。」[63]該書於一九二五年在美國首版，一九三九年十二月在上海出了中文譯本。

不難理解蔣為什麼喜歡這部作品。和考門夫人一樣，他試圖在宗教中為自己的痛苦和失敗找到一種解釋，急切地想為自己悲慘的處境尋找出路。一九四四年七月十二日，他第一次在自己的日記中提到這本《荒漠甘泉》：「上帝指示慰藉不置。」（上帝指引了通往寧靜的道路）[64]之後，每天閱讀一部分章節，越來越頻繁地引用她的話。以下是一則典型的引文：「我們遭遇的艱危，皆是上帝在試煉我們的良機，而我們常以他為障礙，如果我們知道每一次的艱危都是上帝所選擇的方法，向我們證明他愛的方法，我們就能得到安慰和激勵。」[65]

當然，我們可以理解蔣介石。他所能做的唯一一件事，就是依靠上帝。一方面，日本正在攻擊他；另一方面，羅斯福正向他施壓，要求他把指揮權交給史迪威，並加強與共產黨的統一戰線。毛澤東提出「新民主主義」，產生豐碩的果實，羅斯福因而開始認真考慮與中國共產黨合作。一九四四年七月底，一個美國代表團抵達延安與毛澤東會面。其中包括美國國務院、五角大廈和中央情報局前身的戰略情報局（Office of Strategic Services, OSS）等的官員。帶領的是包瑞德（David D. Barrett）上校：一位矮小而粗壯，大約五十歲的人，曾擔任重慶的助理武官。他被認為是一位真正的中國事務專家，對中國的歷史和文化非常了解，還能說一口流利的中文。排在第二位的是美國駐重慶大使館二等祕書謝偉思（John Stewart Service），高思大使稱他為「我們的中國共產主義專家」。不久之後的八月初，第二批由外交官盧登（Raymond P. Ludden）率領的小組抵達。此後，美國方面經常訪問延安，甚至開始規劃訪問幾個「解放區」。總的來說，一九四五年七月底，延安有三十二個所謂的美國觀察團成員。[66]

包瑞德和其他許多代表團成員，從與毛澤東的談話，和他們自己的觀察中，得出的主要結論如下：「就政治上來說，中國共產黨曾經趨向於蘇聯的，現在似乎都已成為過去。共產黨努力使他們的思想和計畫在現實上都是中國式的，他們正在推動民主政治，期望美國給予肯定和同情的支持。」代表團成員一直建議美國領導人對中共採取新的態度，並警告說，他們可能會重新轉向蘇聯，「如果他們受到美國支持的國民黨的攻擊，為了生存，他們將被迫如此」。[67]

當時，史達林和莫洛托夫也在外交上對美國運作，其手段之精熟與機巧，不亞於毛澤東和他的戰友們。舉例來說，一九四四年六月十日，史達林對美國駐蘇聯大使哈里曼（W. Averell Harriman）說，中共不是真正的共產黨，而是「人造奶油共產主義者」（Margarine Communists），而「蔣介石委員長犯的錯誤是，在意識形態問題上爭論不休，卻沒有用來對抗日本」。一九四四年九月初，已經完全被搞糊塗的羅斯福，專程派代表前往莫斯科，澄清「俄國對中國共產黨的關係，和俄國對中國的立場」。莫洛托夫接見他們，也指稱：「這些可憐的中國人，有些自稱為『共產主義者』，但他們與共產主義一點關係都沒有……這種情勢並不能歸咎於蘇聯政府，也不應把蘇聯政府關聯到這些『共產主義分子』。」[68]一九四四年秋，蘇聯透過其駐華代辦司高礎（Tikhon Fedotovich Skvortsov-Tokarinin），甚至提議安排史達林和蔣介石會面，以表明莫斯科對國民黨的重新定位。[69]

同時，一九四四年八月八日，衡陽淪陷，日軍沿湘桂鐵路迅速向廣西挺進。兩天後，蔣介石又從羅斯福那裡收到一則讓他不愉快的消息，羅斯福總統堅持「迅速」解決任命史迪威為駐華盟軍實際指揮官的問題。為了緩和醋喬和蔣介石之間的衝突，總統提議派他的私人代表、在他第一次重慶之行給蔣介石留下了很好印象的赫爾利（Hurley）將軍來中國。另外又派戰爭生產委員會的納爾遜（Donald M. Nelson）跟著同行，以研究中國經濟情勢。[70]

在前線的敗仗及羅斯福的要求下備受折磨的蔣，在日記中寫道：「此次衡陽失陷仍由於指導失機所致。……言念及此，痛憤無已。軍官之智識與部隊之技術低落至此，何以稱軍。焉得不令外人侮蔑乎。豈果必欲使余以全權交史迪威整訓與指揮為止乎。」[71]八月十二日，他同意任命史迪威為指揮官，並接見赫爾利和納爾遜。[72]羅斯福很滿意。[73]

事實上，蔣介石的傲氣不允許自己交出指揮權，儘管他對與日本作戰已無能為力了。在那些日子裡，他甚至又再次考慮自殺。[74]然而，這種可怕的想法去得和來得一樣快，不是因為他怕上帝的懲罰，而是因為他認為他的國家和人民不能沒有他。八月十一日，他在日記中寫道：「如余健在一日，則國家必有一日之前途，……余若一經悲觀憂世，甚至存一死以報國之念，則國家人民必淪胥以亡。」[75]

為了捍衛廣西，他投入他的第九十三軍，其中大多數軍官是黃埔軍校的畢業生，另外還附帶一輛坦克和一個砲兵營。但是，從廣州和越南來的日本軍隊，加入從湖南進攻廣西的日本皇軍。九十三軍可恥地潰逃了。[76]

與此同時，羅斯福「焦急地」等待著蔣介石最終要如何處理史迪威的消息。[77]但委員長卻一直延宕著。然後在九月中旬，美國參謀總長馬歇爾（George C. Marshall），收到了史迪威本人的一封祕密電報，其中說道，他剛剛到訪了廣西桂林，在那裡他插手了撤離美國人員。史迪威寫道：「現在那個地區的情勢毫無希望。之後，這個地方也將陷入絕境，正像長沙和衡陽……我們現在要離開桂林，而一旦日本人出現，我們也必須離開柳州。長江以南的災難，主要是由於缺乏適當的指揮——通常是從重慶發出的命令。麻煩一直都是在最高層。」[78]

羅斯福當時不在華盛頓，他正在參加魁北克市的定期峰會。馬歇爾把史迪威的信轉交給他，並建議以最後通牒的形式，給蔣介石發一封電報，而他已把內文起草好了。電報中有一個要求：面對「可能帶來災難性後果的華東關鍵地區的喪失」，立即把「不受限制地指揮你們所有部隊的權力，交到史迪威將軍手上」。[79]羅斯福於九月十六日簽署，[80]兩天後（九月十八日）把電文發送給史迪威，史迪威要親自遞交蔣介石。

第二天收到電報後，醋喬喜不自勝，下午五點四十分到達黃山官邸，在赫爾利在場下，把「辣椒粉包」交給了蔣。蔣在聽完翻譯後，簡直無法置信，只用低沉的聲音說了兩個字：「了解」，並終止接見。[81]

當剩下他獨自一人時，他幾法無法遏制怒火，在羅斯福來電的空白處寫道：「此電無異於哀的美敦書，**不僅侮辱我個人，而且壓迫我國家**。余自革命以來，日本與俄國對余之威脅雖甚，然亦並未有如此之難堪者也。……然而此為羅斯福之政治上之汙點，而中美歷史上亦留一不可磨滅之遺憾也。」[82]他又在日記中作了下文：「今年七七接美羅汙辱我國之電以後，余再三忍辱茹痛，至今已有三四次之多，然而尚可忍也。今日接其九一八來電，其態度與精神之惡劣，及其措辭之荒謬極矣，是可忍孰不可忍。但余以上帝指示『不言』之旨對之，仍不出惡言，不露聲色。以間接方式表示為彼美國立國之民主主義，及其對世界平等自由之傳統精神，在歷史上著此汙點可惜而已。」[83]

除此之外，他之再次感到痛苦，是因為從華盛頓發來的電報是在一個特定的日子——這次是九月十八日的國殤日，如前述，這一天是一九三一年日本人開始占領滿洲的日子。當然，這是巧合，就像七月七日的電報一樣，但蔣介石是如此的悒鬱，以至於他真正的開始憎恨起羅斯福來。

史迪威回到家，開心地寫道：「私。九／一九／四四。花生米的滑鐵盧。」[84、85]終於，他可以愉快地欣賞閃閃發光的重慶景色。「標槍正中小傢伙心窩，並且穿透了他。」他欣喜若狂。[86]

但他慶祝得太早了點。即使是來自羅斯福的侮辱，蔣介石也不想忍受。當然，他不能公開表達對美國總統的不滿，但什麼也不能阻止他把怒氣發在醋喬身上。九月二十日，他請外交部部長宋子文知會赫爾利和納爾遜，他自己對電報留下的「汙點」的看法，這一次是「美國的民主主義與世界平等自由之傳統精神」。宋子文還負責向羅斯福的使者解釋：「中國軍隊不願受外人之侮辱，中國人民不願受外人之奴視。」[87]

九月二十一日，蔣介石到黃山官邸去住了幾天，在那裡獨自琢磨著該怎麼做。他甚至沒有把自己的想法讓當時同住的兒子知道。終於在九月二十三日，他做出了一個決定：讓史迪威離開中國。第二天早上，他通知了宋子文，當晚，通知赫爾利，第二天他又給赫爾利一份「備忘錄」呈交給羅斯福。[88]他在文中寫道：「余同意遴派美國將領一員為中美聯軍前敵總司令，同時兼中國戰區參謀長……但余不能再委史迪威以如斯重大之責任，且擬請其辭去中國戰區參謀長之職務，並請由此戰區遣調離任。」[89]九月二十六日，他把他的決定，寫給當時在美國的妻子和孔祥熙。然後，他命令孔不要再向美國請求任何援助，以免他們再有嘲笑的理由。[90]

十月二日，他召開國民黨中常會，用他的話說，他在會中對事情的進展，做出「翔實」的報告。他情緒很激動，用拳頭猛敲桌子，大聲說：「史迪威將軍『必須走』……如果中國必須有一個美國的總司令，那他就必須在委員長的指揮下……現在看來，美國正試圖從另一個方向侵犯中國的主權……這是一種新的帝國主義形式，如果我們同意，那麼我們應該就只不過是個傀儡，我們不如就去找汪精衛好了……沒有他們〔美國人〕，沒有他們的幫助，我們也可以過日子。」一位在場的人說，蔣介石表現的好像「他瘋了」。[91]

儘管羅斯福對蔣介石重新考慮先前關於史迪威的協議表示「驚訝和遺憾」，但他並不反對。他說在這種狀況下，「美國政府不應該承擔涉入安插一個美國軍官指揮全中國地面部隊的責任」。[92]他請赫爾利確定，蔣希望由誰取代史迪威來擔任聯軍指揮官。蔣提出三位將軍，其中第一位是艾森豪（Dwight Eisenhower），但羅斯福不同意這些候選人，之後，在十月中，蔣介石想起了魏德邁。[93]羅斯福同意了，十月十八日，他透過赫爾利通知蔣，將史迪威召回，並任命魏德邁。[94]蔣收到消息後很滿意。[95]

十月二十一日，史迪威永遠地離開了中國。離開之前，蔣介石想授予他中華民國最高軍事勛章之一——藍綬寶鼎勛章。聽到這個消息，史迪威在他的日記中寫道：「告訴他把它插到他的〔很明顯是插到哪裡，在發行的日記版本中，那裡是一個破折號。〕」[96]眾所周知，孫逸仙的遺孀憎恨蔣介石，在告別時哭了出來，美國大使高思也「憤怒而厭惡」地退休了。應中方要求，十一月二十三日，羅斯福任命與蔣關係良好的赫爾利為大使。[97]赫爾利於十二月十一日上任。[98]

與此同時，蔣介石的軍隊繼續遭受失敗，他持續向上帝祈禱，想在聖經中尋找祕密的兆頭。十月三十一日，他的生日，在讀了先知以西結書後，他欣喜若狂，在第三十九章找到以下的話：「他們在本地安然居住、無人驚嚇、是我將他們從萬民中領回、從仇敵之地召來，我在許多國的民眼前、在他們身上顯為聖的時候、他們要擔當自己的羞辱、和干犯我的一切罪。」[99]蔣認為這則預言，是直接針對他的。他在日記中寫道：「失土將被歸還，和平與幸福將歸於國家。」（直譯）[100]

但是在十一月十一日，日本占領了廣西最大的城市——桂林和柳州，然後，他們掃蕩了前進路線上的一切障礙物，攻進貴州和四川兩省。他們挺進的速度非常快——平均每天十三英里半。在重慶的美國人已經制定了撤離計畫，並預先做好一切可能的措施，以防日本可能以降落傘空降，來綁架委員長的意外事故。[101]在種種失敗之外，最糟的是陳納德率領的空軍，誤炸了一個中國軍隊的總部，造成一千多名軍人和大量平民的死亡。[102]

魏德邁在十一月一日抵達重慶後，雖然想幫蔣，但發現並沒有什麼可做的。他「身材高大魁梧，個性圓滑，能幹又懷抱野心」，[103]曾於一九三〇至一九三二年在天津美軍部隊服役，又於一九三六至一九三八年在柏林的一所德國軍事學校進修。最初，脾氣暴躁的蔣對他抱持懷疑態度，特別是因為魏德邁天性保守，對中國式的熱誠冷淡回應。[104]但與史迪威不同的是，從一開始，新任參謀長就對蔣介石印象深刻，他形容蔣介石「個子小而優雅、骨架纖細、有一雙幽黑又銳利的眼睛、笑容迷人」。[105]後來他也沒有改變自己對蔣的正面看法，因此一直非常禮貌地對待蔣，雖然他並沒有掩飾自己對中國軍隊組織的負面觀感，但卻從未對蔣的權威提出異議。兩週後，蔣介石在日記中寫道：「此人直諫勤敏，可說毫無城府，與史迪威之奸訐劣性完全相反也。其辦事緊張積極，我國軍人應效法之。」[106]

意外地，在這艱難的日子裡，蔣收到了一則令人高興的消息。奇怪的是——來自日本。一九四四年十一月十日下午四時二十分，在名古屋帝國大學附設診所裡，蔣介石的死敵汪精衛去世，享壽六十一。自從一九三九年十一月一日，汪因遭受刺殺，脊椎嚴重受傷以來，一直無法完全康復。外科醫生無法取出子彈，傷口一直疼痛不已，一九四三年八月，傷處嚴重發炎。汪在南京的一家日本軍事醫院進行手術，但無濟於事。之後在一九四四年三月，他被轉送日本名古屋，在那裡又做了新的手術。但是在十一月九日，美國轟炸機襲擊名古屋，汪被帶到了一個幾乎沒有暖氣、又通風不良的避難所，他在那裡著涼感冒，之後發燒，第二天就過世了。[107]「此雖於大局毫無影響」，蔣介石在日記中指出，但「自于黨國有益」。[108]

然而在十一月的第三週，羅斯福再次激怒了蔣介石，要求他撤除腐敗的孔祥熙財政部部長一職。[109]我們並不很清楚他寫了什麼給蔣介石，但在十一月下旬，蔣在日記中寫道：「羅斯福對庸之〔孔祥熙〕之言輕侮欺凌更加露骨矣。天父賜我恥辱困窮有如此者也。」[110]儘管如此，他還是解除了孔財政部部長一職，不過仍然保留了他行政院副院長和央行行長一職。（孔也是農民銀行及中國銀行董事長。）

到了十二月初，局勢更是惡化到無以復加，十二月二日，魏德邁建議蔣介石準備將首都遷往昆明。他確信重慶會淪陷。但蔣介石堅決拒絕此一提議，魏德邁隨後宣布他也將留下，這讓蔣大為感動。[111]幸運的是，日軍在離重慶一百八十五英里的地方停了下來。「一號作戰」的目標已經達成，他們不再有部隊攻擊中國首都。

日本的進攻，對蔣介石的軍隊帶來災難性的結果。湖南、廣西兩省四十個師、七個空軍基地和三十六個機場，共有七十五萬名官兵傷亡，並損失二．三萬噸武器。日本對中國經濟也帶來沉重的打擊，占據了河南、湖南、福建和廣西等省的省會、一百四十六個其他城市和七萬七千多平方英里的領土，其中包括向自由中國提供糧食的一些最重要的農業區。很難不同意歷史學家齊錫生（Ch'i Hsi-sheng）說的，他寫道：「迄至一九四四年底，〔蔣〕政府已經沒有了捍衛中國的有效戰鬥機器。」[112]

確實，一九四四年並不是蔣介石生命中最美好的一年，十二月三十一日，蔣介石向全國發表講話，稱這是「危險最大而憂患最深的一年」。[113]六天前的耶誕節，他把所有中國陸軍的指揮權移交給了何應欽將軍，後者的總部設在雲南省會昆明。魏德邁則忙於軍隊的重組和再訓練，試圖糾正他所謂的「過去犯下的眾多錯誤」，但可以確定的是，他並不認為中國能很快執行進攻行動。[114]

然而，在一九四五年初，緬甸戰線出現了一個轉捩點。一月二十一日，之前由史迪威在印度一個基地訓練、並自一九四三年十月以來在緬甸西北部作戰的中國X部隊，與在一九四四年四月進入緬甸東北部的中國Y部隊連結上了。在英國和美國的支援下，這些軍隊從日本手中奪取了所有緬甸北部地區，確保了從印度東北部經緬甸到昆明的新「生命線」，運送物資不會間斷。美國早在一九四二年十二月就開始修建這條公路，用來代替日本占領的「緬甸生命線」。中國士兵也參與了這條道路的建設。中國軍隊的會師是一件大事，一位中國記者這樣報導：「X＋Y＝V（勝利）。」[115]一月二十六日，羅斯福向蔣介石道賀，蔣大氣地將這條從印度到中國的新路線命名為史迪威公路。[116]大約在同一時間，太平洋戰爭出現了一個決定性的轉捩點。一九四五年一月，美國登陸菲律賓，二月分占領了首都馬尼拉。蔣和中國人民都很清楚，日本的崩潰已經指日可待了。

但同樣在二月，反希特勒聯盟三大強國——蘇聯、美國和英國的領袖們，在雅爾達舉行的另一次峰會，讓對日的勝利蒙上了一層陰影。史達林、羅斯福和邱吉爾隱瞞全世界，最重要的是，背著蔣介石，達成了一項協定，以回報蘇聯在兩三個月內戰勝德國後加入對日戰爭。俄國以恢復其「由日本一九〇四年背信棄義進攻所破壞」的原屬於俄國的權益為託辭，將在中國取得一系列的讓與。具體來說，「大連商港須國際化，蘇聯在該港的優越權益須予保證，蘇聯之租用旅順港為海軍基地須予恢復」，而中東鐵路與南滿鐵路將由蘇聯和中國「共同經營」，再次，為了維護「蘇聯的優越權益」，[117]會議還決定，蒙古的現況，即其獨立，將繼續維持。[118]換句話說，正如蔣介石後來所寫：「中華民國在外蒙的主權與東北的主權行使完整，竟成為蘇俄參加對日戰爭的犧牲品。」[119]

蔣自然也多少預料到這樣的事。在《雅爾達密約》簽署三天前的二月八日，他在日記中提出這個問題：「今日見羅、邱、史黑海會議第一次公報，一如所預料，其果與英、蘇協以犧牲我乎。」[120]蔣經國根據他的指示，與蘇聯代辦司高礎進行談判，詢問「是否在〔克里米亞〕會議上討論過有關遠東的問題」。但可能一無所悉的司高礎說道：「從發表的聲明可以明顯看出，會議沒有討論這些問題。」[121]

蔣介石曾希望羅斯福能將會議結果通知他，但由於協議是祕密的，美國總統甚至沒有向他的新任副總統杜魯門（Harry S. Truman）或其他親密夥伴和國會議員透露真相。他甚至也對他的駐華大使撒謊，只有當後者意外地發現協議時，他才承認自己裝聾作啞。[122]

當然，羅斯福背叛了蔣介石，但他對史達林的讓步是可以理解的。在一開始的時候，他自然不會想到中國，而是想到美國士兵的性命，他們之中的許多人可能因為蘇聯參戰而保住生命。就在雅爾達會議召開前不到一個月的一九四四年十二月三十日，他從曼哈頓計畫（製造核子武器的超級祕密計畫）主持人格羅夫斯（Leslie R. Groves, Jr.）中將那裡得知，第一顆原子彈在一九四五年八月初之前還不會完成，而第二顆原子彈要直到當年底才準備好，[123]因此，沒有辦法準確地知道，美國是否能夠用之以對付日本，而如果可以的話，也不知是否足以確保打勝仗。儘管如此，當赫爾利在一九四五年四月初造訪白宮時，羅斯福已經病得很嚴重，不僅在身體上感覺不適，而且在道德上也感覺不妥（因為雅爾達），他因此要求赫爾利飛往倫敦和莫斯科，稍微調整一下情勢。[124]

其時，蔣介石已經從他的駐美大使那裡得知了《雅爾達協議》，後者於三月十五日上午以電報通知了蔣，蔣一時大發雷霆。他在日記中寫道：「得悉羅、史對於遠東方面之談話……果爾，則此次抗倭戰爭之理想，恐成夢幻矣。」[125]在赫爾利從倫敦和莫斯科之旅返回重慶後，蔣從大使的報告中了解到更多的細節。邱吉爾和史達林都不想改變任何事情，四月二十五日，蔣介石在日記中再次發洩自己的感受：「考慮國際情勢，並就赫爾利分訪英、蘇情形，細加研析……國不自立、人不自強，宇宙之大，其尚有為我民族生存之地耶？能不戒懼乎哉！」[126]

而那時羅斯福已經不在人世了。他於一九四五年四月十二日因中風在下午三時三十五分去世，享壽六十三歲。蔣介石對羅斯福總統去世的消息深表悲痛，儘管他們最近的關係並不很理想。四月十三日，他在日記中寫道：

> 今晨六時後，得羅斯福總統腦充血症已於四時半逝世之報，甚為世界與今後國際局勢憂也。羅斯福雖對俄姑息與對中共袒護，但其尚有限度與一定主張，並非徒恃強權之霸者。今後，美國恐將受英之操縱，有所變更，而不能如羅之自主矣。[127]

這就是他的墓誌銘。

與此同時，美國持續戰勝日本，因此多少彌補了已故羅斯福在雅爾達對蔣的背叛。此外，在四月，蔣家有幾起喜事。四月一日復活節，與美軍發動「冰山行動」登陸日本沖繩島的同一天，他的兒子經國和他外甥，即他妹妹的兒子、空軍飛行員竺培風，在重慶市的蔣家接受洗禮。蔣極其高興，在日記中寫道：「本日實為吾家庭一大事，亦平生心願一大慰也。余任經兒自定洗禮之主意，彼乃樂予受洗也。一年來吾父子每晚在家中下跪祈禱，一再呼求聖靈。吾相信從此聖靈將賜福家國繁榮昌盛。感恩上帝。」[128]出席洗禮儀式的有經國全家和弟弟緯國與弟媳婦、二十七歲的美女石靜宜。緯國是在西安遇見她的，花了很長一段時間追求她，並在事先獲得父親和繼母的祝福後，一九四五年二月六日和她結婚。第一戰區司令官胡宗南將軍參加了在西安舉行的婚禮。蔣介石未能前來，但他親自手寫了一封賀卡：「家和萬事興。」經國代表蔣出席，回家後把所有婚禮的情形稟告父親。[129]

臨近月底的四月二十五日，方良把另一個孫子抱給蔣看，委員長非常滿意，給孩子取名為孝武，那天他在日記中寫道：「上午七時，第二孫子產生，[130]如先慈在世，則其欣喜更難言矣。感謝上帝恩德。」[131]小傢伙受洗時，被命名為Alexander（亞歷山大）（家裡每個人都叫他Alex或Aili）。[132]這些日子，蔣經常親臨已搬到重慶的經國一家。他喜歡和孫子們戲耍。他也繼續與兒子一起祈禱，並討論《荒漠甘泉》一書。此時，儘管日本在太平洋和緬甸北部戰敗，但中國戰區的軍事形勢仍然令人失望。在一九四五年五月初以前，蔣的部隊在中國各地一直遭受挫敗。三月下旬，大約七萬日軍重新成功地攻進河南西南部、河北北部和湖南西部。直到五月八日，德國簽署無條件投降協定的同一天，蔣介石的軍隊才得以阻遏敵人，甚至展開反攻。五月十一日，他們奪回福建省會福州，五月二十七日南寧，六月二十八日柳州，七月二十七日桂林。[133]

但迄至那時，都還談不上一個全面性的進攻。一九四五年八月一日，魏德邁向馬歇爾報告：「目前，我們在整個戰區〔的軍事行動〕，還是堅守積極防禦……與此同時，我們正為準備卡波內多（Carbonado）〔解放廣州與香港的行動〕而加緊部署部隊和物資……應該在九月分裝備與訓練好大約二十個中國師團，以實施可靠的進攻。」[134]

然而戰爭突然地結束了。一九四五年八月六日上午八點十五分，美國飛行員奉新任總統杜魯門之命，在和平的日本廣島市投下了第一顆原子彈。超過六萬五千人死亡，約七萬人受傷，占全市人口的六〇％。八月九日上午十一時一分，美國飛行員又向長崎投下第二枚原子彈。該地超過三五％的人口遭受苦難（三萬九千人死亡，兩萬五千人受傷）。

此外，八月九日午夜，蘇聯軍隊越過滿洲邊境，襲擊關東軍。當然，這對日本是一個嚴重的打擊，然而讓裕仁天皇和日本政府最受震撼的，是美國的原子彈。八月十日，東京電臺宣布，日本內閣準備接受投降條件。[135]

四天後的晚上九點，裕仁簽署了一項無條件投降的帝國詔書。[136]第二天在東京時間的八月十五日中午十二點（華盛頓時間八月十四日晚上十點），他在電臺上宣布此一消息，解釋說投降是因為「敵方最近使用殘酷之炸彈，頻殺無辜，慘害所及，實難逆料。如仍繼續作戰，則不僅導致我民族之滅亡，並將破壞人類之文明」。[137]

對此，蔣介石在日記中寫道：「今晨接獲敵國無條件投降正式覆文以後，惟有深感上帝所賦予我之恩典與智慧之大，殊不可思議。尤以其詩篇第九章無不句句應驗，毫無欠缺為感。上帝所予我之祝福如此其大，豈可不更奮勉戒懼，以竭盡其工具之職責乎。」。[138]該詩篇部分如下：「你曾斥責外邦，你曾滅絕惡人；你曾塗抹他們的名，直到永永遠遠。仇敵到了盡頭；他們被毀壞，直到永遠。你拆毀他們的城邑，連他們的名號都歸於無有……他要按公義審判世界，按正直判斷萬民。」[139]上帝可能真的幫忙蔣介石打敗了敵人，但是（主要是）透過美國和蘇聯士兵的手。儘管付出了巨大的犧牲（據保守的估計，中國至少損失了一千三百萬到一千四百萬的人），[140]但蔣介石的軍隊不可能以一己之力打敗日本的戰鬥機器。當日本天皇宣讀投降文時，他的部隊仍然占領了中國本土一半以上的土地。

在裕仁發布講話之前幾個小時的八月十四日深夜，根據蘇聯、美國和英國之間的《雅爾達協定》，已經進行了一個半月的中蘇談判，最終簽署了中蘇友好同盟條約（重慶已經是八月十五日早上六點）。蘇聯承認包括滿洲在內的中國領土的完整性，但有一項特別補充條約，賦予蘇聯在中國東北旅順港的海軍基地三十年的權利，並控制在大連市的港口，以及共同控制現在重新命名為長春鐵路的中國中東和南滿鐵路。此外，條約附帶註記中國承認外蒙古（蒙古人民共和國）就其現有邊界內之獨立。[141]

條約顯然有利於蘇聯：史達林本人稱之為「不平等」，[142]蔣介石承認「在莫斯科中蘇談判中間，我們……不得不做重大的讓步」。[143]但蔣介石別無選擇：在中蘇談判前夕的六月十四日，也就是宋子文和蔣經國[144]率領中國代表團前往莫斯科的兩週前，杜魯門命令他的駐華大使赫爾利通知蔣「蘇聯的情況」，並告訴他美國希望他能夠接受。大使也要「告知委員長，美國政府將支持《雅爾達協定》」。杜魯門親自在完全保密下通知史達林這一點。[145]

值得注意的是，這項帝國主義式條約，是由聯合國組織的兩個創始會員國簽署的，其中包括宋子文在內的會員國代表，才剛剛參加了（一九四五年四月二十五日至六月二十六日）在舊金山舉行的、通過《聯合國憲章》的國際會議，而這兩個會員國不久（一九四五年十月二十四日）將成為安全理事會常任理事國，這項條約可說是史無前例的。

史達林可說是強迫蔣介石同意這項條約，他首先透過承諾無條件支持對抗共產黨來收服他，然後威脅要中斷談判。第一輪會談後，宋子文精疲力盡，利用七月底一次會談的空檔回到重慶，告訴蔣介石他拒絕簽署條約，並且真的不想返回莫斯科。[146]當時他有兩個主要職位，行政院院長（他正是以這種身分與史達林談判），另外是外交部部長（因此，應該是他和莫洛托夫在條約與協議上簽名）。但回到重慶後，他辭去了後一個職位。蔣介石接受他的辭呈，但說服他繼續進行談判，指稱「他將親自承擔未來簽約的責任」。[147]他任命原國民黨中央宣傳部部長王世杰為新外交部部長，其職責是簽署條約和協定。然而，這並沒有讓宋子文免於被愛國的中國大眾貼上「祖國叛徒」的標籤，他們認為條約和協定是中國屈辱的新例子。[148]

與此同時，八月十七日，美軍太平洋戰區總司令麥克阿瑟將軍（Douglas MacArthur）（他也是盟軍最高統帥），發布了兩天前杜魯門批准的「一般命令第一號」，其中言，所有在中國（滿洲除外）、在臺灣和在北緯十六度以北的中南半島的日軍，只能向蔣介石部隊投降。日軍所占的中國領土劃分為十五個區，每個區任命一名指揮官，日軍投降的對象必須是他，投降後必須交出所有武器和裝備。越南北部是第十六區。至於滿洲，在同一天的八月十七日，經與麥克阿瑟達成協議，關東軍最高司令向蘇聯軍隊遞交了無條件投降文檔。[149]

九月二日，在東京灣的美國密蘇里號戰艦上，日本正式無條件投降。而接受全部在華日軍無條件投降的隆重典禮，在九月九日上午九時，於南京中央陸軍軍官學校大禮堂舉行，由中國戰區陸軍總司令何應欽將軍接受投降。儀式的日期和時間是刻意選取的。如前述，根據中國一般民眾的看法，九這個數字如果重複幾次，就會帶來成功。[150]全國歡欣鼓舞。蔣介石在日記中寫道：

> 日本在南京投降典禮正於今日舉行，實為本黨五十年革命光榮與勝利的一日。然而東北失地猶在俄軍之手；而且新疆各重要地區亦皆為俄國傀儡叛亂而喪失，軍政主官無能，軍隊擅自撤

退，不能奉行命令……外蒙問題亦未解決，國恥重重，可說抗戰以來局勢危急未有甚於今日者，故人以為榮，而余則萬分憂辱。嗚呼！抗戰雖勝，而革命並未成功，第三國際[151]政策未敗，共匪未清，則革命不能曰成也。勉乎哉！[152]

艱苦的抗日戰爭已經結束，但眼前又是一場新的戰爭——對抗渴望奪權的中共。

第二十章
新試煉

第二次世界大戰期間，中共和國民黨之間一再發生的衝突，在戰爭結束前夕更為加劇，主要的問題是，由誰、在何時、何地來接受日本的投降。在裕仁宣布停止敵對行動三天前的八月十一日，共軍司令朱德下令向各條戰線發動進攻，以便「準備接受投降」。[1]作為回應，蔣介石要求中共「應就原地駐防待命」，八月十四日，他邀請毛澤東到重慶一談。[2]毛澤東對邀請不作回應，但關於續留原地的命令，他和朱德給蔣介石發電報，要求他「收回」命令，並承認錯誤。[3]

由於蔣介石的軍隊駐紮在遠離日本占領區之外的地區，而日本戰區後方正是共產黨積極活動的地區，因此情勢是對中共有利的。而蔣介石當時最頭疼的事情，是迅速將軍隊運送到華北、東北和華東地區。因為美國在一九四五年十月之前，都不能協助他重新部署軍隊，蔣甚至要求史達林推遲原定蘇聯軍隊撤離滿洲的日期。[4]

八月二十日和八月二十三日，蔣介石又兩次向毛澤東發出會談邀請。[5]八月二十三日，朱德的部隊占領了位於北平西北一百二十英里的張家口。對此，負責所有投降事務的何應欽將軍，要求日軍重返該市，並一直占領到國民黨軍隊能夠到達為止。[6]他這樣做完全是按照麥克阿瑟將軍在中國當時所依循的政策，後者則是收到來自華盛頓的相關指示。杜魯門在一九五〇年代中期回憶道：「我們很清楚，如果我們告訴日本人立即放下武器，向海岸線挺進，那整個國家將被共產黨接管……因此，日本受命停留原地並維持秩序。」[7]

但美國和國民黨都沒有考慮到這只會讓原本已困難的局勢更加惡化。因此，為了避免大規模內戰，此時需要杜魯門和史達林的直接介入。當時是盟友的白宮新老闆和克里姆林宮老闆，都不希望中國發生暴力衝突，擔心這將輕易危及好不容易努力贏得的全球和平。[8]

然而，與羅斯福不同，杜魯門當時對蘇聯或中國共產黨幾乎並不抱持幻想。他承認，他只有在一九四五年七月的波茨坦會議上第一次見到史達林時，「喜歡這個婊子養的」，因為史達林似乎「很誠實——但精明得要命」。[9]「當時我們都急切地希望俄羅斯參與對日戰爭，」杜魯門在一九四六年初回憶道，「當然，我們後來發現，我們並不需要俄羅斯參戰，而此後俄羅斯也一直讓我們頭痛。」[10]從美國特工、外交官和記者報告給華盛頓的消息，杜魯門也很熟悉毛澤東是一個「獨立於蘇聯之外的民主主義者」，但他一直比羅斯福更加務實。作為一個單純農家的兒子，他不急於相信共產黨所說的一切。「不管是馬歇爾或是我，都不曾輕易相信中國共產黨只是『農村改革者』的說法」，他在一九五〇年代中期回憶道。[11]此外，一九四五年夏天，華盛頓的情報官員分析了他們的中國同事送來的情報，加上大量有關中國共產黨的其他材料，告訴他：「中國共產黨是共產黨⋯⋯中國共產黨的『民主』，是蘇維埃式的民主⋯⋯中國共產黨運動，是國際共產黨運動的一部分，由莫斯科倡議與引導。」[12]

同時，杜魯門為回應美國輿論，急於盡快把美國士兵帶回家：在中國的有十一萬三千人。這些人到中國來是為了協助遣返約三百萬名日本公民，其中包括一百五十萬名前皇軍士兵和海軍，「這些人投降了，但是並沒有被打敗」。[13]新的內戰可能會推遲遣返進程，並隨之導致美國士兵停留在中國。此外，與當時許多美國人一樣，杜魯門對蔣介石感到某種程度的內疚，因為美國未能在一九二〇年代和三〇年代，幫他克服中國在事實上的分裂，以致中國輕易成為日本侵略下的犧牲品，並從而將日本推向太平洋。[14]「我們應該復興中國，並在那兒建立一個強大的中央政府」，杜魯門當時寫信給美國國務卿伯恩斯（James F. Byrnes），但出於某種原因沒有把信寄出。[15]是杜魯門透過赫爾利大使，強迫蔣介石三次寫信給毛澤東提議會談的。

史達林也不希望中國有新的戰爭，因為權衡一九四五至一九四九年的地緣政治，他不得不考慮到美國對核子武器的壟斷。由於對美國的核子攻擊還沒有準備好，他必須盡一切努力避免激怒華盛頓。[16]此外，他不想冒險影響他在雅爾達從美國和英國取得的利益，還有在莫斯科與蔣介石簽訂的條約，該條約有利於無條件支持毛澤東。然而，他的戰術操作並不總是一貫性的，會因應情況而改變。一九四五年八月底至九月中旬，蘇聯官兵積極支援中共深入他們所占領的滿洲地區。正是在蘇聯士兵的協助下，中共軍隊占領山海關，這是從華北到滿洲路線上的長城關隘，之後進入錦州、瀋陽和滿洲其他一些城市。到一九四五年十一月中旬，中國東北地區已經有約十三萬中共軍隊。[17]但與此同時，史達林對中共奪權的能力表示懷疑，並建議毛澤東「與蔣介石達成一項『臨時協定』」，堅持要毛去重慶。他提出的最好解釋，是「一場新的內戰，可能導致中華民族的滅亡」。[18]

毛澤東對他的領導者和老師的這種「背信」，感到極度沮喪，但也只能噤口不語。八月二十八日上午十一時，他與周恩來和另一位中共官員王若飛一起從延安飛往重慶，儘管他不相信會談能達到共識。在飛行途中，他對戰友們說：「很有可能會談得不到任何成果。」[19]陪同這些中共領導者的有蔣介石的代表張治中將軍，還有前一天抵達延安、積極參與組織會談的赫爾利大使。[20]和國務院的許多自由派人士一樣，赫爾利也認為中共是「追求改革的好人」。他說：「當然，他們的政黨擁有自己的軍隊非常令人不快。但我們必須建立一個民主基礎來消除這種情況，這樣共產黨才能和平地與蔣介石合作，和他一起共同奮鬥。」[21]當晚九時三十分，蔣介石在一個宴會上見到了毛澤東。兩人明顯地都很愉快，滿臉笑容地握手，甚至為和平與合作而互相敬酒。他們沒有談論公事。

第二天他們坐下來會談。蔣介石想與他的宿敵討論有關中國統一和民主化的許多議題。一九四五年五月五日至二十一日在重慶召開的國民黨第六次全國代表大會上，他對美方和其他盟友做了一些妥協，他甚至曾經——至少在形式上——談到「結束中國的一黨統治」的問題。[22]他提議在戰爭結束後，終止「訓政」時期，召開國民大會，實行憲法統治，甚至消除軍中的國民黨黨團。代表六百九十二萬國民黨黨員的五百七十九名代表，投票決定在當年十一月十二日召開國民大會，顯然認為到那個時候戰爭將已然結束了。[23]

蔣介石打算與中共領導人討論所有的這些問題，但他特別強調，國家軍事和行政領土的統一，是進一步民主化的關鍵。「對政治之要求予以極度之寬容，」他認為，「而對軍事則嚴格之統一不稍遷就。」[24]

但正是有關將共產黨軍隊併入蔣軍，並將「解放區」的權力交到國民政府手上的這種事，是毛澤東和其他中共領導人所不願意的，他們相信，這種行動「必然導致對共產黨及其武裝部隊的清算」。[25]毛澤東甚至拒絕減少他當時擁有的一百二十萬人的部隊員額。此外，除陝甘寧特區，他還要求將華北的五個省分交給共產黨。不過，後一項提議並不像一些歷史學家所主張的，表示他打算永久分裂中國。[26]無論是韓國、未來的越南，還是德奧等的例子，都不適用於他。他真正想的是在北方建立自己的實力，以便於以後更方便占領整個中國。當然，他沒有把這些想法大聲說出來。他只是不斷地重申必須立即民主化、釋放所有政治犯、舉行普選並組建聯合政府。[27]

蔣介石並不反對民主化，但他認為普選過於複雜，必須為此先作準備。而將五個省分交給共產黨的要求，則是「把中國分成兩個部分——兩個國家」，他當然不願意這樣做。目前還不清楚他是否了解毛澤東的提議純粹是戰術性的。[28]他虔誠地祈禱，祈求全能者能讓毛澤東想通，並向他顯示祖國和平統一的道路。[29]但上帝既沒有聽見他的禱告，無神論的毛澤東也沒有留意到主的聲音。

毛澤東在重慶停留了四十三天，多次會見蔣介石等國民黨領導人以及自由派民意代表，甚至簽署了和平協定，但他並沒有放棄權力鬥爭。他只聽命於史達林，並且非常清楚，只有在獲得蘇聯的軍事和經濟援助下，中共與國民黨的對抗才可能成功。蔣介石也準備戰鬥，他只夢想著摧毀共產黨。國民黨絕不會「向一個鬆散的政黨聯合讓步」。[30]邱吉爾駐華代表也持同樣的心態，他認為「對中共只有一個答案，那就是戰場上的勝利」。[31]總的來說，會談毫無結果，而這一切所導致的後果，以毛澤東的話來說，是「顯現出雙方之間有一段巨大的落差」。[32]唯一簽署的文件是一份正式聲明，宣告內戰是不可接受的、蔣介石承諾讓人民享有民主自由、召開多黨政治諮商會議以討論國民大會問題，並最終結束訓政時期。[33]

但即使在一九四五年九月至十月正式和談期間，依照毛澤東的命令，由劉伯承、鄧小平領導的晉冀魯豫軍區的中共野戰軍，成功地執行了在山西、河北邊境，接受日軍投降的軍事行動。用毛澤東的話來說，以此可「向國民黨施加壓力，迫使其在談判中更加軟化」。[34]此後，為了加速鞏固戰果，毛澤東命令劉、鄧對正在北上挺進的國軍再進行一次行動。他們的軍隊再次取得了勝利。[35]從本質上講，這些行動引發了真正的內戰。

史達林開始擔心美國的直接干預，因此在九月中旬，命令滿洲蘇聯部隊司令馬林諾夫斯基（Rodion Y. Malinovsky）將軍，不要將蘇聯士兵繳獲的關東軍部分武器，轉交給中共部隊。[36]但在一九四五年十月初，他再次決定幫助中共，把得自日本的戰利品交給他們。此外，他拒絕讓國軍登陸大連港，其藉口為大連港是商港，而不是軍港。他還命令蘇聯軍隊允許中共武裝部隊占領滿洲南部的另外兩個港口。其結果是，國軍部隊完全無法登陸滿洲。十一月十七日，中共在瀋陽召開所謂

「東北人民代表大會」，宣布成立由張學良為首的東北聯合自治委員會。如前述，因為還是在蔣介石的關押之下，張學良並未在場。以上一切都違背了一九四五年八月十四日在莫斯科簽署的一項協定，即蘇聯軍隊有義務將他們占據領土的所有權力，轉交給中國國民政府。[37]

蔣介石派兒子經國到滿洲，作為中國外交部的代表，「與蘇聯司令部聯合，就地執行將滿洲移交給中央政府的條約，並要求蘇聯司令部向長春的委員長總部提供援助，以便中央政府部隊進入，確保滿洲的秩序」，但是，當經國要求蘇聯代表允許他訪問滿洲的瀋陽、哈爾濱和其他城市時，卻遭到拒絕，而且用他的話說，是「以粗魯的方式」。[38]蘇聯對待蔣介石的其他代表，如東北行營主任熊式輝及負責經濟事務的張嘉璈，也同樣態度不佳。

然而，史達林並不想張揚他參與中國內戰，儘管他顯然開始認為這場戰爭已是現實。一九四五年十一月，他再次改變政策，「對共軍的合作和支持水準降到了一個新低點」。[39]他也不想站出來擔任中共和國民黨之間的調解人，反而正式宣布他「不干涉中國內政」。[40]

蔣介石利用這一情勢，於一九四五年十一月下令從共黨手中攻下山海關。他的部隊迅速達成使命，到十一月底，還占領了錦州，一個位於連接華北和滿洲的遼西走廊北端的城市。[41]然而，蔣介石所有向滿洲本身運送國軍部隊的新嘗試都失敗了。史達林甚至不允許蔣藉中國長春鐵路運送軍隊，也不同意以滿洲當地民眾組建國軍單位。蔣介石根本無法從錦州向北推進：他清楚地明白，不管史達林有多少戰術操作，但最終這個蘇聯獨裁者顯然只支持衝突的一方——毛澤東。

蔣完全無所適從。最糟的是，衝動的美國大使赫爾利突然遞交辭呈。這不僅令蔣、也令杜魯門感到意外。赫爾利已於九月底返回華盛頓進行磋商，十一月二十七日，在他向杜魯門保證，「有理由希望中國的問題能夠得到解決」的不到兩個小時後，他向新聞界發表聲明，指控國務院的「投機分子」在中國推行「親共政策」，並把他前一天準備的「辭職書」交給記者們。[42]他心裡所特別標明為「投機分子」的，是已在一九四五年四月被他撤職的前美國大使館二等祕書謝偉思。謝偉思返回美國後，把對共產黨表示同情的國務院機密檔案，交給了《美亞雜誌》的編輯賈非（Philip Jaffe）。賈非加以刊登，之後他、謝偉思和其他四人被美國聯邦調查局逮捕。不過很快地，他們被以各種藉口釋放，謝偉思甚至被指派到日本工作，所以赫爾利的行動似乎為時已晚。[43]「看看那個混球〔赫爾利〕對我做了什麼」，杜魯門對他的那些因為每週午餐會而聚集在一起的內閣成員大聲說。[44]他既憤怒又措手不及，因為他不知道該把誰放在赫爾利的位置上。

農業部部長安德森（Clinton Anderson）提議美國陸軍前參謀長馬歇爾將軍是可以考慮的人選，後者是二戰英雄，邱吉爾曾稱之為「勝利的真正建築師」。馬歇爾才剛剛退役六天，但杜魯門馬上打電話給他，請他去中國。「是的，總統先生」，馬歇爾簡潔地回答，並突然掛斷了電話。[45]

起初，蔣介石很不高興。他希望是由他非常敬重的魏德邁來替換赫爾利的大使職位。但杜魯門派馬歇爾到中國來並不是要他擔任大使，雖然他已把他的級別提升到了那個位置。他把大使職位空著，而要馬歇爾扮演總統特別代表的角色，給他的任務是「說服中國政府，召開一次全國主要政治團體代表會議，以實現中國的統一，並同時藉以終止衝突，特別是在華北地區」。美國總統甚至允許馬歇爾威脅蔣介石：「一個不統一並且因為內亂而撕裂的中國，在現實上不能被視為可以得到美國援助的適當場所。」[46]

馬歇爾六十五歲，身高約六英尺，身形瘦削，略顯駝背，一頭灰白短髮，還有一對銳利的藍眼睛，給他周遭的人留下深刻的印象。他散發出一種氣質，讓很多人感到敬畏。邱吉爾稱他為「最高尚的羅馬人」，[47]未來的國務卿艾奇遜（Dean Acheson）寫道：「他朝你發出一股強大的力量。那種來自於他的能量，放大了他的聲音——一種低沉又尖銳的斷續聲音。他讓人心生敬重。自然而然有一股權威和靜定。」[48]

馬歇爾曾經對中國相當了解：一九二四至一九二七年，他曾與史迪威在天津一起共事，甚至會說一點中文。[49]但他對蔣介石及其夥伴的印象，基本上是來自於他的朋友史迪威的報告，如前述，他總是支持史。許多年後，馬歇爾會否認史、蔣的關係讓自己對中國國民政府的印象「染上了一層色彩」，他甚至聲稱他過去是、並且依然是「喜歡蔣介石的」。[50]他的妻子凱薩琳因為委員長遭到的種種麻煩而同情他，還認為他「可愛」。[51]但事實上，馬歇爾在一九四五年十二月二十一日抵達中國之前，就對蔣介石非常挑剔，後來也一再對蔣介石發表過不亞於史迪威的批評性言論。在離開美國之前，他會見了把他引入蔣家祕密的端納，端納特別告訴他，蔣的大姨子、亦即美齡貪腐的姊姊、孔祥熙的妻子宋靄齡，對蔣的巨大影響。這種影響確實不容小覷。靄齡的性格非常強烈，甚至在宋氏家族內，他們也說：「如果姊姊生作男人，委員長就已經死了，她將會統治中國。」[52]她把丈夫孔祥熙和妹妹美齡，都置於她的影響之下，通常她就透過這兩個人，來左右蔣介石。[53]雖然端納為蔣介石辯護，指稱蔣介石本人一點也不腐敗，只是對他的姨子太過軟弱，沒辦法向她說不，於是馬歇爾對蔣介石政權的批判性觀點，不可避免地強硬起來。

在美國總統特別代表抵達前夕，蔣介石到北平進行了短暫的訪問，然後前往南京，並在該地會見了馬歇爾。[54]在北平時，他對一群學生發表演說，這些學生因為一股愛國狂潮而非常激動，他們把他團團包圍，不讓他從講臺上下來。他們向他伸出雙手，大聲鼓噪，抓住他的衣襟。在南京他也得到同樣的興奮的接待。他抵達這座城市所做的第一件事，就是向全能上帝祈禱，因為上帝把勝利授予了他，並讓他能和平地回到舊都。之後，他直接從機場前往他早前居住的軍事學校，在那裡會見將領和軍官們，並以精美的書法，為其中一個禮堂題字：「基督凱歌堂」。陪同他出遊的有經國，他們一起拜訪南京紫金山的中山陵，向這位偉大的老師鞠躬行禮，並參觀了其他一些重要地點。在從南京回重慶的路上，他在武漢停留下來。[55]

這趟旅程讓蔣暫時分心，但他無法完全放心。他經常憂慮與中共不停的衝突，很想弄清楚史達林對中國的真正目的。一九四五年春天，彼得羅夫（Apollon A. Petrov）取代潘友新出任蘇聯新大使。蔣在十一月間透過他要求克里姆林宮領導人接受蔣經國作為蔣的個人代表。[56]這個時候，蔣經國已經成了他父親最信任的代理人。用宋慶齡的話說：「很難找到另一個人享有蔣經國這麼廣泛的權力。」[57]史達林也知道經國的角色越來越重要。一九四五年夏天，當宋子文率領的中國代表團抵達莫斯科時，史達林刻意地向蔣介石及「蔣介石的繼承人」蔣經國舉杯敬酒。[58]

經國在一九四五年十二月二十五日耶誕節離開重慶，史達林在十二月三十日（一小時四十分鐘）和一月三日（一小時三十分鐘）兩次長時間接見他，但沒有向他做出任何承諾。此外，他明確表示是以私人身分接見他：他特別下令，經國抵達的機場，不可裝飾以中蘇兩國國旗，沒有仗儀隊，不唱國歌，迎接他的人不得穿著閱兵禮服。他自費將經國像遊客一樣安置在國家酒店（一間編號二〇〇的普通房）。[59]在他們的會談中，他基本上以種種藉口說，他對中國的情況知之甚少，對中國共產黨則幾乎一無所知。他甚至問經國中國是不是共和國，假裝不知道中共想要什麼。對於經國一再要求他建議中共與國民黨合作，他多次回答說「中共並不服從俄共」，並且「不徵求意見」。他甚至說「蘇聯政府……不滿意他們的行為」，而且「他們知道，蘇聯政府不同意他們」。「如果他們徵求意見，上帝知道，他會給他們」，他以深刻的口氣補充說道，在他看來，「共產黨是相當難以捉摸的」。但是，他們到底隱瞞了什麼樣的想法，他當然是無從得知。他還毫不客氣地談到毛澤東：「毛澤東是一個奇特的人，一個奇特的共產主義者。他在村鎮到處走動，卻避開城市，對它們不感興趣。」速記員寫道：「他，史達林同志，對此無法理解。」[60]

「偉大的領袖和老師」表演得很出色。一九四六年新年前夕，蔣介石在會見蘇聯大使時，決定破釜沉舟地告訴他，請他通知史達林，只要大家聽命於總司令，他甚至願意接受「各種黨派與傾向」的軍隊，在中國和平共處。[61]

與此同時，馬歇爾正在全力投入工作，與許多中國政治人物會面，一切目標在讓國民黨和共產黨再次坐到談判桌旁。在和他談話時，共產黨和其他許多黨派的人與無黨派人士，無不大罵國民黨，而蔣和他的支持者則指責共產黨。但馬歇爾不打算深入細節。由於習慣於得勝，所以他試圖不計一切代價，來達成他的使命。

他的努力獲得了預期的成果。在他抵達的十九天之後的一九四六年一月十日，馬歇爾成功地說服蔣介石同意休戰，共產黨也簽下了協議。反正休戰並不適用在所有的地方，也並不是一貫性地被遵守，但馬歇爾感到滿意了，他認為自己的使命已經開始產生成果。一月十日，一個政治協商會議在重慶召開，參加者有八名國民黨員、七名共產黨員、十四名自由派代表和九名無黨派人士。會議通過的一項決議，是要在四個月後的五月五日召開國民大會，通過憲法。那是一九二一年孫逸仙在廣州就任中華民國非常大總統的週年紀念日。[62]

但這一切都只是徒具形式。要透過談判來統一中國是不可能的，因為像以前一樣，中國依然有各種軍事集團的存在，而共產黨只是其中之一，儘管是最激進的。另外也缺乏一個全國性共同市場，而龐大的文盲人口，對民主、選舉或憲法根本一無所知，他們仍然像幾百年來一樣，生活在封閉的農村社區。對中國非常了解的魏德邁寫道：

在九五%的人民都是文盲，以及其他許多無可辯駁的理由下，中國還沒有做好擁有一個民主形式的政府的準備。中國廣大的無聲群眾渴望和平，對各種意識形態所代表的是什麼，並不特別感興趣也不了解。他們最關心的是有一個工作機會、能為家人取得食物和衣服，還有一個平安幸福的環境。

這裡的狀況，最好是由一個開明專制或軍事獨裁者來處理，無論這個人是共產黨還是國民黨都無關緊要。在我看來，幾乎所有的中國官員，都自私地（只）對擴張自己的權勢感興趣。[63]

我們怎麼能忘記邱吉爾在一九四五年四月對赫爾利說的話（他可以對馬歇爾說同樣的話）：「你真是個奇怪的人。他們在五千年的時間裡，都一直無法統一起來，而你想〔透過談判〕在三個月的時間裡讓他們團結起來。」[64]中國的離心傾向只能用武力來克服。毛澤東對此早就有了句生動的說法：「槍桿子出政權。」[65]

蔣介石的想法和毛澤東一樣，因此，雖然對馬歇爾的勸說讓步，但在日記中寫道：「馬歇爾等尚不悟其為毫無誠意……近日心神悒鬱，愧悔交集，共匪梟張，眾犬吠聲，乃知往日事事無決斷、無遠見，一朝縱敵，萬民遭殃。」[66]

共產黨和國民黨都繼續違反停火協定。馬歇爾最初傾向於把所有責任都怪罪到國民黨身上，之後是共產黨，再來又歸咎於國民黨。一九四六年二月二日，蔣介石在日記中寫道：「中共代表周恩來對馬歇爾特使表示中共有親美疏俄之意，此中必另有陰謀也。惟馬歇爾與中共商談已有月餘，其對中共欺人之手法或已逐漸了解乎？」以下是他在二月底所記下的：「馬歇爾雖對余認識較深，而其受共之麻醉則更甚。美國民族之易受人煽動與愚弄，其老練如馬，猶且如此，其他可知，不禁為世界前途憂也。」[67]

杜魯門也同樣繫念世界的命運，但像大多數美國人一樣，他在民主化中，看到了人類的救贖。他不知悉中國及其獨有的特質，且不像魏德邁，他不了解這些特質。此外，直到他快三十歲之前，這位未來的美國總統基本上對中國懷抱偏見。用他自己的話說，他「痛恨」他們和日本。一九一一年六月二十二日，他在給未來妻子的信中寫道：「我認為這是〔我的〕種族偏見。」[68]當然，隨著時間的推移，他克服了這種偏見，但從未發展出認真研究中國的興趣。一九四六年二月二日，在收到馬歇爾的消息，報告有關於他第一階段的任務已經圓滿達成後，杜魯門寫信給馬歇爾：「看來對中國的工作已完全按計畫進行著。」[69]

對自己任務的進展感到滿意的馬歇爾，在三月十五日返回華盛頓與總統進行磋商。他認為，現在是用大量資金支撐中國和平進程的時候了，因此要求獲得五億美元的貸款。但是，在他缺席期間，中國局勢失控。這在很大程度上是關乎於滿洲問題上中蘇關係的惡化。

一直到一九四六年春，蔣介石還繼續希望史達林執行《友好聯盟條約》，在蘇聯撤軍前夕協助建立中國東北國民政府的權威。為了保證有足夠的時間將軍隊移防滿洲，他兩度要求克里姆林宮獨裁者推遲蘇聯軍隊從該地區撤出——最初是等到一九四六年一月三日，再來是等到二月一日。但他得不到任何回應。此外，即使到二月一日之後（「由於冬季狀況與惡劣天氣」），占領軍仍然留在中國東北地區，他們在地方上肆無忌憚的劫掠：打著取得「戰利品」的幌子，搗毀大型工業企業，包括鞍山鋼鐵廠和哈爾濱滿洲飛機製造公司，並將其運往蘇聯，同時侵占日本僑民和中國人的財產。[70]蘇聯士兵無法或不願意區分中國人和日本人。據一九四六年視察情況的美國上校里格（Robert Rigg）說，舉個例子，蘇聯從日立工廠的三百三十三台機器中，取走了二百九十六台，從滿洲電線公司拿走了九六%的機器。[71]

根據各方估計，滿洲經濟因此遭受到八・五八億美元至二十二・三六億美元的損失。[72]無怪乎國民黨和中國民眾都開始對蘇聯軍隊的行為公開表示不滿。對於蘇聯士兵經常強暴日本和中國婦女，民眾尤其激憤。有時氣極了的居民甚至為此殺害蘇聯士兵。[73]一九四六年二月至三月，重慶、上海、南京、廣州等地爆發了大規模、激進的反蘇學生示威遊行。掠奪和暴力的規模是如此可怕，連中共中央委員會東北局最終都表示了不滿。[74]

蔣介石的情緒也大受影響，開始對蘇聯採取短視的政策。一九四六年三月六日，中華民國外交部對滿洲的掠奪提出抗議，要求蘇聯軍隊迅速撤離。[75]蔣介石當時明白中共會介入並取代俄國嗎？或許非也。他指望在美國支持下，占領蘇聯自己騰空的城市，但他估算錯誤。

一週後的三月十三日，史達林開始撤軍，這個過程在五月三日結束。但與此同時，由於對蔣不滿，他呼籲中共果斷而自由地行動，甚至批評他們對美國的過分禮貌。[76]首先，他在撤軍行動開始前的兩天，祕密通知中共，[77]其次，蘇聯軍隊開始對共軍重新部署到滿洲，提供巨大援助，將關東軍剩下的武器，甚至一些德國、捷克斯洛伐克和蘇聯的武器交給他們。[78]

美國試圖協助蔣介石將軍隊運送到華北、東北和華東地區，甚至為此花費了一大筆錢——三億美元。[79]（相比之下，在第二次世界大戰期間，他們總共花費了八・四六億美元給中國租借物資。）[80]但是，他們無法利用仍在蘇聯占領下的滿洲主要港口——大連港和旅順港。儘管如此，國軍還是在三月十三日占領了瀋陽——位於錦州東北約一百四十英里的滿洲最大的城市。[81]

這時，蘇聯和美國之間的關係急遽惡化，冷戰爆發了。一九四六年初，杜魯門在未發出的一封給國務卿伯恩斯的信中寫道：「我已厭倦了照顧蘇聯。」之後美國採取圍堵蘇聯的政策，[82]史達林也做同樣的對應。二月九日，在莫斯科史達林選區舉行的選民預選會議上，他發表演講，對他的前盟友做了相當尖銳的批評。[83]三月五日，在杜魯門批准並出席之下的訪美期間，邱吉爾在密蘇里州富爾頓市接受威斯敏斯特學院（Westminster College in Fulton）頒贈榮譽博士學位的場合，抨擊了史達林在東歐的政策。（譯注：「鐵幕」〔Iron Curtain〕一詞即邱吉爾在此提出。）

之後，毛澤東對國民黨發動新一波攻勢，下令從三月十二日開始攻擊滿洲的國軍部隊，並向四平街挺進。在三月十八日拿下此一滿洲南部——從瀋陽到長春的半路——的城市後，他們往北向吉林省會長春前進，此地的蘇聯軍隊已經撤出。共產黨再一次取得勝利，跟著這次勝利之後，他們在四月下旬又占領長春和哈爾濱等大城市。[84]他們開始將盛產石油、天然氣和煤炭的滿洲變成他們的軍事基地。[85]

蔣非常憤慨。「共匪公然攻陷長春……破壞停戰協定，叛亂國家，甘為禍首。」他在日記中寫道，「俄國公然派機接濟匪軍，哈爾濱至長春鐵路不斷為共匪運兵南下，其決心分裂我東北，製造其共匪為北滿之傀儡政權。」[86]

鑒於這種新的情況，蔣介石認為，美國不可能再袖手旁觀了。期待當年落在四月二十一日的復活節到來，他在四月十三日星期六的日記中寫道：「本週復活節起遭遇各事皆能化凶為吉。」[87]然而，他沒有考慮到杜魯門及其身邊人員對民主的幻想之深。美國頑固地堅持他們的路線。他們沒有立即向蔣提供軍事援助，反而繼續堅持和平解決衝突，並在中國實施民主改革。馬歇爾在四月回到重慶後，公開告訴蔣介石，國民黨的右翼正在對他產生有害影響，如果蔣繼續聽信軍方鷹派的話，將導致中國像日本那樣的崩潰。[88]

但蔣介石沒有聽他的勸告。在四月二十二日的日記中他寫道：「接見馬歇爾特使，商談對共黨方針，馬歇爾氏仍力主尋求妥協方法。……且彼時時以撤退其海軍、終止其運輸，以為脅迫，使我不能不遷就彼對共黨妥協之建議。殊不知此時對共黨妥協，實無異對俄國屈服。……故應對馬歇爾直說之，以促其覺悟也。」[89]

蔣介石確信他可以在三個月內打敗共產黨，所以戰爭爆發起來。幸運的是，蔣真的開始戰勝毛澤東了。如前述，他的部隊為數四百三十萬五千人，大幅超過共產黨低於一百二十萬的官兵。

四月二十九日，蔣介石把他對於美國該對中國採取什麼政策的看法，坦率地向馬歇爾做了詳細說明：

> 美國對東北之政策與對俄、共之態度，必須重加考慮，且須從速決定，以此實為美國對東亞整個問題之關鍵。消極退出，抑積極參加與領導，應有抉擇也。且不可再蹈過去九一八時代覆轍，以致釀成第二次世界大戰之禍患。如果當時美、英對日能稍用壓力，表示積極行動，則日本當不致如此猖獗，戰禍自可消除矣。今日俄、共在東北之形勢，亦復如是。此時對共黨既非空言威信所能制止，惟有準備實力，積極行動，協助我政府，並明示其決心，則俄、共皆將懾服。否則，美國在東亞領導之聲望，決難維持，而第三次大戰亦必以此為起因矣。[90]

但馬歇爾和杜魯門顯然並不害怕會有第三次世界大戰，所以他們繼續努力終止中國的內戰。同時，一九四六年五月三日，蔣介石夫婦從重慶回到南京，整個國民政府兩天後跟進。南京再次成為中華民國首都。

蔣介石很高興從長達八年多的撤退中歸來。他再次落腳在中央陸軍軍官學校校園內黃埔街他鍾愛的憩廬。每天早上，他搭車十分鐘到位於長江大道子超樓的辦公室——那是一座漂亮的五層黃磚建築，起造於一九三五年，外觀是三層金字塔，給當時的國民政府主席林森使用，所以以他的字為名（子超是林森的字）。他的辦公室空間寬敞，但布置簡樸，位於二樓的右翼。唯一的窗戶向外望去，是一個種植著高大樹木的花園——有芬芳的莢迷屬植物、松和柏。[91]

南京逐漸回復其原來的面貌，到處都在建設新家園，修復遭戰爭摧毀的建築物。一九四六年春，對汪精衛主要助手的審判，在中國多個城市進行。他們之中的大多數，包括陳公博，在一九四四年三月汪赴日本接受治療後，成為傀儡政權的領導人，如今被判處死刑由行刑隊處決。蔣介石只赦免了其中一人——汪、陳兩人的前副手周佛海，把他的死刑改成無期徒刑。這是因為有舊日的關係，周曾是「中國希姆萊」戴笠的老朋友，戴多年來一直領導中國政府的所有特務部門。不過戴在審判前七個月的一九四六年三月十七日死於空難，顯然蔣介石還沒有忘懷他，所以讓周逃過了死刑。[92]

從中國人的角度來看，可怕的命運降臨在主犯汪精衛身上。勝利者對他的遺骸加以凌辱，而根據一項古老的迷信，這將對他的風水帶來毀滅性的影響。在蔣介石回到南京之前三個月的一九四六年一月，陸軍司令何應欽將軍收到蔣的命令可以放手去做，將位於離紫金山中山陵不遠處的汪精衛墳墓炸毀。一九四五年十二月，當蔣介石和他的兒子訪問南京時，墳墓還在那兒，但現在在低矮的梅花山上它原來的位置，是一棟孫逸仙之子孫科下令建造的、圍著葡萄園的小小避暑別墅。一九四七年，避暑別墅又被拆除，孫科再次決定在原地修建一座帶有彎曲磚瓦屋頂的、相當優雅的亭子。[93]

一九四六年五月六日，蔣抵達南京後不久，就接到史達林請他訪問莫斯科的邀請。這一邀請是透過蘇聯大使館武官羅申（Nikolai V. Roshchin）轉請經國交給他的。蔣以中國局勢極其嚴重為藉口，委婉地拒絕了。[94]正如美國歷史學家梁思文（Steven I. Levine）所寫的：「他試圖避免中蘇雙邊談判，而傾向於多邊外交，因為美國的支持可以補強中國的弱點。」[95]

與此同時，戰爭持續進行著。五月十九日，在與共產黨鏖戰四十天後，國民黨重新奪回了四平。五月二十三日中午，他們占領長春。中共主力部隊撤退到哈爾濱和朝鮮半島邊境，[96]兵力被大幅削減。周恩來後來對蘇聯駐華大使彼得羅夫（Apollon K. Petrov）說，當時軍隊「每個士兵只有兩個彈藥筒」。[97]同一天，五月二十三日下午四點。蔣介石和夫人抵達瀋陽，他們住在前日本總領事館。蔣很興奮：「此次長春收復之速，共匪主力敗潰之慘，實在想像之外，非有上帝保佑，何能有此奇蹟也。」[98]他和妻子在瀋陽和長春待了十天。

參謀總長陳誠認為，在三到六個月內可以徹底粉碎共產黨，[99]但蔣介石明白，越向北推進，越可能激怒認為滿洲北部是他們特殊利益範圍的蘇聯。早在四月下旬，他在日記中寫道：「占領四平街後再不北進，先肅清南滿瀋陽，鞏固重工業區與北寧路全線。」[100]還有另外的理由阻止他們前進：首先，在蔣後方的華北和華中地區，有許多共黨軍隊牽制了他的機動性；其次，作為國民黨軍事裝備一部分的美國技術，在春天的滿洲公路有點動彈不得；最後，在四平附近戰敗後，中共盤踞松花江以北，而且和以前一樣，從蘇聯得到大量援助，以農業區為基地主要進行游擊戰。[101]

一九四六年六月初，馬歇爾再次促成了休戰。但一樣沒維持多久。戰爭已起勢必無法回頭，就像把精靈從瓶子裡放出來就不能把它收回去。六月二十六日，蔣介石在華北和華中地區發動了一場新的反共運動。一九四六年七月底，美國政府為了讓蔣清醒起來，最終對蔣的軍援實施禁運。但即使這樣也無濟於事。

一九四六年七月，杜魯門任命了一位新的駐華大使——司徒雷登（John Leighton Stuart）——一位著名的中國專家和傳教士，他在中國出生並斷斷續續生活了五十二年，並自一九一九年一月起擔任美援的北京燕京大學校長。馬歇爾曾敦促杜魯門任命他為大使，因為他感覺蔣介石對自己不信任，所以認為透過與司徒雷登的合作，應可以更容易影響委員長。[102]順便一提，司徒是蔣氏夫妻的個人朋友。司徒雷登的年紀已相當大了——剛滿七十歲——但這並不會讓杜魯門或馬歇爾感到困擾。馬歇爾是在一九四六年四月從美國回來後，在南京與司徒雷登結識的，此後就一直與他密切合作。司徒雷登作為大使候選人，得到美國參議院的一致支持和蔣介石的完全同意。每個人都希望這個血統是美國、但精神是中國的人，能協助蔣解決困難的問題。在廬山牯嶺蔣介石夏日行館向蔣呈遞到任國書後，司徒雷登告訴委員長，他希望與蔣在長期友誼的基礎上、而非作為一個美國官員，來保持雙方的關係。[103]

但正是在同樣的七月分，內戰再次爆發起來。同時，蔣介石藉口戰時需要集中權力，盡其所能地加強個人的獨裁統治，消滅異議人士。但是七月分在雲南昆明發生的一宗震撼人心的暗殺事件，幕後主使者卻不是他。當地的祕密警察暗殺了一九四四年成立、親共知識分子組成的民主同盟兩名領導人，其中包括著名詩人聞一多。蔣本人對此也極為震驚，立即要求找出刺客，以免共產黨利用此事誣加宣傳。[104]但事實上，此事已在國內外都引起巨大的回響，使得蔣介石未能取得他所希望的結果；反而更多的人站出來反對他和國民黨，西方自由派輿論開始更猛烈地批評他。

蔣介石和美國之間的看法越來越分歧。杜魯門指出：「委員長的態度和行動根本就是老式軍閥，和對軍閥一樣，人民對他也毫無愛意。」[105]蔣介石在日記中寫道：「美國民族性之躁急直率與幼稚乃至可笑。」[106]八月十日，美國總統給蔣介石寫了一封信，表示美國民眾對「中國政治局勢的急遽惡化非常關切」，並強調從他的角度來看，馬歇爾的「努力顯然沒有成效」。他指責「國共兩黨內一樣的極端主義分子」，並暗示如果蔣介石不加整頓，他將終止援助，他要委員長在「不久的將來」，告訴他一些「能鼓舞人心的事情」。[107]但蔣介石不予理會。在牯嶺會見馬歇爾的六天後，他直截了當地指稱「共產黨正在違反停火協定的所有面向」，並且「以其最近在戰場上的軍事行動，公開宣告自己奉行武力政策」。他解釋說，形勢已經改變，中國共產黨「現在正與蘇聯政府攜手合作」。馬歇爾試圖反駁，指出「在很大的程度上，是政府這方面表現出要採取武力政策」，但蔣聽不進去，說他「不相信共產黨有遵守任何協議的意圖」。「看來目前委員長很明顯認為，武力政策是唯一可被接受的解決辦法。」馬歇爾斷言道，過了一陣子後，他寫信給杜魯門，說他和司徒雷登都被「阻礙」了。[108]

不過，儘管杜魯門和馬歇爾對蔣的政權越來越不滿，但美國政府仍然支持蔣。這導致所謂的中間勢力、特別是中國自由派知識分子，失去對美國的同情，他們現在反對國民黨獨裁，而傾向於毛澤東的新民主主義。[109]

秋天，蔣介石宣布他打算從中共手中奪回張家口。作為回應，中共警告，他們將考慮攻擊河北的城市，來作為正式內戰的宣示。聽到這一消息，馬歇爾立即威脅蔣介石，他將要求杜魯門切斷對中國的所有經濟和軍事援助，並把他召回。十月五日，他寫信給杜魯門，而杜魯門自一九四六年四月以來，一直在考慮任命馬歇爾擔任國務卿，來代替生病的伯恩斯。[110]但同一天，蔣介石在會見馬歇爾時宣稱，馬歇爾的威脅是「多年來讓他最煩亂的一件事」，強調他「甚至無法想像」他的離開。但他不同意馬歇爾停戰的建議。然而，第二天，迫於馬歇爾和司徒雷登的壓力，他承諾結束在張家口地區的軍事行動，但他並沒有信守諾言。十月十日，國軍占領了張家口。[111]

馬歇爾火冒三丈，去見蔣介石，對他說：「你違反了協議，完全沒有照我們的計畫做。人們曾說你是現代喬治．華盛頓，但你這樣做了以後，他們再也不會說了。」他明白他的話聽起來很不符外交用語，因此要求擔任翻譯的美齡，如果她認為這些話太不圓滑，就不要翻譯，但委員長的妻子決定他需要聽一聽。[112]蔣靜靜地聽著，像他一向緊張時會做的一樣，把腳趾頭翹起又放下。但他沒有作答：他仍然相信他是對的，戰勝共產黨就在眼前。

看來他有理由這麼想。經過血腥戰鬥，共軍在一九四六年底撤出了一百六十五個城市和其他面積達六萬七千二百平方英里的人口稠密區。[113]從西部的陝西省到東部的太平洋沿岸，蔣在各條戰線上發動全面的攻勢，滿洲的戰事也持續著。

然而，美國認為蔣介石的行動「野心太大」，並警告說，這樣的軍事行動將「使中國陷入經濟混亂，最終會摧毀國民政府」，在戰線擴大之下，蔣會因「暴露其通訊而遭受中共游擊隊的攻擊」，並迫使士兵們「要麼撤退，要麼帶著美國提供的軍火一起投降」。[114]

美國的話是有道理的。蔣介石的軍隊除了物資之外，沒有其他優於共軍的了。基本上士氣就已經輸了。蔣本人很快就明白了這一點。一九四七年，他就承認，儘管他的軍隊「在食物、糧秣和彈藥等軍事補給品方面，比共軍富有十倍……但不可否認，大多數指揮官的〔革命〕精神已經蕩然無存了」。與中共官兵不同，國軍完全缺乏戰鬥意志。這實質上就是蔣介石無法成功的原因。他把師團和軍隊送進戰場，但他的將軍們像以前一樣，經常試圖避免交戰，「只想著維護他們的實力」，[115]把他們的部隊首先視為他們在社會中政治影響力和致富的來源。各單位的腐敗和地域主義繼續猖獗。國民黨官僚和將軍們「利用接管〔前日本占領區〕的機會，沒收中國業主的企業來自肥」，這樣當然讓地方民眾離心離德。[116]

情況一點都沒有比史迪威在的時候好，他在一九四四年寫道：「他〔蔣〕不明白，廣大中國人民歡迎紅軍，視之為把他們從橫征暴斂、軍隊肆虐和戴笠的特務恐怖中解救出來的唯一可見希望。在蔣介石的領導下，他們現在開始明白眼前的會是什麼。貪婪、腐敗、徇私、更多的稅賦、破產的貨幣、可怕的人命的損失、對人權無情的蔑視。」[117]杜魯門密切關注著中國的情勢，在一次與一群美國出版商的非正式談話中說，中國的一切都「非常非常糟糕」。[118]

與此同時，一九四六年十月中旬，蔣介石夫妻造訪了一八九五年被日本吞併的前中國省分臺灣。日本在一九四五年八月十五日投降後，蔣介石即刻任命了時任福建省主席的陳儀將軍為臺灣省行政長官。一九四五年十月二十五日，美國將蔣介石的軍隊運送到臺灣後，陳儀當時才從日本地方總督接收到正式的投降。事實上，這就是蔣氏夫妻於一九四六年十月飛抵臺灣的原因：參加臺灣回歸祖國一週年的慶祝活動。這是他們第一次聯袂訪問這個葡萄牙人在十六世紀，命名為福爾摩沙的島嶼。他們住在省會臺北最美麗的地方——位於該市北郊的草山，附近有溫泉。蔣介石注意到，日本對臺灣的影響仍然很深刻，不過，他非常喜歡這個島：自然環境，特別是沒有共產主義組織。人數極少的臺灣共產黨自一九三一年起已經不復存在，此後，由於日本人的生活水準遠遠高於蔣治下的中國大陸，[119]所以共產主義思想在臺灣人（即出生在島上的中國人）或從大陸過來的中國人心中，都得不到任何回響。「臺灣尚未被共黨分子所滲透，可視為一片乾淨土，今後應積極加以建設，使之成為一模範省。」蔣介石在日記中寫道。[120]

蔣回到南京不久之後的十一月四日，中美兩國簽署了對蔣至關重要的《中美友好通商航海條約》。這是完全平等的條約：美國並沒有在中國獲得任何特權。但卻很快遭到了中國和蘇聯共產黨的嚴厲批評。中共在延安甚至降半旗三天，毛澤東宣布十一月四日為「國恥日」。然而，這些指控是毫無根據的，唯一可能用以責備蔣介石的，甚至只是理論上的指責，就是條約允許美國公民在中國建立工業企業，並投資中國的工業。此外，它把最惠國待遇擴大到美國。但這是任何國家都可以在中國得到的待遇，甚至當時正在推動「新民主主義」的毛澤東本人，也主張吸引外資進入中國經濟。然而，共產黨並不在乎他們的批評是否有正當性。他們利用該條約引燃了一場雷霆萬鈞的反美運動，目的在加速美國從中國撤軍。蔣介石也成為一個目標，被指控「把中國賣給美帝國主義」。[121]之後在十二月二十四日，北平的一名女學生聲稱她被一名美國士兵強暴。結果全國各地出現各種組織，「抗議美軍在中國的暴力」，並到處蒐集簽名，以改變中國對美政策。結果是到了一九四七年六月一日，杜魯門已幾乎從中國撤出了所有的軍隊。在蔣介石的要求下，只留了六千八百人，包括顧問團和警衛隊。[122]

同時，一九四六年十一月十五日，蔣在南京召開國民大會。原來是計畫在五月五日舉行，但未如期辦理。由於會議是按照國民黨腳本進行的，所以共產黨視之為非法而加以抵制。在此之前一直與馬歇爾合作的周恩來（這可能是重慶的美國人戲稱他為「櫻桃」的原因，他們給中共代表團其他成員起的綽號是「白楊」），刻意飛回延安，[123]表明共產黨甚至不會再與國民黨舉行正式會談。民主同盟的代表和一些主要的無黨派政治人物，也沒有參加國民大會。儘管如此，大會並不是同質性的。在一千三百五十五名代表中，有五〇%的人反對國民黨。[124]

十二月二十五日耶誕節，國民大會通過了《中華民國憲法》，並在一九四七年一月一日頒布。它是依據孫逸仙的遺訓，把權力劃分為立法、行政、司法、考試和監察等五個獨立的部門，並宣告中華民國是「基於三民主義，為民有民治民享之民主共和國」。[125]《憲法》中的一系列條款保障公民權利和自由，包括普遍平等地選舉國會和地方權力機關的議員（需年滿二十歲），還有被選舉進入這些權力機關（需年滿二十三歲）的權利。總統和副總統的任期為六年，並限於兩屆。總的來說，這是一份完全民主的檔案。用司徒雷登的話說，這部憲法「超出了他所有的期望」。[126]

但內戰依然未止，而馬歇爾也沒有理由留在中國。一九四七年一月三日，杜魯門指示國務卿伯恩斯將他召回華盛頓。在途中，杜魯門任命他為新的國務卿。臨行前，馬歇爾告訴蔣介石，他不相信委員長會贏得這場戰爭，他指出，共產黨可以發動一場消耗戰，在蔣的軍隊試圖守住城市時，切斷他們的供應和通訊線路。[127]

馬歇爾無權羞辱蔣介石，調停國共兩黨「統一和民主化中國」的談判失敗，不僅是蔣介石和毛澤東，美國人自己也負有責任。史達林根本耍了杜魯門，故意讓他扮演唯一的調解人角色，儘管美國和蔣介石都一再要求他也擔任調解人。[128]但是，美國決心要扮演彌賽亞角色，向全世界傳播民主價值，以致華盛頓必須為史達林火中取栗、甘冒風險。讓我們回顧一下，正是史達林本人在抗日戰爭期間，建議中國共產黨擺出一副中國主要民主倡議者的樣子，以與極權主義的國民黨形成鮮明對比。因此，美國之介入中國事務（赫爾利和馬歇爾的調解），只會強化中共的地位——正如蘇聯的正式不干涉，可以顯示蘇聯應該與中國的「人造奶油共產黨」沒有任何共同之處一樣。很難證明史達林實際上是在幫助武裝中共。任何調查都需要時間和精力，而這正是美國和蔣介石都沒有的。此外，史達林一直否認一切，聲稱他沒有介入中國內政。

從本質上講，馬歇爾強迫蔣介石要和中共在宣傳「民主」使倆上做競爭，其實就不經意地落入了史達林的股掌之間。從這個角度看，他的使命不僅沒有成功，而且實際上還帶來了災難。他不僅沒能讓中國避開內戰，而且還鞏固了毛澤東和史達林的地位。同時，我們也很難不同意梁思文的看法，他寫道，馬歇爾任務中有一個積極的核心：美國總統的代表能夠遏止美國和蘇聯在中國公開對抗的可能性，並盡可能地推遲一個全面性的內戰。[129]

不過話雖如此，馬歇爾的離去放開了蔣介石和毛澤東的手。中國無可挽回地陷入內戰的深淵，一個中國經歷過的最痛苦的戰爭之一。蔣介石在這場戰爭中面對的敵人比日本強大得多，這個敵人不僅依靠自己的軍隊，也得到無數廣大的中國人民以及世界上最強大的國家之一——蘇聯的支持，他們不只要把蔣變為傀儡並強迫他投降，而且還以徹底摧毀他的政權為目標。

因此，這場戰爭攸關生死。蔣介石傾其所有投入其中。

第六部

PART VI

勝利的決心

VICTORY WILL COME WITH DETERMINATION

第二十一章 慘敗

一九四六年下半年，中國經濟形勢急遽惡化。戰爭消耗了暴漲預算的七〇％到九〇％，而就像在第二次世界大戰期間一樣，蔣繼續堅持印製更多的紙鈔。從一九四五年九月到一九四七年二月，匯率下跌了三十倍。單單一九四七年一月，它的價值就損失了兩倍多，從一美元兌七千七百元跌至一萬八千元。一九四七年，月通貨膨脹率為二六％。一九四七年三月一日，不同意這一政策的宋子文遞出辭呈，蔣接替他擔任行政院院長。[1]此舉大膽但短視。蔣手握所有權力，反而讓自己暴露在那些飽受通貨膨脹和物價上漲之苦的人們的批評之下。蔣很快就意識到了這一點，在馬歇爾的建議下，他把這個職位讓給一位年輕時的朋友，也是他最信任的夥伴之一——張羣，張羣在國民黨高層中被視為一個自由派。[2]

危機繼續深化。一名目擊者報告說：「通貨膨脹鬧得人心惶惶……通貨膨脹嚴重到早上買三個雞蛋的錢，在下午就只能買一個。百姓推著一車車的錢上街。米價狂飆，太平時代無論如何也不會偷錢的人，被迫紛紛闖入米店搶米。」[3]一瓶以美元計價十美分的可口可樂，賣到一百萬元。[4]

蔣咬牙阻撓了所有對經濟（包括農業和稅賦）以及政治實施改革的建議。他說他會動手去做，但實際上什麼也沒做。早在一九四六年九月中旬，國民黨就宣布開始農地改革，包括降低稅率、擴大農業信貸，甚至土地再分配，但這個宣布從未付諸實踐。顯然，蔣介石並不想與堅持改革的美國發生衝突，但他認為當前改革時機尚未到來，要到戰後才能進行。

一如以往，他以高壓手段對付所有異議分子。其中最嚴重的發生在一九四七年二月至五月的臺北。那些譴責國民黨官員貪腐、經濟集權、失業、通貨膨脹和物價上漲的示威者，遭到政府部署的軍警鎮壓。該省行政長官陳儀，在認為必須維持臺灣和平與秩序的蔣介石全力支持下，訴諸於「武裝力量」。[5]從二月二十八日開始的衝突結果，導致數千人死於蔣氏夫妻曾如此喜愛的這個美麗島嶼上。據美國中情局估計，死亡人數從一萬人到二萬人不等，另有三千人流亡國外。[6]「淨土」被鮮血覆蓋，任何對大屠殺的公開談論，都被視為國家犯罪。

一九四七年二月下旬，蔣介石多次向軍事委員會成員發表講話，要求取得決定性勝利。他需要一個「大規模」的進攻。[7]但三月七日，杜魯門對他的內閣成員說：「蔣介石不會戰鬥到底。共產黨才會——他們是狂熱分子。在目前狀況下支援國民黨，將會是個無底洞。」國務卿馬歇爾完全贊成：「他〔蔣介石〕正在把大約四〇%的供應品輸給敵人〔因為他的軍隊戰鬥不力〕。如果占比達到五〇%，他將不得不決定供應自己的部隊是否明智。」然而，國防大臣和海軍部部長，以及指揮盟國占領區的日本無冕王麥克阿瑟將軍卻不同意。麥克阿瑟簡潔地表達了這群軍人的觀點：國民黨不是「最好的」，但卻是「站在我們這一邊的」。[8]

一九四七年三月十二日，蔣介石的空軍轟炸了共產黨的首都延安，以及附近共產黨領導人居住的窯洞。幾天後，曾建議蔣介石進行此項行動的胡宗南部隊，占領了這座城市。但這是蔣介石最後一次的成功。儘管連蔣的軍事委員會成員，都沒有被告知此一祕密的行動計畫，但毛已成功地做好準備，從該市撤出了他的主力部隊。胡宗南的祕書是中共的間諜，已在事先把進攻延安的計畫通知了毛澤東。[9]

一九四七年夏天，共軍開始進攻敵軍陣地。蔣驚慌起來。五月下旬，他在日記中寫道：「軍事、社會、經濟皆已危機暴露。」主要問題是「將領昏庸，軍紀蕩然，平時不加準備，臨戰驚慌失措」。[10]不過，他還沒有失去希望。「昨天我很傷心，」第二天他寫道，「但我分析了針對共匪的可能對策，我覺得它們可能有效，所以我好好地飽睡了七個多小時。目前，這是一個非常好的預兆。」（直譯）蔣介石非常期望全能上帝的協助。[11]但是在一九四七年六月，他對自己的將領和軍官們發表了一段怒氣沖沖的長篇大論：「我們高級將領的精神、習慣、學術和指揮道德、品格如再不改變，那不但北伐和抗戰的歷史將毀於一旦，我們剿匪軍事必然要整個的失敗。」[12]

在他的請求之下，最高法院檢察官下令逮捕毛澤東，之後所有共產黨員都被宣告為「中華民族的叛徒」。[13]但是戰爭已經到了一個轉捩點。一九四七年五月底，美國政府認識到共產黨不日就將擊敗蔣介石，於是在實施武器禁運十個月後，解除了這一規定。往後看，我們可以發現，到一九四九年底，美國不僅透過租借向蔣介石提供物資，而且還提供了大約二十億美元的信貸（比第二次世界大戰後西歐的任何國家都多）。此外，它還賣給中國價值十二億美元的武器。[14]然而，這一切都不會從根本上改變局勢。

一九四七年六月，美國大使司徒雷登告訴蘇聯大使彼得羅夫：「中國政府已經越來越衰弱。不論就軍事、經濟和心理方面都顯而易見。經濟危機不斷加深，財政困難導致對政府的不信任，而對政府不信任感的加劇，又反過來成為影響軍事事務最重要的心理因素。政府圈子裡瀰漫著越來越重的失敗主義情緒……蔣介石必須進行果斷而必要的改革。否則他就必須……出國或退休。」[15]與此同時，馬歇爾坦率地對美國商界精英代表說：「我現在想破了頭，也看不到〔如何處理中國〕問題的答案。」[16]

杜魯門也不知道該怎麼做。從一九四六年七月到一九四七年六月，蔣介石的軍隊已損失了七十八萬官兵，還要加上地方防衛部隊，總共損失了一百一十二萬人。[17]為了評估中國的政治、經濟、心理和軍事局勢，杜魯門於七月派遣深得蔣介石之心、但已在一九四六年五月返美的魏德邁將軍訪問中國。[18]

經過兩個月的視察之後，魏德邁在啟程前往華盛頓之前，覺得必須把實情告訴蔣介石，特別是因為蔣介石問他：「為了恢復和維持人民的信心，中央政府必須立即進行劇烈的、影響深遠的政治和經濟改革……應該承認，只靠軍事力量本身並不能剷除共產主義。」[19]魏德邁嚴厲批評了普遍存在的貪腐、倒楣的軍事指揮官和失去人民信任的高壓政府。[20]

與此同時，蔣介石的軍隊繼續在他認為是「最重要的工業基地」的滿洲遭受失敗。他情緒低沉，「失敗的報告就像雪花一樣飄來。」他寫道。[21]蔣介石覺得被魏德邁羞辱了，但他決定改善政治局勢。十一月二十一日至十一月二十三日，在他控制的地區舉行了國民大會（制憲會議）代表選舉，選出了二千九百六十一名代表。共產黨與民主派分子抵制選舉，但那是他們出於己意的行動。國民黨幾位左派領導人也沒有參加選舉，包括孫逸仙的遺孀宋慶齡、廖仲愷的遺孀何香凝、馮玉祥元帥和李濟深將軍。一九四七年十一月，這些人集結在香港參加所謂的「國民黨左派第一次聯合代表會議」，一九四八年一月一日，他們宣布成立新的政黨——中國國民黨革命委員會，「將致力於推翻蔣介石的獨裁政權」。[22]蔣的二姨子宋慶齡成為名譽主席。

不久之後，上海各界六十多名代表，透過美國駐華大使司徒雷登，向美國政府提出請願，要強迫蔣介石下臺。他們想以張羣來代替他。得到這個消息，蔣介石在日記中寫道：「一般智識分子與名流，大都均以洋人為神聖，國事皆以外國態度為轉移。民族自信心之喪失如此。」[23]與此同時，一九四八年二月七日，馮玉祥給蔣介石寫了一封公開信，直接呼籲他「下野，立刻離開中國，把所有的交還人民」，並在另一個國家尋求庇護，最好是在「阿根廷」。[24]

當然，異議分子的行動得到好處的是共產黨，蔣介石開除了他們的黨籍。[25]一九四八年三月二十九日，在南京長江路離子超樓不遠的國民大會堂，召開了第一屆國民大會，負責選出中華民國總統和副總統。

在大會召開的兩個月前，與蔣介石關係長期不睦的廣西將軍李宗仁，宣布有意競選副總統，同時表示支持無黨派的著名哲學家、外交家胡適教授競選總統。在內戰加劇的情況下，這可能是最好的選擇，連蔣都開始細細思量。他不希望李宗仁當選，甚至勸他退出競選。[26]他中意的副總統人選是孫逸仙之子孫科，但現在他準備同意提名胡適。也許，在他內心深處，他仍然想繼續擔任總統，但權衡了所有的利弊得失後，三月三十一日，他真的把這個職位給了胡教授。胡當下就接受了。但蔣反倒相當吃驚。就常識來說，在中國，接受別人的第一次提議，是不恰當的。四月一日，蔣介石接見行政院院長張羣，再次就胡適一事與他協商。原則上，儘管張指出胡教授的性格難處，但對於提名他並沒有異議。[27]

在四月四日星期日上午舉行的中央執行委員會和中央監察委員會第二次全體會議上，沒有人希望胡適擔任總統一職。第二天下午，中央執行委員會常務委員會委員根據全會指示，就此問題進行討論，多數委員投票支持國民黨總裁蔣介石擔任總統一職。在四月六日的會議上，中央執行委員會和中央監察委員會提名蔣為總統候選人。

四月十九日，國民黨員占絕大多數的國民大會，以壓倒性的多數，投票選出蔣介石為任期六年的總統。在二千六百九十九票中他獲得二千四百三十票，占九〇％，而他的正式對手、司法院院長居正，只獲得二百六十九票（或一〇％）。蔣在就任後承諾：「須全體國民了解民主的真諦，向真正的民主而學習。」[28]

不過，蔣介石的權威也並非無可置疑的。儘管他確確實實地讓大家知道，他希望看到孫科成為政府的第二號人物，但他甚至遭到國民黨代表的反對。李宗仁將軍以多數票取得這一重要職位。在二千七百六十一票中，他獲得一千四百三十八票，即五二・一％，而孫科獲得一千二百九十五票（四六・九％）。二十八票被視為無效。[29]

據一位目擊者說，當蔣得知李當選的消息後，「怒火中燒，把他收聽消息的音響設備踢翻，幾個小時都平緩不下來」。[30]很明顯，他是因為國代們無視他的願望而生氣。但他們之所以投給李將軍，最主要是因為李賄賂了他們當中的許多人——一票一億元或更高，[31]還因為與蔣本人不同，李將軍被視為民主改革的支持者。至少，他自己一直這樣說：「中國國內嚴重的政治經濟危機，是因為國民黨體制的政治行政衰敗而造成的。這一體制被不關心人民利益的高層官僚所把持。因此，解決中國國內問題，必須從引入全面改革開始，目的是改善政府體制，剷除貪汙腐敗、恣意妄為、賄賂和種種其他社會疾病。」[32]

在蔣當選總統的前一天，根據四月五日國民黨中常會通過的一項決議，國民大會代表在憲法中增列《動員戡亂時期臨時條款》。這些條款讓總統有權宣布戒嚴、無限制地延長其任期，以及採取其他緊急措施以維護國家安全。[33]

與此同時，人們差不多就是眼睜睜看著國軍部隊一敗塗地。迄至一九四八年二月初，員額損失已達一百九十七萬七千人，新的增援抵不過損失。蔣介石的部隊人數縮減至三百六十五萬（根據何應欽指出的數字，是四百萬），同時毛澤東的兵力增加到二百八十萬（根據何應欽的是二百二十萬）。[34]到三月中旬，滿洲的國軍只控制了瀋陽、長春和該地區南部的一些地方。[35]一九四八年四月二十一日，共產黨又奪回了延安。

蔣急怒攻心大肆咆哮。大多數軍官「不用腦筋，不肯研究」，他咒罵著：「……我們大多數軍人的腦袋真是在睡覺了。」「正因為我們中國一切落後，人才貧乏，所以你們才能以淺薄的才幹，擔負如此重大的責任。」他對著自己的將領們大喊。[36]但他們無力讓事情變好。士兵們的士氣繼續急遽下降。到處都是盜竊和腐敗。地區主義和軍閥觀念仍然強勢殘存著。用他自己的話說，他對他腐敗的軍隊或貪官汙吏們已無能為力了。「如果我做……改變，」他對一個美國朋友說，「政府會垮臺，共產黨就會接手。」[37]

即使是一九四八年五月二十日的就職典禮，蔣也驅不散他腦中的黑暗思想。那天晚上，他在日記中寫道：

今日為余就總統職之日，心緒愁鬱，精神沉悶，似乎到處都是黑暗，悲傷淒慘未有如今日之甚。每念國家前途，人民苦痛，以及革命責任，惶惑不能自解。當選以來，無時不作辭退之想。而今日就職，則更切辭職之念矣。……黨員之跋扈梟張，只顧爭權奪利，而不能存有革命歷史與民族利益之存在也。黨紀掃地，黨性蕩然，如何能維持現局，戰勝共匪。無奈只有決心辭職下野之一途而已。[38]

和以前一樣，他和他最親密的戰友們試著盡力把美國帶進衝突中，強調「中國的戰鬥是反俄羅斯極權主義的更大計畫的一部分」，「中國正在扮演第三次世界大戰的先遣角色」，[39]但並沒有得到任何回應。杜魯門依然不改他的政策。

史達林出於對杜魯門的不信任，也怕他可能不日就會介入中國的衝突，並以核子武器對付共產黨，一九四八年六月，史達林下令開始圍堵西柏林，以轉移美國對中國的注意力。杜魯門陷入了這個詭計，他的注意力確實一度轉移到了柏林。[40]

政府無力刺激經濟發展也變得非常明顯。一九四八年春，政府被迫在所有大城市實行糧食配給卡，為了增加糧食儲備，開始以低價強制收購穀物。[41]後一種措施疏離了富農——亦即國民黨的天然盟友。到一九四八年八月，大米價格比五月分上漲了十倍。[42]為了導正這種狀況，蔣介石將金圓券導入貨幣流通市場——其兌換率是金圓券一元對三百萬元舊法幣（美金一元等於金圓券四元）。但這也無濟於事。新的金圓券很快像舊法幣一樣貶值。[43]一九四八年十月中旬，一名目擊者在他的日記中寫道：「儘管財政部部長王雲五自欺欺人的說……金圓券發行取得了輝煌的成功，但目前新貨幣的崩潰是無庸置疑的。幾週前，我們認為是天價的東西，和今天一比，就似乎價格合理。自九月中旬以來，大多數日用品的價格已經上漲了三倍、四倍，甚至五倍，而且大部分上漲都發生在過去十天裡。儘管如此，政府仍堅持其虛假的一美元對金圓券四元的匯率。」[44]另一位目擊者在十一月寫道：「三個月前才剛充滿希望推出的新貨幣，現在比舊幣貶值的速度還要快。」[45]

城市裡擠滿了難民，尤以首都的狀況最糟。一位住在南京的美國婦女證稱：「此處情況非常惡劣。麵粉、大米、糖和柴火都短缺……商店關閉。難民從北方湧入。人們正在挨餓。」[46]到處的企業都走向破產，失業率快速上升，各地都發生工人反政府罷工和學生示威。總的說來，蔣介石在前線和後方都輸了。他的國內政策引起了廣大民眾的不滿。另一位美國籍長老會傳教士指稱：「全中國有相當一部分的人，對目前的政府沒有信心或是缺乏忠誠，許多人認為共產黨可以做得更好，而即使對共產黨完全不抱希望的人，同樣對國民黨欠缺熱情，認為任何改變都可能有機會讓事情變得比較好。」[47]與此同時，《美聯社》報導說，「沒有定期領到薪餉的國軍」經常打劫「食品店」。[48]

蔣介石試圖保住面子。他透過廣播向全國發表講話，呼籲「以勤勉求生存之增進，以儉約節物資之浪費，勿囤積以激起物價之飛騰，導企業於正常之軌轍，制利潤於合理之限度，使國家經濟、社會政策，得以徹底實施，則經濟危機必能克服，而戡亂建國亦於此奠其基礎。」[49]

他還接受了官方英文《北平紀事報》的採訪，指稱「媒體關於近期物價上漲和大肆搶購的報導，都被『嚴重的誇大了』」。他指責「一般民眾，特別是知識分子，都讓自己被共產黨的宣傳給『迷惑』了」，並敦促「採取合作立場，協助政府取得目標和行動的一致性」。[50]一九四八年十一月初，他在日記中寫道：「最近軍事、經濟形勢險惡已極，而社會與智識分子尤其是左派教授及報章之論評，詆毀誣衊，無所不至，甚至黨報社論亦攻訐我父子無所顧忌。……人心動搖，怨恨未有如今日之甚者。此自卅二年共匪一貫造謠中傷，以陰謀毀滅余個人威信。……此一毒素比任何武力為凶也。」[51]在這個艱難時刻，對蔣來說唯一的一絲好消息，就是又有一個孫子出生。孩子被命名為孝勇。在他的洗禮上，他得到了Edward一名（他們在家叫他Eddie）。方良是在一九四八年十月二十七日生下這個孩子的。「這是痛苦中的安慰」，蔣介石在第二天的日記中寫道。[52]

他指示他的長子至少為屬於經濟重鎮的上海地區建立秩序。經國以其特有的充沛精力，投入工作，展開了所謂「打老虎」行動，以求剷除貪腐與投機行為。他變成了實際上的「上海經濟沙皇」，[53]並在兩週內逮捕了三千多人。但出人意料的是，他發現主要投機者之一是他的表兄，美齡的外甥孔令侃。沒經過深思熟慮，經國就軟禁了他，但美齡立即就介入了。蔣本人也沒有袖手旁觀。他特別不高興的是，孔令侃被捕引起了包括國民黨和反對派媒體的注意。孔令侃一事給蔣本人蒙上了一層陰影，他不能容許事情這樣做。在父親的壓力下，經國被迫釋放了表弟。作為回報，孔令侃將六百萬美元上繳國庫，並永遠離開中國。他移居到美國，這是在一年前的一九四七年八月，他父母已定居的國家（孔祥熙正式以蔣介石的私人代表身分抵達該處）。[54]

結果另一個投機分子是杜維屏——蔣的老朋友上海黑幫教父杜月笙（杜大耳）的兒子。但在這一件事情上，蔣介石支持他的兒子。他在日記中寫道：「經兒將滬上最大紗商榮鴻元與杜月笙之子拿辦，移交法庭，可謂雷厲風行，竭其全力以赴之。」[55]「杜大耳」不得不公開為兒子的過錯道歉。他宣稱，「是我的管教不好」。[56]杜維屏被判入獄數月，但一九四八年十一月初，經國辭職了。[57]

與此同時，在一九四八年九月至一九四九年一月的三個月期間，共產黨軍隊發動了三次最大規模的戰略行動。其一在滿洲（遼瀋戰役），另一在華東（淮海戰役），其三在北平和天津附近（平津戰役）。結果，蔣介石損失了一百五十萬名官兵，幾個大城市被占領。[58]

一九四八年十一月下旬，美齡再次啟程前往美國，試圖施展她的魅力，說服杜魯門政府向中國提供緊急援助。蔣介石的確曾經希望他認為並非真正盟友的杜魯門，在一九四八年的選舉中落敗。但杜魯門贏了，第二天（十一月三日），蔣介石在日記中寫下幾則苦澀的句子：「杜威[59]落選以後，我國外交形勢更為惡劣，人心動搖，社會不安，更將有激烈之變化。」[60]但他和他的妻子別無選擇，只能繼續與杜魯門打交道。這就是為什麼杜魯門才連任沒幾天，蔣介石就給他發訊息，懇求他的幫忙。「華中共軍現已迫近京滬，」他寫道，「倘吾人不能遏止此狂瀾，民主國家或將喪失中國。」他試圖把他的失敗歸因於「蘇聯不履行中蘇友好同盟條約」，並警告說：「現在局勢之應付，需閣下之充分同情與迅速決定。」[61]然而，無論是他的信函還是美齡的魅力，都無濟於事。

一九四八年十二月十日，蔣介石行使他宣布戒嚴令的權力，宣布除西部省分（新疆、西藏、西康、青海）和臺灣以外的全國核心地區，實施戒嚴。但這也沒有什麼用。他必須有另外的舉措。

從五月分開始，引退的想法第一次進入他的腦海以來，蔣就一直沒有停止過這個念頭。他認為上帝親自在勸告他這樣做。與此同時，許多國民黨領導人也動搖起來，對勝利的可能性失去信心，並開始要求蔣重啟與中共的和平談判。副總統李宗仁是這群人的領袖，行政院的成員也支持他。[62]六月十七日，以李宗仁、白崇禧為首的桂系將領們，向蔣提出下野的要求。[63]十一月十九日，蔣介石又從參謀總長薛岳將軍那裡得到消息，有二百多名黨政高級官員簽署了一份請願書，要求他引退。雖然蔣本人已經堅定地決定要下野，但這個消息依然讓他「心灰意冷」。[64]

十二月十六日，美國政府表示希望蔣介石能自行下臺，[65]讓他非常生氣。兩天後，在總結過去一週的事件時，他憤怒地在日記中寫道：

> 美國大使館幾乎為反華倒蔣之大本營，顯受其政府之意圖。……兩年以來，美國政府馬歇爾一貫倒蔣之政策，至此更暴露無餘，而其對我國侮辱亦至極點。彼小子以為在此慘敗末途，一經其壓迫，余必不能忍受而下野。此等狂妄之徒，對余之人格性情以及中國歷史文化毫不研究，一味以經濟與物質之力可以被其屈服也。殊不知余因此而反堅定我意志與信心。[66]

不可能再拖延下臺了，但蔣介石實在無意把實權交給任何人。在任命副總統李宗仁為「代理總統」後，他決定只在形式上退出國家事務。鑒於李是與共產黨和平談判的倡議者，蔣決定給他機會去全力處理。而蔣根本不想與共產黨達成任何和平，也不希望透過與敵人談判來弄髒自己的手，但他需要一段時間來重新集結他的勢力。與他的導師孫逸仙之子孫科一起，他自己也制定了一套與共產黨談判的計畫，但必須由蔣和孫二人都不喜歡的李宗仁，來完美扮演談判者這個令人不愉快的角色。[67]同時，為了限制李的權力，十二月二十三日，蔣特別改組政府，任命在一九四八年四月副總統選舉中敗給李宗仁的孫科為行政院院長。[68]

一九四九年一月三日晚上，蔣介石出人意料地到李宗仁家拜訪，花了半個小時談論關於他引退的事。[69]就在那時，他提議李接手他的職位，但李宗仁沒有立即同意。他首先想要確定自己能得到美國以及國民黨精英的支持，這樣他才能不必受到蔣介石的干預。[70]美國代表「欣喜地看到蔣下野」，承諾提供大量援助。[71]

然而，毛澤東並不想談判。他只準備討論國軍部隊的投降。一月十四日，他宣布了他的八項和平條件，並且不留談判的餘地：他要求廢除國民黨政權，將國家權力移交給「民主聯合政府」——亦即共產黨。[72]同一天晚上，蔣介石在日記中寫道，他的兒子蔣經國來告訴他毛澤東的和談八條件，他痛斥毛澤東「其實毫無悔悟，暴力叛亂到底，應即宣布其所提條件，使軍民有所判別，戰爭責任所在也」。[73]

在這種時空環境下，一九四九年一月十六日，蔣介石拜謁了中山陵，在他的導師墓前行三鞠躬禮，像在祈求他的祝福，晚上他作東正式宴請黨政領導人。五天後的一月二十一日，在中常會上，他宣布引退。這讓很多人震驚，許多出席者都哭泣起來。下午四點他飛往杭州。[74]當晚他在日記中寫道：「只覺心安理得，感謝上帝恩德，能使余得有如此順利引退，實為至幸。」第二天，他飛回家鄉溪口鎮，在那裡他立刻造訪母親的墳墓，向她的遺骨行禮。[75]

成為代理總統的李宗仁將軍，立即下令中止戒嚴令，並與共產黨進行談判，但一無所成。一九四九年一月三十一日，在原來防守北平、但背叛了蔣的傅作義將軍同意下，共軍部隊未發一槍一彈就進入這座城市。共產黨隨後公布了一份四十五名「戰犯」的名單，要求締結休戰之前，立即加以逮捕和懲處。四十五人中，有蔣介石、美齡、經國和宋子文。李將軍盡其全力與共產黨達成協定，甚至簽字下令，釋放在羈押中的老朋友張學良。但這時，張已被移送臺灣，雖已下野但仍然大權在握的蔣，則完全不理會這個命令。三月初，李宗仁派代表到溪口拜訪蔣介石，想說服他出國，但他拒絕了。就在這時，蔣發出一道密令，將中國的黃金儲備轉移到臺灣。他指派他的兒子經國負責這次行動。（據各種不同資料來源，從上海運出了超過一百一十二·三八噸黃金和大量的白銀。）與此同時，超過一千五百二十七萬美元被匯到美國的銀行。[76]四月二十日，李宗仁被迫拒絕了共產黨的要求。[77]

然後共產黨進犯南京。一位目擊者寫道：「國民黨副總統李宗仁與共產黨之間的和平談判，在週三（四月二十日）突然破裂。那天晚上，中共隔著長江對南京轟炸。四月二十二日，撤退開始：飛機整天盤旋上空，送出黨政大員和其他有錢買票並想離開的人……這裡大家真的恐懼暴亂和搶劫。」[78]第二天共產黨占領了這座城市。

李宗仁逃回自己的老家——桂林（廣西省）。此前，二月五日，國民黨政府已遷往廣州。更早的一月二十四日，宋子文已經前往香港。他將在五月從那裡航行到巴黎，六月初，像孔祥熙和他的妻子一樣，他將到美國定居。一九四九年六月十日，上海商會要求國民政府將宋子文和孔祥熙送回中國，以腐敗、對股市的操弄以及壟斷所謂的「正常貿易管道」等罪名，交付法院審理，但沒有人注意這些要求。[79]一九四九年三月，孫逸仙的兒子孫科也離開了蔣介石。他和妻子前往香港，一九五一年，像之前的宋子文一樣，先搬到法國，然後移居美國。[80]

一切都分崩離析。即使是住在中國的外國人，「雖然程度小得多，但也和中國人一起……越來越苦於國民黨政權多數高層人物的劣政」。[81]在這種情況下，蔣介石決定再次將權力掌握在自己手中。四月二十五日，他最後一次造訪他敬愛的母親的墓地。他佇立良久，垂首輕聲道別，然後轉身永遠離開了溪口。同一天，他前往寧波市南部的港口城市寧海。一艘軍艦在那裡等著他，在經國的陪同下，他啟航前往上海擔起防禦之責。[82]但是，在劉伯承、鄧小平和陳毅的指揮下，中國共產黨的第二和第三野戰軍，以一週的時間，殲滅了國軍防守城市的二十萬人。全國最大都市的上海，在五月二十七日淪陷。

上海淪陷時蔣介石並不在場。五月初，他離開圍城，航向臺灣海峽中的澎湖群島，並在五月底從那裡駛往臺灣。意識到大陸的戰事即將結束，他決定弄清楚是否有可能牢守在島上。他在日記中寫道，他「甚想專心建設臺灣為三民主義實現之省區也」。[83]五個月前的一九四八年十二月底，他任命忠於他的陳誠將軍為新的臺灣省政府主席。一九四九年初，陳展開農地改革，將租金從五〇%至七五%降到三七．五%，讓農民得以擺脫債務。一九四九年五月，他宣布在島上實行戒嚴，以遏止共產黨的顛覆活動。同樣在五月，蔣介石收到老朋友魏德邁將軍的來信，建議他在臺灣建立「一個〔進一步〕運作的基礎和最有效率的政府，致力於促進島民的福利」。[84]

六月，蔣介石抵達廣州，並在當地組織一個以自己為主席的十一人最高決策委員會（李宗仁為副主席）。這個委員會事實上取代了政府。閻錫山將軍正式成為行政院院長，也是最高決策委員之一。隨後，蔣介石再次前往臺灣，並在七月十日訪問菲律賓，與菲律賓總統達成協定，共同對抗共產主義的威脅。他得到了支持，至少是在口頭上的。幾天後，他回到廣州，並在七月十六日報告了他在菲律賓的成功談判。同一天，在國民黨中常會與政治委員會聯席會議上，成立了新的權力機關——中央非常委員會，仍然以蔣介石及李宗仁為正副主席。[85]

但是，無論是蔣還是李，以及兩個委員會的其他成員，都不能再有任何作為了。沒有人，也沒有任何事，能救得了國民黨。中共大軍蜂擁朝南而下。蔣介石再也無力改變任何事情，他以一封致國民黨黨員的公開信發洩怒氣，聲稱當前可恥的失敗，是一九〇五年建黨以來黨內「派系傾軋的惡習」的結果。[86]

七月二十一日，蔣又飛到臺北。八月一日在草山建立他的總裁辦公室。[87]一週後，他再啟程出國，這一次是去韓國，與韓國總統討論聯合對抗共產黨的議題。在那裡，他得到無條件支持的保證。[88]之後，在臺灣光復四週年演說中，蔣宣布臺灣已然「成為我們中華民族反共抗俄的基地」。[89]

大陸局勢一天比一天惡化。八月二十三日，蔣介石抵達廣州，召開緊急軍事會議，兩天後飛往四川，造訪重慶和成都，九月中旬再次飛抵廣州指揮防務。至此，截至九月初，國民政府又像二戰期間一樣遷往重慶。蔣介石則從廣州到福建省廈門，直至九月下旬才從那裡飛往臺北。[90]

與此同時，十月一日在北京天安門廣場，毛澤東宣布成立中華人民共和國中央人民政府。第二天，蘇聯加以承認，並與蔣介石斷絕外交關係。[91]一些西方記者認為，蔣介石會立即向蘇聯宣戰，但當然並沒有發生。蔣介石只是聲稱「第三次世界大戰已經開始了」。[92]

十月十四日，廣州失守。十一月十四日，蔣介石從臺北飛抵重慶，但在月底逃往成都，這是中國大陸反共的最後堡壘。十二月五日，他接受媒體記者的採訪，聲稱「中國領土上的鬥爭將不惜任何犧牲與代價繼續下去」，但僅僅兩天後，中國國民政府就從成都遷往臺北。[93]當然，不是每個人都跟著走。李宗仁以治療胃炎為藉口，離開廣西前往美國。[94]他「接受治療」十五年，一九六五年，在文化大革命前夕，他得到毛澤東的赦免並返回中國。一九六九年一月三十日在北京死於肺炎。

十二月十日下午二點，委員長和他的長子經國（美齡還在美國），是登上成都的一架飛機的最後一批人，飛機立刻開始滑下跑道。飛機的編號——二一九——和其側面油漆的兩個字——美齡（蔣以妻子之名命名這架飛機）——在陽光的照射下閃閃發光。透過窗子看著飛逝的機場建築物，然後是田野和稻田，不久蔣就看到整個成都城迅速從他身後消逝。飛機朝東而去，蔣看到了砲火烈焰。下面，一場戰鬥正在激烈進行，但其結果已可想而知。當天一早共產黨發動的對四川省省會的攻勢是雷霆萬鈞的。成都是國民黨在中國大陸最後倖存的大本營，它將不可避免地陷落。中國大陸之戰輸了，但蔣介石不願去想。他的意志仍然堅定不移。他正要飛向臺灣島，繼續與共產黨鬥爭，牢牢地記著孫逸仙的話：「革命尚未成功，同志仍須努力。」[95]

第二十二章
禁錮在臺灣

讓葡萄牙人極為驚豔的臺灣島（福爾摩沙），位於中國東南海岸線以外一百一十二英里處。從北到南綿延二百四十五英里，但東西幅員則相對狹窄，最寬之處只有九十英里。在地圖看起來像漂浮海洋中的一個大木瓜。全島面積大約一萬四千平方英里，但只有三分之一適合耕作（基本農作物是稻米、甘蔗、鳳梨和茶）。其餘三分之二是終年常青樹木——椰子樹、竹子、檜木、杉樹和樟樹——覆蓋的丘陵和山脈。紅樹林沿著海岸綿延。屬於熱帶的氣候非常潮濕，六月至八月是雨季，小雨淅瀝不斷，不時變成傾盆大雨。但這帶來了一點涼意，因為夏天非常炎熱——攝氏三十至三十五度。其他的時間氣候溫暖，大約二十四度，相當乾爽。總的來說，臺灣是一個典型的熱帶島嶼，一個天堂。

一直到十六世紀中葉，島上幾乎沒有中國人。長相和來自中國的鄰居完全不同的南島語族原住民，是島上的主人。[1]但隨後移民開始從中國大陸來到，特別是在滿清王朝時代，清政府並且在一六八三年將臺灣併入中華帝國。在此之前，荷蘭人於十六世紀在西南海岸建立堡壘，之後北部有西班牙人。十七世紀中葉，當幾乎全中國都在滿清政府統治下時，痛恨清廷和歐洲人的中國海軍大將鄭成功（一六二四—一六六二），打敗了荷蘭殖民者，並在荷蘭殖民地的原址，建立了一個中國人的東寧王朝。但只延續了二十二年，在清廷的攻擊下覆滅。

很長一段時間，臺灣一直被當作福建省的一部分來治理，但在一八八七年，清廷將其劃出為一個獨立的省分。一八九五年，因為日本在一八九四至一八九五年的戰爭中打敗清廷，所以臺灣落入了日本手中。臺灣淪為日本帝國主義的殖民地，這樣的狀態一直維持到中國在第二次世界大戰中獲勝為止。

殖民統治在島民的生活方式及社會經濟狀況上，留下深刻的印記。而二戰之前，在稍高於五百萬的島上住民中，有四百七十多萬是土生土長的臺灣人——即出生在臺灣的漢人，日本人約有二十五萬多，加上在二十世紀來到的漢人——約四萬五千人，還有早前因漢人強占良田沃野而被迫移居到山地的十五萬原住民。[2]日本不僅剝削他們的臣民，並且也加以文明化。他們建立社會秩序，穩定貨幣，繪製地籍圖——全面的土地測量，並投資於基礎設施和水電設備、機械化農業，發展教育制度（一九三七年，五十多萬臺灣兒童入學，四千多名青年男女接受高等教育），組織農會和信用合作社，甚至為地方和農村的行政管理，導入一套選舉制度（到一九三九年，超過二十八萬六千名二十五歲及以上的臺灣男子，獲得選舉權）。

總而言之，在第二次世界大戰之前，臺灣算是相當繁榮。人均所得穩步成長。一九二六年至一九三〇年間，國民生產總額年均增加八%以上，一九三一到一九三五年，儘管世界經濟危機，還是增長了五．二一%。[3]一九三〇年訪問過臺灣的美國記者史諾（Edgar Snow）回憶道：「當然，這是一個殖民地，但政府似乎不存在貪汙，人們只要守法，似乎就能保障他們的家園和財產。地面乾淨並且一片繁榮，乞丐稀少，包括衛生和健康在內的公共服務良好，有許多學校，福爾摩沙的生活水準和識字率，比中國任何省分都要高。」[4]

到一九四九年年中，蔣介石的軍隊開始潰逃臺灣——一九四九年五月底共產黨橫渡長江後，第一批難民流向臺灣的時候，島上的人口已經增加到六百五十萬。與以往一樣，大多數是土生土長的臺灣人，他們的祖先在十六至十九世紀從大陸（基本上來自福建和廣東省）移民過來。二十世紀從大陸過來的新移民，或者，如臺灣人所說的唐山人，已經超過六萬。臺灣從前的主人——原住民——大約有二十萬。[5]

隨著蔣介石的軍隊和一般難民的到來，島上的人口增加了一百五十多萬。其中六十多萬是「國家精英」——教授、工程師、技術人員和專業管理者。用美國專家傑克比（Neil H. Jacoby）的話說，他們帶來「一個相對較小國家空前絕後的人才增加」，[6]並且為臺灣的快速發展奠定了基礎。

十二月十日晚上八點三十分，蔣介石本人和長子從成都坐了六個半小時的飛機抵達臺北。一輛汽車在停機坪上等著他們。四周是不尋常的安靜。臺北和成都前線的不同，就如「天差地別」。蔣愉快地呼吸著純淨的空氣，坐到車上，出發前往附近的草山。在臺北以北大約十英里處，一處被常綠樹木覆蓋的山坡上，是他曾經住過好幾次的房子。蔣介石稱它為草廬。那天他在午夜時分才上床睡覺。[7]

他喜歡這棟房子，它是多年前為了日本天皇裕仁當太子時訪問臺灣而建造的。從窗戶看出去，鄰近是一片山丘和田野的絕佳景觀。但第二年，他將在春天搬到草山支脈的另一座寬綽房子，位於士林北區一個大型公園建築群，地址是臺北市福林路六〇號。不過，他還是不時會繼續來到草山呼吸山上空氣。一九五〇年三月，他有了一個想法，要把他喜歡的草山改名為陽明山，以紀念他最敬愛的哲學家王陽明。三月三十一日，省政府通過改名決議，一個月後生效。[8]

由於對陽明山的熱愛，臺北一家報紙稱他為「草山一蓑翁」，甚至為「落草為寇」。此報代表臺灣本土民眾的心聲，他們在一九四七年二月二十八日流血事件後，對來自唐山的人不存好感。蔣介石被激怒，下令報紙停刊，逮捕文章的作者。[9]蔣逝世多年後，二〇〇七年初，草山行館轉型為藝文展演空間開放給市民，但在不久之後的四月，被燒成灰燼。現在原址只有一個展示廳，裡面有蔣介石的照片，另有一家餐館。[10]

不過這一切都是後事了。此際，在草廬休息一天後，十二月十二日，蔣介石接見了國防部反情報部門[11]軍統局局長毛人鳳，討論在中共占領區，組織全國性游擊運動的計畫。十二月十三日，他規劃了一項即時任務：「一、中央政府之縮編與改組；二、中央黨部之改組；三、臺灣省府之改組與人選；四、中央與省府制度及人士之配合；五、決先派國楨代理臺省主以試美國援華之態度如何。」[12]當時對蔣來說最重要的是第五項任務。如果沒有美國的援助，他的政權在不久的將來一定會垮臺。即使是最樂觀的親蔣評論員，也預測此事會在一九五〇年底發生。[13]正因為如此，蔣介石會任命擁有政治學博士學位的吳國楨為臺灣省主席。人們所知的吳是一個外交官和政治領袖，前重慶市市長，一九四三至一九四五年任外交部副部長、一九四五至一九四九年任上海市市長。由於在美國接受教育（一九二六年在普林斯頓大學接受論文考試），和美國人相處自在，比任何人都可能對蔣介石更有用。[14]十二月十五日，陳誠辭去省主席職務，由吳接下他的位子。[15]

蔣在耶誕節那天和經國及家人，前往位於臺灣正中心群山之間風景如畫的日月潭。日月潭之名源於它的形狀——湖的東半部像太陽一樣圓圓的，而西半部像一輪新月長長扁扁的。蔣、他的兒子、媳婦和孫子住進位於湖北岸一個小半島上、名為涵碧樓的舒適私人住宅。（目前那裡有一家飯店。）蔣在日記中寫道：「潭水漣漪，環山幽翠，塵襟盡滌。」[16]他們整天坐小船徜徉於湖上，在湖中央的拉魯小島上漫步，晚上聚集在假日餐桌旁的耶誕樹下。在讚美上帝和用餐之後，一起看了一部電影。

這種田園詩般的休憩延續到第二天。蔣起身，感謝全能上帝十三年前讓他逃離西安，然後去送給兒子、兒媳和孫子們耶誕禮物。之後大家又再去散步，蔣甚至還釣到了一條魚，這是他一生所罕有的。他很幸運——釣了一條中國人稱為「曲腰魚」（看起來像一條長長的鯉魚）的大魚。這魚被用來做晚餐，蔣非常喜歡這道菜，所以聽到這件事後，臺灣人人開始稱之為「總統魚」。家人和僕人都非常高興，他們一致說能釣到這條魚是一個好兆頭，表示接下來會是快樂的一年。[17]

但蔣介石明白，即使是這麼大的魚也滿足不了他所有的欲望。他想要的太多了。「過去一年間，黨務、政治、經濟、軍事、外交、教育，已徹底失敗而絕望矣。」當天他在日記中寫道。[18]

然而，他並不全對。這條魚至少滿足了他的一個願望：蔣介石非常希望他的妻子美齡能盡快從美國回來，一九五〇年一月十三日，他可以再次擁抱她了。儘管許多人，包括她的姊姊靄齡，甚至羅斯福的遺孀愛蓮娜（Eleanor），都試圖勸阻美齡不要去臺灣，但她還是決定分擔她丈夫的命運。照她自己的話說，黎明時分，她突然聽到一個聲音：「一切都沒問題」，在此之後，她就不再猶豫了。她立刻趕到姊姊的臥室（美齡住在孔家），並宣布上帝命令她「回家」。[19]

蔣高興極了，美齡一下飛機，就立刻帶她去離機場約三十分鐘路程的大溪鎮附近的鄉間住所。[20]他喜歡這個地方，這裡的自然美景讓他想起了家鄉溪口。一路上，他緊緊地握住她的手，聽她傾訴她的美國使命。不幸的是，一個失敗的任務。

對蔣失望透頂的杜魯門總統，現在認為他的政權「大概是有史以來最腐敗的政府」，因此不想再幫忙他了。[21]「讓塵埃落定」，他下定決心，並開始研究與共產中國和解的可能性。[22]正當此時，南斯拉夫共產黨領導人狄托（Josip Broz Tito）和史達林之間發生了衝突，因此，杜魯門及其國務院都希望史達林和毛澤東在不久的將來也能有類似的分裂。狄托主義的幽靈開始在美國政治家的心中產生作用，他們中的許多人又讓「民主毛澤東」的寓言復活起來。為了建立與中共領導人的關係，並且讓新中國狄托化，他們隨時準備犧牲臺灣。

一九四九年十二月三十日，杜魯門批准了國家安全會議第四八／二號決議，其中強調「美國應繼續奉行其政策，避免提供中國內部任何非共產主義分子以軍事和政治支援」，但「應該透過適當的政治、心理和經濟手段，利用中國共產黨和蘇聯之間，以及史達林主義者和中國其他分子之間的任何分歧」。[23]

一九五〇年一月五日，杜魯門總統在白宮對記者發表談話，公開「福爾摩沙聲明」（Statement on Formosa），強調「美國政府不會走向導致介入中國內戰的道路。同樣，美國政府也不會給福爾摩沙的中國部隊提供軍事援助或建議」。[24]一月十二日和十六日，國務卿艾奇遜也重述了同樣的事情。[25]蔣深感震驚。[26]

與此同時，華盛頓正在仔細考慮是否發布一個宣言，宣告福爾摩沙是獨立的，不屬於共產黨也不屬於國民黨。有很多種想法在進行著。美國特工與移居香港的中國自由派人士做了接觸，還聯繫到蔣介石軍隊中的親美軍官，首先是臺灣國軍司令孫立人將軍，同時也與以東京為基地的臺灣民族主義者舉行會談。[27]在這方面，杜魯門甚至還會見了宋子文，如前述，宋已經逃往美國。從一九四九年夏天開始，宋一直住在曼哈頓公園大道一一三三號，離中央公園和大都會博物館不遠。根據各種消息來源，如果他決定領導臺灣政權，杜魯門明確地表示會向他提供援助：「如果你同意，我們會讓你掌權。」據說宋子文受到誘惑，甚至為新政府的組成，列出一份包括五十個人的名單。但當時在紐約的他的妹妹美齡，以及孔家的成員發現了。他們都對他的背叛感到憤怒，孔令侃甚至說他會殺死這個惡棍，但美齡攔住了他：「畢竟，他是你的舅舅。」[28]

以上是否屬實無法確定，但是此時美國人自己正在籌謀各種計畫，試圖拿取蔣的性命是錯不了的。[29]但以上全未付諸行動。無論如何，一九五〇年二月底，美國的立場開始改變，因為二月十四日毛澤東和史達林在莫斯科，簽署了一項為期三十年的友好同盟互助條約。[30]因此，期待毛澤東走狄托主義路線的希望破滅了。

與此同時，蔣和美齡在長時間分別後，對彼此的陪伴感到愉快。現在他們又一起祈禱了。蔣精神十分振奮，於是著手寫一文，題目為〈中國存亡與東方民族之自由獨立之成敗問題〉。[31]不過他沒有完成，所以也從未付梓。

同時，蔣介石也鞏固了他在臺灣的正式地位。一九五〇年二月，儘管一些國民黨領導人堅持要求代理總統李宗仁返回祖國，但李決定以「健康理由」，繼續留在美國。之後在三月一日，應最高黨政機關成員的要求，蔣介石復行視事擔任總統。第二天，在兩千多名官員參加的招待會上，他宣布了他的計畫要旨：「在軍事上：鞏固臺灣基地，進圖光復大陸。在國際上：自力更生，聯合民主國家共同反共。在經濟上：提倡節約，獎勵生產，推行民生主義。在政治上：尊重民意，厲行法治。」[32]「共匪為蘇俄之工具，使國家淪為附庸，」他補充說，「此誠為我中華民族五千年來未有之浩劫。」[33]

兩天後，蔣與美齡在總統府大樓前的廣場，接受了十萬名市民的歡呼，表達他們對蔣重返總統職位的欣喜之情。[34]聚集在廣場上的許多人可能真的很高興，儘管蔣並不是他們選出來的。他只是回復一九四八年四月十九日國民大會代表投票選給他的職位。

在此之前的一九五〇年二月，前美國西太平洋海軍（第七艦隊）司令庫克（Charles M. Cooke Jr.）上將自行抵達臺北。他在一九四八年五月就退役了，抵達臺灣後，表示要為蔣介石服務。蔣早在一九四六年就認識他，並且尊敬這位有才華的軍事指揮官，因此很高興地聘他為顧問。蔣非常信任他，所以接受他的修正建議，在一九五〇年春天，將浙江省寧波市附近舟山群島上的國軍撤離來臺。

當時，除臺灣外，蔣介石部隊不僅仍然控制著這些島嶼，還包括與浙江省台州市隔海相望、位於舟山以南的大陳島，此外還有馬祖島、金門島、臺灣海峽中的澎湖群島，和南海的海南島。但是在一九五〇年五月初，共產黨占領了海南島。他們本來可以同樣輕易地拿下舟山群島，因舟山離中國海岸只有一海里，而離臺灣將近三百五十英里。正因如此，庫克認為必須放棄更遠的島嶼，以集中一切力量保衛臺灣和海峽內的其他島嶼。五月十六日，蔣介石撤出了十五萬官兵，未戰而將這些島嶼送給了共產黨。[35]同一天，他宣布不論戰死或自殺，他都會防衛臺灣，「我會遵守諾言」。[36]大約在同一時間，他和美齡向中國婦女發表講話，呼籲她們「利用在家庭中的影響力，進行反共鬥爭」。[37]

庫克全力支持蔣介石，但海南島淪陷後，包括外國人在內的臺灣居民陷入恐慌，大家都認為共產黨會進攻，而且一定會在一九五〇年七月中旬之前就占領臺灣。美國駐臺外交官認為，蔣介石政府不久就會逃往馬尼拉或首爾。[38]在華盛頓，再次聽到有人要求以孫立人將軍取代蔣介石（在給國務院的密件中，他向他們保證，他隨時準備掌權），或將臺灣置於聯合國的統治之下，或將臺灣交還給日本，又或將臺灣轉交給仍在日本指揮盟軍占領區部隊的麥克阿瑟將軍。根據一些消息來源，如果杜魯門願意反共保臺，蔣介石本人隨時可以離開。他甚至親自邀請麥克阿瑟到臺灣。[39]

但一九五〇年六月二十五日，國際形勢急轉直下，蔣介石的地位也隨之發生急遽變化。當天，北韓共產黨透過與史達林的協定，對美國盟友之一的南韓發動了一場戰爭。[40]此事拯救了臺灣。杜魯門明白，他必須保衛他在東亞的所有朋友，包括遭受共產黨進犯威脅的蔣介石。

韓戰爆發的喜訊，是由自一九四九年七月以來，一直領導國民黨情報工作的經國帶給蔣介石的。[41]對蔣來說，這是第二個珍珠港事變，[42]是上天送來改變命運的禮物。[43]幾個小時後，應美國要求召開的聯合國安全理事會譴責了朝鮮。表示譴責的決議以九票贊成獲得通過。只有一個國家投了棄權票——史達林的眼中釘南斯拉夫；由於蘇聯抵制這次會議，所以沒有反對票。兩天後，安全理事會再次在蘇聯代表缺席的情況下，批准以聯合國武裝部隊對抗朝鮮人民軍（ＫＰＡ），不久有十五個國家加入擊退侵略者，五十三個國家投票贊成使用武力。[44]同樣六月二十七日那天，杜魯門派遣美國第七艦隊進入臺灣海峽，防止中共占領臺灣的任何企圖。他就此強調：「共軍部隊占領福爾摩沙，將直接威脅太平洋地區的安全，也直接威脅在該地區履行合法和必要功能的美國部隊。」[45]

兩天後，蔣介石表明他想要參加韓戰，請求美國同意，讓他派自己的三萬三千名士兵（兩個師）到韓國，並由孫立人將軍指揮。這一位孫將軍在蔣不知情下，正在祕密策劃推翻他的計畫。為此，蔣甚至準備把軍隊從臺灣海峽中靠近福建省廈門市的金門島撤離。[46]他確實要求美國在兩年內完全武裝這些師，並以現代戰爭訓練他們。根據當時負責遠東事務的助理國務卿魯斯克（Dean Rusk）的證詞，「整個是一種妄想」。蔣介石明白，美國會拒絕他的提議，因為向韓國派遣國軍將會危及臺灣本身的安全，但他想表明他忠於作為一個盟友的責任。[47]杜魯門最初對這個想法有點心動，但在國務卿艾奇遜和參謀長的影響下，他最後還是拒絕了。[48]

不久之後的一九五〇年七月底，麥克阿瑟飛抵臺灣拜訪蔣介石。但不是為了要接掌統治臺灣，而是向蔣說明以何種軍事作為來防守臺灣，並且也表達他對蔣的衷心支持。此行是出之於他的自主行動，他並沒有向杜魯門或國務院詳加解釋。

麥克阿瑟長期以來一直對蔣介石抱持同情，從一九四八年秋天開始，他不斷向杜魯門政府強調，「如果允許一個敵視美國的勢力來統治福爾摩沙，美國的戰略利益將受到嚴重威脅」。[49]一九五〇年五月底，他把臺灣比作「一艘不沉的航空母艦和潛艇母艦」，因此在任何情況下都不應該向共產黨投降。[50]在韓戰前夕，他再次提出此一有利於臺的比喻，呼籲華盛頓採取「政治、經濟和軍事措施……以防止福爾摩沙的淪亡」。[51]

現在他飛到了臺北。他回憶道：「我非常高興見到上一場戰爭的老戰友蔣介石委員長。他不屈不撓抵抗共產黨統治的決心，讓我由衷的欽佩。」[52]蔣介石與麥克阿瑟討論派遣國軍到韓國參戰的提議，但一開始也曾考慮這一想法的麥克阿瑟，最終拒絕了。他不想讓蔣介石分散部隊。相反的，他敦促蔣介石盡一切可能鞏固臺灣。[53]

返回東京後，麥克阿瑟指派他的副手福克斯（Alonzo Fox）將軍前往臺北，進行為期三週的視察，以確定國軍部隊需要什麼樣的武器。福克斯建議提供蔣一億五千八百二十萬美元的武器，但杜魯門不同意挪出這筆資金。[54]之後，被激怒的麥克阿瑟，認為總統不公平地「對蔣介石懷抱強烈的敵意」，[55]並且在國外戰爭老兵年會上，再次宣稱，臺灣是「不可沉沒的航空母艦」，必須加以鞏固。[56]

但是，一直要到一九五〇年十月十九日，毛澤東依史達林之意，派遣四個野戰部隊和三個砲兵師援助北韓共產黨，杜魯門才願意提供武器給臺灣。一九五〇年十二月下旬，蔣介石打鐵趁熱，公開呼籲美國「領導目前正在為維護自由而戰鬥的亞洲各國政府和人民」，強調「今天最急迫的任務是找到方法，防止朝鮮共產黨發動的戰火，蔓延到亞洲其他的地區。這是阻撓以宰制世界為目的的蘇聯帝國主義政策的根本條件」。[57]

一九五一年二月，杜魯門終於決定撥付七千一百二十萬美元，用於臺灣的軍援。總額雖仍然保守，但第一步總是最難的。[58]在隨後的幾年裡，美國對蔣的軍事援助迅速增加，到一九五五年四月，已達九億四千八百萬美元。[59]自一九五一年春天，一群美軍顧問團開始在臺北工作，團長是太平洋戰爭英雄蔡斯（William C. Chase）少將。到一九五一年底，顧問團已有三百六十人。與此同時，美國軍事基地也開始在島上建立起來。[60]

然而，在擔起捍衛臺灣的任務後，美國也為蔣設下了嚴格的條件：蔡斯的顧問團將完全掌控臺灣的軍事預算，否則杜魯門拒絕武裝蔣介石政權。蔣深感憤怒，夜不成眠，但他不得不接受。[61]沒有美國的援助，他根本無法維持下去，因此也不能再夢想與美國有平等的關係。[62]

如果杜魯門沒有繼續在政治上冷落蔣介石，那就也無妨。舉個例子，在早於一九五〇年一月初就承認中華人民共和國為中國唯一合法政府的英國壓力下，杜魯門同意不邀請蔣介石的代表，參加一九五一年九月在舊金山與日本簽署和平條約。儘管國民黨政府背負著抗日戰爭的基本重擔，但這種侮辱還是發生了。背著蔣介石，美國和英國同意不邀請任何中國人到舊金山，因為英國不承認國民黨，而美國不承認共產黨。獲悉此事後，蔣極為震驚並提出抗議，但沒有人加以理會。[63]然後臺灣的總統決定絕食抗議。九月九日，來自四十九個國家的代表簽署了和平條約——其中不僅中國不見了，而且由於各種原因，蘇聯、蒙古、韓國、緬甸和印度也沒出現——他「禁絕朝食」。[64]

直到一九五二年四月二十八日，中華民國才與日本簽署雙邊和平條約（順便一提，沒有附件或賠償），在此之前，日本繞過一切禮節，從美國和英國獲得無法理基礎的選擇權，決定要與誰——蔣介石或毛澤東——簽署條約。他們選擇了蔣。[65]與此同時，蔣介石把全力放到在臺灣推行一系列的改革，其中有幾項是他在一九四九年十二月已經規劃出來的。主要的是經濟——農業和工業。

正是這些改革，讓幾年後全世界許多人談到「臺灣奇蹟」。蔣介石本人為這些改革奠定了理論基礎，從根本上修正了他之前在《中國之命運》和《中國經濟學說》中所系統闡述的經濟觀點。不再講由國家掌控經濟，他現在主張私有化，並且承認那是當前中國社會發展的階段（他所講的正是以後鄧小平會說的——小康，即一個「適度繁榮」或「相對富裕」的社會），[66]「貨物為自己的利潤來生產，勞力為自己的工資來做工」——與大同的理想社會形成對比，「大同社會的生產是努力開發資源，而以養民為目的；大同社會的勞力是社會服務，而不是工資勞動」。如前所述，大同社會體現了三民主義的終極經濟目標，但從蔣的角度看，國民黨、蔣自己和中國本身，都還沒有做好準備。「我們從大同與小康兩階段社會來比較研究，」他說，「即可知民生主義乃是從小康進入大同的階梯。我們革命建國的事業要沿著這一階梯向前進步，就可以達到自由安全社會即大同世界。」[67]

一九五〇年三月十五日，蔣介石任命前臺灣省主席陳誠將軍為行政院院長，他在落實這些理念方面扮演了非常重要的角色。在他於一九四九年初開始推行農地三七五減租後，到一九五一年六月，已經實施於全臺各地，並且完成立法。這時他開始農地改革的第二階段，允許在國有土地上（以前是日本殖民者的財產，後來成為臺灣政府的財產）耕作的佃農，以低於市場價格十年分期付款的方式，購買這些土地（他們必須支付這片土地每年收穫價值的兩倍半）。迄至一九五二年七月，已有超過十五萬戶的佃農家庭成為土地擁有者。一九五三年初，改革的第三階段開始了：在「耕者有其田」的口號下，農民不僅獲得了剩餘的國有土地，而且也得到大地主的剩餘土地（根據一項新法律，民眾不能擁有二．八四公頃以上的水田，旱田不能超過五．六八公頃）。對於失去剩餘土地的地主，政府提供的補償是給予土地債券和幾家國有企業的股票——再次以土地年收穫價值的兩倍半來計算。[68]

改革的總體結果是，七〇%以上的耕地被轉讓給農村耕種者，八六%的農民成為地主。因此讓民眾的物質水平提高，中產階級快速成長，消費市場發展起來，並為農業和工業提供了有力的支撐。[69]同時，採取措施向農村提供技術設備，並為農村人口發展一套保健和教育系統。其結果是，迄至一九五二年，生產已恢復戰前的水準，相較於一九四八年，每公頃水稻的產量增加了一九%。到一九五九年，每公頃水稻的產量又增加了三一%。農民收入也增加了，到一九五二年增加了八一%，到一九五九年又增加了五〇%。[70]

與農業一樣，工業改革的目的在增加中產階級的數量，並加強他們在經濟中的地位。從一九五〇年代初開始，蔣介石及其政府開始對國有企業進行大規模私有化，多方面消除島內第一任國民政府行政長官陳儀將軍執政期間（一九四五—一九四七）普遍存在的專賣制度。陳曾試圖讓國家接管一切可能的事業，包括樟腦油、火柴、酒和香菸的買賣與生產，因而導致小業主無法維持生計。[71]正是此一政策，再加上貪腐、通貨膨脹、物價上漲和失業，引發了前述一九四七年二月二十八日的流血事件。

但是現在蔣和陳誠也同樣要在城市建立一個小康社會。從一九五一到一九六三年的十二年間，私營企業的股份從四五%增加到六二%。私人公司的數量從六萬八千家增加到二十二萬七千家。[72]一九五三年通過第一個經濟發展四年計畫，以完成國家重建為目標，並進一步增加稻米、化學肥料和電力的生產。[73]

與農業和工業改革密切相關的，是蔣介石在與美國密切合作，並利用其貸款下，所進行的金融改革，從一九五〇年至一九五五年四月，美國經援臺灣的金額為五・二七億美元。[74]這項改革是由一個特別的經濟安定委員會來推行的，穩定的措施是鞏固一九四九年六月開始流通的臺灣貨幣——

新臺幣。到一九五四年底，基本物價總體穩定，通貨膨脹速度大幅放緩，在美國撥款的幫助下，預算赤字不費吹灰之力就得以消弭了。[75]

一九五〇年八月開始的黨內改革，也同樣特別重要。蔣早就在思考這個問題了，在敗於共產黨之手的影響下，得到的結論是，國民黨喪失了「靈魂」，黨員缺乏「紀律，甚至更嚴重的……對與錯的標準」。「中外歷史上，從未曾有一個像我們今天這樣破敗和墮落的革命黨。」[76]他遺憾地表示，不論黨或其青年組織都「只是空殼子，沒有任何真正的力量」。拿國民黨和共產黨來比較，他得出的結論令人不安，「我們的方法或行動都比不上他們」，因為「我們大部分的幹部都不用腦子，不願意學習，既不細心也不可靠……因此，我們落入失敗」。

他以贊同的語氣，提到一九四二至一九四五年毛澤東推行的整風運動（大規模地整肅共產黨），因此幾乎還沒有在臺灣站穩腳步，他就試圖開始做類似的事情。「只要我們能研究他們（共產黨）的一切，並且理解他們的一切，我們就一定能消滅他們。」他確信道。[77]

早在一九四九年七月，他在廣州與國民黨中央執行委員會委員開會時，就提出了一份黨務改造草案，但由於一些可以理解的原因，當時不可能加以落實。在一九五〇年的現在，他又開始推動，首先，在五月，他要求黨的中央機關所有成員，要親自向他宣誓（如前述，孫逸仙也有同樣的要求）。七月二十二日，他解散了一九四五年第六次全國代表大會選舉出來的中央執行委員會和中央監察委員會，還有中執會常務委員會。八月五日，他建立中央改造委員會，由他挑選並控制的十六個人組成。這些都是最效忠於他的人，包括他的長子經國，以及行政院院長陳誠。蔣沒有引進任何一個老軍閥，也不要前黨內派系的任何領導人，因為他已經對他們失望透頂。他甚至對他結拜兄弟的姪子——陳立夫（他即將前往美國）和陳果夫（他罹患肺結核，無法參與政治活動，一九五一年八月二十五日在臺北一家醫院去世）也失去了信任。

蔣介石從中央執行委員會及中央監察委員會中，挑出二十九位傑出委員，擔任新成立的中央評議委員會委員，這是一個特別機構，為不願退休的年長領導人提供一個機會，讓他們退出實質工作而同時又可以保留「面子」。它也直接隸屬於蔣。[78]（值得一提的是，許多年後，在一九八二年九月，鄧小平同樣成立一個中共中央顧問委員會。）

與此同時，不再採取一向以來純粹以區域為基本的黨單位，現在開始，像共產黨一樣依地方產業原則建立黨組織。這些黨的小組除了組織的功能之外，還被賦予思想教育的功能。

此外，蔣介石還要求黨員研究毛澤東整風運動的文件，這些是在國民黨改造運動的背景下特別翻印的，他們被責以在黨的會議上進行批判與自我批判，還要深入一般大眾，來確定他們的需求。另外黨員必須繳納黨費，並推出課程，以提高國民黨員的教育水準。

所謂的革命實踐研究院（實質上是一所高級黨校），是在陽明山為中高級黨政軍幹部所建立的。蔣本人是院長，蔣經國是主任。在國民黨改造期間，有三千零七十五名學員在那裡學習，課程時間從四到六個星期不等，也為其他黨幹部及各地一般黨員建立一系列的教育計畫。迄至一九五二年初，臺灣的二十八萬二千名國民黨黨員中，四〇%以上具有中高等學歷。

同時又成立紀律委員會進行整肅，一九五〇年八月至一九五二年八月期間，揭發了一千多名黨員的違紀行為。其中一些人被永久或暫時性地開除黨籍。[79]

儘管如此，國民黨黨員還是從一九五〇年的七萬二千四百二十六人，增加到一九五二年的二十八萬二千九百五十九人，總共增加了二十一萬零五百三十三人，黨員占島上八百一十二萬八千名居民中的三．五%。就根本上來講，這是一個年輕好戰的新政黨，黨員中八〇%年齡低於四十歲——

二十二萬六千三百六十七人，而其中四〇%——十一萬二千人——是軍人。與從前一樣，很大一部分黨員（八萬三千三百人）是工人和農民，幾乎占三〇%。但黨中的女性很少，只有五．六%。[80]

一九五二年十月，蔣介石進行黨內改革後，召開國民黨第七次全國代表大會。此會於十月十日至二十日在臺北郊區的陽明山舉行，雖然為宣傳之故，被稱為全國性會議，但終究不是。參加大會的有二百名代表和三百二十五名受邀嘉賓，其中包括第六次全國代表大會選出的一百七十三名中央執行委員或候補委員，還有九十八名中央監察委員或候補委員，另有中央改造委員會委員。[81]

大會通過了一則修訂過的國民黨章程，將改造後的黨定義為「革命民主」政黨，肯定借諸於共產黨的列寧主義民主集中制。解散中央改造委員會，將中央執行委員會和中央監察委員會，合併為單一的一個中央委員會，並接受蔣介石提出的「反共抗俄基本論」，將中國共產黨和蘇聯界定為自由中國的兩個主要敵人，並宣告「反共抗俄，復國建國」。[82]該基本論的理念是大會通過的新黨章的基礎。

大會選出了三十二名中央委員，包括陳誠與蔣經國；十六位候補委員；並確認了蔣介石選出的中央評議委員會四十八名委員。後者中有美齡以及一些知名的國民黨領袖如王世杰、何應欽、胡宗南、張羣、于右任、閻錫山等。

黨的最高機關再次成為重建的中央委員常務委員會，其成員有十人，包括陳誠和蔣經國，這是在中央委員會第一次全體會議上選出來的，並且做了徹底改造。該委員會沒有選出正式的主席，但通常會由蔣介石主持會議，雖然他不是常務委員會正式的委員，但大會本身已再次選他擔任總裁。[83]

只有國民大會組織，以及立法院和監察院，是蔣無法改造的。這些代議機構是之前全國選舉產生出來的，因此蔣認為，在中國舉行新的全國大選之前，改變其組成是不能被接受的。只有當國民黨重新在大陸掌權以後，才有可能實現。這浮現了一個法律上的權力難題：國民大會代表與兩個政府機構正在老化，但蔣介石由於政治原因無法把它們換下來。作為代替，在一九五一年初，舉辦了縣市權力機關的選舉，十二月，縣市議員選舉產生了臺灣省臨時省議會。[84]

與此同時，一九五〇年代初期也開始對軍隊進行改革，其中一項內容是恢復北伐以後廢止的軍中政治委員制度，以加強思想政治教育和黨對指揮官的控制。蔣介石認為，缺乏適當的教育，已導致「打擊敵人的意志」弱化，「戰鬥精神也完全喪失。特別是，〔軍隊〕不知道必須保護人民並與人民團結起來，甚至肆無忌憚地騷擾民眾，因此軍事紀律完全淪喪。」[85]一九五〇年四月，蔣介石任命他的兒子經國擔任國防部總政治作戰部主任。然而，經國很快就與美軍顧問團團長蔡斯將軍關係緊繃起來。蔡斯不滿政治部在軍隊中扮演的不民主角色，他視該部為國民黨在軍中的特務，並要求將之置於自己顧問團的控制之下。但蔣介石站在兒子這一邊，蔡斯一無所獲，乃於一九五五年七月底退休。[86]

軍隊改革也有所成。迄至一九五三年秋，臺灣的武裝部隊已裁減半數至六十萬人（從二十軍減到十軍），並配備有美國武器。[87]其戰鬥效力提升：美國顧問和教官確實執行了其職責。同時，經國推動了一場大規模的軍人入黨活動，以期將臺灣軍隊變成黨軍。活動積極開展，到一九五四年，有二十一萬或三分之一的官兵成為國民黨黨員。[88]

以上所有改革的幕後，是一個強化的國民黨威權統治以及鉅額的國防開支——年度預算的七〇%。[89]蔣介石和他的扈從拒絕接受內戰已經結束。對他們來說，不論是在美國擔保其安全的之前或之後，戰爭都還在持續進行著。因此，蔣介石遵守基本人權的承諾仍未兌現。不僅在臺灣實行戒嚴，並且針對「紅色威脅」，建立起最嚴厲的白色恐怖。經國指揮的國民黨特務組織，處處發現「共產黨」、「間諜」和「破壞分子」，甚至包括幾名將領和他們的妻子。在白色恐怖的頭十年裡，成千上萬的人被逮捕。其中兩千多人被槍斃，八千人被判重刑，許多人進入位於臺灣東南方的綠島、由經國下令建立的集中營中，這個集中營有一個戲謔性的名稱——新生訓導處。[90]

很顯然其陰謀計畫為蔣得悉的孫立人將軍，也成為白色恐怖的受難者之一。一九五四年六月，他被免去陸軍總司令一職，並被任命為蔣介石個人參謀的總統府參軍長。次年八月他受到軟禁。一直要到蔣過世十三年後的一九八八年三月，他才被釋放，並得到平反。

一九五三年四月，在一次企圖謀殺他的行動失敗後，臺灣自由派省政府主席吳國楨去職。他和妻子逃往美國，一九五四年二月二十七日，他向臺灣國民大會代表發出一封公開信，譴責一黨專制、國軍轉為黨軍、政治作戰制度、蔣經國的特工組織造成的白色恐怖，侵犯人權和言論自由。作為回應，臺灣官方媒體掀起了一波對吳「叛國」和「腐敗」的指控浪潮。但是這位前省主席不僅沒有住嘴，反而更加強對蔣氏恐怖主義政權的抨擊。他開始寫信給蔣，並接受美國記者的採訪。結果蔣開除了吳的黨籍，但是為了多少能減少吳對蔣的批評，一九五四年夏天，蔣同意之前作為人質留在臺灣的吳的兒子，出國與父母團聚。[91]不論是孫立人將軍或是吳國楨，都是最高黨機關——一九五二年十月國民黨第七次代表大會所選舉的中央委員會委員，但是他們在黨內崇高的地位，也無法保護他們。

在完成了黨的改造和鞏固其地位之後，蔣才第一次能夠真正擁有其威權。所有他之前的對手、將領、軍閥和共產黨，都不再能威脅他。一九五二年底，他再次向美國提議，派遣國軍到韓國，這次是要攻打毛澤東的部隊，一九五三年宣布，他將整備完成，派軍反攻大陸。[92]但基於種種理由，他既沒有向韓國，也沒有向中華人民共和國派兵，一九五四年，他宣布反攻大陸可能會推遲「一到兩年」，並將之與他認為「無可避免」的第三次世界大戰連結起來。[93]

同樣一九五四年的二月，他在接受路透社記者採訪時宣布，他不想再連任總統（選舉預定於次月舉行）。他表示希望成為行政院院長或武裝部隊總司令，至於總統一職，他像一九四八年那樣，推薦由無黨派的胡適擔任。[94]但這是他一貫的手法。他在三月再次競選總統。在國民大會的一千五百七十五名代表中，有一千五百零七名（九五・七%）投給他。在副總統一職上，一千五百六十九名代表中的一千四百一十七名（九〇・三%）投給他提名的陳誠。[95]任何真正民主選舉的候選人，都會羨慕這樣的結果，但就像一九四八年的中國，當蔣介石能獲得九〇%的選票時，就表示臺灣是不民主的。一面倒的結果也就不足為怪了。

至於中國共產黨，在韓戰結束的一年後，一九五四年九月三日，他們開始對擁有五萬名國軍駐軍外加五千名居民的金門島，還有位於中國沿海的大陳島（一萬五千名部隊）進行密集轟炸。共產黨並不打算占領這些島嶼。事實上，他們認為蔣把軍隊部署在這些離島上，有助於團結中國人民共同爭取黨的目標的實現。除此之外，也有必要向世界展示中國軍隊的戰鬥精神和日益增強的威力。

然而，毛澤東做得過頭了。轟炸這些島嶼，導致一九五二年十一月贏得總統選舉的共和黨候選人、戰爭英雄艾森豪（Dwight D. Eisenhower）於一九五四年十二月與臺灣簽署《共同防禦條約》，此一條約對蔣介石及其政權的意義不容小覷，它強調，美國和臺灣將「共同」抵抗「武裝攻擊和共產黨顛覆活動」。不過，蔣介石也必須保證，如果沒有獲得美國的同意，就不會試圖反攻中國大陸。此外，一九五五年一月底，美國國會以壓倒性多數（國會參眾兩院只有六票反對）通過「福爾摩沙決議案」（Formosa Resolution）授權總統，「在必須為了保護臺灣與澎湖不受武裝部隊攻擊的特定目的下，可以徵調美國武裝部隊」。[96]

儘管金門和馬祖兩島未列入防禦區，但對大勢並沒有什麼影響。重點是，美國藉由簽署條約，向蘇聯和中華人民共和國表明，它將把臺灣當作是自己領土的一部分一樣來加以捍衛。蔣喜出望外，特別是自一九五五年三月以來，他得知美國海軍作戰部部長卡尼（Robert B. Carney）上將告訴記者，與中共的戰爭乃「迫在眉睫的」，美國軍方中的一些人正在向總統施壓，「摧毀赤色中國的軍事力量，從而終止其擴張主義態勢」。[97]

雖然過於輕率的卡尼很快就被艾森豪解除了指揮權，但蔣介石可以保持絕對的平靜，特別是自一九五五年八月以來，美國在臺灣的顧問增加到二千三百四十七人，變成全世界最大的一個顧問團體。[98]在華盛頓的羽翼下，蔣介石安全無虞。

第二十三章
在華盛頓的羽翼下

蔣介石在臺灣展開了他的私人生活。他和妻子大部分時間都住在陽明山下的士林官邸，那是一棟寬敞的兩層樓瓦片屋頂房子，一樓有玻璃露臺，二樓有突出的玻璃陽臺。現在該處成為一個展覽館，入內參觀的門票是一百元（略高於三美元）。

從窗戶望出去，下面是一個公園。在休息的時候，蔣喜歡坐在露臺上，注視長在屋前的樹木，享受平和與安靜。他的辦公室和臥室在二樓。美齡的臥室就在旁邊，與丈夫的隔著一間浴室。蔣一如既往早早就起身，現在早上六點，用熱毛巾擦身後，喝一杯溫開水。他一生從來沒有改變這個習慣。喝過溫水之後，他和美齡一起祈禱，然後靜坐冥想，在上午八點吃一頓清淡的早餐，接著工作，中午十二點半或下午一點半吃午餐。小睡片刻後，散步、工作，到晚上七點吃一頓清淡的晚餐，然後放鬆下來（在臺灣晚飯後他非常喜歡看電影，尤其是臺灣製作的電影）。之後寫日記，晚上十點祈禱，十一點睡覺。如果晚上沒寫完日記，他會在第二天早上補寫。一切都像在軍隊一樣照表操課。[1]

和以前一樣，他的日常生活與波希米亞式的美齡不同，美齡總有生不完的病，通常是皮膚病、過敏症和失眠。她躺在床上的時間很長，抽著薄荷菸看電視。[2]她到早上才睡著，一直睡到晚飯時刻。夫妻倆關係親密，互相稱對方為「達」（源於英文的「親愛的darling」），一起在公園散步，打高爾夫球和下棋。他們非常享受種植花卉與在池塘餵金魚，蔣還給每條魚取名，如果其中任何一條沒有游過來吃，他就會問美齡：「今天某某魚到哪裡去了？」此外，他喜歡狗，家裡總是有兩隻牧羊犬。蔣親自餵牠們，帶著散步，並且訓練牠們。他特別喜歡一隻他命名為白狼的狗——可能是為了紀念一個有這個名字的著名中國羅賓漢。後者在一九一三年起義反抗袁世凱。的確，這對夫婦經常吵架。[3]但那個家庭不是呢？

在離房子不遠的地方，位於公園建築群的北邊，他們建造了一座稱為凱歌堂的小小紅磚教堂。這個名字來自於為紀念抗日戰爭勝利在他南京住所的教堂。夫妻倆每個週日上午在此處祈禱。通常，他們的孩子、親戚，以及黨政高官中的基督徒會一起參加禮拜。週三下午，美齡和她的女性朋友組織了團體祈禱和聖經討論會。[4]

令蔣介石驚訝的是，移居臺灣後，美齡開始迷上了山水畫。之前她從來沒有畫過畫，但突然之間，她開始投入很多時間在這個興趣上，甚至一週上三次繪畫課。蔣對她的新嗜好持懷疑態度，偶爾會抱怨道：「如果妳在繪畫方面有任何天分，妳早就會發現了。以妳的年紀，妳永遠不可能畫得好。」[5]蔣錯了。美齡實際上學得很好。

除了士林，根據官方資料，蔣有三十三處行館（而照民進黨傳布的非官方資料，有四十六處，[6]但這個數目顯然是誇大其詞，不過無論確切的數目為何，顯然是有很多）。這些行館散布全島，甚至澎湖也有一個。蔣和美齡都熱愛大自然，不時旅行全國各地造訪他們的鄉間行館。

然而，美齡並不總是陪在丈夫身邊。她有時因為生病，有時因為想念住在美國的親戚，不得不離開丈夫。有時她離開是因為她受不了和繼長子日益惡化的關係。一九四四年七月，在蔣最艱困的時刻，她放下丈夫出國後，經國成為蔣的心腹。一九四五年九月回國後，她和經國爭著看誰較能影響委員長，某一段時間她似乎占了上風，但在一九四八年十一月她再次長時間離開丈夫後，經國就變成了父親身邊最重要的人。蔣已完全少不了他，在臺灣重新落腳後，開始準備讓經國成為他的繼任者。眾所周知，經國在黨、軍和祕密警察單位都擔任一些職務。從一九五二年十月起，他成為新成立的中國青年反共救國團主任，該團正式團長是蔣介石本人。[7]在父親的要求下，把最嚴厲的白色恐怖引進臺灣的，正是經國，讓省主席吳國楨等之自由派人士大為憤恨。從美國回來後，美齡試圖奪回自己的權力，一再向蔣抱怨經國，甚至用吳國楨來對付自己的繼子，但她終歸徒勞，沒有辦法離間父子。蔣不想聽任何負面的事情。一九五二年二月，當吳國楨公開告訴蔣，他不應該讓經國繼續擔任祕密警察首長時，委員長大聲喝斥叫他出去，說他頭痛，要吳閉嘴。[8]

與經常到美國的美齡不同，經國總是在父親的身邊——悲歡與共。他崇拜父親，隨時準備履行他的每一個命令。經國的妻子方良、孫女孝章以及孫子孝文、孝武和孝勇，也讓蔣置身溫柔與關愛中。他們經常去看望他，他也樂於和他們共度時光。

和以前一樣，蔣也和次子緯國關係良好，但緯國沒有孩子。他和妻子石靜宜於一九四五年二月六日結婚，但她無法生育，在八年內流產九次。最後一次流產，她陷入重鬱，恰好丈夫到日本出差，不知是意圖自殺或只是想對抗折磨她的失眠，她服下大量安眠藥，在一九五三年三月二十一日去世。緯國立刻回到家裡，非常難過，為了紀念妻子，他甚至創辦了一所小學。全家人都為他難過，葬禮結束後，蔣對他說：「中年喪妻是很不好的事情。現在國內也沒什麼重要事情，你趁這個機會再去念一點書。」緯國前往美國，加入一個步兵參謀總部的學習小組。

但此時臺灣有流言傳說，其實是蔣介石強迫可憐的靜宜自殺的，不是因為她無法為蔣家生一個孫子，而是因為她那紡織大王的父親，捲入貪汙醜聞，向軍隊供應劣質制服。也有傳言說在得悉她涉入盜竊供給軍方的美國物資或是硬通貨之後，由蔣下命令，或是依照經國的指示，把她殺了。[9]但所有這些流言的可信度，是值得懷疑的。一年後，蔣對緯國說：「中年單身的時間不能太長，否則會失去家庭習慣。如果有機會，你可以再婚。」[10]

不久，在中德文經協會的一次年會上，緯國遇到了一個漂亮的女孩——丘如雪，教名是愛倫。她比他小十八歲，但他們有很多共同點。和他一樣，她愛德國，甚至還是在那裡出生的。她的母親是德國人，她父親是工程師，後來擔任臺灣大學教授，是在萊布尼茨大學撰寫博士論文的時候，在漢諾威遇見她母親的。

很難不愛上愛倫：她有勻稱的五官，細眉豐唇，烏黑濃密的秀髮，和迷人的笑容。緯國把她介紹給他住在臺中的養母治誠，也介紹給他的父親。他們都喜歡她。一九五五年，緯國和愛倫訂婚，兩年後，愛倫在日本完成學業，兩人結婚了。一九五八年，緯國被任命為裝甲兵司令，該師位於離臺北不遠的湖口鄉。一九六一年，升任中將。[11]

與此同時，臺灣政治生活上發生了極其嚴重的事件。一九五五年上半年，中國大陸對金門與大陳島發動猛烈砲擊。蔣的部隊回轟福建省廈門市郊。中共每天都有可能進犯臺灣。艾森豪政府成員認真討論是否針對中共的軍事目標，使用小型原子彈，以阻遏侵略者。[12]

與他的前任杜魯門不同，艾森豪對蔣介石帶有善意，認為他是一個親密的「盟友」，即使蔣「驕傲，有時固執」，但卻是一位「大無畏的領導人」。[13]和以前一樣，美國完全掌控了臺灣的軍事預算，但艾森豪不允許自己像杜魯門一樣看輕蔣。此外，他認為「要捍衛蔣介石的威望與其部隊的士氣，任何臺灣軍事和政治計畫上的變革，顯然都應置於其領導之下，最重要的是，絕對不能讓民眾認為這些變革，是因為美國的干預或脅迫才產生的」。[14]

與此同時，艾森豪盡其所能地防衛臺灣。一九五四年八月，在《共同防禦條約》締結之前，他在一次記者招待會上宣布：「任何對福爾摩沙的進犯，都必須壓過〔我們的〕第七艦隊。」[15]

但他明白：「如果我們進入一場全面戰爭，在邏輯上我們的敵人將是俄國，而不是中國，我們必須在那裡（對俄國）發動攻擊。」[16]但他一點都不想要這樣。因此，一方面，他讓中國和蘇聯共產黨知道，他可能使用核子武器保衛臺灣，另一方面，根據國務卿杜勒斯（John Foster Dulles）的建議，向蔣提議一個折衷方案：把離臺灣兩百海里的大陳島讓給中共，而鞏固對主要島嶼的防衛。

蔣介石被迫同意，二月四日，美國船艦開始協助撤離大陳島國軍，這次行動歷時一週。杜勒斯在三月十五日、艾森豪在三月十六日公開宣布，一旦亞洲全面開戰，他們將使用核子武器。[17]艾森豪向記者解釋道：「我看不出有什麼理由不能像使用子彈或其他東西那樣來使用它們。」[18]

作為回應，中共也有所讓步。一九五五年四月，時任中共政權國務院總理兼外交部部長的周恩來，在印尼萬隆舉行的二十九個亞非國家會議上宣布，中國人民不希望與美國發生衝突，並主動提議和美國坐上談判桌。他也不排除「和平解放臺灣」的可能性。[19]臺灣危機有一段時間獲得緩和，美國甚至在日內瓦開始進行與中共領事級的會談（後來會議轉到華沙舉行，並提升到大使等級）。

不到一年以後，蔣介石和世界其他國家一樣，得知一則驚人消息，亦即三年前過世的史達林繼任者、衝動的蘇聯政治領導人赫魯雪夫（Nikita S. Khrushchev）在一九五六年二月二十五日蘇聯共產黨第二十次代表大會上，發表了所謂祕密講話。赫魯雪夫聲稱，已故的領導人和全世界所有共產主義者的導師，是一個可怕罪犯，犯下無數惡行，包括殺害數百萬無辜的蘇聯民眾。蔣本來就認為史達林是個罪犯，但從蘇聯新領導人和毛澤東最親密盟友的口中聽到這一消息，自然還是大為震駭。當然，他不能忍受赫魯雪夫就像他不能忍受史達林本人一樣，但他也不能不同意赫魯雪夫對前克里姆林宮獨裁者的評價。不過在任何其他方面，他是絕不信任赫魯雪夫的，特別是當他得知赫魯雪夫在提交第二十屆大會的報告中，不僅談到「在當前時代防止戰爭的可能性」，而且還闡述了史達林主義關於「兩種制度間和平共存」的論述。[20]「在形式上，赫魯雪夫是改變了史達林主義，」蔣回憶道，「史達林相信戰爭是不可避免的，認定戰爭是到達共產黨宰制世界的道路。反之，赫魯雪夫以為戰爭不是不可避免的，並且以『停止一切戰爭』為口號。但在實質上，赫魯雪夫這次『和平共存』的統一戰線和中立戰術，不過就是一九三五至一九三九年以後，史達林的『統一戰線』和中立戰術的歷史的重演。」[21]

他非常想讓全世界知道他的這種想法，他認為共產黨一直在欺騙他，因此想與自由世界的民眾分享自己與共產黨打交道的慘痛經歷。在祕書的協助下，他開始孜孜矻矻地寫一本回憶和省思之書，在一九五六年十二月一日，即他與美齡結縭二十九週年紀念日，以及自己七十歲生日後的一個月完成（要記得中國人把在子宮裡度過的九個月算作一歲）。他把書定名為《蘇俄在中國：中國與俄共三十年經歷紀要》，並將之敬呈給「敬愛的先慈蔣母王太夫人、宋母倪太夫人靈前」。書中強調，他和他的妻子能「自矢其不敢有負遺訓，勉為毋忝所生而已。」[22]

當然，並不是所有蔣說的都禁得起批判。和所有失敗者一樣，蔣試圖在一定程度上為自己辯解，並將毛澤東和蘇聯形容為魔鬼的化身。有時他記憶錯誤，有時他公開地閃躲。不過儘管存在這些缺點，他還是成功地細說了一個中華民族解放運動的真實歷史，並且如吾人所見，詳述了中國在兩條戰線上的奮鬥——對抗西方和日本帝國主義，以及特別侵略性的蘇聯擴張主義。如果說蔣介石成功地戰勝了第一個敵人，但第二個敵人卻把他打敗了。

書中除了基本歷史回憶錄饒富興味以外，蔣還放入了理論的部分——《反共鬥爭成敗得失的檢討》和《俄共世界革命戰略》。但是，無論從歷史還是從哲學的角度來看，它們都是冗長乏味的。所附的《辯證法研究》也一樣給人如此的印象。

整本書所講的是，根本一點都不可能信任共產黨，必須在遠東準備一場反抗共產主義的民族革命，這場革命也將指出「使整個自由世界免於第三次大戰為最高指導的原則，同時亦得以解放共產鐵幕，重建世界和平與安全」。[23]

這本書很快地出版了——在一九五六年十二月二十五日的耶誕節，並且全數都被國民黨員買走。之後，在臺灣多次再版。一九五七年，第一個美國版本以《蘇俄在中國：七十歲總結》（*Soviet Russia in China: A Summing Up at Seventy*）為題面世，之後還有德文版和許多其他版本。

該書第一版在臺灣面世的十個月後，一九五七年十月十日至二十三日，國民黨第八次全國代表大會在臺北召開，蔣在大會中講話，宣布由於在未來兩到三年內的反攻，國民黨將能夠打垮共產黨。[24]出席的代表有三百七十二名，再加上二百零二名來賓，代表五十萬九千八百六十四名黨員。因此，從一九五二年第七次大會以來，國民黨增加了二十二萬六千九百零五人，與以往一樣，八〇%的成員是四十歲以下的年輕人（四十萬七千八百九十一人）。現在工人和農民占二六%（十三萬二千五百六十五人），比一九五二年減少了四%。整體來說，國民黨黨員占全島將近一千萬居民的五・一%。[25]

出席大會的代表再次一致選舉蔣擔任總裁，並恢復汪精衛叛國後被廢止的副總裁職位，確認蔣提名的陳誠擔任該職位。蔣經國再次當選為中央委員會委員，除了他之外，該會還有四十九位委員（其中三十九人由大會選舉產生，另十人由蔣親自任命加入，這是大會通過的新黨章所賦予他的權力。）還選出二十五名中央委員會候補委員，以及通過蔣選出的七十六名中央評議委員會委員（美齡再次入選）。在大會後舉行的中央委員會第一次全體會議上，經國再次成為常務委員會委員（除了他之外，還有十四人當選為此一最高機關委員）。[26]

才不過幾個月之後，蔣介石著作的主題就獲得確認——不可能相信共產黨。一九五八年八月，臺灣海峽再次爆發嚴重危機。這一次，中共對海峽中當時部署有三分之一國軍陸軍部隊的金門島和馬祖島，進行猛烈的砲轟。蔣介石宣稱這是「對美國在亞洲第一道防線的攻擊」，艾森豪再次馳援，重申一旦中共進犯臺灣領土，他將以小型核子武器，對付中共的軍事目標。[27]該地區所有美國武裝部隊都處於戒備狀態。但這一次，毛澤東還是沒打算占領這些島嶼。當時中國正在展開大躍進——努力在一年內將工農業生產翻一番，以鞏固共產主義，因此中共領導人認為，加強軍事行動的氣氛，提高中國人民的熱情至關重要。

在接下來的二十年當中，中共繼續他們的轟炸——不過只在奇數的日子，何以如此不得而知，蔣介石和美國人最終不得不學會接受這一點。一九五八年十月，蔣斷言：「要求中共停火只是欺騙自己。停火的願望永遠不會實現。」[28]在艾森豪的建議下，儘管他不願意，但也不得不縮減金門和馬祖島的武裝部隊規模。

此後艾森豪還是繼續支持蔣介石，不只在武力展示上，而且也在物資援助上。直到一九六一年一月二十日他的總統任期結束，他單單在經濟上，就向臺灣提供了十億以上美金的援助。另有數億美元用於該島的軍事需求。[29]例如，一九五九年八月，美國轉送給臺灣三十六個飛彈發射器和大量具有地對空核能力的勝利女神力士型導彈（Nike-Hercules missiles）。[30]

這些飛彈對蔣介石極為重要，因為一九五九年赤色中國面臨特別嚴重的局勢——一方面關聯到大躍進的失敗，一方面關聯到西藏人民要求獨立的暴亂事件。蔣再次開始考慮反攻大陸的可能性。一九五九年三月七日，西藏暴亂前五天，他在接受義大利《先驅晚報》採訪時說：「如果在中國的土地上發生暴亂，我們是不會袖手旁觀的。我們將反攻大陸贏得勝利。我認為蘇聯在任何情況下都不會介入此事，因為它擔心會像日本那樣陷入中國泥淖。此外，我相信蘇聯不會使用核子武器，因為它知道這可能會引發一場世界大戰……蘇聯不希望戰爭，至少，不是現在。這是我唯一同意赫魯雪夫的觀點。」[31]三月十二日開始的西藏抗暴遭到共軍部隊的嚴厲鎮壓，儘管在道義上支持叛亂分子，但蔣並沒有入侵大陸。西藏的精神領袖達賴喇嘛逃往印度。蔣介石在美國的協助下繼續加強臺灣的防禦，並一如既往地宣稱「反攻大陸是我們的責任」，同時強調這項任務是「七分政治，三分軍事」。[32]這一切，和以前一樣，能讓他把國民黨和國民革命軍團結在一起。

一九六〇是蔣介石生命中特別重要的一年。首先，在三月，根據一九四八年通過、之後又修正的《動員戡亂時期臨時條款》，國民大會選舉蔣擔任第三任總統（最初《中華民國憲法》是不允許總統連任三屆的）。有趣的是，在一九五九年十二月二十三日大選前三個月，蔣介石還對兩千名國民黨活躍分子發表演講，稱他「反對修改憲法」。[33]但這只是故作姿態，而搞不清楚狀況的華盛頓，歡迎這項決定，認為陳誠將取代蔣介石，美國甚至還打算邀請陳誠訪問。[34]但蔣很快重新組織黨員，在選舉中獲得了九八・一％的國代選票（一千五百零九票中得一千四百八十一票）。再次競選副總統的陳誠將軍獲得了九一・八％的選票（一千五百零五票中得一千三百八十一票）。[35]蔣可以再次慶祝勝利。儘管下著雨，中午十二點三十分，還是有數千人聚集在總統府大樓前。他們手持蔣介石相片，上面寫著：「服從最高領袖，光復大陸國土。」[36]

第二個重大事件是蔣介石的主要盟友艾森豪及其子媳訪問臺灣。這是美國總統首次訪華，儘管艾森豪在臺北的時間不到二十四個小時，但饒具歷史意義。他是在六月十八日下午從第七艦隊搭乘直升機飛抵臺灣，與蔣介石和美齡舉行了兩次會談，並在臺北市中心總統府大樓前的廣場，對一大群市民演講。根據官方數據，在場的有五十多萬人。

蔣介石非常高興地歡迎艾森豪——這個為鞏固臺灣做了這麼多努力的人。一般臺灣人也表現出真正的喜悅。從松山機場到蔣介石官邸，寬敞的大街兩旁一片人海，快樂地揮舞著中美兩國國旗。群眾中還有專門從金門和馬祖接來的國民黨代表。到處都是歡欣鼓舞的人們。[37]

蔣介石親自到機場迎接艾森豪，他身著軍裝，左胸配戴青天白日勳章。他非常喜歡這個勳章，儘管在中華民國勳章位階上它只列為二等。他也擁有最高階位的國光勳章，這是他在一九四三年十月十日的一九一一年革命紀念日被授予的，但他很少佩戴。青天白日勳章是他最珍視的，因為這是一九三〇年他北伐成功統一全國後被授予的。

以他七十三歲的年紀來說，他看上去相當健康，皮膚曬黑了，留一綹英俊的灰鬍子，眼睛靈活。他開始有點駝背了，聲音不再像以前的尖銳又間斷。陪同丈夫一起到機場的美齡，一如既往地充滿魅力。她看起來一點也不像六十二歲的樣子。和以前一樣，她優雅又柔媚，身著淺藍色旗袍，給美國總統留下了最正面的印象。[38]她也擁有青天白日勳章，那是在開羅會議中，她對與羅斯福會談做出了巨大貢獻，因而蔣介石所頒授給她的，但她並沒有佩戴。

蔣氏夫妻已於一九四三年十一月在開羅見過艾森豪，但當時艾森豪只是美國代表團的一員。現在，在蔣介石眼中，他是整個自由世界的領袖，也是他的主要盟友。不過，蔣對艾森豪沒有採取任何行動來捍衛南韓總統李承晚感到非常不安，這位八十四歲的韓國總統在一九六〇年三月被趕下臺，理由是自由派知識分子因選舉造假而發起大規模的示威。美國人只協助李承晚流亡到夏威夷。

當然，推翻韓國獨裁者讓蔣介石感到不安，這不僅是因為他認為李承晚是朋友，還因為他擔心，如果臺灣自由派發生類似示威活動，美國人也同樣可能背叛他。他還對土耳其一九六〇年五月發生的事件感到不安，當時也是發生了民眾示威，以致另一位美國的盟友、土耳其總理失勢下臺。根據艾森豪的回憶錄，蔣介石告訴他，無論是蘇聯還是中國共產黨，毫無疑問都是所有這些暴亂的幕後指使者，他還表示擔心日本也會發生類似的問題。他絕對相信赫魯雪夫和毛澤東正在攜手並進，以破壞亞洲的安定為目標，「這是捍衛自由世界最薄弱的一環」。他不相信當時越來越明顯的蘇聯共產黨和中國共產黨之間的分歧，他向艾森豪肯定地說：「毛澤東永遠無法承受從蘇聯分裂出去，因為他把自己的權力歸功於克里姆林宮的支持。」[39]他大錯特錯了！毛澤東和赫魯雪夫之間的爭端，正是在那個時刻，到達無可挽回的地步。

在演講中，以及在與蔣和美齡的談話中，艾森豪再次強調美國對蔣本人及其政府的「堅強團結合作」，並指稱北京政權「好戰且暴虐」。訪問成果發表於六月十九日的聯合公報：「有鑒於共產黨對整個自由世界、尤其是遠東自由國家之持續的威脅，兩國總統一致同意全體自由國家之更緊密的團結，並維持實力之強大，乃屬至關重要。」

臺灣的經濟問題備受關注。蔣談到了這些成就，艾森豪「對於中華民國近年來在各方面所達致之進步，表示美國人民讚佩之忱。並保證美國將繼續對中華民國提供援助」。[40]艾森豪表示欽佩並非毫無理由。臺灣經濟確實突飛猛進。第一個四年計畫（一九五三—一九五六）已經順利實現。一九五二年，國內生產總額增長一二・三%，從一九五三至一九五六年，又增長到三七%；而人均增長率為一七%。一九五七至一九六〇年的第二個四年計畫也已基本完成，很明顯地，國內生產總值將再提高三一%，人均增長率為一三%。[41]臺灣市面上和商店裡堆滿商品。這與中國大陸大躍進的結果大相逕庭，那裡有數千萬人死於饑荒。

一九六〇年，蔣家發生了兩件大事：幾乎同時舉行了兩場婚禮。四月分，經國和方良的長子孝文，與加州大學柏克萊分校的同學徐乃錦結婚。（孝文和他的妹妹孝章於一九五九年十二月到美國留學。）和緯國的第二任妻子一樣，徐乃錦是半個德國人，就像蔣家所有的女人一樣，是個美人。但她的美貌並不是重點。她是一個性格非常剛強的人，她嫁給孝文對全家來說是一樁真正的運氣。孝文來到美國後開始酗酒，他未來的新娘不得不用力把他從酒吧裡拖出來。一直要到他結婚後，才安定下來一段時間。他和妻子住在柏克萊北邊，離大學不遠處一條安靜小街上的一棟漂亮兩層樓房子，地址是基勒大道（Keeler Avenue）一〇九五號。[42]

四個月後的一九六〇年八月十一日，蔣介石的孫女孝章也結婚了。她嫁給一個名叫俞揚和的男人，後者比她年長很多（十四歲），特別是已離婚三次。然而，他是一個非常有趣的人，曾是一名飛行軍官，對日軍執行過三十多次空中作戰任務，而且他的父親是蔣介石的國防部部長俞大維。儘管如此，鍾愛孝章，並且希望她有更好歸宿的經國，卻不滿這樁婚事。畢竟，作為一個基督徒，蔣介石的長子反對離婚。但他不得不作出讓步。新婚夫婦在加州奧克蘭的一間小公寓裡展開平靜的生活，位於主要街道之一的電報大道（Tlegraph Avenue）五九三九號。這間公寓離孝文家往南大約二十分鐘車程。[43]

然而，在一九六〇年底，蔣介石收到了不愉快的消息。這與家庭私事無關，而是關係到政治。當然，長期以來政治早已成了他的家務事。在一九六〇年十一月的美國總統大選中，共和黨候選人、副總統尼克森（Richard M. Nixon）輸給了民主黨年輕的甘迺迪（John F. Kennedy）。由於尼克森只以〇．一七%的小幅度落敗，這尤其令人痛心。蔣介石曾在民主黨執政時遭受很不利的對待，而共和黨、尤其是艾森豪，則基本上對他很友善。因此，蔣介石為尼克森感到難過，特別是因為他認識尼克森本人。一九五三年，艾森豪派他當時的副總統尼克森到臺灣，他與蔣介石和擔任翻譯的美齡有過七個小時的會談。尼克森和蔣介石互有好感，尼克森之後回憶道，他「對他〔蔣〕的聰明才智，以及他一心一意要把中國人民從共黨專政中解救出來的目標，留下深刻印象」。[44]

然而，在一九四九年還是一名年輕國會議員的甘迺迪，雖然和杜魯門在同一個政黨，但他以批評杜魯門的對華政策，表現出自己是中國國民政府的朋友。一九四九年一月三十日，在知道共產黨的勝利已是顯而易見時，他說：「這是中國的悲劇故事，我們曾經全力為維護其自由而奮鬥。」「我們的年輕人所拯救的，已被我們的外交官和我們的總統一點一滴地消耗掉了。」[45]然而，蔣介石對甘迺迪在臺灣問題上的立場並不樂觀。這並非沒有道理，他擔心甘迺迪為了發展與中共的關係而犧牲臺灣，並且也可能支持毛治下的中國加入聯合國。

蔣的憂慮也非毫無事實根據。一九六一年一月在甘迺迪政府中擔任國務卿的魯斯克（Dean Rusk），倡議兩個中國概念。[46]當然，蔣介石並不知道艾森豪在離開白宮時，對甘迺迪說，「雖然他在一般外交政策上會支持他，但他將強烈反對任何新政府承認北京、並讓中國大陸取得聯合國席次的意圖」。蔣介石也不知道，甘迺迪以些微差距獲得勝選，「在選擇會造成戰爭的議題上極為謹慎」。[47]但他只是在總統任期剛開始時才表現出謹慎。最有可能的是，他當時根本沒有時間對中國政策進行根本性的改變。根據他的特別助理史列辛格（Arthur M. Schlesinger Jr.）的回憶，甘迺迪絕不會排斥「兩個中國」的理念並且承認中共。一九六一年，當他把對中共的承認推遲到一九六二年十一月美國國會選舉之後時，他對他的政府成員說：「以臺灣代表中國的想法，真的是沒有任何道理。」[48]

一九六一年，甘迺迪成功地讓蔣不情願地下令他在聯合國安理會的代表，就蒙古加入聯合國一事投下棄權票。蔣介石對甘迺迪在這個問題上的作為深感不滿，因為和從前一樣，他還是認為蒙古人民共和國是中國的一部分，儘管早在一九四五年他與蘇聯簽有一則舊約，但他可能認為該條約並沒有作用。但無論如何，他還是不得不向美國總統屈服。

更讓蔣不高興的是，一九六二年，甘迺迪公開告知蘇聯和中國，他不會支持蔣對中國大陸的任何「冒進行為」。這讓年事已高的蔣頗為受傷，因為他認為朋友不應該「公開告訴敵人，美國不會協助」自己的盟友。[49]

與此同時，一九六一年，蔣家再次喜事臨門。三月二十一日，蔣介石的孫子孝文和他的妻子徐乃錦生了一個女兒——蔣介石的第一個曾孫女。根據家庭傳統，她取名為友梅。「友」字代表武嶺蔣家的第三十一代。

這個女孩出生在臺北，蔣和美齡很高興地把他們最寵愛的曾孫女抱在懷裡。按照中國傳統，他們在六月三十日安排了一次聚會來慶祝她出生百日。但不久孝文、乃錦和友梅就回美國了，這樣小夫妻才能繼續他們的學業。往後看，我們可以發現，孝文在三年內再次開始喝酒，一次在醉酒狀況下開車，在奧克蘭郊區發生了一起事故，之後他被驅逐出境。乃錦和友梅跟著他一起回到臺灣。但這個故事稍堪慰藉的是，從此，友梅開始與蔣夫妻或經國夫妻一起住。要和她總是喝醉的父親在一起是很尷尬的。

經國和方良也喜歡喝酒（在他一九七八年就任臺灣總統之前），尤其是在享用俄國餐前小吃的時候。他們喜歡俄式食物，一般來說，幾乎所有的俄羅斯菜都喜歡，他們甚至用俄語互相交談。但是，經國與方良（她於二〇〇四年十二月十五日去世，享壽八十八歲）都沒有變成酒鬼。[50]

一九六一年五月，蔣介石的孫女孝章生下了蔣的第一個曾孫。他的名字叫祖聲，出生於美國舊金山。值得注意的是，他的祖母，就像友梅的外祖母一樣，是德國人。孝章的公公俞大維，在一九二〇年代初留學德國的時候，遇見了這位女士。他們墜入愛河，還生了個孩子（孝章的丈夫），並打算結婚，但未能得償所願。女方的父母不僅拒絕允許女兒嫁給一個中國人，甚至要求她放棄兒子。於是俞大維帶他回到中國，孝章的丈夫就在當地長大。

當然，這位曾孫並不在蔣介石的家譜中，因為他是他的孫女所生的，但這並沒有影響蔣介石與他的關係。委員長是一位慈愛的祖父，順便一提，這與毛澤東大為不同，後者幾乎毫不關心自己的子孫。蔣喜歡陽明山上熱鬧的家庭野餐與節日大餐，有時他自己也會為全家人做飯——通常是炒飯。他喜歡穿著長袍，手持拐杖，和孩子們一起沿著山路漫步，一邊還朗誦著唐代詩人李白、杜甫、王維、孟浩然等人的詩句。[51]

一九六一年五月，華盛頓傳來好消息。甘迺迪致信蔣介石，向他保證，「美國將一如既往地履行其根據《共同防禦條約》對中華民國政府的義務，堅守其不承認中共的立場，反對中共在聯合國占有席位，支持中華民國政府在聯合國的代表權，並忠實履行其向中華民國政府提供經濟援助的承諾」。[52]此信是副總統詹森（Lyndon B. Johnson）親自交到蔣手上的。詹森與其美麗的妻子「淑女鳥」（Lady Bird）（譯注：詹森夫人從小就有的暱稱，或稱「小瓢蟲」），以及甘迺迪之姊姊、姊夫，於五月十四日至十五日，一起花了二十三個小時訪問臺北。

本來一切應該都很好，但在一九六〇年代初，蔣開始有一些嚴重的健康問題。他需要動手術來切除肥大的前列腺，一九六二年，焦慮不安的美齡寫信給她的兄長宋子文，要求他在美國找一個優秀的泌尿外科醫生。宋子文迅速著手，專程來臺的外科醫生，順利地完成了手術。但術後蔣花了很長時間才完全康復。美齡非常緊張，因此請她最喜歡的外甥女孔令偉從紐約來，讓她開心起來。孔令偉住進士林官邸蔣氏夫妻正房旁一棟兩層樓的招待所。在美齡的要求下，她負責管理整個官邸，並要求僕人稱她孔總經理。據說此後連蔣本人和經國都開始這麼叫她。她仍然和從前一樣穿著男裝，那些因為她強勢的性格而憎恨她的僕人，在她背後八卦，說在愛情一事上，她寧要女人而不要男人。[53]美齡試圖把她嫁出去，但徒勞無功。[54]

一九六三年春，甘迺迪再次煽動起蔣介石的怒火。四月底，美國總統和國務卿魯斯克，在記者招待會上宣布，他們打算「改善」與中華人民共和國的關係。[55]蔣極為憤怒。只有一九六三年五月二十二日又一個孫子的出生，才讓他的心情稍稍好轉。經過很長的一段時間，終於是由緯國帶給他一個新的、但也是最後的一個孫子。欣喜的祖父給他取名孝剛。[56]在洗禮時，孩子被命名為Gregory。他比他大堂兄的女兒友梅、大表姊的兒子祖聲小兩歲。

當然，另一個孫子的出生，並不會讓蔣介石長久擺脫黯黑的想法。一九六三年七月，由於和甘迺迪嘔氣，他決定下一局險棋：開始與蘇聯就聯合反毛進行祕密談判。那時他得知長期以來赫魯雪夫與毛澤東之間的衝突很嚴重，因此他決定與赫魯雪夫聯手，共同打擊中共。在他的指示下，臺灣有關部門開始試探可行性，但這時沒有得到任何結果。[57]

同時，一九六三年秋，蔣介石召開國民黨第九次全國代表大會。日期是十一月十一日至二十二日，與會者共有九百九十六人（六百名代表和三百九十六名來賓），代表六十六萬七千名國民黨員。自一九五七年第八次全國代表大會以來，共增加了十五萬七千一百三十六名黨員。年齡在四十歲以下的年輕成員現在略高於七〇%（超過四十七萬二千人）。工人和農民占二三%（超過十五萬人），比一九五七年減少了三%。總的來說，國民黨員占島上一千一百多萬居民的五．八%。[58]

雖然蔣介石已屆七十七歲高齡，但他還是再次被一致推選為總裁。陳誠也再次成為他的副手，蔣經國成為中央委員會的一員。（後者包括七十四人——六十人被選出，十四人由蔣介石任命。）中央委員會候選人人數從二十五人增加到三十五人，蔣介石選出的中央評議委員會成員從七十六人增加到一百四十四人（美齡再次成為委員之一）。在大會後的第一次全體會議上，蔣經國再次成為十五位常務委員中的一位。[59]在對國民大會發表的演講中，蔣介石說，當前中國國民黨是從一九一一年辛亥革命以來最強大的時候。[60]依蔣介石的提議，大會通過了《反共建國共同行動綱領》，其理念基礎是將臺灣境內外所有的中國人，團結在一個反共建國聯盟之下。[61]

大會結束後的第二天早上，蔣介石收到消息，讓他心裡五味雜陳。十一月二十二日中午十二點三十分，有人企圖謀刺美國總統，半小時後甘迺迪總統在醫院去世。如前所述，蔣並不喜歡甘迺迪。而自一九六三年十一月初開始，在南越總統吳廷琰遇刺後，他的冷淡轉而為敵視。蔣介石可能並不確定中情局是否參與了暗殺行動，但甘迺迪對西貢獨裁者之死應負責任的傳言，肯定已經傳到了他耳裡。[62]

不過一年以後，在甘迺迪的弟弟羅伯的要求下，蔣介石為逝者的紀念圖書館寫了一篇簡短的回憶文（英文譯本四頁），文中他圓融地指出，在一九六〇年的總統競選期間，他已經「開始非常敬重他〔甘迺迪〕的幹勁、才華、充沛的精力，和在任何情況下找到出路的能力」。他甚至宣稱，他「認為甘迺迪總統是美國總統中的『第二個林肯』」，並不是因為他也被刺殺了，而是因為他「試圖恢復共產黨奴役下的十億人民的自由和希望」。[63]

至於新任美國總統詹森，蔣介石從他一九六一年五月十五日訪問臺灣時起，顯然就與他建立了良好的關係。起初當詹森飛抵臺北時，蔣介石對他很冷淡，因為他認為作為甘迺迪政府的一員，詹森此行只是來「訓斥和責怪他和美齡，或給他們帶來美國援助即將減少的壞消息」。[64]但很快就清楚事情並非如此，像之前的艾森豪一樣，詹森對蔣氏夫妻和臺灣局勢留下良好的印象，強調臺灣政府在經濟領域取得「巨大成功」，特別是在「實現土地改革和發展灌溉系統」上，還有在「教育」方面。他也注意到臺灣人生活水準的提高。「永遠不能指望共產黨能在耕者有其田上取得成功」，他說。[65]

對蔣介石來說不幸的是，詹森終究也是「一個不好搞的人」。[66]一九六四年五月二十八日，美國國務院新聞司司長菲力浦斯（Richard I. Phillips）在沒有事先與蔣介石協商的情況下宣布，「由於中華民國在臺灣的經濟穩健地成長」，美國將從一九六五年六月起終止對臺經濟援助。[67]一九六五年夏天，美國大使賴特（Jerauld Wright）上將宣布，臺灣終於從美援中「畢業」。他還表示，臺灣的發展是「當今時代的奇蹟之一」。[68]一九六六年二月，《讀者文摘》稱讚臺灣是「亞洲最新的經濟奇蹟」，證明其具有「主要依靠民營企業來獲得經濟增長的智慧」。[69]到一九七〇年，軍事援助也將從每年一億美元減少到三千萬美元。蔣也得到消息，詹森還決定繼續甘迺迪的對中共搭起溝通橋梁的政策。[70]

這一切都十分令人不安，特別是因為東亞的國際局勢很快地急遽惡化下去。一九六四年十月十六日下午三時，中共在新疆羅布泊沙漠的馬蘭試驗場，成功完成了核子武器測試。當然，蔣介石雖然表面上不動聲色，但他其實非常焦慮。他早就認為毛澤東能夠製造出原子彈，因此早在一九五八年十二月，他就下令開始製造臺灣自己的原子彈。[71]這項命令是祕密的——即使是對美國人，因為他們當然不希望看到核子武器擴散。

臺灣早前並沒有製造出核子彈，也沒有和中共同時製造出來，因此，蔣介石一方面加緊製造核子武器，另一方面要求美國新任總統允許他派遣一批破壞者，到中國大陸摧毀他們的核子設施基地。他認為，這是「終結核子威脅的唯一方式，並進一步摧毀一個給我們地區帶來無數災難的政權」。[72]但詹森不同意他這樣做。

一九六四至一九六五年，美國人越來越深陷南越亂局，當地的共黨游擊隊和從北越滲透下來的游擊隊，正在對美國支持的政府發動戰爭。一九六三年十一月二日吳廷琰去世後，一個接一個的總統在西貢上臺，直到一九六五年六月十四日，在美國的支持下，阮文紹將軍才牢牢地確立了自己國家元首的地位。但是，即使在阮上臺後，南越的軍事和政治局勢仍然十分危急，因此，一九六五年七月二十八日，詹森派出一支龐大的美軍隊伍到那兒。結果美國完全陷入印度支那的戰局，而這與蔣介石對毛澤東的計畫背道而馳。

值得注意的是，在一年以前，蔣介石曾致信詹森，警告美國總統，如果捲入印度支那戰事，只會激起越南對美國的仇恨，美國所面對的，將是曠日持久的消耗戰。他試圖勸止詹森踏出這魯莽的一步，但詹森聽不進去。[73]然後蔣介石提議派遣自己的軍隊去越南，但遭到拒絕。他的提議純粹是做做樣子，就像他曾提議向韓國派遣兩個師一樣。事實上，他認為越南人應該解決自己的事情。[74]

與此同時，一九六六年到來，這是蔣介石第四次當選臺灣總統。他現在已經七十八歲了，不清楚他為什麼只要再連任六年，而不是讓國民大會直接宣布他為終身總統。就連美國人也非常清楚，臺灣的選舉是對民主的褻瀆，因為沒有理由把中華民國形容為一個民主國家。但在普遍認可民主價值的當代世界，所有的獨裁者顯然都喜歡這一套。每隔個幾年，他們就需要確認所有的人民，或者至少，整個國會都「愛戴」他們。

唉！他們距離古代的君子太遠了，孔子曾說：「君子求諸己，小人求諸人。」[75]

第二十四章
感傷與希望

一九六六年二月選舉總統之前，蔣介石再次「故作姿態」，表示他不再參選，他當然必須再一次表現出「謙虛的」樣子，這樣才能符合中國的傳統。但國民黨中央機關當然會再提名他，讓他「被迫」同意。三月分舉行的選舉，他獲得了國民大會代表一千四百二十五張選票中的一千四百零五張（九八・六％）。陳誠將軍當時已經去世（一九六五年三月五日），因此蔣介石提名了一位新的副總統候選人。他是嚴家淦，在西方被稱為C. K. Yen，一個六十歲擁有化學學位的人，自一九五〇年以來，他曾擔任各項公職，包括經濟和財政部部長。一九六三年十二月下旬，他接替罹病的陳誠擔任行政院院長。在選舉中，他獲得了一千四百一十六票中的七百八十二票（五五・二％）。[1]

根據美聯社記者的一則報導，蔣介石的當選讓「全國各地一片歡欣鼓舞」。在臺北和其他城市的街頭，有煙火表演，人們在路上手舞足蹈，互相祝賀。大約兩萬五千人聚集在臺北市中心，在數十個鼓樂隊的伴奏下，唱了一支又一支的歌曲，然後分成幾列，在飄揚的旗幟下，「穿過首都的大街小巷遊行」。[2]

如果臺灣的選舉真的是民主的話，很難說蔣介石是否會獲得多數選票，或是人們是否真的會為他的勝選而欣喜。眾所周知，許多土生土長的臺灣人不能原諒一九四七年發生的屠殺事件。此外，地方民眾對從大陸過來的國民政府人員，控制了所有強勢的政府機構感到不滿。「唐山人」（大陸人）在國民黨內也占多數——七〇％。[3]然而，大多數居住在島內的人不得不承認，在過去的十五年裡（從國民政府遷臺開始），他們的生活有了顯著改善。在一九五一至一九六五年間，臺灣經濟成長率在亞洲僅次於日本。國民生產總額年均增長率為七．六％，人均年增長為四．二％。即使在一九五六年，一個強烈颱風對國民經濟造成巨大破壞時，國民生產總額也增長了四％。從一九五一至一九六三年，農產品產量增長了八二％，工業生產增長了三二四％。工業總產值占國民生產總值的比率從二八％增加到四九％。一九六〇年代中期，臺灣當局開始建立加工出口區，這與十三年後，鄧小平顯然仿照蔣介石的實驗，授權建立經濟特區非常類似。這些出口特區營造出有利的投資環境，來吸引外國投資，生產出的貨物既不課稅也不徵收關稅。區內的外國或合資企業必須為出口而生產貨品。貨幣市場相當穩定，對美元的匯率是四十元臺幣對一美元。當然，如果沒有美國提供的巨大財政、經濟和軍事援助，這種成就是不可能的，在一九五一年至一九六五年期間，美援的總額達一兆四千四百三十億美元。[4]此外，如果不是美國保障臺灣的安全，臺灣是否能取得這樣的進展也是值得懷疑的。

不過，當然是蔣介石本人的政策，扮演了關鍵性角色。因為正如吾人所知，在他的領導下，農民取得了土地，城市居民有機會獲得廉價貸款，自由做買賣，而不必擔心員警的任意干擾、官員的貪腐，以及來自國家或私人壟斷的激烈競爭。

此時在社會發展方面也有明顯的成果。首先可見諸於公共衛生和教育面。迄至一九六三年，臺灣衛生當局已徹底消滅瘧疾的流行，並成功地將結核病死亡率降低了七五％。由於全面教育制度的發展，識字率從五七％增加到七六％。城市人口比率從一九五五年的三一％，增加到一九六三年的三五％。報紙發行量從三十五萬份增加到七十五萬份，每千名臺灣人中就擁有四百九十台收音機（一九五一年，每千名只有三十一台）。擁有私人電話的臺灣人從一萬分之二十九，增加到一萬分之一百二十一。由於生活條件與品質的改善，每年出生率增加了三．三％，男子的平均壽命從五十

一．七歲增加到六十五．二歲，婦女的平均壽命從五十四．七歲增加到六十七．六歲。迄至一九六五年，臺灣的人口已達一千二百六十萬。[5]

當然，臺灣人民非常清楚，他們的生活水準高於他們在中國共產黨統治下的兄弟姊妹。他們每天都聽聞他們的同胞如何在「大躍進」後死於飢餓。一九六六年四月開始，又突如其來地傳來所謂無產階級文化大革命的消息。焦急的臺灣人驚恐地得知，在毛澤東的煽動下，無數中國青年砸毀大學和其他教育文化中心、千年文明遺址與宗教聖地，褻瀆孔子和其他歷史人物的墓地，推翻權威，號召世界革命，與寧靜的臺灣形成鮮明對比。此外，毛澤東治下的中國，籠罩在文化大革命的烈焰中，已經對國家構成威脅，完全無法預料其後續發展。這一切迫使臺灣人民團結在國民黨及其領導人周圍。

蔣介石當然知道如何操弄民眾的情緒。他總是向他們強調，反毛澤東革命即將在中國大陸爆發，在共產黨奴役下的大陸人民，將在國民黨羽翼下尋求庇護。蔣利用一切機會詆毀毛澤東政權。一九六六年十月七日，蔣介石號召世界上所有基督徒「團結起來，反對利用紅衛兵破壞中國大陸宗教自由的北京政府」。他要求「重重打擊中國共產黨」。[6]他心中想的「重重打擊」是什麼，並不得而知，但無論如何，他所訴求的聽起來並不很基督教。

三天後，蔣介石透過廣播向中共部隊官兵發表講話，呼籲他們起來反抗北京當局。他宣稱，一旦發生起義，他可以「在八小時內」將軍隊部署到大陸，並承諾所有參加起義的人，「享受國軍同等的待遇」。[7]不幸的是，蔣的美國保護者一如既往地拒絕支持他發動戰爭的計畫。此外，一九六六年七月十二日，詹森甚至公開呼籲與中國建立和平關係，聲稱「只要中國大陸七億人民被他們的統治者孤立於世界之外，亞洲就永遠不可能實現持久和平」。[8]與此同時，美國繼續在華沙與中國共產黨進行大使級會談（一九五五年至一九六八年期間，舉行了一百三十四次會議）。

一九六七年春天再一次進行總統競選活動的尼克森，也沒能讓蔣介石可以期望美國政策會有所改變。一九六七年十月，一向被蔣視為朋友的共和黨領袖尼克森，在《外交事務》（*Foreign Affairs*）雜誌上發文，表示希望改善與毛澤東的關係，這讓蔣極為震驚。[9]此文的發表對年事已高的蔣帶來巨大的衝擊，他心煩意亂。當然，他希望自一九五三年以來，作為蔣家的私人客人，並與他們保持友好關係的尼克森，[10]不會背叛他們，並在入主白宮後延續艾森豪的政策，堅決捍衛臺灣的利益。根據一些消息來源，蔣介石盡了一切力量支持尼克森的競選活動，甚至向共和黨捐了大筆資金。[11]但一年後，一九六八年夏天，這位高齡的國民黨領袖，決定再次嘗試與蘇聯達成相互諒解。此時，赫魯雪夫已經在一九六四年十月失勢下臺，蔣介石開始把希望寄託在蘇聯新領導人布里茲涅夫（Leonid Ilych Brezhnev）身上，特別是因為一九六五年四月，一位在聯合國工作的蘇聯外交官，曾試圖與該組織的一名臺灣代表建立對話。當時蔣介石態度保守，所以並未有任何進展。但在一九六八年七月，他祕密命令臺灣駐墨西哥大使館的一位祕書，與蘇聯外交官建立適當的聯繫。此人開始與蘇聯大使館一等祕書會談，在一次談話中，顯然是出於上級的授意，這位蘇聯官員說中國問題是蘇聯政府的「主要頭痛」。此外，他還說，「我們已經承認我們之前對中國的政策是錯誤的」。[12]

會談是在蔣介石對美國越來越失望的背景下進行的。一九六八年八月，他的朋友尼克森在獲得提名後不久宣布：「我們不能忘記中國。我們必須一直找機會與它交談……我們不能只坐待變化，而是必須追求改變。」[13]尼克森在十一月贏得總統大選，蔣介石開始等待他重新檢視他在競選期間發表的聲明。但是並沒有動靜。

事實上，尼克森對與北京關係正常化非常感興趣。現實情況是，到一九七〇年代，美國在越南的戰爭已經完全陷入僵局，他急需北京的協助。他知道，美國軍隊遲早要從中南半島撤出，但他不希望這樣做看起來像是失敗。越共（南越游擊隊）和北越能為親美的西貢政權提供某種保證，對他來說是非常重要的。只有這樣，他才能在「問心無愧」下，下令撤離。這就是為什麼他需要毛澤東。他希望毛澤東向他的越南同志施加壓力，迫使他們做出讓步。同樣的，尼克森也指望利用莫斯科，承諾他們為回報蘇聯協助解決越南問題，將緩和雙方關係並提供糧食援助。[14]

一九六八年十月十九日，蔣介石在日記中寫道：「個人蒙受舉世侮辱，而以被美欺詐賣弄不知其極。此乃國、家、身世有史以來未有之恥辱，若不再醒悟興起，痛下決心，則光復無望，終成為美國之鬥犬，其將何以對國、對民與對先人在天之靈也。愧悔何益，惟有自今開始，對美絕望，決另起爐灶，以圖自救與自主，尚不為過晚乎。」[15]只要朝這個方向再邁出幾步，蔣介石就可能真的成了俄羅斯的朋友。一九六八年十月，蘇聯國家安全委員會的一位官員路易士（Victor Evgenievich Louis）以英國《晚報》記者的掩護身分來到臺北。蔣介石親自批准了這次訪問，因為他對會談取得成功非常感興趣。根據他的指示，與路易士的所有會晤都由經國負責，十月二十九日，他甚至親自面見了這位莫斯科特使。路易士直率地告訴經國，莫斯科將支持國民黨入侵中國大陸，但有一個先決條件：國民政府在返回大陸後，必須允許一個親蘇的中國共產黨的存在。蔣介石很失望。在克里姆林宮領導人多次試圖欺騙他、讓他損失慘重之後，他對這個建議充滿懷疑，認為蘇聯新領導人也只是想利用國民黨來打敗他們的敵人（這一次是毛澤東），之後他們將在中國建立一個新的傀儡：親莫斯科的中國共產黨。然而，他並沒有中止會談。中華民國行政院新聞局局長魏景蒙是他的代表，又和路易士會晤了兩次，不過不在臺灣，而是在歐洲：一九六九年五月在羅馬，一九七〇年十月在維也納。

蔣介石希望蘇聯向臺灣提供攻擊性武器，而且不惜一切代價，但結果卻一無所獲。他知道是什麼原因。因為他的情報部門告訴他，蘇聯領導人對在反毛一事上與中華民國建立聯盟的意見不一致。只有政治局的兩名成員積極支持與蔣介石結盟：佩爾謝（Arvid Yanovich Pelshe）和謝列平（Aleksandr Nikolaevich Shelepin）。前者是黨監察委員會主席，後者是全聯盟工會中央理事會主席。但部長會議主席科西金（Aleksei Nikolaevich Kosygin）堅決反對，他希望恢復與中華人民共和國的關係。結果布里茲涅夫沒有做出任何決定，而蔣介石對蘇聯失去了興趣，下令結束會談。[16]

即使科西金不反對與臺灣結盟，和路易士的會談會產生什麼結果也很值得懷疑。畢竟，蔣介石從未真正決定發動對中國大陸的反攻，因為他沒有機會打敗擁有核子武器的毛澤東。沒錯，一九六九年三月，他曾懷抱夢想，希望蘇聯不僅會供給他武器，而且還會採取行動，打擊中共的核子部署地點。當時，中蘇兩國爆發了武裝衝突。中蘇邊防部隊在烏蘇里江的珍寶島上展開了戰鬥。雙方各有數十人死傷。蔣介石開始狂熱地關注事態的發展，並指示臺灣的大眾媒體改變對蘇聯的敵對看法。整個臺灣媒體慢慢開始對與中國發生衝突的俄國表示同情。[17]當然，蔣介石並不知道，當時蘇聯政治局成員真的考慮過摧毀中國核子目標，蘇聯國防部部長格雷奇科（Andrei Antonovich Grechko）堅持要以核子彈襲擊中國的工業中心。但從經驗中獲得智慧的蔣介石，也認為這是有其可能性的。然而，布里茲涅夫下不了決心，最終只是發出命令，用「冰雹」火箭砲（Grad artillery）對中國領土進行十二英里深的大規模攻擊。一九六九年四月、五月、六月和八月，遠東和新疆邊境地區都發生了新的衝突。但事情也就到此結束。

同時，一九六九年三月下旬，蔣介石召開了國民黨第十次代表大會。日期是三月二十九日至四月九日，地點在雄偉的中山樓，那是三年前在陽明山建造完成的。參加會議的有一千一百九十八人，包括代表九十一萬九千三百二十七名黨員的五百九十六名代表。自一九六三年九全大會以來，國民黨增加了二十五萬二千三百二十七名黨員。工人與農民像以前一樣，占黨員的二三％，婦女也依然很少，只有略高於從前九％。沒有四十歲以下的年輕黨員人數資料，但三十五歲以下的黨員占三九％。在黨員中，五六％的人受過中高等教育。[18]蔣主持了開幕式和閉幕式。在三月二十九日的講話中，他呼籲全體黨員和全國人民，完成三項任務：「全面革新，鞏固復興基地；團結一致，剷除匪共；重建倫理、民主、科學的三民主義新中國。」[19]

大會通過新黨章，取消副總裁一職。同時，成立了由十一人組成的中央顧問委員會主席團。美齡是主席團成員之一，其他還有一些著名的老黨員，包括孫科、何應欽、張羣，和一九六六年從美國回到臺灣的陳立夫。中央評議委員會本身的委員從一百四十四個增加到一百五十四個。中央委員會也從七十四名委員擴大到九十九名委員，候補委員從三十五名增加到五十一名。蔣介石自然又被一致推選為總裁。和以前一樣，經國被納入中央委員會，並在大會後的第一次中央全會上，獲選為包括二十一名成員的常務委員會的一員。[20]

和往常一樣，這次大會進行順利，沒有意外，也不可能有意外，因為黨員們已習慣服從領導人。但是，國際局勢依然波譎雲詭。在大會召開前夕，華盛頓再次傳來更多的壞消息。三月二十七日，美國新任國務卿羅傑斯（William P. Rogers）在參議院外交關係委員會作證時說：「如果不仔細考慮我們與其他所謂超級大國〔蘇聯〕的關係，以及共產中國的潛在力量，我們就難想像如何在中東、越南及裁軍等基本問題上繼續前行……我們……依然期待我們能夠取得有益的對話時機，以能緩和緊張局勢，解決分歧，並且〔與中國〕建立更具建設性的關係。」[21]但現在，在一九六五年一月二十五日擔任臺灣國防部部長、一九六九年七月一日出任行政院副院長的經國，負責處理中美關係。蔣介石此時對經國特別親近，而同時之間和緯國的關係則冷淡下來。感情的變化與一九六四年一月二十一日的事件有關。實情是，一九六三年蔣次子接任陸軍指揮參謀學院院長一職，而接手其原職之陸軍裝甲兵副司令（時任代理司令）的趙志華少將，突然在離臺北不遠的湖口基地發動一起反政府事變，趙很快被自己的下屬逮捕，兵變一事無成，但蔣介石無法原諒此一叛徒是緯國所推薦的。緯國對於讓父親失望深感惶惑，並心有悽悽地告訴他的朋友：「現在龍是豬狗不如啊。」如前所述，緯國出生於龍年（一九一六年），蔣介石生於豬年（一八八七年），而經國生於狗年（一九一〇年）。[22]

蔣介石現在常常逗留在陽明山上。一九六九年，他決定在比他原來的草盧稍高一些的地方，建造一處新的住所，名為中興賓館。一九六九年九月十九日下午五點左右，他和美齡在山路上發生車禍。禍首是一輛美國吉普車的司機，他在一個彎道突然快速駛來。隊伍的先導車為避免迎面對撞，第一時間踩下煞車，緊隨其後的蔣的豪華凱迪拉克，撞上了該車車尾。蔣和美齡沒有繫安全帶，他們被拋高，用力撞上車頂，之後又往前衝，撞上分隔乘客艙與司機的鋼隔板。美齡胳膊和腿受傷，八十二歲的蔣面部重創。他的假牙從嘴裡飛了出來，傷勢不輕。兩人被送往最近的榮民醫院。

很長一段時間，美齡無法站立，在床上躺了幾個月。蔣介石的創傷很快就過去，但過了一陣子，他的醫生熊丸發現他的心臟大動脈有雜音。從那時起，蔣身體開始走下坡，經常抱怨他的胸腔疼痛並有灼熱感。這位經驗豐富並且自一九四三年以來就一直跟著蔣的醫師，了解到蔣主動脈瓣受損。他盡了一切努力，但蔣介石的年齡和車禍後遺症帶來的緊張壓力，使委員長沒有恢復的機會。此外，蔣的前列腺再次出現問題。他又做了一次手術，但這次手術沒有成功，此後他經常血尿。[23]

當然，正如專制與極權國家的做法，蔣介石遭遇的意外和他的病情，都屬國家機密。甚至美國也要在半年後才聽聞這起事故。因此，尼克森直到一九六九年十一月中旬，才得以向蔣介石和美齡致意。[24]尼克森遲來的致意當然是可以接受的，但蔣介石和美齡都希望，與其他們寄望深重的美國總統以空話支持，他們寧願他不要再向毛澤東政府放軟身段。但事與願違。一九六九年底，尼克森將美國第七艦隊從臺灣海峽撤出，一九七〇年十月初，尼克森在接受《時代》雜誌採訪時，甚至表示他想要訪問中國大陸。「如果我死前有什麼想做的，那就是去中國，」他說，「如果我沒做到，我希望我的孩子能做到。」[25]一年後，一九七一年四月，銜毛澤東私人之命的中國乒乓球隊官員，邀請美國乒乓球隊訪華，後者乃從正在舉行第三十一屆世界乒乓球錦標賽的日本名古屋轉往中國。四月十四日，美國球員（以及參加冠軍賽且一併受邀的加拿大、哥倫比亞、英國和奈及利亞的乒乓球運動員）在人民大會堂受到熱烈歡迎。世界各國的語言增加了一個新詞彙：「乒乓外交」。[26]不久之後，一九七一年七月九日，尼克森的特別代表、總統的國家安全顧問季辛吉（Henry F. Kissinger），經巴基斯坦抵達北京。他與周恩來和中國外交部官員進行了三天的閉門會談。一九七一年七月十五日，在事先協議下，中美就會談發表聯合公報。同一天，尼克森強調，他的國家安全顧問為他帶來了周總理的邀請，他「很樂意地」接受了。[27]

這份公報真正痛擊了蔣介石。之後傳來更多可怕的新消息。十月初，銜尼克森之命飛抵臺北的加州州長雷根（Ronald Reagan），試圖向蔣介石解釋，美國必須允許中共加入聯合國。蔣介石可以選擇同意中國和臺灣在聯合國的雙重代表權，或者自動退出。在美齡的壓力下，病中的蔣介石寧願保住面子，一九七一年十月二十五日，臺灣代表團離開聯合國大樓，中共代表團就位，大會就此通過了一項合適的決議。此前一直捍衛臺灣權利的美國代表，撤回了反對意見。四個月後，一九七二年二月二十一日，美國總統和夫人抵達北京，受到毛澤東的接見。隨後，二月二十八日發表了中美聯合公報，除了闡述雙方在國際政治一系列問題上的不同立場外，還強調「中美兩國關係走向正常化是符合所有國家的利益的」。[28]

一九七二年三月，蔣介石最後一次競選總統。他現在已年高八十五，但這也許並不妨礙國民黨中央機關的成員。最初是中央評議委員會、接著是中央委員會都一致提名他，以便，如他們所說，「滿足人民的普遍願望」。[29]當然，沒有人真的去問過人民，但這並不礙事，很可能包括民眾本身也無所謂。蔣介石獲得一千三百一十六張選票中的一千三百零八張，占九九・四％。這是他多年來參加選舉的最好成績！嚴家淦第二次競選副總統，在一千三百零七張選票中獲得了一千零九十五張，占八三・八％。[30]

但經國已掌握了實權，一九七二年五月，他取代嚴家淦擔任行政院院長。蔣介石幾乎完全脫離了國家事務，一九七二年七月，他的病情越來越沉重。一次意外感冒後，儘管他接受了加護照顧，但不僅沒有好轉，反而變得更糟。他的主治醫生寫道：「我記得有一次在日月潭，蔣先生找我進去問話，當時我便發覺他說話不太清楚，可能發作過小中風的樣子。」醫生開始擔心了，於是把他送到陽明山上的新居中興賓館，那裡比較涼爽。但不幸的是風水不太好。有一回他出去散步，突然在步道上就走不動了，還是醫師和警衛拿了把椅子才把他扶回來。但他每下愈況。熊建議他住院，蔣同意了。「好，我去住院」，他急促不清地說，但卻無法站起來。他的雙腿像凍住了一樣，癱進醫生的懷裡。熊給他打了一針，讓他甦醒過來，但不得不停止住院計畫。一群醫生從鄰近的榮民醫院趕來，蔣介石開始在家接受治療。七月二十一日晚，他如常寫日記，結果這變成他最後的一次日記：「雪恥。[31]今日體力疲倦益甚，心神時覺不支。下午，安國來訪，[32]後與經兒車遊山下一匝。」[33]第二天早上，蔣轉成肺炎，開始喘氣，下午五點陷入昏迷。八月六日，他被非常小心地送進榮民總醫院第六號病房。美齡、蔣的外甥女孔令偉和經國，也都搬進醫院的鄰近病房。

與此同時，全世界各地掀起一波承認中華人民共和國的外交浪潮。一九七二年九月，日本首相田中角榮訪問毛澤東，中國大陸與日昇之國建立了外交關係。一個月後，中華人民共和國和德意志聯邦共和國之間交換大使，之後也與許多其他國家進行了交換大使。

但此時蔣已不知道這一切了，他處於昏迷中。由熊丸帶領的醫生經常包圍著他，但他們無能為力。在熊的建議下，紐約羅切斯特（Rochester）大學醫學中心心臟科主任、著名心臟病專家余南庚博士應邀前來。[34]但即使他也束手無策。蔣正慢慢步向死亡，他的動脈壓很高，呼吸也非常困難。[35]

半年後，即一九七三年一月，蔣介石從昏迷中醒過來。他恢復意識後做的第一件事就是叫經國來。他想和他討論國家大事。此後，經國每天晚上都會來向他彙報。只要太陽開始下山，蔣就會問他的醫生：「經國來了嗎？」如果答案是「是」，他就會下令準備晚餐。經國沒陪他，他就不用餐。如果緯國來到病房，蔣會給他幾分鐘的時間，然後說：「好，沒什麼要商量的，你可以走了！」[36]

一九七三年年中，他病情好轉可以下床了。他們開始用輪椅把他推到醫院庭院。不過他還是在醫院裡多待了幾個月，直到一九七三年十二月二十二日，醫生才允許他出院，回到他在士林市區的住所。[37]美齡、孔令偉和經國，以及他所有的主治醫生與護士也搬到了那裡。由於病人日益好轉，余南庚返回紐約，但熊醫生每天還是透過電話向他諮詢。

在蔣生病期間，美齡也在他不知情之下住院了。她被診斷出乳腺癌，必須切除部分乳房。[38]但她體質強健，疾病痊癒。一九七四年三月二十五日，她甚至還能參加美國大使馬康衛（Walter P. McConaughy）離臺的告別晚宴。在美齡鼓勵下，蒼白又憔悴的蔣也坐在輪椅上出席。整個醫療團隊帶著氧氣桶及藥品，在隔壁房間待命。[39]然而，不需要協助，蔣坐了整晚直到餐會結束。此後，他再也沒有公開露面。

在一九七五年四月之前，他實際上在身體上和精神上都感覺良好，心智也一直保持清明。[40]每天午餐時美齡都來看他，經國則是每天晚上來，蔣很喜歡他們的陪伴。有一次，他要求妻子和兒子一起來見他，讓他們手牽手，發誓在他死後要彼此相愛。他們不負所言，滿足了他的要求。[41]

四月初，危急時刻到來。突然之間心電圖變成平平的一直線。蔣的心臟已經停止跳動。醫生立即在靜脈注射中加藥，蔣的心臟恢復跳動。人又清醒過來。他用微弱的聲音，請一位護士為他讀誦唐代詩人所寫的有關中國傳統活動的詩句——四月四日至六日紀念死者的清明節。護士讀誦了杜牧（八〇三—八五二）的〈清明〉一詩：[42]

清明時節雨紛紛，
路上行人欲斷魂。
借問酒家何處有？
牧童遙指杏花村[43]。

（譯注：護士為老總統朗誦的，還有另一首宋朝黃庭堅的〈清明〉：
佳節清明桃李笑，野田荒塚只生愁；雷驚天地龍蛇蟄，雨足郊原草木柔。
人乞祭餘驕妾婦，士甘焚死不公侯；賢愚千載知誰是，滿眼蓬蒿共一丘。）

四月五日，經國一反常態，早上就來看他的父親。他問父親夜間睡得可好，蔣回答說他睡得很好。

「你自己以後要多休息。」他說。

經國離開了，但當然不是去休息，而是去工作。但一整天都感到心神不寧。[44]這也不是無緣無故的心神不寧。晚上八點，蔣介石病情再次急轉直下，心臟病發作，他的心臟第二次停止跳動。熊醫生在心臟注射了一針。心電圖恢復正常了，但很快又變成平平的一直線。熊又打了一針。此時美齡和經國走進房間，而蔣的心跳停止了。熊轉向美齡：「看情形是救不回來，是不是要停止急救呢？」

但美齡命令：「不！再繼續！」

倒楣的熊又花了半個小時試圖救活蔣，最後美齡終於說：「停止吧！」正在此時，窗外劃過一道閃電，一場狂風暴雨來襲，大雨傾盆自天而下，獵獵狂風呼嘯，咻咻群木亂舞。當然，這純粹是巧合，但還是非常帶有象徵意味。

蔣介石以八十八歲之齡逝世。

那些拚命搶救他的人忘了看時間。當蔣的祕書問醫生：「老總統何時仙逝？」醫師答不出來，其實他嚇壞了。這時已是四月六日凌晨二點左右，熊醫生想起他在三小時前已經開始搶救蔣，於是回答說：「四月五日晚上十一點五十分。」[45]

後記

很難不愛臺北。它什麼都有：超現代化的商業中心，寬闊的林蔭大道，以及一千六百六十七英尺的世界最高摩天大樓之一臺北一〇一，還有豪華的、著名的西式飯店。同時，熙來攘往的夜市，有無數各式各樣的攤販，出售中式傳統食物和貨品，路邊袖珍的小吃攤可以品嘗蛇肉以及任何想得到的點心。此外，還有怡人的公園、花園和河堤，商業區的小巷內，有成排的餐館和各種商店，以及弧形屋頂下的佛寺、孔廟、道觀，更有聲名赫赫的歷史與藝術博物館，包括故宮，這是世界頂尖的中國藝術博物館（國民政府在逃離大陸時，一併帶來所有最精緻的藝術作品）。熱帶的綠意籠罩著一切，到處都是五顏六色的花海，高大的棕櫚樹和樟樹林立。

建制相當晚近的臺北——才兩百年，位於蜿蜒淡水河的寬闊谷地中。北邊有一彎基隆河，南邊則有新店溪，兩者都是淡水河的支流。周遭山丘圍繞，山坡上草木密覆，四季常青，從遠處看，像一朵巨大的花椰菜。

市中心有許多日式建築，最凸顯的是玫瑰色六層樓的總統府。此建築的前方入口處，有一座一百九十七英尺高的塔樓。整個建築呈長方形，中庭分成兩等分。因此，如果從上往下俯視，看起來像個「日」字，在中文與日文中，這都是代表「太陽」的字元。日本建造了兩座像這樣的建築——兩座建築都是為了他們的殖民地總督而建。一座在韓國首都首爾，另一座在臺北。但是只有一座留存下來。一九四五年韓國擺脫殖民統治後，就把首爾的那座夷平了。日本戰敗後，陳誠的東南行政長官公署曾設在此一建築物中。一九五〇年三月，蔣介石回任中華民國總統一職後，遷進此處。

現在建築的一樓是免費博物館。平日僅開放週間的上午九點到中午十二點，但早前遊客可以繞著整棟建築走一走，看看兩個中庭，並逛逛臺灣歷史圖片展示走廊。只有國家元首或政府官員才能進入其他樓層。從入口通往二樓有一條寬大的樓梯。和以前一樣，總統辦公室也位於二樓，現在的第十四、十五任總統是一位名叫蔡英文的女性。她不只是該島歷史上第一位女總統，也是第一位不僅有中國人血脈、也有原住民血脈的總統。同時她是第二位非國民黨員的總統。自二〇一四年以來，她一直擔任民進黨主席。

自從蔣介石去世後，很多事情都變了。戒嚴法早就被廢止了，是在一九八七年七月十五日由蔣介石的兒子蔣經國廢止的，經國在他父親去世三年後當選總統。自一九九一年以來的國民大會代表、一九九二年以來的立法委員，以及一九九六年以來的總統，都一直是真正的民主選舉產生的。國民黨在總統大選中敗選已有四次。民進黨在二〇〇〇、二〇〇四、二〇一六和二〇二〇年打敗了蔣介石的國民黨。

蔣介石知道這種種事會不高興嗎？當然會的。畢竟，國民黨像是他的孩子。他會恢復戒嚴來終結這些「違法亂紀」嗎？很有可能。他嚴厲、專橫、脾氣暴烈。在他一路掌權的過程中，他對人們從不心軟。我們不會忘記他是如何在一九二七年的中國，以及一九五〇年代的臺灣，發動白色恐怖，讓成千上萬的異議分子受到逮捕和殺害。還有一九四七年，行政長官陳儀在他的核可下，實施了大屠殺。（直到一九八七年後才得以公開談論此事。）我們也還記得他在中日戰爭期間犯下的軍事罪行：他把軍事行動轉移到上海、他炸毀黃河大堤、他將長沙化為灰燼等等，造成一百五十萬以上的平民死亡。我們也知道，正是他，在中國建立了腐敗的寡頭政權，逼著一九四九年的中國走向革命。因此，他該為共產黨在中國掌權負起責任。

另一方面，正是他從大陸的失敗中汲取教訓，為臺灣目前的民主奠定了社會、經濟和文化倫理基礎。最後，他破除了寡頭政治，實行土地和其他經濟改革，確保了極高的經濟成長率，促進了占臺灣社會大多數的中產階級增長，使臺灣在生活水準方面位居發展中國家的第一名，落實了孫中山的民生主義，所有公民享有平等的財產權，又保障了國家和人民的安全。總之，正是他，指引臺灣人民走向政治自由的道路。或許他甚至願意接受當前形式的民主政治？誰知道呢？

蔣介石本人再也不能回答這個問題了。一九七五年四月十六日，他安厝於慈湖邊一座簡樸陵墓中的黑色花崗岩石棺內，此地位於臺北西南四十英里處，離他喜愛的大溪別館不遠，如前述，這裡的自然美景，總讓他回想起他的故鄉溪口。這就是為什麼他希望把他的陵寢建在這裡。

在他去世十一個小時後的一九七五年四月六日，臺灣人民和全世界都得知了他的死訊。承載他遺體的棺木，被安置於臺北市中心的國父紀念館。在向他行告別禮的十一天裡，至少有二百萬人（臺灣每六個人中就有一人）來瞻仰遺容。蔣身上覆蓋著中華民國國旗，身旁放著他最喜歡的書：聖經、孫逸仙的《三民主義》、唐詩選集和《荒漠甘泉》。成千上萬的人來送他最後一程。沿途許多人雙膝下跪，或是匍伏在地，從臺北市中心一直綿延到慈湖畔的陵寢。葬禮隊伍行進持續了三個小時。[1]

現在，人們可以搭乘廉價的臺北計程車，以不到一個小時的時間，從臺北市中心到達慈湖。然後，一條狹窄的小路帶領你沿著湖岸穿過茂密的熱帶林木。處處點綴著高大的棕櫚樹，青竹穿地而出，微風輕拂平靜的湖面。步行十分鐘後，會看到一個在熱帶濃蔭下的小石碑，上面刻著「慈湖陵寢」。再往前走兩分鐘，將到達一個小亭子的大門，進去是按照傳統四合院的形制，有一個內院，周邊圍著單層的建築物。進入門內是一個深紅漆木屏風，刻有兩個字，外側是福字，內側是壽字。屏風擋著入口，人們不能直接往前走，必須往右或往左繞過去。這也是一個傳統。之所以要繞，不是因為要擋訪客，而是要擋惡鬼，因為如一般所知，後者是只會直行的。繞過屏風，沿著扶欄走到中間的屋子。右前邊有刻著三種語言（中、英、日）的小告示：「請自行行禮，謝謝」。房間的門是開著的，最後可以看到置放在中間的黑色花崗岩石棺。棺前有一個巨大的黃色十字架，後面牆上有一幅蔣介石像。沿牆左右有四把扶手椅，顯然是為高層貴賓準備的。人們可以靜靜地站在那裡，沒有人會像在毛澤東陵墓那兒催促你向前。但是此處參觀的人，比在毛澤東陵墓的少多了。

順著同一條小路回到入口處，旁邊有一大片草坪，是一個紀念公園，陳列著幾十座已故蔣介石的雕像。有黑色、灰色、棕色，甚至鮮綠色。此處蔣介石身穿半軍服，孫逸仙也穿過類似的上衣（因此稱為中山裝），那裡蔣扶杖站著，還有穿著中式長袍坐在扶手椅上的，或者穿著軍裝，或者帶著一本書的。[2] 這些雕塑是從全國各地帶到這裡的。至少在這裡，只有風和雨對他們構成威脅。在民進黨上臺後，現在臺灣很多地方都在搗毀蔣的雕像。民主一如既往地從拆除紀念碑開始。

對當今大多數臺灣年輕人來說，蔣介石是一個血腥的獨裁者，如果不恨他，也該把他忘掉。青年看向未來，創造新英雄。但他們忽視了以下種種事實，即沒有蔣介石，現在也不會有一個繁榮的臺灣，而且一九二六至一九二八年也不會有成功的北伐、打倒軍閥、統一國家、國民革命的勝利、廢除不平等條約、恢復中國對海關的控制、取消列強的治外法權和領事裁判權；在日本侵略的十四年當中，維護中國的獨立並抵抗強敵，在第二次世界大戰期間與西方大國建立同盟關係，並獲普遍承認中國為五大強國之一。當然，蔣介石並沒有把中國變成世界地緣政治中心之一，這要靠他的歷史對手毛澤東來完成，後者在一九六〇年代讓中國與美蘇兩個超級大國平起平坐。但是蔣介石一生的成就，也不枉他人生走一遭了。

因此，無論有沒有紀念碑，蔣介石將永遠作為偉大的國民革命者留在中國和臺灣的歷史中。人們可以從許多方面來評判他，他犯了錯，也有一些罪行，但他有他的時代和社會背景。他一生都在戰鬥中，先是與滿族，然後是軍閥、共產黨與日本人。在二十世紀，他統治中國的時間比任何人都長——將近半個世紀，但幾乎一直到他遷到臺灣，他很少有一天的太平日子。即使撤退到臺灣後，他也永遠在備戰中，他必須加強防守臺灣，站穩反共的立場。

他非常不希望在歷史上被貶低為一個普通的獨裁者。「如果我作為一個獨裁者死去，」他在一九四五年五月對赫爾利大使說，「我就會像所有獨裁者一樣，在歷史上博得惡名；但如果我能建立和平、民主並統一的國家，我死後就會成為一個偉大的領袖。」[3]然而，並不是所有的蔣介石後裔都公開以他為榮，他們往往不想宣揚自己與他的親屬關係，其中許多住在西方，那是一個不同的世界，在自由開放的環境下，獨裁者並不太受歡迎。

那些很了解蔣介石，並為他感到驕傲的人早已亡故了。他的長子經國於一九八八年一月十三日過世（他同樣被奉厝在離父親不遠的一個小陵寢裡），他的次子緯國於一九九七年九月二十二日過世。他的遺孀美齡也於二〇〇三年十月二十三日長眠。此前她在丈夫去世後，搬回她鍾愛的紐約，離她的親人比較近。儘管她患有種種慢性病，但依然活到一百零六歲。身後被埋葬在紐約州芬克利夫墓園的芬克利夫陵墓的大理石墓穴，旁邊就是孔家墓穴，裡面埋有一九七三年去世的姊姊宋靄齡、一九六七年去世的姊夫孔祥熙、一九九四年去世的外甥女孔令偉，以及外甥孔令侃與孔令傑（分別於一九九二年和一九九六年去世）。離他們不遠的是美齡兄弟的墓穴：宋子文（一九七一年去世）和宋子良（一九八七年去世），以及蔣介石的老朋友張靜江。美齡去世五年後，她最大的外甥女孔令儀，被埋葬在美齡的墓穴裡。[4]

蔣介石的孫輩也大多早夭。目前七人中只有兩人還活著：他的孫女、亦即經國與方良的女兒孝章（她住在美國加州），以及經國和章亞若的兒子孝嚴（他住在臺北）。

但所有十四個曾孫和曾孫女都還健在，其中一位友梅，是經國長子孝文的女兒，她住在倫敦，是一個詩人兼藝術家。家庭同輩中她是最年長的。

蔣介石要求死後不要土葬。他相信時候到了，國民黨會打敗共產黨，國民政府將回到中國大陸，屆時把他的遺體運到中國首都南京，在那裡，他將有幸伴隨他的導師孫逸仙，一同長眠於紫金山山坡上。

因此，慈湖的小陵寢是暫時性的。在大門入口處的兩側，各有一名衛士站哨。他們頭戴鋼盔，身著儀隊制服並附白手套。牢牢地握住上了刺刀的步槍的士兵們，目光銳利，捍衛著逝者周遭的一片寧靜。蔣在他的花崗岩棺材裡沉睡。他正等著回返南京。

誌謝

如果沒有蔣經國國際學術交流基金會以及美國愛德華與瑪麗・凱薩琳・吉赫德人文學講座（Edward and Mary Catherine Gerhold Chair in Humanities）的資助，本書就永遠無法面世。我對這兩個基金會表示衷心的感謝。

我也非常樂意向我的朋友和這本書的譯者梁思文（Steven I. Levine）深致謝忱。沒有他善意的協助，本書就永遠不會出版。

我還想要感謝我在許多國家的其他的朋友與舊識，在我撰寫與出刊本書時所給予的幫忙。他們是Richard Ashbrook, Yurii Nikolaevich Arabov, Nikolai Sergeevich Arinchev, Daria Aleksandrovna Arincheva, Peter W. Bernstein, Ekaterina Borisovna Bogoslovskaia, Andy Carlson, Chen Hongmin, Chen Luyun, Ch'en San-ching, Chen Wei, Ch'en Yung-fa, Georgii Iosifovich Cherniavsky, Cui Jinke, Joseph W. Esherick, Feng Hailong, Fujishiro Kaori, Huang Tsu-chin, Guo Bin, Liubov' Spiridonovna Kaliuzhnaia, Irina Nikolaevna Kondrashina, Deborah A. Kaple, Liudmila Mikhailovna Kosheleva, Madeline G. Levine, Li Jifeng, Li Kan, Li You, Li Yuzhen, Lin Hsiao-ting, Liu Ke-ch'i, Liu Yuyi, Lü Fang-shang, Ma Zhendu, Stephen MacKinnon, Larisa Nikolaevna Malashenko, Anthony Mughen, Nina Stepanovna Pantsova, Andrei Vital'evich Petrov, R. Christian Philipps, Dexter Roberts, Larisa Aleksandrovna Rogovaia, Svetlana Markovna Rosental', John Sexton, Valerii Nikolaevich Shepelev, Boris Vadimovich Sokolov, Irina Nikolaevna Sotnikova, Kristen Stapleton, David He Sun, Yurii Tikhonovich Tutochkin, Aleksandr Iur'evich Vatlin, Wang Qisheng, Wang Wen-lung, Xiao Ruping, Yu Min-ling, and Yang Tianshi。

附錄一
蔣介石年表

一八八七年
十月三十一日　在浙江省奉化縣溪口鎮的一間商店，店主蔣肅菴及其妻王采玉得一子瑞元（其家族名為周泰）。

一八九三年
蔣介石入學於家鄉的一所私塾。

一八九五年
夏日　蔣的父親去世。

一九〇一年
蔣在母親的要求下，與毛福梅（一八八二年十一月九日出生）結婚。

一九〇三年
八月　蔣改名為志清。他沒能通過秀才考試。

一九〇三年
就讀於奉化縣的鳳麓學堂。

一九〇五年
春日　於寧波市一所新式學堂箭金公學入學。他開始認識中國民族民主運動領袖孫逸仙的思想。

一九〇六年
蔣旅居日本，就讀於清華學校，結識了同鄉陳其美，後者為孫逸仙中國革命同盟會成員。
十一月或十二月　蔣在陳其美的介紹下與孫逸仙會面。

一九〇七年

夏日　從日本回來後，加入希望到外國軍校學習的預備團體，在保定軍校接受為期六個月的密集課程。

一九〇八年

三月　回到日本，就學於軍事預備學校振武學校（進階軍事技藝學校）。

一九〇八年

在陳其美推薦下，加入孫逸仙革命同盟會。

一九〇九年

夏日　回到中國，準備反清起義。

一九一〇年

四月二十七日　兒子經國出生。

十一月　結束振武學校學業，開始在日本（本州島）高田市第十三團野戰砲兵第十九聯隊做士官候補生。

一九一一年

十月十日　武昌反君主政體起義，觸發辛亥革命。

十月下旬　乘船赴上海參加革命。

十一月　領導一支由奉化縣漁民組成的「敢死」隊，奪取浙江省會杭州。

十二月　遇見姚冶誠（生於一八八七年八月二十六日），收其為側室。

一九一二年

一月一日　中華民國宣告成立。孫中山當選為臨時大總統。

一月十四日 蔣刺孫逸仙和陳其美的對手陶成章。

二月十二日 滿清皇帝溥儀宣告退位。

二月十三日 孫逸仙辭臨時大總統。

二月十五日 袁世凱當選為臨時大總統。

三月 蔣再次前往日本。為自己取了一個新名字——介石。出版《軍聲》雜誌。

八月二十五日 孫逸仙成立國民黨。蔣加入。

一九一三年

二月 國民黨在議會選舉中獲勝。蔣回到中國。

夏日 孫逸仙與袁世凱衝突。孫開始反袁第二次革命，蔣參加。

十一月 袁世凱取締國民黨。蔣再次逃往日本。

一九一四年

七月八日 孫逸仙建立新政黨——中華革命黨。蔣加入。

一九一四年

十一月—一九一五年五月 第一次世界大戰開始後，日本作為協約國的一員，占領了德國在中國的殖民地——青島，之後向袁世凱發出最後通牒，意圖將中國變為日本殖民地。袁世凱接受日本的要求，引發了中國的反日愛國運動。

一九一五年

秋冬 蔣在上海參加新一起反袁世凱起義。

一九一六年

五月十八日　陳其美遭刺殺身亡。

六月六日　袁世凱去世。各方軍閥爭權奪利長達數年。

蔣又為自己取一名為中正。

一九一七年

九月一日　孫逸仙在廣州當選為中華民國軍政府海陸軍大元帥。

十一月七—八日　列寧和托洛斯基領導的布爾什維克黨在彼得格勒奪得政權。俄羅斯發生一場社會主義革命。

一九一八—一九一九年　蔣在粵軍中加入孫逸仙一方，參與多次華南戰役，但他與指揮官陳炯明發生了一系列衝突。

一九一九年　收養朋友戴季陶之子，為之取名為緯國，並交由側室姚冶誠撫養。

三月　以進行世界社會主義革命為宗旨的布爾什維克組織——共產國際，在莫斯科召開第一次大會。

五月四日　北京展開一場大規模學生運動，反對協約國將前德國殖民地青島轉交給日本。此後，中國出現新一波愛國、抗日熱潮。

十月十日　孫逸仙將中華革命黨改組為中國國民黨。

一九二〇—一九二一年　蔣深受布爾什維克主義吸引，並夢想訪問蘇聯。

一九二一年

四月七日　孫逸仙在廣州被推舉為中華民國非常大總統，預定於一個月後的五月五日宣誓就職。

六月十四日　蔣的母親去世。

七月二十三日—三十一日　中國共產黨第一次全國代表大會在上海和嘉興召開。

十二月　蔣納一個新的側室陳潔如（生於一九〇六年八月二十六日）。

一九二二年

六月十五—十六日　陳炯明支持者在廣州對孫逸仙發動兵變。

六月二十九日—八月十四日　蔣協助孫逸仙從廣州逃往上海。

一九二三年

一月二十六日　孫逸仙和蘇聯駐華外交使節團團長越飛，在上海簽署宣言，蘇聯承諾支持國民黨。

二月二十一日　在友孫的軍閥勢力占領廣州後，孫回到該市重建大元帥府擔任大元帥。

四月　蔣移居廣州。

八月十六日　銜孫逸仙之命，蔣擔任國民黨代表團團長前往莫斯科。

九月—十一月　與布爾什維克領導人就援助國民黨舉行會談。對布爾什維克主義完全失望，並確信布爾什維克意圖掌控中國。

一九二四年

一月二十—三十日　國民黨第一次代表大會在廣州召開，宣告國民黨與中國共產黨組成民族統一戰線。蔣以貴賓身分出席會議。

一月二十四日　孫逸仙任命蔣為陸軍軍官學校（黃埔軍校）籌備委員會委員長。
五月三日　蔣就任黃埔軍校校長。
十月十五日　平定廣州商團武裝事變。

一九二五年

二月—三月　參加國民革命軍第一次東征討伐陳炯明。
三月十二日　孫逸仙逝世。
五月三十日　英國警方在上海市南京路向中國示威民眾開槍。中國展開國民革命。
六月　回師廣西平定滇軍及桂軍。
八月二十日　孫的戰友廖仲愷遇刺身亡，汪精衛與蔣掌權。
八月二十六日　擔任國民革命軍第一軍軍長。
十月　派其子蔣經國赴蘇聯留學。
秋冬　領導第二次東征討伐陳炯明。

一九二六年

一月一日—十九日　參加國民黨在廣州市召開的第二次全國代表大會的工作。當選為國民黨中央執行委員會委員。大會結束後，進入中央常務委員會及中執會政治委員會。
三月二十日　在廣州發動不流血政變，迫使汪精衛下臺。
五月　受命為國民革命軍總司令。
七月初　受命為國民黨中執會政治委員會主席，展開北伐。

一九二七年

三月二十二日	蔣率軍進入上海。
四月十二日	在上海和華東其他地區展開血腥的白色恐怖。
四月十八日	宣布南京為中國首都。
七月十五日	汪精衛打破與共產黨之統一戰線。
八月十三日	由於國民黨內派系衝突，辭去所有職務。
十二月一日	與宋美齡（生於一八九八年三月四日）結婚。

一九二八年

一月	移居南京，再次成為國民革命軍總司令。
二月	再次擔任國民黨中執會政治委員會主席。
四月	繼續北伐，六月十五日圓滿結束。
十月十日	出任中華民國國民政府主席。
十二月	東北與中國和平統一。

一九二九年

一月一日	國民黨中央政治委員會宣布國家和社會進入訓政時期。
二月至三月	討伐桂軍。
五月	討伐馮玉祥。
九月至十二月	討伐張發奎、俞作柏、李明瑞和「改組派」。

一九三〇年

二月至十二月　討伐閻錫山。

十月　討伐馮玉祥。

十月二十三日　根據衛理公會禮儀受洗為基督徒。

十一月二十四日　擔任行政院院長。

一九三〇年底—一九三一年初　率部對華東華南中央蘇區進行第一次圍剿，但戰敗。

一九三一年

四月至五月　率部對中央蘇區進行第二次圍剿，但戰敗。

七月至九月　率部對中央蘇區進行第三次圍剿，但戰敗。

九月十八日　日本關東軍開始進占東北。

十二月十五日　由於國民黨內部派系衝突，蔣介石再次辭去所有職務。

一九三二年

一月二十二日　應政府要求，返回南京，再次領導部隊。

一月二十八日—三月三日　上海發生中日武裝衝突。

一九三三年

九月—一九三四年十月　率部對中央蘇區進行第五次圍剿，並取得勝利。中共部隊展開長征。

一九三四年

春日　在全國展開新生活運動。

一九三五年

七月—八月　第七屆共產國際大會在莫斯科舉行，通過決策，在中國建立一新的抗日統一戰線。

十月　中共完成在中國西北的長征。

十二月十六日　蔣介石再次出任行政院院長。

一九三六年

六月—九月　討伐西南軍閥。

九月　準備第六次反共圍剿。

十月　送次子緯國赴德接受軍事教育。

十二月十二日　在西安市被自己下屬逮捕（西安事變）。

十二月二十五日　在口頭保證「改組政府，三個月內召開救國大會，重組國民黨，批准與俄羅斯結盟，並且與共產黨合作」後獲釋。

一九三七年

四月十九日　長子經國及其家人從蘇俄返回。

七月七日　日本發動大規模對華戰爭。

八月十三日　在上海展開對日軍事行動。

九月二十二—二十三日　與中國共產黨建立新的統一戰線。

十二月十三日　日本占領南京。

一九三八年

一月一日　辭去行政院院長一職。

三月二十九日—四月一日　在武漢召開全國國民黨緊急會議，會中被選為國民黨總裁。

六月　下令炸毀黃河堤岸，以阻止日軍的行動。

十月二十五日　武漢淪陷。

十一月　為防日軍占領，下令燒毀長沙市。

十二月十一日　再次出任行政院院長。

十二月二十九日　汪精衛投向日本。

一九三九年

九月一日　第二次世界大戰開始。

一九四〇年

十月二十七日　次子緯國回到中國。

一九四一年

一月六日　國軍摧毀共產黨新四軍總部。

三月　羅斯福決定提供中國租借援助。

四月十三日　蘇聯與日本簽署中立條約。

六月二十二日　納粹德國攻擊蘇聯。

十二月七（八）日　日本攻擊美國。

一九四二年

一月一日　公布《聯合國宣言》。中國被列為世界四強之一。

一月三日　接受羅斯福建議，擔任中國戰區盟軍總司令一職。

二月　與夫人訪問印度，會見甘地和尼赫魯。呼籲英國「盡快」給予印度自由。

三月　史迪威中將抵華，擔任蔣的盟軍參謀總長。

一九四三年

一月十一日　美國和英國廢除了與中國的不平等條約。

三月　出版《中國之命運》與《中國經濟學說》。

八月一日　再次成為中華民國國民政府主席。

十一月二十一日—二十七日　和夫人參加開羅三強會議（美國、英國、中國）。

一九四四年

四月—十二月　日本發動「一號作戰」攻勢，占領華中，逼近中國戰時首都重慶一八五英里以內。

十月十八日　由於與蔣衝突，羅斯福召回史迪威。

十一月一日　新任盟軍參謀總長魏德邁上將抵華。

一九四五年

四月二十五日—六月二十六日　中國代表宋子文參加在舊金山舉行的國際會議，該會通過了《聯合國憲章》。

六月二十五日　辭去行政院院長一職。

八月六日　美國向日本廣島市投下原子彈。

八月九日　蘇聯軍隊越境進入東北，美國向日本長崎市投下原子彈。

八月十四日（十五日）　日本投降。

八月底—十月中旬　在重慶與毛澤東舉行和談。

十月二十四日　中國進入聯合國安全理事會，成為擁有否決權的五個常任理事國之一。

十二月二十一日　美國總統特別代表馬歇爾，試圖在中國共產黨和國民黨之間居中調解。他的調停任務失敗，於一九四七年一月八日被放棄。

一九四六年

六月　一場新的大規模內戰開始。

一九四七年

二月二十八日　經蔣的同意，臺灣省行政長官陳儀，鎮壓島內大規模的反政府示威活動。

一九四八年

四月十九日　蔣介石當選中華民國總統。

五月二十日　就任中華民國總統。

十二月十日　宣布全國實行戒嚴。

一九四九年

一月二十一日　因與共產黨戰役失利而下野。

四月—五月　中共部隊攻下南京和上海。

五月十九日　經蔣同意，新任臺灣省省主席陳誠宣佈戒嚴。

十月一日　毛澤東宣布成立中華人民共和國。

十二月十日　與長子經國一起從成都飛往臺灣。

一九五〇年

展開大規模國有企業私有化和社會改革。同時，在臺灣建立一個以「紅色威脅」為目標的恐怖政權。

三月一日　回任中華民國總統職位。

六月二十五日　韓戰爆發。

六月二十七日　杜魯門派遣美國第七艦隊進入臺灣海峽保衛臺灣。

一九五〇—一九五二年

改革國民黨，進行軍事改革。

一九五一—一九五三年

在臺灣進行最後兩個階段的土地改革。

一九五二年

十月　領導黨的第七次代表大會。再次當選總裁。

一九五四年

三月二十二日　第二次當選中華民國總統。

九月—一九五五年四月　中共砲擊臺灣離島金門和大陳。

十二月二日　美國和臺灣簽署《共同防禦條約》。

一九五五年

一月二十九日　美國國會授權總統「在他認為必要時」，使用武力保衛福爾摩沙與澎湖。

一九五六年

十二月二十五日　出版《蘇俄在中國》的回憶錄。

一九五七年

十月　領導國民黨第八次全國代表大會。再次當選總裁。

一九五八年

二月十八日　毛澤東和中共宣布「多快好省」作為黨在社會主義建設上新的總路線。三個月後，中共八屆二中全會確認此一政策。大躍進開始。

八月底　毛澤東下令開始對臺灣海峽中國民黨占領的金門和馬祖展開砲擊。

冬日　大躍進導致中國大陸爆發大規模饑荒。

一九五九年

八月底　中印邊境武裝衝突。

一九六〇年

三月二十一日　第三次當選中華民國總統。

四月　中共和蘇共之間開始公開爭論。

五月十四－十五日　接見美國總統艾森豪。

一九六三年

七月　下令臺灣情報部門試探與蘇聯舉行祕密會談的可能性。

十一月　領導國民黨九全大會。再次當選總裁。

一九六四年

十月十六日　中國大陸進行了一次成功的核子武器試驗。

一九六六年

三月二十一日　第四度當選中華民國總統。

五月十六日　中共開始無產階級文化大革命。

一九六八年

七月　批准與蘇聯代表舉行祕密會談。

一九六九年

三月二日、十五日　蘇聯和中共邊防軍在珍寶島發生武裝衝突。

三月－四月　領導國民黨十全大會。再次當選總裁。

九月十九日　夫妻發生車禍意外，醫生發現主動脈受損引起心臟雜音。

一九七一年

十月二十五日　臺灣自願退出聯合國。中華人民共和國取代其席位。

一九七二年

二月二十一日　尼克森造訪中國，與毛澤東會談。

二月二十八日　中美聯合公報在上海發布，預期兩國關係的正常化。

三月二十一日　第五度當選中華民國總統。

七月初　沉痾日深。

七月二十一日　寫下日記最後一筆。

七月二十二日　陷入昏迷。

一九七三年

一月　甦醒。

一九七四年

三月二十五日　最後一次接待外賓，即美國大使馬康衛。

一九七五年

四月五日

晚上十一點五十分

左右　因心臟病逝世。

附錄二
蔣介石系譜

父母

（蔣家第二十七代，「肇」字輩）

父親——**蔣肇聰**，號肅菴（一八四二年十一月十日—一八九五年八月二十四日）。

母親——**王采玉**（一八六四年十二月七日—一九二一年六月十四日）。

妻子

元配——**毛福梅**（一八八二年十一月九日—一九三九年十二月十三日），一九〇一年結婚。

第二任妻子——**宋美齡**（一八九八年三月四日—二〇〇三年十月二十三日），一九二七年十二月一日結婚。

側室

側室一——**姚冶誠**（一八八七年八月二十六日—一九六六年）。

側室二——**陳潔如**（一九〇六年八月二十六日—一九七一年二月二十一日）。

子女

（蔣家二十九代，「國」字輩）

長子（蔣與元配所生）——名**經國**（一九一〇年四月二十七日—一九八八年一月十三日）。

元配：**馮弗能**（一九一一—一九七二年），一九二六年底或一九二七年初結婚，一九二七年末離婚。

第二任妻子：**芬娜**（蔣方良，一九一六年五月十五日—二〇〇四年十二月十五日），一九三五年三月十五日結婚。

情婦：**章亞若**（一九一三—一九四二年八月十五日）。

次子——名**緯國**，為養子（一九一六年十月六日—一九九七年九月二十二日）。

元配：**石靜宜**（一九二四年九月二十三日—一九五三年三月二十一日），一九四五年二月六日結婚。

第二任妻子：**丘如雪**（一九三六年出生），一九五七年二月三日結婚。

養女——**蔣（陳）瑤光**（大約一九二二—二〇一二年）。

第一任丈夫：**安某**（不知名的韓國人），一九三〇年代末結婚，一九四五年失蹤。

第二任丈夫：**陸久之**（一九〇二—二〇〇八年二月十二日），一九四六年結婚。

孫輩

（蔣家第三十代，「孝」字輩）

蔣孝文（一九三五年十二月十四日—一九八九年四月十四日）。

妻：**蔣徐乃錦**（一九三七—二〇〇五年八月二十日），一九六〇年結婚。

蔣孝章（一九三八年二月十五日）。

夫：**俞揚和**（一九二四年十二月二日—二〇一〇年五月十九日），一九六〇年八月十一日結婚。

蔣孝嚴（蔣經國與章亞若所出）（一九四二年三月一日）。

妻：**黃美倫**，一九七〇年結婚。

章孝慈（蔣經國與章亞若所出）（一九四二年三月一日—一九九六年二月二十四日）

妻：**趙申德**

蔣孝武（一九四五年四月二十五日—一九九一年七月一日）。

元配：**汪長詩**（一九五一年生），一九六九年結婚，一九七五年離婚。

第二任妻：**蔡惠媚**（一九五九年生），一九八六年四月十一日結婚。

蔣孝勇（一九四八年十月二十七日—一九九六年十二月二十二日）。

妻：**蔣方智怡**（一九四九年生），一九七三年七月二十三日結婚。

蔣孝剛（蔣緯國與丘如雪所出）（一九六三年五月二十二日生）。

妻：**王倚惠**，一九八七年結婚。

陳忠人（母陳瑤光，父安某）。

陳孝（曉）人（母陳瑤光，父安某）。

陳玖莉（母陳瑤光，父陸久之）。

曾孫輩

（蔣家第三十一代，「友」字輩）

蔣友梅（父蔣孝文）一九六一年三月二十一日生。

俞祖聲（父俞揚和）一九六一年五月生。

蔣友蘭（父蔣孝武）一九七二年一月十九日生。

蔣友松（父蔣孝武）一九七三年七月二十三日生。

蔣友柏（父蔣孝勇）一九七六年九月十日生。

蔣友常（父蔣孝勇）一九七八年十一月九日生。

蔣友青（父蔣孝勇）一九九〇年六月十四日生。

蔣友涓（父蔣孝剛）一九九二年生。

蔣友捷（父蔣孝剛）一九九四年生。

蔣惠蘭（父蔣孝嚴）一九七〇年生。

蔣惠筠（父蔣孝嚴）

蔣萬安（父蔣孝嚴）一九七八年十二月二十六日生。

章勁松（父章孝慈）一九七二生。

章友菊（父章孝慈）

兄弟

（蔣家第二十八代，「瑞」字輩）

兄**蔣瑞生**（一八七五年一月三日—一九三六年十二月二十七日）。

第一任妻：**孫氏**

第二任妻：**張氏**

第三任妻：**單氏**

弟**蔣瑞青**（一八九四年十月二十六日—一八九八）。

姊妹

蔣瑞春（一八七四—一九四七年十月三十一日）。

夫：**宋周運**（一八六〇年代末或一八七〇年代初—一九三〇年代初），一八八九年結婚。

蔣瑞蓮（一八九〇年六月七日—一九三七年）。

夫：**竺芝珊**（一八九〇年代末—一九七一），一九〇七年一月二十五日結婚。

蔣瑞菊（一八九二—一八九二）。

注釋

導論

1. 見 *Foreign Relations of the United States* (hereafter – FRUS), *1947*, vol. 7 (Washington, D.C.: U. S. Government Printing Office, 1947), 360.
2. 有關此投訴，請見 Xiaobing Li（李小兵）及 Hongshan Li（李洪山）, eds., *China and the United States: A New Cold War History* (Lanham, MD: University Press of America, 1998), 201.
3. C м.: http://news.sina.com.cn/o/2013-06-13/114427386720.shtml.
4. 見 張蓉：〈蔣介石曾兩次來青島海濱散步無人認出〉，《青島日報》，二〇一四年五月二十三日。
5. 蔣介石日記，1949/2/12,20,28。Hoover Institution Archives at Stanford University (hereafter – Hoover Archives), box 47, folder 10.
6. 同前注，1949/1/29, 31 ; 2/4 , 5, 10。Hoover Archives, box 47, folders 9 and 10.
7. 同前注，1949/2/12。Hoover Archives, box 47, folder 10.
8. 同前注，1949/5/4。 Hoover Archives, box 47, folder 13.
9. 見 FRUS, *1948*, 9:1209 (Washington, D.C.: U. S. Government Printing Office, 1974), 1209. 也可見 Jonathan B. Chavanne, *The Battle for China: The U.S. Navy, Marine Corps and the Cold War in Asia, 1944-1949*, Ph. D. thesis (College Station:Texas A&M University, 2016), 247.
10. 見 Steven I. Levine, Anvil of Victory: The Communist Revolution in Manchuria, 1945–1948 (New York: Columbia University Press, 1987).
11. Harry Truman, *Strictly Personal and Confidential: The Letters Harry Truman Never Mailed*, ed. Monte M. Poen (Boston: Little, Brown, 1982), 33, 40; Harry Truman, *Off the Record: The Private Papers of Harry S. Truman*, ed. Robert H. Ferrell (Columbia: University of Missouri Press, 1980), 53. See also David McCullough, Truman (New York: Simon & Schuster, 1992), 418–19.
12. 見 Furuya Keiji, *Chiang Kai-shek: His Life and Times* (New York: St. John's University Press, 1981), 823.
13. "President Harry S. Truman's Address before a Joint Session of Congress on March 12, 1947," Harry S. Truman, *Public Papers of the Presidents of the United States: Harry S. Truman, 1947* (Washington:, Government Printing Office, 1963), 176–80.
14. 見 Charles F. Romanus and Riley Sunderland, *Stilwell's Command Problems* (Washington, D.C.: Office of the Chief of Military History, Department of the Army, 1956), 72.
15. George C. Marshall, "Memorandum for the President and Proposed Message from the President to the Generalissimo, September 16, 1944," Franklin D. Roosevelt, Papers as President: Map Room Papers, 1941-1945, Franklin D. Roosevelt Presidential Library & Museum, box 10, 53-56/220.
16. 引自 Ch'i Hsi-sheng（齊錫生），*The Much Troubled Alliance: US-China Military Cooperation During the Pacific War, 1941-1945* (Singapore: World Scientific, 2016), 563. Emphasis added by Chiang Kai-shek.
17. *FRUS 1944*, 6:265-66 (Washington, D.C.: U.S. Government Printing Office, 1967).
18. 見 Stephen R. MacKinnon and Oris Friesen, *China Reporting: An Oral History of American Journalism in the 1930s and 1940s* (Berkley, University of California Press, 1987), 161-68; Kenneth E. Shewmaker, *Americans and Chinese Communists, 1927–1945: A Persuading Encounter* (Ithaca: Cornell University Press, 1971), 239-62; Harold R. Isaacs, *The Tragedy of the Chinese Revolution,* with an introduction by Leon Trotsky (London: Secker and Warburg, 1938); Andree Malraux, *Man's Fate*, trans. Haakon Maurice Chevalie (New York: Modern Library, 1934).
19. 見 Brooks Atkinson, "Long Stem Seen, Stilwell Break Stems from Chiang Refusal to Press War Fully," *New York Times*, October 31, 1944. 最後一部分見於第四頁。
20. 見 *The New York Times*, January 27, 1984.
21. 見 Alan Brinley, *The Publisher: Henry Luce and His American Century* (New York: Alfred A. Knopf, 2010), 296-300; Patricia Neils, *China Images in the Life and Times of Henry Luce* (Savage, MD: Rowman & Littlefield, 1990), 119-52.
22. 見 Joseph W. Stilwell, *The Stilwell Papers*, arranged and ed. Theodore H. White (New York: Schocken Books, 1972); Graham Peck, *Two Kinds of Time* (Boston: Houghton Mifflin, 1950).
23. See Lloyd E. Eastman, "Fascism in Kuomintang China: The Blue Shirts." *China Quarterly* 49 (January–March 1972): 4, 20; Lloyd E. Eastman, *The Abortive Revolution: China under Nationalist Rule 1927–1937* (Cambridge: Harvard University Press, 1974), 36.
24. See Jeremy E. Taylor and Grace C. Huang, "(th)'Deep Changes in Interpretive Currents'? Chiang Kai-shek Studies in the Post-Cold War Era," *International Journal of Asian Studies* 9, no. 1 (January 2012): 106. On "fascism" in China, also see Maggie Clinton, *Revolutionary Nativism: Fascism and Culture in China, 1925–1937* (Durham: Duke University Press, 2017), 209–10; Brian Tsui, *China's Conservative Revolution: The Quest for a New Order, 1928–1949* (Cambridge: Cambridge University Press, 2018), 5–6.

25. See Jonathan Fenby, *Generalissimo: Chiang Kai-shek and the China He Lost* (London: Free Press, 2003). Thereafter references will be made to the American edition: Jonathan Fenby, *Chiang Kai-shek: China's Generalissimo and the Nation He Lost* (New York: Carrol & Graft, 2004).
26. 史迪威報告為 Theodore White 所編輯出版
27. 見 Hans J. van de Ven, *War and Nationalism in China 1925–1945* (London: RoutledgeCurzon, 2003).
28. 一九二四年日記遺失。
29. 見 Hoover Institution Archives Staff, "An Inventory of the Chiang Kai-shek Diaries 1917–1972" (manuscript).
30. 依蔣家意願，日記的某些部分，將保密到二〇三五年。
31. Fang-shang Lu（呂芳上）及 Hsiao-ting Lin（林孝庭），"Chiang Kai-shek's Diaries and Republican China: New Insights on the History of Modern China," *The Chinese Historical Review*, vol. 15, no. 2 (Fall 2008): 331.
32. 見 Jay Taylor, *The Generalissimo: Chiang Kai-shek and the Struggle for Modern China* (Cambridge MA: The Belknap Press of Harvard University Press, 2009).
33. 許多評論者已指出這一點，例如 R. Keith Schoppa, Aaron William Moore, Andrew J. Nathan, Arthur Waldron, Charles W. Hayford, Roger Thompson, Joseph W. Esherick, Yu Min-ling, Huang Ko-wu 等人與另一些學者也有相應的說法，請見 *The Journal of Asian Studies, The English Historical Review, The New Republic, China Brief, H-Diplo, Journal of Historical Biography, The Chinese Historical Review*，漢學研究，and *Journal of Modern Chinese History*.
34. 若要比較蔣介石原始日記與毛思誠的複本，請見 Ma Zhendu（馬振犢），"Chiang Kai-shek's Diary: A Comparison between the Original and Copies Compiled by Mao Sicheng – Using Entries from July 1926 as Examples," *Journal of Modern Chinese History*, vol. 5, no. 2 (Dec. 2011): 247-60.
35. 作者二〇一七年六月三日在南京與中國第二歷史檔案館館長馬振犢，及二〇一七年六月二十日在臺北與中國（大陸）社會科學院近代史研究所研究員楊天石教授訪談。

第一章　周公後裔

1. 傳統中國將每天分為十二個時辰，並依十二生肖分別命名，上午十一時至中午一時的子時，名為馬時。
2. 見 Confucius（孔子，*The Analects of Confucius*（論語），trans. and notes Simon Leys (New York: W. W. Norton, 1997), 29, 36, 93; L. S. Perelomov, *Konfutsii:Lun Yu*（孔子：論語）(Moscow: Izadatel'skaia firma "Vostochnaia literatura" RAN, 1998), 347, 409.
3. 《周易》，〔宋〕朱熹注，（上海：上海古籍出版社，一九九五），57; Ch'u Chai with Winberg Chai, eds., *I Ching: Book of Changes*, trans. J. Legge (New Hyde Park, NJ: University Books, 1964), 91. Emphasis added.
4. 《周易》，58; *I Ching*, 288. Emphasis added.
5. 有關蔣介石誕生與早年生活，係根據作者訪問溪口鎮的印象，二〇〇九年八月八日，以及溪口博物館蔣氏家族的資料。亦見 蔣介石日記，Hoover Archives, box 1, folder 18 and box 2, folder 4；蔣介石親屬寫給作者的信，二〇一四年十月二十六日；毛思誠：《民國十五年以前之蔣介石先生》（香港：龍門書店，一九六五）頁七—八；王天蒼：《溪口風光》（寧波：寧波出版社，二〇〇三）；崔曉忠：《青年蔣介石》（北京：華文出版社，二〇〇三），頁二一—一四；陳布雷：《蔣介石先生年表》（臺北：傳記文學出版社，一九七八）頁一—二；萬仁元、方慶秋編：《蔣介石年譜初稿》，第一卷（北京：檔案出版社，一九九二）頁一；程舒偉等：《蔣介石秘史》（北京：團結出版社，二〇〇七）頁九—一〇；Furuya（古屋奎二），*Chiang Kai-shek*, 3-4.
6. 見楊樹標、楊菁：《蔣介石傳（一八八七—一九四九）》（杭州：浙江大學出版社，二〇〇八）頁一—二；Taylor, *The Generalissimo*, 10-11; Hollington K. Tong（董顯光），*Chiang Kai-shek: Soldier and Statesman: Authorized Biography*, vol. 1 (Shanghai: The China Publishing Co., 1937).
7. 王天蒼：《溪口風光》，頁一三五；杜甫：《杜甫全集》（香港：廣智書局，〔一九五?〕），頁八四。
8. 見王天蒼：《溪口風光》，頁八一—八五、一三二—一三三、一三五。
9. 傳統中國新娘全身紅衣，因為紅色代表富貴吉祥。
10. 見 Hsieh Shou-kang（謝壽康），*President Chiang Kai-shek: His Childhood and Youth* (Taipei: China Cultural Service, [1954]), 15-16；崔曉忠：《青年蔣介石》頁一〇。
11. 見蔣介石親屬之一給作者的信，二〇一四年十一月十三日；蔣介石：〈先妣王太夫人事略〉，載於蔣介石：《蔣總統言論彙編》，卷二十四（臺北：正中書局，一九五六），頁六三—六四；程舒偉：《蔣介石秘史》，頁五—九；作者二〇〇九年八月八日訪問溪口鎮之印象。
12. 見「毛福梅」，《中國百科在線》，http://www.zwbk.org/MyLemmaShow.aspx?zh=zh-tw&lid=263253。
13. 蔣：〈先妣王太夫人事略〉，頁六三。關於蔣的祖父對他的關切見蔣所述的回憶，載於 S. I. Hsiung（熊式一），*The Life of Chiang Kai-shek* (London: Peter Davies, 1948), 7-9.
14. 見蔣介石日記，1929/8, Hoover Archives, box 2, folder 11; Hsiung（熊式一），*The Life of Chiang Kai-shek*, 17; 王天蒼：《溪口風光》，頁三〇—三一；陳布雷：《蔣介石先生年表》，頁三。
15. 作者二〇〇九年八月八日訪問溪口鎮印象。
16. 蔣介石日記，1917, Hoover Archives, box 1, folder 1；蔣介石：〈報國與思親〉載於蔣介石：《蔣總統言論彙編》。
17. 見 Hsieh（謝壽康），*President Chiang Kai-shek*, 29-33, 37.

18. 見 Tong（董顯光），*Chiang Kai-shek: Soldier and Statesman*, I:II.
19. 見 Pichon P. Y. Loh, *The Early Chiang Kai-shek: A Study of His Personality and Politics, 1887-1924* (New York: Columbia University Press, 1971), 9.
20. 蔣：〈先妣王太夫人事略〉，頁六四—六五。
21. 見前引文，頁六四。亦見蔣對其母的追憶亦見於《蔣總統言論彙編》，卷二十四，頁六八—七二、一四一—一四二。
22. 見毛思誠：《民國十五年以前之蔣介石先生》，頁八。
23. 蔣：〈先妣王太夫人事略〉，頁六三。
24. 《禮記》有四十九篇，四書中的《大學》與《中庸》，是從《禮記》中的兩篇獨立出來成書。
25. 見陳布雷：《蔣介石先生年表》，頁二—三；Hsiung（熊式一），*The Life of Chiang Kai-shek*, 38.
26. 引自 Tong（董顯光），*Chiang Kai-shek: Soldier and Statesman*, vol. 1, 6.
27. 見毛思誠：《民國十五年以前之蔣介石先生》，頁一四。
28. 蔣對其外婆的回憶載於 Hsiung（熊式一），*The Life of Chiang Kai-shek*, 10-12.
29. 引自毛思誠：《民國十五年以前之蔣介石先生》，頁一四。
30. 順便一提，不像包括蔣母在內的當時中國絕大多數婦女，福梅並未每天裹腳，因而能非常有效率的工作。
31. 引自 Ch'en（陳潔如），*Chiang Kai-shek's Secret Past; The Memoir of His Second Wife*, ed. and with an introduction by Lloyd E. Eastman (Boulder, CO: Westview Press, 1993), 31-2; 31-2；亦見 蔣介石日記，一九一七；Taylor, *The Generalissimo's Son*, 5-6.
32. 毛思誠：《民國十五年以前之蔣介石先生》，頁一六。
33. Loh（陸培湧），*The Early Chiang Kai-shek*, 12-13.
34. 毛思誠：《民國十五年以前之蔣介石先生》，頁一六。
35. Taylor, *The Generalissimo*, 11.
36. 據說孫文在大國大陸特別廣為人知的中山一名，是他在一八九七年到日本時，隨意取的一個假名字。當時他在旅館櫃台一眼望見一份日文報紙，上面有一字中，即中國的中，另一字山，於是他就取之為名。稍後他取用的樵之一字，除了字面上的意義之外，在日文亦有間接的、有點輕視的「謙虛之人」的意思。而結果倒完全符合儒家精神——在山中的一個謙謙君子。
37. 蔣介石日記，一九一七。
38. 喜嘉理（Charles R. Hager）會見孫逸仙與為孫施洗之回憶，見 Charles R. Hager, "Doctor Sun Yat Sen: Some Personal Reminiscences," in Lyon Sharman, *Sun Yat-sen: His Life and Its Meaning: A Critical Biography* (New York: John Day, 1934), 382-87.
39. 更多關於孫逸仙見 Marie-Claire Bergère, *Sun Yat-sen* (Stanford, CA: Stanford University Press, 1998).
40. 孫逸仙對此事的回憶見：Sun Yat-sen, *Kidnapped in London: Being the Story of My Capture, Detention at, and Release From the Chinese Legation*（《倫敦蒙難記》）(Bristol, UK: Simpkin, Marshall, Hamilton, Kent, 1897).
41. 引自崔曉忠：《青年蔣介石》，頁四五。
42. 蔣介石日記，一九一七；毛思誠：《民國十五年以前之蔣介石先生》，頁一七。
43. 蔣介石日記，一九一七。
44. Harry A. Franck, *Marco Polo Junior: The True Story of an Imaginary American Boy's Travel-adventures All over China* (New York: Century, 1929), 26；亦見 哲夫編：《寧波舊影》（寧波：寧波出版社，二〇〇四。
45. 蔣介石日記，一九一七。
46. 見「毛福梅」，《中國百科在線》。
47. 見崔曉忠：《青年蔣介石》，頁三四。
48. 蔣母引用古代中國儒家哲學家孟子（西元前三七二—二八九），英文翻譯見 Mencius, *The Works of Mencius*, trans. with critical and exegetical notes, prolegomena, and copious indexes by James Legge (New York: Dover, 1970), 313.
49. Tong（董顯光），*Chiang Kai-shek: Soldier and Statesman*, 1, vii.
50. 見前引書，頁 vii—viii、頁一二。
51. 蔣介石日記，一九一七。
52. 蔣：〈先妣王太夫人事略〉，頁六三。
53. 毛思誠：《民國十五年以前之蔣介石先生》，頁一八。

第二章 日昇之國的陰影下

1. 蔣介石日記，一九一七；山田辰雄：〈蔣介石記憶中之日本留學〉，載於黃自進，潘光哲主編：《蔣介石與現代中國的形塑》，卷一（臺北：中央研究院近代史研究所，二〇一三）。
2. 見山田辰雄：〈蔣介石記憶中之日本留學〉，頁六—七。
3. 見 Wenxin Zheng, *Sun Yat-sen and Japan, 1895-1915*, M. A. Thesis (Bowling Green, OH, 1998), 67; Marius B. Jansen, *The Japanese and Sun Yat*-sen (Cambridge, MA: Harvard University Press, 1954), 112；黃福慶：《清末留日學生》（臺北：中央研究院近代史研究所，二〇一〇，頁一七。
4. Jansen, *The Japanese and Sun Yat*-sen, 112.
5. 見 Chèn Li-fu（陳立夫）, *The Storm Clouds Clear over China: The Memoir of Ch'en Li-fu, 1900-1993* (Stanford: Stanford University Press, 1994), 23；關於陳其美，見秦孝儀編：《陳英士先生紀念集》（臺北：中央文物供應社，一九七七）；莫永明，范然：《陳英士紀年》（南京：南京大學出版社，一九九一）。
6. 見 Sun Yat-sen, *Prescriptions for Saving China: Selected Writings of Sun Yat-sen*, ed., with an Introduction and Notes Julie Lee Wei, Ramon H. Myers, Donald G. Gillin, trans. Julie Lee Wei, E-su Zen, Linda Chao (Stanford: Hoover Institution Press, [1994])；蔣介石日記，一九一七；Hsieh（謝壽康）, *President Chiang Kai-shek*, 58-63；陳錫祺編：《孫中山年譜長編》，兩卷（北京：中華書局，一九九一）；段云章，馬慶忠編：《孫中山辭典》（廣州：廣東人民出版社，一九九四）。
7. Ch'u Chai（翟楚）及 Winberg Chai（翟文伯），eds., *Book of Rites: An Encyclopedia of Ancient Ceremonial Usages, Religious Usages, Religious Creeds, and Social Institutions*, trans. James Legge, I:364-66 (New Hyde Park, NY: University Books, 1967).
8. 見 Sun Yat-sen, *Izbrannye proizvedeniia* (Selected Works), 2nd ed., revised and expanded (Moscow: Nauka, 1985), 118-20；亦見 Paul Linebarger, *The Political Doctrines of Sun Yat-sen: An Exposition of the San min chu I*, (Baltimore: Johns Hopkins University Press, 1937); Bergére, *Sun Yat-sen*; David J. Lorenzo, *Conceptions of Chinese Democracy: Reading Sun Yat-sen, Chiang Kai-shek and Chiang Ching-kuo* (Baltimore: Johns Hopkins University Press, 2013).
9. 有關蔣介石的論著中，對此次的會面有幾個不同的日期：一九〇五、一九〇六、一九〇七、一九〇八與一九〇九。但孫一九〇八、一九〇九都不在日本，而一九〇五年蔣仍在中國讀書。蔣在日記中，自己指出他是在抵達日本時和孫結識的，而那是一九〇六年。有鑒於孫在一九〇六年十月九日至一九〇七年三月四日旅居東京，而如下所論，蔣不晚於一九〇七年元月底離開日本，我們只能推論這兩位革命家的會面是在一九〇六年末。
10. 引自 Hsieh（謝壽康）, *President Chiang Kai-shek*, 70.
11. 引自 Tong（董顯光）, *Chiang Kai-shek: Soldier and Statesman*, 1: 16.
12. 有關孫逸仙的容貌見 David Strand, *An Unfinished Republic: Leading by Word and Deed in Modern China* (Berkeley: University of California Press, 2011), 33; Fernand Farjenel, *Through the Chinese Revolution: My Experience in the South and North: The Revolution of Social Life: Interviews with Party Leaders: An Unconstitutional Loan – The Coup d'État* (New York: Frederick A. Stokes, 1916), 252; S. A. Dalin, *Kitaiskie memuary: 1921-1927* (Chinese Memories: 1921-1927) (Moscow: Nauka, 1975), 109；民革中央宣傳部編：《回憶與懷念：紀念孫中山先生文章選集》（北京：華夏出版社，一九八六）。
13. 見 Hsieh（謝壽康）, *President Chiang Kai-shek*, 70；金國：《蔣介石與蔣經國、蔣緯國》（北京：東方出版社，二〇〇九）頁一五。
14. Walter Del Mar, *Around the World Through Japan* (London: A. and C. Black, 1903), 141.
15. 見 Hsieh（謝壽康）, *President Chiang Kai-shek*, 69; Taylor, *The Generalissimo*, 18.
16. 引自 Hsieh（謝壽康）, *President Chiang Kai-shek*, 63.
17. 崔曉忠：《青年蔣介石》，頁一四。
18. 蔣介石的妹婿在一九七一年逝於臺灣。
19. 蔣介石日記，一九一七。
20. 見毛思誠：《民國十五年以前之蔣介石先生》，頁二一—二二。
21. 見山田辰雄：〈蔣介石記憶中之日本留學〉，頁一一。
22. 蔣介石日記，1929/8, Hoover Archives, box 7, folder 1.
23. 同前注。
24. 引自 He Xiang-ning（何香凝），*Vospominaniia o Sun Yat-sene* (Reminiscences of Sun Yat-sen), trans. Yu. M. Garushiants (Moscow: Progress, 1966), 24.
25. 見蔣介石日記，一九一七。
26. 同前注。
27. 國史館檔案，document No. 002-050101-00001-002。亦見 毛思誠：《民國十五年以前之蔣介石先生》，頁二四。
28. 見崔曉忠：《青年蔣介石》，頁三四。
29. 如前所述，蔣介石在溪口的老家稱為豐鎬，來自於周代早期的兩個都邑：豐京與鎬京。
30. 見蔣介石日記，一九一七；Taylor, *The Generalissimo*, 19; Taylor, *The Generalissimo's Son*, 6-7；金國：《蔣介石與蔣經國、蔣緯國》，頁一二；王天蒼：《溪口風光》，

三一。

31. 蔣介石日記，一九一七。
32. 蔣介石的日文不如張羣的好，因此有時蔣會請張擔任他日文的翻譯。
33. 見山田辰雄：〈蔣介石記憶中之日本留學〉，頁一一一一二。
34. 同前注，頁一五。
35. 引自毛思誠：《民國十五以前之蔣介石先生》，頁二四。亦見蔣介石日記，一九一七。
36. 長官對他的回憶見於 Hsiung（熊式一）, *The Life of Chiang Kai-shek*, 58-61.
37. 見蔣介石日記，一九二九年八月。
38. 武士道是日本武士的軍事法典。
39. 引自 Hsiung（熊式一），*The Life of Chiang Kai-shek*, 66.
40. 見 Tong（董顯光），*Chiang Kai-shek: Soldier and Statesman*, 1: 17.

第三章 天下為公

1. 見毛思誠：《民國十五年以前之蔣介石先生》，頁二六。
2. 見應孟卿：〈奉化漁民參加光復杭州敢死隊記〉，中國人民政治協商會議浙江省委員會文史資料研究委員會編：《浙江辛亥革命回憶錄》（杭州：浙江人民出版社，一九八一），頁一八六—一九二。
3. 蔣介石日記，一九一七。
4. 見楊天石：《帝制的終結：簡明辛亥革命史》（長沙：岳麓書舍，二〇一一），頁三二八—三三〇。
5. 關於在上海的辛亥革命，見上海社會科學院歷史研究所編：《辛亥革命在上海史料選集（增訂本）》（上海：上海人民出版社，二〇一一）；姚凡：《滬軍都督：辛亥革命中的陳英士》（上海：上海文藝出版社，一九八二）。
6. 見 Brian G. Martin, *The Shanghai Green Gang: Politics and Organized Crime, 1919-1937* (Berkeley: University of California Press, 1996), 79-80, 242.
7. 見 Stella Dong, *Shanghai: The Rise and Fall of a Decadent City* (New York: Perennial, 2000), 86-88.
8. 蔣介石日記，1929/8，1931/2/10, Hoover Archives, box 7, folder 18 and box 8, folder 3.
9. 見 Martin, *The Shanghai Green Gang*, 80-81.
10. 引自 Jonathan D. Spence and Chin Anping（金安平），*The China Century: A Photographic History of the Last Hundred Years* (New York: Random House, 1996), 99.
11. 關於張靜江，見張建智：《張靜江傳》（武漢：湖北人民出版社，二〇〇四）；《張靜江先生百歲紀念集》（臺北：世界社，一九七六）；Nelson Chang et al., *The Zhangs from Nanxun: A One Hundred and Fifty Year Chronicle of a Chinese Family* (Denver: CF Press, 2010).
12. 一種中國樂器古琴。
13. 冶誠一名來自江蘇省的運河——冶長涇河，該河兩岸有蔣喜愛的本土小村莊；現在是蘇州城的一部分。
14. 見崔曉忠：《青年蔣介石》，頁八七—八八。
15. 見 Earl Albert Selle, *Donald of China* (New York: Harper & Brothers, 1948), 108.
16. 蔣介石日記，1931/2/20, Hoover Archives, box 8, folder 3.
17. 見 Mary Backus Rankin, *Early Chinese Revolutionaries: Radical Intellectuals in Shanghai and Chekiang, 1902*-1911 (Cambridge: Harvard University Press, 1971), 151-54.
18. 引自 Loh（陸培湧），*The Early Chiang Kai-shek*, 27；亦見 陶成章：《陶成章集》（北京：中華書局，一九八六）；中國人民政治協商會議浙江省委員會文史資料研究委員會：《浙江辛亥革命回憶錄》，頁一二；R. Keith Schoppa, *Chinese Elites and Political Change: Zhejiang Province in the Early Twentieth* Century (Cambridge: Harvard University Press, 1982), 148-49.
19. 蔣介石日記，1931/2/20.
20. 浙江省辛亥革命史研究會、浙江省圖書館編：《辛亥革命浙江史料選集》（杭州：浙江人民出版社，一九八二），頁三五七。
21. 引自 Jonathan D. Spence, *The Search for Modern China*, 3rd ed. (New York: W. W. Norton, 2013), 254；亦見 S. L. Tikhvinsky, ed., *Novaia istoriia Kitaia* (Modern History of China) (Moscow: Nauka, 1972), 502；陳錫祺編：《孫中山年譜長編》，卷一，頁六五四—六六一（北京：中華書局，一九九一）。
22. 蔣介石日記，1917, 1929/8, 1931/2/20.
23. 蔣介石日記，1917, 1929/8; Hsiung（熊式一）, *The Life of Chiang Kai-shek*, 74.
24. 見 Selle, *Donald of China*, 132.
25. 引自 Tikhvinsky, *Novaia istoriia Kitaia* (Modern History of China), 513；亦見 陳錫祺：《孫中山年譜長編》，卷一，頁七一四—七三五。
26. 見毛思誠：《民國十五年以前之蔣介石先生》，頁二八。

27. 見崔曉忠：《青年蔣介石》，頁八八—八九。
28. 無須說，這項選舉並非普選。只有二十一歲以上、至少擁有銀元五百元，或每年繳稅二元以上的人才能投票。大約有四千萬人或人口的一〇%投票權。見 Spence, *The Search for Modern China*, 266.
29. 蔣介石日記，1917, 1929/8, 1931/2/20.
30. 同上，1929/8.
31. 買辦是地方企業家與中人，與外國殖民者與帝國主義者有買賣關係，幫他們剝削自己國家的資源。中國當時的民族資產階級與買辦之間，沒有清楚的分界。儘管如此，所有民族主義導向的資產階級，其買賣還是與外國人有密切的關連。
32. 蔣介石日記，1931/2/20. 亦見 Furuya（古屋奎二），*Chiang Kai-shek*, 52-53.
33. 蔣介石日記，1929/8, 1931/2/20.
34. 引自蔣介石：〈陳英士先生癸丑後之革命計劃及事略〉，載於蔣：《蔣總統言論彙編》，卷二十四，頁三二。
35. 見 George T. Yu, *Party Politics in Republican China: The Kuomintang, 1912-1924* (Berkeley: University of California Press, 1966), 118; Furuya（古屋奎二），*Chiang Kai-shek*, 56-57.
36. 見崔曉忠：《青年蔣介石》，頁七四—七五。
37. 見 Bergère, *Sun Yat-sen*, 259.
38. 引自 Furuya（古屋奎二），*Chiang Kai-shek*, 57.
39. *The Sacred Books of China: The Texts of Taoism*, book 1, trans. James Legge (Oxford: Clarendon Press, 1891), 189.

第四章　孫逸仙的頑強弟子

1. 引自 Bergère, *Sun Yat-sen*, 257.
2. 引自 Yu（于子橋），*Party Politics in Republican China*, 119.
3. 見 Bergère, *Sun Yat-sen*, 257.
4. 這是列寧對孫中山的說法。V. I. Lenin, "Democracy and Narodism in China," V. I. Lenin, *Collected Works*, 18:165 (Moscow: Progress, 1975).
5. 見 Bergère, *Sun Yat-sen*, 256-69；Tong（董顯光），*Chiang Kai-shek: Soldier and Statesman*, 1: 61.
6. 客家人是許多世紀以前，在北方游牧民族壓迫下，落腳在華南的族群。但他們並未與輕視且剝削他們的本地人同化。
7. С м.: 蔣介石日記，1917, 1929/8, 1931/2/21；毛思誠：《民國十五年以前之蔣介石先生》，頁三〇—三一、三三—三四；Hsiung（熊式一），*The Life of Chiang Kai-shek*, 81-82; Hsieh, *President Chiang Kai-shek*, 106-9.
8. 引自魏宏運：《孫中山年譜（一八六六—一九二五）》（天津：天津人民出版社，一九七九），頁五五。
9. 見蔣介石日記，1929/8, 1931/2/20；毛思誠：《民國十五年以前之蔣介石先生》，頁三四—三五；Loh（陸培湧），*The Early Chiang Kai-shek*, 29, 130; Hsiung（熊式一），*The Life of Chiang Kai-shek*, 86-87；Tong（董顯光），*Chiang Kai-shek: Soldier and Statesman*, 1: 42-44.
10. 見 Bergère, *Sun Yat-sen*, 264-65.
11. 蔣介石日記，1929/8, 1931/2/20；毛思誠：《民國十五年以前之蔣介石先生》，頁三六；Hsiung（熊式一），*The Life of Chiang Kai-shek*, 88.
12. 引自 Hsiung（熊式一），*The Life of Chiang Kai-shek*, 91.
13. 蔣介石日記，一九二九年八月。
14. 引自 Hannah Pakula, *The Last Empress: Madame Chiang Kai-shek and the Birth of Modern* China (New York: Simon & Schuster, 2009), 56；亦見 Selle, *Donald of* China, 66, 139, 140, 143.
15. 見 Bergère, *Sun Yat-sen*, 250; "Dr. Sun Yat-sen Museum Tells Story of Dr. Sun's First Wife, Lu Muzhen (With Photos)," http://www.info.gov.hk/gia/general/201204/20/P201204200485.htm.
16. 引自 Edgar Snow, *Journey to the Beginning* (New York: Random House, 1958), 88.
17. 見 Taylor, *The Generalissimo*, 27.
18. 見 Snow, *Journey to the Beginning*, 88; Pakula, *The Last Empress*, 63-65.
19. 兩個弟弟宋子良（T. L. Song）與宋子安（T. A. Song），並未像美齡、靄齡、慶齡與宋子文一樣，在蔣的人生中扮演重要角色。
20. 引自「上海宋慶齡故居紀念館展示」http://www.huaxia.com/zhwh/whrd/2011/02/2300913.html.
21. 見 Hsiung（熊式一），*The Life of Chiang Kai-shek*, 95.
22. 見陳布雷：《蔣介石先生年表》，頁七。
23. 見 Yan Lu（陸延），*Pre-understanding Japan: Chinese Perspectives, 1895-1945* (Honolulu, HI: University of Hawai'i Press, 2004), 146-47, 287；沈石銘、徐勇編：《孫中山

與湖州人》（北京：團結出版社，二〇〇一），頁三六七—三六九。
24. 當時蔣與戴再次同住在一起；蔣住小屋的一樓，戴住二樓。
25. 見 Chen（陳潔如），*Chiang Kai-shek's Secret Past*, 73-75.
26. 如前述，蔣在溪口的房子名為豐鎬，是取之於周朝早期的兩個都邑之名：豐京與鎬京。蔣的長子小名為建豐。
27. 蔣子經國之名意謂從北到南統治國家，緯國意謂從東到西統治國家。由此可見蔣對其子命名所賦予的雄心壯志。
28. 見汪士淳：《千山獨行：蔣緯國的人生之旅》（臺北：天下文化，一九九六），頁二〇；蔣緯國、劉鳳翰：《蔣緯國口述自傳》（北京：中國大百科全書出版社，二〇〇八），頁一、四三。
29. 見 Loh（陸培湧），*The Early Chiang Kai-shek*, 133.
30. 見萬仁元、方慶秋：《蔣介石年譜初稿》，卷一，頁二七；Hsiung（熊式一），*The Life of Chiang Kai-shek*, 97-98.
31. 見蔣介石日記，1918/3/5,15; 1931/2/21, Hoover Archives, box 1, folder 4 and box 8, folder 3；毛思誠：《民國十五年以前之蔣介石先生》，頁五〇、五二。
32. 引自 Leslie H. Dingyan Chen, *Chen Jiongming and the Federalist Movement: Regional Leadership and Nation Building in Early Republican China* (Ann Arbor: University of Michigan Press, 1999), 65.
33. 蔣介石日記，1918/3/5, Hoover Archives, box 1, folder 4.
34. 同前，1918/4/24-30; 1918/5/1, Hoover Archives, box 1, folders 5 and 6.
35. 同前，1918/6/25, Hoover Archives, box 1, folder 7.
36. 同前，1918/7/26, 31; 1918/8/21, Hoover Archives, box 1, folder 8 and 9.
37. 引自 Hsieh（謝壽康），*President Chiang Kai-shek*, 116. 亦見萬仁元、方慶秋：《蔣介石年譜初稿》，卷一，頁三二—三三。
38. 蔣介石日記，1918/8/29, Hoover Archives, box 1, folder 9.
39. 見毛思誠：《民國十五年以前之蔣介石先生》，頁六七—七三、七五；Tong（董顯光），*Chiang Kai-shek: Soldier and Statesman*, vol. 1, 53；蔣介石日記，一九一九年三月七日、八日，Hoover Archives, box 1, folder 15.
40. 見萬仁元、方慶秋：《蔣介石年譜初稿》，卷一，頁三二—三三。
41. 引自前引書，頁三五—三六。亦見 Tong（董顯光），*Chiang Kai-shek: Soldier and Statesman*, 1: 52-54.
42. 引自 Yu（于子橋），*Party Politics in Republican* China, 157；亦見 Bergère, *Sun Yat-sen*, 279.
43. 見蔣介石日記，一九一八年後期與一九一九年前半的許多日期，Hoover Archives, box 1, folders 13-18；Hsieh（謝壽康），*President Chiang Kai-shek*, 118；張秀章：《蔣介石日記揭秘》（北京：團結出版社，二〇〇七），頁二四。
44. 蔣介石日記，1919/10/12, Hoover Archives, box 2, folder 1.
45. 孫中山致電莫斯科尚未發現。蘇俄政府透過外交人民委員齊采林（G. V. Chicherin）的回覆見 A. A. Gromyko, ed., *Dokumenty vneshnei politiki SSSR* (Documents of the USSR Foreign Policy), 1:415-16 (Moscow: Politizdat, 1957).
46. 蔣介石日記，1919/10/23; 11/5, 16, 27-29; 12/1, 2, 6-8, 12, Hoover Archives, box 2, folders 1-3；張秀章：《蔣介石日記揭秘》，頁二四。
47. 見蔣介石日記，1919/11/2-3, Hoover Archives, box 2, folder 2.
48. 同前，1919/11/16, Hoover Archives, box 2, folder 2.
49. 同前，1919/11/27-12/12; 1920/1/8; 2/26; 3/18, Hoover Archives, box 2, folder 2-6.
50. 同前，1920/3/14, Hoover Archives, box 2, folder 6.
51. 同前，一九二〇年的諸多條目，Hoover Archives, box 2, folders 4-15.
52. 同前，1920/2/24, Hoover Archives, box 2, folder 5.
53. 引自 Yang Tianshi（楊天石），"Perspectives on Chiang Kai-shek's Early Thoughts from His Unpublished Diary," Mechthild Leutner at al., eds., *The Chinese Revolution in the 1920s: Between Triumph and* Disaster (London: RoutledgeCurzon, 2002), 78.
54. A. Potapov, "O doktore Sun Yat-sene, byvshem pervom presidente Kitaiskoi respubliki," Russian State Archive of Social and Political History (hereafter – RGASPI), collection 514, inventory 1, file 6, sheet 35; See also M. L. Titarenko et al, eds., *VKP(b), Komintern i Kitai: Dokumenty* (The CPSU, Comintern and China: Documents), 1:46 (Moscow: AO "Buklet", 1994).
55. Titarenko, *VKP(b), Komintern i Kitai: Dokumenty* (The CPSU, Comintern and China: Documents), 1: 42-44, 60; Chen, *Chen Jiongming and the Federalist Movement*, 233-34.
56. G. Voitinsky, "Moi vstrechi s Sun Yat-senom" (My Meetings with Sun Yat-sen), *Pravda* (Truth), March 15, 1925.
57. 見 Titarenko, *VKP(b), Komintern i Kitai: Dokumenty* (The CPSU, Comintern and China: Documents), vol. 1, 46; He, *Vospominaniia o Sun Yat-sene* (Reminiscences of Sun Yat-sen), 60; 姜義華：《國民黨左派旗幟：廖仲愷》（上海：上海人民出版社，一九八五），頁六九—七〇。
58. He, *Vospominaniia o Sun Yat-sene* (Reminiscences of Sun Yat-sen), 60.

59. 蔣介石日記，1920/4/26, Hoover Archives, box 2, folder 5.
60. 同前，1920/5/1, 16-27; 6/6, Hoover Archives, box 2, folders 8 and 9.
61. 同前，1920/7/19, Hoover Archives, box 82, folder 10.
62. 引自毛思誠：《民國十五年以前之蔣介石先生》，頁二四七。
63. 蔣介石日記，1920/8/7, 31; 9/15, Hoover Archives, box 2, folders 11 and 12.
64. 蔣介石日記，1920/9/22; 10/1, 3, 5, Hoover Archives, box 2, folders 12 and 13.
65. 蔣介石日記，1920/10/20, Hoover Archives, box 2, folder 13.
66. Loh（陸培湧），*The Early Chiang Kai-shek,* 32.
67. 引自 Hsiung（熊式一），*The Life of Chiang Kai-shek*, 115-16.
68. 見盛永華編：《宋慶齡年譜（一八九三—一九八一）》，卷一，頁一七四（廣州：廣東人民出版社，二〇〇六）；關於廣州的歷史，見 Alexander V. Pantsov with Steven I. Levine, *Mao: The Real Story* (New York: Simon & Schuster, 2012), 131-32.
69. 蔣介石日記，1920/12/25, Hoover Archives, box 2, folder 15.
70. 引自 Hsiung（熊式一），*The Life of Chiang Kai-shek*, 118-24.
71. 蔣介石日記，1921/1/12, Hoover Archives, box 2, folder 16.
72. Hsiung（熊式一），*The Life of Chiang Kai-shek*, 124-28；亦見蔣介石日記，1921/1/6-11,13, Hoover Archives, box 2, folder 16.
73. 引自 Hsieh（謝壽康），*President Chiang Kai-shek*, 122.
74. 蔣介石日記，1921/2/19-20, Hoover Archives, box 2, folder 17.
75. 引自 Hsieh（謝壽康），*President Chiang Kai-shek*, 123.
76. 引自 Bergère, *Sun Yat-sen,* 295.
77. 見姜義華：《國民黨左派旗幟：廖仲愷》，頁六九。
78. 同前。
79. 見 Titarenko, VKP(b), *Komintern i Kitai: Dokumenty* (The CPSU, Comintern and China: Documents), 1: 60.
80. 同前，1:73.
81. 見 Pantsov with Levine, *Mao*, 101.
82. Sun（孫中山），*Izbrannye proizvedeniia* (Selected Works), 300.
83. 蔣介石日記 1921/3/3, 27; 4/3, 4, 17, 21, 27, 28; 5/1, 2, 5, 17, 21, Hoover Archives, box 2, folders 18-20.
84. 同前，1921/5/24, 27, 31, Hoover Archives, box 2, folder 20.
85. 同前，1921/6/21,Hoover Archives, box 2, folder 21；亦見 1920/5/28, Hoover Archives, box 2, folder 20.
86. 同前，1921/6/14, Hoover Archives, box 2, folder 21.
87. 見〈蔣介石全靠葬母好風水〉，http://www.csxxly.com/lywh_detail/newsId=6.html；在臺北訪問中研院近代史研究所余敏玲，二〇一五年九月二十二日。
88. 中國的一里相當於〇．三一英里。
89. 見蔣介石日記，1921/6/17, 19, 20, 23, 26, 27; 7/22, 25, 26; 8/5, Hoover Archives, box 2, folders 21-23.
90. 見呂芳上主編：《蔣中正先生年譜長編》，卷一，頁一四六（臺北：國史館，二〇一四）。
91. 蔣介石日記，1921/10/1, Hoover Archives, box 3, folder 2.
92. 見呂芳上：《蔣中正先生年譜長編》，卷一，頁一四六。
93. 見毛思誠：《民國十五年以前之蔣介石先生》，頁一三六。
94. 同前。
95. 見萬仁元、方慶秋：《蔣介石年譜初稿》，卷一，頁七三。
96. 見蔣介石日記，1921/11/28, Hoover Archives, box 3, folder 3；崔曉忠：《青年蔣介石》，頁五五—五六。
97. 引自 Hsieh（謝壽康），*President Chiang Kai-shek*, 130-31.
98. 蔣介石日記，1921/11/28, Hoover Archives, box 3, folder 3；亦見 1921/9/3, 7, 8, 10, Hoover Archives, box 3, folder 1.
99. 見毛思誠《民國十五年以前之蔣介石先生》，頁一三七。

第五章　廣州—上海—莫斯科—廣州

1. 見 Ch'en（陳潔如），*Chiang Kai-shek's Secret Past*, 83-85；作者造訪上海福壽園陳潔如墓之印象，二〇一六年四月二十三日。

2. 見 Ch'en（陳潔如），*Chiang Kai-shek's Secret Past*, 21-22, 35-85.
3. 陳潔如的書中，有許多日期錯誤。例如，她聲稱在一九二一年十二月五日的「婚禮」過後，她和蔣在華東停留了一個月以上，在一九二一年十二月一日，從上海經香港到廣州，又在十二月十日，抵達孫逸仙在桂林（廣西省）的總部。
4. 蔣介石日記，1921/12/12, 15, 18, Hoover Archives, box 3, folder 4；毛思誠：《民國十五年以前之蔣介石先生》，頁一三七。
5. 蔣的傳記作者 Jay Taylor 已指出缺少結婚證書照片，蔣的日記中也沒提到過「結婚」一事。見 Taylor, *The Generalissimo*, 604-5.
6. 見 Ch'en（陳潔如），*Chiang Kai-shek's Secret Past*, 117.
7. 有關共產國際檔案中的馬林個人檔，見 RGASPI, collection. 495, inventary. 244, file 176.
8. 有些史學家對馬林與孫逸仙談到軍事學校一事，表示懷疑，見 A. G. Yurkevich, *Moskva-Kanton, 1920-e: Pomoshch' SSSR Gomindanu i dve strategii ob"edineniia Kitaia* (Moscow-Canton, 1920s: USSR Aid to the Guomindang and Two Strategies for Uniting China) (Moscow: OOO "Variant", 2013), 96-97.
9. 見 "Otchet tov. Maringa Kominternu: Iul' 1922 g." (Com. Maring's report to the Comintern: July 1922), RGASPI, collection 514, inventory 1, file 20, sheets 85-91；張太雷，《張太雷文集》，1:330 (Beijing: Renmin chubanshe, 1981)；《中國革命史講義》（北京：中國人民大學出版社，一九八三），頁九八；Harold Isaacs, "Documents on the Comintern and the Chinese Revolution," *The China Quarterly*, vol. 45 (January-March 1971), 103-4；林鴻暖：〈張太雷〉，載於胡華編：《中共黨史人物傳》，卷四，頁八一－八二（西安：陝西人民出版社，一九八五）；廣東人民歷史保護館編：《中共三大資料》（廣州：廣東人民出版社，一九八五），頁一二；Tony Saich, *The Origins of the First United Front in China: The Role of Sneevliet (Alias Maring)*, 1:81, 216-46, 252, 317-23; 2:298 (Leiden: Brill, 1991).
10. Saich, *The Origins of the First United Front in China*,1: 317.
11. Sun（孫中山），*Izbrannye proizvedeniia* (Selected Works), 303.
12. 引自 Chiang Chung-cheng（蔣中正），*Soviet Russia in China: A Summing-up at Seventy*, trans. 在蔣介石夫人指導下，重新修訂，擴編並附地圖。(New York: Farrar, Straus and Cudahy, 1957), 17.
13. 對中國的工業化發展計畫，是孫逸仙在他一九二〇年的《實業計劃》一書中提出的。
14. Sun（孫中山），*Izbrannye proizvedeniia* (Selected Works), 303-4.
15. 更多細節，見 Pantsov with Levine, *Mao*, 89, 92-93, 98-100, 102-6；Alexander V. Pantsov and Daria A. Arincheva, *Zhizni i sud'by pervykh kitaiskikh kommunistov: Sbornik statei k 100-letiiu Kompartii Kitaia* (Lives and Fates of the First Chinese Communists: A Collection of Articles Dedicated to the 100rd Anniversary of the Chinese Communist Party) (Moscow: IDV RAN, 2021).
16. Otchet tov. G. Maringa Kominternu: Iul' 1922 g. (Report of Com. Maring to the Comintern: July 1922), 90-91.
17. 見姜華宣：〈黨的民主革命綱領的提出和國共合作策略的幾個問題〉，《近代史研究》，no. 2 (1985): 116.
18. 見 Saich, *The Origins of the First United Front in China*. vol. 1. 80；毛思誠：《民國十五年以前之蔣介石先生》，頁一四三。
19. 有謠言指稱，汪之逃過處決，全是因為他長相英俊，滿清公主對他有好感。
20. 見周聿峨、陳紅民：《胡漢民評傳》（廣州：廣東人民出版社，一九八九）；陳福霖、余炎光：《廖仲愷年譜》（長沙：湖南出版社，一九九一）；陳瑞雲：《蔣介石與汪精衛》（北京：團結出版社，二〇〇九）；陳大為：《汪精衛大傳》（北京：華文出版社，二〇一〇）。
21. 陳炯明之子在他並不全然客觀的調查中，堅稱該一謀刺案是孫逸仙親自安排的，他的追隨者同時之間也多次企圖行刺陳炯明本人。見 Chen，《陳炯明與聯邦運動》，頁一六九－一七一。但並沒有事實支持他的說法。
22. 見毛思誠：《民國十五年以前之蔣介石先生》，頁一四七－一四九；Ch'en（陳潔如），*Chiang Kai-shek's Secret Past*, 95-96；鄭闖琦：《蔣介石全紀錄：一八八七－一九七五》，卷一，頁一〇五（北京：華文出版社，二〇〇九）。
23. 見蔣介石：《蔣中正總統五記：愛記》（臺北：國史館，二〇一一），頁六。
24. Saich, *The Origins of the First United Front in China*, 1: 321.
25. 見 Bergère, *Sun Yat-sen,* 302.
26. 引自 Dalin, *Kitaiskie memuary* (Chinese Memoirs), 110.
27. 引自 Bergère, *Sun Yat-sen,* 302.
28. 引自 Ch'en（陳潔如），*Chiang Kai-shek's Secret Past.* 99.
29. 同前注，頁一〇三。
30. He, *Vospominaniia o Sun Yat-sene* (Reminiscences of Sun Yat-sen), 68.
31. 同前注，頁六五。
32. 引自毛思誠：《民國十五年以前之蔣介石先生》，頁一五四。
33. 蔣介石日記，1922/6/18, Hoover Archives, box 3, folder 10.
34. 引自 Ch'en（陳潔如），*Chiang Kai-shek's Secret Past*, 108.

35. 見蔣介石日記，1922/6/18-29, Hoover Archives, box 3, folder 10.
36. 見Loh（陸培湧），*The Early Chiang Kai-shek*, 71; Bergère, *Sun Yat-sen*, 303.
37. 見蔣介石日記，1922/7/15-23, Hoover Archives, box 3, folder 11.
38. 同前注，1922/8/9, 10, 13, 14, Hoover Archives, box 3, folder 12.
39. 引自Dalin, *Kitaiskie memuary* (Chinese Memoirs), 134.
40. 蔣介石日記，1921/10/28; 1922/11/28; 1923/2/3, Hoover Archives, box 3, folders 2, 14 and 18；楊天石：《蔣介石秘檔與蔣介石真相》（北京：社會科學文獻出版社，二〇〇二），頁二一一二三。
41. 見Titarenko, *VKP(b), the Comintern and China: Documents* (The CPSU, Comintern and China: Documents), 1: 98-103, 153-54.
42. 從西邊甘肅省（古稱隴）省會蘭州，到東邊黃海邊的海州。
43. 見Chen（陳定炎），*Chen Jiongming and the Federalist Movement*, 234.
44. 蔣介石的計畫，實質上發展出孫逸仙之紅軍入侵中國的想法。他最早在一九二〇年九月清楚表達這一計畫。如前述，孫當時提議布爾什維克侵入新疆。
45. Titarenko, *VKP(b), the Comintern and China: Documents* (The CPSU, Comintern and China: Documents), 1: 126-29, 131, 132, 139; Saich, *The Origins of the First United Front in China*, 1: 352-53.
46. Titarenko, *VKP(b), the Comintern and China: Documents* (The CPSU, Comintern and China: Documents), 1: 153. 原始訊息之俄文翻譯，對該問題是以大寫字母書寫。
47. 見Chang Kuo-t'ao（張國燾），*The Rise of the Chinese Communist Party 1921-1927: Volume One of Autobiography of Chang Kuo-t'ao* (Lawrence: University Press of Kansas, 1972), 260；徐元冬等：《中國共產黨歷史講話》（北京：中國青年出版社，一九八二），頁三六。
48. 見鄒魯：《中國國民黨史稿》（長沙：民意書局，一九三一），頁三四五一三四八。
49. 孫文：〈序〉，載於蔣介石：《孫大總統廣州蒙難記》（上海：民智書局，一九二二），插入補充。
50. 萬仁元、方慶秋編：《蔣介石年譜初稿》，卷一，頁一〇二、一〇五、一〇八、一一二。
51. Loh（陸培湧），*The Early Chiang Kai-shek*, 51.
52. 蔣介石日記，1923/2/17, Hoover Archives, box 3, folder 18；毛思誠：《民國十五年以前之蔣介石先生》，頁二二〇。
53. 毛思誠：《民國十五年以前之蔣介石先生》，頁八五。
54. 作者於二〇一七年六月四日造訪湯山蔣介石避暑別墅陶廬所見。
55. 見Donald S. Sutton, *Provincial Militarism and the Chinese Republic: The Yunnan Army, 1905-25* (Ann Arbor: University of Michigan Press, 1980), 274.
56. Titarenko, *VKP(b), the Comintern and China: Documents* (The CPSU, Comintern and China: Documents), 1: 188-204.
57. I. F. Kurdiukov et al., eds., *Sovetsko-kitaiskie otnosheniia, 1917–1957: Sbornik dokumentov* (Soviet-Chinese Relations, 1917–1957: A Documentary Collection) (Moscow: Izd-vo vostochnoi literatury, 1959), 65.
58. 墨西哥幣與中國銀元同時在中國流通，匯率為一比一。
59. Titarenko, *VKP(b), the Comintern and China: Documents* (The CPSU, Comintern and China: Documents), 1: 206.
60. 見毛思誠：《民國十五年以前之蔣介石先生》，頁一八六、一八九；萬仁元、方慶秋編：《蔣介石年譜初稿》，卷一，頁一一七。
61. 蔣介石日記，1923/3/10, Hoover Archives, box 3, folder 19；毛思誠：《民國十五年以前之蔣介石先生》，頁二二〇。
62. 蔣介石日記，1923/7/12, 14-20, 21, 22, Hoover Archives, box 3, folder 23；毛思誠：《民國十五年以前之蔣介石先生》，頁二〇〇。
63. 見Loh（陸培湧），*The Early Chiang Kai-shek*, 86-87.
64. Saich, *The Origins of the First United Front in China*, 1: 697.
65. 見蔣介石日記，1923/7/26-28, 30, 31; 1923/8/5, Hoover Archives, box 3, folder 23; box 4, folder 1; Chiang（蔣介石），*Soviet Russia in China*, 19.
66. 在代表抵達莫斯科的一個月以後，另一個從歐州來的國民黨黨員加入。因此，代表人數增至五人。
67. 孫本來想派一個國民黨老黨員張繼到莫斯科，但後來重新考慮。見Saich, *The Origins of the First United Front in China*, 2: 552.
68. 見前注，2:545, 552.
69. 見國史館檔案，document no. 002-010100-00001-001.
70. 見Allen S. Whiting, *Soviet Policies in China, 1917-1924* (New York: Columbia University Press, 1954), 243; Louis Fischer, *Men and Politics: An Autobiography* (Westport, CT: Greenwood Press, 1946), 138.
71. 見Titarenko, *VKP(b), Komintern i Kitai* (The CPSU, Comintern and China: Documents), 1: 331.
72. 蔣介石日記，1923/8/16-31；9/1, 2, Hoover Archives, box 4, folders 1 and 2.
73. 引自Ch'en（陳潔如），*Chiang Kai-shek's Secret Past*, 133.
74. 蔣介石日記，1923/9/3, 5, 6, 15, 21, 22, 24；10/3, 4, 7, 10, 18, 20, 22；11/1-3, 9, 16, 22, Hoover Archives, box 4, folders 2-4.

75. Titarenko, *VKP(b), Komintern i Kitai* (The CPSU, Comintern and China: Documents), 1: 261.
76. 見蔣介石日記，1923/10/13, Hoover Archives, box 4, folder 3.
77. 見 Titarenko, *VKP(b), Komintern i Kitai* (The CPSU, Comintern and China: Documents), 1: 263-64.
78. 見毛思誠：《民國十五年以前之蔣介石先生》，頁二四四。
79. 見前注，頁二五五、二五七—二六〇、三〇七、三三一。
80. 保存於台灣國史館的該計畫原文，最早以部分刪除刊載於 呂芳上編：《蔣中正先生年譜長編》，卷一，二〇二—二〇四。
81. Titarenko, *VKP(b), Komintern i Kitai* (The CPSU, Comintern and China: Documents), 1: 346.
82. 見前注，268-73；蔣介石日記，1923/10/16-21, Hoover Archives, box 4, folder 3.
83. A. I. Kartunova, ed., *Perepiska I. V. Stalina i G. V. Chicherina s L. M. Karakhanom*: *Dokumenty, avgust 1923 g.-1926 gg*. (Correspondence of J. V. Stalin and G. V. Chicherin with L. M. Karakhan: Documents, August 1923-1926) (Moscow: Natalis, 2008), 95.
84. Titarenko, *VKP(b), Komintern i Kitai* (The CPSU, Comintern and China: Documents), 1: 277-78.
85. Kartunova, *Perepiska I. V. Stalina i G. V. Chicherina s L. M. Karakhanom* (Correspondence of J. V. Stalin and G. V. Chicherin with L. M. Karakhan), 80, 95.
86. Ibid., 99.
87. 見 Titarenko, *VKP(b), the Comintern and China: Dokumenty* (The CPSU, Comintern and China: Documents), 1: 278-82, 306-8, 346-49, 355; Kartunova, *Perepiska I. V. Stalina i G. V. Chicherina s L. M. Karakhanom* (Correspondence of J. V. Stalin and G. V. Chicherin with L. M. Karakhan), 95, 99.
88. Titarenko, *VKP(b), the Comintern and China: Documents* (The CPSU, Comintern and China: Documents), 1: 278.
89. 例如，蔣一九二三年十一月十二日給馬林的信，載於 Saich, *The Origins of the First United Front in China*, 1: 702-3.
90. 見 Titarenko, *VKP(b), the Comintern and China: Documents* (The CPSU, Comintern and China: Documents), 1: 282; Chiang, *Riji* (Diaries), November 5 and 12, 1923, Hoover Archives, box 4, folder 4.
91. 蔣介石日記，1923/11/5, 12, 17. 如前注。
92. Titarenko, *VKP(b), the Comintern and China: Documents* (The CPSU, Comintern and China: Documents), vol. 1, 308; Kartunova, *Perepiska I. V. Stalina i G. V. Chicherina s L. M. Karakhanom* (Correspondence of J. V. Stalin and G. V. Chicherin with L. M. Karakhan), 99.
93. Titarenko, *VKP(b), the Comintern and China: Documents* (The CPSU, Comintern and China: Documents), 1: 346-48.
94. 這個決議一九六九年首度刊載。見 *Kommunist* (Communist), no. 4 (1969): 12-14.
95. 蔣介石日記，1923/11/28, Hoover Archives, box 4, folder 4.
96. 見 Chiang（蔣介石）, *Soviet Russia in China*, 24.
97. 蔣介石日記，1923/12/13-16, Hoover Archives, box 4, folder 5.
98. 見 Hsiung（熊式一），*The Life of Chiang Kai-shek,* 179；王光遠：《蔣介石在黃埔》（北京：中國文史出版社，二〇〇九），頁一。
99. Confucius（孔子），*The Analects*, 4.
100. Chiang（蔣介石），*Soviet Russia in China*, 23-24.
101. 見 Titarenko, *VKP(b), the Comintern and China: Documents* (The CPSU, Comintern and China: Documents), 1: 341; Kartunova, *Perepiska J. V. Stalina i G. V. Chicherina s L. M. Karakhanom* (Correspondence of J. V. Stalin and G. V. Chicherin with L. M. Karakhan), 157; M. I. Sladkovsky, ed., *Noveishaia istoriia Kitaia 1917-1927* (Contemporary History of China 1917-1927) (Moscow: Nauka, 1983), 159; Yurkevich, *Moskva-Kanton, 1920-e* (Moscow-Canton, 1920s), 97-98; Hsiung（熊式一），*The Life of Chiang Kai-shek*, 183.
102. 見羅家倫等編：《革命文獻》，卷八，頁九二—九七（臺北：中國國民黨黨史史料編纂委員會，一九五五）。
103. 見 A. V. Pantsov and M. F. Yuriev, "Ustanovlenie sotrudnichstva mezhdu KPK i Sun Yat-sen v 1921-1924 gg.: K istorii obrazovaniia edinogo antiimperialistichekogo fronta" (Establishment of Cooperation between the CCP and Sun Yat-sen in 1921-1924: On a History of the Formation of the Anti-imperialist United Front), in L. S. Tikhvinsky, ed., *Sun Yat-sen, 1866-1986: K 120-letiyu so dnia rozhdeniia: Sbornik statei, vospominanii i materialov* (Sun Yat-sen, 1866-1986: On the 120th Anniversary of His Birth: Collection of Articles, Reminiscences and Materials) (Moscow: Nauka, 1987), 161-62.
104. Ch'en（陳潔如），*Chiang Kai-shek's Secret Past,* 137.
105. 見毛思誠：《民國十五年以前之蔣介石先生》，頁二一八—二一九。
106. 見《南方都市報》，深圳，二〇一四年九月十六日；二〇一五年七月九日在臺北訪問陳永發教授。
107. 見毛思誠：《民國十五年以前之蔣介石先生》，頁二三二；陳福霖、余炎光：《廖仲愷年譜》，頁二四五；孫中山命令的影本見羅家倫等編：《革命文獻》，頁一〇：照片編號三（臺北：中國國民黨黨史史料編纂委員會，一九五五）。
108. 見 Loh（陸培湧），*The Early Chiang Kai-shek*, 91-92；毛思誠：《民國十五年以前之蔣介石先生》，頁二三三—二四五。
109. Chiang（蔣介石），*Soviet Russia in China*, 25.

110. 見 He（何香凝），*Vospominannia o Sun* Yat-sene (Reminiscences of Sun Yat-sen), 35.
111. 毛思誠：《民國十五年以前之蔣介石先生》，頁二三三—二四五。
112. 引自 C. Martin Wilbur, *Sun Yat-sen: Frustrated Patriot* (New York: Columbia University Press, 1976), 175.
113. 引自蔣介石的說法載於 H. G. W. Woodhead, ed., *The China Year Book 1928* (Tientsin: Tientsin Press, 1928), 1382.
114. Sun（孫中山），*Izbrannye proizvedeniia* (Selected Works), 303.
115. 引自 Wilbur, *Sun Yat*-sen, 144.
116. 孫在前一天簽署任命狀。孫中山命令的複印本見羅家倫等編：《革命文獻》，頁八：照片編號四。
117. 見毛思誠：《民國十五年以前之蔣介石先生》，頁二五六；呂芳上：《蔣中正先生年譜長編》，卷一，頁二四六；陳以沛等編：《黃埔軍校史料（一九二四—一九二七續編）》（廣州：廣東人民出版社，一九九四），頁一；陳福霖、余炎光：《廖仲愷年譜》，頁二五七。

第六章　黃埔軍校校長

1. 引自 Hsiung（熊式一），*The Life of Chiang Kai-shek*, 184.
2. 見 Ch'en（陳潔如），*Chiang Kai-shek's Secret Past,* 139-40, 166-67；Ch'en（陳立夫），*The Storm Clouds Clear over China,* 23-25, 47；陳布雷：《陳布雷回憶錄》（臺北：傳記文學出版社，一九八一），頁七〇—七二；〈陳部長立夫小傳〉，中國第二歷史檔案館，document no. 718/5/6/040；作者訪問黃埔軍校的印象，一九八七年十二月十三日；張瑞德：《無聲的要角：蔣介石的侍從室與戰時中國》（臺北：台灣商務印書館，二〇一七），頁五一—五二。
3. 見邵力子個人檔案，RGASPI（俄羅斯社會政治史檔案）, collection 495, inventory, 225, file 1358, sheets 22-27 reverse；中國人民政治協商會議全國委員會文史資料研究委員會辦公室編：《和平老人邵力子》（北京：文史資料出版社，一九八五），頁二三八—二三九；潘佐夫（A. V. Pantsov）：〈共產國際檔案中的邵力子文件〉，《中共創建史研究》，no. 1 (2016): 121-34.
4. Du-Nin (Yang Zhihua), "Biografiia Shao Lizi i ego politicheskie vzgliady: 8 iulia 1940 g." (Biography of Shao Lizi and His Political Views: July 8, 1940), RGASPI, collection 495, inventory 225, file 1358, sheets 12-18.
5. 見 Pantsov with Levine, *Mao*, 116.
6. Ch'en（陳潔如），*Chiang Kai-shek's Secret Past,* 166.
7. 見《商業周刊》，1997/9/23; http://www.boxun.com/forum/lishi/652.shtml.
8. 見蔣介石日記，1929/8/26, 29, 31；9/2-4, 6, 17, Hoover Archives, box 7, folders 1 and 3. 亦見朱寶琴、李寧：《宋美齡年譜》（北京：東方出版社，二〇一九），頁一四一；"24 in Plot to Slay Chinese President," *New York Times*. September 7, 1929.
9. 見竇應泰：《蔣介石筆下的風花雪月》（香港：中和出版，二〇一五），頁三四〇；陳誠：《陳誠先生書信集：家書》，1:228 (Taipei: Guoshiguan, 2006)。.
10. 見陳誠：《陳誠先生書信集：家書》，頁三三六；呂芳上等編：《蔣介石的親情、愛情與友情》（臺北：時報文化出版企業股份有限公司，二〇一一），頁二五、七五、一三二—一三三、二六〇、二六七—二六八；北京大學王奇生給作者的信，二〇二〇年二月十日；朱寶琴、李寧：《宋美齡年譜》，頁一八六。
11. 如前述，寧波是蔣介石故鄉浙江省的一大都市。
12. 見 Ch'en（陳潔如），*Chiang Kai-shek's Secret Past,* 85, 167.
13. 作者訪問蔣介石的一位親屬，二〇一五年三月十九日。
14. 一九二四年八月十四日至一九二五年六月十八日，何香凝擔任國民黨中央婦女部長。見劉維開編：《中國國民黨職名錄（一八九四—一九九四）》（北京：中華書局，二〇一四），頁三〇；陳珊：《何香凝年譜》（南寧：廣西人民出版社，二〇一六），頁八三。因此，只有那段時間她有可能帶小女孩給蔣介石與陳潔如。
15. 見陳潔如：《陳潔如回憶錄全譯本：蔣介石陳潔如的婚姻故事》，頁一（臺北：傳記文學，一九九二）；http://baike.baidu.com/view/4185179.htm?fromtitle=%E9%99%88%E7%91%B6%E5%85%89&fromid=1284160&type=syn.
16. 見 Titarenko, *VKP(b), Komintern i Kitai* (The CPSU, Comintern and China: Documents), 1: 570-71；Hsiung（熊式一），*The Life of Chiang Kai-shek*, 183.
17. 陶涵（Taylor）說：「應蔣的要求，蘇聯派蔣在西伯利亞結識、一見如故的蘇聯遠東部隊司令加倫到廣州，擔任他的參謀長。」(Taylor, *The Generalissimo*, 171.) 這裡所說的並不正確。首先，蔣不可能在西伯利亞遇到一位蘇聯遠東部隊司令加倫，因為一九二三年當蔣乘火車經過這個地區時，加倫在彼得格勒擔任紅軍第一軍團司令；第二，蔣未曾要求孫邀請加倫，因為那時蔣根本不認識加倫，也不可能喜歡他；最後，加倫不是來當蔣的參謀長，而是孫的軍事顧問團團長。
18. 見 A. I. Kartunova, ed., *V. K. Bliukher v Kitae: 1924-1927: Novye dokumenty glavnogo voennogo sovetnika* (V. K. Bliukher in China: 1924-1927: New Documents of the Chief Military Advisor) (Moscow: Natalis, 2003), 15.
19. Chiang（蔣介石），*Soviet Russia in China,* 51.
20. Kartunova, *V. K. Bliukher v Kitae* (V. K. Bliukher in China), 148-50.
21. Fischer, *Men and Politics,* 139；蔣宋美齡：《與鮑羅廷談話的回憶錄》（臺北：黎明文化事業股份有限公司，一九七六），頁一二—一三。
22. 中華民國財政部財政史料陳列室，http://museum.mof.gov.tw/ct.asp?xItem=3421&ctNode=63&mp=1.

23. 引自 He（何香凝），*Vospominaniia o Sun Yat-sene* (Reminiscences of Sun Yat-sen), 90.
24. Chang（張國燾），*The Rise of the Chinese Communist Party 1921-1927*, 1: 446.
25. 見 Yan Lu（陸延），*Pre-understanding Japan*, 287；余方德：《戴季陶與他的三個妻妾》http://www.sjfx.com/qikan/bkview.asp?bkid=39447&cid=69428；李永銘，范小方：《四十三位戰犯的後半生》（武漢：湖北人民出版社，二〇〇八），頁七七；范小方，包東波，李娟麗：《蔣介石的國策顧問戴季陶》（北京：團結出版社，二〇一一），頁九二—九七。
26. 見 Kartunova, *V. K. Bliukher v Kitae* (V. K. Bliukher in China), 148.
27. 第一班學員的人數，不同來源提出不同的數目。最常引用的是五百名，但學校本身的檔案紀錄是六百一十三名。
28. 見 Richard D. Landis, *The Origins of Whampoa Graduates Who Served in the Northern Expedition* (Seattle: Far Eastern and Russian Institute, University of Washington, 1964), 150, 152.
29. 見 M. F. Yuriev, *Revoliutsia 1925-1927 gg. v Kitae* (The Revolution of 1925-1927 in China) (Moscow: Nauka, 1968), 43; A. I. Cherepanov, *Zapiski voennogo sovetnika v Kitae* (Notes of a Military Advisor in China), 2nd ed. (Moscow: Nauka, 1976), 143; Kartunova, *Perepiska I. V. Stalina i G. V. Chicherina s L. M. Karakhanom* (Correspondence of J. V. Stalin and G. V. Chicherin with L. M. Karakhan), 316.
30. 「第五縱隊」一詞，來自西班牙內戰（一九三六—一九三九）歷史，意指佛朗哥元帥領軍革命時，有四個縱隊向馬德里挺進，另在城內還有間諜內應。
31. 見 Yuriev, *Revoliutsiia 1925-1927 gg. v Kitae* (The Revolution of 1925-1927 in China), 47; Yurkevich, *Moskva-Kanton, 1920-e* (Moscow-Canton, 1920s), 140.
32. Kartunova, *Perepiska I. V. Stalina i G. V. Chicherina s L. M. Karakhanom* (Correspondence of J. V. Stalin and G. V. Chicherin with L. M. Karakhan), 316.
33. 詳見 Yurkevich, *Moskva-Kanton, 1920-e* (Moscow-Canton, 1920s), 140-46.
34. Sun（孫中山）, *Izbrannye proizvedeniia* (Selected Works), 695-96. See also Mao, *Minguo shiwu nian yiqian zhi Jiang Jieshi xiansheng* (Mr. Chiang Kai-shek Before 1926), 312-13, 317.
35. 依照鮑羅廷的意見，孫發給蔣一封信，建議蔣不要把胡漢民與汪精衛放入革命委員會，理由是，前者已喪失對俄羅斯實驗教訓的信心，而後者也應該同樣不支持俄國革命。但蔣並不同意。
36. 見 Kartunova, *V. K. Bliukher v Kitae* (V. K. Bliukher in China), 75; Cherepanov, *Zapiski voennogo sovetnika v Kitae* (Notes of a Military Advisor in China), 148.
37. 見毛思誠：《民國十五年以前之蔣介石先生》，頁三三四。
38. 見 G. Davis, *China's Christian Army: A Story of Marshal Feng and His Soldiers* (New York: Christian Alliance, 1925), 7; M. Broomhall, *General Feng: "A Good Soldier of Christ Jesus"* (London: China Inland Mission, 1923), 11；M. Ch'eng（陳崇珪），*Marshal Feng – The Man and His Work* (Shanghai: Kelly & Walsh, 1926), 9；馮理達：《我的父親馮玉祥將軍》（成都：四川人民出版社，一九八四），頁九二。
39. 舢板是廣州窮苦人家所居住的一種船屋。
40. Kartunova, *V. K. Bliukher v Kitae* (V. K. Bliukher in China), 92.
41. 引自 Chiang（蔣介石），*Soviet Russia in China*, 35；亦見毛思誠：《民國十五年以前之蔣介石先生》，頁三三四。
42. Chiang（蔣介石），*Soviet Russia in China*, 35；Ch'en（陳潔如），*Chiang Kai-shek's Secret Past*, 150.
43. 見范小方，包東波，李麗娟：《蔣介石的國策顧問戴季陶》，111-12; Kartunova, *V. K. Bliukher v Kitae* (V. K. Bliukher in China), 149:《南方周末》，2006/6/1；Ch'en（陳潔如）, *Chiang Kai-shek's Secret Past*, 159-60；袁小倫：《周恩來與蔣介石》（北京：光明日報出版社，一九九四），頁九一五七。
44. Chang（張國燾），*The Rise of the Chinese Communist Party*, 1: 450-51.
45. Ch'en（陳潔如），*Chiang Kai-shek's Secret Past*, 158.
46. C. Martin Wilbur and Julie Lien-ying How（夏連蔭），*Missionaries of Revolution: Soviet Advisers and Nationalist China 1920-1927* (Cambridge: Harvard University Press, 1989), 706.
47. Chang（張國燾），*The Rise of the Chinese Communist Party*, 1: 450-51.
48. Kartunova, *V. K. Bliukher v Kitae* (V. K. Bliukher in China), 160-61.
49. 見 Titarenko, *VKP(b), Komintern i Kitai: Dokumenty* (The CPSU, Comintern and China: Documents), 1: 521.
50. Sun（孫中山），*Izbrannye proizvedeniia* (Selected Works), 741-42.
51. 紫金山位於南京東郊，高一千四百英尺。
52. 引自 Charles D. Musgrove, *China's Contested Capital: Architecture, Ritual, and Response in Nanjing* (Honolulu: University of Hawai'i Press, 2013), 127-28.
53. 引自 He（何香凝），*Vospominaniia o Sun Yat-sene* (Reminiscences of Sun Yat-sen), 97-98.; See also *Chronology of Dr. Sun Yat-sen: The Founding Father of the Republic of China* (Taipei: Dr. Sun Yat-sen Memorial Hall, [1972]), 21.

第七章 孫逸仙遺產的爭奪

1. 見 Wilbur and How, *Missionaries of Revolution,* 608; Titarenko, *VKP(b), Komintern i Kitai: Dokumenty* (The CPSU, Comintern and China: Documents), 2: 101.
2. 見 Lee Hun-ju, *A Brief Biography of the Late President Chiang Kai-shek* [Taipei, 1987], 9.
3. 見 Yurkevich, *Moskva-Kanton, 1920-e* (Moscow-Canton, 1920s), 150; Titarenko, VKP(b), *Komintern i Kitai: Dokumenty* (The CPSU, Comintern and China: Documents), 1: 536.
4. Wilbur and How, *Missionaries of Revolution,* 705-6.
5. Chang（張國燾），*The Rise of the Chinese Communist Party*, 1:448.
6. 見 Sutton, *Provincial Militarism and the Chinese Republic,* 285-87.
7. Kartunova, *Perepiska I. V. Stalina i G. V. Chicherin s L. M. Karakhanom* (Correspondence of J. V. Stalin and G. V. Chicherin with L. M. Karakhan), 548.
8. 見〈中央執行委員會致海內外同志告討平劉楊經過電〉，載於 羅家倫等編：《革命文獻》，卷十一，頁二八七—二八八（臺北：中國國民黨黨史史料編纂委員會，一九五六）；Kartunova, *V. K. Bliukher v Kitae* (V. K. Bliukher in China), 315-420; Yuriev, *Revoliutsiia 1925-1927 gg. v Kitae* (The Revolution of 1925-1927 in China), 219-23.
9. 引自 Chen（陳定炎），*Chen Jiongming and the Federalist Movement*, 253.
10. 見 Diana Lary, *Region and Nation: The Kwangsi Clique in Chinese Politics, 1925-1937* (London: Cambridge University Press, 1974), 56-58.
11. 見 Yuriev, *Revoliutsiia 1925-1927 gg. v Kitae* (The Revolution of 1925-1927 in China), 159-67.
12. 見 Pantsov with Levine, *Mao*, 143-44.
13. 引自 Yuriev, *Revoliutsiia 1925-1927 gg. v Kitae* (The Revolution of 1925-1927 in China), 212.
14. Lt. Henry A. Allen (V. M. Primakov), *Zapiski volontera: Grazhdanskaia voina v Kitae* (Notes of a Volunteer: The Civil War in China) (Moscow: Nauka, 1967), 59.
15. 見 蔣介石日記，1925/6/23, Hoover Archives, box 4, folder 11; Yuriev, *Revoliutsiia 1925-1927 gg. v Kitae* (The Revolution of 1925-1927 in China), 228；Hsiung（熊式一），*The Life of Generalissimo Chiang Kai-shek*, 221; Taylor, *The Generalissimo*, 49.
16. 見 陳福霖、余炎光：《廖仲愷年譜》，頁三三九。
17. 蔣介石日記，1925/6/21, Hoover Archives, box 4, folder 11.
18. Ch'en（陳立夫），*The Storm Clouds Clear over China*, 86.
19. Kartunova, *V. K. Bliukher v Kitae* (V. K. Bliukher in China), 129-30.
20. Chang（張國燾），*The Rise of the Chinese Communist Party*, 1: 459.
21. 鑑於一九二五年十月，隸屬於黃埔軍校的部隊人數大約為六千人，那麼預計在兩個月內，增加的人數將不少於四或五倍。
22. Kartunova, *Perepiska I. V. Stalina i G. V. Chicherina s L. M. Karakhanom* (Correspondence of J. V. Stalin and G. V. Chicherin with L. M. Karakhan), 549. See also Titarenko, VKP(b), *Komintern i Kitai: Dokumenty* (The CPSU, Comintern and China: Documents), 1: 638.
23. 見 Titarenko, *VKP(b), Komintern i Kitai: Dokumenty* (The CPSU, Comintern and China: Documents), 1: 573-74.
24. 蔣介石日記，1925/6/23–1926/9/7, Hoover Archives, box 4, folder 11 – box 5, folder 3.
25. He（何香凝），*Vospominaniia o Sun Yat*-sene (Reminiscences of Sun Yat-sen), 105-7；毛思誠：《民國十五年以前之蔣介石先生》，頁四九一。
26. 蔣介石日記，1925/8/20, Hoover Archives, box 4, folder 13.
27. 見 Chang（張國燾），*The Rise of the Chinese Communist Party*, vol. 1, 460.
28. Ch'en（陳立夫），*The Storm Clouds Clear over China,* 35.
29. 引自 蕭杰：《蔣介石與胡漢民》（北京：團結出版社，二〇〇九），頁二九。
30. 見 Ch'en（陳立夫），*The Storm Clouds Clear over China,* 85.
31. Chang（張國燾），*The Rise of the Chinese Communist Party*, 1: 461；亦見 He（何香凝）, *Vospominaniia of Sun Yat-sene* (Reminiscences of Sun Yat-sen), 108.
32. 見 Cherepanov, *Zapiski voennogo sovetnika v Kitae* (Notes of a Military Advisor in China), 285-88；Ch'en（陳潔如）, *Chiang Kai-shek's Secret Past*, 162-65；Te-kong Tong（唐德剛）and Li Tsung-jen（李宗仁）, *The Memoirs of Li Tsung-jen* (Boulder: Westview Press, 1979), 148.
33. 見 Ch'en（陳潔如）, *Chiang Kai-shek's Secret Past*, 198-99.
34. Titarenko, *VKP(b), Komintern i Kitai: Dokumenty* (The CPSU, Comintern and China: Documents), 2:101 (Moscow, 1996).
35. 引自 Chang（張國燾），*The Rise of the Chinese Communist Party*, 1: 457, 461-62.
36. Titarenko, *VKP(b) Komintern i Kitai: Dokumenty* (The CPSU, Comintern and China: Documents), vol. 2, 101; vol. 1, 555-56；亦見 胡漢民：《胡漢民自傳》（臺北：傳記文學出版社，一九六九），頁九三。
37. 詳見 Alexander Pantsov, *The Bolsheviks and the Chinese Revolution 1919-1927* (Honolulu, HI: University of Hawai'i Press, 2000), 211-12.
38. 見 Yuriev, *Revoliutsiia 1925-1927 gg. v Kitae* (The Revolution of 1925-1927 in China), 265-78; C. Martin Wilbur, *The National Revolution in China, 1923-1928* (Cambridge, MA:

Harvard University Press, 1983), 30-31; Taylor, *The Generalissimo*, 53.

39. 「將來」要重組國民黨軍隊為單一的國民革命軍，早在一九二五年六月五日就已決定。見陳珊：《何香凝年譜》，頁九五。

40. 見毛思誠：《民國十五年以前之蔣介石先生》，頁四六三、四九二－四九四；張憲文：《中華民國史綱》（鄭州：河南人民出版社，一九八五），頁二三一－二三二；Yuriev, *Revoliutsiia 1925-1927 gg. v Kitae*, 239-41; Alexander V. Pantsov and Steven I. Levine, "Chinese Comintern Activists: An Analytic Biographic Dictionary" (manuscript), 290.

41. 見Chen（陳定炎），*Chen Jiongming and the Federalist Movement*, 255；亦見Cherepanov, *Zapiski voennogo sovetnika v Kitae* (Notes of a Military Advisor in China), 288-315.

42. Chang（張國燾），*The Rise of the Chinese Communist Party*, 1: 479.

43. 毛思誠：《民國十五年以前之蔣介石先生》，頁五八九－五九四。

44. 據透露，在宣布投票結果時，大會祕書、共產黨員吳玉章徵得汪精衛同意，將胡漢民的名字放在汪精衛與蔣介石的後面。見Chang（張國燾），*The Rise of the Chinese Communist Party*, 1: 708.

45. 見張憲文：《中華民國史綱》Z, 248-51; Titarenko, *VKP(b), Komintern i Kitai: Dokumenty* (The CPSU, Comintern and China: Documents), 2: 42, 58.

46. 見RGASPI, collection 514, inventory 1, file 168, sheet 219.

47. Kartunova, *Perepiska I. V. Stalina i G. V. Chicherina s polpredom SSSR v Kitae L. M. Karakhanom* (Correspondence of J. V. Stalin and G. V. Chicherin with L. M. Karakhan), 586.

48. 死硬派的布爾什維克黨員，認為激進的知識分子不可靠，是不能加以信任的同行者。

49. C. Martin Wilbur and Julie Lien-ying How, *Missionaries of Revolution*, 608-9. See also V. V. Vishniakova-Akimova, *Dva goda v vostavshem Kitae, 1925–1927: Vospominaniia* (Two Years in Revolutionary China, 1925–1927: Memoirs) (Moscow: Nauka, 1965), 237.

50. 見Pantsov, *The Bolsheviks and the Chinese Revolution 1919-1927*, 91-93.

51. 蔣介石日記，1926/1/19; 2/7,11, Hoover Archives, box 4, folders 18 and 19.

52. Confucius（孔子），*The Analects of Confucius*, 42.

53. 蔣介石日記，1926/2/19, Hoover Archives, box 4, folder 19; Chiang, *Soviet Russia in China*, 38.

54. 見蔣介石日記，1926/2/13, 19, Hoover Archives, box 4, folder 19；Ch'en（陳立夫），*The Storm Clouds Clear over China*, 27-28.

55. Lewis S. Gannett, "Chiang Kai-shek, Leader of the Cantonese Revolutionists, Extends His Sway by a Series of Unexpected Victories," *New York Times*, November 14, 1926.

56. 見蔣介石日記，1926/2/23, 1926, Hoover Archives, box 4, folder 19；Hsiung（熊式一），*The Life of Chiang Kai-shek*, 241.

57. 見蔣中正：〈講述中山艦事件經過〉，載於羅家倫等編：《革命文獻》，卷九，頁八五－八六（臺北：中國國民黨黨史史料編纂委員會，一九五五）；蔣中正：〈講述中山艦李之龍事件經過詳情〉，前引書，頁八七－九四；Chiang（蔣介石），*Soviet Russia in China*, 39-40；Ch'en（陳立夫），*The Storm Clouds Clear over China*, 28-30；Ch'en（陳潔如），*Chiang Kai-shek's Secret Past*, 176-85.

58. Wilbur and How, *Missionaries of Revolution*, 608.

59. 見Ch'en（陳立夫），*The Storm Clouds Clear over China*, 35.

60. 見Yuriev, *Revoliutsiia 1925-1927 gg. v Kitae* (The Revolution of 1925-1927 in China), 312-13.

61. Sun（孫中山），*Izbrannye proizvedeniia* (Selected Works), 695；亦見Chang（張國燾），*The Rise of the Chinese Communist Party*, 1: 503.

62. Cherepanov, *Zapiski voennogo sovetnika v* Kitae (Notes of a Military Advisor in China), 376.

63. 關於三月二十日事件，布勃諾夫的報告及其致鮑羅廷函，保存在RGASP，見Titarenko, *VKP(b), Komintern i* Kitai, 1: 139-52, 157-62, 208-27. 共產國際執委會遠東局書記拉菲斯（Moisei Grigorevich Rafes, 1883-1942），當年七、八月間在中國，亦承認此點。見"Report of Com. Rafes at closed session on the Chinese question, November 26, 1926, RGASPI, collection 495, inventory 165, file, 71, sheet 4.

64. 見Titarenko, *VKP(b), Komintern i Kitai: Dokumenty* (The CPSU, Comintern and China: Documents), 2: 152-53；蔣介石日記，1926/3/19-22, Hoover Archives, box 4, folder 20.

65. Titarenko, *VKP(b), Komintern i Kitai: Dokumenty* (The CPSU, Comintern and China: Documents), 2: 153.

66. Chang（張國燾），*The Rise of the Chinese Communist Party*, 1: 507.

67. 蔣介石日記，1926/3/22, Hoover Archives, box 4, folder 20.

68. 同前。

69. Titarenko, *VKP(b), Komintern i Kitai: Dokumenty* (The CPSU, Comintern and China: Documents), 2: 153-54.

70. 見Hsiung（熊式一），*The Life of Chiang Kai-shek*, 245.

71. 有趣的是，鮑羅廷也在四月二十九日從北京經上海回廣州，而且和胡漢民同一艘船。期間，胡漢民得以告訴鮑，在三月二十日以後，「很多人不贊同蔣介石」。

72. 見Chang（張國燾），*The Rise of the Chinese Communist Party*, 1: 506, 511, 709；胡漢民：《胡漢民自傳》，頁九六－九七；蕭杰：《蔣介石與胡漢民》，頁四二。

73. 國民黨中執會也在（一九二六年）五月的全會，決議組織一個國民黨中執會五個代表與共產黨中執會五個代表的聯合會議，並且要鮑羅廷也參與。不過這只是紙上談兵。

74. 見 RGASPI, collection of unsorted documents. The text adopted by the plenum is in Cherepanov, *Zapiski voennogo sovetnika v Kitae* (Notes of a Military Advisor in China), 403-4; 中國第二歷史檔案館編：《中國國民黨第一第二次全國代表大會會議史料》，卷二，頁七一四—七一五（南京：江蘇古籍出版社，一九八六）；亦見 Chiang（蔣介石），*Soviet Russia in China*, 40-41.
75. 見 Ch'en（陳立夫），*The Storm Clouds Clear over China*, 37.
76. 詳見 Pantsov, *The Bolsheviks and the Chinese Revolution 1919-1927*, 91-92.
77. Titarenko, *VKP(b), Komintern i Kitai: Dokumenty* (The CPSU, Comintern and China: Documents), 2: 231.
78. 引自 Chang（張國燾），*The Rise of the Chinese Communist Party*, 1: 508.
79. Yuriev, *Revoliutsiia 1925-1927 gg. v Kitae* (The Revolution of 1925-1927 in China), 320-21；逄先知編：《毛澤東年譜（一八九三—一九四九）》，卷一，頁一六五（北京：人民出版社／中央文獻出版社，二〇〇二）；張人傑：《張靜江先生文集》（臺北：中國國民黨中央委員會黨史委員會；中央文物供應社，一九八二），頁五—六。

第八章 北伐與國民黨的分裂

1. 見 Titarenko, *VKP(b), Komintern i Kitai: Dokumenty* (The CPSU, Comintern and China: Documents), 2:228, 281.
2. Chang（張國燾），*The Rise of the Chinese Communist Party*, 1: 520.
3. 蔣介石：《蔣總統言論彙編》，卷八，頁二二四（臺北：正中書局，一九五六）。亦見 蔣介石日記，1926/7/9, Hoover Archives, box 5, folder 1；Chang（張國燾），*The Rise of the Chinese Communist* Party, 1: 520；Ch'en（陳潔如），*Chiang Kai-shek's Secret Past*, 204.
4. Ruth Altman Greene, *Hsiang-Ya Journal* (Hamden, CT: Archon Books, 1977), 44-45.
5. 前引書，46.
6. 引自 Hsiung（熊式一），*The Life of Chiang Kai-shek*, 252.
7. 詳見 Pantsov with Levine, *Mao*, 167-76.
8. 見 Yuriev, *Revoliutsiia 1925-1927 gg. v Kitae* (The Revolution of 1925-1927 in China), 323-38；Chang（張國燾），*The Rise of the Chinese Communist Party*, 1: 520-36; Angus W. McDonald Jr., *The Urban Origins of Rural Revolution: Elites and the Masses in Hunan Province, China, 1911-1927* (Berkeley: University of California Press, 1978), 229-36.
9. Ch'en（陳立夫），*The Storm Clouds Clear over China*, 43.
10. 見 蔣介石日記，1926/7/2, Hoover Archives, box 4, folder 15.
11. D. A. Spichak, *Kitaiskii avangard Kremlia: Revoliutsionery Kitaia v moscovskikh shkolakh Kominterna (1921-1939)* (The Chinese Vanguard of the Kremlin: Revolutionaries of China in the Moscow Schools of the Comintern [1921-1939]) (Moscow: "Veche", 2011), 75.
12. 前引書，80, 83；蔣經國：《蔣經國日記》（北京：中國文史出版社，二〇一〇），頁八—一一；Chiang Ching-kuo（蔣經國），*My Days in Soviet Russia* [Taipei, 1963], i-ii, 1-3.
13. 見 Pakula, *The Last Empress*, 169.
14. Ch'en（陳潔如），*Chiang Kai-shek's Secret Past*, 188.
15. 蔣介石日記，1926/7/2, Hoover Archives, box 5, folder 1.
16. Ch'en（陳潔如），*Chiang Kai-shek's Secret Past*, 210.
17. 見 Peter Worthing, *General He Yingqin: The Rise and Fall of Nationalist China* (Cambridge: Cambridge University Press, 2016), 70-76.
18. Barbara W. Tuchman, *Stilwell and the American Experience in China, 1911-45* (New York: Macmillan, 1971), 93.
19. 引自 Snow, *Journey to the Beginning*, 85.
20. 在紐約州芬克利夫墓園宋美齡的墳墓上，刻的日期是一八九八年二月十二日；另有一些作者提出的日期是一八九九年三月二十三日，但多數的研究者依據的是她一九〇七年護照上的日期：一八九八年三月四日。
21. 引自 Thomas A. DeLong, *Madame Chiang Kai-shek and Miss Emma Mills: China's First Lady and Her American Friend* (Jefferson, NC: McFarland, 2007), 6.
22. 宋美齡的早期歲月，見 Pakula, *The Last Empress*, 16-26; Laura Tyson Li, *Madame Chiang Kai-shek: China's Eternal First Lady* (New York: Atlantic Monthly Press, 2006), 5-40；何虎生、於澤俊：《宋美齡大傳》，卷一，頁二六—四八（北京：華文出版社，二〇〇七）；http://www.wellesley.edu/studentlife/aboutus/handbook/academic/otherhonors.
23. 引自 Pakula, *The Last Empress*, 25.
24. 見 Tyson Li, *Madame Chiang Kai-shek*, 61；亦見 竇應泰：《宋美齡與劉紀文的初戀》（北京：團結出版社，二〇〇五）。
25. 引自 Tyson Li, *Madame Chiang Kai-shek*, 82; Pakula, *The Last Empress*, 169.
26. 見逄先知：《毛澤東年譜（一八九三—一九四九）》，卷一，頁一六九—一七二；Yuriev, *Revoliutsiia 1925-1927 gg. v Kitae* (The Revolution of 1925-1927 in China), 416; Vera Vladimirovna Vishnyakova-Akimova, *Two Years in Revolutionary China, 1925–1927*, trans. by Steven I. Levine (Cambridge: East Asian Research Center, Harvard University,

1971), 243-71；Chang（張國燾），*The Rise of the Chinese Communist Party*, 1: 532-72.

27. 見蔣介石日記，1926/12/17, Hoover Archives, box 5, folder 6；Chang（張國燾），*The Rise of the Chinese Communist Party*, 1: 557-58; Titarenko, *VKP(b), Komintern i Kitai*, 2: 920.
28. 引自 Chang（張國燾），*The Rise of the Chinese Communist Party*, 1: 557.
29. 引自 Wilbur and How, *Missionaries of Revolution*, 772.
30. 唐生智將軍本是軍閥，並不是什麼左派。吳廷康認為「他對革命並不比蔣介石有更可靠的元素，他只是在玩弄革命，希望從蘇聯獲得支持以便在國民革命軍中奪權」。Titarenko, *VKP(b), Komintern i Kitai*, 2: 602.
31. Hsiung（熊式一），*The Life of Chiang Kai-shek*, 263-64.
32. 引自 Ch'en（陳立夫），*The Storm Clouds Clear over China*, 49.
33. 見 Fenby, *Chiang Kai*-shek, 127.
34. 見呂芳上編：《蔣中正先生年譜長編》，卷二，頁二（臺北：國史館，二〇一四）。
35. 前引書，卷二，頁三。
36. Titarenko, *VKP(b), Komintern i Kitai*, 2: 922
37. 引自陳公博：《苦笑錄（一九二五－一九三六）》（北京：現代史料編刊社，一九八一），頁七一。
38. 蔣介石日記，1927/1/12,13, Hoover Archives, box 5, folder 7.
39. 見陳公博：《苦笑錄（一九二五－一九三六）》，頁七二。
40. 見 Cherepanov, *Zapiski voennogo sovetnika v Kitae* (Notes of a Military Advisor in China), 517.
41. Titarenko, *VKP(b), Komintern i Kitai*, 2: 619-20.
42. 蔣介石日記，1927/2/24, Hoover Archives, box 5, folder 8.
43. "Zapis' besedy t. Grigoriia [Vointinskogo] s Chan Kai-shi ot 24 fevralia 1927 g." (Record of a Conversation between Com. Grigorii [Voitinsky] and Chiang Kai-shek, February 27, 1927), RGASPI, collection 514, inventory 1, file 240, sheets 12-13. See also Titarenko, *VKP(b), Komintern i Kitai*, 2: 630-31.
44. 引自 Chang（張國燾），*The Rise of the Chinese Communist Party*, 1: 571.
45. 見 Titarenko, *VKP(b), Komintern i Kitai: Dokumenty* (The CPSU, Comintern and China: Documents), 2: 630-31, 628.
46. A. V. Bakulin, *Zapiski ob Wuhanskom periode kitaiskoi revoliutsii* (Notes on the Wuhan Period of the Chinese Revolution) (Moscow-Leningrad: Giz, 1930), 212-14.
47. 見劉洪哲：〈一九二七年蔣介石與宋靄齡「九江談話」探微：淺論《陳潔如回憶錄》的史料價值〉，《九江學院學報（社會科學版）》，30, no. 2 (161) (2011): 63-65.
48. Ch'en（陳潔如），*Chiang Kai-shek's Secret Past*, 238.
49. 同前。
50. 蔣介石日記，1927/3/21, Hoover Archives, box 5, folder 9.
51. Green, *Hsiang-Ya Journal*, 56.
52. Chang（張國燾），*The Rise of the Chinese Communist Party*, 1: 606.
53. 詳見 Pantsov with Levine, *Mao*, 176.
54. Titarenko, *VKP(b), Komintern i Kitai: Dokumenty* (The CPSU, Comintern and China: Documents), 2: 688.
55. RGASPI, collection 17, inventory 162, file 4, sheets 71-72. See also Titarenko, *VKP(b), Komintern i Kitai: Dokumenty* (The CPSU, Comintern and China: Documents), 2: 632-33, 732.
56. 見 Chang（張國燾），*The Rise of the Chinese Communist Party,* 1: 581-82.
57. Titarenko, *VKP(b), Komintern i Kitai: Dokumenty* (The CPSU, Comintern and China: Documents), 2: 732.
58. 見 Tuchman, *Stilwell and the American Experience in China, 1911-45*, 131.
59. 見 Ch'en（陳立夫），*The Storm Clouds Clear over China*, 53-54.
60. Anna Moffet Jarvis, *Letters from China 1920-1949* (Manuscript), [1974], 5.
61. 見前引書，5-15；Ch'en（陳立夫），*The Storm Clouds Clear over China*, 51.
62. "Sovmestnoe zaiavlenie predsedatalia Natsional'nogo pravitel'stvo Van Tsinveia i General'nogo secretaria TsIK KPK Chen Dusiu o prodolzhenii sotrudnichestvo KPK i Gomindana. 5 aprelia 1927 (Joint Declaration of the Chairman of the National government Wang Jingwei and the General Secretary of the CCP CEC Chen Duxiu on Continuing Cooperation between the CCP and the Guomindang. April 5, 1927 g.)," in M. I. Sladkovsky, ed., *Dokumenty po istorii Kommunisticheskoi partii Kitaia 1920–1949 (v chetyrekh tomakh)* (Documents on the History of the Chinese Communist Party 1920–1949 [in four volumes]), vol. 1, book 3,173 (Moscow: IDV AN SSSR, 1981).
63. Titarenko, *VKP(b), Komintern i Kitai: Dokumenty* (The CPSU, Comintern and China: Documents), 2: 684.

64. 見 RGASPI, collection of unsorted documents.
65. Ch'en（陳立夫），*The Storm Clouds Clear over China*, 56-59.
66. 搖扇的印度僕役。
67. *China: A Century of Revolution: PBS Documentary*, part 1: *China in Revolution*, Ambrica Production, 2007；Ch'en（陳潔如），*Chiang Kai-shek's Secret Past*, 248; Dong, *Shanghai*, 183-85.
68. Ch'en（陳立夫），*The Storm Clouds Clear over China*, 62. See also Martin, *The Shanghai Green Gang*, 106-8.
69. Chiang（蔣介石），*Soviet Russia in China*, 47.
70. Titarenko, *VKP(b), Komintern i Kitai: Dokumenty* (The CPSU, Comintern and China: Documents), 2: 683-84, 687, 700.
71. Bakulin, *Zapiski ob Wuhanskom periode kitaiskoi revoliutsii* (Notes on the Wuhan Period of the Chinese Revolution), 115.
72. Titarenko, *VKP(b), Komintern i Kitai. Dokumenty* (The CPSU, Comintern and China: Documents), 2: 684.
73. "Deklaratsiia Ts[i]K Guomindanga ob iskliuchenii Chan Kai-shi iz partii" (Declaration of the C[E]C of the Guomindang on the expulsion of Chiang Kai-shek from the Party), in Bakulin, *Zapiski ob Wuhanskom periode kitaiskoi revoliutsii* (Notes on the Wuhan Period of the Chinese Revolution), 246.
74. 見 Hsiung（熊式一），*The Life of Chiang Kai-shek*, 266.
75. 見 Musgrove, *China's Contested Capital*, 27-29, 36.
76. 見 M. L. Titarenko, ed., *Kommunisticheskii Internatsional i kitaiskaia revoliutsiia: Dokumenty i materialy* (The Communist International and the Chinese Revolution: Documents and Materials) (Moscow: Nauka, 1986), 116-33.
77. 見 RGASPI, collection 17, inventory 162, file 5, sheets 8-9, 29-30, 33-34, 36-38, 42, 49-51，這些電報於一九九六年首度刊出。見 Titarenko, *VKP(b), Komintern i Kitai: Dokumenty* (The CPSU, Comintern and China: Documents) , 2:763-64, 770-71, 774-75, 804-5.
78. 見 RGASPI, collection 17, inventory 162, file 5, sheet 46. See also Titarenko, *VKP(b), Komintern i Kitai: Dokumenty* (The CPSU, Comintern and China: Documents), 2: 803.
79. 見 RGASPI, collection 17, inventory 162, file 5, sheet 54. See also Titarenko, *VKP(b), Komintern i Kitai: Dokumenty* (The CPSU, Comintern and China: Documents), 2: 817.
80. 蔣介石日記，1927/6/19, 20, 21, Hoover Archives, box 5, folder 12；Zhao Suisheng（趙穗生），*Power by Design: Constitution-Making in Nationalist China* (Honolulu: University of Hawai'i Press, 1996), 97-98；馮玉祥：《我所認識的蔣介石》（哈爾濱：北方文藝出版社，二〇一〇），頁二五一二八。
81. 引自 Titarenko, *VKP(b), Komintern i Kitai: Dokumenty* (The CPSU, Comintern and China: Documents), 2: 819; James E. Sheridan, *Chinese Warlord: The Career of Feng Yü-hsiang* (Stanford: Stanford University Press, 1966), 228.
82. Lars T. Lih aet al., eds. *J. V. Stalin's Letters to V. M. Molotov 1925-1927*, trans. Catherine A. Fitzpatrick (New Haven: Yale University Press, 1995), 136-37.
83. 前引書，137.
84. RGASPI, collection 17, inventory 162, file 5, sheets 65-66. This directive was first published in 1996. See Titarenko, *VKP(b), Komintern i Kitai: Dokumenty* (The CPSU, Comintern and China: Documents), 2: 842-43.
85. 見 Dan N. Jacobs, *Borodin: Stalin's Man in China* (Cambridge, MA: Harvard University Press, 1981), 284-86.
86. 引自 Chiang（蔣介石），*Soviet Russia in China*, 52.
87. 見 Zhao（趙穗生），*Power by Design*, 98-99.
88. 引自前書，100；亦見 Hsiung（熊式一），*The Life of Chiang Kai-shek*, 276-81.
89. 引自呂芳上：《蔣中正先生年譜長編》，卷一，頁一二四一一二五；Tong（董顯光），*Chiang Kai-shek: Soldier and Statesman*, 1: 179.
90. Tong（唐德剛）and Li（李宗仁），*The Memoirs of Li Tsung-jen*, 192, 220.
91. 見呂芳上：《蔣中正先生年譜長編》，卷一，頁一二七。
92. 引自 Tong（董顯光），*Chiang Kai-shek: Soldier and Statesman*, 1: 191.
93. Arthur Ransome, *The Chinese Puzzle* (Boston.: Houghton Mifflin, 1927), 64. 宋子文略傳見中國第二歷史檔案館，Document No. 718/5/6/002-003.
94. 蔣介石日記，1927/8/18-21, Hoover Archives, box 5, folder 14.
95. 引自 Tong（董顯光），*Chiang Kai-shek: Soldier and Statesman*, 1: 180.
96. 見前引書，1:180-184; Pakula, *The Last Empress*, 179.
97. 見呂芳上：《蔣中正先生年譜長編》，卷二，頁一三〇一一三一。
98. 引自 Titarenko, *VKP(b), Komintern i Kitai: Dokumenty* (The CPSU, Comintern and China: Documents), 3: 200.
99. 見 Yurkevich, *Moskva-Kanton 1920-e* (Moscow-Canton, 1920s), 323-24；Zhao（趙穗生），*Power by Design*, 101-3；Tong（董顯光）, *Chiang Kai-shek: Soldier and Statesman*, 1: 195.
100. 見 Mugrove, *China's Contested Capital*, 40.

101. *New York Times,* August 20, 1927.
102. *San Francisco Chronicle*, September 20, 1927.
103. 引自 崔曉忠：《青年蔣介石》，頁一七四。
104. 前引書，頁一七五。
105. 見前引書，頁一六八—一七八；陸幸生：《向前走別回頭：陸幸生報告文學選》（北京：獨立作家，二〇一五），頁三三六—三四五；作者訪問上海福壽園陳潔如墓所得印象，二〇一六年四月二十三日。
106. 蔣介石日記，1927/8/16, 28, Hoover Archives, box 5, folder 14.
107. Exodus, 20:14. 衛理公會在這一點上尤其嚴格。見 John James Tigert, ed., *The Doctrines and Discipline of the Methodist Episcopal Church, South. 1902* (Nashville : Publishing House of the Methodist Episcopal Church, South, 1902), 62.
108. *New York Times*, September 22, 1927.
109. Elmer T. Clark, *The Chiangs of China* (New York: Abingdon-Cokesbury Press, 1943), 78-80.
110. 見 崔曉忠：《青年蔣介石》，頁五六—五七。
111. 見 *New York Times*, November 26 and December 2, 1927.
112. 位於現今的陝西北路三六九號。
113. 蔣介石日記，1927/12/1, Hoover Archives, box 5, folder 18.
114. 引自 Delong, *Madame Chiang Kai-shek and Miss Emma Mills*, 77.
115. 蔣介石日記，1927/12/2, Hoover Archives, box 5, folder 18.
116. 見 Gardner Cowles, *Mike Looks Back: The Memoirs of Gardner Cowles, Founder of Look Magazine* (New York: Gardner Cowles, 1985), 90.
117. 見 *New York Times*, December 2, 1927; *Renmin ribao* (People's Daily), August 1, 2003; Clark, *The Chiangs of China,* 81；作者訪問上海的印象，二〇一六年四月二十三日。
118. *New York Times,* December 2, 1927.
119. 引自 DeLong, *Madame Chiang Kai-shek and Miss Emma Mills*, 77.
120. 見史全生：《南京國民政府的建立》（鄭州：河南人民出版社，一九八七），頁一四八、一五二；陳大為：《汪精衛大傳》（北京：華文出版社，二〇一〇），頁七七—七八。
121. 見蔣介石日記，1927/12/12, Hoover Archives, box 5, folder 18；作者訪問杭州印象，二〇一六年四月二十一日。
122. 目前此路名為南山路，小樓是一八九號。
123. 蔣中正：〈對於時局的談話：民國十六年十二月十三日在上海招待新聞記者之言辭〉，載於 羅家倫等編：《革命文獻》，卷十六，頁一一〇（臺北：中國國民黨黨史史料編纂委員會，一九五九）。亦見 Tong（董顯光），*Chiang Kai-shek: Soldier and Statesman,* 1: 198-99.
124. 引自 Furuya（古屋奎二），*Chiang Kai-shek*, 236.
125. 見呂芳上：《蔣中正先生年譜長編》，卷一，頁一五八。亦見 蔣介石日記，1927/1/4, Hoover Archives, box 5, folder 19.
126. 呂芳上：《蔣中正先生年譜長編》，卷一，頁一六〇；蔣介石日記，1927/1/9, Hoover Archives, box 5, folder 19；史全生：《南京國民政府的建立》，頁一五三。
127. Chiang（蔣介石），*Soviet Russia in China,* 55.
128. Confucius（孔子），*The Analects of Confucius*, 6.

第九章 完成北伐

1. 引自 Musgrove, *China's Contested Capital*, 57. 亦見 Jarvis, *Letters from China 1920-1949*, 3-4.
2. 引自 DeLong, *Madame Chiang Kai-shek and Miss Emma Mills,* 79.
3. William Edgar Geil, *Eighteen Capitals of China* (London: Constable, 1911), 196.
4. 見前引書，192, 194.
5. 作者訪問南京的印象，一九八七年十一月二十九日。
6. 見 Henrietta Harrison, *The Making of the Republican Citizen: Political Ceremonies and Symbols in China, 1911-1929* (New York: Oxford University Press, 2000), 41-42.
7. 蔣介石日記，1927/12/29, Hoover Archives, box 5, folder 18; Pakula, *The Last Empress*, 184.
8. 引自 DeLong, *Madame Chiang Kai-shek and Miss Emma Mills*, 77.
9. 見蔣介石日記，1928/1/4,5, 8-16, 18, 28; 2/19-21, Hoover Archives, box 5, folders 19 and 20; Pakula, *The Last Empress*, 187.
10. 總的來說，國民黨政府中的女性很少，全部只占二．七五%。奇怪的是，婦女最多的是在戰爭部，有二十二人，。
11. 引自 Tyson Li, *Madame Chiang Kai-shek*, 86. 關於 James M. McHugh，見 Wang Chengzhi（王成志）and Chen Su（陳肅），*Archival Resources of Republican China in North*

America (New York: Columbia University Press, 2016), 137-38.

12. 見 Ransome, *The Chinese Puzzle*, 116.
13. 引自 DeLong, *Madame Chiang Kai-shek and Miss Emma Mills*, 79.
14. 引自 Tyson Li, *Madame Chiang Kai-shek*, 91.
15. 邵志剛在東方勞動者大學就學，化名 Mirsky。見 *Lichnoe delo Mirskogo* (Shao Czhi-gana) (Personal file of Mirsky (Shao Zhigang), RGASPI, collection 495, inventory 225, file 1982.
16. 引自 V. P. Galitsky, *Tszian Tszingo: Tragediia i triumf syna Chan Kaishi* (Chiang Ching-kuo: The Tragedy and Triumph of Chiang Kai-shek's Son) (Moscow: RAU-Universitet, 2002), 57.
17. 見"Beseda t. Kotelhikova s Khabarovym"(Conversation of Com. Kotelhikov with Khabarov), RGASPI, collection 514, inventory 1, file 1031, sheet 13; Chiang Ching-kuo（蔣經國），*My Days in Soviet Russia* [Taipei, 1963], 8-9.
18. 見周焱等，《陳郁傳》（北京：工人出版社，一九八五），頁一一七。有關卡爾拉狄克作為莫斯科中山大學校長，見 Alexander V. Pantsov, "Karl Radek—Sinilogist," in Alexander V. Pantsov, ed., *Karl Radek on China: Documents from the Former Secret Soviet Archives* (Leiden: Brill, 2021), 1–15。
19. "Pokazanie tov. Nekrasova" (Deposition of Com. Nekrasov), RGASPI, collection 514, inventory 1, file 1012, sheet 2.
20. 見蔣經國：《蔣經國日記》，頁一九一二五；Chiang（蔣經國）, *My Days in Soviet Russia*, 13.
21. 見 *Lichnoe delo Fen Hun-go* (Personal File of Feng Hongguo), RGASPI, collection 495, inventory 225, file 1341, sheets unnumbered; *Lichnoe delo Fen Fu-nen* (Personal File of Feng Funeng), ibid., file 2034, sheets unnumbered.
22. 詳見 A. V. Pantsov, *Mao Tsze-tun* (Mao Zedong), 2nd, rev. ed. (Moscow: "Molodaya gvardiya", 2012), 441; Spichak, *Kitaiskii avangard Kremlia* (The Chinese Vanguard of the Kremlin), 110-12.
23. 見崔曉忠：《青年蔣介石》，頁五九—六〇。
24. 蔣緯國、劉鳳翰：《蔣緯國口述歷史》，頁一、四五—四六。牌子上所寫的文句可能是公園管理的十條規定（公園確定不在法租界而是在公共租界），包括：一、公園保留給外國社區……；四、狗與自行車不得進入。Robert A. Bickers and Jeffrey N. Wasserstrom, "Shanghai's 'Dogs and Chinese Not Admitted' Sign: Legend, History, and Contemporary Symbol, *China Quarterly*, 142 (June 1995): 446.
25. 汪士淳：《千山獨行》，頁四七—四八；蔣緯國、劉鳳翰：《蔣緯國口述歷史》，頁一、四六、四八；金國：《蔣介石與蔣經國、蔣緯國》，頁九五。
26. Tong（唐德剛） and Li（李宗仁），*The Memoirs of Li Tsung-jen*, 235.
27. 見 Donald G. Gillin, *Warlord: Yen Hsi-shan in Shansi Province: 1911-1949* (Princeton: Princeton University Press, 1967), 104-6；李茂盛等編：《閻錫山全傳》，卷一，頁四〇三—四二一（北京：當代中國出版社，一九九七）。
28. 目前是湖南路十號。
29. 見周聿峨、陳紅民：《胡漢民評傳》，頁三〇九。
30. 引自呂芳上：《蔣中正先生年譜長編》，卷一，頁一七〇。
31. 羅家倫等編：《革命文獻》，頁二二，照片一（臺北：中國國民黨黨史史料編纂委員，一九五九）。
32. 見史全生：《南京國民政府的建立》，頁一五六—一五七。
33. Tong（唐德剛） and Li（李宗仁），*The Memoirs of Li Tsung-jen*, 246.
34. 見史全生：《南京國民政府的建立》，頁一五九。
35. 見 Harumi Gato-Shibata（後藤春美），*Japan and Britain in Shanghai, 1925-1931* (New York: St. Martin's Press, 1995), 71-72；唐培吉編：《中國歷史大事年表：現代》（上海：上海辭書出版社，一九九七），頁一二〇。
36. *Tsinan Affair*, 1:42 (Shanghai: International Relations Committee, 1928).
37. Hallett Abend, *My Life in China: 1926-1941* (New York: Harcourt, Brace and Co, 1943), 80.
38. 蔣介石日記，1928/5/10,14, Hoover Archives, box 6, folder 4.
39. 見羅家倫等編：《革命文獻》，vol. 19:3504-3657（臺北：中國國民黨黨史史料編纂委員會，一九五九）；Goto-Shibata（後藤春美）, *Japan and Britain in Shanghai, 1925-1931*, 75-76；唐培吉：《中國歷史大事年表：現代》，頁一二〇；Donald A. Jordan, *The Northern Expedition: China's National Revolution of 1926-1928* (Honolulu: University Press of Hawaii, 1976), 159-61; William Fitch Morton, *Tanaka Giichi and Japan's China Policy* (New York: St. Martin's Press, 1980), 117-28; H. G. W. Woodhead, ed., *The China Year Book 1929-30* (Tientsin: Tientsin Press, 1930), 881-93；史全生：《南京國民政府的建立》，頁一六二。
40. 「日本人對蔣介石玩了一個真的很骯髒的把戲，」共產國際執委會人員 Alexander Emel'ianovich Al'brecht 報告莫斯科，「在關鍵時刻，他們強迫他撤退，卻開放道路給他的對手馮玉祥、閻錫山。」M. L. Titarenko et al., eds., *VKP(b), Komintern i Kitai: Dokumenty* (The CPSU, the Comintern and China: Documents), 3:447 (Moscow: AO "Buklet", 1999). See also Gillin, *Warlord*, 108-9.

41. 見Jordan, *The Northern Expedition*, 166; Shi, *Nanjing guomin zhengfu de jianli* (Formation of the Nanjing National Government), 165.
42. 關東是中國東北最南端遼東半島的名稱，此處有大連及旅順兩市。日俄戰爭日本勝利後，日本政府於一九〇六年八月一日在此處建立了關東軍。這支部隊是為了保衛日本新近在中國東北所獲取的權利——尤其是日本在四個月之後開始築造的南滿鐵路。
43. 《民國檔案》，no. 3 (1998): 3-5；河本大作等編《我殺死了張作霖》（長春：吉林文史出版社，一九八六）；Morton, *Tanaka Giichi and Japan's China Policy*, 130-31. 幾年前有一篇文章出現在俄羅斯媒體上，聲稱史達林的特務殺了張作霖，但是作者的論點並沒有說服力。見Dmitrii Prokhorov, "'Liternoe delo' marshala Zhan Zolinia" (The "Lettered File" of Marshal Zhang Zuolin), *Nezavisimoe voennoe obozrenie* (The Independent Military Review), August 1, 2003.
44. 引自Morton, *Tanaka Giichi and Japan's China Policy*, 130.
45. 見Neil Boister and Robert Cryer, eds., *Documents on the Tokyo International Military Tribunal: Charter, Indictment and Judgment* (New York: Oxford University Press, 2008), 112, 1004-5; Yoshihisa Tak Matsusaka, *The Making of Japanese Manchuria, 1904-1932* (Cambridge: Harvard University Asian Center, 2001), 344-48.
46. 見Ch'en（陳立夫），*The Storm Clouds Clear over China*, 99.
47. 引自David Strand, *Rickshaw Beijing: City People and Politics in the 1920s* (Berkeley: University of California Press, 1989), 11.
48. 見Ch'en（陳立夫），*The Storm Clouds Clear over China*, 79; Tong（唐德剛）and Li（李宗仁），*The Memoirs of Li Tsung-jen*, 257；馮玉祥：《我所認識的蔣介石》，頁三五；Lary, *Region and Nation*, 116.
49. 日本領事生於一八六〇年，張作霖生於一八七五年。
50. 昭和天皇與張學良同樣出生於一九〇一年。
51. 引自蔣介石：《蔣總統秘錄：中日關係八十年之證言》，卷七，頁九五—九六（臺北：中央日報社，一九七四）。
52. 孫中山：《孫中山全集》，卷九，頁九七（北京：人民出版社，一九八六）。
53. 見金德群：《中國現代史資料選集》，卷三，頁三五—三九；Min-Ch'in T. Z. Tyau（刁敏謙），*Two Years of Nationalist China* (Shanghai: Kelly and Walsh, 1930), 36-37 (a chart between these pages).
54. Tong（董顯光），*Chiang Kai-shek: Soldier and Statesman*, 1: 318.
55. 見*The Organic Law of the National Government of the Republic of China* (New York: China Institute of America, 1928); "The Organic Law of the National Government of the Republic of China," in Chao-chu Wu（伍朝樞），*The Nationalist Program for China* (New Haven: Yale University Press, 1929), 81-89；金德群：《中國現代史資料選集》，卷三，頁三四；Paul Myron Anthony Linebarger, *Government in Republican China* (Westport, CT: McGraw-Hill, 1938), 163-64；家近亮子：《蔣介石與南京國民政府》（北京：社會科學文獻出版社，二〇〇五），頁一一六。
56. Ch'en（陳立夫），*The Storm Clouds Clear over China*, 87.
57. 見金德群：《中國現代史資料選集》，卷三，頁二〇—二二；史全生：《南京國民政府的建立》，頁一六八—一六九。
58. 見Melvyn C. Goldstein, *A History of Modern Tibet: 1913-1951: The Demise of the Lamaist State* (Berkeley.: University of California Press, 1989), 58-64, 213-21.

第十章 戰勝與戰敗

1. 見Chiang, *Soviet Russia in China*, 13-14.
2. *Russian Review*, 3, no. 20 (October 15, 1925): 416; Kurdiukov, *Sovetsko-kitaiskie otnoshniia. 1917-1957* (Soviet-Chinese Relations, 1917–1957), 83.
3. 有關沙俄官員為讓中國簽署起造中東鐵路所採取的不當手段，請見the reminiscences of Count S. Yu. Witte, the Russian minister of finance. Count S. Yu. Witte, *Vospominannia: Tsarstvovanie Nikolai II* (Reminiscences: Reign of Nicholas II), 1:37-55, 3rd ed. (Berlin: "Slovo", 1924)。
4. 見Woodhead, *The China Year Book 1929-30,* 854-55.
5. 見Edmund S. K. Fung, "Chinese Nationalists and Unequal Treaties 1924-1931," *Modern Asian Studies*, 21, no. 4 (1987): 809.
6. M. I. Sladkovsky, ed., *Noveishaia istoriia Kitaia 1928-1949* (Contemporary History of China 1928-1949) (Moscow: Nauka, 1984), 9.
7. "Treaty Regulating Tariff Relations between China and the United States," in Wu, *The Nationalist Program for China,* 110-12.
8. 見Sladkovsky, *Noveishaia istoriia Kitaia 1928-1949* (Contemporary History of China 1928-1949), 15.
9. 見Fung, *Chinese Nationalists and Unequal Treaties 1924-1931,* 810-11.
10. 見中國國民黨中央黨史館，General Division, document 588/22.
11. 詳見Michael M. Walker, *The 1929 Sino-Soviet War: The War Nobody Knew* (Lawrence: University Press of Kansas, 2017).
12. Lih, *Stalin's Letters to Molotov 1925-1936*, 182. Emphasis added by Stalin.
13. 見John B. Powell, *My Twenty-Five Years in China* (New York: Macmillan, 1945), 173-76; George Alexander Lensen, *The Damned Inheritance: The Soviet Union and the Manchurian Crisis 1924-1935* (Tallahassee, FL: Diplomatic Press, 1974), 32-171; Aron Shai, *Zhang Xueliang: The General Who Never Fought* (New York: Palgrave Macmillan, 2012), 22.
14. 詳見Bruce A. Elleman, "The End of Extraterritoriality in China: The Case of the Soviet Union, 1917-1960," *Republican China*, no. 2 (1996): 65, 76-78.

15. William Kirby, *Germany and Republican China* (Stanford: Stanford University Press, 1984), 44. See also Robyn L. Rodriguez, "*Journey to the East: The German Military Mission in China, 1927-1938*", Ph. D. Thesis (Ohio State University, 2011).
16. 見 Yu Maochun, *The Dragon's War: Allied Operations and the Fate of China, 1937-1947* (Annapolis, MD: Naval Institute Press, 2006), 1.
17. Kirby, *Germany and Republican China*, 50.
18. 見前注，52-62; John P. Fox, "Max Bauer: Chiang Kai-shek's First German Military Adviser," *Journal of Contemporary History*, 5, no. 4 (1970), 21-44；Pan Qichang，《百年中德關係》（*One Hundred Years of Sino-German Relations*）（北京：世界知識出版社，二〇〇六），頁七九—八五。
19. 在他身故後，中國謠傳他是被一個中國敵人毒殺的。
20. 見 Billie K. Walsh, "The German Military Mission in China, 1928-38," *The Journal of Modern History*, 46, no. 3 (1974): 505-6.
21. 見前注，506; Titarenko, *VKP(b), Komintern i Kitai: Dokumenty* (The CPSU, the Comintern and China: Documents), vol. 3, 1146, 1294.
22. Hallett Abend, *Tortured China* (New York: Ives Washburn, 1930), 47.
23. Hsiung, *The Life of Chiang Kai-shek*, 301.
24. 見史全生，《南京國民政府的建立》，頁一七九—一八五。
25. Eugene William Levich, *The Kwangsi Way in Kuomintang China 1931-1939* (Armonk, NY: M. E. Sharpe, 1993), 7, 14.
26. 見 Titarenko, *VKP(b), Komintern i Kitai: Dokumenty* (The CPSU, Comintern and China: Documents), vol. 3, 545.
27. 荷蘭史學家馮客（Frank Dikötter）說，蔣並不必要統一國家，正如國家的分裂與內戰，以他之見，也並沒有特別的害處一樣。但他荒謬的觀點並不足為訓。見 Frank Dikötter, *The Age of Openness: China before Mao* (Berkeley: University of California Press, 2008), 7-13.
28. 見黃美真與郝盛潮編，《中華民國史事件人物錄》（上海：上海人民出版社，一九八七），頁一七一—一七二；Hsiung, *The Life of Chiang Kai-shek*, 293; Ch'en, *The Storm Clouds Clear over China*, 82.
29. 見劉義生，〈國民黨開除黨籍現象述論〉，《史學月刊》（*Historical Science Monthly*），no. 5 (1997): 45.
30. 詳見陳蘊茜，《崇拜與記憶：孫中山符號的建構與傳播》，（南京：南京大學出版社，二〇〇九）；李恭忠，《中山陵：一個現代政治符號的誕生》（北京：社會科學文獻出版社，二〇〇九）。
31. 引自 Tyau, *Two Years of Nationalist China*, 452.
32. 見 Wang Liping, "Creating a National Symbol: The Sun Yat-sen Memorial in Nanjing," *Republican China*, no. 2 (1996): 47-48.
33. 見 Philip West, "Liberal Persuasions and China: Soong Meiling and John Leighton Stuart," in Samuel C. Chu, ed., *Madame Chiang Kai-shek and Her China* (Norwalk CT: EastBridge, 2005), 61.
34. 宋慶齡與武漢政府前外交部長陳友仁莫斯科之行，花費了共產國際大約一萬盧布。見 Titarenko, *VKP(b), Komintern i Kitai: Dokumenty* (The CPSU, Comintern and China: Documents), 3: 74.
35. 見她給蔣介石的信函，刊載於《真理報》，一九二七年十二月二十四日。
36. 見 Pantsov with Levine, *Mao*, 311.
37. 見 Mildred Merland, "Motion Picture Film on the State of Burial of Sun Yat-sen, President of China, in Nanking, 1929", Hoover Archives; Wang, *Creating a National Symbol*, 46-52; Abend, *Tortured China*, 64 and 65 (a photograph between these pages); Henry Francis Misselwitz, *The Dragon Stirs: An Intimate Sketch-Book of China's Kuomintang Revolution 1927-29* (Westport, CT: Harbinger House, 1941), 241-44；作者在二〇一七年六月三日造訪南京中山陵的印象。
38. 見 Alexander V. Pantsov with Steven I. Levine, *Deng Xiaoping: A Revolutionary Life* (New York: Oxford University Press, 2016), 63.
39. 見金德群編，《中國現代史資料選集》（北京：中國人民大學出版社，一九八八），卷三，頁四四五—四六九。
40. 引自 Hsiung, *The Life of Chiang Kai-shek*, 295-96.
41. 引自黃道炫，〈蔣介石「攘外必先安內」方針研究〉，《抗日戰爭研究》（*Studies on the War of Resistance Against Japan*），no. 2 (2000): 31-32.
42. 見劉義生，〈國民黨開除黨籍現象述論〉，頁四五；蔡德金與王升，《汪精衛生平紀事》（北京：中國文史出版社，一九九三），頁一二六—一二七。
43. Hsiung, *The Life of Chiang Kai-shek*, 296.
44. 見劉義生，〈國民黨開除黨籍現象述論〉，頁四五；蔡德金與王升，《汪精衛生平紀事》，頁一二七—一二八。
45. 見金德群編，《中國現代史資料選集》，卷三，頁二八五—二八六。
46. 有趣的是，為了強調他們的政府是會長久建立的，北京的叛變者在九月九日早晨九點宣布他們的新政府，那也就是一九三〇年（民國十九年）第九個月。他們認為數字「九」重覆四次，就會帶來成功。中文的「九」發音同「久」，指「一長段時間」。但他們只維持了十一天。
47. 見 Sladkovsky, *Noveishaia istoriia Kitaia 1928-1949* (Contemporary History of China 1928-1949), 22-23; Titarenko, *VKP(b), Komintern i Kitai: Dokumenty* (The CPSU, Comintern and China: Documents), 3: 992-93.
48. 見 Titarenko, *VKP(b), Komintern i Kitai: Dokumenty* (The CPSU, Comintern and China: Documents), 3: 1265.

49. 見 Kirby, *Germany and Republican China*, 110.
50. Abend, *Tortured China*, 47-48.
51. 見 Tong, *Chiang Kai-shek: Soldier and Statesman*, 1: 306.
52. 見 James Burke, *My Father in China* (New York: Farrar & Rinehart, 1942), 346-47.
53. 馬太福音 5:39, 44.
54. 利未記 24:20.
55. 引自 Burke, *My Father in China,* 347.
56. 更多詳情見 Pantsov with Levine, *Mao,* 185-205.
57. *Stenograficheskii otchet VI s"ezda Kommunisticheskoi partii Kitaia* (Stenographic Report of the Sixth Congress of the Chinese Communist Party), 2:151 (Moscow: Institute of Chinese Studies Press, 1930), 4:183 (Moscow: Institute of Chinese Studies Press, 1930); Zhou Enlai, *Selected Works of Zhou Enlai*, 1:195-96 (Beijing: Foreign Languages Press, 1981).
58. A. Ivin, *Sovietskii Kitai* (Soviet China) (Moscow: Molodaia gvardiia, 1931), 35.
59. 札克雷（Jacqueries）是一三五八年法國農民的起義。該名稱源自於貴族給予農民（Jacque）的蔑稱。
60. 見 A. M. Grigoriev, *Kommunisticheskaia partiia Kitaia v nachal'nyi period sovetskogo dvizheniia (iul' 1927 g. - sentiabr' 1931 g.)* (The Chinese Communist Party in the Initial Period of the Soviet Movement [July 1927 – September 1931]) (Moscow: IDV AN SSSR, 1976), 338.
61. 見 Tim Wright, "Coping with the World Depression: The Nationalist Government's Relations with Chinese Industry and Commerce, 1932-1936," in John Fitzgerald, ed., *The Nationalists and Chinese Society 1923-1937: A Symposium* (Parkville: History Department, University of Melbourne, 1989), 136-37; Shiroyama, Tomoko. *China during the Great Depression: Market, State, and the World Economy, 1929-1937* (Cambridge: The Harvard University Asian Center, 2008).
62. 見 Titarenko, *VKP(b), Komintern i Kitai: Dokumenty* (The CPSU, Comintern and China: Documents), 3: 1361-64, 1472.
63. 一石大約一百三十三磅。
64. 見前注，601, 917.
65. Stuart R. Schram, ed., *Mao's Road to Power: Revolutionary Writings 1912-1949*, 3:155-56 (Armonk, NY: M. E. Sharpe, 1995).
66. 見 Pang，《毛澤東年譜，（一八九三—一九四九）》，卷一，頁三三〇—三三一；Philip Short, *Mao: A Life* (New York: Henry Holt, 1999), 257.
67. 美國國家檔案局，document 893.00PR Nanking/21.
68. Peter Fleming, *One's Company: A Journey to China* (New York: Charles Scribner's Sons, 1934), 183.
69. 蔣介石日記，1931/7/22, Hoover Archives, box 8, folder 8.
70. 見呂芳上，《蔣中正先生年譜長編》，卷三，頁四七〇（臺北：國史館，二〇一四）；黃道炫〈蔣介石「攘外必先安內」方針研究〉，頁三二一—三三；熊宗仁，〈「攘外必先安內」再批判〉，《抗日戰爭研究》，no. 4 (2001), 31。
71. 見 Kirby, *Germany and Republican* China, 110.
72. 引自前注，118.
73. 見前注，124; Walsh, *The German Military Mission in China, 1928-38*, 507.
74. 見 Ger Teitler and Kurt W. Radtke, eds., *A Dutch Spy in China: Reports on the First Phase of the Sino-Japanese War (1937-1939)* (Leiden: Brill, 1999), 63-64; Claire Lee Chennault, *Way of a Fighter* (New York: G. P. Putman's Sons 1949), 36-37.
75. 見 Shirley Ann Smith, *Imperial Designs: Italians in China, 1900-1947* (Madison, NJ: Fairleigh Dickenson University Press, 2012), 125.
76. Fatica, "The Beginning and the End of the Idyllic Relations between Mussolini's Italy and Chiang Kai-shek's China (1930-1937)," 101, 106-7; Smith, *Imperial Designs*, 124-25.
77. 見 Fleming, *One's Company*, 235; Gerald Yorke, *China Changes* (New York: Charles Scribner's Sons, 1936), 208; S. L. Tikhvinsky, ed., *Russko-kitaiskie otnosheniia v XX veke: Dokumenty i materialy* (Russo-Chinese Relations in the Twentieth Century: Documents and Materials), vol. 4, book 1,524 (Moscow: "Pamiatniki istoricheskoi mysli", 2000). 更多詳情見 Scaroni's memoirs: Silvio Scaroni, *Missione Militare Aeronautica in China* (Military Aeronautics in China) (Maggio: Ufficio storico, 1970.
78. 見 Chennault, *Way of a Fighter*, 36-37; Smith, *Imperial Designs*, 124.
79. 見 Ch'en（陳立夫），*The Storm Clouds Clear over China*, 65.
80. Parks M. Coble, "The Soong Family and Chinese Capitalists," in Chu, *Madame Chiang Kai-shek and Her China*, 74.
81. Ch'en, *The Storm Clouds Clear over China*, 67.
82. Titarenko, *VKP(b), Komintern i Kitai: Dokumenty* (The CPSU, Comintern and China: Documents), 3: 1270.
83. 見 Patricia Stranahan, *Underground: The Shanghai Communist Party and the Politics of Survival, 1927-1937* (Lanham, MD: Rowman & Littlefield, 1998), 108.
84. 見 Frederick S. Litten, "The Noulens Affair," *China Quarterly*, 138 (June 1994): 492-512; Frederic Wakeman Jr., *Policing Shanghai 1927-1937* (Berkeley: University of California Press, 1995), 151-60, 253-54；李宗仁，《李宗仁回憶錄》，卷一，頁一一八、一二六—一二八（北京：解放軍出版社，一九八三）。

85. 見楊天石，《找尋真實的蔣介石：蔣介石日記解讀》，1:177-200 (Hong Kong: Sanlian shudian, 2008).
86. 引自 Tong, *Chiang Kai-shek: Soldier and Statesmen,* 1: 314.
87. Ransome, *The Chinese Puzzle*, 65.
88. 見 Sladkovsky, *Noveishaia istoriia Kitaia 1928-1949* (Contemporary History of China 1928-1949), 23-24; 43；劉義生，〈國民黨開除黨籍現象述論〉，頁四五。
89. 見 H. G. W. Woodhead, ed., *The China Year Book 1932* (Nendeln/Liechtenstein: Kraus Reprint, 1969), 688-90；家近亮子，《蔣介石與南京國民政府》, 112; Tong, *Chiang Kai-shek: Soldier and Statesman,* 1: 316.
90. 見 Chris Courtney, "The Dragon King and the 1931 Wuhan Flood: Religious Rumors and Environmental Disasters in Republican China," *Twentieth-Century China*, no. 2 (2015): 84; Titarenko, *VKP(b), Komintern i Kitai: Dokumenty* (The CPSU, Comintern and China: Documents), 3: 1472.
91. Abend, *My Life in China: 1926-1941*, 155.
92. 見 Titarenko, *VKP(b), Komintern i Kitai: Dokumenty* (The CPSU, Comintern and China: Documents), 3: 1472.
93. 見 Mark Elvin and G. William Skinners, eds., *The Chinese City between Two Worlds* (Stanford: Stanford University Press, 1974), 10.
94. 見 V. I. Khor'kov, ed., *Rabochee dvizhenie v Kitae (1927-1931): Nankinskii gomindan i rabochii vopros: Dokumenty i materialy* (The Workers' Movement in China [1927-1931]: The Nanjing Guomindang and the Worker Question: Documents and Materials) (Moscow: Nauka, 1982), 73-82, 86-96.
95. 見 Abend, *Tortured China*, 50.
96. Grigoriev, *Kommunisticheskaia partiia Kitaia v nachal'nyi period sovetskogo dvizheniia (iul' 1927 g. – sentiabr' 1931 g.* (The Chinese Communist Party in the Initial Period of the Soviet Movement [July 1927 – September 1931]), 359；何益忠，〈大革命失敗後中共黨員的「征收」運動〉，*Shilin* (History Review), no. 1 (2012): 123.
97. 引自 A. A. Pisarev, *Gomindan i agrarno-krest'ianskii vopros v Kitae v 20-30-e gody XX* v. (The Guomindang and the Agrarian-peasant Question in China in the 1920s and 1930s) (Moscow: Nauka, 1986), 104-5.
98. 引自前注，116.
99. 引自前注，115-27.
100. 見 Frederic Wakeman Jr., "A Revisionist View of the Nanjing Decade: Confucian Fascism," in Frederic Wakeman, Jr. and Richard Louis Edmonds, eds., *Reappraising Republican China* (New York: Oxford University Press, 2000), 166.
101. 更多詳情見 A. V. Meliksetov, *Sotsial'no-ekonomicheskaia politika Gomindana v Kitae (1927-1949)* (The Socio-economic Policy of the Guomindang in China (1927-1949) (Moscow: Nauka, 1977), 47-82.
102. 見 Tong, *Chiang Kai-shek: Soldier and Statesman,* 1: 317; Fenby, *Chiang Kai-shek*, 182-83; Grigoriev, *Kommunisticheskaia partiia Kitaia v nachal'nyi period sovetskogo dvizheniia (iul' 1927 g. – sentiabr' 1931 g.)* (The Chinese Communist Party in the Initial Period of the Soviet Movement [July 1927 – September 1931]), 174.
103. 第一屆遠東奧林匹克運動會於一九一三年在馬尼拉舉行。此運動會總共舉行了十次，其中有三次在上海舉辦（一九一五、一九二一與一九二七年）。
104. Jarvis, *Letters from China 1920-1949*, 16.
105. Confucius, *The Analects of Confucius*, 75.

第十一章 新生活運動

1. 見 C. F. Remer and William B. Palmer, *A Study of Chinese Boycott: With Special Reference to Their Economic Effectiveness* (Baltimore: Johns Hopkins Press, 1933). 22.
2. 見 Woodhead, *The China Year Book 1932*, 605-12.
3. 見 James L. McClain, *Japan, A Modern History* (New York: W. W. Norton, 2002), 405-7.
4. Donald A. Jordan, *Chinese Boycotts versus Japanese Bombs: The Failure of China's "Revolutionary Diplomacy," 1931-32* (Ann Arbor: The University of Michigan Press, 1991), 2-15, 31-32, 34-36, 331-34.
5. 見 Matsusaka, *The Making of Japanese Manchuria, 1904-1932*, 414.
6. 見 Sadako N. Ogata, *Defiance in Manchuria: The Making of Japanese Foreign Policy, 1931-1932* (Berkeley: University of California Press, 1964), 18-19; T. A. Bisson, "The United States and the Far East: A Survey of the Relations of the United States with China and Japan – September 1, 1930 to September 1, 1931," *Pacific Affairs*, no. 1 (1932): 67-68.
7. 引自 Ogata, *Defiance in Manchuria*, 38.
8. 由於建川美次同情關東軍占領瀋陽的計畫，所以有可能他是故意讓自己受誘進入餐館的，見 Craig Collie, *The Reporter and the Warlords* (Sydney: Allen & Unwin, 2013), 186.
9. 軌道幾乎無損。在爆炸過後十分鐘，一輛火車毫無延宕地駛過該路段。
10. 見 *Hostile Activities of Japanese Troops in the Northeastern Provinces of China (From September 18, 1931, to November 7, 1931)*, 1,13. (S.I: s.n., 1931).
11. 蔣介石日記，1931/9/19, Hoover Archives, box 8, folder 10.

12. 引自 Hsiung, *The Life of Chiang Kai-shek*, 306.
13. 見 Selle, *Donald of China*, 266-70; Collie, *The Reporter and the Warlords*, 186; Abend, *My Life in China: 1926-1941*, 150-51.
14. 見 Hollington K. Tong, *Chiang Kai-shek: Soldier and Statesman: Authorized Biography*, 2:326 (Shanghai: The China Publishing Co., 1937).
15. 引自 R. A. Mirovitskaia, "Sovetskii Soiuz i Kitai v period razryva i vosstanovleniia otnoshenii (1928-1936 gg.)" (The Soviet Union and China during the Period of the Rift and the Restoration of Relations)," *Informatsionnyi biulleten' IDV AN SSSR* (Information Bulletin of the Institute of the Far East, Academy of Sciences, USSR) no. 67 (Moscow: IDV AN SSSR 1975), 77；也見 S. L. Tikhvinsky, ed., *Russko-kitaiskie otnosheniia v XX veke: Dokumenty i materialy* (Russo-Chinese Relations in the Twentieth Century: Documents and Materials), 3:777 (Moscow: "Pamiatniki istoricheskoi mysli", 2010).
16. 見 A. A. Gromyko, ed., *Dokumenty vneshnei politiki* SSSR (Documents of the USSR Foreign Policy), 14:527-28, 533-35, 544-48 (Moscow: Politizdat, 1968).
17. M. L. Titarenko et al., eds., *VKP(b), Komintern i Kitai: Dokumenty* (The CPSU, Comintern and China: Documents), 4:68 (Moscow: AO "Buklet", 2003).
18. 見蔣經國，《蔣經國日記》，頁三〇一三九；Pantsov,《毛澤東》(*Mao Zedong*), 441.
19. 引自 Taylor, *The Generalissimo's Son*, 59.
20. 見 Svetlana Alliluyeva, *Twenty Letters to a Friend*, trans. Priscilla Johnson McMillan (New York: Harper & Row, 1967), 161.
21. 見 Taylor, *The Generalissimo's Son*, 59.
22. Titarenko, VKP(b), Komintern i Kitai: Dokumenty (The CPSU, Comintern and China: Documents), 4: 112.
23. 蔣介石日記，1931/12/16, Hoover Archives, box 8, folder 13.
24. On Sorge in China 見蘇智良，《左爾格在中國的秘密使命》（上海：上海社會科學出版社，二〇一四）。
25. Titarenko, VKP(b), Komintern i Kitai: Dokumenty (The CPSU, Comintern and China: Documents), 4: 112.
26. A. G. Fesiun, ed., *Delo Rikharda Zorge: Neizvestnye dokumenty* (The Richard Sorge Case: Unknown Documents) (Moscow: "Letnii sad", 2000), 69.
27. 見 E. Prudnikova, *Rikhard Zorge: Razvedchik No. 1?* (Richard Sorge: Spy No. 1?) (Saint Petersburg: Neva, 2004), 73-77.
28. 國民黨中央執行委員會在一九四〇年四月一日正式宣布孫為中華民國創建之父，但之前中國民眾已私下尊稱他為國父。
29. 引自 Tong, *Chiang Kai-shek: Soldier and Statesman*, 2: 334.
30. 引自 Taylor, *The Generalissimo*, 97.
31. 引自 Wakeman Jr., "A Revisionist View of the Nanjing Decade: Confucian Fascism," 153-54.
32. 見蔣介石日記，1931/3/5, Hoover Archives, box 8, folder 4.
33. 引自 Tong, *Chiang Kai-shek: Soldier and Statesman*, 2: 328.
34. 蔣介石日記，1931/11/25, Hoover Archives, box 8, folder 12.
35. 見黃美真與郝盛潮，《中華民國史事件人物錄》，頁二〇九一二一一；李松林等編，《中國國民黨大事紀，1894.11-1986.12》（北京：解放軍出版社，一九八八），頁五八七一五九〇。
36. 見金德群編，《中國現代史資料選集》，卷三，頁三六〇一三六一。
37. Ch'en, *The Storm Clouds Clear over China*, 109-10.
38. 見 Hsiung, *The Life of Chiang Kai-shek*, 307-8；林友華，《林森年譜》（北京：中國文史出版社，二〇一一），頁二〇五、二〇九。
39. 見 Hsiung, *The Life of Chiang Kai-shek*, 399；蔣介石日記，1932/1/17, Hoover Archives, box 36, folder 1；呂芳上，《蔣中正先生年譜長編》，卷三，頁五九三。
40. 作者二〇一七年六月二日訪問南京印象。
41. 作者二〇一七年造訪湯山蔣介石夏日小屋陶廬印象。
42. 見前注，Zhou and Chen，《胡漢民評傳》，頁三一一。
43. 作者在二〇一七年六月三日造訪南京美齡宮的印象。
44. 引自 Abend, *My Life in China: 1926-1941*, 187.
45. 更多日本侵略上海之詳情見 Donald A. Jordan, *China's Trial by Fire: The Shanghai War of 1932* (Ann Arbor: University of Michigan Press, 2001); Jarvis, *Letters from China 1920-1949*, 15.
46. 引自 Abend, *My Life in China: 1926-1941*, 192-93.
47. 引自 Tong, *Chiang Kai-shek: Soldier and Statesman*, 2: 340.
48. 見王克文，"Wang Jingwei and the Policy Origins of the 'Peace Movement,' 1932-1937," in David P. Barrett and Larry N. Shyu, eds., *Chinese Collaboration with Japan, 1932-1945: The Limits of Accommodation* (Stanford: Stanford University Press, 2001), 22-23.
49. 見 Hsiung, *The Life of Chiang Kai-shek*, 310-11.
50. 詳情見溥儀自傳：Pu Yi, *From Emperor to Citizen*, trans. W. J. F. Jenner (New York: Oxford University Press, 1987), 215-62.

51. 見 The Earl of Lytton, *Lessons of the League of Nations Commission of Enquiry in Manchuria* (London: Constable , 1937).
52. 然而，一九三二年春天開始，對此事的談判，在日方主動下，很快就破裂了。
53. 見 G. M. Adibekov and Haruki Wada, eds., *VKP(b), Komintern i Iaponiia: 1917-1941 gg.* (The AUCP(b), the Comintern and Japan, 1917-1941) (Moscow: ROSSPEN, 2001), 79-82, 84, 85, 91, 98; Titarenko, *VKP(b), Komintern i Kitai: Dokumenty* (The CPSU, Comintern and China: Documents), 4: 165; Tikhvinsky, *Russko-kitaiskie otnosheniia v XX veke*（二十世紀中蘇關係），3: 79-80, 83, 84, 87-88, 99-100; A. Sidorov, "Problema zakliucheniia pakta of nenapadenii v sovetsko-kitaiskikh otnosheniiakh (1932-1937 gg.)"（締結中蘇互不侵犯條約問題〔一九三二－一九三七〕），*Problemy Dal'nego Vostoka*（遠東事務），no. 1 (2009): 123; Mirovitskaia, "Sovetskii Soiuz i Kitai v period razryva i vosstanovleniia otnoshenii (1928-1936 gg.)"（中蘇在關係破裂與恢復時期），155.
54. 見 Adibekov and Wada, *VKP(b), Komintern i Iaponiia: 1917-1941* gg. (The AUCP(b), the Comintern and Japan: 1917-1941), 81, 100.
55. O. V. Khlevniuk et al., *Stalin i Kaganovich: Perepiska: 1931-1936 gg.* (Stalin and Kaganovich: Correspondence. 1931-1936) (Moscow: ROSSPEN, 2001), 199-200.
56. 人民外交事務委員會首席代表尼古拉 尼古拉耶維奇 克列斯京斯基（Nikolai Nikolaevich Krestinsky），向共產黨全聯會書記卡岡諾維奇（Lazar Moiseevich Kaganovich）寫出此事。
57. 見 Tikhvinsky, *Russko-kitaiskie otnosheniia v XX veke* (Russo-Chinese Relations in the Twentieth Century), 3: 96.
58. Khlevniuk, *Stalin i Kaganovich: Perepiska* (Stalin and Kaganovich: Correspondence), 160, 163. See also Tikhvinsky, *Russko-kitaiskie otnoshennia v XX veke* (Russo-Chinese Relations in the Twentieth Century), 3: 97, 108-9.
59. 見林友華編，《林森年譜》，頁二三五。更多有關 Bogomolov 見 V. V. Sokolov, "'Zabytyi diplomat' D. V. Bogomolov (1890-1938) (A "Forgotten Diplomat" D. V. Bogomolov [1890-1938]), *Novaiia i Noveishaia Istoriia* (Modern and Contemporary History), no. 3 (2004): 165-95.
60. 引自呂芳上，《蔣中正先生年譜長編》，卷三，頁七七一。
61. 見 Titarenko, *VKP(b), Komintern i Kitai: Dokumenty* (The CPSU, Comintern and China: Documents), 4: 171; Kurdiukov, *Sovetsko-kitaiskie otnoshniia: 1917-1957* (Soviet-Chinese Relations, 1917–1957), 156-57.
62. 見 Lih, *Stalin's Letters to Molotov 1925*-1936, 229.
63. Hsiung, *The Life of Chiang Kai-shek,* 310.
64. 蔣介石日記，1933/6/1, 2, Hoover Archives, box 36, folder 18.
65. Selle, *Donald of* China, 281.
66. Chennault, *Way of a Fighter*, 33.
67. 張學良可能經常聽到他父親張作霖對墨索里尼的稱讚，張作霖很高興「偉大領袖」的名字，以中文發音類似他自己的名字「墨作霖」，見 Shirley Ann Smith, *Imperial Designs*, 114。
68. 蘇聯建議滿洲國也在他們國家設置五個領事館，但此事未成。
69. 見 Khlevniuk, *Stalin i Kaganovich: Perepiska* (Stalin and Kaganovich: Correspondence), 305; Tikhvinsky, *Russko-kitaiskie otnoshennia v XX veke*（二十世紀中蘇關係），3: 161-69, 171-76, 676-81; Mirovitskaia, "Sovetskii Soiuz i Kitai v period razryva i vosstanovleniia otnoshenii (1928-1936 gg.)" (The Soviet Union and China during the Period of the Rift and the Restoration of Relations), 74; Selle, *Donald of China*, 284-85; Harriet Sergeant, *Shanghai* (London: Jonathan Cape, 1991), 5; James M. Bertram, *Crisis in China: The Story of the Sian Mutiny* (London: Macmillan, 1937), 108.
70. Chang Kuo-t'ao, *The Rise of the Chinese Communist Party 1921-1927: Volume Two of Autobiography of Chang Kuo-t'ao* (Lawrence: The University Press of Kansas, 1972), 316.
71. 見 A. S. Titov, *Iz istorii bor'by i raskola v rukovodstve KPK 1935-1936 gg.* (On the History of Struggle and Split in the Leadership of the CCP 1935-1936) (Moscow: Nauka, 1979), 21.
72. Pantsov with Levine, *Mao*, 268.
73. Enid Saunders Candlin, *The Breach in the Wall: A Memoir of the Old China* (New York: Macmillan, 1973), 207.
74. 二〇一七年六月十一日作者拜訪美廬的印象。
75. 引自 Tyson Li, *Madame Chiang Kai-shek*, 273.
76. Yorke, *China Changes*, 180.
77. 哈布斯堡是奧匈帝國的一個王朝。
78. Fleming, *One's Company*, 225.
79. 見前注，226-27. Emphasis added by Peter Fleming.
80. Yorke, *China Changes*, 180.
81. 見 Titarenko, *VKP(b), Komintern i Kitai: Dokumenty* (The CPSU, Comintern and China: Documents), 4: 479.
82. 見 Pantson with Levine, *Mao*, 272.

83. 見黃與郝，《中華民國史事件人物錄》，頁二三五—頁二三六；Sladkovsky, *Noveishaia istoriia Kitaia 1928-1949* (Contemporary History of China 1928-1949), 78-81; Yorke, *China Changes*, 253-90.
84. 一九三四年早期，蔣與美齡和端納有很深厚的關係，當時端納作為張學良的顧問陪伴在張身邊，而他們是在杭州的一家餐廳遇見的。儘管端納這個澳洲人不諳中文，但他們很快與他建立了親密互信的關係。美齡自願擔任口譯者。一九三四年末，在蔣的邀請下，端納成為他非正式的顧問。蔣與美齡珍視他的友誼，並簡單的稱他為端納。
85. 見聶榮臻，《聶榮臻回憶錄》卷一，頁一八七；Otto Braun, *A Comintern Agent in China 1932-1939*, trans. Jeanne Moore (Stanford: Stanford University Press, 1982), 40-43, 75-76; Violet Cressy-Marcks, *Journey into China* (New York: E. P. Dutton, 1942), 166.
86. 見 Chiang Kai-shek, *The New Life Movement in China*, trans. Madame Chiang Kai-shek (Calcutta: Chinese Ministry of Information, 1942), 7.
87. 見張瑞德，《無聲的要角》，頁一七。
88. 見 Hsiung, *The Life of Chiang Kai-shek*, 315.
89. 語詞由宋美齡翻譯，見 Song Mei-ling, *General Chiang Kai-shek and the Communist Crisis: Madame Chiang Kai-shek on the New Life Movement* (Shanghai: China Weekly Review Press, [1937]), 58-59.
90. Chiang, *The New Life Movement in China*, 9, 17, 19.
91. 見 Tsui, *China's Conservative Revolution*, 15.
92. 見 Peter Fleming, *News from Tartary: A Journey from Peking to Kashgar* (London: Jonathan Cape, 1936), 49.
93. Selle, *Donald of China*, 294.
94. National Archives of the United States, document 893.114 Narcotics/912.
95. Tsui, *China's Conservative Revolution*, 95.
96. 蔣介石日記，1929/1/1, Hoover Archives, box 6, folder 12; Frederic E. Wakeman Jr., *Spymaster: Dai Li and the Chinese Secret Service* (Berkeley: University of California Press, 2003), 52-53; Van de Ven, *War and Nationalism in China 1925-1945*, 165.
97. 「偕行」引自《詩經》中「與子偕行」。*The Chinese Classics*, with a Trans., Critical and Exegetical Notes Prolegomena, and Copious Indexes James Legge, vol. 4, book 1 (Oxford: Clarendon Press, 1893), 202. 作者加以強調。
98. 作者二〇一七年六月十日造訪南京勵志社博物館的印象。
99. Lu [Lü] and Lin, "Chiang Kai-shek's Diaries and Republican China: New Insights on the History of Modern China," 337.
100. 力行一詞取自《中庸》，子曰：「好學近乎知，力行近乎仁，知恥近乎勇」。*The Chinese Classics*, with a Trans., Critical and Exegetical Notes Prolegomena, and Copious Indexes by James Legge, 1:407 (Oxford: Clarendon Press, 1893).
101. 其另一個名稱是「布衣團」。
102. 見 Wakeman Jr., "A Revisionist View of the Nanjing Decade: Confucian Fascism," 143-55.
103. 見 Jeremy E. Taylor, "The Production of the Chiang Kai-shek Personality Cult, 1929-1975," *China Quarterly*, 185 (March 2006), 99.
104. 見 William Kirby, "The Internationalization of China: Foreign Relations at Home and Abroad in the Republic Era," in Wakeman, Jr. and Edmonds, *Reappraising Republican China*, 195; Wakeman, Jr., "A Revisionist View of the Nanjing Decade: Confucian Fascism," 142.
105. Maria Hsia Chang, "'*Fascism*' and Modern China," *China Quarterly*, 79 (September 1979): 558. Emphasis added by Maria Hsia Chang；也見 Maria Hsia Chang, *The Chinese Blue Shirt Society: Fascism and Developmental Nationalism* (Berkeley: University of California Press, 1985), 29.
106. Chiang, *The New Life Movement in China,* 18.
107. 引自 Pakula, *The Last Empress*, 250.
108. Song, *General Chiang Kai-shek and the Communist Crisis*, 55. 對於法西斯主義、納粹主義與新政的比較，見 Wolfgang Schivelbusch, *Three New Deals: Reflections on Roosevelt's America, Mussolini's Italy, and Hitler's Germany, 1933-1939* (New York : Metropolitan Books, 2006).
109. 見 Selle, *Donald of China,* 296-97.
110. 法西斯社團制度是基於國家主義的原則，亦即國家有權以整個國家的名義，完全控制經濟與社會。
111. 引自 Michele Fatica, "The Beginning and the End of the Idyllic Relations between Mussolini's Italy and Chiang Kai-shek's China (1930-1937)," in Maurizio Marinelli and Giovanni Andornino, eds., *Italy's Encounters with Modern China: Imperial Dreams, Strategic Ambitions* (New York: Palgrave Macmillan, 2014), 89, 91-92, 94.
112. 引自 Wakeman Jr., "A Revisionist View of the Nanjing Decade: Confucian Fascism," 169.
113. 見 *Fatica*, The Beginning and the End of the Idyllic Relations between Mussolini's Italy and Chiang Kai-shek's China (1930-1937), 96.
114. 引自 Tong, *Chiang Kai-shek: Soldier and Statesman.*, 1: 314.
115. 引自 Fenby, *Chiang Kai-shek*, 226.

116. 原始文字是用英文。
117. Titarenko, *VKP(b), Komintern i Kitai: Dokumenty* (The CPSU, Comintern and China: Documents), 4: 221.
118. 引自 Hsiung, *The Life of Chiang Kai-shek*, 313-14.
119. RGASPI, collection of unsorted documents.
120. 見 Titarenko, *VKP(b), Komintern i Kitai: Dokumenty* (The CPSU, Comintern and China: Documents), 4: 602.
121. 見前注，4:613.
122. 陶涵指稱一九三三年「上海的一個共產國際祕密組織」買了一架飛機或甚至一架重型飛機給中央蘇區的中共。見 Taylor, *The Generalissimo*, 101, 106. 不過他參考的資料並沒有證實這件事情，只說道上海的蘇聯使節向莫斯科要錢來買一架飛機（非重型飛機），但並沒有購買一事。見 Titarenko, *VKP(b), Komintern i Kitai: Dokumenty* (The CPSU, Comintern and China: Documents), 4: 357, 459, 486, 489-90. 同時，很多資料顯示，一九三〇年代中共並未擁有飛機。
123. Braun, *A Comintern Agent in China 1932-1939*, 90.
124. Mary S. Erbaugh, "The Secret History of the Hakkas: The Chinese Revolution as a Hakka Enterprise," *China Quarterly,* 132 (December 1992): 937-68.
125. 見 Pantsov with Levine, *Mao*, 275-77.
126. Tong and Li, *The Memoirs of Li Tsung-jen*, 297.
127. 見陳三井，《四分溪畔論史》（香港：九州出版社，二〇一三）。

第十二章 與史達林鬥智

1. 見 Mirovitskaia, "Sovetskii soiuz i Kitai v period razryva i vosstanovleniia otnoshenii (1928-1936 gg.)" (The Soviet Union and China during the Period of the Rift and the Restoration of Relations), 155.
2. 引自 Sidorov, "Problema zakliucheniia pakta o nenapadenii v sovetsko-kitaiskikh otnosheniiakh (1932-1937 gg.)" (The Problem of Concluding a Sino-Soviet Non-Aggression Pact [1932-1937]), 127.
3. 一九四八年察哈爾與綏遠都被併入內蒙古。
4. 見 A. A. Gromyko, ed., *Dokumenty vneshnei politiki SSSR* (Documents of the USSR Foreign Policy), 18:437 (Moscow: Politizdat, 1973).
5. 見黃美真與郝盛潮，《中華民國史事件人物錄》，頁二五〇。
6. 引自 Selle, *Donald of China*, 301.
7. 見 Tikhvinsky, *Russko-kitaiskie otnosheniia v XX veke* (Russo-Chinese Relations in the Twentieth Century), 3: 742.
8. 見 RGASPI, collection 558, inventory 22, file. 187, sheet 24. 也見潘佐夫，《毛澤東》，頁四二〇。
9. 蔣介石日記，1936/3/14, Hoover Archives, box 38, folder 11.
10. A. A. Gromyko, ed., *Dokumenty vneshnei politiki SSSR* (Documents of the USSR Foreign Policy), 19:723 (Moscow: Politizdat, 1974).
11. 這些決定是由保加利亞共產黨員喬治・季米特洛夫（Georgii Dimitrov，全名為奧爾基・季米特洛夫・米哈伊洛夫〔Georgi Dimitrov Mikhailov〕）草擬的。史達林在共產國際第七次代表大會上，任命他擔任共產國際執委會總書記。
12. Wang Ming, *Sobranie sochinenii* (Collected Works), 3:364 (Moscow: IDV AN SSSR, 1985).
13. Stephen Lyon Endicott, *Diplomacy and Enterprise: British China Policy 1933-1937* (Vancouver: University of British Columbia Press, 1975), 118.
14. 見 Taylor, *The Generalissimo*, 113.
15. 見 Gromyko, *Dokumenty vneshnei politiki* SSSR (Documents of the USSR Foreign Policy), 18: 537-38.
16. 見 Wang（王克文），"Wang Jingwei and the Policy Origins of the 'Peace Movement,' 1932-1937," 24.
17. 見 Akira Odani, "Wang Ching-wei and the Fall of the Chinese Republic, 1905-1935", Ph. D. thesis (Brown University, 1976), 109, 111-12; Tong, *Chiang Kai-shek*, 2:342-43.
18. Odani, *Wang Ching-wei and the Fall of the Chinese Republic, 1905-1935,* 112. 也見 Wang（王克文），"Wang Jingwei and the Policy Origins of the 'Peace Movement,' 1932-1937", 29.
19. 見 Wang, "Wang Jingwei and the Policy Origins of the 'Peace Movement,' 1932-1937," 29-32.
20. 見 Wakeman Jr., *Spymaster*, 182-86.
21. 見 Ch'en（陳立夫），*The Storm Clouds Clear over China*, 115; Wakeman Jr., *Spymaster*, 182.
22. 蔣介石日記，1931/11/1, 2, Hoover Archives, box 8, folder 2.
23. 引自 H. G. W. Woodhead, ed., *The China Year Book 1936* (Nendeln/Liechtenstein: Kraus Reprint, 1969), 169-70.
24. 見中國國民黨中央委員會黨史委員會編，《中國國民黨人名錄》（臺北：國民黨黨史會出版，1994），頁一二四、一三一。
25. 蔣介石日記，1936/2/16, Hoover Archives, box 38, folder 10.

26. 作者訪問陳永發教授，臺北，二〇一七年六月二十日。
27. 蔣介石日記，1936/12/12, Hoover Archives, box 39, folder 5；也見周與陳，《胡漢民評傳》，頁三一〇—三一一。
28. 見 Odani, *Wang Ching-wei and the Fall of the Chinese Republic, 1905-1935,* 139
29. 作者二〇一七年六月一日在南京訪談南京大學教授李里峰；二〇一七年六月十九日在臺北訪談中華人民共和國社會科學院近代史研究所楊天石研究員。
30. 在謀刺汪精衛之後，孔祥熙才擔任執委會主席之職一個多月。
31. Gromyko, *Dokumenty vneshnei politiki SSSR* (Documents of the USSR Foreign Policy), 18: 602.
32. Titarenko, *VKP(b), Komintern i Kitai: Dokumenty* (The CPSU, Comintern and China: Documents), 4: 960-62.
33. 見 Ch'en（陳立夫），*The Storm Clouds Clear over China*, 121.
34. 中共中央文獻研究室編，《周恩來年譜（一八九八—一九四九）》（修訂本）（北京：中央文獻出版社，一九九八），頁三〇七；朱育和與蔡樂蘇編，《毛澤東與二十世紀中國》，（北京：清華大學出版社，二〇〇〇），頁一〇九—一一〇。
35. 更多詳情見 John Israel, *Student Nationalism in China 1927-1937* (Stanford: Stanford University Press, 1966), 111-56; John Israel and Donald Klein, *Rebels and Bureaucrats: China's December 9ers* (Berkeley: University of California Press, 1976), 87-104.
36. 見 Gromyko, *Dokumenty vneshnei politiki SSSR* (Documents of the USSR Foreign Policy), 18: 599.
37. 見 Ch'en, *The Storm Clouds Clear over China*, 121-23.
38. 鄧文儀與王明的個人檔案存於俄羅斯國家社會政治史檔案館。見 RGASPI, collection 495, inventory 225, files 1711 and 3.
39. 見 Titarenko, *VKP(b), Komintern i Kitai: Dokumenty* (The CPSU, Comintern and China: Documents), 4: 941-59.
40. Gromyko, *Dokumenty vneshnei politiki SSSR* (Documents of the USSR Foreign Policy), 19: 35, 36, 723.
41. 見 Ed Jocelyn and Andrew McEwan, *The Long March: The True Story Behind the Legendary Journey that Made Mao's China* (London: Constable, 2006), 326-27.
42. 見 Agnes Smedley, *China Fights Back: An American Woman with the Eight Route Army* (New York: Vanguard Press, 1938), 8-9, 19-20; Janice R. MacKinnon and Stephen R. MacKinnon, *Agnes Smedley: The Life and Times of an American Radical* (Berkeley: University of California Press, 1988), 183.
43. 蔣介石日記，1936/2/23, 24, 29; 3/5, 7, 8, 11-16, 19, 20, 22, 25-28, 30, 31, Hoover Archives, box 38, folders 10 and 11.
44. Yang You-cheng, "Pis'mo syna Chan Kai-shi k materi" (Chiang Kai-shek's Son's Letter to His Mother), *Leningradskaia Pravda* (Leningrad Truth), February 9, 1936.
45. 蔣介石日記，1936/2/14, Hoover Archives, box 38, folder 10.
46. 該信的草稿存於一所俄羅斯檔案館，見 Galitsky, *Tszian Tszingo* (Chiang Ching-kuo), 129-32.
47. 見 Chiang Ching-kuo（蔣經國），*My Days in Soviet Russia* [Taipei, 1963], 27-29.
48. 見潘佐夫，《毛澤東》，頁四四一—四四二；蔣經國，《蔣經國日記》，頁三九—四六；作者於二〇一五年三月十九日訪談蔣介石的一位親戚；二〇一六年十二月一日蔣介石的一位親戚將信給予作者；RGASPI，未分類檔案的集結；蔣經國與安娜的個人問卷與自傳，以及方良從中國寫給安娜的信，保存於俄羅斯不同的檔案館，最早出版於 Galitsky, *Tszian Tszingo* (Chiang Ching-kuo), 113-57.
49. S. L. Tikhvinsky, ed., *Russko-kitaiskie otnosheniia v XX veke* (Russo-Chinese Relations in the Twentieth Century), vol. 4, book 2 (Moscow: "Pamiatniki istoricheskoi mysli", 2000), 342.
50. Tikhvinsky, ed., *Russko–kitaiskie otnosheniia v XX veke* (Russo–Chinese Relations in the Twentieth Century), vol. 4, book 2 (Moscow: "Pamiatniki istoricheskoi mysli," 2000), 342.
51. M. I. Sladkovsky, ed., *Dokumenty po istorii Kommunisticheskoi partii Kitaia (1920-1949 gg) (v chetyrekh tomakh)* (Documents on the History of the Chinese Communist Party, 1920–1949 [In Four Volumes]), vol. 2, book 5 (Moscow: IDV AN SSSR, 1981), 45.
52. 見逄先知，《毛澤東年譜（一八九三—一九四九）》，卷一，頁四九〇。
53. Sladkovsky, *Dokumenty po istorii Kommunisticheskoi partii Kitaia 1920-1949* (Documents on the History of the Chinese Communist Party, 1920–1949), vol. 2, book 5, 57.
54. 見 Zhang Xueliang（張學良），"Chang Hsueh-liang's Self-examination over the Sian Incident," in Chiang Kai-shek（蔣介石），*A Fortnight in Sian*, Soong Chiang Mayling（蔣宋美齡），*Sian: A Coup d'Etat.* 2nd ed. (Taipei: China Publishing, 1986), 74-76; Titarenko, *VKP(b), Komintern i Kitai: Dokumenty* (The CPSU, Comintern and China: Documents). 4: 1024-25; Zhonggong zhongyang wenxian yanjiu shi, *Zhou Enlai nianpu (1898-1949)*（周恩來年譜〔一八九八—一九四九〕），卷一，頁三〇六；Itoh Mayumi, *The Making of China's War with Japan: Zhou Enlai and Zhang Xueliang* (New York: Palgrave Macmillan, 2016), 108, 115-19；楊奎松，《失去的機會？抗戰前後國共談判實錄》（北京：新星出版社，二〇一〇），頁一〇—一六。
55. 他們是透過宋慶齡的斡旋而來的，宋要求宋子文與孔祥熙簽字，給他們其中一人弄到了假通行證。
56. 見中共中央文獻研究社，《周恩來年譜（一八九八—一九四九）》，卷一，頁三〇七、三〇九。
57. Gromyko, *Dokumenty vneshnei politiki SSSR* (Documents of the USSR Foreign Policy), 19: 724.
58. 見 "Chang Hsueh-liang's Self-examination over the Sian Incident," 76; Itoh, *The Making of China's War with Japan*, 120-231, 126-28.
59. 見逄先知，《毛澤東年譜（一八九三—一九四九）》，卷一，頁五五一—五五二；Sladkovsky, *Dokumenty po istorii Kommunisticheskoi partii Kitaia 1920-1949 gg.* (Documents

on the History of the Chinese Communist Party, 1920–1949), vol. 2, book 5, 93-94.

60. Sladkovsky, *Dokumenty po istorii Kommunisticheskoi partii Kitaia 1920-1949 gg.* (Documents on the History of the Chinese Communist Party, 1920–1949), vol. 2, book 5, 93.

61. 見 Titarenko, *VKP(b), Komintern i Kitai: Dokumenty* (The CPSU, Comintern and China: Documents), 4: 1070.

62. 見 Gromyko, *Dokumenty vneshni politiki SSSR* (Documents of the USSR Foreign Policy), 19: 136-37.

63. 見 Kurdiukov, *Sovetsko-kitaiskie otnosheniia: 1917*-1957 (Soviet-Chinese Relations, 1917–1957), 158; Tikhvinsky, *Russko-kitaiskie otnosheniia v XX veke veke* (Russo-Chinese Relations in the Twentieth Century), 3: 524-26.

64. 見 Woodhead, *The China Year Book 1936*, 131-32.

65. Andrew D. Morris, *Marrow of the Nation: A History of Sport and Physical Culture in Republican China* (Berkeley: University of California Press, 2004), 176.

66. 見 Liang Hsi-Huey（梁錫輝），*The Sino-German Connection: Alexander von Falkenhausen between China and Germany 1900-1941* (Amsterdam: Van Gorcum, 1978), 110-11; Andrew Morris, "'I Can Compete!' China in the Olympic Games, 1932 and 1936," *Journal of Sport History*, no. 3 (1999), 550-61；范小芳，包東波與李娟麗，《蔣介石的國策顧問戴季陶》，頁一七六。

67. Candlin, *The Breach in the Wall*, 283.

68. 塞克特在一九三六年十二月二十八日從中國回到柏林後的一年半過世。

69. 見 Kirby, *Germany and Republican China*, 137, 144, 299.

70. 見 Arthur N. Young, *China and the Helping Hand 1937-1945* (Cambridge: Harvard University Press, 1963), 18.

71. 見 Pantsov with Levine, *Mao*, 296.

72. 見 Titarenko, *VKP(b), Komintern i Kitai: Dokumenty* (The CPSU, Comintern and China: Documents), 4: 1055, 1058, 1068; Fenby, *Chiang Kai-shek*, 279.

73. 從莫斯科到中國的加密電報通常要兩天送抵收件者，只有極少數一天可到。從中國到莫斯科亦同。這是因為沒有直接的無線電聯繫，解密與驗證也花費很多時間。見 F. I. Firsov, *Sekretnye kody istorii Kominterna 1919-1943* (Secret Codes in the History of the Comintern 1919-1943) (Moscow: AIRO-XX/Kraft+, 2007).

74. Titarenko, *Kommunisticheskii Internatsional i kitaiskaia revoliutsiia* (The Communist International and the Chinese Revolution), 268; 也見 Alexander Dallin and F. I. Firsov, *Dimitrov and Stalin 1934-1943: Letters from the Soviet Archives*, trans. Vadim A. Staklo (New Haven: Yale University Press, 2000), 101-5; Titarenko, *VKP(b), Komintern i Kitai: Dokumenty* (The CPSU, Comintern and China: Documents), 4: 1060-64, 1067-71.

75. 見 Itoh, *The Making of China's War with Japan*, 128.

76. Stuart R. Schram, ed., *Mao's Road to Power: Revolutionary Writings 1912-1949*, 5:323-32 (Armonk, NY: M. E. Sharpe, 1999)；金沖及編，《周恩來傳（一八九八—一九七六）》, vol. 1, 2nd ed.（北京：中央文獻出版社，二〇〇九），頁三四九。

77. 見 Sladkovsky, *Dokumenty po istorii Kommunisticheskoi partii Kitaia 1920-1949 gg.* (Documents on the History of the Chinese Communist Party, 1920–1949), vol. 2, book 5, 98-111.

78. Schram, *Mao's Road to Power*, 5: 334.

79. 此信之照片見陳立夫，*The Storm Clouds Clear over China*, 118-19. 也見蔣介石，*Soviet Russia in China*, 72. 雖然陳立夫與蔣介石都寫道，周恩來是在一九三五年九月一日寄送此信，但是不太可能，因為首先，一九三五年九月一日周正罹患瘧疾重症，而且他和毛澤東及其他多數中共領導者正置身於四川北邊的松潘沼澤，一心只想恢復健康，並脫離此一爛泥地。要在這樣的地方寄信是不可能的。此外，無論周，毛或中共其他任何人都不可能向國民黨中執會建議「聯合蘇聯與中共共同抗日」，因為這將和共產國際的政策背道而馳。

80. 引自 Ch'en（陳立夫），*The Storm Clouds Clear over China*, 120.

81. RGASPI, collection 146, inventory 2, file 3, sheet 28. 也見 Georgi Dimitrov, *Dnevnik 9 mart 1933 – 6 fevruari 1949* (Diary, March 9, 1933– February 6, 1949) (Sofia: Universitetsko izdatelstvo "Sv. Kliment Okhridski," 1997), 117.

82. 引自 Khlevniuk, *Stalin i Kaganovich: Perepiska* (Stalin and Kaganovich: Correspondence), 524. 這些話是一位記者寫給波蘭報紙 Gazeta Polska 的，作為一九三五年八月十三日第七次共產國際代表大會的報導。

83. 蔣介石日記，1936/8/29, 31; 9/2, 12, 14, 20, 23, 26, 30; 10/10, 12, 18, 23, 29, 31; 11/5, 7, 15, 16, 28, 29, Hoover Archives, box 39, folders 1-4.

84. 見逄先知，《毛澤東年譜（一八九三—一九四九）》，卷一，頁六〇二—六〇三。

85. 引自呂芳上，《蔣中正先生年譜長編》，卷五，頁一六九（臺北：國史館，二〇一四）。

86. 蔣介石日記，1936/10/28, Hoover Archives, box 39, folder 3.

87. 見熊式一，*The Life of Chiang Kai-shek*, 373-78.

88. 見前注，318-19；Tong（董顯光），*Chiang Kai-shek*, 2:433-34; Pakula, *The Last Empress*, 251.

89. 血吸蟲病是血吸蟲引起的一種危險疾病。這種寄生蟲類似於扁平蟲，見於華南與華東的水庫，會引發病人麻痺或癱瘓，並常導致死亡。

90. 蔣介石日記，1936/10/21, Hoover Archives, box 39, folder 3.

91. 引自 Kirby, *Germany and Republican China*, 147. 更多詳情見 汪士淳，《千山獨行》，頁六〇、六三—七一；蔣緯國與劉鳳翰，《蔣緯國口述自傳》，頁五一—六〇；

Martin Bernd, *Deutsch-chinesische Beziehungen 1928-1937: "Gleiche" Partner unter "ungleichen" Bedingungen: Eine Quellensammlung* (Sino-German Relations 1928-1937: "Equal" Partners under Dissimilar Conditions: A Source Collection) (Berlin: De Gruyter Akademie Forschung, 2003), 471-79.

92. 國史館檔案，document No. 002-040300-00001-012.
93. 見董顯光，《蔣介石》，卷二，頁四三二；林友華，《林森年譜》，頁三七六—三七八。
94. 蔣介石日記，1936/10/31, Hoover Archives, box 39, folder 3.
95. Confucius, *The Analects of Confucius*, 6.
96. Mencius, *The Works of Mencius*, 205.

第十三章 西安事變

1. 儘管中國人在德國遊說，希特勒通常看不起中國人，把他們當作跟黑人一樣的種族層次。至於日本人，他在《我的奮鬥》中寫道，他們是在「雅利安影響下」的民族，他歡迎日本人對「國際猶太人陰謀」的鬥爭。見 Kirby, *Germany and Republican China*, 140.
2. 見前引書，143；Tikhvinsky, *Russko-kitaiskie otnosheniia v XX veke veke* (Russo-Chinese Relations in the Twentieth Century), 3: 761.
3. 蔣介石日記，1936/11/15, Hoover Archives, box 39, folder 4.
4. 一九三五年，殷汝耕（一八八三—一九四七）是親日的冀東反共自治政府首腦。
5. 見 Wu Tien-wei（吳天威），*The Sian Incident: A Pivotal Point in Modern Chinese History* (Ann Arbor: Center for Chinese Studies, University of Michigan, 1976), 60-62.
6. 引自前引書，63.
7. C M.：蔣介石日記，1936/12/3, Hoover Archives, box 39, folder 5.
8. 同前，1936/12/4, Hoover Archives, box 39, folder 5.
9. 引自 Wu（吳天威），*The Sian Incident*, 71. 亦見 張學良、唐德剛：《張學良口述歷史》（太原：山西人民出版社，二〇一三），頁一五三。
10. 張學良、唐德剛：《張學良口述歷史》（太原：山西人民出版社，二〇一三），頁一五四。
11. 見 Edgar Snow, *Red Star over China* (London: Victor Gollancz, 1937), 409; Wu（吳天威），*The Sian Incident*, 72.
12. 引自 Itoh, *The Making of China's War with Japan*, 136.
13. 張學良、唐德剛：《張學良口述歷史》（太原：山西人民出版社，二〇一三），頁一五三；蔣介石日記，1936/12/10, Hoover Archives, box 39, folder 5.
14. 見 張學良：《張學良的今生今世》，卷二，頁二六八—二六九（北京：團結出版社，二〇一一）。
15. Zhuge Liang（諸葛亮）and Liu Ji（劉基），*Mastering the Art of War*, trans. and ed. Thomas Cleary (Boston: Shambhala, 1989), 43.
16. 見呂芳上：《蔣中正先生年譜長編》，卷五，頁一九七。
17. 見 Abend, *My Life in China: 1926-1941*, 233-34.
18. 引自 Itoh, *The Making of China's War with Japan*, 137. 亦見 張學良：《張學良的今生今世》，卷二，二六九—二七〇。
19. 見 Hollington K. Tong（董顯光），*Chiang Kai-shek's Teacher and Ambassador: An Inside View of the Republic of China from 1911-1958: General Stilwell and American Policy Change Towards Free China* (Bloomington, IN: Arthur House, 2005), 61-62.
20. 他要到十天以後才收到美齡帶來的一副新假牙。
21. 引自 Bertram, *Crisis in China*, 134-37. 亦見 Snow, *Red Star over China*, 412.
22. 引自 Itoh. *The Making of China's War with Japan*, 144.
23. 文件內容見 張學良：《張學良的今生今世》，卷二，頁二七八—二七九；朱文原：《西安事變史料》，卷一，頁五八—五九（臺北：國史館，一九九三）。
24. 「張學良致宋美齡電，一九三六年十二月十二日」，載於楊天石：《蔣介石與國民政府》（北京：中國人民大學出版社，二〇〇七），頁四七八。
25. 見 Wu（吳天威），*The Sian Incident*, 80-81.
26. 見童小鵬：《在周恩來身邊四十年》卷一，頁一六（北京：華文出版社，二〇一五）。毛的祕書葉子龍應該是從這封電報中，想起「兵」與「諫」二字。由於某種原因，他錯誤地指稱那是來自張學良和楊虎城的一封信函。見 葉子龍，《葉子龍回憶錄》（北京：中央文獻出版社，二〇〇〇），頁三八—三九。有關劉鼎，見吳殿堯：《劉鼎傳》（北京：中央文教出版社，二〇一二）。
27. 引自 張永濱：《張學良大傳》，卷一，頁三二五（北京：團結出版社，二〇〇一）。亦見 逢先知：《毛澤東年譜（一八九三—一九四九）》，卷一，頁六二〇；Itoh, *The Making of China's War with Japan*, 145.
28. Edgar Snow, *Random Notes on Red China (1936-1945)* (Cambridge: East Asian Research Center Harvard University, 1957), 1.
29. Chang（張國燾），*The Rise of the Chinese Communist* Party, 2: 480.
30. 引自 逢先知：《毛澤東年譜（一八九三—一九四九）》，卷一，頁六二〇；亦見 Itoh, *The Making of China's War with Japan*, 145.
31. 見楊奎松：《西安事變新談：張學良與中共關係研究》（西安：陝西人民出版社，二〇一二），頁三〇六。

32. RGASPI, collection 146, inventory 2, file 3, sheet 29. See also Dimitrov, *Dnevnik*, 118.
33. "Sobytiia v Kitae" (Events in China), *Pravda* (Truth). December 14, 1936; "Vosstanie Chzhan Siue-liana" (Zhang Xueliang's Uprising), *Izvestiia* (News), December 14, 1936.
34. 總的來說，中國以外，要到十二月十三日早上，西安事變才為人所知。日本報紙是最先刊登報導的。
35. Titarenko, VKP(b), *Komintern i Kitai: Dokumenty* (The CPSU, Comintern and China: Documents), 4:1085.
36. RGASPI, collection 146, inventory 2, file 3, sheet 30. See also Dimitrov, *Dnevnik*, 118.
37. 見 Itoh, *The Making of China's War with Japan*, 154.
38. 引自 A. S. Titov, *Materialy k politicheskoi biografii Mao Tsze-duna* (Materials for a Political Biography of Mao Zedong), 2:293 (Moscow: IDV AN SSSR, 1970).
39. Titarenko, *Kommunisticheskii Internatsional i kitaiskaia revoliutsiia* (The Communist International and the Chinese Revolution), 270; RGASPI, collection 270, inventory 2, file 3, sheet 30. 亦見 Dmitrov, *Dnevnik*, 118.
40. 見金沖及編：《毛澤東傳（一八九三—一九四九）》，卷一，頁四三三（北京：中央文獻出版社，二〇〇三）。
41. 金沖及：《周恩來傳（一八九八—一九七六）》，卷一，頁三六五（檔案文件複印本）。
42. 見逄先知：《毛澤東年譜（一八九三—一九四九）》，卷一，頁六二五、六二七；Sladkovsky, *Dokumenty po istorii Kommunistcheskoi partii Kitaia 1920-1949 gg.* (Documents on the History of the Chinese Communist Party, 1920–1949), vol. 2, book 5, 137-38.
43. 見 Itoh, *The Making of China's War with Japan*, 152, 157-58, 161-62.
44. 見 Zhang（張學良），"Chang Hsueh-liang's Self-examination over the Sian Incident,"78；唐培吉：《中國歷史大事年表：現代》，頁三三〇；Chiang Kai-shek（蔣介石），"The Day I Was Kidnapped" in Dun J. Li, ed., *The Road to Communism: China since 1912* (New York: Van Nostrand Reinhold, 1969), 135-41.
45. Chiang（蔣介石），*Soviet Russia in China*, 74.
46. 見 Selle, *Donald of China*, 319；陳布雷：《陳布雷回憶錄》，頁一一六；Itoh, *The Making of China's War with Japan*, 146.
47. 見 Selle, *Donald of China*, 319-20；〈宋美齡致張學良電，一九三六年十二月十三日〉，載於 楊天石：《蔣介石與國民政府》，頁四八〇。
48. 引自前書，頁三二六。
49. 引自金沖及：《周恩來傳（一八九八—一九七六）》，卷一，頁三六八。
50. 引自 Chiang Kai-shek（蔣介石），"A Fortnight in Sian: Extracts from a Diary," in General and Madame Chiang Kai-shek, *General Chiang Kai-shek: The Account of the Fortnight in Sian When the Fate of China Hung in the Balance* (New York: Doubleday, Doran , 1937), 164.
51. T. V. Song（宋子文），"TVS Diary of Xi'an Incident, 1936," in T. V. Soong Papers, Hoover Archives, box 59, folder 22, 1-3；宋子文日記中文譯本見 林博文：《張學良、宋子文檔案大揭秘》（臺北：時報出版，二〇〇七），頁二〇七—二三三。
52. Song（宋子文），"TVS Diary of Xi'an Incident, 1936," 1, 4.
53. 見 Itoh, *The Making of China's War with Japan*, 167-8.
54. Mayling Soong Chiang（蔣宋美齡），"Sian: A Coup d'État," in General and Madame Chiang, *General Chiang Kai-shek: The Account of the Fortnight in Sian When the Fate of China Hung in the Balance*, 89.
55. Song（宋子文），"TVS Diary of Xi'an Incident, 1936" 3-4.
56. 引自 DeLong, *Madame Chiang Kai-shek and Miss Emma Mills*, 94.
57. Zhou（周恩來），*Selected Works of Zhou Enlai*, 1: 86.
58. 見前引書；金沖及：《周恩來傳（一八九八—一九七六）》，卷一，頁三七二。
59. 見 Song（宋子文），"TVS Diary of Xi'an Incident, 1936," 6-11. 周恩來在一九三六年十二月二十五日告知中共中央此項訊息。見 Zhou（周恩來）, *Selected Works of Zhou* Enlai, 1: 88-99.
60. 蔣介石日記，1936/12/23-24, 1936, Hoover Archives, box 39, folder 5.
61. Confucius（孔子），*The Analects of Confucius*, 57.
62. 引自金沖及：《周恩來傳（一八九八—一九七六）》，卷一，頁三七五。
63. Zhou（周恩來），*Selected Works of Zhou Enlai*, 1: 89-90.
64. 引自金沖及：《周恩來傳（一八九八—一九七六）》，卷一，頁三七五。
65. Song（宋子文），"TVS Diary of Xi'an Incident, 1936," 11, 12.
66. 張學良，唐德剛：《張學良口述歷史》（太原：山西人民出版社，二〇一三），頁一五二。孔祥熙也盡責地告訴張學良「送個超棒的耶誕禮物給國家」。引自 Soong Chiang（蔣宋美齡），*Sian: A Coup d'Etat*, 107.
67. С м.: 蔣介石日記，1936/12/25, Hoover Archives, box 39, folder 5；T. V. Song（宋子文），"TVS Diary of Xi'an Incident, 1936,"13-14；呂芳上：《蔣中正先生年譜長編》，卷五，頁二二一—二二二。

68. Zhou（周恩來），*Selected Works of Zhou Enlai*, 1: 90.
69. 京劇《連環套》來自於清代的小說，故事是一個俠盜竇爾敦，釋放了他的敵人黃天霸，後者是他過去的朋友，雖然曾指控他是盜賊。
70. 引自 Luo Ruiqing（羅瑞卿）、Lü Zhengcao（呂正操）、Wang Bingnan（王炳南），*Zhou Enlai and the Xi'an Incident: An Eyewitness Account: A Turning Point in Chinese History* (Beijing: Foreign Languages Press, 1983), 86.
71. Song（宋子文），"TVS Diary of Xi'an Incident, 1936," 14.
72. 見前引書，15；Chiang（蔣介石），"A Fortnight in Sian," 177-84.
73. 引自 Zhou（周恩來），*Selected Works of Zhou Enlai*, 1: 90.
74. Royal Leonard, *I Flew for China* (Garden City, NY: Doubleday, Doran , 1942), 105.
75. 見蔣介石日記，1936/12/25；Chiang（蔣介石），"A Fortnight in Sian," 175. 根據其他資料，他們下午四點三十分抵達洛陽。Song（宋子文），"TVS Diary of Xi'an Incident, 1936," 15.
76. 蔣介石日記，1936/12/25.
77. 見 Royal, *I Flew for China,* 108-9.
78. 見張學良、唐德剛：《張學良口述歷史》（太原：山西人民出版社，二〇一三），頁一五一、一五二；張學良，唐德剛：《張學良口述歷史》（臺北：遠流出版社，二〇〇九），頁二八七－二八八。
79. 引自 Bertram, *Crisis in China*, 154.
80. 蔣介石確實請求原諒張學良，但只是表面形式。馮玉祥也要求原諒張。
81. 見張學良、唐德剛：《張學良口述歷史》（太原：山西人民出版社，二〇一三），頁一五一－一五二；張學良、唐德剛：《張學良口述歷史》（臺北：遠流出版社，二〇〇九），頁二八八；Itoh, *The Making of China's War with Japan*, 1684; DeLong, *Madame Chiang Kai-shek and Miss Emma Mills*, 96.
82. 作者訪問張學良第一次幽禁地溪口之印象，二〇〇九年八月八日。
83. 作者訪問張學良在臺灣幽禁地的印象，二〇一八年六月二十日。
84. 引自 Itoh, *The Making of China's War with Japan*, 221.
85. 張學良在西安事變後的生活，詳見張永濱：《張學良全傳》，卷二（北京：團結出版社，二〇一六）。
86. 見楊瀚：《西安事變、八年抗戰與楊虎城》（臺北：風雲時代，二〇一六），頁三六九－三七〇；楊瀚：《楊虎城與西安事變》（北京：當代中國出版社，二〇一四）。
87. 見崔曉忠：《青年蔣介石》，頁一九。
88. 蔣介石日記，1936/12/27, Hoover Archives, box 39, folder 5.
89. Hsiung（熊式一），*The Life of Chiang Kai-shek*, 332.
90. "Pis'mo Nikonova G. Dimitrovu ot 20 ianvaria 1937 g." (Nikonov's Letter to G. Dimitrov of January 20, 1937), in Galitsky, *Tszian Tszingo* (Chiang Ching-kuo), 179; Tikhvinsky, *Russko-kitaiskie otnosheniia v XX veke* (Russo-Chinese Relations in the Twentieth Century), 3: 743.
91. 蔣介石日記，1937/4/ 2, 7, 10 , 15, Hoover Archives, box 39, folder 10.
92. 見崔曉忠：《青年蔣介石》，頁一九－二〇。
93. Chiang（蔣經國），*My Days in Soviet Russia,* 32.
94. 逄先知：《毛澤東年譜（一八九三－一九四九）》，卷一，頁六三九。
95. Titarenko, *Kommunisticheskii Internatsional i kitaiskaia revoliutsiia* (The Communist International and the Chinese Revolution), 270.
96. 前引書，272；RGASPI, collection 146, inventory 2, file 3, sheet 25, 41; Dimitrov, *Dnevnik* (Diaries), 122.
97. 《抗日民族統一戰線指南》(n.p., n.d), 55-56.
98. 見 Sladkovsky, *Dokumenty po istorii Kommunisticheskoi partii Kitaia 1920-1949 gg.* (Documents on the History of the Chinese Communist Party, 1920–1949), vol. 2, book 5, 141-42；逄先知：《毛澤東年譜（一八九三－一九四九）》，卷一，頁六五〇－六五二。
99. 見 Hsiung（熊式一），*The Life of Chiang Kai-shek*, 334.
100. 引自 Chiang（蔣介石），*Soviet Russia in China*, 80.
101. 蔣介石日記，1937/2/18, Hoover Archives, box 39, folder 8.
102. 蔣的報告見西北大學歷史系中國現代史教研室、西安地質學院中共黨史組、八路軍西安辦事處紀念館編：《西安事變資料選集》（西安：西北大學歷史系中國現代史教研室，一九七九），頁五一一－五一三。
103. 陳布雷也編輯了宋美齡的西安事變回憶錄。見陳布雷：《陳布雷回憶錄》，頁一二〇；谷斯涌：《兩代悲歌：陳布雷和他的女兒陳璉》（北京：團結出版社，二〇〇五），頁八五－八七；王泰棟：《蔣介石的第一文膽陳布雷》（北京：團結出版社，二〇一一），頁一七二－一八二。

104. 蔣介石日記，1936/12/13-25, Hoover Archives, box 39, folder 5.
105. "Pis'mo Nikonova G. Dimitrovu ot 20 ianvariia 1937" (Nikonov's Letter to G. Dimitrov of January 20, 1937), 177.
106. Tikhvinsky, *Russko-kitaiskie otnosheniia v XX veke* (Russo-Chinese Relations in the Twentieth Century), 3: 761.
107. 見 Titarenko, *VKP(b), Komintern i Kitai: Dokumenty* (The CPSU, Comintern and China: Documents), 4: 1098.
108. 引自 Jiang Tingfu（蔣廷黻），*The Reminiscences of Tsiang T'ing-fu (1895-1965)* (New York: Chinese Oral History project, East Asian Institute of Columbia University, 1975), 213.
109. 一些學者（特別是曾銳生〔Steve Tsang〕），認為早在一九三六年十二月二十四日，史達林就告知蔣，不久就會讓他的兒子回到中國。他們聲稱他是透過周恩來轉達的。不過，他們引用的資料來源是可疑的。見 S. Tsang, "Chiang Kai-shek's " 'Secret Deal' at Xian and the Start of the Sino–Japanese War," Palgrave Communications 1, 14003 (2015), https://doi.org/10.1057/palcomms.2014.3.
110. "Pis'mo Tszian Tszingo Chan Kai-shi ot 23 fevralia 1937 g. (Chiang Ching-kuo's Letter to Chiang Kai-shek of February 23, 1937), in Galitsky, *Tszian Tszingo* (Chiang Ching-kuo), 173-74.
111. 在離開前，蔣經國確實寫了一封信給他父親，交給蘇聯外交部長，並請求轉給收信人，但內容是什麼，是否就是那封，如果是的話，是否交到了蔣介石手中，就不得而知了。
112. Tikhvinsky, *Russko-kitaiskie otnosheniia v XX veke veke* (Russo-Chinese Relations in the Twentieth Century), vol. 4, book 1, 40.
113. RGASPI, collection 146, inventory 2, file 3, sheet 49; *Dimitrov, Dnevnik*, 124.
114. 見 Tikhvinsky, *Russko-kitaiskie otnosheniia v XX veke* (Russo-Chinese Relations in the Twentieth Century), vol. 4, book 1, 44; as well as the explanation of Anna Vakhreva given to the Visa and Registration Department of the Worker-peasant Militia Administration of Saratov oblast, June 25, 1938 in Galitsky, *Tszian Tszingo* (Chiang Ching-kuo), 158.
115. Tikhvinsky, *Russko-kitaiskie otnoshenii v XX veke* (Russo-Chinese Relations in the Twentieth Century), 3: 774.
116. RGASPI, collection of unsorted documents. Underlined in the original.
117. 前引書。
118. Tikhvinsky, *Russko-kitaiskie otnosheniia v XX veke* (Russo-Chinese Relations in the Twentieth Century), vol. 3, 633; vol. 4, book 2, 342.
119. 蔣介石日記，1937/4/21, 22, 24, 25, Hoover Archives, box 39, folder 10；呂芳上：《蔣中正先生年譜長編》，卷五，頁二七八。
120. 見 Taylor, *The Generalissimo's Son*, 79-80.
121. 見前引書，79-80；作者訪問溪口鎮印象，二〇〇九年八月八日。
122. 蔣介石日記，1937/4/30, Hoover Archives, box 39, folder 10.
123. 蕭如平：《蔣經國傳》（杭州：浙江大學出版社，二〇一二），頁八〇。
124. 新婚照片刊於廖彥博、陳一銘：《蔣氏家族生活秘史》（臺北：好讀出版社，二〇〇七），頁一五五。
125. 見 Taylor, *The Generalissimo's Son*, 81.
126. 作者訪問溪口鎮印象，二〇〇九年八月八日。
127. 見 "Chiang Kai-shek's Letter to Chiang Ching-kuo of February 16, 1938," in Chiang Ching-kuo（蔣經國），*Calm in the Eye of a Storm* (Taipei: Li Ming Cultural Enterprise, 1978), 124.
128. 見蔣方良給安娜（Anna Vakhreva）的信，一九三八年十月中、一九四三年四月三日、一九四七年十一月七日；還有蔣經國給安娜的信，一九四七年十一月七日，載於 Galitsky, *Tszian Tszingo* (Chiang Ching-kuo), 147-49, 151-53, 154-57.
129. 見汪士淳：《千山獨行》，頁六四－六五、六八－七〇；蔣緯國，劉鳳翰：《蔣緯國口述自傳》，頁五三－六〇；Liang（梁錫輝），*The Sino-German Connection*, 139.
130. 見 Titarenko, *VKP(b), Komintern i Kitai: Dokumenty* (The CPSU, Comintern and China: Documents), 4: 1103-04.
131. 前引書，1120；亦見中共中央文獻研究室：《周恩來年譜（一八九八－一九四九）》，卷一，頁三九九－四〇一。
132. 蔣介石日記，1937/6/17, Hoover Archives, box 39, folder 12.
133. 見唐培吉：《中國歷史大事年表：現代》，頁三二九。
134. 見 Sidorov, "Problema zakliucheniia pakta o nenapadenii v sovetsko-kitaiskikh otnosheniiakh (1932-1937 gg.)" (The Problem of Concluding a Sino-Soviet Non-Aggression Pact [1932-1937]), 132.
135. Tikhvinsky, *Russko-kitaiskie otnoshenii v XX veke* (Russo-Chinese Relations in the Twentieth Century), 3: 654, 642.
136. 見 Liang（梁錫輝），*The Sino-German Connection*, 104; Donald S. Sutton, "German Advice and Residual Warlordism in the Nanking Decade: Influences on Nationalist Military Training and Strategy," *China Quarterly*, 91 (September 1982): 401-2; John P. Fox, *Germany and the Far Eastern Crisis 1931-1938: A Study in Diplomacy and Ideology* (Oxford: Clarendon Press, 1982), 234.

第十四章 犧牲的最後關頭

1. 見FRUS: *Diplomatic Papers, 1937*, 3:121-22 (Washington, D.C.: Government Printing Office, 1954); Abend, *My Life in China: 1926-1941*, 244-5. 紐約時報記者阿班（Abend）把會見蔣介石的日期記錯成六月二十八日。
2. 蔣介石日記，1937/6/17.
3. 見FRUS, 1937, 3: 122.
4. Abend, *My Life in China: 1926-1941*, 245.
5. Marco Polo, *The Book of Ser Marco Polo, the Venetian Concerning the Kingdoms of Marvels of the East*, trans. Colonel Sir Henry Yule, 3rd ed. (New York, Charles Scribner's Sons, 1929), 2: 4.
6. 鎮壓拳亂後清朝政府與八國聯軍簽的《辛丑和約》第九款，允許外國在北京與天津的某些占領區可以留軍隊駐守。見"Settlement of Matters Growing Out of the Boxer Uprising (Boxer Protocol)," in Charles I. Bevans, ed., *Treaties and Other International Agreements of the United States 1776-1949*, 1:307 (Washington, D.C.: Department of State, 1968).
7. 見*FRUS, 1937*, vol. 3, 129-30, 149; Taylor, *The Generalissimo*, 145；呂芳上：《蔣中正先生年譜長編》，卷五，頁三三四；Rana Mitter, *Forgotten Ally: China's World War II, 1937-1945* (Boston: Houghton Mifflin Harcourt, 2013), 85; Dong, *Shanghai*, 251.
8. Candlin, *The Breach in the Wall*, 208.
9. 蔣介石日記，1937/6/18; 7/7, Hoover Archives, box 39, folders 12 and 13；陳公博：《苦笑錄》，頁二五六。
10. 見呂芳上：《蔣中正先生年譜長編》，卷五，頁三三四—三三五。
11. 蔣介石日記，1937/7/8, Hoover Archives, box 39, folder 13.
12. 見*FRUS, 1937*, 3:138; Marius B. Jansen, *Japan and China: From War to Peace, 1894-1972* (Chicago: Rand McNally , 1975), 394.
13. 蔣介石日記，1937/7/9, Hoover Archives, box 39, folder 13; *FRUS, 1937*, 3: 138.
14. 蔣介石日記，1937/7/10, Hoover Archives, box 39, folder 13.
15. 蔣介石日記，1937/7/12, Hoover Archives, box 39, folder 13.
16. 見Mitter, *Forgotten Ally*, 85; John Hunter Boyle, *China and Japan at War 1937-1945: The Politics of Collaboration* (Stanford: Stanford University Press, 1972), 51-52, 59.
17. 見Mitter, *Forgotten Ally*, 89.
18. 蔣介石日記，1937/1/25; 2/14,18,19,20, Hoover Archives, box 39, folders 7 and 8.
19. 見Odani, *Wang Ching-wei and the Fall of the Chinese Republic, 1905-1935*, 142-43；Wang（王克文），"Wang Jingwei and the Policy Origins of the 'Peace Movement,' 1932-1937," 36.
20. 引自Boyle, *China and Japan at War 1937-1945*, 189.
21. Chiang Kai-shek（蔣介石），*The Collected Wartime Messages of Generalissimo Chiang Kai-shek 1937-1945*, 1:22,24 (New York: John Day, 1946).
22. 見*FRUS, 1937*, 3: 216-8.
23. Chiang（蔣經國），*Calm in the Eye of a Storm*, 124.
24. 見Boyle, *China and Japan at War 1937*-1945, 51.
25. 蔣介石日記，一九三七年七月之反省錄，Hoover Archives, box 39, folder 13.
26. 見Sutton, "German Advice and Residual Warlordism in the Nanking Decade," 402-3.
27. General Wego W. K. Chiang, *How Generalissimo Chiang Kai-shek Won the Eight-Year Sino-Japanese War* (Taipei: Li Ming Culture Enterprise, 1979), 31, 33.
28. 引自Mitter, *Forgotten Ally*, 95. See also Van de Ven, *War and Nationalism in China 1925-1945*, 197；劉維開：〈國防會議與國防聯席會議之召開與影響〉，《近代中國》，no. 163 (2005): 50-51; Chennault, *Way of a Fighter*, 42. 陳納德記錯了會議時間。
29. 蔣介石日記，1937/8/7, Hoover Archives, box 39, folder 14.
30. 見Sutton, "German Advice and Residual Warlordism in the Nanking Decade," 402.
31. 見Jarvis, *Letters from China 1920-1949*, 19.
32. Ch'i Hsi-sheng（齊錫生），*Nationalist China at War: Military Defeats and Political Collapse, 1937-45* (Ann Arbor: University of Michigan Press, 1982). 41-42; Jensen, *Japan and China*, 395.
33. 見*FRUS, 1937*, 3: 351, 379-80, 383, 391, 392, 398.
34. 見前引書，379, 396; Van de Ven, *War and Nationalism in China 1925-1945*, 197.
35. Rhodes Farmer, *Shanghai Harvest: A Diary of Three Years of the China War* (London: Museum Press, 1945), 41-42.

36. 見 *FRUS, 1937*, 3: 380；Dong（董碧方），*Shanghai*, 254.
37. 引自 *FRUS*, 1937, 3: 398.
38. 前引書，404；陳曉卿等：《抗戰十五年：一個時代的側影：中國一九三一—一九四五》，第二版（桂林：廣西師範大學出版社，二〇〇八），頁一七三。
39. 引自 from Van de Ven, *War and Nationalism in China 1925-1945*, 197. 亦見 Tong（唐德剛）and Li（李宗仁），*The Memoirs of Li Tsung-jen*, 324.
40. 見 *FRUS, 1937*, 3: 406-9; Farmer, *Shanghai Harvest*, 44-49；Dong（董碧方），*Shanghai*, 253-54.
41. Farmer, *Shanghai Harvest*, 46.
42. 見 Fox, *Germany and the Far Eastern Crisis 1931-1938*, 243-44.
43. 見 Mitter, *Forgotten Ally*, 101.
44. 引自 Dong（董碧方），*Shanghai*, 254.
45. 詳見 Peter Harmsen, *Shanghai 1937: Stalingrad on the Yangtze* (Philadelphia: Casemate, 2013); Mitter, *Forgotten Ally*, 126.
46. 見 Fox, *Germany and the Far Eastern Crisis 1931-1938*, 260-66; Garver, *Chinese-Soviet Relations 1937-1945*, 27.
47. 當時，中國軍隊（不計預備軍）是世界上最大的一支。蘇聯軍隊第二，義大利第三，法國第四，德國第五。日本軍隊排第八，而美國排第十一。
48. Gen. Chiang Wei-Kuo（蔣緯國），*How the China Mainland Was Lost* (Taipei: Armed Forces University, 1979), 29-31.
49. 見 B. G. Sapozhnikov, *Kitai v ogne voiny (1931-1950)* (China in the Fires of War [1931-1950]) (Moscow: Nauka, 1977), 83; A. Ya. Kalyagin, *Po neznakomym dorogam (Zapiski voennogo sovetnika v Kitae)* (Along Alien Roads [Notes of a Military Advisor in China]), 2nd expanded ed. (Moscow: Nauka, 1979), 98, 102; A. M. Dubinsky, *Sovetsko-kitaiskie otnosheniia v period iapono-kitaiskoi voiny 1937-1945* (Soviet-Chinese Relations in the Period of the Japanese-Chinese War 1937-1945) (Moscow: "Mysl'", 1980), 66-68.
50. Tikhvinsky, *Russko-kitaiskie otnosheniia v XX veke* (Russo-Chinese Relations in the Twentieth Century), 3: 667.
51. 見 Wang（王克文），"Wang Jingwei and the Policy Origins of the 'Peace Movement,' 1932-1937," 36.
52. 見 William R. Nester, *Japanese Industrial Targeting: The Neomercantilist Path to Economic Superpower* (New York: St. Martin's Press, 1991), 140.
53. Tikhvinsky, *Russko-kitaiskie otnosheniia v XX veke* (Russo-Chinese Relations in the Twentieth Century), vol. 4, book 1, 60, 65; A. A. Gromyko, ed., *Dokumenty vneshnei politiki SSSR* (Documents of the USSR Foreign Policy), 20: 271, 301-3 (Moscow: Politizdat, 1976).
54. 引自 Mitter, *Forgotten Ally*, 94.
55. 九個國家曾在一九二二年二月簽署《華盛頓條約》，保證中國領土的完整性——比利時，英國，中國，義大利，荷蘭，葡萄牙，美國，法國與日本——日本原應參加，但拒絕出席。第九個受邀國是蘇聯。
56. 引自 Fatica, "The Beginning and the End of the Idyllic Relations between Mussolini's Italy and Chiang Kai-shek's China (1930-1937)," 106.
57. 見前引書，99.
58. 見 Guido Samarani, "Italians and Nationalist China (1928-1945): Some Case Studies," in Brady and Brown, *Foreigners and Foreign Institutions in Republican China*, 234-50; Guido Samarani, "The Evolution of Fascist Italian Diplomacy During the Sino-Japanese War, 1937-1943," in David P. Barrett and Larry N. Shyu, eds., *China in the Anti-Japanese War, 1937-1945: Politics, Culture, and Society* (New York: Peter Lang, 2001), 65. 我們有其資訊的另一位義大利人 Petro Cabutti 在南昌的一家工廠工作（顯然是擔任工程師），但是他在一九三七年十二月返回杜林（Turin）。見中國第二歷史檔案館，Document No. 718/4/169/90.
59. 見 Liang（梁錫輝），*The Sino-German Connection*, 122.
60. 見汪士淳：《千山獨行》，頁六四—六五、六八—七〇；蔣緯國，劉鳳翰：《蔣緯國口述自傳》，頁五三—六〇；Liang（梁錫輝），*The Sino-German Connection*, 139.
61. 見 Yu（余茂春），*The Dragon's War*, 4; Kirby, *Germany and Republican China*, 234, 238; Young, *China and the Helping Hand 1937-1945*, 18；Liang（梁錫輝），*The Sino-German Connection*, 122.
62. 見 Liang（梁錫輝），*The Sino-German Connection*, 122, 126; Harald von Waldheim, "Germany's Economic Position in the Far East," *Far Eastern Survey*, 6, no. 6 (1937): 9-65; Fox, *Germany and the Far Eastern Crisis 1931-1938*, 241.
63. 見 Fox, *Germany and the Far Eastern Crisis 1931-1938*, 169-70, 240, 248.
64. Adolf Hitler, *Adolf Hitler Collection of* Speeches *1922-1945* (n.p., n.d.), 355, 375.
65. Tikhvinsky, *Russko-kitaiskie otnosheniia v XX* veke (Russo-Chinese Relations in the Twentieth Century), vol. 4, book 1, 40.
66. 前引書，vol. 3, 658; vol. 4, book 1, 68, 71.
67. 前引書，vol. 3, 659-61.
68. 前引書，vol. 4, book 1, endpaper.
69. 蔣介石日記，1937/7/27, Hoover Archives, box 39, folder 13.
70. 蔣介石日記，1937/12/7, Hoover Archives, box 39, folder 18.

71. 愛德華·達維多維奇·萊平（Eduard Davydovich Lepin，一八八九—一九三八）是一個軍團團長，一九三四到一九三七年在蘇聯大使館擔任軍事隨員。
72. Tikhvinsky, *Russko-kitaiskie otnosheniia v XX veke* (Russo-Chinese Relations in the Twentieth Century), vol. 4, book 1, 66.
73. 前引書，79；Gromyko, *Dokumenty vneshnei politiki SSSR* (Documents of the USSR Foreign Policy), 20: 742.
74. Tikhvinsky, *Russko-kitaiskie otnosheniia v XX veke* (Russo-Chinese Relations in the Twentieth Century), vol. 4, book 1, 101.
75. 前引書，137-38.
76. 引自 Sutton, "German Advice and Residual Warlordism in the Nanking Decade," 406.
77. 見 Gromyko, *Dokumenty vneshnei politiki SSSR* (Documents of the USSR Foreign Policy), 20: 748; Sokolov, "Zabytyi diplomat" D. V. Bogomolov (1890-1938)" (A "Forgotten Diplomat"D. V. Bogomolov [1890-1938]), 194; Tikhvinsky, *Russko-kitaiskie otnosheniia v XX veke* (Russo-Chinese Relations in the Twentieth Century), vol. 4, book 1, 212-14; book 2, 603.
78. Tikhvinsky, *Russko-kitaiskie otnosheniia v XX* veke (Russo-Chinese Relations in the Twentieth Century), vol. 4, book 1, 155-56.
79. 前引書，159-60, 163.
80. 其時史達林支持西班牙的人民陣線政府，對抗叛亂的弗朗哥將軍。
81. 見 S. V. Sliusarev, "V vozdushnykh boiakh nad Kitaem" (In Air Battles over China), in Yu. V. Chudodeev, ed., *Po dorogam Kitaia 1937-1945: Vospominaniia* (Along Chinese Roads 1937-1945: Reminiscences) (Moscow: Nauka, 1989), 97.
82. 蔣介石日記，1937/12/1, Hoover Archives, box 39, folder 18.
83. 見 Tikhvinsky, *Russko-kitaiskie otnosheniia v XX* veke (Russo-Chinese Relations in the Twentieth Century), vol. 4, book 1, 166; Fox, *Germany and the Far Eastern Crisis 1931-1938,* 271-74.
84. 一九三七年九月，軍事隨員列平與大使鮑格莫洛夫被從中國召回，不久雙雙以「未正確知會領導」的罪名被逮捕。此外，他們還被控為托洛斯基主義者。之後被槍決，一直要到二十年以後才被平反。
85. 見 Wilbur and How, *Missionaries of Revolution,* 582.
86. 見 Tikhvinsky, *Russko-kitaiskie otnosheniia v XX veke* (Russo-Chinese Relations in the Twentieth Century), vol. 4, book 1, 524. 關於德國大使一九三七年十二月三日晉見蔣介石的報告，見 Erwin Wickert, ed., *The Good Man of Nanking: The Diaries of John Rabe*, trans. John E. Woods (New York: A. A. Knopf, 1998), 259-61.
87. 毛思誠：《民國十五年以前之蔣介石先生》，頁一六。

第十五章 鮮血與灰燼

1. 見 Tong（唐德剛）and Li（李宗仁），*The Memoirs of Li Tsung-jen,* 326-7；張學繼、徐凱峰：《白崇禧大傳》（杭州：浙江大學出版社，二〇一二），頁三一九—三二二。
2. 引自呂芳上：《蔣中正先生年譜長編》，卷五，頁四三〇。也見 Walsh, *The German Military Mission in China, 1928-38,* 509.
3. 蔣介石日記，1937/12/7.
4. 引自 Selle, *Donald of China,* 341-42.
5. 見 Mitter, *Forgotten Ally*, 130-31; Taylor, *The Generalissimo*, 151.
6. 不像上海，南京沒有國際租借區，讓中國民眾可以在外國人的保護下，得到合法的庇護。
7. 不過，美國大使館是空的。所有工作人員都被疏散到定泊在南京的帕奈號砲艦上，但他們沒能避過戰火。一九三七年十二月十二日，日本飛機將之炸沉，之後日本道歉甚至做出賠償。
8. 金陵是南京古名。
9. 見 Minnie Vautrin, *Terror in Minnie Vautrin's Nanjing: Diaries and Correspondence, 1937-38* (Urbana: University of Illinois Press, 2008), 81-83；Hu Hua-ling（胡華玲），*American Goddess of the Rape of Nanking: The Courage of Minnie Vautrin* (Carbondale: Southern Illinois University Press, 2000), 77, 78.
10. 見張憲文編：《南京大屠殺：重要文證選錄》（南京：鳳凰出版社，二〇一四）；Wickert, *The Good Man of Nanking,* 168-206.
11. 見 Harold J. Timperley, *Japanese Terror in China* (Freeport, NY: Books for Libraries Press, 1938), 27; Diana Lary and Stephen MacKinnon, eds., *Scars of War: The Impact of Warfare on Modern China* (Vancouver: UBC Press, 2001), 84. 87.
12. Timperley, *Japanese Terror in China*, 58.
13. Martha Lund Smalley, ed., *American Missionary Eyewitnesses to the Nanking Massacre, 1937-1938* (New Haven: Yale Divinity School Library, 1997), 23.
14. 在史學上，對死難者的人數估計從一萬三千到四十萬都有，見 Daqing Yang（楊大慶），"Convergence or Divergence: Recent Historical Writings on the Rape of Nanjing," *The American Historical Review*, 104, no. 3 (June 1999): 850-53；Iris Chang（張純如），*The Rape of Nanking: The Forgotten Holocaust of World War II* (New York: Basic Books, 1997), 139；卞修躍：《抗日戰爭時期中國人口損失問題研究（一九三七—一九四五）》（北京：華齡出版社，二〇一〇），頁一六七—一七二；James Yin（尹集鈞）

and Shi Young（史詠），*The Rape of Nanking: An Undeniable History in Photographs* (Chicago: Innovative Publishing Group, 1996), v, xi. 孫宅巍編，《南京大屠殺》（北京：北京出版社，一九九七）。

15. 見 Chiang（蔣介石），*The Collected Wartime Messages of Generalissimo Chiang Kai-shek 1937-1945*, 12: 49-52.
16. 蔣介石日記，1938/1/22, Hoover Archives, box 39, folder 20.
17. 見 *FRUS 1938*, 3: 6-7, 832-33 (Washington, D.C.: U.S. Government Printing Office, 1938).
18. 史達林本來的決定見 RGASPI, collection 558, inventory 11, file 324, sheet 21. 它最初刊於 Tikhvinsky, *Russko-kitaiskie otnosheniia v XX veke* (Russo-Chinese Relations in the Twentieth Century), vol. 4, book 1, 180.
19. 蔣介石日記，1938/12/14, 26, Hoover Archives, box 39, folder 18; Fox, *Germany and the Far Eastern Crisis 1931-1938*, 278-79; Tikhvinsky, *Russko-kitaiskie otnosheniia v XX veke* (Russo-Chinese Relations in the Twentieth Century), vol. 4, book 1, 181-82.
20. A. I. Cherepanov, "Itogi Wuhanskoi operatsii," (Notes on the Wuhan campaign), in Chudodeev, *Po dorogam Kitaia 1937-1945* (Along Chinese Roads 1937-1945), 15.
21. 見 L. M. Mlechin, *Istoriia vneshnei razvedki: Kar'ery i sud'by* (The History of Foreign Intelligence: Careers and Fates) (Moscow: ZAO Tsentrpoligrapf, 2008), 398.
22. 引自 Garver, *Chinese-Soviet Relations 1937-1945*, 28. 亦見 蔣介石日記，1938/12/27, Hoover Archives, box 39, folder 20.
23. 蔣介石日記，1937/12/30, Hoover Archives, box 40, folder 2.
24. 見 H. G. W. Woodhead, ed., *The China Year Book 1939* (Shanghai: North China Daily News and Herald, 1939), 426；楊天石：《找尋真實的蔣介石：蔣介石日記解讀》，卷一，頁一六九—一七〇（重慶：重慶出版社，二〇一五）；Garver, *Chinese-Soviet Relations 1937-1945*, 28-30.
25. 其後，中日兩方都試圖啟動和平協議。以日本為例，在戰爭進行期間，曾提出二十九次和平議案。兩方官員甚至在香港密會或交換信件，但終歸一事無成。
26. 京廣鐵路包括兩條不相接的鐵路：平漢與粵漢，因為在一九五七年以前，長江上並沒有一座連通的鐵路大橋。
27. 蔣介石日記，1938/1/1, Hoover Archives, box 39, folder 20.
28. 同前，1938/1/11, Hoover Archives, box 39, folder 20；呂芳上：《蔣中正先生年譜長編》，卷五，頁四六一。
29. 見 *FRUS 1938*, 3: 59-61.
30. Jiang（蔣廷黻），*The Reminiscences of Tsiang T'ing-fu (1895-1965)*, 210.
31. 見 Cherepanov, *Zapiski voennogo sovetnika v Kitae* (Notes of a Military Advisor in China), 604-7.
32. 中國也向其他國家購買飛機，但不如向蘇聯買的多。從一九三八年五月到十月，中國從西歐獲得二百一十一架飛機。
33. 見 Sliusarev, "V vozdushnykh boiakh nad Kitaem" (In Air Battles over China), 99; Tikhvinsky, *Russko-kitaiskie otnosheniia v XX veke* (Russo-Chinese Relations in the Twentieth Century), vol. 4, book 2, 587, 599.
34. 見 A. Ya. Kalyagin, "Bitva za Wuhan" (Battle for Wuhan), in Yu. V. Chudodeev, ed., *Na kitaiskoi zemle: Vospominaniia sovetskikh dobrovol'tsev 1925*-1945 (On Chinese Soil: Recollections of Soviet Volunteers 1925-1945) (Moscow: Nauka, 1977), 175; Kalyagin, *Po neznakomym dorogam* (Along Alien Roads), 99-100, 103.
35. 見 Tikhvinsky, *Russko-kitaiskie otnosheniia v XX veke* (Russo-Chinese Relations in the Twentieth Century), vol. 4, book 1, 263-66; book 2, 603.
36. 見 Jiang（蔣廷黻），*The Reminiscences of Tsiang T'ing-fu (1895-1965)*, 211-12.
37. 見 Tikhvinsky, *Russko-kitaiskie otnosheniia v XX veke* (Russo-Chinese Relations in the Twentieth Century), vol. 4, book 1, 198, 199, 238, 241, 245, 253, 256, 258, 260-62, 273, 277-78, 281-82, 285, 291, 292, 295, 298, 300, 302, 303, 311, 314, 317, 319, 328, 332, 343, 353.
38. 前引書，243.
39. 一九三八年十月二十二日，在史達林命令下，加倫將軍被逮捕並在十八天後被處死。之後，史達林向孫科解釋何以殺了加倫：因為他被一個日本女間諜迷住了。Chiang, *Soviet Russia in China*, 52.
40. 如前述，希特勒一向視日本為「受雅利安影響」的國家，但他卻瞧不起中國。
41. 前引書，105.
42. Adolf Hitler, *Collection of Speeches 1922-1945*, 420.
43. 見 Woodhead, *The China Year Book 1939*, 413.
44. 見汪士淳：《千山獨行》，頁七一—七五；蔣緯國、劉鳳翰：《蔣緯國口述自傳》，頁五九—六五；Liang, *The Sino-German* , 134.
45. 一九五八年，藉著當時住在德意志聯邦共和國的法肯豪森八十歲生日的時機，蔣頒發給他中華民國最高軍事榮譽之一的藍帶寶鼎勛章。法肯豪森在一九六六年八十八歲時去世。
46. 見 Yu（余茂春），*The Dragon's War*, 4-5; Kirby, *Germany and Republican China*, 235；Liang（梁錫輝），*The Sino-German Connection*, 134; Walsh, *The German Military Mission in China, 1928-38*, 511-2; Fox, *Germany and the Far Eastern Crisis 1931-1938*, 314, 317-18, 330-31.
47. 見曾景忠：〈有關國民黨臨時全國代表大會之研討〉，《民國檔案》，no. 4 (2001): 81-89；呂芳上：《蔣中正先生年譜長編》，卷五，頁五〇〇；汪朝光：〈抗戰與建國：國民黨臨時全國代表大會研究〉，載於呂芳上編：《戰爭的歷史與記憶》，卷二，頁一九一—二一〇（臺北：國史館，二〇一五）。

48. 見李松林：《中國國民黨大事記（1894.11—1986.12）》，頁五九五—五九六；呂芳上：《蔣中正先生年譜長編》，卷五，頁五〇一—五〇二；王良卿：〈中國國民黨總裁制度的戰前醞釀與戰時建立〉，載於 呂芳上編：《戰爭的歷史與記憶》，卷二，頁二一一—二三四。
49. 總裁字面上意謂做主要決策的人。
50. Milton J. T. Shieh（謝然之），*The Kuomintang: Selected Historical Documents 1894-1969* (New York: St. John's University Press, 1970), 189.
51. 詳見 孟廣涵等編：《國民參政會紀實》（重慶：重慶出版社，一九八五），卷一，頁四一—二五五；Chiang（蔣介石）, *The Collected Wartime Messages of Generalissimo Chiang Kai-shek 1937-1945,* 1: 71-75.
52. Farmer, *Shanghai Harvest*, 104.
53. Stephen R. MacKinnon, *Wuhan, 1938: War, Refugees, and the Making of Modern China* (Berkeley: University of California Press, 2008), 130.
54. 見 Freda Utley, *China at War* (New York: John Day, 1939), 43-49.
55. Kalyagin, *Po neznakomym dorogam* (Along Alien Roads), 42-43.
56. Utley, *China at War*, 244-45.
57. 蔣介石日記，1938/5/12, Hoover Archives, box 39, folder 24; MacKinnon, *Wuhan, 1938*, 35.
58. 也有資料說這個計畫是蔣的結拜兄弟之子陳果夫提議的，見馬振犢：《抗日中的蔣介石》（北京：九州出版社，二〇一三），頁一一一。
59. 也有其他資料說是一千二百五十萬。見何虎生：《八年抗戰中的蔣介石（一九三七—一九四五）》（北京：台海出版社，二〇一一），頁六三。
60. 見 Diana Lary, "Drowned Earth: The Strategic Breaching of the Yellow River Dyke, 1938," *War in History*, 8, no. 2 (2001): 197-207; Diana Lary, "The Waters Covered the Earth: China's War-induced Natural Disasters," in Mark Selden et al., eds., *War and State Terrorism: The United States, Japan, and the Asia-Pacific in the Long Twentieth Century* (Lanham, MD: Rowman & Littlefield, 2004), 143-70; Diana Lary, *The Chinese People at War: Human Suffering and Social Transformation, 1937-1945* (New York: Cambridge University Press, 2010), 44-78; Micah S. Muscolini, *The Ecology of War in China: Henan Province, the Yellow River and Beyond* (New York: Cambridge University Press, 2015), 26-31；何虎生：《八年抗戰中的蔣介石（一九三七—一九四五）》，頁六三。
61. 引自 Kirby, *Germany and Republican China*, 245.
62. 這段歷史是獨一無二的，即使人們認為謠傳是真的，亦即納粹執行了已故的希特勒命令，把蘭德維爾運河下的地鐵隧道給炸了，造成傳聞中有大約一萬五千到兩萬名為逃避蘇聯轟炸而躲在其中的德國人身亡，很顯然，這個數目也不能和中國的淹水相比。而大多數的史學家並不相信納粹和該起事件有關。
63. 引自何虎生：《八年抗戰中的蔣介石（一九三七—一九四五）》，頁六三。
64. 引自 Selle, *Donald of China*, 345.
65. Tikhvinsky, *Russko-kitaiskie otnosheniia v XX* veke (Russo-Chinese Relations in the Twentieth Century), vol. 4, book 1, 199.
66. 日本損失超過十萬人。
67. 見 MacKinnon, *Wuhan, 1938*. 42.
68. 見 Farmer, *Shanghai Harvest*, 180；Hsiung（熊式一），*The Life of Chiang Kai-shek*, 340.
69. 見 Royal, *I Flew for China*, 206-9；蔣介石日記，1938/10/25, Hoover Archives, box 39, folder 29.
70. 見 MacKinnon, *Wuhan, 1938*, 24, 42, 129-130；何虎生：《八年抗戰中的蔣介石（一九三七—一九四五）》，頁一一〇。
71. 見 Green, *Hsiang-Ya Journal*, 114.
72. Diana Lary, *China's Republic* (New York: Cambridge University Press, 2007), 120.
73. 見 Green, *Hsiang-Ya Journal*, 114；張治中：《張治中回憶錄》，卷一，頁二六二—二九三（北京：文史資料出版社，一九八五）；Farmer, *Shanghai Harvest*, 196.
74. Zhuge（諸葛亮）and Liu（劉基），*Mastering the Art of War*, 82.

第十六章　持久戰

1. 見 Jiang（蔣廷黻），*The Reminiscences of Tsiang T'ing-fu (1895-1965)*, 229; Tikhvinsky, *Russko-kitaiskie otnosheniia v XX veke* (Russo-Chinese Relations in the Twentieth Century), vol. 4, book 1, 384, 412; Cherepanov, *Zapiski voennogo sovetnika v Kitae* (Notes of a Military Advisor in China), 645; Taylor, *The Generalissimo*, 162.
2. 見蔣介石日記，1938/10/28, Hoover Archives, box 39, folder 29；王奇生：〈抗戰初期的「和」聲〉，載於 呂芳上：《戰爭的歷史與記憶》，卷一，頁一五三（臺北：國史館，二〇一五）。
3. 蔣介石：《先總統蔣公全集》，卷一，頁一一七一—一一七七（臺北：中國文化大學出版部，一九八四）；呂芳上：《蔣中正先生年譜長編》，卷五，頁六三五；謝儒弟：《蔣介石的陪都歲月（一九三七—一九四六）》（上海：文匯出版社，二〇一〇），頁三；Kalyagin, *Po neznakomym dorogam* (Along Alien Roads), 299-300. Kalyagin 所寫的會議日期十一月二十二日是錯的。
4. 見 Boyle, *China and Japan at War 1937-1945*, 192.
5. 見 謝儒弟：《蔣介石的陪都歲月（一九三七—一九四六）》，頁三—四。

6. 見張世瑛：〈抗戰時期國軍統帥部對於游擊戰的構想與執行〉，載於呂芳上：《戰爭的歷史與記憶》，卷一，頁一九五—二二一。
7. 見逄先知：《毛澤東年譜（一八九三—一九四九）》，卷二，頁一四—一六（北京：人民出版社／中央文獻出版社，二〇〇二）；Stuart R. Schram, ed., *Mao's Road to Power: Revolutionary Writings 1912-1949*, 6: 43, 51-52, 179-92, 319-90 (Armonk, NY: M. E. Sharpe, 1999).
8. 見 RGASPI, collection 146, inventory 2, file 3, sheets 64-66; Dimitrov, *Dnevnik*, 130. Underlining in original.
9. 毛澤東：《毛澤東文集》，卷二，頁八一—一〇（北京：人民出版社，一九九三）。
10. 見 Teitler and Radtke, *A Dutch Spy in China,* 247-48.
11. Chiang（蔣介石），*The Collected Wartime Messages of Generalissimo Chiang Kai-shek 1937-1945*, 1: 127-28.
12. 蔣介石日記，1938/11/13, 15, Hoover Archives, box 40, folder 1.
13. 見 *Pravda* (Truth), May 6, 1935.
14. 引自謝儒弟：《蔣介石的陪都歲月（一九三七—一九四六）》，頁三。
15. Selle, *Donald of China,* 346.
16. John King Fairbank, *Chinabound: A Fifty-Year Memoir* (New York: Harper & Row, 1982), 202. 亦見 Robert Payne, *Chiang Kai-shek* (New York: Weybright and Talley, 1969). 233-34.
17. 見張瑾：〈「新都」抑或「舊都」：抗戰時期重慶的城市形象〉，載於 呂芳上：《戰爭的歷史與記憶》，卷三，頁三三
18. 前引書，頁三七。
19. Martha Gellhorn, *Travels with Myself and Another* (New York: Dodd, Mead, 1978), 55.
20. 當地居民認為市內老鼠超過兩百萬隻——但誰計算的呢？
21. 引自 Farmer, *Shanghai Harvest*, 206.
22. Gellhorn, *Travels with Myself and Another,* 26, 55. 亦見 Theodore H. White, *In Search of History: A Personal Adventure* (New York: Harper & Row, 1978), 66-69.
23. "Letter from Ernest Hemingway to Henry Morgenthau, Secretary of Treasury, July 30, 1941," in Henry Morgenthau Jr., *Morgenthau Diary (China)*, 1:460 (Washington, D. C.: U.S. Government Printing Office, 1965).
24. 陶淵明：《歸去來辭》，https://baike.baidu.com/item/%E5%BD%92%E5%8E%BB%E6%9D%A5%E5%85%AE%E8%BE%9E。
25. 見 Payne, *Chiang Kai-shek*, 235.
26. Chennault, *Way of a Fighter,* 58.
27. 見 A. Pronin, "Sovetnik Chan Kaishi" (Chiang Kai-shek's Advisor), *Trud* (Labor), March 11, 2000; S. Maslov, "Drug sovtskoi razvedki" (A Friend of Soviet Intelligence Service), in V. N. Karpov, ed., *Rassekrecheno vneshnei razvedkoi* (Declassified by Foreign Intelligence Service) (Moscow: OLMA-PRESS, 2003), 6-48; S. Maslov, "Kak nashi s drugom Gitlera v rasvedku khodili" (How Our People Cooperated in Intelligence Work with a Friend of Hitler), *Komsomol'skaia pravda* (Communist Youth Truth), April 18, 2004; Jerrold Schechter and Leona Schechter, *Sacred Secrets: How Soviet Intelligence Operations Changed American History* (Washington, D.C.: Brassey's, 2002), 15.
28. 見陶百川編：《蔣主席的生活與生活觀》（重慶：中州出版社，一九四四）。
29. Payne, *Chiang Kai-shek,* 236.
30. 見前引書，234-38；Tong（董顯光），*Chiang Kai-shek: Soldier and Statesman*, 2: 582；謝儒弟：《蔣介石的陪都歲月（一九三七—一九四六）》, 頁九七—九八、一〇二；Jiang（蔣廷黻），*The Reminiscences of Tsiang T'ing-fu (1895-1965),* 221.
31. 見謝儒弟：《蔣介石的陪都歲月（一九三七—一九四六）》,，頁九九—一〇〇、一〇二；Farmer, *Shanghai Harvest*, 226-27；Lu [Lü]（呂芳上）and Lin（林孝庭），"Chiang Kai-shek's Diaries and Republican China: New Insights on the History of Modern China," 337; Roger B. Jeans, ed., *The Marshall Mission to China, 1945-1947: The Letters and Diary of Colonel John Hart Caughey* (Lanham, MD: Rowman & Littlefield, 2011), 171.
32. 蔣介石日記，1938/12/9, Hoover Archives, box 40, folder 2；呂芳上：《蔣中正先生年譜長編》，卷五，頁六四三；謝儒弟：《蔣介石的陪都歲月（一九三七—一九四六）》，頁五一七。
33. 引自王奇生：〈抗戰初期的「和」聲〉，頁一五二。亦見蔣介石日記，1938/12/9.
34. 引自 Boyle, *China and Japan at War 1937-1945,* 209.
35. 見 *Lichnoe delo Kun Sian-si* (Personal File of Kong Xiangxi), RGASPI, collection 495, depository 225, file 40, sheets 7, 8, 11-13.
36. 見 Boyle, *China and Japan at War 1937-1945,* 166-93; Tikhvinsky, *Russko-kitaiskie otnosheniia v XX* veke (Russo-Chinese Relations in the Twentieth Century), vol. 4, book 1, 378-79.
37. 引自王奇生：〈抗戰初期的「和」聲〉，頁一五四。
38. 蔣介石日記，1938/12/16, Hoover Archives, box 40, folder 2.
39. Jiang（蔣廷黻），*The Reminiscences of Tsiang T'ing-fu (1895-1965)*, 223.
40. 此一貸款條件要包含從美國進口農業與工業物品到中國的費用，以及從中國出口桐油到美國。
41. 見 Generalissimo Chiang Kai-shek（蔣介石），*Resistance and Reconstruction: Messages during China's Six Years of War 1937-1943*, 4th ed. (New York: Harper & Brothers, 1943),

xvii; Young. *China and the Helping Hand 1937-1945*, 82; Michael Schaller, *The U.S. Crusade in China, 1938-1945* (New York: Columbia University Press, 1979), 28; Young, *China's Wartime Finance and Inflation 1937-1945*, 103.

42. 蔣介石日記，1938/12/17, Hoover Archives, box 40, folder 2.
43. 汪精衛的支持者已經和日本進行祕密談判，義大利擔任中介者。
44. 引自 Wang（王克文），"Wang Jingwei and the Policy Origins of the 'Peace Movement,' 1932-1937," 35.
45. 見 Gerald E. Bunker, *The Peace Conspiracy: Wang Ching-wei and the China War, 1937-1941* (Cambridge: Harvard University Press, 1972), 114-15; Tikhvinsky, *Russko-kitaiskie otnosheniia v XX veke* (Russo-Chinese Relations in the Twentieth Century), vol. 4, book 1, 379, 382-83.
46. Konoe Fumimaro（近衛文麿），"Statement by the Japanese Prime Minister (Prince Konoye), December 22, 1938," https://history.state.gov/historicaldocuments/frus1931-41v01/d332.
47. 蔣介石日記，1938/12/16,21-31, Hoover Archives, box 40, folder 2.
48. 同前，1938/12/23,24, Hoover Archives, box 40, folder 2；王奇生：〈抗戰初期的「和」聲〉，頁一五四。
49. 見 Boyle, *China and Japan at War 1937-1945*, 221-24.
50. 見蔣介石日記，1939/1/1, Hoover Archives, box 40, folder 4; Tikhvinsky, *Russko-kitaiskie otnosheniia v XX veke* (Russo-Chinese Relations in the Twentieth Century), vol. 4, book 1, 381, 383；王奇生：〈抗戰初期的「和」聲〉，頁一五六。
51. 見 Tikhvinsky, *Russko-kitaiskie otnosheniia v XX veke* (Russo-Chinese Relations in the Twentieth Century), vol. 4, book 1, 383.
52. 見前引書，252, 322, 325, 371.
53. 蔣介石日記，1939/1/7, Hoover Archives, box 40, folder 4.
54. 見朱文原等編：《中華民國建國百年大事記》，卷一，頁三五八（臺北：國史館，二〇一二）。
55. 見前引書。
56. 史達林兩次下令清算托洛斯基，一次在一九三七年，命令未執行；另一次在一九三九年三月，正好是蔣介石清算汪精衛的同一時間。見 Pavel Sudoplatov and Anatoli Sudoplatov with Jerrold L. and Leona P. Schecter, *Special Tasks: The Memoirs of an Unwanted Witness A Soviet Spymaster* (Boston: Little, Brown, 1994), 64, 67.
57. 見楊天石：〈再論龍雲和汪精衛出逃事件：兼述龍雲的謊言與兩面行為〉，載於呂芳上：《戰爭的歷史與記憶》，卷二，頁四〇五；Boyle, *China and Japan at War 1937-1945*, 28-232; Wakeman, Jr., *Spymaster*, 337-38; Tikhvinsky, *Russko-kitaiskie otnosheniia v XX veke* (Russo-Chinese Relations in the Twentieth Century), vol. 4, book 1, 427.
58. 見 Boyle, *China and Japan at War 1937-1945*, 232-37.
59. 見 White, *In Search of History*, 72.
60. 見張瑾：〈「新都」抑或「舊都」〉，頁四七。
61. Farmer, *Shanghai Harvest*, 208.
62. 見張瑾：〈「新都」抑或「舊都」〉，頁四八、五一—五二；White, *In Search of History*, 71.
63. Tsui（徐啟軒），*China's Conservative Revolution*, 1.
64. 見 White, *In Search of History*, 68; Violet Cressy-Marcks, *Journey into China* (New York: E. P. Dutton, 1942), 87.
65. 蔣介石日記，1938/1/20, Hoover Archives, box 39, folder 20. 亦見於許多個不同的日子，1938/1/22, Hoover Archives, box 40, folder 2.
66. 同前，多個日子，1940/11/9, Hoover Archives, box 40, folder 14.
67. Farmer, *Shanghai Harvest*, 230-31. 亦見蔣介石日記，1939/5/4, Hoover Archives, box 40, folder 8.
68. 見張瑾：〈「新都」抑或「舊都」〉，頁三三。
69. 引自 Fenby, *Chiang Kai-shek*, 351.
70. 見前引書，353; V. I. Chuikov, *Missiia v Kitae: Zapiski voennogo sovetnika* (Mission in China: Notes of a Military Advisor) (Moscow: Nauka, 1981), 103.
71. 見 Tikhvinsky, *Russko-kitaiskie otnosheniia v XX veke* (Russo-Chinese Relations in the Twentieth Century), vol. 4, book 1, 393.
72. 前引書，404.
73. 前引書，411-13.
74. 關於毛澤東在一九四九年十二月訪蘇時史達林如何對待毛澤東，見 Pantsov with Levine, *Mao*, 368-73.
75. 見 Tikhvinsky, *Russko-kitaiskie otnosheniia v XX veke* (Russo-Chinese Relations in the Twentieth Century), vol. 2, book 1, 424-25, 426, 428, 430, 432 436-40.
76. 前引書，432.
77. 作者於莫斯科會見俄羅斯國家社會政治史檔案館人員 L. M. Kosheleva, 2017/10/10
78. 見 Tikhvinsky, *Russko-kitaiskie otnosheniia v XX veke* (Russo-Chinese Relations in the Twentieth Century), vol. 4, book 1, 446-47.

79. 這次會見的簡短回憶見 S. L. Tikhvinsky, *Kitai v moei zhizni (30-90 gg.)* (China in My Life [1930s-1990s]) (Moscow: Nauka, 1992), 16-17; S. L. Tikhvinsky, *Vozvrashchenie k "Vorotam nebesnogo spokoistviia"* (Return to "the Gates of Heavenly Peace") (Moscow: "Pamiatniki istoricheskoi mysli", 2002), 38-40. 關於史達林拿走齊赫文記事本，見 V. V. Sokolov, "Dve vstrechi Sun Fo s I. V. Stalinym v 1938-1939 gg." (Sun Fo's Two Meetings with Stalin in 1938-1939), *Novaia i noveishaia istoriia*, no. 6 (1999): 24.
80. Tikhvinsky, *Russko-kitaiskie otnosheniia v XX veke* (Russo-Chinese Relations in the Twentieth Century), vol. 4, book 1, 447.
81. 前引書，440.
82. 見 Sladkovsky, *Noveishaia istoriia Kitaia 1928-1949* (Contemporary History of China 1928-1949), 195.
83. 見 Tikhvinsky, *Russko-kitaiskie otnosheniia v XX veke* (Russo-Chinese Relations in the Twentieth Century), vol. 4, book 1, 378, 385-86, 409; book 2, 602.
84. 見劉義生：〈國民黨開除黨籍現象述論〉，頁四六。
85. 見 A. V. Pantsov, "Obrazovanie opornykh baz 8-i Natsional'no-revoliutsionnoi armii v tylu iaponskikh voisk v Severnom Kitae" (Establishment of Eighth Route Army Base Areas in the Japanese Rear in North China), in M. F. Yuriev, ed., *Voprosy istorii Kitaia* (Problems of Chinese History) (Moscow: Izdatel'stvo MGU, 1981), 41-48.
86. 見 Tikhvinsky, *Russko-kitaiskie otnosheniia v XX veke* (Russo-Chinese Relations in the Twentieth Century), vol. 4, book 1, 581.
87. 見 Mlechin, *Istoriia vneshnei razvedki* (The History of Foreign Intelligence), 400-407.
88. 見 Tikhvinsky, *Russko-kitaiskie otnosheniia v XX veke* (Russo-Chinese Relations in the Twentieth Century), vol. 4, book 1, 451-61; book 2, 611.
89. 見 Mlechin, *Istoriia vneshnei razvedki* (The History of Foreign Intelligence), 124.
90. 見 "Posetiteli kremlevskogo kabineta I. V. Stalina: Zhurnaly (tetradi) zapisi lits, priniatykh pervym gensekom: 1924-1953: Alfavitnyi ukazatel'" (Visitors to the Kremlin Office of J. V. Stalin: Journals (Notebooks) Entries of Persons Received by the First General Secretary: 1924-1953: An Alphabetic Guide), *Istoricheskii Arkhiv* (Historical Archive), no. 4 (1998), 138.
91. A. S. Paniushkin, *Zapiski posla: Kitai 1939-1944 gg.* (Notes of an Ambassador: China 1939-1944) (Moscow: IDV AN SSSR, 1981), 3.
92. 見 Sladkovsky, *Noveishaia istoriia Kitaia 1928-1949* (Contemporary History of China 1928-1949), 195.
93. Tikhvinsky, *Russko-kitaiskie otnosheniia v XX veke* (Russo-Chinese Relations in the Twentieth Century), vol. 4, book 1, 477.
94. 前引書，610.
95. 前引書，567；Sladkovsky, *Noveishaia istoriia Kitaia 1928*-1949 (Contemporary History of China 1928-1949), 190.
96. 見 Sven Steenberg, *Vlasov* (New York: Knopf, 1970), 9-11; Catherine Andreyev, *Vlasov and the Russian Liberation Movement: Soviet Reality and Émigré Theories* (Cambridge: Cambridge University Press, 1987), 21.
97. 見呂芳上：《蔣中正先生年譜長編》，卷六，頁四七（臺北：國史館，二〇一四）。
98. 祕密協議部分訂立了兩國的新疆界——如果德、蘇與波蘭和波羅的海國家發生戰爭，就分割這些國家的領土。
99. 蔣介石日記，1939/8/23, 24, Hoover Archives, box 40, folder 11; Tikhvinsky, *Russko-kitaiskie otnosheniia v XX veke* (Russo-Chinese Relations in the Twentieth Century), vol. 4, book 1, 480, 482, 484, 489.
100. 蔣介石日記，1939/8/25, Hoover Archives, box 40, folder 11; Tikhvinsky, *Russko-kitaiskie otnosheniia v XX veke* (Russo-Chinese Relations in the Twentieth Century), vol. 4, book 1, 485-88, 490, 494; Paniushkin, *Zapiski posla* (Notes of an Ambassador), 8-9.
101. Paniushkin, *Zapiski posla* (Notes of an Ambassador), 8. 潘友新記的晚餐日期八月二十六日是錯的。
102. Tikhvinsky, *Russko-kitaiskie otnosheniia v XX veke* (Russo-Chinese Relations in the Twentieth Century), vol. 4, book 1, 499.
103. 前引書，498.
104. 一九三九年十月，周恩來向一位共產國際代表說了同樣的話：「中國認為德國和蘇聯對波蘭是一個威脅。」引自 Elizaveta Kishkina, *Iz Rossii v Kitai: Put' dlinnoiu v sto let: Memuary* (From Russian to China: A One-Hundred-Year Path: Memoirs) (Moscow: OOO Mezhdunarodnaia izdatel'skaia kompaniia "Shans," 2018), 205.
105. Tikhvinsky, Russko-kitaiskie otnosheniia v XX veke (Russo-Chinese Relations in the Twentieth Century), vol. 4, book 1, 504.
106. 寇松線是英國外交部長寇松（Lord George Nathaniel Curzon）以一九二〇年七月十日協議的名義，提交給布爾什維克政府的蘇波邊界，是從格羅德諾經布雷斯特到利沃夫以西的喀爾巴阡山脈。一九三九年蘇德邊界，為避開蘇聯控制下的別斯托克區域，偏向了寇松線以西。
107. 既然有和日本的協議，蔣心裡想的是蘇聯和日本一九三九年九月中在哈爾欣—戈爾河區域（蒙古人民共和國）的衝突後，兩國會簽一個休戰合約。蔣曾設想此一衝突將導致日蘇之間的戰爭，但衝突在九月十五（十六）解決了。
108. 蔣介石日記，1939/9/17, Hoover Archives, box 40, folder 12.
109. Tikhvinsky, *Russko-kitaiskie otnoshniia v XX veke* (Russo-Chinese Relations in the Twentieth Century), vol. 4, book 1, 521.
110. 蔣介石日記，1939/9/17.
111. 同前，1939/11/13, Hoover Archives, box 40, folder 14; Tikhvinsky, *Russko-kitaiskie otnosheniia v XX veke* (Russo-Chinese Relations in the Twentieth Century), vol. 4, book 1, 501, 529, 535, 538, 550, 561.
112. 見 Geoffrey Roberts, *The Soviet Union and the Origins of the Second World War: Russo-German Relations and the Road to War, 1933-1941* (New York: St. Martin's Press, 1995), 113.

113. 見 Garver, *Chinese-Soviet Relations 1937-1945*, 99-100.
114. Tikhvinsky, *Russko-kitaiskie otnosheniia v XX veke* (Russo-Chinese Relations in the Twentieth Century), vol. 4, book 1, 556, 556.
115. 見 Ch'i（齊錫生），*Nationalist China at War*, 59.
116. 見 Sladkovsky, *Noveishaiia istoriia Kitaia 1928-1949* (Contemporary History of China 1929-1949), 196; Van de Ven, *War and Nationalism in China 1925-1945*, 241.
117. 見 Pantsov with Levine, *Deng Xiaoping*, 112; Tikhvinsky, *Russko-kitaiskie otnosheniia v XX veke* (Russo-Chinese Relations in the Twentieth Century), vol. 4, book 1, 579.
118. 見遠藤譽，《毛澤東勾結日軍的真相：來自日諜的回憶與檔案》（紐約：明鏡出版社，二〇一六）。
119. 蔣介石日記，1939/12/13, Hoover Archives, box 40, folder 15.
120. 見崔曉忠：《青年蔣介石》，頁六三一六六。
121. 見 Ch'i（齊錫生），*Nationalist China at War*, 53-63；Hsiung（熊式一），*The Life of Chiang Kai-shek*, 341; Van de Ven, *War and Nationalism in China 1925-1945*, 234-46.
122. 日本繼續空襲重慶直到一九四三年八月，太平洋戰爭的敗象終於讓他們的注意力離開重慶。
123. 見張瑾：《「新都」抑或「舊都」》，頁三三。
124. 見 Sladkovsky, *Noveishaia istoria Kitaia 1928-1949* (Contemporary History of China 1929-1949), 197.
125. 見金沖及：《周恩來傳（一八九八一一九七六）》，卷一，頁五一八一五三三。
126. 見 Tikhvinsky, *Russko-kitaiskie otnoshenii v XX veke* (Russo-Chinese Relations in the Twentieth Century), vol. 4, book 1, 599-602.
127. 見 Garver, *Chinese-Soviet Relations 1937-1945*, 103-4.
128. 劉澤榮（又名劉紹周，一八九二一一九七〇）在蘇聯相當出名。他父親是俄羅斯的一名成功茶商，所以他童年與青年時期在俄國度過，並於一九一七年二月革命前畢業於聖彼得堡理工學院。之後，他領導俄國的華人移民工會三年（從一九一八年十二月開始），並在一九一九年與一九二〇年，在人民外交委員會的邀請下做一個無投票權的代表，參加第一與第二次共產國際大會。他和包括列寧在內的許多布爾什維克黨員熟識。
129. 邵力子是蔣的前任祕書，一九四〇年以新大使身分來到蘇聯，取代因為和蔣在蘇聯－芬蘭戰爭一事上失和而退休的楊傑。楊傑九年後在香港被暗殺。
130. Tikhvinsky, *Russko-kitaiskie otnosheniia v XX veke* (Russo-Chinese Relations in the Twentieth Century), vol. 4, book 1, 617. 有關邵力子在莫斯科的居留，見他的回憶錄：邵力子，《出使蘇聯的回憶》，文史資料選集，第六〇號（一九七九年），頁一八一一一九四。
131. 蔣介石日記，1940/9/4，Hoover Archives, box 40, folder 25.
132. 引自 Selle, *Donald of China*, 349.
133. 蔣介石日記，1932/6/30; 8/8; 9/1, Hoover Archives, box 36, folders 6, 8, 9.
134. 引自 Utley, *China at War*, 198.
135. Gellhorn, *Travels with Myself and Another*, 56.
136. Owen Lattimore and Fujiko Isono（磯野富士子），*China Memoirs: Chiang Kai-shek and the War against Japan* (Tokyo: University of Tokyo Press, 1990), 142.
137. 見 Edwin Pak-wah Leung, ed., *Political Leaders of Modern China: A Biographic Dictionary* (Westport, CT: Greenwood Press, 2002), 78.
138. 見 John Ritchie, ed., *Australian Dictionary of Biography*, 8:317-18 (Carton, Vic.: Melbourne University, 1981).
139. Chennault, *Way of a Fighter*, 34.
140. Confucius（孔子），*The Analects of Confucius*, 29.

第十七章 聖母頌

1. 蔣介石日記，1940/1/4, Hoover Archives, box 40, folder 17. 亦見同前，1940/3, Hoover Archives, box 40, folder 19.
2. 見 Tuchman, *Stilwell and the American Experience in China, 1911-45*, 206.
3. 見 E. Eastman Irvine, ed., *The World Almanac and the Book of Facts for 1940* (New York: New York World-Telegram, 1940), 849; "The National WWII Museums: New Orleans," https://www.nationalww2museum.org/students-teachers/student-resources/research-starters/research-starters-us-military-numbers.
4. 引自 Tuchman, *Stilwell and the American Experience in China, 1911-45*, 207.
5. Joseph C. Grew, *Turbulent Era: A Diplomatic Record of Forty Years, 1904-1945*, 2:1209 (Boston: Houghton Mifflin, 1952).
6. 蔣介石日記，1940/3/3, Hoover Archives, box 40, folder 19.
7. 見 Van de Ven, *War and Nationalism in China 1925-1945*, 233; Chiang, *Resistance and Reconstruction*, xix; Schaller, *The U.S. Crusade in China, 1938-1945*, 32-33.
8. 詳見 Lin Hsiao-ting（林孝庭），"Reassessing Wartime U.S.-China Relations: Leadership, Foreign Aid, and Domestic Politics, 1937-1945," *NIDS Military History Studies Annual*, no. 16 (2013), 121-38；Tai-chun Kuo（郭岱君）and Hsiao-ting Lin（林孝庭），*T. V. Soong in Modern Chinese History: A Look at His Role in Sino-American Relations in World War II* (Stanford, CA: Stanford University Press, 2006), 5-10；Tai-chun Kuo（郭岱君），"A Strong Diplomat in a Weak Polity: T. V. Soong and Wartime US-China Relations, 1940-1943," *Journal of Contemporary China*, no. 18 (29) (March 2009): 219-31.

9. 引自 Kuo（郭岱君），"A Strong Diplomat in a Weak Polity," 220.
10. 引自 Young, *China and the Helping Hand 1937-1945*, 135. 亦見 *FRUS 1940*, 4:429-30 (Washington, D.C.: U.S. Government Printing Office, 1955).
11. 引自 Tuchman, *Stilwell and the American Experience in China, 1911-45*, 214.
12. 見 Franklin D. Roosevelt, *The Public Papers and Addresses of Franklin D. Roosevelt with a Special Introduction and Explanatory Notes by President Roosevelt: 1940 Vol.* (New York: Random House, 1941), 587; Generalissimo Chiang Kai-shek, *Resistance and Reconstruction*, xx; Schaller, *The U.S. Crusade in China, 1938-1945*, 36-37; Young, *China's Wartime Finance and Inflation, 1937-1945*, 105.
13. 見 Chennault, *Way of a Fighter*, 3-52.
14. 前引書，35.
15. DeLong, *Madame Chiang Kai-shek and Miss Emma Mills*, 102; Joseph W. Alsop with Adam Platt, *"I've Seen the Best of It": Memoirs* (New York: W. W. Norton, 1992), 147.
16. 見 Young, *China and the Helping Hand 1937-1945*, 141.
17. Robert P. Newman, *Owen Lattimore and the "Loss" of China* (Berkeley: University of California Press, 1992), 66.
18. 見 Elliot Roosevelt, *As He Saw It* (Westport, CT: Greenwood Press, 1974), 158; Stilwell, *The Stilwell Papers*, 251; Roger J. Sandilands, *The Life and Political Economy of Lauchlin Currie: New Dealer, Presidential Adviser, and Development Economist* (Durham: Duke University Press, 1990), 108-9; Robert Dallek, *Franklin D. Roosevelt and American Foreign Policy, 1932-1945* (New York: Oxford University Press, 1995), 29.
19. 見 Sandilands, *The Life and Political Economy of Lauchlin Currie*, 107-12; Newman, *Owen Lattimore and the "Loss" of China*, 56; Tyson Li, *Madame Chiang Kai-shek*, 162.
20. 見 Chuikov, *Missiia v Kitae* (Mission to China), 85, 86, 88, 90.
21. 引自 *United States Relations with China: With Special Reference to the Period 1944-1949* (New York: Greenwood Press, 1968), 26.
22. 見 Young, *China and the Helping Hand 1937-1945*, 142-43.
23. 見 前引書，144；*United States Relations with China*, 26; T. V. Soong Papers, Hoover Archives, box 34, folder 34.
24. 見 Young, *China and the Helping Hand 1937-1945*, 137.
25. 見 Tikhvinsky, *Russko-kitaiskie otnoshenii v XX veke* (Russo-Chinese Relations in the Twentieth Century), vol. 4, book 1, 626; Garver, *Chinese-Soviet Relations 1937-1945*, 38.
26. Tikhvinsky, *Russko-kitaiskie otnosheniia v XX veke* (Russo-Chinese Relations in the Twentieth Century), vol. 4, book 1, 624, 626；亦見 Sladkovsky, *Noveishaia istoriia Kitaia 1928-1949* (Contemporary History of China 1929-1949), 198.
27. Tikhvinsky, *Russko-kitaiskie otnoshniia v XX veke* (Russo-Chinese Relations in the Twentieth Century), vol. 4, book 1, 627.
28. 前引書，628.
29. 見 Sladkovsky, *Noveishaia istoriia Kitaia 1928-1949* (Contemporary History of China 1929-1949), 201.
30. 蔣介石日記，1941/1/25, Hoover Archives, box 41, folder 7.
31. 軍事隨員崔柯夫取代卡恰諾夫，擔任首席軍事顧問。
32. Tikhvinsky, *Russko-kitaiskie otnosheniia v XX veke* (Russo-Chinese Relations in the Twentieth Century), vol. 4, book 1, 635.
33. 見 Chennault, *Way of a Fighter*, 100.
34. 見 Young, *China and the Helping Hand 1937-1945*, 149-50.
35. 關於條約的內容與聲明見 B. N. Slavinsky, *Pakt o neitralitete mezhdu SSSR i Iaponiei: Diplomaticheskaia istoriia, 1941-1945* (The Pact on Neutrality between the USSR and Japan: A Diplomatic History, 1941-1945) (Moscow: TOO "Novina", 1995), 102, 104；英文譯本見 Boris Slavinsky, *The Japanese-Soviet Neutrality Pact: A Diplomatic History, 1941-1945*, trans. Geoffrey Jukes (London: RoutledgeCurzon, 2004), 55-56.
36. Chiang（蔣介石），*Soviet Russia in China*, 96.
37. 引自 Yu. Fel'shtinsky, ed., *Oglasheniyu podlezhit: SSSR-Germaniia, 1939-1941: Dokumenty i materialy* (Must Be Announced: The USSR and Germany, 1939-1941: Documents and Materials) (Moscow: Moskovskii rabochii, 1991), 318. 亦見 A. Pantsov, "Pochemy Iaponiia ne napala na Sovetskii Soiuz?" (Why Did Japan Not Attack the Soviet Union?), https://echo.msk.ru/programs/victory/560650-echo/; Chuikov, *Missiia v Kitae* (Mission to China), 123.
38. 軸心國——（名稱來自於以柏林—羅馬為軸心一詞）——義大利與德國間的軍事聯盟，之後日本及其他幾個親法西斯主義的國家也加入。
39. Felshtinsky, *Oglasheniyu podlezhit* (Must be Announced), 318.
40. 見 Jeffrey Meyers, *Hemingway: A Biography* (New York: Harper & Row, 1985), 356-57; James M. Hutchisson, *Ernest Hemingway: A New Life* (University Park: Pennsylvania State University Press, 2016), 176; Moreira, *Hemingway on the China Front: His WWII Spy Mission with Martha Gellhorn* (Washington, D.C.: Potomac Books, 2006), 14-15. Moreira 錯將四月十四日當作蔣介石夫妻與海明威夫妻會見的日子。
41. Gellhorn, *Travels with Myself and Another*, 57-58；蔣介石日記，1941/4/13, Hoover Archives, box 41, folder 10; "Letter from Ernest Hemingway to Henry Morgenthau, Secretary of Treasury, July 30, 1941," 460-61.

42. 事實上，中立條約是在下午兩點四十五分簽的。
43. 蔣介石日記，1941/4/13.
44. Tikhvinsky, *Russko-kitaiskie otnosheniia v XX veke* (Russo-Chinese Relations in the Twentieth Century), vol. 4, book 1, 646.
45. 見 *FRUS 1941*, vol. 4 (Washington, D.C.: U.S. Government Printing Office, 1956), 187; Schechter and Schechter. *Sacred Secrets*,16.
46. 蔣介石日記，1941/6/24, Hoover Archives, box 41, folder 12.
47. 見 Tikhvinsky, *Russko-kitaiskie otnosheniia v XX veke* (Russo-Chinese Relations in the Twentieth Century), vol. 4, book 1, 648；Liang（梁錫輝），*The Sino-German Connection*, 165.
48. *FRUS 1941*, vol. 5 (Washington, D.C.: U.S. Government Printing Office, 1941), 480.
49. 蔣介石日記，1941/6/23, Hoover Archives, box 41, folder 12.
50. 引自 White, *In Search of History*, 116. 兩個月之前，一個國民黨官員跟海明威講同樣的話，見 "Letter from Ernest Hemingway to Henry Morgenthau, Secretary of Treasury, July 30, 1941," 458. 蔣所說的「皮肉之患」與「心腹之患」，亦見 Shao-kang Chu（朱紹剛），*Chiang Kai-shek's Position on Resisting Japan: An Analysis of "Domestic Stability Takes Precedence Over Resisting Foreign Invasion" Policy, 1928-1936*. Ph. D. Thesis (The University of British Columbia, 1999), 202-4.
51. RGASPI, collection 17, inventory 162, file 36, sheet 41.
52. 見 Tikhvinsky, *Russko-kitaiskie otnosheniia v XX veke* (Russo-Chinese Relations in the Twentieth Century), vol. 4, book 1, 241; Dallin and Firsov, *Dimitrov and Stalin 1934-1943*, 142-44: Firsov, *Sekretnye kody istorii Kominterna 1919-1943* (Secret Codes in the History of the Comintern 1919-1943), 374.
53. "Telegram from Chiang Kai-shek to T. V. Song of January 28, 1942," in T. V. Soong（宋子文）Papers, Hoover Archives, box 36, folder 1.
54. 見 Garver, *Chinese-Soviet Relations 1937-1945*, 108.
55. 見 *United States Relations with China*, 26; *FRUS 1941*, 5: 635-36, 642.
56. 見 Young, *China and the Helping Hand 1937-1945*, 147.
57. 見 Chennault, *Way of a Fighter*, 100-104, 111; Young, *China and the Helping Hand 1937-1945*, 149-50; Charles R. Bond, Jr. and Terry A. Anderson, *A Flying Tiger's Diary* (College Station: Texas A & M University Press, 1984), 18.
58. Chennault, *Way of a Fighter*, 106.
59. 見前引書，135-36.
60. 一九四二年四月，飛虎隊將被編入新成立的美國空軍第十四航空隊，在中國與緬甸作戰。陳納德將重回積極的軍事職責，被任命為指揮官。一九四三年三月，他將被任命為少將司令。
61. 見 Lattimore and Isono（磯野富士子），*China Memoirs*,101 .
62. 見前引書，56-63.
63. 見前引書，3-7, 75-151；Newman, *Owen Lattimore and the "Loss" of China*, 57-83.
64. 見 Charles F. Romanus and Riley Sunderland, *Stilwell's Mission to China* (Washington, D.C.: Office of the Chief of Military History, Department of the Army, 1953), 28-29, 31-32, 41-49; William G. Grieve, *The American Military Mission to China, 1941-1942: Lend-Lease Logistics, Politics and the Tangles of Wartime Cooperation* (Jefferson, NC: McFarland, 2014).
65. Lattimore and Isono（磯野富士子），*China Memoirs*, 135, 136, 138.
66. 見前引書，143.
67. 見前引書，138-9.
68. 大約三十名中國學生和學員跟著他離開德國，包括前往蘇格蘭的孔祥熙兒子孔令侃。
69. 見 Liang（梁錫輝），*The Sino-German Connection*, 160.
70. 見汪士淳：《千山獨行》，頁七六－七八；蔣緯國，劉鳳翰：《蔣緯國口述自傳》，頁六四－六七。
71. 蔣介石日記，1941/10/27；11/9, Hoover Archives, box 40, folders 26 and 27.
72. 見 John Gunther, *Inside Asia* (New York: Harper & Brothers, 1939), 199.
73. 蔣介石日記，1941/11/3, Hoover Archives, box 40, folder 27. 亦見汪士淳：《千山獨行》，頁八一－八四。
74. 蔣介石日記，1940/10/31, Hoover Archives, box 40, folder 26.
75. 同前，1940/11/17, Hoover Archives, box 40, folder 27.
76. "Pis'mo Fainy Vakhrevoi svoei sestre Anne: oktiabr' 1938" (Faina Vakhreva's Letter to Her Sister Anna of October 1938), in Galitsky, *Tszian Tszingo* (Chiang Ching-kuo), 147-49.
77. 見李松林，陳太先：《蔣經國大傳（一九一〇－一九八八）》，卷一，頁六一（北京：團結出版社，二〇一一）。
78. 見 Harrison Forman, "Gissimo Junior," *Collier's*, July 31, 1943, 61-62；Jiang（蔣廷黻），*The Reminiscences of Tsiang T'ing-fu (1895-1965)*, 214；徐浩然：《蔣經國在贛南》（臺北：新潮社，一九九三）。

79. 見“P'is'mo Fainy Vakhrevoi svoei sestre Anne: 3 marta 1943” (Faina Vakhreva's Letter to Her Sister Anna of March 3, 1943), in Galitsky, *Tszian Tszingo* (Chiang Ching-kuo), 152-53.
80. 蔣介石日記，1941/4/23; 5/7; 9/20, Hoover Archives, box 41, folders 10, 11 and 15.
81. 同前，1940/12/7,24, Hoover Archives, box 40, folder 28；汪士淳：《千山獨行》，頁八一－九五、九七。
82. 引自 DeLong, *Madame Chiang Kai-shek and Miss Emma Mills*, 134.
83. 見 Selle, *Donald of China*, 340.
84. 見 DeLong, *Madame Chiang Kai-shek and Miss Emma Mills*, 142-43.
85. 蔣介石日記，1940/10/ 6, 15, 31, Hoover Archives, box 40, folder 26.
86. 見楊天石：《找尋真實的蔣介石》，卷一，頁四七五－四八五。
87. DeLong, *Madame Chiang Kai-shek and Miss Emma Mills,* 144. Emphasis added by Meiling.
88. 見 Tyson Li, *Madame Chiang Kai-shek*, 165.
89. 蔣介石日記，1932/8/22, Hoover Archives, box 36, folder 8.
90. 同前，1940/11/ 9, 30; 12/28; 1941/1/ 13, 26, 30, 31; 2/ 4, 12, 23-25; 3/ 6, 9, 27, 29, Hoover Archives, box 40, folder 27; box 40, folder 28; box 41, folder 7; box 41, folder 8; box 41, folder 9.
91. 同前，1941/3/31, Hoover Archives, box 41, folder 9.
92. 引自汪士淳：《千山獨行》，頁八五－八六。
93. Warren F. Kimball, ed., *Churchill & Roosevelt: The Complete Correspondence*, 1:277-78 (Princeton: Princeton University Press, 1984).
94. *FRUS 1941*, 4: 651-52. 亦見 Lattimore and Isono（磯野富士子），*China Memoirs*, 158-59;“Telegram from Chiang Kai-shek to T. V. Song of November 25, 1941,”in T. V. Soong（宋子文）Papers, Hoover Archives, box 34, folder 34.
95. 蔣介石日記，1941/12/8；呂芳上：《蔣中正先生年譜長編》，卷六，頁六七五；Brian Crozier with Eric Chou, *The Man Who Lost China: The First Full Biography of Chiang Kai-shek* (New York: Charles Scribner's Sons, 1976), 228; Smith, *FDR,* 534-36.
96. 見 *FRUS 1941*, 4: 733.

第十八章 與羅斯福博弈

1. 見張瑞德：《無聲的要角》，頁二七二。
2. 英國大使當時未在重慶，他第二天收到建議。
3. 蔣介石日記，1941/12/8, Hoover Archives, box 41, folder 18; *FRUS 1941*, vol. 4, 736-40; “Telegrams from Chiang Kai-shek to T. V. Song, December 8 and 10, 1941,” in T. V. Soong（宋子文）Papers, Hoover Archives, box 34, folder 34.
4. 見 Chuikov, *Missiia v Kitae*, 238, 250; Romanus and Sunderland, *Stilwell's Mission to China,* 35.
5. Lattimore and Isono（磯野富士子），*China Memoirs,* 143.
6. 蔣介石日記，1941/12/10, Hoover Archives, box 41, folder 18.
7. 見 Susan Butler, ed., *My Dear Mr. Stalin: The Complete Correspondence Between Franklin D. Roosevelt and Joseph V. Stalin* (New Haven, CT: Yale University Press, 2005), 55; “Telegram from Chiang Kai-shek to T. V. Song of December 20, 1941,” in T. V. Soong（宋子文）Papers, Hoover Archives, box 34, folder 34.
8. 引自 Furuya（古屋奎二），*Chiang Kai-shek*, 721. 亦見呂芳上：《蔣中正先生年譜長編》，卷六，頁六九〇。後來當蔣介石盟軍參謀長的美國將軍史迪威獲知此事後，在他的日記寫道：「他（魏菲爾）不想讓骯髒的中國人在緬甸。」Stilwell, *The Stilwell Papers*, 31. 之後魏菲爾向邱吉爾說明他的立場：「顯然用帝國軍隊而不是中國軍隊防衛緬甸比較好，總督特別要求我，除非絕對需要，不要為緬甸接受更多中國人。」引自 Van de Ven, *War and Nationalism in China 1925–1945, 29–30.*
9. 之後，蔣的政府迫使《大公報》「修正」這篇社論。見 L. Sophia Wang, “The Independent Press and Authoritarian Regimes: The Case of the Dagong bao in Republican China,” *Pacific Affairs*, 67, no. 2 (Summer, 1994): 237.
10. 見謝儒弟：《蔣介石的陪都歲月（一九三七－一九四六）》，頁一〇一。
11. 見 Furuya（古屋奎二），*Chiang Kai-shek,* 722.
12. 見蔣介石日記，一九四二年一月下旬，Hoover Archives, box 42, folder 6.
13. 如前述，一九二五年六月，五十多名中國人──包括二十名黃埔軍校學員，參加反帝國主義示威，在廣州沙面的一座通往英法租界的橋上，被英國士兵開槍殺死之後，他就非常憎恨英國。
14. 蔣要求一億英鎊，但對方同意提供一半的金額五千萬英鎊。
15. 見 Young, *China's Wartime Finance and Inflation, 1937-1945,* 112-13; Young, *China and the Helping Hand 1937-1945,* 441-42.

16. 蔣第二天在日記裡寫道：「昨天會晤甘地先生後，我對他的立場並不失望。可能是因為我太過熱切。」蔣介石日記，1942/2/19, Hoover Archives, box 42, folder 7. 四個月以後，甘地在給蔣的信函中解釋了他的立場：「我急著要向你解釋，我請求英國從印度撤退，一點都不是要削弱印度對抗日本的力量。」但他強調，除非英國「立刻終結英國與印度之間的不正常關係。」Mahatma Gandhi, *Non-violence in Peace & War*, 1:424, 426 (Ahmendabad: Navajivan Publishing House, 1948).

17. Chiang Kai-shek（蔣介石），*The Collected Wartime Messages of Generalissimo Chiang Kai-shek 1937-1945*, 2:668 (New York: John Day, 1946)；T. V. Soong（宋子文）Papers, Hoover Archives, box 36, folder 1. 亦見 蔣介石日記，1941/2/ 5-28, Hoover Archives, box 42, folder 7；秦孝儀編：《總統蔣公大事記長編初稿》，卷五，頁一八六二—一八六五（臺北：中正文教基金會出版社，一九七八）。

18. "Telegram from Chiang Kai-shek to T. V. Song of March 15, 1942," in T. V. Soong（宋子文）Papers, Hoover Archives, box 34, folder 34. 亦見"Telegram from Chiang Kai-shek to T. V. Song of June 22, 1942," in Ibid.; T. V. Soong（宋子文）Papers, Hoover Archives, box 36, folder 1.

19. 見秦孝儀：《總統蔣公大事記長編初稿》，卷五，一八六九—一八七二。

20. 除了難相處的性格，史迪威還有另一個缺陷：他幾乎全盲。第一次世界大戰時，一顆炸彈傷了他的左眼，嚴重到他在三英尺遠就看不到自己的手指。他的右眼也嚴重近視，所以他必須一直戴著眼鏡。蔣來自美國的軍事顧問真是非比尋常：一個幾乎是聾子（陳納德），一個幾乎是瞎子（史迪威）。但兩人都在對日抗戰上扮演了傑出的角色。

21. 引自 Tuchman, *Stilwell and the American Experience in China, 1911-45,* 153.

22. Stilwell, *The Stilwell Papers*, 49.

23. 引自 Dorn, *Walkout with Stilwell in Burma,* 23.

24. 引自 Romanus and Sunderland, *Stilwell's Mission to China,* 84-85.

25. G-mo——Generalissimo 的簡稱。

26. 史迪威錯了。英國人高登（Charles George Gordon，一八三三—一八八五）領導清帝國的「常勝軍」和太平天國作戰。

27. Stilwell, *The Stilwell Papers,* 50-51, 55-56.

28. 見 Dorn, *Walkout with Stilwell in Burma*, 47-48; Alsop with Platt, *"I've Seen the Best of It"*, 162.

29. 叫大毛、小毛是暱稱；很多中國人這麼稱呼他們的新生兒，因為嬰兒的頭髮又細又軟。

30. 二〇〇〇年初，在多年蒐集他的母親的資料後，孝嚴指稱他的父親並沒有向蔣介石告知他和他兄弟的出生，而是告知他們的母親懷孕了，並且是在章亞若的要求之下。他說事情發生的時間是一九四一年十月，而非一九四二年三月。經國確實在一九四一年十月以及十一月初去見他的父親，但他不太可能在那時報告了亞若的事。更不可能的是亞若要求他這麼做。她是在一九四一年八月懷孕的，而如果蔣介石希望的話，她在十月仍然可以墮胎。她和經國為何要冒這個風險？再說蔣介石會給這未來的雙胞胎取名是很不可能的（蔣孝嚴堅持他有），他如何可能知道亞若會生兩個男孩？

31. 見蔣介石日記，1942/3/27, Hoover Archives, box 42, folder 8；茅家琦：《蔣經國的一生和他的思想演變》（臺北：臺灣商務印書館，二〇〇三），頁一〇二；Taylor, *The Generalissimo's Son*, 107.

32. 見張蘇：〈蔣經國與章亞若〉，載於政協江西省委員會文史資料研究委員會編：《蔣經國在贛南》（南昌：江西文史資料選輯編輯部，一九八九），頁三四九。

33. Vladimir Mayakovsky, "The Cloud in Trousers," in Vladimir Mayakovsky, *The Bedbug and Selected Poetry*, trans. Max Hayward and George Reavey (Cleveland, OH: Meridian Books, 1960), 65.

34. 見蔣孝嚴：《蔣家門外的孩子》，第三版（香港：九州出版社，二〇一二），頁四、二五、三七、五一—六八、七〇；蕭如平：《蔣經國傳》（杭州：浙江大學出版社，二〇一二），頁八〇—八二；張蘇：〈蔣經國與章亞若〉，頁三五六—三五八；胡辛：《蔣經國與章亞若之戀》（鄭州：鄭州文藝出版社，二〇〇九）；Taylor, *The Generalissimo's Son*, 107-9.

35. 見"Lichnoe delo Huan Czhun-meiia" (Personal File of Huang Zhongmei), RGASPI, collection 445, inventory 225, file 1941.

36. 見汪幸福：《政治殺手陳立夫》（石家莊：河北人民出版社，二〇〇六），頁一二八。

37. 蔣介石日記，1944/7/6, Hoover Archives, box 43, folder 19.

38. 見 Taylor, *The Generalissimo's Son,* 108.

39. 見浙江大學教授陳紅民、蕭如平以及中國社會科學研究院楊天石給作者的信，二〇一七年十月十八日、十九日。

40. 見 Liu Keqi 給作者的信，二〇一七年十月十八日、二十一日。Liu 於二〇一七年九月陪同蔣孝嚴到杭州旅行。

41. 見蔣孝嚴：《蔣家門外的孩子》，頁二五；國民黨黨史館主任王文隆給作者的信，二〇一七年十月十八日。王對蔣孝嚴的個人檔案相當熟悉。

42. Stilwell, *The Stilwell Papers,* 76. Emphasis added by Stilwell.

43. 前引書，80.

44. 前引書，82-83, 85, 93, 94, 116.

45. 蔣介石日記，1942/5/6, Hoover Archives, box 42, folder 10. 史迪威的錯誤，見 Van de Ven, *War and Nationalism in China 1925–1945,* 30–33.

46. 現在是嘉陵新路六十三號，史迪威博物館坐落該地。

47. 見 Stilwell, *The Stilwell Papers,* 115, 133.
48. 見秦孝儀：《總統蔣公大事記長編初稿》，卷五，頁一九五一－一九五三。
49. Stilwell, *The Stilwell Papers,* 119. 亦見 Ch'i Hsi-sheng（齊錫生），*The Much Troubled Alliance*, 261-2.
50. 見 Edward R. Stettinius, Jr., *Lend-Lease: Weapon for Victory* (New York: Macmillan, 1944), 113.
51. Stilwell, *The Stilwell Papers,* 131.
52. 見前引書，121-23, 131, 152.
53. 見 Smith, *FDR,* 479.
54. Wendell L. Willkie, *One World* (New York: Simon & Schuster, 1943), 55.
55. Cowles, *Mike Looks Back,* 89.
56. 威爾基是出名的獵豔老手。之前他訪問過俄國與伊朗，也設法在當地尋芳。
57. Willkie, *One World*, 57.
58. Cowles, *Mike Looks Back,* 88-89. 亦見 Drew Pearson, *Drew Pearson Diaries: 1949-1959* (New York: Holt, Rinehart and Winston, 1974), 388; Samuel Zipp, *The Idealist: Wendell Willie's Wartime Quest to Build One World* (Cambridge: Harvard University Press, 2020), 196-98.
59. Willkie, *One World*, 58.
60. 見 Pearson, *Drew Pearson Diaries*, 388; Steve Neal, *Dark Horse: A Biography of Wendell Willkie* (Garden City, N.Y.: Doubleday, 1984), 256.
61. 見 Tyson Li, *Madame Chiang Kai-shek*, 193.
62. 如前述，孫逝世於一九二五年三月十二日。
63. 蔣本人並沒有將他的綱領稱為「新威權主義」，這個特定名詞，是後來在一九八〇年代中期，由吳稼祥、張炳九等一些中國改革家引進中國政治科學的。這些人主張在中華人民共和國採取開明威權主義。不過，不難注意到這些中國改革家的觀點，和蔣有很大的雷同。
64. 見蔣中正：《中國之命運》（重慶：正中書局，一九四三）；蔣中正：《中國經濟學說》（重慶：中國政府軍事委員會委員長侍從室，一九四三）。
65. 見陶泰來與陶晉生：《陶希聖年表》（臺北：聯經，二〇一七），頁一九六－一九七。
66. 見蔣介石日記，1943/4/2, Hoover Archives, box 43, folder 3.
67. 見同前，1943/3/20, 30, 31; 4/25; 10/30, Hoover Archives, box 43, folders 2, 3 and 9.
68. 關於畢範宇，見 H. McKennie Goodpasture, "China in an American Frank Wilson Price: A Bibliographical Essay," *Journal of Presbyterian History (1962-1985)*, vol. 49, no. 4 (Winter 1971): 352-64.
69. 見蔣介石日記，1943/5/23, Hoover Archives, box 43, folder 4.
70. 見 Lin Yutang（林語堂），"Introduction," in Chiang Kai-shek（蔣介石），*China's Destiny*, trans. Wang Chung-hui（王寵惠），with an introduction Lin Yutang (New York: Macmillan, 1947), viii; Philip Jaffe, "The Secret of 'China's Destiny,'" in Chiang Kai-shek（蔣介石），*China's Destiny and Chinese Economic Theory*，附 Philip Jaffe 的注釋與評論 (New York: Roy Publishers, 1947), 18-21. 亦見 Fenby, *Chiang Kai-shek,* 400-1; Taylor, *The Generalissimo,* 260-61.
71. 見 Chiang（蔣介石），*China's Destiny*, trans. Wang Chung-hui（王寵惠），with an Introduction by Lin Yutang（林語堂）.
72. 見 Chiang（蔣介石），*China's Destiny and Chinese Economic Theory*, with Notes and Commentary by Philip Jaffe.
73. 見 Shewmaker, *Americans and Chinese Communists, 1927–1945*; Fairbank, *Chinabound*, 252-53.
74. 見 Melikstov, *Sotsial'no-ekonomicheskaia politika Gomindana v Kitae* (The Socio-economic Policy of the Guomindang in China), 166-70；亦見 對 Meliksetov 書的討論，刊載於雜誌 *Narody Azii i Afriki* (Peoples of Asia and Africa), no. 5 (1975), 180-208.
75. 見 Chiang（蔣介石），*China's Destiny and Chinese Economic Theory*, with Notes and Commentary by Philip Jaffe, 258.
76. Sun（孫中山），*Izbrannye proizvedeniia*（選集），116.
77. Chiang（蔣介石），*China's Destiny and Chinese Economic Theory*, with Notes and Commentary by Philip Jaffe, 245.
78. 前引書，273, 289-92.
79. G. D. Sukharchuk, "Sun Yat-sen," in M. L. Titarenko, ed., *Dukhovnaiia kul'tura Kitaia: Entsiklopediia* (Spiritual Culture of China: Encyclopedia), 2nd ed., 1:399 (Moscow: Izdatel'stvo "Vostochnaia literatura", 2011). See also G. D. Sukharchuk, *Sotsial'no-ekonomicheskie vzgliady politicheskikh liderov Kitaia pervoi poloviny XX v.: sravnitel'nyi analiz* (Socio-economic Views of Political Leaders in China in the First Half of the Twentieth Century: A Comparative Analysis) (Moscow: Nauka, 1983).
80. Stuart R. Schram, ed., *Mao's Road to Power: Revolutionary Writings 1912-1949*, 7:330-69 (Armonk, NY: M. E. Sharpe, 2005).
81. 蔣介石日記，1943/12/7, Hoover Archives, box 34, folder 34.
82. 見 Schram, *Mao's Road to Power*, 262-64.
83. 詳見 Pantsov with Levine, *Mao*, 316-17, 331-32; A. V. Pantsov and D. A. Arincheva, "Novaia demokratiia Mao Tszeduna i Novyi avtoritarizm Chan Kai-shi: Dve paradigmy

obshchestvennogo progressa Kitaia serediny XX veka" (Mao Zedong's New Democracy and Chiang Kai-shek's New Authoritarianism: Two Paradigms of Social Progress in Mid-twentieth Century China), *Problemy Dal'nego Vostoka* (Far Eastern Affairs), no. 1 (2014): 109-118；亞歷山大・潘佐夫 (A. V. Pantsov)：〈對楊奎松教授關於《毛澤東傳》述評的回應〉，《近代史研究》，no. 6 (2017): 105-21.

84. 見 Shewmaker, *Americans and Chinese Communists, 1927-1945*, 239-62.
85. 見 T. A. Bisson, "China's Part in a Coalition War," *Far Eastern Survey*, vol. 12, no. 14 (July 14, 1943): 139.
86. 高思甚知蔣，他自一九一二年就開始在中國工作，擔任副領事，領事，總領事，並自一九四一年起任大使。
87. 見 Lattimore and Isono（磯野富士子），*China Memoirs*, 167.
88. Evans Fordyce Carlson, *Evans F. Carlson on China at War, 1937-1941* (New York: China and Us, 1993), 23, 37, 49.
89. Willkie, *One World*, 57.
90. Eleanor Roosevelt, *This I Remember* (New York: Harper & Brothers, 1949), 283.
91. 引自 Tyson Li（李台珊），*Madame Chiang Kai-shek*, 218.
92. 美齡指稱，棉布會造成她過敏。也許如此，但她給人瞧不起白宮床單的印象。
93. 見 Lillian Rogers Parks with Francez Spatz Leighton, *My Thirty Years Backstairs at the White House* (New York: Fleet, 1961), 96-97.
94. 劉易斯（一八八〇－一九六九）從一九二〇到一九六〇年擔任美國聯合煤礦工人工會主席，是羅斯福的眼中釘。
95. 引自 Roosevelt, *This I Remember*, 284-85.
96. 引自 Tyson Li（李台珊），*Madame Chiang Kai-shek*, 209.
97. 前引書，227.
98. 見前引書，217；Dorn, *Walkout with Stilwell in Burma*, 74.
99. 從一九四二到一九四三年，河南總計有一百萬到三百萬人死於饑荒。
100. 見 Theodore H. White, "The Desperate Urgency of Flight," *Time*, October 26, 1942; Theodore H. White, "Until the Harvest is Reaped," *Time*, March 22, 1944; White, *In Search of History*, 144-56; Kathryn Edgerton-Tarpley, "Saving the Nation, Starving the People? The Henan Famine of 1942-1943," in Esherick and Combs, *1943: China at the Crossroads*, 323-64.
101. 見 Tyson Li（李台珊），*Madame Chiang Kai-shek*, 216-7.
102. 對居里的指控，來自於麥卡錫主義時期，事涉對於所謂「失去中國」原因的調查，也就是由於中共的掌權，導致美國對中國政策的失敗。但因為事證不足，事情也就逐漸淡化。一直到一九九〇年代末，當一些美國史學家又重新回到這一　目，指稱居里以「Page」的代號，列在蘇聯情報檔案中，事情才又被提起。不過他們的說法欠缺足夠的檔案基礎。
103. 見前書，199.
104. 引自前書，234.
105. 引自前書，237.
106. 林森於一九四三年五月十日出車禍，八月一日過世。見林友華：《林森年譜》，頁六七七－六七八。
107. 見 "Telegram from Chiang Kai-shek to T. V. Song of July 19, 1943," in T. V. Soong（宋子文）Papers, Hoover Archives, box 34, folder 34.
108. 見 T. V. Soong（宋子文）Papers, Hoover Archives, box 29, folder 9.
109. 蔣介石日記，1943/8/22, Hoover Archives, box 43, folder 7.
110. 見 Schaller, *The U.S. Crusade in China, 1938-1945*, 148.
111. 見 Butler, *My Dear Mr. Stalin*, 181-85; G. V. Priakhin, ed., *Perepiska Predsedatelia Soveta Ministrov SSR s prezidentami SshA i prem'er-ministrami Velikobritanii vo vremia Velikoi Otechesvennoi voiny 1941-1945 gg.: Perepiska s U. Cherchilem i K. Etli: iiul' 1941 g. – noiabr' 1945 g.; Perepiska s S. Ruzvel'tom i G. Trumenom: avgust 1941 g. – dekabr' 1945 g.* (Correspondence of the Chairman of the Council of Ministers of the USSR with the Presidents of the USA and the Prime-ministers of Great Britain during the Great Patriotic War 1941-1945: Correspondence with W. Churchill and C. Atlee, July 1941 – November 1945; Correspondence with F. Roosevelt and H. Truman, August 1941 – December 1945), 2:167 (Moscow: Voskresen'e, 2005); Winston S. Churchill, *Closing the Ring* (Boston: Houghton Muffin, 1951), 317, 320; Roosevelt, *As He Saw It*, 131; Lin, "Chiang Kai-shek and the Cairo Summit," 428-430; Keith Sainsbury, *The Turning Point: Roosevelt, Stalin, Churchill, and Chiang Kai-shek, 1943: The Moscow, Cairo, and Teheran Conferences* (Oxford: Oxford University Press, 1985), 126-27.
112. 見蔣介石日記，1943/11/ 5, 7, 14, 19-21, Hoover Archives, box 43, folder 10.
113. 同前，1943/11/25, Hoover Archives, box 43, folder 10.
114. 見 Taylor, *The Generalissimo*, 254-55.
115. 見 Guo Rongrao, ed., *Jiang weiyuanzhang yu Luosifu zongtong zhan shi tongxun* (Correspondence between Chairman Chiang and President Roosevelt during the War), trans. Guo

Rongrao (Taipei: Zhongguo yanjiu zhongxin chubanshe, 1978), 184; *FRUS 1943: China* (Washington, D.C.: U.S. Government Printing Office, 1957), 455; Lin, *Chiang Kai-shek and the Cairo Summit*, 444-45, 448, 450.

116. Dorn, *Walkout with Stilwell in Burma*, 74. See also Roosevelt, *As He Saw It*, 129.
117. Roosevelt, *As He Saw It*, 164. Emphasis added by Elliot Roosevelt.
118. 見 Churchill, *Closing the Ring*, 328.
119. 見 Roosevelt, *As He Saw It*, 80.
120. 引自 Romanus and Sunderland, *Stilwell's Command Problems*, 72.
121. 引自 Dorn, *Walkout with Stilwell in Burma*, 76.
122. *FRUS: The Conferences at Cairo and Tehran, 1943* (Washington, D.C.: U.S. Government Printing Office, 1943), 448.
123. 蔣介石日記，1943/12/4, Hoover Archives, box 43, folder 11.
124. Hans-Georg Moeller, *Daodejing (Laozi): A Complete Translation and Commentary* (Chicago, IL: Open Court, 2007), 23.

第十九章 苦澀的勝利

1. 見 *FRUS 1943: China*, 178；蔣介石日記，1943/12/7. 羅斯福信函原文見 "Letter from Franklin D. Roosevelt to Chiang Kai-shek, December 6, 1943," in Franklin D. Roosevelt, Papers as President: Map Room Papers, 1941-1945, Franklin D. Roosevelt Presidential Library & Museum, box 10, no. 24-26/152, http://www.fdrlibrary.marist.edu/_resources/images/mr/mr0060.pdf.
2. 見蔣介石日記，1943/11/26, Hoover Archives, box 43, folder 10; Churchill, *Closing the Ring*, 328.
3. *FRUS 1943: China*, 180-82；蔣介石日記，1943/12/8, 9, Hoover Archives, box 43, folder 11.
4. 見 Romanus and Sunderland, *Stilwell's Command Problems*, 77.
5. "Letter from Franklin D. Roosevelt to Chiang Kai-shek, December 18, 1943," in Franklin D. Roosevelt, Papers as President: Map Room Papers, 1941-1945, Franklin D. Roosevelt Presidential Library & Museum, box 10, no. 24-26/152.
6. 見 *United States Relations with China*, 27.
7. 見 "Letter from Franklin D. Roosevelt to Chiang Kai-shek, December 20, 1943," in Franklin D. Roosevelt, Papers as President: Map Room Papers, 1941-1945, Franklin D. Roosevelt Presidential Library & Museum, box 10, no. 24-26/152；蔣介石日記，1943/12/8, 9.
8. *United States Relations with China*, 489.
9. "Proposed Message from Franklin D. Roosevelt to Chiang Kai-shek, December 20, 1943," in Franklin D. Roosevelt, Papers as President: Map Room Papers, 1941-1945," Franklin D. Roosevelt Presidential Library & Museum, box 10, no. 24-26/152.
10. *FRUS 1943: China*, 181.
11. 見蔣介石日記，1942/9/17, Hoover Archives, box 42, folder 14.
12. 見 Matthew T. Combs, "Chongqing 1943: People's Livelihood, Price Control, and State Legitimacy," in Esherick and Combs, *1943: China at the Crossroads*, 290, 300.
13. White, *In Search of History*, 162-63. 詳見 Chang Kia-ngau（張嘉璈），*The Inflationary Spiral: The Experience in China, 1939-1950* (Cambridge, MA: M. I. T. Press, 1958)；Chou Shun-hsin（周舜莘），*The Chinese Inflation 1937-1949* (New York: Columbia University Press, 1963)；Jarvis, *Letters from China 1920-1949*, 64.
14. 見 Combs, "Chongqing 1943," 293-96.
15. 見前引書，293-94, 299, 322.
16. 見 *FRUS 1943: China*, 480.
17. 見 Sherman Xiaogang Lai（賴曉剛），"Chiang Kai-shek versus Guomindang's Corruption in the Republic Era," in Qiang Fang（方強）and Xiaobing Li（李小兵）, eds., *Corruption and Anticorruption in Modern China* (Lanham, MD: Lexington Books, 2018), 81.
18. 蔣介石日記，1942/9/17.
19. 見 Willkie, *One World*, 62-63; Combs, *Chongqing 1943*, 302-3.
20. 見 *FRUS 1944*, 6: 312-13, 319-25, 335-36, 439.
21. White, *In Search of History*, 165-66.
22. 見 Ch'en Yung-fa（陳永發），"Chiang Kai-shek and the Japanese Ichigo Offensive, 1944," in Laura De Giorgi and Guido Samarani, eds., *Chiang Kai-shek and His Time: New Historical and Historiographical Perspectives* (Venice: Edizioni Ca'Foscari, 2017), 38, 66-69; *FRUS 1944*, 6: 160-61.
23. 子張（西元前五〇四一？），孔子弟子。
24. 蔣介石日記，1944/1/1, Hoover Archives, box 43, folder 13. 孔子論語的英譯見 Confucius（孔子），*The Analects of Confucius*, 100.

25. "Pis'mo F. I. Vakhreva svoei sestre A. I. Vakhrevoi: 3 marta 1943 g." (F. I. Vakhreva's Letter to Her Sister A. I. Vakhreva, March 3, 1943," in Galitsky, *Tszian Tszingo* [Chiang Ching-kuo]), 152.
26. 見 *FRUS 1944*, 6: 827-29.
27. 見同前，835-37.
28. 蔣介石日記，1944/1/15 , Hoover Archives, box 43, folder 13.
29. 見 *FRUS 1944*, 6: 839.
30. 同前，6:859.
31. 見 Romanus and Sunderland, *Stilwell's Command Problems*, 300.
32. 見 *FRUS 1944*, 6: 860; Romanus and Sunderland, *Stilwell's Command Problems*, 301.
33. 見 Romanus and Sunderland, *Stilwell's Command Problems,* 300; Jarvis, *Letters from China 1920-1949*, 53-55.
34. Jarvis, *Letters from China 1920-1949*, 64.
35. 引自 White, *In Search of History*, 162-63. 亦見 *FRUS 1944*, 6: 428, 452, 456.
36. 引自 Lu [Lü]（呂芳上）and Lin（林孝庭），"Chiang Kai-shek's Diaries and Republican China: New Insights on the History of Modern China," 335.
37. 見 Ch'i（齊錫生），*Nationalist China at War*, 70-72.
38. Ch'en（陳永發），"Chiang Kai-shek and the Japanese Ichigo Offensive, 1944," 39.
39. 見 Van de Ven, War and Nationalism in China 1925–1945, 33–34, 53–54.
40. 見 Ch'en, "Chiang Kai-shek and the Japanese Ichigo Offensive, 1944," 39–40.
41. 蔣介石日記，1944/4/22, Hoover Archives, box 43, folder 16.
42. 見同前，1944/5/14, Hoover Archives, box 43, folder 17.
43. 潼關是往西安的黃河岸邊的一個城市。
44. 同前，1944/6/15, Hoover Archives, box 43, folder 18.
45. 見同前，1944/6/14,15, Hoover Archives, box 43, folder 18.
46. 見 *United States Relations with China*, 549-59.
47. *FRUS 1944,* 6: 234-37. 亦見 "Letter from Henry A. Wallace to Chiang Kai-shek, June 27, 1944," in T. V. Soong（宋子文）Papers, Hoover Archives, box 36, folder 1.
48. "Letter from Franklin D. Roosevelt to Chiang Kai-shek, July 6, 1944," in Franklin D. Roosevelt, Papers as President: Map Room Papers, 1941-1945, Franklin D. Roosevelt Presidential Library & Museum, box 10, no. 104-105/220, http://www.fdrlibrary.marist.edu/_resources/images/mr/mr0061.pdf.
49. 蔣介石日記，1944/7/7, Hoover Archives, box 43, folder 19.
50. 見同前，1944/9/19, Hoover Archives, box 43, folder 21.
51. "Letter from Chiang Kai-shek to Franklin D. Roosevelt, July 8, 1944," in Franklin D. Roosevelt, Papers as President: Map Room Papers, 1941-1945, Franklin D. Roosevelt Presidential Library & Museum, box 10, no. 102-103/220; *FRUS 1944*, 6: 121.
52. "Letter from Franklin D. Roosevelt to Chiang Kai-shek, July 13, 1944," in Franklin D. Roosevelt, Papers as President: Map Room Papers, 1941-1945 Franklin D. Roosevelt Presidential Library & Museum, box 10, no. 99-100/220.
53. Stilwell, *The Stilwell Papers*, 306-7.
54. 見 Lu [Lü]（呂芳上）and Lin（林孝庭），"Chiang Kai-shek's Diaries and Republican China: New Insights on the History of Modern China," 332.
55. 引自 White, *In Search of History,* 159.
56. 引自 Tyson Li（李台珊），*Madame Chiang Kai-shek,* 254.
57. 見楊天石：《找尋真實的蔣介石》，頁五〇一—五二五。
58. 見 *Lichnoe delo Kun Sian-si* (Personal File of Kong Xiangxi), sheet 6.
59. 見 Tyson Li（李台珊），*Madame Chiang Kai-shek,* 257, 262.
60. 蔣介石日記，1944/7/21, 25, 31, Hoover Archives, box 43, folder 19.
61. 同前，1944/7, Hoover Archives, box 43, folder 19. 賴曉剛錯誤地翻譯了此一引言。
62. 附有蔣介石筆記的此書複本，保存在臺灣中央研究院近代史研究所圖書館。我很感激陳永發教授向我介紹此書。
63. The Book of the Prophet Isaiah, 35:6.
64. 蔣介石日記，1944/7/12, Hoover Archives, box 43, folder 19.
65. 同前，1944/7/29, Hoover Archives, box 43, folder 19. 英文本引用的是："Our trials are great opportunities. Too often we look on them as great obstacles. It would be a haven of

rest and an inspiration of unspeakable power if each of us would henceforth recognize every difficult situation as one of God's chosen ways of proving to us His love." Mrs. Charles E. Cowman, *Streams in the Desert* (Grand Rapids, MI: Zondervan, 1996), 227.

66. 見 David D. Barrett, *Dixie Mission: The United States Army Observer Group in Yenan, 1944* (Berkeley: University of California Press, 1970); Carrole J. Carter, *Mission to Yenan: American Liaison with the Chinese Communists 1944-1947* (Lexington: University Press of Kentucky, 1997); P. P. Vladimirov, *Osobyi raion Kitaia 1942-1945* (Special Region of China 1942-1945) (Moscow: APN, 1975), 306-7, 313, 626; John Paton Davies Jr., *Dragon by the Tail: American, British, Japanese, and Russian Encounters with China and One Another* (New York: W. W. Norton, 1972), 402-3.
67. Joseph W. Esherick, ed., *Lost Chance in China: The World War II Despatches of John S. Service* (New York: Random House, 1974), 308, 309. See also Joseph Alsop, "The Feud between Stilwell and Chiang," *Saturday Evening Post*, vol. 222, no. 28 (January 1, 1950): 48.
68. 引自 Tikhvinsky, *Russko-kitaiskie otnosheniia v XX veke* (Russo-Chinese Relations in the Twentieth Century), vol. 4, book 2, 39; *FRUS 1944*, 6: 97, 255.
69. 見 *FRUS 1944*, 6: 667.
70. "Letter from Franklin D. Roosevelt to Chiang Kai-shek, August 9, 1944," in Franklin D. Roosevelt, Papers as President: Map Room Papers, 1941-1945," Franklin D. Roosevelt Presidential Library & Museum, box 10, no. 88/220.
71. 蔣介石日記，1944/8/10, Hoover Archives, box 43, folder 20.
72. 見 *FRUS. 1944*, 6: 141.
73. 同前，6: 148-49.
74. 見 Ch'en（陳永發），"Chiang Kai-shek and the Japanese Ichigo Offensive, 1944," 56.
75. 蔣介石日記，1944/8/11, Hoover Archives, box 43, folder 20.
76. 見 Ch'en（陳永發），"Chiang Kai-shek and the Japanese Ichigo Offensive, 1944," 57-58.
77. "Letter from Franklin D. Roosevelt to Chiang Kai-shek, September 9, 1944," in Franklin D. Roosevelt, Papers as President: Map Room Papers, 1941-1945, Franklin D. Roosevelt Presidential Library & Museum, box 10, no. 65-66/220.
78. "Letter from Joseph W. Stilwell to George C. Marshall, September 15, 1944," in ibid., no. 65-66/220.
79. George C. Marshall, "Memorandum for the President and Proposed Message from the President to the Generalissimo, September 16, 1944," in ibid., 53-56/220.
80. 見 *FRUS 1944*, 6: 157-58.
81. Stilwell, *The Stilwell Papers*, 333.
82. 引自 Ch'i（齊錫生），*The Much Troubled Alliance*, 563. Emphasis added by Chiang Kai-shek.
83. 見蔣介石日記，1944/9/19, Hoover Archives, box 43, folder 21.
84. 滑鐵盧是離布魯塞爾不遠的一個村莊，一八一五年六月十八日拿破崙在此地輸掉了他的最後一場戰役。
85. 引自 Ch'i（齊錫生），*The Much Troubled Alliance*, 561. Emphasis added by Stilwell.
86. Stilwell, *The Stilwell Papers*, 333.
87. 蔣介石日記，1944/9/20, Hoover Archives, box 43, folder 21.
88. 同前，1944/9/22, 24, 25, Hoover Archives, box 43, folder 21.
89. Chiang Kai-shek（蔣介石），"Aide Mémoire," in Franklin D. Roosevelt, Papers as President: Map Room Papers, 1941-1945, Franklin D. Roosevelt Presidential Library & Museum, box 11, no. 120/178, http://www.fdrlibrary.marist.edu/_resources/images/mr/mr0066.pdf
90. 見 Ch'i（齊錫生），*The Much Troubled Alliance*, 569-70.
91. *FRUS 1944*, 6: 265-66.
92. 同前，6:165.
93. 見 "Letter from Patrick J. Hurley to Franklin D. Roosevelt, October 15, 1944," in Franklin D. Roosevelt, Papers as President: Map Room Papers, 1941-1945, Franklin D. Roosevelt Presidential Library & Museum, box 11, no. 105/178.
94. 見 "Letter from Franklin D. Roosevelt to Chiang Kai-shek, October 18, 1944," in Franklin D. Roosevelt, Papers as President: Map Room Papers, 1941-1945, Franklin D. Roosevelt Presidential Library & Museum, box 10, no. 21-23/220.
95. 見 "Letter from Franklin D. Roosevelt to Chiang Kai-shek, October 18, 1944," in ibid., 17-20/220.
96. Stilwell, *The Stilwell Papers*, 346.
97. John S. Service, "State Department Duty in China, The McCarthy Era, and After, 1933-1977, An Oral History Conducted 1977-1978 by Rosemary Levinson," Regional Oral History Office, Bancroft Library, University of California, Berkeley , 1981, 302; *FRUS 1944*, 6: 185-86, 700.
98. 見 *FRUS 1944*, 6: 198, 207-8.

99. The Book of the Prophet Ezekiel 39:26, 27.
100. 蔣介石日記，1944/10/31, Hoover Archives, box 43, folder 22.
101. 見 Jeans, *The Marshall Mission to China, 1945-1947*, 52.
102. 蔣介石日記，1944/11/29; 12/2, Hoover Archives, box 43, folders 23 and 24.
103. Tuchman, *Stilwell and the American Experience in China, 1911-45*, 429.
104. 見蔣介石日記，1944/11/6, Hoover Archives, box 43, folder 23.
105. Albert C. Wedemeyer, *Wedemeyer Reports!* (New York: Henry Holt, 1958), 277.
106. 蔣介石日記，1944/11/16, Hoover Archives, box 43, folder 23.
107. 見陳瑞雲：《蔣介石與汪精衛》，頁一九六—一九七。
108. 見蔣介石日記，1944/11/11, Hoover Archives, box 43, folder 23.
109. 見 Leung（梁伯華），*Political Leaders of Modern China*, 78.
110. 蔣介石日記，1944/11/25, Hoover Archives, box 43, folder 23.
111. 同前，1944/12/2, 4-7, 9, Hoover Archives, box 43, folder 24.
112. Ch'i（齊錫生），*Nationalist China at War,* 80. 亦見何虎生：《八年抗戰中的蔣介石，一九三七—一九四五》，頁三〇五。
113. Chiang（蔣介石），*The Collected Wartime Messages of Generalissimo Chiang Kai-shek 1937-1945,* 2: 814.
114. "Letter from Albert C. Wedemeyer to T. V. Song, December 31, 1944," in T. V. Soong（宋子文） Papers, Hoover Archives, box 9, folder 21.
115. 引自何虎生：《八年抗戰中的蔣介石，一九三七—一九四五》，頁三〇六—三〇七。
116. 見 "Letter from Franklin D. Roosevelt to Chiang Kai-shek, January 26, 1945," in Franklin D. Roosevelt, Papers as President: Map Room Papers, 1941-1945, Franklin D. Roosevelt Presidential Library & Museum, box 10, no. 2/3; "Letter from Chiang Kai-shek to Franklin D. Roosevelt to, February 1, 1945," in ibid., box 10, no. 1/3.
117. *FRUS:* Conferences at Malta and Yalta, 1945 (Washington, D.C.: U.S. Government Printing Office, 1945), 984.
118. 中國依然認為蒙古是中國的一部分，並希望拿回。
119. Chiang（蔣介石），*Soviet Russia in China*, 125.
120. 蔣介石日記，1945/2/2, Hoover Archives, box 44, folder 3.
121. Tikhvinsky, *Russko-kitaiskie otnosheniia v XX veke* (Russo-Chinese Relations in the Twentieth Century), vol. 4, book 2, 20.
122. 見 Furuya（古屋奎二），*Chiang Kai-shek,* 822-3.
123. 見 "The Commanding General, Manhattan District Project (Groves), to the Chief of Staff, United States Army (Marshall), War Department, Washington, December 30, 1944," https://history.state.gov/historicaldocuments/frus1945Malta/d262.
124. 見 Furuya（古屋奎二），*Chiang Kai-shek*, 823.
125. 蔣介石日記，1945/3/15, Hoover Archives, box 44, folder 4.
126. 同前，1945/4/25, Hoover Archives, box 44, folder 5. 亦見 Davies, Jr., *Dragon by the Tail,* 394-95.
127. 同前，1945/4/13, Hoover Archives, box 44, folder 5.
128. 蔣介石日記，1945/4/1, Hoover Archives, box 44, folder 5.
129. 同前，1945/2/10, Hoover Archives, box 44, folder 3；胡宗南：《胡宗南先生日記》（臺北：國史館，二〇一五），頁四三三；汪士淳：《千山獨行》，頁七〇。
130. 如前述，蔣不承認經國故去情婦所生的孩子。
131. 蔣介石日記，1945/4/25.
132. "Pis'mo Fainy Jiang Anne Vakhrevoi ot 7 noiabria 1947 g. i pis'mo Chiang Ching-kuo Anne Vakhrevoi ot 7 noiabria 1947" (Faina Jiang's Letter to Anna Vakhreva of November 7, 1947 and Chiang Ching-kuo's Letter to Anna Vakhreva of November 7, 1947), in Galitsky, *Tszian Tszingo* (Chiang Ching-kuo), 154-57.
133. 蔣介石日記，1945/5/28, Hoover Archives, box 44, folder 6；唐培吉：《中國歷史大事年表：現代》，頁四六三—四六四。
134. 引自 Ch'i（齊錫生），*The Much Troubled Alliance*, 679-80.
135. 見 Priakhin, *Perepiska Predsedatelia Soveta Ministrov SSSR s prezidentami SshA i prem'er-ministrami Velikobritanii vo vremia Velikoi Otechestvennoi voiny 1941-1945 gg.* (Correspondence of the Chairman of the Council of Ministers of the USSR with the Presidents of the USA and the Prime-ministers of Great Britain during the Great Patriotic War 1941-1945), 2: 610, 645.
136. 見 Hirohito, *Dnevnik imperatora Showa* (Diary of the Showa Emperor) (n.p., n.d.), 52.
137. Emperor Hirohito, "Accepting the Potsdam Declaration," Dario Broadcast, https://www.mtholyoke.edu/acad/intrel/hirohito.htm.
138. 蔣介石日記，1945/8/15, Hoover Archives, box 44, folder 9.

139. The Book of Psalms, Psalm 9.

140. 例如見 Xiaobing Li（李小兵），"Anticorruption Policy and Party Politics: The Lost Political Battle and the Fate of the GMD," Fang（方強）and Li（李小兵），*Corruption and Anticorruption in Modern China*, 104; Rana Mitter, *Forgotten Ally*, 5. 中國最近的研究提到更大的數字——超過五千萬。見卞修躍：《抗日戰爭時期中國人口損失問題研究（一九三七－一九四五）》，頁四四二。

141. 見 Kurdiukov, *Sovetsko-kitaiskie otnosheniia, 1917-1957* (Soviet-Chinese Relations, 1917-1957), 196-203; for documents on the course of Soviet-Chinese negotiations in June-August 1945 see "Moscow Notes," in T. V. Soong Papers, Hoover Archives, box 63, folder 1; "Draft of the Soong/Stalin Meeting Minutes," in ibid., box 63, folder 2; Tikhvinsky, *Russko-kitaiskie otnosheniia v XX veke* (Russo-Chinese Relations in the Twentieth Century), vol. 4, book 2, 71-161, 164-69, 173-87；Foo Yee Wah（傅錡華），*Chiang Kai-shek's Last Ambassador to Moscow: The Wartime Diaries of Fu Bingchang*（傅秉常）(New York: Palgrave Macmillan, 2011), 188-205.

142. 引自 A. M. Ledovsky, *SSSR i Stalin v sud'bakh Kitaia: Dokumenty i svidetel'stva uchastnika sobytii: 1937-1952 gg.* (The USSR and Stalin in the Fate of China: Documents and Testimonies of a Participant in the Events: 1937-1952) (Moscow: "Pamiatniki istoricheskoi mysli", 1999), 61. See also "Zapis' besedy tovarishcha Stalina I. V. s Predsedatelem Tsentral'nogo narodnogo pravitel'stva Kitaiskoi Narodnoi Respubliki Mao Tsze-dunom 17 dekabria 1949 g." (Note of a Conversation between Comrade J. V. Stalin with the Chairman of the Central People's Government of the People's Republic of China Mao Zedong on December 16, 1949), RGASPI, collection 558, inventory 11, file 329, sheets 9-17; "Zapis' besedy I. V. Stalin s Predsedatelem Tsentral'nogo narodonogo pravitel'sva Kitaiskoi Narodnoi Respubliki Mao Tsze-dunom 22 ianvria 1950 g." (Notes of a Conversation between J. V. Stalin and the Chairman of the Central People's Government of the People's Republic of China Mao Zedong on January 22, 1950), Ibid., sheets 29-38; *Cold War International History Project* (hereafter *CWIHP*) *Bulletin*, no. 6-7 (1995/1996): 5-9；Niu Jun（牛軍），"The Origins of the Sino-Soviet Alliance," in O. Arne Westad, ed., *Brothers in Arms: The Rise and Fall of the Sino-Soviet Alliance: 1945-1963* (Stanford: Stanford University Press, 1998), 70.

143. Chiang（蔣介石），*Soviet Russia in China,* 135.

144. 根據孫逸仙遺孀宋慶齡所說，宋子文是代表團的正式團長，但真正負責的是蔣經國。

145. Priakhin, *Perepiska Predsedatelia Soveta Ministrov SSSR s prezidentami SshA i prem'er-ministrami Velikobritanii vo vremia Velikoi Otechestvennoi voiny 1941-1945 gg.* (Correspondence of the Chairman of the Council of Ministers of the USSR with the Presidents of the USA and the Prime-ministers of Great Britain during the Great Patriotic War 1941-1945), 2: 598.

146. 見 Tikhvinsky, *Russko-kitaiskie otnosheniia v XX veke* (Russo-Chinese Relations in the Twentieth Century), vol. 4, book 2, 144-45, 219.

147. 前引書，150.

148. 見前引書，218-19, 224.

149. 見前引書，610-12.

150. 見何虎生：《八年抗戰中的蔣介石，一九三七－一九四五》，頁三一七、三一九－三二〇。

151. 蔣指的是共產主義意識形態。就組織而言，史達林已在一九四三年五月解散了第三國際。

152. 蔣介石日記，1945/9/9, Hoover Archives, box 44, folder 10.

第二十章 新試煉

1. 引自中共中央文獻研究室編：《朱德年譜》（北京：人民出版社，一九八六），頁二七四。

2. Chiang（蔣介石），*Soviet Russia in China*, 129；蔣介石日記，1945/8/15, Hoover Archives, box 44, folder 9.

3. 引自中共中央文獻研究室編：《朱德年譜》，頁二七六。

4. Tikhvinsky, *Russko-kitaiskie otnosheniia v XX veke* (Russo-Chinese Relations in the Twentieth Century), vol. 4, book 2, 303.

5. 蔣介石日記，1945/8/15, 20 , 23, Hoover Archives, box 44, folder 9.

6. 見 Suzanne Pepper, *Civil War in China: The Political Struggle 1945-1949*, 2nd ed. (Lanham, MD: Rowman & Littlefield, 1999), xi.

7. Harry S. Truman, *Memoirs*, 2:62 (Garden City, NY: Doubleday, 1956).

8. 見 Dieter Heinzig, *The Soviet Union and Communist China 1945-1950: The Arduous Road to the Alliance* (Armonk, NY: M. E. Sharpe, 2004), 51-125.

9. 打敗德國的三大強國（蘇聯，美國，英國）領袖召開的波茨坦會議，是從一九四五年七月十七日到八月二日舉行的。

10. Truman, *Strictly Personal and Confidential*, 33, 40; Truman, *Off the Record*, 53. See also McCullough, *Truman*, 418-19.

11. Truman, *Memoirs*, 2: 90.

12. Lyman P. Van Slyke, ed., *The Chinese Communist Movement: A Report of the United States War Department, July 1945* (Stanford: Stanford University Press, 1968), 1, 258.

13. 見 S. L. Tikhvinsky, ed., *Russko-kitaiskie otnosheniia v XX veke* (Russo-Chinese Relations in the Twentieth Century), vol. 5, book 1 (Moscow: "Pamiatniki istoricheskoi mysli", 2005), 221-22, 225-26.

14. 見 Douglas J. Macdonald, *Adventures in Chaos: American Intervention for Reform in the Third World* (Cambridge: Harvard University Press, 1992), 77.

15. Truman, *Strictly Personal and Confidential*, 40.

16. 見A. V. Torkunov, *Zagodnochnaia voina: Koreiskii konflikt 1950-1953* (The Enigmatic War: The Korean Conflict 1950-1953) (Moscow: ROSSPEN, 2000), 6-29.
17. C м.: Harold M. Tanner, *The Battle for Manchuria and the Fate of China: Siping, 1946* (Bloomington: Indiana University Press, 2013), 56; Harold M. Tanner, *Where Chiang Kai-shek Lost China: The Liao-Shen Campaign, 1948* (Bloomington: Indiana University Press, 2015), 31.
18. Pantsov with Levine, *Mao*, 346.
19. 引自胡喬木：《胡喬木回憶毛澤東（增訂本）》（北京：人民出版社，二〇一四），頁四〇四—四〇五。
20. 見逄先知編：《毛澤東年譜（一八九三—一九四九）》，卷三，頁一六（北京：人民出版社／中央文獻出版社，二〇〇二）。
21. 引自Tikhvinsky, *Russko-kitaiskie otnosheniia v XX veke* (Russo-Chinese Relations in the Twentieth Century), vol. 4, book 2, 39, 45.
22. 引自前引書，34.
23. 見李松林：《中國國民黨大事記，1894.11—1986.12》，頁五九七—五九八。
24. 蔣介石日記，1945/8/28, Hoover Archives, box 44, folder 9.
25. 引自Tikhvinsky, *Russko-kitaiskie otnosheniia v XX veke* (Russo-Chinese Relations in the Twentieth Century), vol. 4, book 2, 214.
26. 見Sergey Radchenko, "Lost Chance for Peace: The 1945 CCP-Kuomintang Peace Talks Revisited," *Journal of Cold War Studies*, 19, no. 2 (Spring 2017): 84-114. 對Radchenko觀點的批評見https://networks.h-net.org/node/28443/discussions/1552174/h-diplo-article-review-751-lost-chance-peace-1945-ccp-kuomintang.
27. 見Tikhvinsky, *Russko-kitaiskie otnosheniia v XX veke* (Russo-Chinese Relations in the Twentieth Century), vol. 4, book 2, 229, 230-33.
28. 前引書，233。
29. 蔣介石日記，1945/8/28, 1945。
30. 引自Fenby, *Chiang Kai-shek*, 454。
31. 引自Herbert Feis, *The China Tangle: The American Effort in China from Pearl Harbor to the Marshall Mission* (Princeton: Princeton University Press, 1953), 411.
32. 引自Tikhvinsky, *Russko-kitaiskie otnosheniia v XX veke* (Russo-Chinese Relations in the Twentieth Century), vol. 4, book 2, 232.
33. 見Sladkovsky, *Noveishaia istoriia Kitaia 1928-1949* (Contemporary History of China 1929-1949), 253.
34. Tikhvinsky, *Russko-kitaiskie otnosheniia v XX veke* (Russo-Chinese Relations in the Twentieth Century), vol. 4, book 2, 266.
35. 見楊勝群，閻建琪：《鄧小平年譜（一九〇四—一九七四）》，卷一，頁五七七（北京：中央文獻出版社，二〇一〇）；Christopher R. Lew, *The Third Chinese Revolutionary Civil War, 1945-1949: An Analysis of Communist Strategy and Leadership* (London: Routledge, 2009), 23-24.
36. 見Heinzig, *The Soviet Union and Communist China 1945-1950*, 87.
37. 見Tikhvinsky, *Russko-kitaiskie otnosheniia v XX veke* (Russo-Chinese Relations in the Twentieth Century), vol. 4, book 2, 256-88, 294, 296-302, 305-7.
38. 前引書，300.
39. 見Tanner, *The Battle for Manchuria and the Fate of China*, 57.
40. 見Ledovsky, *SSSR i Stalin v sud'bakh Kitaia* (The USSR and Stalin in the Fate of China), 185, 207.
41. 見Tanner, *Where Chiang Kai-shek Lost China*, 35-36.
42. 見Truman, *Memoirs*, 2: 65-66.
43. 詳見Subcommittee to Investigate the Administration of the Internal Security Act and Other Internal Security Laws of the Committee on the Judiciary, United States Senate, *The Amerasia Papers: A Clue to the Catastrophe of China*, 2 vols. (Washington, D.C.: U.S. Government Printing Office, 1970).
44. 引自McCullough, *Truman*, 475. See also *FRUS 1945*, 7:722-26 *China* (Washington, D.C.: U.S. Government Printing Office, 1967).
45. 引自Truman, *Memoirs*, 2: 66.
46. *FRUS 1945*, 7: 726, 764-65. 亦見Tikhvinsky, *Russko-kitaiskie otnosheniia v XX veke* (Russo-Chinese Relations in the Twentieth Century), vol. 5, book 2, 137.
47. 引自McCullough, *Truman*, 533.
48. Dean Acheson, *Present at the Creation: My Years in the State Department* (New York: W. W. Norton, 1969), 140-41.
49. 見George C. Marshall, *George C. Marshall: Interviews and Reminiscences for Forrest C. Pogue*, rev. ed. (Lexington, VA: George C. Marshall Research Foundation, 1991), 118; Katherine Tupper Marshall, *Together: Annals of an Army Wife* (New York: Tupper & Love, 1946), 285.
50. Marshall, *George C. Marshall: Interviews and Reminiscences for Forrest C. Pogue*, 607.
51. 見Jeans, *The Marshall Mission to China, 1945-1947*, 255.
52. 引自*Alsop*, "The Feud between Stilwell and Chiang," 18.
53. 見前引書，18, 41.
54. 見George C. Marshal, *Marshall's Mission to China: December 1945 – January 1947: The Report and Appended Documents*, 1:6 (Arlington, VA: University Publications of America, 1976).

55. 蔣介石日記，1945/12/16-24, Hoover Archives, box 44, folder 13.
56. 見 Tikhvinsky, *Russko-kitaiskie otnosheniia v XX veke* (Russo-Chinese Relations in the Twentieth Century), vol. 4, book 2, 294-95, 311, 313, 319, 321.
57. 引自 前引書，142-43.
58. 前引書，147.
59. 見 前引書，322-23；Galitsky, *Tszian Tszingo* (Chiang Ching-kuo), 168.
60. Ledovsky, *SSSR i Stalin v sud'bakh Kitaia* (The USSR and Stalin in the Fate of China), 15-39.
61. Tikhvinsky, *Russko-kitaiskie otnosheniia v XX veke* (Russo-Chinese Relations in the Twentieth Century), vol. 4, book 2, 340.
62. 見 Sladkovsky, *Noveishaia istoriia 1928-1949* (Contemporary History of China 1929-1949), 256.
63. 引自 Truman, *Memoirs*, 2: 63. Emphasis in the original.
64. 引自 Tikhvinsky, *Russko-kitaiskie otnosheniia v XX veke* (Russo-Chinese Relations in the Twentieth Century), vol. 4, book 2, 40.
65. Schram, *Mao's Road to Power: Revolutionary Writings 1912-1949*, 3: 31.
66. 蔣介石日記，1946/1/19,21, Hoover Archives, box 45, folder 2. 也見 Macdonald, *Adventures in Chaos*, 82.
67. 蔣介石日記，1946/2/2, 28, Hoover Archives, box 45, folder 3.
68. “Letter from Harry S. Truman to Bess Wallace, June 22, 1911,” in Harry S. Truman Presidential Library & Museum, https://www.trumanlibrary.org/whistlestop/study_collections/trumanpapers/fbpa/index.php?documentVersion=both&documentid=HST-FBP_1-21_01&pagenumber=3.
69. 引自 Macdonald, *Adventures in Chaos*, 85.
70. 見 Tikhvinsky, *Russko-kitaiskie otnosheniia v XX veke* (Russo-Chinese Relations in the Twentieth Century), vol. 5, book 1, 66-67, 71-74, 76-79, 85, 98; book 2, 394-95, 481-82.
71. 見 Tanner, *The Battle for Manchuria and the Fate of China*, 31.
72. 見 Chiang（蔣介石），*Soviet Russia in China*, 168-71; Tikhvinsky, *Russko-kitaiskie otnosheniia v XX veke* (Russo-Chinese Relations in the Twentieth Century), vol. 4, book 2, 293, 310, 335-36, 553; Tikhvinsky, *Russko-kitaiskie otnosheniia v XX veke* (Russo-Chinese Relations in the Twentieth Century), vol. 5, book 2 (Moscow: “Pamiatniki istoricheskoi mysli”, 2005), 480, 484-85; Donald G. Gillin and Ramon H. Mayers, eds., *Last Chance in Manchuria: The Diary of Chang Kia-ngau*（張嘉璈），trans. Dolores Zen, with the assistance Donald G. Gillin (Stanford: Stanford University Press, 1989), 85, 152, 197, 230, 253, 254.
73. 見 Tanner, *The Battle for Manchuria and the Fate of China*, 32.
74. 見 前引書，31.
75. 見 Odd Arne Westad, *Cold War and Revolution: Soviet-American Rivalry and the Origins of the Chinese Civil War: 1944-1946* (New York: Columbia University Press, 1993), 152.
76. 見 Heinzig, *The Soviet Union and Communist China 1945-1950*, 98.
77. 見 Tanner, *The Battle for Manchuria and the Fate of China*, 103.
78. 見 Ledovsky, *SSSR i Stalin v sud'bakh Kitaia* (The USSR and Stalin in the Fate of China), 9.
79. 見 *Foreign Aid by the United States Government 1940-1951* (Washington, D.C.: U. S. Government Printing Office, 1952), 27.
80. 順便一提，第二次世界大戰美國援助英國總計三百九十億美元，而蘇聯則得到一百一十億以上。
81. 唐培吉：《中國歷史大事年表：現代》，頁四八三。
82. Truman, *Strictly Personal and Confidential*, 41.
83. I. V. Stalin, *Sobraniye sochinenii* (Collected Works), 16:5-16 (Moscow: Izd-vo “Pisatel’, 1997).
84. 見 唐培吉：《中國歷史大事年表：現代》，頁四八三—四八五；Tanner, *The Battle for Manchuria and the Fate of China*, 109.
85. 見 Levine, *Anvil of Victory*, 78-79.
86. 蔣介石日記，1946/4/20, Hoover Archives, box 45, folder 5.
87. 同前，1946/4/13, Hoover Archives, box 45, folder 5.
88. 見 Macdonald, *Adventures in Chaos*, 91.
89. 蔣介石日記，1946/4/22, Hoover Archives, box 45, folder 5. 從馬歇爾的立場對蔣介石的批評亦見 Herbert Hoover, *Freedom Betrayed: Herbert Hoover's Secret History of the Second World War and Its Aftermath* (Stanford: Stanford University Press, 2011), 696.
90. 蔣介石日記，1946/4/29, Hoover Archives, box 45, folder 5.
91. 作者訪問南京子超樓的印象，二〇一七年六月七日。
92. 見 Boyle, *China and Japan at War 1937-1945*, 332-33.
93. 見 聞少華：《汪精衛傳》（北京：團結出版社，二〇一六），頁三一一—三一四；陳瑞雲：《蔣介石與汪精衛》，頁一九八—一九九；作者往視汪精衛埋葬地的印象，二〇一七年六月八日。

94. 見蔣介石日記，1946/5/6-8, 11, 21, Hoover Archives, box 45, folder 6; Larry I. Bland, ed., *The Papers of George Catlett Marshall*, 5:553-54 (Baltimore: Johns Hopkins University Press, 2003).
95. Steven I. Levine, "A New Look at American Mediation in the Chinese Civil War: The Marshall Mission in Manchuria," *Diplomatic History*, no. 3 (1979): 356.
96. 詳見 Tanner, *The Battle for Manchuria and the Fate of China*; Odd Arne Westad, *Decisive Encounters: The Chinese Civil War: 1946-1950* (Stanford: Stanford University Press, 2003), 48.
97. Tikhvinsky, *Russko-kitaiskie otnosheniia v XX veke* (Russo-Chinese Relations in the Twentieth Century), vol. 5, book 1,191.
98. 蔣介石日記，1946/5/23, Hoover Archives, box 45, folder 6.
99. 見 Tanner, *Where Chiang Kai-shek Lost China*, 40.
100. 蔣介石日記，1946/4/20, Hoover Archives, box 45, folder 5.
101. 見 Tanner, *The Battle for Manchuria and the Fate of China*, 172, 175, 186, 188, 215-21.
102. 見 McCullough, *Truman*, 508.
103. 見 John Leighton Stuart, *Fifty Years in China: The Memoirs of John Leighton Stuart, Missionary and Ambassador* (New York: Random House, 1954), 162-66.
104. 見蔣介石日記，1946/17/18,20,23,25-27,29,31, Hoover Archives, box 45, folder 8. 詳見楊奎松，〈蔣介石並非李公朴、聞一多慘案的幕後主事者〉，https://read01.com/aEQGKO.html#.YOVX8C-cbxs.
105. Truman, *Memoirs*, 2: 90.
106. 蔣介石日記，1946/8/3, Hoover Archives, box 45, folder 9.
107. *FRUS 1946,* 10:2-3 (Washington, D.C.: U.S. Government Printing Office, 1946).
108. 同前，51, 53, 187.
109. 詳見 Thomas D. Lutze, *China's Inevitable Revolution: Rethinking America's Loss to the Communists* (New York: Palgrave Macmillan, 2007).
110. 見 Dwight D. Eisenhower, *The Eisenhower Diaries* (New York: W. W. Norton, 1981), 363.
111. 蔣介石日記，1946/10/5, Hoover Archives, box 45, folder 11; Macdonald, *Adventures in Chaos,* 99; Tikhvinsky, *Russko-kitaiskie otnosheniia v XX veke* (Russo-Chinese Relations in the Twentieth Century), vol. 5, book 1, 171, 213.
112. 引自 Marshall, *George C. Marshall: Interviews and Reminiscences for Forrest C. Pogue*, 607.
113. 見 Westad, *Decisive Encounters*, 61.
114. *United States Relations with China,* xv.
115. 引自 Lloyd E. Eastman, "Who Lost China? Chiang Kai-shek Testifies," *China Quarterly,* 88 (December 1981): 658, 660.
116. Li（李小兵），"Anticorruption Policy and Party Politics," 105-6, 108; Westad, *Decisive Encounters*, 70, 148-49.
117. Stilwell, *The Stilwell Papers,* 317.
118. 引自 McCullough, *Truman,* 508.
119. 見 K. M. Tertitsky and A. E. Belogurova, *Taivanskoe kommuniusticheskoe dvizhenie i Komintern (1924-1932 gg): Issledovanie: Dokumenty* (The Taiwanese Communist Movement and the Comintern [1924-1932]: Research: Documents) (Moscow: AST, Vostok-Zapad, 2005); *China Quarterly*, 189 (March 2007): 218-19; Snow, *Journey to the Beginning*, 37-38.
120. 蔣介石日記，1946/10/22, 26, Hoover Archives, box 45, folder 11.
121. 見 *Far Eastern Quarterly,* 7, no. 4 (1948): 354-67.
122. 見 Chiang（蔣介石），*Soviet Russia in China*, 186-87; Tikhvinsky, *Russko-kitaiskie otnosheniia v XX veke* (Russo-Chinese Relations in the Twentieth Century), vol. 5, book 1, 286-87.
123. 見 Jeans, *The Marshall Mission to China, 1945-1947*, 23.
124. 唐培吉：《中國歷史大事年表：現代》，頁五。
125. 見謝瑞智：《中華民國憲法》, 6th ed.（臺北：華泰出版社，一九九四），頁一。
126. 引自 Tikhvinsky, *Russko-kitaiskie otnosheniia v XX veke* (Russo-Chinese Relations in the Twentieth Century), vol. 5, book 1, 214.
127. 見 Truman, *Memoirs*, 2: 88-89.
128. 見 Ledovsky, *SSSR i Stalin v sud'bakh Kitaia* (The USSR and Stalin in the Fate of China), 207.
129. 見 Levine, "A New Look at American Mediation in the Chinese Civil War," 349, 374-75.

第二十一章 慘敗

1. 見 Macdonald, *Adventures in Chaos*, 92, 100, 107.

2. 見 *Dos'e k lichnomu delu Chzhan Tsiunia* (Dossier to the Personal File of Zhang Qun), RGASPI, collection 495, inventory 225, file 134, sheets 5, 9, 14, 16.
3. Li Zhisui（李志綏），*The Private Life of Chairman Mao: The Memoirs of Mao's Personal Physician*, trans. Tai Hung-chao (New York: Random House, 1994), 37.
4. 見 Winthrop Knowlton, *My First Revolution* (White Plains, NY: EastBridge, 2001), 40.
5. 蔣介石日記，1947/3/15, Hoover Archives, box 46, folder 6.
6. 詳見 Lai Tse-han（賴澤涵），Ramon H. Myers, and Wei Wou（魏萼），*A Tragic Beginning: The Taiwan Uprising of February 28, 1947* (Stanford: Stanford University Press, 1991)；王曉波編：《陳儀與二二八事件》（臺北：海峽學術出版社，二〇〇四）；Neil L. O'Brien, *An American Editor in Early Revolutionary China: John William Powell and the China Weekly/Monthly Review* (New York: Routledge, 2003), 36-41; "Taiwan Midterm Prospects: Interagency Intelligence Memorandum," https://www.cia.gov/library/readingroom/docs/CIA-RDP84B00049R000701970017-5.pdf.
7. Westad, *Decisive Encounters*, 147.
8. 引自 Macdonald, *Adventures in Chaos*, 105, 107-8, 110.
9. 見 Westad, *Decisive Encounters*, 150-52.
10. 蔣介石日記，1947/5/21, Hoover Archives, box 46, folder 8.
11. 同前，1947/5/22, Hoover Archives, box 46, folder 8.
12. 引自 Eastman, "Who Lost China?, 661.
13. 見 Furuya（古屋奎二），*Chiang Kai-shek*, 893-94.
14. 見 *United States Relations with China*, xv; *Foreign Aid by the United States Government 1940-1951*, 14, 22, 27.
15. 引自 Tikhvinsky, *Russko-kitaiskie otnosheniia v XX veke* (Russo-Chinese Relations in the Twentieth Century), vol. 5, book 1, 327-28.
16. 引自 MacDonald, *Adventures in Chaos*, 112.
17. 見 Tikhvinsky, *Russko-kitaiskie otnosheniia v XX veke* (Russo-Chinese Relations in the Twentieth Century), vol. 5, book 1, 364.
18. 見 Wedemeyer, *Wedemeyer Reports!*, 382-95. 一九四六年魏德邁離華前，蔣介石授予他中華民國最高軍事榮譽的大綬青天白日勛章。同樣的勛章也授予陳納德。魏德邁也代表美國政府為蔣介石佩戴傑出服役勛章（Distinguished Service Medal）。
19. *United States Relations with China*, 258.
20. 見前引書，257-8; Wedemeyer, *Wedemeyer Reports!*, 387, 391-95, 467; *FRUS 1947*, 7:759-61 (Washington, D.C : U.S. Government Printing Office, 1972); John J. McLaughlin, *General Albert C. Wedemeyer: America's Unsung Strategist in World War II* (Philadelphia：Casemate, 2012), 158-60.
21. 引自 Westad, *Decisive Encounters*, 172, 177.
22. *Lichnoe delo Fen Yu-siana* (Personal File of Feng Yuxiang), RGASPI, collection 514, inventory 225, file 2882, sheet 13.
23. 蔣介石日記，1948/1/19, Hoover Archives, box 46, folder 17.
24. *Lichnoe delo Fen Yu-siana* (Personal File of Feng Yuxiang), sheet 8.
25. 見同前，sheet 15.
26. 見蔣介石日記，1946/4/3, Hoover Archives, box 46, folder 20.
27. 見同前，1946/1/15; 3/30, 31; 4/1, Hoover Archives, box 46, folders 17, 19, and 20.
28. *Lichnoe delo Chan Kai-shi* (Personal File of Chiang Kai-shek), RGASPI, collection 495, inventory 225, file 120, sheet 12.
29. 見 Christian Schafferer, *The Power of the Ballot Box: Political Development and Election Campaigning in Taiwan* (Lanham, MD: Lexington Books, 2003), 49, 51.
30. Levich, *The Kwangsi Way in Kuomintang China 1931*-1939, 13.
31. 見 Tikhvinsky, *Russko-kitaiskie otnosheniia v XX veke* (Russo-Chinese Relations in the Twentieth Century), vol. 5, book 1, 414, 418, 436.
32. 同前，219; *Lichnoe delo Chan Kai-shi* (Personal File of Chiang Kai-shek), file 120, sheet 7; file 120/2, sheet 60.
33. 見蔣永敬、劉維開：《蔣介石與國共和戰：一九四五—一九四九》（太原：山西人民出版社，二〇一三），頁二二五—二五〇。
34. 見 Tikhvinsky, *Russko-kitaiskie otnosheniia v XX veke* (Russo-Chinese Relations in the Twentieth Century), vol. 5, book 1, 402；吳秦杰編：《毛澤東光輝歷程地圖集》（北京：中國地圖出版社，二〇〇三），頁八一；*Lichnoe delo Wan Shi-tse* (Personal File of Wang Shijie), RGASPI, collection 495, inventory 225, file 145, sheet 19.
35. 見 Westad, *Decisive Encounters*, 178.
36. 引自 Eastman, "Who Lost China?" 659.
37. 引自 Macdonald, *Adventures in Chaos*, 120.
38. 蔣介石日記，1948/5/20, Hoover Archives, box 46, folder 21.
39. *Lichnoe delo Chen Li-fu* (Personal File of Chen Lifu), RGASPI, collection 495, inventory 224, file 131, sheets 23, 24.
40. 見 Sudoplatov, Sudoplatov, with Schecter, *Special Tasks*, 210-11.

41. 見 A. V. Meliksetov, ed., *Istoriia Kitaia* (History of China) (Moscow: MGU, 1998), 582-88; Spence, *The Search for Modern China,* 473-80.
42. 見 Macdonald, *Adventures in Chaos*, 122.
43. 見 Liliane Willens, *Stateless in Shanghai* (Hong Kong: China Economic Review, 2010), 206.
44. Derk Bodde, *Peking Diary: A Year of the Revolution* (New York: Henry Schuman, 1950), 32. 亦見 Ralph and Nancy Lapwood, *Through the Chinese Revolution* (Westport, CT: Hyperion Press, 1954), 39.
45. Jarvis, *Letters from China 1920-1949*, 115.
46. Knowlton, *My First Revolution,* 67-68.
47. Jarvis, *Letters from China 1920-1949*, 115.
48. Dorothy Jacobs-Larkcom, *As China Fell: The Experiences of a British Consul's Wife 1946-1953* (Elms Court: Arthur H. Stockwell, 1976), 151.
49. *Lichnoe delo Chan Kai-shi* (Personal File of Chiang Kai-shek), file 120, sheets 28-29.
50. 同前，32-33.
51. 蔣介石日記，1948/11/5, Hoover Archives, box 47, folder 6.
52. 同前，1948/10/28, Hoover Archives, box 47, folder 5.
53. Roy Rowman, *Chasing the Dragon: A Veteran Journalist's Firsthand Account of the 1949 Chinese Revolution* (Guilford, CT: Lyons Press, 2004), 164.
54. 見蔣介石日記，1948/10/9; 11/ 3-5, 10-12, 24, 27, Hoover Archives, box 47, folder 5, 6; *Lichnoe delo Kun Sian-si* (Personal File of Kong Xiangxi), sheet 9; Willens, *Stateless in Shanghai,* 206-7; Taylor, *The Generalissimo,* 387; Li, "Anticorruption Policy and Party Politics," 110-11.
55. 蔣介石日記，1948/9/9, Hoover Archives, box 47, folder 4.
56. 引自楊天石：〈蔣介石與蔣經國的上海「打虎」〉，載於楊天石：《找尋真實的蔣介石》，卷三，頁三〇四（香港：三聯書店，二〇一四）。
57. 見 Seymour Topping, *Journey between Two Chinas* (New York: Harper & Row, 1972), 51.
58. 詳見 Lew, *The Third Chinese Revolutionary Civil War, 1945-1949*; Tanner, *Where Chiang Kai-shek Lost China*; Westad, *Decisive Encounters*, 192-211. 美國目擊者對淮海戰役的個人報導見 Topping, *Journey Between Two Chinas*, 24-48.
59. 杜威（一九〇二—一九七一）是一九四三到一九四五年的美國紐約州長，也是一九四四與一九四八年的共和黨總統參選人。
60. 蔣介石日記，1948/11/3, Hoover Archives, box 47, folder 6.
61. 引自 Westad, *Decisive Encounters*, 198.
62. С м.: 蔣介石日記，1948/5/21, 22, Hoover Archives, box 46, folder 21.
63. С м.: 同前，1948/6/17, Hoover Archives, box 47, folder 1.
64. 同前，1948/11/19, Hoover Archives, box 47, folder 6.
65. 同前，1948/12/16, Hoover Archives, box 47, folder 7.
66. 同前，1948/12/18, Hoover Archives, box 47, folder 7.
67. 見 Westad, *Decisive Encounter*, 216.
68. С м.: 蔣介石日記，1948/12/23, Hoover Archives, box 47, folder 7.
69. С м.: 同前，1949/1/3, Hoover Archives, box 47, folder 9.
70. С м.: Westad, *Decisive Encounter*, 215. Westad 記錯蔣介石會見李宗仁的日期。
71. 前引書。
72. https://www.cctv.com/special/756/1/49913.html.
73. 蔣介石日記，1949/1/14, Hoover Archives, box 47, folder 9.
74. *Lichnoe delo Chan Kai-shi* (Personal File of Chiang Kai-shek), file 20, sheet 58.
75. 蔣介石日記，1949/1/21, 22, Hoover Archives, box 47, folder 9；王光遠：《蔣介石在臺灣》（北京：中國文史出版社，二〇〇八），頁一二。
76. 見 *Lichnoe delo Chan Kai-shi* (Personal File of Chiang Kai-shek), file 10, sheets 59, 60; Eastman, "Who Lost China?" 662.
77. 見 Furuya（古屋奎二），*Chiang Kai-shek*, 902-3.
78. Knight Biggerstaff, *Nanking Letters, 1949* (Ithaca: Cornell China-Japan Program, 1979), 15-16.
79. 引自 *Lichnoe delo Kun Sian-si* (Personal File of Kong Xiangxi), sheet 6.
80. 見王光遠：《蔣介石在臺灣》，頁二五。
81. O'Brien, *An American Editor in Early Revolutionary China*, 125.
82. 見蔣介石日記，1949/4/25, Hoover Archives, box 47, folder 12; *Lichnoe delo Chan Kai-shi*（蔣介石的個人檔案），file 120, sheet 66.

83. 蔣介石日記，1949/5/7, Hoover Archives, box 47, folder 13.
84. 引自 Lin Hsiao-ting（林孝庭），*Accidental State: Chiang Kai-shek, the United States, and the Making of Taiwan* (Cambridge: Harvard University Press, 2016), 90.
85. 見 *Lichnoe delo Chan Kai-shi* (Personal File of Chiang Kai-shek), file 120, sheets 8, 9, 58-59, 77, 78; file 120/2, sheets 58, 59; *Lichnoe delo Chen Li-fu* (Personal File of Chen Lifu), sheet 16; *Dos'e k lichnomu delu Chzhan Tsiunia* (Dossier to the Personal File of Zhang Qun), sheet 32.
86. 引自 Lai（賴曉剛），"Chiang Kai-shek versus Guomindang's Corruption in the Republic Era," 73.
87. 見 *Lichnoe delo Chan Kai-shi* (Personal File of Chiang Kai-shek), file 120, sheets 80, 83, 85; *Lichnoe delo Wan Shi-tse* (Personal File of Wang Shijie), sheet 46; *Lichnoe delo Gu Czhen-gana (Zatsepina)* (Personal File of Gu Zhenggang), RGASPI, collection 495, sheet 225, file 25, sheet 6.
88. 見 *Lichnoe delo Chan Kai-shi* (Personal File of Chiang Kai-shek), file 120, sheets 84, 86-88；呂芳上：〈總裁的「首腦」外交：一九四九年蔣中正出訪菲韓〉，載於 吳祖勝、陳立文編：《蔣中正與民國外交》，卷二，頁一一三七（臺北：國立中正紀念堂管理處，二〇一三）。
89. *Lichnoe delo Chan Kai-shi* (Personal File of Chiang Kai-shek), file 120, sheet 100.
90. 見同前, sheets 91-93, 96-98, 120.
91. 見 Tikhvinsky, *Russko-kitaiskie otnosheniia v XX veke* (Russo-Chinese Relations in the Twentieth Century), vol. 5, book 1, 188.
92. 見 *Lichnoe delo Chan Kai-shi* (Personal File of Chiang Kai-shek), file 120, sheets 17, 98.
93. 同前，sheet 102; Stephen P. Gibert and William M. Carpenter, *America and Island China: A Documentary History* (Lanham, MD: Rowman & Littlefield, 1989), 77.
94. 見 Tong（唐德剛）and Li（李宗仁），*The Memoirs of Li Tsung-jen*, 544-46.
95. 引自 *Lichnoe delo Chan Kai-shi* (Personal File of Chiang Kai-shek), file 120, sheet 46.

第二十二章 禁錮在臺灣

1. 南島語族是臺灣、印尼、菲律賓、東帝汶、新加坡、馬來西亞以及其他很多太平洋島嶼的原住民，他們說的是南島語。
2. 見 John J. Metzler, *Taiwan's Transformation: 1895 to the Present* (New York: Palgrave Macmillan, 2017), 13.
3. 見前引書，15；Neil H. Jacoby, *Evaluation of U. S. Economic Aid to Free China, 1951-1956* (Washington, D.C.: Bureau of the Far East, Agency for International Development, 1966), 17-18, Table VI-1, 19.
4. Snow, *Journey to the Beginning*, 37-38.
5. 見若林正丈、劉進慶、松永正義：《臺灣百科》（東京：一橋出版社，一九九六），頁四五。
6. Jacoby, *An Evaluation of U. S. Economic Aid to Free China, 1951-1956*, 20.
7. 見蔣介石日記，1949/12/10, Hoover Archives, box 47, folder 20.
8. 作者一九九七年七月七日訪問蔣介石士林官邸，二〇一二年七月八日訪問陽明山的印象。李宜萍等：《士林官邸》，第三版（臺北：臺北市文化局，二〇一六）。
9. 見《自立晚報》，一九五〇年十一月十七日；王光遠：《蔣介石在臺灣》，頁二七一二八；曹立新：《臺灣報業史話》（香港：九州出版社，二〇一五），頁一一九。
10. 作者訪問「草廬」的印象，二〇一二年七月八日。
11. 一九四六年，中國軍政部改名為國防部。
12. 蔣介石日記，1949/12/13, Hoover Archives, box 47, folder 20.
13. 見 John W. Garver, *The Sino-American Alliance: Nationalist China and American Cold War Strategy in Asia* (Armonk, NY: M. E. Sharpe, 1997), 19.
14. 一九四九年五月，魏德邁已建議蔣以吳國楨取代陳誠。
15. 蔣介石日記，1949/12/15, Hoover Archives, box 47, folder 20.
16. 同前，1949/12/24, Hoover Archives, box 47, folder 20.
17. 見王光遠：《蔣介石在臺灣》，頁七三。
18. 蔣介石日記，1949/12/25, Hoover Archives, box 47, folder 20.
19. Madame Chiang Soong Mei-ling（蔣宋美齡），*The Sure Victory* ([Westwood, NJ]: Fleming H. Revell, 1955), 22-24.
20. 見蔣介石日記，1949/1/13, Hoover Archives, box 47, folder 9.
21. 引自 Lin（林孝庭），*Accidental State*, 128.
22. Garver, *The Sino-American Alliance*, 11.
23. *FRUS 1949*, vol. 7, book 2 (Washington, D.C.: U.S. Government Printing Office, 1976), 1218-19.
24. http://china.usc.edu/harry-s-truman-%E2%80%9Cstatement-formosa%E2%80%9D-january-5-1950.

25. 見 Gibert and Carpenter, *America and Island China: Documentary History*, 88-92.
26. 蔣介石日記，1950/1/6, 13, Hoover Archives, box 48, folder 2.
27. Lin, *Accidental State*, 7-9.
28. 引自 Wang, *Jiang Jieshi zai Taiwan* (Chiang Kai-shek on Taiwan), 79.
29. 見（林孝庭），*Accidental State, 7, 120-21, 129*, 171；楊天石：《臺灣時期蔣介石與美國政府的矛盾》，在浙江大學的演講，二〇一七年五月三十一日。
30. 見 Kurdiukov *Sovetsko-kitaiskie otnosheniia, 1917–1957*, 219-20.
31. 蔣介石日記，1950/1/15, Hoover Archives, box 48, folder 2.
32. 引自 Furuya（古屋奎二），*Chiang Kai-shek*, 913-14. 亦見 *Lichnoe delo Chan Kai-shi* (Personal File of Chiang Kai-shek), file 120, sheets 56, 236.
33. *Lichnoe delo Chan Kai-shi* (Personal File of Chiang Kai-shek), file 120, sheet 57.
34. 見蔣介石日記，1950/3/3, Hoover Archives, box 48, folder 4.
35. 見 Lin（林孝庭），*Accidental State,* 151-2.
36. *Lichnoe delo Chan Kai-shi* (Personal File of Chiang Kai-shek), file. 120, sheet 54.
37. 同前，sheet 229.
38. 見 Lin（林孝庭），*Accidental State,* 154-55.
39. 見 *Lichnoe delo Chan Kai-shi* (Personal File of Chiang Kai-shek), file 120, sheet 47; George F. Kennan, *Memoirs 1950-1963* (Boston: Little, Brown, 1972), 54, 58; Lin, *Accidental* State, 157.
40. 詳見 Pantsov with Levine, *Mao*, 374-79.
41. 見 Taylor, *The Generalissimo,* 435.
42. 有趣的是，蔣本人有意在朝鮮半島挑起戰事，期望藉此讓美國根本改變其包括臺灣在內的遠東策略。從一九五〇年開始，他就抱著這個目標，一直在計畫派遣特工到南韓。
43. 見 Lin（林孝庭），*Accidental State*, 173.
44. 見 Korean Institute of Military History, *The Korean War*, 1:244-73 (Lincoln: University of Nebraska, 2000); Gordon F. Rottman, *Korean War Order of Battle: United States, United Nations, and Communist Ground, Naval, and Air Forces, 1950-1953* (Westport, CT: Praeger, 2002), 117-24.
45. *FRUS 1950*, 7:202 (Washington, D.C.: U.S. Government Printing Office, 1976).
46. 見 Lin（林孝庭），*Accidental State*, 165.
47. 見 Dean Rusk, *As I Saw It* (New York: W. W. Norton, 1990), 175-76.
48. 見 Acheson, *Present at the Creation,* 412; *Lichnoe delo Chan Kai*-shi (Personal File of Chiang Kai-shek), file 120, sheet 47.
49. *FRUS 1950*, 7: 161.
50. 引自 Peter Lowe, *The Origins of the Korean War*, 2nd ed. (London: Longman, 1997), 175.
51. *FRUS 1950*, 7: 162, 164-65.
52. Douglas MacArthur, *Reminiscences* (New York: McGrow-Hill, 1964), 339.
53. 見 *Lichnoe delo Chan Kai-shi* (Personal File of Chiang Kai-shek), file 120, sheets 225, 363, 364.
54. 見 Lin（林孝庭），*Accidental State,* 175.
55. MacArthur, *Reminiscences,* 341.
56. 見 "General MacArthur's Message on Formosa," in Harry S. Truman Presidential Library & Museum, https://www.trumanlibrary.org/whistlestop/study_collections/achesonmemos/view.php?documentVersion=both&documentid=67-4_25&documentYear=1950&pagenumber=7; Truman, *Memoirs,* 2: 430.
57. *Lichnoe delo Chan Kai-shi* (Personal File of Chiang Kai-shek), RGASPI, collection 495, inventory 225, file 120, sheet 40.
58. Lin（林孝庭），*Accidental State,* 175, 189.
59. *FRUS 1955-57*, 2:457 (Washington, D.C.: U.S. Government Printing Office, 1986).
60. 見 "MAAG – Saga of Service," *Taiwan Today*, March 13, 2018；Lin（林孝庭），*Accidental State*, 11.
61. 見蔣介石日記，1951/7/26, Hoover Archives, box 49, folder 2.
62. 見 Lin（林孝庭），*Accidental State*, 189-95.
63. 見 *Lichnoe delo Chan Kai-shi* (Personal File of Chiang Kai-shek), file 120, sheet 38.
64. 見蔣介石日記，1951/9/9, Hoover Archives, box 49, folder 4.
65. 和約於下午三點在臺灣的臺北賓館簽訂。見蔣介石日記，1952/4/28, Hoover Archives, box 49, folder 12. 亦見 Karl Lott Rankin, *China Assignment* (Seattle: University of

Washington Press, 1964), 115-18.
66. 鄧小平談「小康」，見 Pantsov with Levine, *Deng Xiaoping*, 366.
67. 引自 Meliksetov, *Istoriia Kitaia* (History of China), 652.
68. 見 Ch'en Ch'eng（陳誠），《臺灣土地改革紀要》（臺北：中國出版社，一九六一），頁一九一—二一二。
69. 見前引書，頁八二；Hsiao Tseng（蕭錚），*Land Reform in the Republic of China* (Taipei: Conference on the History of the Republic of China, 1981), 8-9; Metzler, *Taiwan's Transformation*, 42.
70. 見 Ch'en（陳誠），*Land Reform in Taiwan*, 42-43, 84; Jacoby, *An Evolution of U. S. Economic Aid to Free China, 1951-1956*, 20.
71. 見 Lai（賴澤涵），Myers, and Wei（魏萼），*A Tragic Beginning*, 87-89; Lin, *Accidental State*, 40, 45.
72. 見 Jacoby, *An Evolution of U. S. Economic Aid to Free China, 1951-1956*, 23.
73. 見 *Lichnoe delo Chan Kai-shi* (Personal File of Chiang Kai-shek), file 120, sheets 183-86.
74. *FRUS 1955-1957*, 2: 457.
75. 見 Jacoby, *An Evolution of U. S. Economic Aid to Free China, 1951-1956*, 25; Metzler, *Taiwan's Transformation*, 43; Meliksetov, *Istoriia Kitaia* (History of China), 653; Samuel P. S. Ho, "Economics, Economic Bureaucracy, and Taiwan's Economic Development," *Pacific Affairs*, vol. 60, no. 2 (Summer, 1987): 226-47.
76. 引自 Eastman, "Who Lost China?" 658. 亦見 Bruce J. Dickson, "The Lessons of Defeat: The Reorganization of the Kuomintang on Taiwan, 1950-52," *China* Quarterly, 133 (March 1993): 63.
77. 引自 Eastman, "Who Lost China?" 661-62.
78. 見 *Lichnoe delo Chan Kai-shi* (Personal File of Chiang Kai-shek), file 120, sheets 225, 361, 365; 劉維開：《中國國民黨職名錄（一八九四—一九九四）》，頁一九三—一九九。
79. 見 Dickson, "The Lessons of Defeat," 63-64, 68-71, 76-79；Lin（林孝庭），*Accidental State*, 181.
80. 見鄒魯：《中國國民黨概史》（臺北：正中書局，一九五八），頁九八；羅家倫等編：《革命文獻》，卷七七，頁一九〇（臺北：國民黨黨史史料編纂委員會，一九七八）；陳鵬仁：《中國國民黨黨務發展史料：黨務工作報告》（臺北：近代中國出版社，一九九七），頁三三九；北京大學教授王奇生給作者的信，二〇一八年四月二日；國民黨黨史館主任王文隆給作者的信，二〇一八年四月二日，Dickson, "The Lessons of Defeat," 79-81.
81. 見國史館檔案，documents Nos. 008-011002-00025-004 and 008-011002-00025-005.
82. Shieh（謝然之），*The Kuomintang*, 249.
83. 見劉維開：《中國國民黨職名錄（一八九四—一九九四）》，頁二〇〇—二一二。
84. 見 Lin（林孝庭），*Accidental State.*, 182.
85. 引自 Eastman, "Who Lost China?" 663.
86. "Conflict between Chiang Kai-shek and General Chase over the Position of Chiang's Sons," CIA-RDP82-00457R008900600002-0 // https://www.cia.gov/library/readingroom/docs/CIA-RDP82-00457R008900600002-0.pdf.
87. 見 Lin（林孝庭），*Accidental State*, 192.
88. 見 Dickson, "The Lessons of Defeat," 75.
89. 見 Lin（林孝庭），*Accidental State*, 189.
90. 見 Metzler, *Taiwan's Transformation*, 29-30; Taylor, *The Generalissimo*, 423；Tyson Li（李台珊），*Madame Chiang Kai-shek*, 347.
91. 見 George H. Kerr, *Formosa Betrayed* (Boston: Houghton Mifflin, 1965), 422-24, 480-86.
92. 見 *Lichnoe delo Chan Kai-shi* (Personal File of Chiang Kai-shek), file 120, sheets 32-35.
93. 同前，sheet 168.
94. 同前，sheet 172.
95. 見 Schafferer, *The Power of the Ballot Box*, 51；張山克：《臺灣問題大事記（1945.8—1987.12）》（北京：華文出版社，一九八八），頁九一。
96. "Text of Joint Resolution on Defense of Formosa," in Dwight D. Eisenhower, *Mandate for Change: 1953-1956: The White House Years* (Garden City, NY: Doubleday, 1963), 608.
97. 引自 Dwight D. Eisenhower, *Ike's Letters to a Friend 1941-1958*, ed. Robert Griffith (Lawrence, KS: University Press of Kansas, 1984), 147.
98. 見 *MAAG – Saga of Service*.

第二十三章 在華盛頓的羽翼下

1. 見熊丸：《蔣介石私人醫生回憶錄》（北京：團結出版社，二〇〇九），頁一三〇；Richard Nixon. *Leaders* (New York: Warner Books, 1982), 244.
2. 作者訪問蔣介石士林官邸的印象，一九九七年七月七日；李宜萍：《士林官邸》，頁九一。

3. 見師永剛、方旭：《蔣介石後傳：蔣介石臺灣二十六年政治地理》（北京：團結出版社，二〇一三），頁一〇一；Tyson Li（李台珊），*Madame Chiang Kai-shek*, 338, 340；李松林：《蔣介石的晚年歲月》（北京：團結出版社，二〇一三），頁四五四—四六二。
4. 見李宜萍：《士林官邸》，頁六四—六六；Chiang（蔣宋美齡），*The Sure Victory*, 29.
5. 引自 Li Tyson（李台珊），*Madame Chiang Kai-shek*, 339.
6. 見師永剛，方旭：《蔣介石後傳》，頁六；李君山：〈蔣介石在臺行館之初探（一九四九—一九七五）〉，載於呂芳上：《蔣介石的日常生活》（臺北：政大出版社，二〇一二），頁一六三—一二四；翁元、王丰：《我在蔣介石父子身邊的日子》（臺北：時報出版，二〇一五），頁八四—九九。
7. 見楊碧川：《臺灣現代史年表（1945.8—1994.9）》（臺北：一橋出版社，一九九六），頁三七。
8. 見“Dr. K. C. Wu's Views on the Police State and General Chiang Ching-kuo,” in Kerr, *Formosa Betrayed*, 484.
9. 見汪士淳：《千山獨行》，頁九二—九五；蔣緯國，劉鳳翰：《蔣緯國口述自傳》，頁七〇—七二；作者會見陳永發教授夫妻，二〇一七年六月十五日；http://hottopic.chinatimes.com/20160301004669-260812.
10. 引自蔣緯國、劉鳳翰：《蔣緯國口述歷史》，頁七三。
11. 見汪士淳：《千山獨行》，頁三六七；蔣緯國、劉鳳翰：《蔣緯國口述歷史》，頁七二—七五。
12. 見 Eisenhower, *The Eisenhower Diaries*, 296; Eisenhower, *Mandate for Change*, 476.
13. 見 Eisenhower, *Mandate for Change*, 462; Dwight D. Eisenhower, *Waging Peace: 1956-1961: The White House Years* (Garden City, NY: Doubleday, 1965), 296.
14. Eisenhower, *Mandate for Change*, 612.
15. 前引書，頁四六三。
16. 前引書，頁四六四。
17. 見前引書，頁四六四、四七七。
18. 引自 Stephen E. Ambrose, *Eisenhower: Soldier and President* (New York: Simon & Schuster, 1990), 383.
19. 《人民日報》，一九五四年四月二十四日。
20. 史達林於一九五二年四月在回答美國地方性報紙時，首度發表「和平共存」可能性的思想。「資本主義與社會主義的和平共存是完全可能的，只要彼此都有合作的願望與各盡其責的準備，遵守平等與互不干涉內政的原則。」Stalin, *Sobraniye sochinenii* (Collected Works), 16: 224.
21. Chiang（蔣介石），*Soviet Russia in China*, 184.
22. 前引書，1.
23. 前引書，341-42.
24. 見 *Lichnoe delo Chan Kai-shi* (Personal File of Chiang Kai-shek), file 120, sheet 87.
25. 國史館，documents No. 008-011002-00060-004 and 008-011002-00060-005; Luo et al., *Geming wenxian* (Documents of the Revolution), vol. 77, 190；陳鵬仁、喬寶泰編：《中國國民黨黨務發展史料》，頁一五八；北京大學教授王奇生給作者的信，二〇一八年四月二日；國民黨中央黨史館主任王文隆給作者的信，二〇一八年四月二日。
26. 見劉維開：《中國國民黨職名錄（一八九四—一九九四）》，頁二一三、二一四、二一六；李松林：《中國國民黨大事記（1894.11—1986.12）》，頁六〇二；楊碧川：《臺灣現代史年表（1945.8—1994.9）》，頁七五。
27. *Lichnoe delo Chan Kai-shi* (Personal File of Chiang Kai-shek), file 120, sheet 142. See also Eisenhower, *Waging Peace*, 295.
28. *Lichnoe delo Chan Kai-shi* (Personal File of Chiang Kai-shek), file 120, sheet 141.
29. 見 Shannon Tiezzi, “How Eisenhower Saved Taiwan,” *The Diplomat*, July 29, 2015; Taylor, *The Generalissimo*, 495; *Lichnoe delo Chan Kai-shi* (Personal File of Chiang Kai-shek), file 120, sheet 134. JI
30. 見 *Lichnoe delo Chan Kai-shi* (Personal File of Chiang Kai-shek), file 120, sheets 122, 140.
31. 同前，sheets 124, 132-34.
32. 同前，sheet 126.
33. 同前，sheet 125. 也見 126-29.
34. 見同前，130-31.
35. 見 Schafferer, *The Power of the Ballot Box*, 51；張山克：《臺灣問題大事記》，頁一八七。
36. 見 *Lichnoe delo Chan Kai-shi* (Personal File of Chiang Kai-shek), sheet 95.
37. 見“Eisenhower F. E. Tour State Visit to the Republic of China: Documentary Produced by the China Movie Studio,” https://www.youtube.com/watch?v=WDYG1XUheVI.
38. 見 Eisenhower, *Waging Peace*, 565.
39. 前引書，564.
40. Dwight D. Eisenhower, *Public Papers of the Presidents of the United States: Dwight D. Eisenhower*, vol. 8: *1960-61* (Washington, D.C.: Office of the Federal Register National

Archives and Records Service General Services Administration, 1961), 503-11.
41. 見 Jacoby, *An Evolution of U. S. Economic Aid to Free China, 1951-1956*, 22; http://www.nationsencyclopedia.com/Asia-and-Oceania/Taiwan-ECONOMIC-DEVELOPMENT.html.
42. 見國史館檔案，document No. 002-080200-00643-092; "Chiang's Grandchild as a Goed," *Life*, 46, no. 20 (May 18, 1959): 147, 149, 150；作者訪問柏克萊（Berkeley）印象，二〇一六年二月二十五日。
43. 見同前，document No. 002-080200-00644-029；作者訪問柏克萊與奧克蘭的印象，二〇一六年二月二十五日。
44. Richard Nixon, *RN: The Memoirs of Richard Nixon* (New York: Grosset & Dunlap, 1978), 126.
45. 引自 Joseph Keeley, *The China Lobby Man: The Story of Alfred Kohlberg* (New Rochelle, NY: Arlington House, 1969), 410.
46. 見 *Lichnoe delo Chan Kai-shi* (Personal File of Chiang Kai-shek), file 120, sheet 128; Arthur M. Schlesinger Jr., *A Thousand Days: John F. Kennedy in the White House* (Boston: Houghton Mifflin, 1965), 483.
47. Rusk, *As I Saw It*, 283.
48. 引自 Schlesinger Jr., *A Thousand Days*, 483.
49. 見 *Lichnoe delo Chan Kai-shi* (Personal File of Chiang Kai-shek), file 20, sheets 51-52, 55-58; Taylor, *The Generalissimo*, 514-15.
50. 作者訪談蔣介石親屬之一，二〇一五年三月十九日。翁元，〈蔣方良好酒量〉，https://tw.ixdzs.com/read/19131/p70.html.
51. 見 Taylor, *The Generalissimo*, 504.
52. *Lichnoe delo Chan Kai-shi* (Personal File of Chiang Kai-shek), file 120, sheets 60-61.
53. 孔令偉確實喜歡女人勝過男人，雖然實際上她是雙性戀者。但是在中國一直存在著對「性別模糊（sexual ambiguity）的容忍」，因此僕人也許會聊她行為的八卦，但是多半來說，不會因此而看不起她。關於同性戀在中國，見 Anne-Marie Brady, "Adventurers, Aesthetes and Tourists: Foreign Homosexuals in Republican China," in Anne-Marie Brady and Douglas Brown, eds., *Foreigners and Foreign Institutions in Republican China* (London: Routledge, 2013), 146；Tse-lan D. Sang（桑梓蘭），*The Emerging Lesbian: Female Same-Sex Desire in Modern China* (Chicago: University of Chicago Press, 2003).
54. 見李宜萍：《士林官邸》，頁四四；Tyson Li（李台珊）, *Madame Chiang Kai-shek*, 382, 385-86.
55. 引自 Xiang Zhai and Ruping Xiao（蕭如平），"Shifting Political Calculation: The Secret Taiwan-Soviet Talks, 1963-1971," *Cold War History*, 15, no. 4 (2015): 535.
56. 見蔣緯國、劉鳳翰：《蔣緯國口述歷史》，頁七五—七六；國史館檔案，document No. 002-050101-00117-169-180.
57. 見 Zhai and Xiao（蕭如平），"Shifting Political Calculation," 539-40.
58. 見國史館檔案，document No. 008-011002-00078-004 and 008-011002-00078-005；羅家倫等編：《革命文獻》，卷七七，頁二五九；陳鵬仁、喬寶泰：《中國國民黨黨務發展史料》，頁二三九；北京大學教授王奇生給作者的信，二〇一八年四月二日；國民黨中央黨史館主任王文隆給作者的信，二〇一八年四月二日。
59. 見劉維開：《中國國民黨職名錄（一八九四—一九九四）》，頁二三—二二七；李松林：《中國國民黨大事記（1894.11—1986.12）》，頁六〇三。
60. *Lichnoe delo Chan Kai-shi* (Personal File of Chiang Kai-shek), file 120, sheet 46.
61. 詳見李松林、祝志男：《中國和平解決臺灣問題的歷史考察》（北京：九州出版社，二〇一四），頁五七—五八。
62. 見 Taylor, *The Generalissimo*, 519-20.
63. Chiang Kai-shek, "Oral History Statement, 11/22/1964," John F. Kennedy Presidential Library and Museum, https://www.jfklibrary.org/Asset-Viewer/Archives/JFKOH-CKS-01.aspx.n text 1932]
64. 見 Sarah McLendon, *My Eight Presidents* (New York: Wyden Books, 1978), 94. 亦見 Margot Knight, *Interviews with Sarah McClendon for the Washington Press Club Foundation as Part of Its Oral History Project Women in Journalism* (Washington, D.C., 1991), 92.
65. *Lichnoe delo Chan Kai-shi* (Personal File of Chiang Kai-shek), file 120, sheet 60. See also Schlesinger, Jr., *A Thousand Days*, 541.
66. 詳見忻華：《「羈絆」與「扶持」的困境：論肯尼迪與約翰遜時期的美國對臺政策》（上海：上海人民出版社，二〇〇八）。
67. *The Department of State Bulletin*, vol L, no. 1303 (June 15, 1964): 934.
68. Nick Cullather, "Fuel for the Good Dragon": The United States and Industrial Policy in Taiwan, 1950-1965," in Peter L. Hahn, and Mary Ann Heiss, eds. *Empire and Revolution: The United States and the Third World since 1945* (Columbus: Ohio State University Press, 2001), 242.
69. 引自前引書。
70. 見 Zhai and Xiao（蕭如平），*Shifting Political Calculation*, 535.
71. 見 Taylor, *The Generalissimo*, 502, 520, 529.
72. *Lichnoe delo Chan Kai-shi* (Personal File of Chiang Kai-shek), file 120, sheet 45.
73. 見 Taylor, *The Generalissimo*, 526.
74. 見 *FRUS 1964*-68, 30:47 (Washington, D.C.: U.S. Government Printing Office, 1998).
75. Confucius（孔子），*The Analects of Confucius*, 77.

第二十四章 感傷與希望

1. 見Schafferer, *The Power of the Ballot Box*, 51；張山克：《臺灣問題大事記》，頁二七一。
2. *Lichnoe delo Chan Kai-shi* (Personal File of Chiang Kai-shek), file 120, sheet 42.
3. 見陳鵬仁、喬寶泰：《中國國民黨黨務發展史料》，頁二三九。
4. 見楊碧川：《臺灣現代史年表》，頁一一一。
5. 見Jacoby, *An Evolution of U. S. Economic Aid to Free China, 1951-1956*, 22-32.
6. *Lichnoe delo Chan Kai-shi* (Personal File of Chiang Kai-shek), file 120, sheet 41.
7. 前引書，sheet 39.
8. Lyndon B. Johnson, *The Essentials for Peace in Asia* (Washington, D.C.: Department of State, 1966), 10-11.
9. 見Richard Nixon, "Asia after Viet Nam," *Foreign* Affairs, 67, no. 1 (1967): 111-25.
10. Nixon, *Leaders*, 242.
11. 見Tyson Li（李台珊），*Madame Chiang Kai-shek*, 398-99.
12. 引自Zhai and Xiao（蕭如平），*Shifting Political Calculation*, 542.
13. 引自Henry Kissinger, *White House Years* (Boston: Little, Brown, 1979), 164.
14. 見George Donelson Moss, *Vietnam: An American Ordeal*. 6th ed. (Upper Saddle River, NJ, 2006), 377-78; James C. Thomas, "The Secret Wheat Deal," http://thislandpress.com/2016/12/06/the-secret-wheat-deal/.
15. 引自Zhai and Xiao（蕭如平），*Shifting Political Calculation*, 544.
16. 見前引書，545-56.
17. 見*Lichnoe delo Chan Kai-shi* (Personal File of Chiang Kai-shek), file 120, sheet 19.
18. 見羅家倫等編：《革命文獻》，卷七七，頁三一三；陳鵬仁、喬寶泰：《中國國民黨黨務發展史料》，頁三三七—三三八；北京大學教授王奇生給作者的信，二〇一八年四月二日；國民黨黨史館主任王文隆給作者的信，二〇一八年四月二日。
19. 引自馬全忠：《臺灣記事六十年》（臺北：臺灣學生書局，二〇一〇），頁一一五。
20. 見前引書，頁一一五—一一六；劉維開：《中國國民黨職名錄（一八九四—一九九四）》，頁二三七—二四二。
21. William P. Rogers, *United States Foreign Policy: Some Major Issues: A Statement by Secretary Rogers before the Senate Committee of Foreign Relations* (Washington, D.C.: Department of State, 1969), 8.
22. 作者在臺北訪問陳永發教授夫妻，二〇一七年六月十五日。
23. 見熊丸：《蔣介石私人醫生回憶錄》，頁一三三；王丰《蔣介石死亡之謎》（北京：團結出版社，二〇〇九），頁一九—二二。
24. 見Tyson Li（李台珊），*Madame Chiang Kai-shek*, 400.
25. *Time*, October 5, 1970.
26. 見Pantsov, *Mao Tsedun* (Mao Zedong), 716.
27. 見Richard Nixon, *RN: The Memoirs of Richard Nixon*, 544.
28. 引自Kissinger, *White House Years*, 1492.
29. *Lichnoe delo Chan Kai-shi* (Personal File of Chiang Kai-shek), file 120, sheet 12.
30. 見Schafferer, *The Power of the Ballot Box*, 51；張山克：《臺灣問題大事記》，頁三八八。
31. 蔣每每以「雪恥」兩字為日記的開端。他終其一生都是一個愛國者，當國家遭受強權欺凌時，總是痛受屈辱。
32. 戴安國（一九一三—一九八四）是戴季陶的兒子。
33. 蔣介石日記，1972/7/21, Hoover Archives, box 76, folder 26.
34. 關於余南庚醫師見Bruce Lambert, "Paul Yu, 75, Leading Cardiologist, and Physician to Chiang Kai-shek," *New York Times*, October 12, 1991.
35. 見熊丸：《蔣介石私人醫生回憶錄》，頁一三四—一三五。
36. 引自前引書，頁一三五—一三六。
37. 見葉邦宗：《蔣介石侍衛長回憶錄》（北京：團結出版社，二〇一二），頁五九。
38. 見前引書，頁一三七。
39. 見Tyson Li（李台珊），*Madame Chiang Kai-shek*, 416-17.
40. 熊丸：《蔣介石私人醫生回憶錄》，頁一三七。

41. 見 Tyson Li（李台珊），*Madame Chiang Kai-shek*, 418.
42. 杜牧：〈清明〉，載於張梅：《杜牧》（北京：五洲傳播出版社，二〇〇六），頁一二一。
43. 中國名為杏花的地方有三十多處，杜牡所指何處不得而知。當代中國，杏花只是意指一處有好酒販賣的地方。
44. 引自蔣經國：《梅台思親》（臺北：正中書局，一九七六），頁一。
45. 引自熊丸：《蔣介石私人醫生回憶錄》，頁一三八。

後記

1. 見 *Lichnoe delo Chan Kai-shi* (Personal File of Chiang Kai-shek), file 120/2, sheet 2.
2. 作者多次訪問蔣介石慈湖陵寢的印象。
3. 引自 Tikhvinsky, *Russko-kitaiskie otnosheniia v XX veke* (Russo-Chinese Relations in the Twentieth Century). vol. 4, book 2, 60. 魏德邁將軍也宣稱蔣曾經對他說過同樣的話。
見 Taylor, *The Generalissimo*, 593, 698.
4. 作者訪問芬克利夫墓園的印象，二〇一九年十一月十八日。

參考書目

文獻史料

檔案

Alexander V. Pantsov's Private Archive.

The Archives of Foreign Policy of the Russian Federation (AVPR).

Bureau of Investigation of the Ministry of Legislation on Taiwan.

Columbia University Archives.

Dwight D. Eisenhower Presidential Library & Museum.

Franklin D. Roosevelt Presidential Library & Museum.

Guoshiguan dang'an (Archive of the [Taiwanese] Academy of History).國史館檔案（國史館臺灣文獻館）

Harry S. Truman Presidential Library & Museum.

Hoover Institution Archives at Stanford University.

John F. Kennedy Presidential Library & Museum.

Lyndon B. Johnson Presidential Library & Museum.

National Archives of the United States.

Oberlin College Archives.

Reading Room of the Central Intelligence Agency of the United States.

Regional Oral History Office, the Bancroft Library of University of California, CA.

Richard Nixon Presidential Library & Museum.

Russian State Archives of Contemporary History (RGANI).

Russian State Archives of Social and Political History (RGASPI).

Zhongguo di er lishi dang'anguan (The Second Historical Archive of China).中國第二歷史檔案館

Zhongguo guomindang zhongyang dangshiguan (Central Party Archive of the Guomindang). 中國國民黨中央黨史館

文獻史料出版品

Adibekov, G. M., and Haruki Wada, eds. VKP(b), Komintern i Iaponiia: 1917-1941 gg. (The AUCP(b), the Comintern and Japan: 1917-1941). Moscow: ROSSPEN, 2001.

Atkinson, Brooks. "Long Stem Seen, Stilwell Break Stems from Chiang Refusal to Press War Fully." The New York Times, October 31, 1944.

Bakulin, A. V. Zapiski ob ukhan'skom periode kitaiskoi revoliutsii (iz istorii kitaiskoi revoliutsii 1925-1927 (Notes on the Wuhan Period of the Chinese Revolution: From the History of the Chinese Revolution of 1925-1927). Moscow-Leningrad: Giz, 1930.

Banac, Ivo ed. The Diary of Georgi Dimitrov 1933-1949. Translated by Jane T. Hedges et al. New Haven: Yale University Press, 2003.

Bevans, Charles I., ed. Treaties and Other International Agreements of the United States 1776-1949. Vol. 1. Washington, D.C.: Department of State, 1968.

Bickers, Robert et al. Picturing China 1970-1950: Photographs from British Collections. Bristol: Iles, 2007.

Biggerstaff, Knight. 畢乃德Nanking Letters, 1949. Ithaca, NY: Cornell China-Japan Program, 1979.

Bisson, T. A. 畢恩來 "China's Part in a Coalition War." Far Eastern Survey. Vol. 12. No. 14 (July 14, 1943): 135-141.

________. "The United States and the Far East: A Survey of the Relations of the United States with China and Japan – September 1, 1930 to September 1, 1931." Pacific Affairs. No. 1 (1932): 67-68.

Bland, Larry I. et al., ed. The Papers of George Catlett Marshal. 7 vols. Baltimore, MD: Johns Hopkins University Press, 2003.

Bodde, Derk. 卜德Peking Diary: A Year of the Revolution. New York: Henry Schuman, 1950.

Boister, Neil, and Robert Cryer, eds. Documents on the Tokyo International Military Tribunal: Charter, Indictment and Judgment. New York: Oxford University Press, 2008.

Bond, Jr., Charles R., and Terry A. Anderson. A Flying Tiger's Diary. College Station, TX:
Texas A & M University Press, 1984.

Butler, Susan, ed. My Dear Mr. Stalin: The Complete Correspondence Between Franklin D. Roosevelt and Joseph V. Stalin. New Haven, CT: Yale University Press, 2005.

Burr, William, ed. The Kissinger Transcripts: The Top Secret Talks with Beijing and Moscow. New York: The New Press, 1998.

"Caizhengbu caizheng shiliao chenlieshi" 財政部財政史料陳列室 (Exhibition of Materials on the History of Finances of the Ministry of Finance of the Republic of China). http://museum.mof.gov.tw/ct.asp?xItem=3421&ctNode=63&mp=1.

Carlson, Evans Fordyce. Evans F. Carlson on China at War, 1937-1941. New York: China and Us, 1993.

China: A Century of Revolution: PBS Documentary. 3 Parts. Ambrica Production, 2007.

Chen Cheng. Chen Cheng xiansheng riji 陳誠，陳誠先生日記 (Diaries of Chen Cheng). 3 vols. Taipei: Guoshiguan, 2015.

________. Chen Cheng xiansheng shuxin ji 陳誠先生書信集: Jiashu (Collection of Chen Cheng's Letters: Family Letters). 2 vols. Taipei: Guoshiguan, 2006.

________. Land Reform in Taiwan. Taipei: China Publ. Co., 1961.

Chen Pengren, ed. 陳鵬仁 Zhongguo guomindang dangwu fazhan shiliao – Dangwu gongzuo baogao 中國國民黨黨務發展史料—黨務工作報告 (Materials on the History of the Development of the Guomindang Party – Reports on Party Work). Taipei: Jindai Zhongguo chubanshe, 1997. 臺北：近代中國出版社

Chen Yipei et al., eds. 陳以沛Huangpu junxiao shiliao, 1924-1927 (xu bian)黃埔軍校史料續編 (Documents on the History of the Whampoa Academy, 1924-1927 [Supplementary Collection]). Guangzhou: Guangdong renmin chubanshe 1994. 廣州：廣東人民出版社

Chiang Ching-kuo. 蔣經國 Jiang Jingguo riji 蔣經國日記 (Diaries of Chiang Ching-kuo). Beijing: Zhongguo wenshi chubanshe, 2010. 北京：中國文史出版社

"Chiang Kai-shek is Dead in Taipei at 87; Last of Allied Big Four of World War II." The New York Times. April 6, 1975.

Chiang Kai-shek. All We Are and All We Have: Speeches and Messages Since Pearl Harbor: December 9, 1941 – November 17, 1942. New York: The John Day, [1943].

________. China's Destiny. 中國之命運Translated by Wang Chung-hui. With an Introduction by Lin Yutang. New York: Macmillan, 1947.

________. China's Destiny and Chinese Economic Theory. 中國之命運與中國經濟理論With Notes and Commentary by Philip Jaffe. New York: Roy Publ., 1947.

________. The Collected Wartime Messages of Generalissimo Chiang Kai-shek 1937-1945. 2 vols. New York: John Day, 1946.

________. "Duiyu shijue de tanhua – Minguo shi liu nian shi er yue shi san ri zai Shanghai zhaodai xinwen jizhe zhi yanci" 對於時局的談話——民國十六年十二月十三日在上海招待新聞記者之言辭 (Conversation on the Present Moment – Speech at a Press Conference in Shanghai, December 13, 1927). In Luo Jialun 羅家倫et al., eds. Geming wenxian 革命文獻 (Documents on the Revolution). Vol. 16. Taipei: Zhongguo guomindang dangshi shiliao bianzuan weiyuanhui, 1959). P. 108-113. 中國國民黨黨史史料編纂委員會

________. "A Fortnight in Sian: Extracts from a Diary." In General, and Madame Chiang Kai-shek. General Chiang Kai-shek: The Account of the Fortnight in Sian when the Fate of China Hung in the Balance. New York: Doubleday, Doran & Co., 1937. P. 118-176.

________. A Fortnight in Sian: Extracts from a Diary; Soong Chiang Mayling (Madame Chiang Kai-shek). Sian: A Coup d'Etat. 2nd ed. Taipei: China Publ., 1986.

________. Generalissimo Chiang Speaks: A Collection of His Addresses and Messages on the War of Resistance. Hong Kong: The Pacific Publ., 1939.

________. "The Generalissimo's Admonition to Chang Hsueh-liang and Yang Hu- Prior to His Departure from Sian." In General, and Madame Chiang Kai-shek. General Chiang Kai-shek: The Account of the Fortnight in Sian when the Fate of China Hung in the Balance. New York: Doubleday, Doran & Co., 1937. P. 177-184.

________. Jiang Jieshi xiansheng kangzhan jianguo mingyan chao 蔣介石先生抗戰建國名言抄(Famous Speeches of Mr. Chiang Kai-shek on the War of Resistance and National Construction). Shanghai: Shangwu yinshuguan, 1945. 上海：商務印書館

________. "Jiangshu Zhongshan jian Li Zhilong shijian jingguo xiangqing" 講述中山艦李之龍事件經過詳情(On the Historical Details of Events on the Cruiser Zhongshan and on Li Zhilong). In Luo Jialun 羅家倫et al., eds. Geming wenxian 革命文獻 (Documents on the Revolution). Vol. 9. Taipei: Zhongguo guomindang dangshi shiliao bianzuan weiyuanhui, 1955. P. 87-94. 國民黨黨史史料編纂委員會

________. "Jiangshu Zhongshan jian shijian jingguo" 講述中山艦事件經過(On the History of Events on the Cruiser Zhongshan). In Luo Jialun羅家倫 et al., eds. Geming wenxian 革命文獻 (Documents on the Revolution). Vol. 9. Taipei: Zhongguo guomindang dangshi shiliao bianzuan weiyuanhui, 1955. P. 85-86. 國民黨黨史史料編纂委員會

________. Jiang Zhongzheng xiansheng dui ri yanlun xuanji 蔣中正先生對日言論選集 (Selected Works of Mr. Chiang Zhongzheng on Japan). Taipei: Caituan faren Zhongzheng wenjiao jijinhui chuban, 2004. 財團法人中正文教基金會出版

________. Jiang Zhongzheng zifanlu 蔣中正自反錄 (Chiang Zhongzheng's Self-Analysis). 3 vols. Hong Kong: Xianggang zhonghe chuban youxian gongsi, 2016.

________. Jiang Zhongzheng zongtong wu ji 蔣中正總統五記(Five Diaries of President Chiang Zhongzheng). 6 vols. Taipei: Guoshiguan, 2011.

________. Jiang zongtong milu: Zhong ri guanxi bashi nian zhengyan 蔣總統祕錄：中日關係八十年證言 (Secret Notes of President Chiang: Testimony about 80 Years of Sino-Japanese Relations). 15 vols. Taipei: Zhongyang ribao, 1974-1978.
________. Jiang zongtong yanlun huibian 蔣總統言論彙編 (Collected Works of President Chiang). In 24 vols. Taipei: Zhengzhong shuju, 1956.
________. The New Life Movement in China. Translated by Madame Chiang Kai-shek. Calcutta: Chinese Ministry of Information, 1942.
________. President Chiang Kai-shek's Selected Speeches and Messages 1937-1945. Taipei: China Cultural Service, n.d.
________. Resistance and Reconstruction: Messages During China's Six Years of War 1937-1943, 4th ed. New York: Harper & Brothers, 1943.
________. Sun da zongtong Guangzhou mengnan ji 孫大總統廣州蒙難記 (Notes on the Kidnapping of the Great President Sun in Canton). Shanghai: Minzhi shuju, 1922.
________. Xian zongtong Jiang gong quanji 先總統蔣公全集 (Complete Works of the Late President, Mr. Chiang). 3 vol. Taipei: Zhongguo wenhua daxue chubanshe, 1984. 中國文化大學出版社
________. Zhongguo jingji xueshuo 中國經濟學院 (Chinese Economic Theory). Chongqing: Zhongguo zhengfu junshi weiyuanhui yuanzhang shicongshi, 1943. 重慶：中國政府軍事委員會委員長侍從室
________. Zhongguo zhi mingyun 中國之命運 (China's Destiny). Chongqing: Zhengzhong shuju, 1943. 重慶：正中書局
________. Zongtong Jiang gong ai si lu 總統蔣公哀思錄(Sorrowful Notes on Mr. President Chiang). 3 vols. Taipei: Zongtong Jiang gong ai si lu bian zuan ziaozu, 1975.總統蔣公哀思錄編纂小組
________. Zongtong yanlun xuanji 總統言論選集 (Selected Works of the President). 4 vol. Taipei: Zhonghua wenhua chuban shiye weiyuanhui, 1953. 中華文化出版事業委員會
Chiang Soong Mei-ling, Madame. 蔣宋美齡夫人The Sure Victory. [Westwood, NJ]: Fleming H. Revell, 1955.
"Conflict between Chiang Kai-shek and General Chase over the Position of Chiang's Sons." CIA-RDP82-00457R008900600002-0.
https://www.cia.gov/library/readingroom/docs/CIA-RDP82- 00457R008900600002-0.pdf.
Dallin, Alexander, and F. I. Firsov. Dimitrov and Stalin 1934-1943: Letters from the Soviet Archives. Translated by Vadim A. Staklo. New Haven and London: Yale University Press, 2000.
Dimitrov, Georgi. Dnevnik 9 mart 1933 – 6 fevruari 1949 (Diary, March 9, 1933 – February 6, 1949). Sofia: Universitetsko izdatelstvo "Sv. Kliment Okhridski", 1997.
"Documents of the Decision." In Ernest May. The Truman Administration and China, 1945-1949. Philadelphia: J. D. Lippincott, 1975. P. 51-99.
"Dr. K. C. Wu's吳國楨 Views on the Police State and General Chiang Ching-kuo." In George H. Kerr. Formosa Betrayed. Boston: Houghton Mifflin, 1965. P. 480-486.
"Dr. Sun Yat-sen Museum Tells Story of Dr. Sun's First Wife, Lu Muzhen 盧慕貞(With Photos)." ttp://www.info.gov.hk/gia/general/201204/20/P201204200485.htm.
Dun, J. Li, ed. The Road to Communism: China Since 1912. New York: Van Nostrand Reinhold, 1969.
Eisenhower, Dwight D. The Eisenhower Diaries. New York: W. W. Norton, 1981.
________. Ike's Letters to a Friend 1941-1958. Ed. Robert Griffith. Lawrence, KS: University Press of Kansas, 1984.
________. Public Papers of the Presidents of the United States: Dwight D. Eisenhower. Vol. 8: 1960-61. Washington, D.C.: The Office of the Federal Register National Archives and Records Service General Services Administration, 1961.
Eisenhower, Dwight D., and John Foster Dulles. The Communist Threat in the Taiwan Area. Washington, DC: Department of State, [1958].
"Eisenhower F. E. Tour State Visit to the Republic of China: Documentary Produced by the China Movie Studio." https://www.youtube.com/watch?v=WDYG1XUheVI.
Esherick, Joseph W., ed. 周錫瑞Lost Chance in China: The World War II Dispatches of John S. Service. New York: Random House, 1974.
Eudin, Xenia, and Robert C. North. Soviet Russia and the East. 1920-1927: A Documentary Survey. Stanford, CA: Stanford University Press, 1957.
Fel'shtinsky, Yu., ed. Oglasheniyu podlezhit: SSSR-Germaniia, 1939-1941: Dokumenty i materialy (Must be Announced: The USSR and Germany, 1939-1941: Documents and Materials). Moscow: Moskovskii rabochii, 1991.
Fesiun, A. G., ed. Delo Rikharda Zorge: Neizvestnye dokumenty (The Richard Sorge Case: Unknown Documents). Moscow: "Letnii sad", 2000.
Foreign Aid by the United States Government 1940-1951. Washington, D.C.: U. S. Government Printing Office, 1952
Foreign Relations of the United States. 431 vols. Washington, D.C.: U.S. Government Printing Office, 1947-1973.
Forman, Harrison. "Gissimo Junior." Collier's. July 31, 1943. P. 61-62.
Gannett, Lewis S. "Chiang Kai-shek, Leader of the Cantonese Revolutionists, Extends His Sway by a Series of Unexpected Victories." The New York Times. November 14, 1926.
General and Madame Chiang Kai-shek. General Chiang Kai-shek: The Account of the Fortnight in Sian when the Fate of China Hung in the Balance. New York: Doubleday, Doran & Co., 1937.
Gibert, Stephen P., and William M. Carpenter, America and Island China: A Documentary History. Lanham, MD: Rowman & Littlefield, 1989.
Gillin, Donald G., and Ramon H. Mayers, 馬若孟eds. Last Chance in Manchuria: The Diary of Chang Kia-ngau. Translated by Dolores Zen, with the Assistance of Donald G. Gillin. Stanford,

CA: Stanford University Press, 1989.

Gongfei huoguo shiliao huibian 共匪禍國史料彙編 (Collection of Materials on the History of the Communist Bandits who Brought Misfortune to the Country). 6 vols. Taipei: Zhonghua minguo kaiguo wu shi nian wenxian biancuan weiyuanhui, 1964. 中華民國開國五十年文獻編纂委員會

Gromyko, A. A., ed. Dokumenty vneshnei politiki SSSR (Documents of the USSR Foreign Policy). 20 vols. Moscow: Politizdat, 1957-1976.

Guangdong renmin lishi bowuguan, ed. 廣東人民歷史博物館 Zhonggong "sanda" ziliao 中共「三大」資料 (Documents of the Third CCP Congress). Guangzhou: Guangdong renmin chubanshe, 1985. 廣州：廣東人民出版社

Guo Rongrao, ed. 郭榮趙 Jiang weiyuanzhang yu Luosifu zongtong zhan shi tongxun (Correspondence between Chairman Chiang and President Roosevelt during the War). 蔣委員長與羅斯福總統戰時通訊Translated by Guo Rongrao. 郭榮趙 Taipei: Zhongguo yanjiu zhongxin chubanshe, 1978. 臺北：中國研究中心出版社

"Guomindang yi da dangwu baogao xuanzai" 國民黨一大黨務報告選載(Selected Reports on Party Affairs, Submitted to the First Guomindang Congress). Geming shi ziliao 革命史資料 (Materials on the Revolutionary History). No. 2 (1986): 28-35.

Heben Dazuo (Komoto Daisaku). 河本大作 "Heben Dazuo wei cehua 'Huanggutun shijian' zhi Jigu Lianjie deng han liangjian 河本大作為策劃皇姑屯事件致磯谷廉介等函兩件 (1928 nian 4 yue)" (Two Messages from Komoto Daisaku to Isogai Rensuke on the Plans to Create the Huanggutun Incident [April 1927])." Minguo dang'an. No. 3 (1998): 3-5.

Hitler, Adolf. Adolf Hitler Collection of Speeches 1922-1945. N.p., n.d.

Hirohito, Emperor. "Accepting the Potsdam Declaration." Dario Broadcast.
https://www.mtholyoke.edu/acad/intrel/hirohito.htm.

________. Dnevnik imperatora Showa (Diary of the Showa Emperor). N.p., n.d.

Hostile Activities of Japanese Troops in the Northeastern Provinces of China (From September 18, 1931, to November 7, 1931). Vol. 1. S.I: s.n., 1931.

Hsiao Tso-liang. 蕭作梁Power Relations Within the Chinese Communist Movement, 1930-1934. Vol. II. Seattle: University of Washington Press, 1967.

Isaacs, Harold. 伊羅生 "Documents on the Comintern and the Chinese Revolution." The China Quarterly. Vol. 45 (March 1971): 100-115

Jarvis, Anna Moffet. Letters from China 1920-1949 (Manuscript), [1974].

Jeans, Roger B., ed. The Marshall Mission to China, 1945-1947: The Letters and Diary of Colonel John Hart Caughey. Lanham, MD: Rowman & Littlefield, 2011.

Jin Dequn, 金德群ed. Zhongguo xiandai shi ziliao xuanji中國現代史資料選集
(Selected Documents on Contemporary Chinese History). 3 vols. Beijing: Zhongguo renmin daxue chubanshe, 1988. 北京：中國人民大學出版社

Johnson, Lyndon B. The Essentials for Peace in Asia. Washington, D.C.: Department of State, 1966.

Kangri minzu tongyi zhanxian zhinan 抗日民族統一戰線指南 (Directives of the Anti-Japanese National United Front). N.p., n.d.

Kartunova, A. I., ed. V. K. Bliukher v Kitae, 1924-1927: Novye dokumenty glavnogo voennogo sovetnika (V. K. Bliukher in China, 1924-1927: New Documents on the Chief Military Advisor). Moscow: Natalis, 2003.

________. Perepiska I. V. Stalina i G. V. Chicherina s L. M. Karakhanom: Dokumenty, avgust 1923 g. – 1926 gg. (Correspondence of J. V. Stalin and G. V. Chicherin with L. M. Karakhan: Documents, August 1923-1926). Moscow: Natalis, 2008.

Khlevniuk, O. V. et al. Stalin i Kaganovich: Perepiska: 1931-1936 gg. (Stalin and Kaganovich: Correspondence: 1931-1936). Moscow: ROSSPEN, 2001.

Khrushchev, N. S. Doklad N. S. Khrushcheva o kul'te lichnosti Stalina na XX c'ezde KPSS: Dokumenty (N. S. Khrushchev's Report on Stalin's Cult of Personality at the 20th CPSU Congress: Documents). Moscow: ROSSPEN, 2002.

________. Report of the Central Committee of the Communist Party of the Soviet Union to the 20th Party Congress. Moscow: Foreign Languages Publishing House, 1956.

________. Speech Before a Closed Session of the XXth Congress of the Communist Party of the Soviet Union on February 25, 1956. Washington: U.S. Government Printing Office, 1957.

Kimball, Warren F., ed. Churchill & Roosevelt: The Complete Correspondence. 3 vols. Princeton, N.J.: Princeton University Press, 1984

Konoe Fumimaro. 近衛文麿 "Statement by the Japanese Prime Minister (Prince Konoye), December 22, 1938." https://history.state.gov/historicaldocuments/frus1931-41v01/d332.

Kurdiukov, I. F. et al., eds. Sovetsko-kitaiskie otnosheniia, 1917-1957: Sbornik dokumentov (Soviet-Chinese Relations, 1917-1957: A Documentary Collection). Moscow: Izd-vo vostochnoi literatury, 1959.

Lambert, Bruce. "Paul Yu 余南庚, 75, Leading Cardiologist, and Physician to Chiang Kai-shek." The New York Times. October 12, 1991.

Ledovsky, A. M. SSSR i Stalin v sud'bakh Kitaia: Dokumenty i svidetel'stva uchastnika sobytii: 1937-1952 gg. (The USSR and Stalin in the Fate of China: Documents and Testimonies of a Participant in the Events: 1937-1952). Moscow: "Pamiatniki istoricheskoi mysli", 1999.

Lenin, V. I. Polnoe sobranie sochinenii (Complete Collected Works). 55 vols. Moscow:

Politizdat, 1963-1978.

________. Selected Works. 12 vols. New York: International Publ., 1943.

Li Xiaobing et al. eds. "Mao Zedong's Handling of the Taiwan Strait Crisis of 1958: Chinese Recollections and Documents." CWIHP Bulletin. No. 6-7 (1995/1996): 208-226.

Lih, Lars T. at al., eds. Stalin's Letters to Molotov 1925-1936. Translated by Catherine A. Fitzpatrick. New Haven and London: Yale University Press, 1995.

Luo Jialun 羅家倫et al., eds. Geming wenxian 革命文獻 (Documents of the Revolution). 117 vols. Taipei: Zhongguo guomindang dangshi shiliao bianzuan weiyuanhui, 中國國民黨黨史史料編纂委員會1953-1989.

Lytton, The Earl of. Lessons of the League of Nations Commission of Enquiry in Manchuria. London: Constable & Co., 1937.

Maevsky, V. "Gruboye narusheniye svobody moreplavaniya v otkrytom more" (The Gross Violation of the Freedom of Sailing in the Open Sea). Pravda (Truth). June 26, 1954.

Mao Zedong. 毛澤東Mao Zedong wenji 毛澤東文集 (Works of Mao Zedong). 8 vols. Beijing: Renmi chubanshe, 1993-1999.

________. Mao Zedong xuanji 毛澤東選集 (Selected Works of Mao Zedong). 3 vols. Beijing: Renmin chubanshe, 1951-1952.

________. Mao Zedong xuanji 毛澤東選集 (Selected Works of Mao Zedong). Vol. 4. Beijing: Renmin chubanshe, 1960.

________. Selected Works of Mao Tse-tung. Vol. 1-3. Peking: Foreign Languages Press, 1967.

________. Selected Works of Mao Tse-tung. Vol. 4. Peking: Foreign Languages Press, 1969.

Marshall, George C. Marshall's Mission to China: December 1945 – January 1947: The Report and Appended Documents. 2 vols. Arlington, VA: University Publications of America, 1976.

Military Situation in the Far East: Hearings Before the Committee on Armed Services and the Committee on Foreign Relations, United States Senate, Eighty-Second Congress, First Session, to Conduct an Inquiry into the Military Situation in The Far East and the Facts Surrounding the Relief of General of the Army Douglas MacArthur from His Assignments in That Area. Washington, D. C.: U.S. Government Printing Office, 1951.

Morgenthau Jr., Henry. Morgenthau Diary (China). 2 vols. Washington, D. C.: U.S. Government Printing Office, 1965.

"The National WWII Museums: New Orleans." https://www.nationalww2museum.org/students-teachers/student-resources/research-starters/research-starters-us-military-numbers.

Nixon, Richard. "Asia After Viet Nam." Foreign Affairs. Vol. 67. No. 1 (1967): 111-25.

"The Organic Law of the National Government of the Republic of China." In Chao-chu Wu. 伍朝樞The Nationalist Program for China. New Haven, CT: Yale University Press, 1929. P. 81-89.

The Organic Law of the National Government of the Republic of China. New York: China Institute of America, 1928.

Panzuofu (Pantsov, A. V.) 潘佐夫 "Gongchan guoji dang'an zhong de Shao Lizi wenjian" 共產國際檔案中的邵力子文件 (Documents on Shao Lizi in the Comintern Archive). Zhonggong chuangjian shi yanji中共創建史研究 (Studies on the History of Founding the CCP). No. 1 (2016): 121-34.

Pearson, Drew. Drew Pearson Diaries: 1949-1959. New York: Holt, Rinehart and Winston, 1974.

"Posetiteli kremlevskogo kabineta I. V. Stalina: Zhurnaly (tetradi) zapisi lits, priniatykh pervym Gensekom: 1924-1953: Alfavitnyi ukazatel'" (Visitors to the Kremlin Office of J. V. Stalin: Journals (Notebooks) Entries of Persons Received by the First General Secretary: 1924-1953: An Alphabetic Guide). Istoricheskii Arkhiv (Historical Archive). No. 4 (1998): 1-203.

Priakhin, G. V., ed. Perepiska Predsedatelia Soveta Ministrov SSR s prezidentami SshA i prem'er-ministrami Velikobritanii vo vremia Velikoi Otechesvennoi voiny 1941-1945 gg.: Perepiska s U. Cherchilem i K. Etli: iiul' 1941 g. – noiabr' 1945 g.; Perepiska s S. Ruzvel'tom i G. Trumenom: avgust 1941 g. – dekabr' 1945 g. (Correspondence of the Chairman of the Council of Ministers of the USSR with the Presidents of the USA and the Prime-ministers of Great Britain during the Great Patriotic War 1941-1945: Correspondence with W. Churchill and C. Atlee, July 1941 – November 1945; Correspondence with F. Roosevelt and H. Truman, August 1941 – December 1945). 2 vols. Moscow: Voskresen'e, 2005.

Qin Feng 秦風, and Wan Kang萬康. Jiang jia sifang zhao 蔣家私房照 (Private Photos of Chiang Family). Hangzhou: Zhejiang daxue chubasnhe, 2013. 杭州：浙江大學出版社

Rogers, William P. United States Foreign Policy: Some Major Issues: A Statement by Secretary Rogers before the Senate Committee of Foreign Relations. Washington, D.C.: Department of State, 1969.

Roosevelt, Franklin D. The Public Papers and Addresses of Franklin D. Roosevelt with a Special Introduction and Explanatory Notes by President Roosevelt: 1940 Vol. New York: Random House, 1941.

Saich, Tony. The Origins of the First United Front in China. The Role of Sneevliet (Alias Maring). 2 vols. Leiden: Brill, 1991.

________, ed. The Rise to Power of the Chinese Communist Party: Documents and Analysis. Armonk, NY: M. E. Sharpe, 1996.

Schram, Stuart R., ed.宣道華 Mao's Road to Power: Revolutionary Writings 1912-1949. 7 vols. Armonk, NY: M. E. Sharpe, 1992-2005.

Shanghai shehui kexueyuan lishi yanjiusuo, ed. Xinhai geming zai Shanghai shiliao xuanji 上海社會科學院歷史研究所編：辛亥革命在上海史料選集(zengdingben) (增訂本)(Collection of Selected Materials on the History of the Xinhai Revolution in Shanghai). Expanded ed. Shanghai: Shanghai renmin chubanshe, 2011.

Shieh, Milton J. T. The Kuomintang: Selected Historical Documents 1894-1969. New York: St. John University Press, 1970.

Sladkovsky, M. I., ed. Dokumenty po istorii Kommunisticheskoi partii Kitaia 1920–1949 (vchetyrekh tomakh) (Documents on the History of the Chinese Communist Party 1920–1949 [In Four Volumes]). Moscow: IDV AN SSSR, 1981.
Smith, Wesley M. Wesley Smith Papers: Letters from China 1937-1950 (manuscript).
"Sobytiia v Kitae" (Events in China). Pravda (Truth). December 14, 1936.
Song Meiling. 宋美齡 General Chiang Kai-shek and the Communist Crisis: Madame Chiang Kai-shek on the New Life Movement. Shanghai: China Weekly Review Press, [1937].
________. Song Meiling zishu (Song Meiling's Autobiographical Notes). Beijing: Tuanjie chubanshe, 2007.
"The Song Qingling House Museum Exhibition in Shanghai."
http://www.huaxia.com/zhwh/whrd/2011/02/2300913.html.
Spence, Jonathan D., 史景遷 and Chin Anping, 金安平 The China Century: A Photographic History of the Last Hundred Years. New York: Random House, 1996.
Stalin, J. V. Sobraniye sochinenii (Collected Works). Vols. 14-18. Moscow: Izd-vo "Pisatel', 1997.
________. Works. 13 vols. Moscow: Foreign Languages Publishing House, 1954.
Stenograficheskii otchet XX s"ezda KPSS (Stenographic Report of the 20th Congress of the CPSU). 2 vols. Moscow: Gospolitizdat, 1956.
Stenograficheskii otchet VI s"ezda Kommunisticheskoi partii Kitaia (Stenographic Record of the Sixth Congress of the Chinese Communist Party). 6 books. Moscow: Institute of Chinese Studies Press, 1930.
Stettinius, Jr., Edward R. Lend-Lease: Weapon for Victory. New York: The Macmillan, 1944.
Stilwell, Joseph W. 史迪威The Stilwell Papers. Arranged and edited by Theodore H. White. New York: Schocken Books, 1972.
Subcommittee to Investigate the Administration of the Internal Security Act and Other Internal Security Laws of the Committee on the Judiciary, United States Senate. The Amerasia Papers: A Clue to the Catastrophe of China. 2 vols. Washington, D.C.: U.S. Government Printing Office, 1970.
Sun Wen (Sun Yat-sen). 孫文 "Preface." In Chiang Kai-shek, Sun da zongtong Guangzhou mengnan ji 蔣介石，孫大總統廣州蒙難記 (Notes on the Kidnapping of Great President Sun in Canton). Shanghai: Minzhi shuju, 1922). Supplementary insert.
Sun Yat-sen. 孫逸仙Izbrannye proizvedeniia (Selected Works). 2nd ed. revised and expanded. Moscow: Nauka, 1985.
________. Prescriptions for Saving China: Selected Writings of Sun Yat-sen. Edited, with an Introduction and Notes, by Julie Lee Wei, Ramon H. Myers, Donald G. Gillin. Translated by Julie Lee Wei, E-su Zen, Linda Chao. Stanford, CA: Hoover Institution Press, [1994].
________. Sun Zhongshan quanji 孫中山全集 (Complete Works of Sun Zhongshan). 16 vols. Beijing: Renmin chubanshe, 1986.
________. Zhongshan quanji 中山全集 (Complete Works of [Sun] Zhongshan). 2 vols. Shanghai: Lianyou tushuguan inshuai gongsi, 1931.
"Taiwan Midterm Prospects: Interagency Intelligence Memorandum." https://www.cia.gov/library/readingroom/docs/CIA-RDP84B00049R000701970017-5.pdf.
Tao Chengzhang. 陶成章Tao Chengzhang ji 陶成章集 (Works of Tao Chengzhang). Beijing: Zhonghua shuju, 1986. 北京：中華書局
Teitler, Ger, and Kurt W. Radtke, eds. A Dutch Spy in China: Reports on the First Phase of the Sino-Japanese War (1937-1939). Leiden: Brill, 1999.
"Text of Joint Resolution on Defense of Formosa." In Dwight D. Eisenhower. Mandate for Change: 1953-1956: The White House Years. Garden City, NY: Doubleday, 1963. P. 608.
Tigert, John James, ed. The Doctrines and Discipline of the Methodist Episcopal Church, South. 1902. Nashville, TN: Publishing House of the Methodist Episcopal Church, South, 1902.
Tikhvinsky, S. L., ed. Russko-kitaiskie otnosheniia v XX veke: Dokumenty i materialy (Russo-Chinese Relations in the 20th Century). Vol. 3-5. Moscow: Pamiatniki istoricheskoi mysli, 2000-2010.
Titarenko M. L. et al., eds. VKP (b), Komintern i Kitai: Dokumenty (The CPSU, the Comintern and China: Documents). 5 vols. Moscow: AO "Buklet", 1994-2007.
________, ed. Kommunisticheskii Internatsional i kitaiskaia revoliutsiia. Dokumenty I materialy (The Communist International and the Chinese Revolution: Documents and Materials). Moscow: Nauka, 1986.
Torkunov, A. V. Zagodnochnaia voina: Koreiskii konflikt 1950-1953 (The Enigmatic War: The Korean Conflict 1950-1953). Moscow: ROSSPEN, 2000.
Tsinan Affair. 濟南事件Vol. 1. Shanghai: International Relations Committee, 1928.
Truman, Harry S. Off the Record: The Private Papers of Harry S. Truman. Edited by Robert H. Ferrell. Columbia, MO: University of Missouri Press, 1980.
________. Strictly Personal and Confidential: The Letters Harry Truman Never Mailed. Edited by Monte M. Poen. Boston: Little, Brown, 1982.
United States Relations with China: With Special Reference to the Period 1944-1949. New York: Greenwood Press, 1968.
Van Slyke, Lyman P., ed. 范力沛The Chinese Communist Movement: A Report of the United States War Department, July 1945. Stanford, Ca.: Stanford University Press, 1968.
Vautrin, Minnie. 魏特琳Terror in Minnie Vautrin's Nanjing: Diaries and Correspondence, 1937-38. Urbana, IL: University of Illinois Press, 2008.

"Vosstanie Chzhan Siue-liana" (Zhang Xueliang's Uprising). Izvestiia (News). December 14, 1936.
Wan Renyuan et al. eds., 萬仁元Jiang Jieshi yu guomin zhengfu蔣介石與國民政府 (Chiang Kai-shek and the National Government). 3 vols. Taipei: Taipei shangwu yinshuguan, 1994.
Wang Ming. 王明Sobranie sochinenii (Collected Works). 4 vols. Moscow: IDV AN SSSR, 1984-1987.
Wedemeyer, Albert C. 魏德邁Wedemeyer Reports! New York: Henry Holt, 1958.
White, Theodore H. 白修德 "The Desperate Urgency of Flight." Time. October 26, 1942.
________. "Until the Harvest is Reaped." Time. March 22, 1944.
Wickert, Erwin, ed. The Good Man of Nanking: The Diaries of John Rabe. 拉貝日記Translated by John E. Woods. New York: A. A. Knopf, 1998.
Wilbur, C. Martin, 韋慕庭and Julie Lian-ying 夏連蔭How, eds. Missionaries of the Revolution: Soviet Advisers and Nationalist China 1920-1927. Cambridge, MA: Harvard University Press, 1989.
Willkie, Wendell L. One World. New York: Simon & Schuster, 1943.
Wu Chao-chu. 伍朝樞The Nationalist Program for China. New Haven, CT: Yale University Press, 1929.
Wu Zusheng, ed. 吳祖勝Jiang Zhongzheng xiansheng tulu 蔣中正先生圖錄 (Photographs of Mr. Chiang Zhongzheng). Taipei: Guoli Zhongzheng jiniantang guanlichu, 2014. 國立中正紀念堂管理處
Wu Zusheng, 吳祖勝and Chen Liwen, 陳立文eds. Jiang Zhongzheng yu Minguo waijiao 蔣中正與民國外交 (Chiang Zhongzheng and the Foreign Relations of the Republic). 2 vols. Taipei: Guoli Zhongzheng jiniantang guanlichu, 2013. 國立中正紀念堂管理處
Xibei daxue lishixi 西北大學歷史系Zhongguo xiandaishi jiaoyanshi, 中國現代史教研室Xi'an dizhi xueyuan zhonggong dangshizu, 西安地質學院中共黨史組Balujun Xi'an banshichu jinianguan, eds. 八路軍西安辦事處紀念館Xi'an shibian ziliao xuanji 西安事變資料選集 (Selected Documents on the History of the Xi'an Incident). Xi'an: Xibei daxue lishixi Zhongguo xiandaishi jiaoyanshi, 1979. 西安：西北大學歷史系中國現代史教研室
Xie Ruizhi. 謝瑞智Zhonghua minguo xianfa 中華民國憲法 (Constitution of the Republic of China). 6th ed. Taipei: Huatai chubanshe, 1994. 臺北：華泰出版社
Yan Xishan. 閻錫山Yan Xishan riji 閻錫山日記 (Yan Xishan's Diaries). Taiyuan: San Jin chubanshe, 2011.
Yang You-cheng. "Pis'mo syna Chan Kai-shi k materi" (Chiang Kai-shek's Son's Letter to His Mother). Leningradskaia Pravda (Leningrad Truth). February 9, 1936.
Yin, James, 尹集鈞and Shi Young. 史詠 The Rape of Nanking: An Undeniable History in Photographs. Chicago, IL: Innovative Publishing group, 1996.
Yiu, Cody. "A Sad Life Ends for Chiang Fang-liang." Taipei Times. December 16, 2004.
Zhang Renjie. 張人傑Zhang Jingjiang xiansheng wenji 張靜江先生文集 (Collection of Works of Zhang Jingjiang). Taipei: Zhongguo guomindang zhongyang weiyuanhui dangshi weiyuanhui ; 中國國民黨中央委員會黨史委員會Jingxiaochu 經銷處zhongyang wenwu gongyingshe, 1982. 中央文物供應社
Zhang Tailei. 張太雷Zhang Tailei wenji 張太雷文集 (Works of Zhang Tailei). Beijing: Renmin chubanshe, 1981. 北京：人民出版社
Zhang Xianwen, ed. 張憲文Nanjing da tusha: zhongyao wenzheng xuanlu 南京大屠殺：重要文證選錄 (The Nanjing Massacre: A Collection of Assorted Documentary Evidence). Nanjing: Fenguang chubanshe, 2014. 南京：鳳凰出版社
Zhang Xueliang. "Chang Hsueh-liang's Self-examination over the Sian Incident." In Chiang Kai-shek. A Fortnight in Sian. Soong Chiang Mayling (Madame Chiang Kai-shek). Sian: A Coup d'Etat. 2nd ed. Taipei: China Publishing, 1986. P. 74-76.
Zhe Fu, ed. 哲夫編Ningbo jiu ying 寧波舊影 (Old Pictures of Ningbo). Ningbo: Ningbo chubanshe, 2004.
Zhongguo di er lishi dang'anguan, ed. 中國第二歷史檔案館編Zhongguo guomindang di yi di er ci quanguo daibiaohui huiyi shiliao 中國國民黨第一第二次全國代表會議史料 (Materials on the History of the First and Second Guomindang Congresses). 2 vols. Nanjing: Jiangsu guji chubanshe, 1986. 南京：江蘇古籍出版社
Zhou Enlai. 周恩來Selected Works of Zhou Enlai. 2 vols. Beijing: Foreign Languages Press, 1981.
Zhu Wenyuan, ed. 朱文原 Xi'an shibian shiliao 西安事變史料 (Documents on the History of the Xi'an Incident). 2 vols. Taipei: Guoshiguan, 1993.

回憶錄

Abend, Hallett. My Life in China: 1926-1941. New York: Harcourt, Brace and Co, 1943.
________. Tortured China. New York: Ives Washburn, 1930.
Acheson, Dean. Present at the Creation: My Years in the State Department. New York: W. W. Norton, 1969.
Allen, Lt. Henry A. (V. M. Primakov). Zapiski volontera: Grazhdanskaia voina v Kitae (Notes of a Volunteer: The Civil War in China). Moscow: Nauka, 1967.
Alliluyeva, Svetlana. Twenty Letters to a Friend. Translated by Priscilla Johnson McMillan. New York: Harper & Row, 1967.

Alsop, Joseph, and Stewart. The Reporter's Trade. New York: Reynal & Co., 1958.
Alsop, Joseph W., with Adam Platt. "I've Seen the Best of It": Memoirs. New York: W. W. Norton, 1992.
Barrett, David D. 包瑞德Dixie Mission: The United States Army Observer Group in Yenan, 1944. Berkeley, CA: University of California Press, 1970.
Bertram, James M. Crisis in China: The Story of the Sian Mutiny. London: Macmillan & Co., 1937.
Bisson, T. A. 畢恩來Yenan in June 1937: Talks with the Communist Leaders. Berkeley, CA: Center for Chinese Studies, University of California, 1973.
Braun, Otto. 李德A Comintern Agent in China 1932-1939. Translated by Jeanne Moore. Stanford, CA: Stanford University Press, 1982.
Burke, James. My Father in China. New York: Farrar & Rinehart, 1942.
Candlin, Enid Saunders. The Breach in the Wall: A Memoir of the Old China. New York: Macmillan, 1973.
Carlson, Evans Fordyce. Twin Stars of China: A Behind-the-Scenes Story of China's Valiant Struggle for Existence by a U.S. Marine who Lived and Moved with the People. New York: Hyperion Press, 1940.
Carter, Carrole J. Mission to Yenan: American Liaison with the Chinese Communists 1944-1947. Lexington, KY: University Press of Kentucky, 1997.
Chang Kuo-t'ao. 張國燾The Rise of the Chinese Communist Party. Volumes One & Two of Autobiography of Chang Kuo-t'ao. Lawrence, KS: The University Press of Kansas, 1972.
Chen Bulei. 陳布雷Chen Bulei huiyilu 陳布雷回憶錄 (Memoirs of Chen Bulei). Taipei: Zhuanji wenxue chubanshe, 1981. 臺北：傳記文學出版社
Ch'en Chieh-ju. 陳潔如Chiang Kai-shek's Secret Past: The Memoirs of His Second Wife, Ch'en Chieh-ju. Edited & with an Introduction by Lloyd E. Eastman. Boulder, CO: Westview Press, 1993.
Chen Gongbo. 陳公博Kuxiao lu (yi jiu er wu zhi yi jiu san liu) 苦笑錄 (1925至1936) (Somber Notes [1925-1936]). Beijing: Xiandai shiliao biankanshe, 1981.北京：現代史料編刊社
Chen Jieru. 陳潔如Chen Jieru huiyilu quan yi ben: Jiang Jieshi Chen Jieru de hunyin gushi 陳潔如回憶錄全譯本：蔣介石陳潔如的婚姻故事(Complete Text of Chen Jieru's Reminiscences: The Story of Chiang Kai-shek and Chen Jieru's Family Life). 2 vols. Taipei: Zhuanji wenxue, [1992]. 臺北：傳記文學
Ch'en Li-fu. 陳立夫The Storm Clouds Clear over China: The Memoir of Ch'en Li-fu, 1900-1993. Edited and Compiled, with an Introduction and Notes, by Sidney H. Chang and Ramon H. Myers. Stanford, CA: Stanford University Press, 1994.
Chennault, Claire Lee. 陳納德Way of a Fighter. New York: G. P. Putman's Sons, 1949.
Cherepanov, A. I. "Itogi Wuhanskoi operatsii" (Notes on the Wuhan campaign). In Yu. V. Chudodeev, ed. Po dorogam Kitaia 1937-1945: Vospominaniia (Along Chinese Roads 1937-1945: Reminiscences). Moscow: Nauka, 1989. P. 14-52.
________. Notes of a Military Adviser in China. Translated by Alexandra O. Smith. Taipei: Office of Military History, 1970.
________. Zapiski voennogo sovetnika v Kitae (Notes of a Military Advisor in China). 2nd ed. Moscow: Nauka, 1976.
Chiang Ching-kuo. 蔣經國 Calm in the Eye of a Storm. Taipei: Li Ming Cultural Enterprise, 1978.
________. Jiang Jingguo zizhuan 蔣經國自傳 (The Autobiography of Chiang Ching-kuo). Beijing: Tuanjie chubanshe, 2005. 北京：團結出版社
________. Mei tai si qin 梅台思親 (Reminiscences of My Parents in the Summer House under the Plum Tree). T aipei: Zhengzhong shuju, 1976. 臺北：正中書局
________. My Days in Soviet Russia [Taipei, 1963].
Chiang Chung-cheng 蔣中正 (Chiang Kai-shek). Soviet Russia in China: Summing-up at 70. Translated Under the Direction of Madame Chiang Kai-shek. Revised, Enlarged ed. with Maps. New York: Farrar, Straus, and Cudahy, 1957.
Chiang Kai-shek. 蔣介石 "The Day I was Kidnapped." In Dun J. Li, ed. The Road to Communism: China Since 1912. New York: Van Nostrand Reinhold Co., 1969. P. 135-141.
Chiang Wego, W. K., General. 蔣緯國How Generalissimo Chiang Kai-shek Won the Eight-year Sino-Japanese War 1937-1945. Taipei: Li Ming Culture Enterprise, 1979.
Chiang Wei-Kuo, Gen. 蔣緯國How the China Mainland was Lost. Taipei: Armed Forces University, 1979.
Chiang Wei-kuo, 蔣緯國and Liu Fenghan. 劉鳳翰Jiang Weiguo koushu zizhuan 蔣緯國口述自傳 (The Autobiography of Chiang Wei-kuo as Told by Himself). Beijing: Zhongguo dabaike quanshu chubanshe, 2008. 北京：中國大百科全書出版社
Chudodeev, Yu. V., ed. Na kitaiskoi zemle: Vospominaniia sovetskikh dobrovol'tsev 1925-1945 (On Chinese Soil: Recollections of Soviet Volunteers 1925-1945). Moscow: Nauka, 1977.
________. Po dorogam Kitaia 1937-1945: Vospominaniia (Along Chinese Roads 1937-1945: Reminiscences). Moscow: Nauka, 1989.
Chuikov, V. I. Missiia v Kitae: Zapiski voennogo sovetnika (Mission in China: Notes of a Military Advisor). Moscow: Nauka, 1981.
Churchill, Winston S. Closing the Ring. Boston: Houghton Mufflin, 1951.
Cowles, Gardner. Mike Looks Back: The Memoirs of Gardner Cowles, Founder of Look Magazine. New York: Gardner Cowles, 1985.
Cressy-Marcks, Violet. Journey into China. New York: E. P. Dutton & Co., 1942.

Dalin, S. A. Kitaiskie memuary, 1921-1927 (Chinese Memoirs, 1921-1927). Moscow: Nauka, 1975.

________. V riadakh kitaiskoi revoliutsii (In the Ranks of the Chinese Revolution). Moscow-Leningrad: Moskovskii rabochii, 1926.

Davis, Jr., John Paton. China Hand: An Autobiography. Philadelphia: University of Pennsylvania Press, 2012.

________. Foreign and Other Affairs. New York: W. W. Norton, 1964.

Del Mar, Walter. Around the World Through Japan. London: A. and C. Black, 1903.

Djilas, Milovan. Conversations with Stalin. Translated by Michael B. Petrovich. New York: Harcourt, Brace & World, 1962.

Dorn, Frank. Walkout with Stilwell in Burma. New York: Thomas Y. Crowell, 1971.

Eisenhower, Dwight D. Waging Peace: 1956-1961: The White House Years. Garden City, NY: Doubleday, 1965.

Fairbank, John King. 費正清Chinabound: A Fifty-year Memoir. New York: Harper & Row, 1982.

Farjenel, Fernand. Through the Chinese Revolution: My Experience in the South and North: The Revolution of Social Life: Interviews with Party Leaders: An Unconstitutional Loan – The Coup d'État. New York: Frederick A. Stokes, 1916.

Farmer, Rhodes. Shanghai Harvest: A Diary of Three Years of the China War. London: Museum Press, 1945.

Feng Lida. 馮理達Wode fuqin Feng Yuxiang jiangjun 我的父親馮玉祥將軍 (My Father General Feng Yuxiang). Chengdu: Sichuan renmin chubanshe, 1984. 成都：四川人民出版社

Feng Yuxiang. 馮玉祥Wo de shenghuo (My Life). 我的生活 Beijing: Zhongguo qingnian chubanshe, 2015. 北京：中國青年出版社

________. Wo suo renshi de Jiang Jieshi 我所認識的蔣介石 (The Chiang Kai-shek as I Remember Him). Harbin: Beifang wenyi chubanshe, 2010. 哈爾濱：北方文藝出版社

Fischer, Louis. Men and Politics: An Autobiography. Westport, CT: Greenwood Press, 1946.

Fleming, Peter. News from Tartary: A Journey from Peking to Kashgar. London: Jonathan Cape, 1936.

________. One's Company: A Journey to China. New York: Charles Scribner's Sons, 1934.

Foo Yee Wah. 傅錡華Chiang Kai-shek's Last Ambassador to Moscow: The Wartime Diaries of Fu Bingchang. 傅秉常New York: Palgrave Macmillan, 2011.

Franck, Harry A. Marco Polo Junior: The True Story of an Imaginary American Boy's Travel-adventures All over China. New York: Century, 1929.

Geil, William Edgar. Eighteen Capitals of China. London: Constable & Co., 1911.

Gellhorn, Martha. Travels with Myself and Another. New York: Dodd, Mead & Co., 1978.

Greene, Ruth Altman. Hsiang-Ya Journal. Hamden, CT: Archon Books, 1977.

Grew, Joseph C. Turbulent Era: A Diplomatic Record of Forty Years, 1904-1945. 2 vols. Boston: Houghton Mifflin, 1952.

Gunther, John. Inside Asia. New York: Harper & Brothers, 1939.

Hager, Charles R. "Doctor Sun Yat Sen: Some Personal Reminiscences." In Lyon Sharman. Sun Yat-sen: His Life and Its Meaning: A Critical Biography. New York: John Day, 1934. P. 382-387.

He Xiang-ning. 何香凝 Vospominaniia o Sun Yat-sene (Reminiscences of Sun Yat-sen). Translated by Yu. M. Garushiants. Moscow: Progress, 1966.

Heben Dazuo 河本大作 (Komoto Daisaku) et al. Wo shasila Zhang Zuolin 我殺死了張作霖 (I Killed Zhang Zuolin). Changchun: Jilin wenshi chubanshe, 1986. 長春:吉林文史出版社

Hoover, Herbert. Freedom Betrayed: Herbert Hoover's Secret History of the Second World War and Its Aftermath. Stanford, CA: Stanford University Press, 2011.

Hu Qiaomu. 胡喬木Hu Qiaomu huiyi Mao Zedong: zengdingben 胡喬木回憶毛澤東：增訂本 (Hu Qiaomu Remembers Mao Zedong: Expanded ed.). Beijing: Renmin chubanshe, 2014. 北京：人民出版社

Huang Hua. 黃華 "My Contacts with John Leighton Stuart After Nanjing's Liberation." Chinese Historians. Vol. 5. No. 1 (Spring 1992): 47-56.

Hume, Edward H. 胡美Doctors East, Doctors West: An American Physician's Life in China. London: George Allen & Unwin, 1949.

Jacobs-Larkcom, Dorothy. As China Fell: The Experiences of a British Consul's Wife 1946-1953. Elms Court: Arthur H. Stockwell, 1976.

Jiang Song Meiling 蔣宋美齡 (Madame Chiang Kai-shek-Song Meiling). Yu Baoluoting tanhuade huiyilu 與鮑羅廷談話的回憶錄 (Recollections of Conversations with Borodin). Taipei: Liming wenhua shiye gufen youxian gongsi, 1976. 臺北：黎明文化事業股份有限公司

Jiang Tingfu. 蔣廷黻The Reminiscences of Tsiang T'ing-fu (1895-1965). New York: Chinese Oral History Project, East Asian Institute of Columbia University, 1975.

Kalinin, V., and Kuznetsov, D. Tanker "Tuapse": Dokumental'naia povest' (Tanker Tuapse: A Documentary Novel). Moscow: Molodaia Gvardiia, 1956.

Kalyagin, A. Ya. "Bitva za Wuhan" (Battle for Wuhan). In Yu. V. Chudodeev, ed. Na kitaiskoi zemle: Vospominaniia sovetskikh dobrovol'tsev 1925-1945 (On Chinese Soil: Recollections of Soviet Volunteers 1925-1945). Moscow: Nauka, 1977. P. 171-188.

________. Po neznakomym dorogam (Zapiski voennogo sovetnika v Kitae) (Along Alien Roads [Notes of a Military Advisor in China]). 2nd Expanded ed. Moscow: Nauka, 1979.

Kennan, George F. Memoirs 1925-1950. Boston: Little, Brown, 1967.

________. Memoirs 1950-1963. Boston: Little, Brown, 1972.
Kerr, George H. 葛超智Formosa Betrayed. Boston: Houghton Mifflin, 1965.
Khrushchev, Nikita S. Memoirs of Nikita Khrushchev. 3 vols. Translated by George Shriver. University Park, PA: The Pennsylvania State University Press, 2007-2008.
________. Vospominaniia: Izbrannye fragmenty (Reminiscences: Selected Fragments). Moscow: Vagrius, 1997.
________. Vremia, Liudi, Vlast': Vospominaniia (Time, People, Power: Memoirs). 4 vols. Moscow: Moskovskie novosti, 1999.
Kissinger, Henry A. White House Years. Boston: Little, Brown, 1979.
________. Years of Upheaval. Boston: Little, Brown, 1982.
Knight, Margot. Interviews with Sarah McClendon for the Washington Press Club Foundation as part of Its Oral History Project Women in Journalism. Washington, D.C., 1991.
Knowlton, Winthrop. My First Revolution. White Plains, NY: EastBridge, 2001.
La Motte, Ellen N. Peking Dust. New York: The Century, 1920.
Lapwood Ralph and Nancy. Through the Chinese Revolution. Westport, CT: Hyperion Press, 1954.
Lattimore, Owen, and Fujiko Isono.磯野富士子 China Memoirs: Chiang Kai-shek and the War Against Japan. Tokyo: University of Tokyo Press, 1990.
Leonard, Royal. I Flew for China. Garden City, NY: Doubleday, Doran and Co., 1942.
Li Zhisui. 李志綏The Private Life of Chairman Mao: The Memoirs of Mao's Personal Physician. Translated by Tai Hung-chao. New York: Random House, 1994.
Liu Keqi. Liang Jiang jilupian (Two Chiangs Documentary). Taipei, [2017].
Lü Fangshang et al. 呂芳上Jiang Zhongzheng zongtong shicong renyuan fangwen jilu(Notes of Interviews with Service Personnel for President Chiang Zhongzheng) 蔣中正總統侍從人員訪問紀錄 2 vols. Taipei: Zhongyang yanjiuyuan, 2012. 中央研究院
Luo Ruiqing, 羅瑞卿 Lü Zhengcao, 呂正操and Wang Bingnan. 王炳南 Zhou Enlai and the Xi'an Incident: An Eyewitness Account: A Turning Point in Chinese History. Beijing: Foreign Languages Press, 1983.
MacArthur, Douglas. Reminiscences. New York: McGrow-Hill, 1964.
Marshall, George C. George C. Marshall: Interviews and Reminiscences for Forrest C. Pogue. Revised ed. Lexington, VA: George C. Marshall Research Foundation, 1991.
Marshall, Katherine Tupper. Together: Annals of an Army Wife. New York: Tupper & Love, 1946.
Mclendon, Sarah. My Eight Presidents. New York: Wyden Books, 1978.
Mi Xi at al. 宓熙Zai Jiang Jieshi Song Meiling shenbian de rizi 在蔣介石宋美齡身邊的日子 (Days We Served by the Side of Chiang Kai-shek and Song Meiling). Beijing: Tuanjie chubanshe, 2005. 北京：團結出版社
Minge zhongyang xuanchuanbu, ed. 民革中央宣傳部Huiyi yu huainian – Jinian Sun Zhongshan xiansheng wenzhang xuanji 回憶與懷念—紀念孫中山先生文章選集(Memoirs and Warm Reminiscences – Selected Articles in Memory of Mr. Sun Zhongshan). Beijing: Huaxia chubanshe, 1986.
Misselwitz, Henry Francis. The Dragon Stirs: An Intimate Sketch-Book of China's Kuomintang Revolution 1927-29. Westport, CT: Harbinger House, 1941.
Mo Yongming, 莫永明and Fan Ran. Chen Yingshi jinian 陳英士紀年 (Chronology of the Life of Chen Yingshi). Nanjing: Nanjing daxue chubanshe, 1991. 南京：南京大學出版社
Nie Rongzhen. 聶榮臻Inside the Red Star: The Memoirs of Marshal Nie Rongzhen. Beijing: New World Press, 1983.
________. Nie Rongzhen huiyilu 聶榮臻回憶錄 (Reminiscenses of Nie Rongzhen). 3 vols. (Beijing: Jiefangjun chubanshe, 1983. 北京：解放軍出版社
Nixon, Richard. In the Arena: A Memoir of Victory, Defeat and Renewal. New York: Simon & Schuster, 1990.
________. Leaders. New York: Warner Books, 1982.
________. RN: The Memoirs of Richard Nixon. New York: Grosset & Dunlap, 1978.
Paniushkin, A. S. Zapiski posla: Kitai 1939-1944 gg. (Notes of the Ambassador: China 1939-1944). Moscow: IDV AN SSSR, 1981.
Parks, Lillian Rogers, with Francez Spatz Leighton. My Thirty Years Backstairs at the White House. New York: Fleet, 1961.
Powell, John B. My Twenty-Five Years in China. New York: Macmillan, 1945.
Peck, Graham. Two Kinds of Time. Boston: Houghton Mifflin, 1950.
Pu Yi. 溥儀From Emperor to Citizen. Translated by W. J. F. Jenner. New York: Oxford University Press, 1987.
Rankin, Karl Lott. China Assignment. Seattle, WA: University of Washington Press, 1964.
Ransome, Arthur. The Chinese Puzzle. Boston, MA.: Houghton Mifflin, 1927.
Roosevelt, Eleanor. This I Remember. New York: Harper & Brothers, 1949.

Roosevelt, Elliot. As He Saw It. Westport, CT: Greenwood Press, 1974.

Rowman, Roy. Chasing the Dragon: A Veteran Journalist's Firsthand Account of the 1949 Chinese Revolution. Guilford, CT: The Lyons Press, 2004.

Rusk, Dean. As I Saw It. New York: W. W. Norton, 1990.

Scaroni, Silvio. Missione Militare Aeronautica in China (Military Aeronautics in China). Maggio: Ufficio storico, 1970.

Schlesinger Jr., Arthur M. A Thousand Days: John F. Kennedy in the White House. Boston: Houghton Mifflin, 1965.

Semenov, G. G. Tri goda v Pekine: Zapiski voennogo sovetnika (Three Years in Beijing: Notes of a Military Advisor). Moscow: Nauka, 1978.

Service, John S. 謝偉思State Department Duty in China, The McCarthy Era, and After, 1933-1977. An Oral History Conducted 1977-1978 by Rosemary Levinson. Regional Oral History Office. The Bancroft Library. University of California, Berkeley [CA], 1981.

Sliusarev, S. V. "V vozdushnykh boiakh nad Kitaem" (In Air Battles over China). In Yu. V. Chudodeev, ed. Po dorogam Kitaia 1937-1945: Vospominaniia (Along Chinese Roads 1937-1945: Reminiscences). Moscow: Nauka, 1989. P. 92-148.

Smalley, Martha Lund, 華群ed. American Missionary Eyewitnesses to the Nanking Massacre, 1937-1938. New Haven, CT: Yale Divinity School Library, 1997.

Smedley, Agnes. 史沫特萊China Fights Back: An American Woman with the Eight Route Army. New York: The Vanguard Press, 1938.

Snow, Edgar. 史諾Journey to the Beginning. New York: Random House, 1958.

________. Random Notes on Red China (1936-1945). Cambridge, MA: East Asian Research Center Harvard University, 1957.

________. Red Star over China. London: Victor Gollancz, 1937.

Soong Chiang Mayling 蔣宋美齡 (Mme Chiang Kai-shek). "Sian: A Coup d'État." In General, and Madame Chiang Kai-shek. General Chiang Kai-shek: The Account of the Fortnight in Sian when the Fate of China Hung in the Balance. New York: Doubleday, Doran & Co., 1937. P. 63-117.

Stuart, John Leighton. 司徒雷登Fifty Years in China: The Memoirs of John Leighton Stuart, Missionary and Ambassador. New York: Random House, 1954.

Sudoplatov, Pavel, and Anatoli Sudoplatov, with Jerrold L., and Leona P. Schecter, Special Tasks: The Memoirs of an Unwanted Witness A Soviet Spymaster.Boston: Little, Brown, 1994.

Sun Yat-sen. 孫逸仙Kidnapped in London: Being the Story of My Capture, Detention at, and Release From the Chinese Legation. Bristol, UK: Simpkin, Marshall, Hamilton, Kent, 1897.

Tikhvinsky, S. L. Kitai v moei zhizni (30-90 gg.) (China in My Life [1930s-1990s]). Moscow: Nauka, 1992.

________. Vozvrashchenie k "Vorotam nebesnogo spokoistviia" (Return to "the Gates of Heavenly Peace"). Moscow: "Pamiatniki istoricheskoi mysli", 2002.

Timperley, Harold J. 田伯烈Japanese Terror in China. Freeport NY: Books for Libraries Press, 1938.

Tong, Hollington K. 董顯光Chiang Kai-shek's Teacher and Ambassador: An Inside View of the Republic of China from 1911-1958: General Stilwell and American Policy Change Towards Free China. Bloomington, IN: Arthur House, 2005.

Tong Te-kong, 唐德剛and Li Tsung-jen. 李宗仁The Memoirs of Li Tsung-jen. Boulder, CO: Westview Press, 1979.

Topping, Seymour. Journey Between Two Chinas. New York: Harper & Row, 1972.

Truman, Harry S. The Autobiography of Harry S. Truman. Edited by Robert H. Ferrell. Boulder, CO: Colorado Associated University Press, 1980.

________. Memoirs. 2 vols. Garden City, NY: Doubleday, 1956.

Tszian Chzhunzhen (Chan Kaishi). (Jiang Zhongzheng [Chiang Kai-shek]). Sovetskaia Rossia v Kitae: Vospominaniia i razmyshlenniia v 70 let (Soviet Russia in China: Reminiscences and Thoughts at 70). Edited by Alexander V. Pantsov. Moscow: Posev, 2009.

"24 in Plot to Slay Chinese President." New York Times. September 7, 1929.

Tyau, Min-Ch'in T. Z. 刁敏謙Two Years of Nationalist China. Shanghai: Kelly and Walsh, 1930.

Utley, Freda. China at War. New York: The John Day, 1939.

Vishniakova-Akimova, V. V. Dva goda v vostavshem Kitae 1925-1927: Vospominaniia (Two Years in Revolutionary China, 1925-1927: Memoirs). Moscow: Nauka, 1965.

________. Two Years in Revolutionary China, 1925-1927. Translated by Steven I. Levine. Cambridge, MA: East Asian Research Center, Harvard University, 1971.

Vladimirov, P. P. Osobyi raion Kitaia,1942-1945 (Special Region of China, 1942-1945). Moscow: APN, 1975.

Voitinsky, G. "Moi vstrechi s Sun Yat-senom" (My meetings with Sun Yat-sen). Pravda (Truth). March 15, 1925.

Wang, Peter Chen-main. 王成勉 "Revising US-China Wartime Relations: A Study of Wedemeyer's China Mission." Journal of Contemporary China. No. 18 (59) (March 2009): 233-247.

Wang Shichun. 汪士淳Qianshan duxing: Jiang Weiguo de ren sheng zhi lü 千山獨行：蔣緯國的人生之旅 (The Solitary Path Among a Thousand Mountains: The Life Path of Chiang Wei-kuo). Taipei: Tianxia wenhua, 1996. 臺北：天下文化

Weng Yuan, 翁元and Wang Feng. 王丰 Wo zai Jiang Jieshi fuzi shenbian de rizi 我在蔣介石父子身邊的日子 (Days I Served by the Side of Chiang Kai-shek and His Son). Taipei: Shibao

wenhua chuban qiye gufen youxian gongsi, 2015. 時報文化出版企業股份有限公司
White, Theodore H. 白修德In Search of History: A Personal Adventure. New York: Harper & Row, 1978.
Willens, Liliane. Stateless in Shanghai. Hong Kong: China Economic Review, 2010.
Witte, Count S. Yu. Vospominannia: Tsarstvovanie Nikolai II (Reminiscences: Reign of Nicholas II). 2 vols. 3rd ed. Berlin: "Slovo", 1924.
Xiong Wan. 熊丸Jiang Jieshi siren yisheng huiyilu 蔣介石私人醫生回憶錄 (Reminiscences of Chiang Kai-shek's Personal Physician). Beijing: Tuanjie chubanshe, 2009. 北京：團結出版社
Ye Bangzong. Jiang Jieshi shiweizhang huiyilu (Reminiscences of the Head of Chiang Kai-shek's Bodyguards). Beijing: Tuanjie chubanshe, 2012.
Ye Zilong. 葉子龍Ye Zilong huiyilu 葉子龍回憶錄 (Memoirs of Ye Zilong). Beijing: Zhongyang wenxian chubanshe, 2000. 北京：中央文獻出版社
Ying Mengqing. 應孟卿 "Fenghua yumin canjia guangfu Hangzhou gansidui ji" 奉化漁民參加光復杭州敢死隊記 (Notes on the Dare to Die Detachment of Fenghua Fishermen that Took Part in the Restoration of Sovereignty in Hangzhou). In Zhongguo renmin zhengzhi xieshanghui Zhejiang sheng weiyuanhui wenshi ziliao yanjiu weiyuanhui, ed. Zhejiang xinhai geming huiyilu 中國人民政治協商會浙江省委員會文史資料研究委員會編，浙江辛亥革命回憶錄 (Reminiscences of the Xinhai Revolution in Zhejiang). Hangzhou: Zhejiang renmin chubanshe, 1981. P. 186-92.
Yorke, Gerald, China Changes. New York: Charles Scribner's Sons, 1936.
Zang Zhuo. 臧卓Wo zai Jiang Jieshi yu Wang Jingwei shenbiande rizi 我在蔣介石與汪精衛身邊的日子 (Days I Served by the Side of Chiang Kai-shek and Wang Jingwei). Taipei: Duli zuojia, 2013. 臺北：獨立作家
________. Zang Zhuo huiyilu 臧卓回憶錄 (Memoirs of Zang Zhuo). Taipei: Duli zuojia, 2015. 臺北：獨立作家
Zhang Fakui. 張發奎Zhang fakui koushu zizhuan 張發奎口述自傳 (The Oral Autobiography of Zhang Fakui). Beijing: Dangdai Zhongguo chubanshe, 2012. 北京：當代中國出版社
Zhang Xueliang, 張學良Zhang Xueliang de jinsheng jinshi 張學良的今生今世 (Life of Zhang Xueliang). 2 vols. Beijing: Tuanjie chubanshe, 2011. 北京：團結出版社
Zhang Xueliang, 張學良and Tang Degang. 唐德剛 Zhang Xueliang koushu lishi 張學良口述歷史 (History of Zhang Xueliang Told by Himself). Taipei: Yuan liu chubanshe ye gufen youxian gongsi, 2009. 臺北：遠流出版事業股份有限公司
________. Zhang Xueliang koushu lishi 張學良口述歷史 (History of Zhang Xueliang Told by Himself). Taiyuan: Shanxi renmin chubanshe, 2013. 太原：山西人民出版社
Zhejiang sheng xinhai geming shi yanjiu hui, Zhejiang sheng tushuguan, eds. Xinhai geming Zhejiang shiliao xuanji 浙江省辛亥革命史研究會，浙江省圖書館編辛亥革命浙江史料選集 (Collection of Selected Materials on the History of Zhejiang during in the Xinhai Revolution). Hangzhou: Zhejiang renmin chubanshe, 1982. 杭州：浙江人民出版社
Zhongguo renmin zhengzhi xieshanghui Zhejiang sheng weiyuanhui wenshi ziliao yanjiu weiyuanhui, ed. Zhejiang xinhai geming huiyilu 中國人民政治協商會浙江省委員會文史資料研究委員會編，浙江辛亥革命回憶錄(Reminiscences of the Xinhai Revolution in Zhejiang). Hangzhou: Zhejiang renmin chubanshe, 1981. 杭州：浙江人民出版社

報紙與期刊

American Journal of Chinese Studies. 2010.
Bainian chao 百年潮 (Century Tides). 2001-2020.
Bolshevik (Bolshevik). 1925-1927.
China Brief, 2009.
The China Quarterly. 1960-2020.
Chinese Historians. 1992.
The Chinese Historical Review. 2004-2020.
Cold War History. 2015.
Collier's. 1943.
Dangshi yanjiu 黨史研究 (Studies on Party History). 1986-1987.
Dangshi yanjiu ziliao 黨史研究資料 (Study Materials on Party History). 1979-2020.
The Department of State Bulletin, 1964.
Diletante (Dilettante). 2016.
The Diplomat. 2015.
Diplomatic History. 1979
The English Historical Review. 2011.

Er shi yi shiji 二十一世紀 (The Twenty-first Century). 2004-2020.
The Far Eastern Quarterly. 1948.
Far Eastern Survey. 1937-1943.
Foreign Affairs. 1967-2020.
Gazeta Polska (The Polish Newspaper). 1935.
Geming shi ziliao 革命史料 (Materials on the Revolutionary History). 1986.
Guangming ribao 國民日報 (Enlightenment Daily). 1988.
Hanxue yanjiu (Sinological Studies). 2010.
H-Diplo. 2011-2018.
Hongqi 紅旗 (Red Flag). 1981.
International Journal of Asian Studies. 2012.
Istoricheskii arkhiv (Historical Archive). 1998.
Izvestiia (News). 1994.
Jiefang ribao 解放日報 (Liberation Daily). 2005.
Jindai Zhongguo 近代中國 (Contemporary China). 2005.
Jindaishi yanjiu 近代史研究 (Studies in Modern History). 1985-2020.
The Journal of Asian Studies. 1956-2020.
Jiujiang xueyuan xiebao 九江學院學報 (shehui kexue ban) (社會科學版) (Bulletin of Jiujiang University [Social Sciences Issue]). 2011.
Journal of Cold War Studies. 2017.
Journal of Contemporary China. 2009.
Journal of Historical Biography. 2009.
Journal of Modern Chinese History. 2007-2020.
The Journal of Modern History. 1960-2015.
Journal of Presbytarian History (1962-1985). 1971.
Journal of Sport History. 1999.
Journalism Quarterly. 1989.
Kangri zhanzheng yanjiu 抗日戰爭研究 (Studies on the War of Resistance Against Japan). 2000-2001.
Kommunist (The Communist). 1964-1969.
Kommunisticheskii Internatsional (Communist International). 1920-1936.
Komsomol'skaia pravda (Communist Youth Truth). 2004.
Leningradskaia Pravda (Leningrad Truth). 1936.
Life. 1936-1972.
Military Affairs. 1979.
Minguo dang'an 民國檔案 (Republican Archive). 1998-2020.
Minguo ribao 民國日報 (Republican daily). 1917-1927.
Modern Asian Studies. 1987.
Moskovskii komsomolets (Moscow Young Communist). 2002.
Nanfang dushu bao 南方都市報 (Southern Capital). 2014.
Nanfang zhoumo 南方周末 (Southern Weekend). 2006.
Narody Azii i Afriki (Peoples of Asia and Africa). 1972-1920.
The New Republic. 2011.
The New York Times. 1927-2020.

Nezavisimoe voennoe obozrenie (The Independent Military Review). 2008.
NIDS Military History Studies Annual. 2013.
Novaia i noveishaia istoriia (Modern and Contemporary History). 1989-2020.
Pacific Affairs. 1932-1994.
Pravda (Truth). 1917-2020.
Problemy Dal'nego Vostoka (Far Eastern Affairs). 1972-2020.
Qingdao ribao 青島日報 (Qingdao Daily). 2014.
Renmin ribao 人民日報 (People's Daily). 1949-2020.
Republican China. 1975-1997.
Russian Review. 1925.
San Francisco Chronicle. 1927.
The Saturday Evening Post. 1950.
Shangye Zhoukan 商業週刊 (Trade Weekly). 1997.
Shilin 史林 (History Review). 2012
Shixue yuekan 史學月刊 (Historical Science Monthly). 1997-2020.
The Sociological Quarterly. 2010.
Taiwan Today. 2018.
Time. 1942-1944.
Taipei Times. 2004.
Trud (Labor). 2000.
Twentieth-Century China. 1997-2020.
Vodnyi transport (The Water Transport). 1959.
Voprosy Istorii (Problems of History). 1990-2020.
War in History. 2001.
Xin qingnian 新青年 (New Youth). 1919-1925.
Zilu wanbao 自立晚報 (Independence Evening Newspaper). 1950.
Zhonggong chuangjian shi yanjiu 中共創建史研究 (Studies on the History of Founding the CCP). 2016-2020.

二手著作

All About Shanghai and Environs: A Standard Guide Book: Historical and Contemporary Facts and Statistics. Shanghai: The University Press, 1934.
Alsop, Joseph. "The Feud Between Stilwell and Chiang." The Saturday Evening Post. Vol. 222. No. 28 (January 1, 1950): 16-18, 41, 46-48.
Ambrose, Stephen E. Eisenhower: Soldier and President. New York: Simon & Schuster, 1990.
Andrew, Morris. "'I Can Compete!' China in the Olympic Games, 1932 and 1936." Journal of Sport History. No. 3 (1999): 550-561.
_________. Marrow of the Nation: A History of Sport and Physical Culture in Republican China. Berkely, CA: University of California Press, 2004.
Andreyev, Catherine. Vlasov and the Russian Liberation Movement: Soviet Reality and Émigré Theories. Cambridge, UK: Cambridge University Press, 1987.
Barrett, David P., 包瑞德and Larry N. Shyu, 徐乃立eds. China in the Anti-Japanese War, 1937-1945: Politics, Culture, and Society. New York: Peter Lang, 2001.
_________. Chinese Collaboration with Japan, 1932-1945: The Limits of Accommodation. Stanford, CA: Stanford University Press, 2001.
Bergère, Marie-Claire. 白吉爾Sun Yat-sen. Stanford, CA: Stanford University Press, 1998. 中文譯本，白吉爾：《孫逸仙》，時報出版
Bernd, Martin. Deutsch-chinesische Beziehungen 1928-1937: "Gleiche" Partner unter "ungleichen" Bedingungen: Eine Quellensammlung (Sino-German Relations 1928-1937: "Equal" Partners under Dissimilar Conditions: A Source Collection). Berlin: De Gruyter Akademie Forschung, 2003.
Bertke, Donald A. et al. World War Two Sea War. Vol. 4. Dayton, OH: Bertke, 2012.
Bian Xuyue. 卞修躍Kangri zhanzheng shiqi Zhongguo renkou sunshi wenti yanjiu抗日戰爭時期中國人口損失問題研究 (1937-1945) (A Study of the Losses of the Chinese Population

During the Period of the Anti-Japanese War [1937-1945]). Beijing: Hualing chubanshe, 2010. 北京：華齡出版社

Bickers, Robert A., and Jeffrey N. Wasserstrom. "Shanghai's 'Dogs and Chinese Not Admitted' Sign: Legend, History, and Contemporary Symbol. The China Quarterly. Vol. 142 (June 1995): 444-466.

Boorman, Howard, ed. 包華德Biographical Dictionary of Republican China. 3 vols. 民國名人傳記辭典 New York: Columbia University Press, 1967.

Brady, Anne-Marie. "Adventurers, Aesthetes and Tourists: Foreign Homosexuals in Republican China." In Anne-Marie Brady, and Douglas Brown, eds. Foreigners and Foreign Institutions in Republican China. London: Routledge, 2013. P. 146-168.

Brady, Anne-Marie, and Douglas Brown, eds. Foreigners and Foreign Institutions in Republican China. London: Routledge, 2013.

Brinley, Alan. The Publisher: Henry Luce and His American Century. New York: Alfred A. Knopf, 2010.

The Book of the Prophet Ezekiel.

The Book of the Prophet Isaiah.

Boyle, John Hunter. China and Japan at War 1937-1945: The Politics of Collaboration. Stanford, CA: Stanford University Press, 1972.

Broomhall, M. 海思波 General Feng: "A Good Soldier of Christ Jesus". London: China Inland Mission, 1923.

Bunker, Gerald E. The Peace Conspiracy: Wang Ching-wei and the China War, 1937-1941. Cambridge, MA: Harvard University Press, 1972.

Cai Dejin, 蔡德金 and Wang Sheng. 王升 Wang Jingwei shengping jishi汪精衛生平紀事 (Chronological Biography of Wang Jingwei). Beijing: Zhongguo wenshi chubanshe, 1993. 中國文史出版社

Cao Lixin. 曹立新Taiwan baoye shihua 臺灣報業史話 (Sketches on the History of Newspapers on Taiwan). Hong Kong: Jiuzhou chubanshe, 2015. 香港：九州出版社

Carter, Carrole J. Mission to Yenan: American Liaison with the Chinese Communists 1944-1947. Lexington, KY.: University Press of Kentucky, 1997.

Chang, Iris. 張純如The Rape of Nanking: The Forgotten Holocaust of World War II. New York: Basic Books, 1997.

Chang Kia-ngau. 張嘉璈The Inflationary Spiral: The Experience in China, 1939-1950. Cambridge, MA: M. I. T. Press, 1958.

Chang, Maria Hsia. 張俠The Chinese Blue Shirt Society: Fascism and Developmental Nationalism. Berkeley, CA: University of California Press, 1985.

________. "'Fascism' and Modern China." The China Quarterly. Vol. 79 (September 1979): 553-567.

Chang, Nelson et al., 張南琛The Zhangs from Nanxun: A One Hundred and Fifty Year Chronicle of a Chinese Family. Denver, CO: CF Press, 2010.

Chavanne, Jonathan B. The Battle for China: The U.S. Navy, Marine Corps and the Cold War in Asia, 1944-1949. Ph. D. Thesis. Texas A&M University, 2016.

Chen Bulei. 陳布雷Jiang Jieshi xiansheng nianbiao 蔣介石先生年表(Chronological Biography of Mr. Chiang Kai-shek) Taipei: Zhuanji wenxue chubanshe, 1978. 傳記文學出版社

Chen Dawei. 陳大為Wang Jingwei da zhuan 汪精衛大傳 (Large Biography of Wang Jingwei). Beijing: Huawen chubanshe, 2010. 北京：華文出版社

Chen Fulin, 陳福霖and Yu Yanguang. 余炎光Liao Zhongkai nianpu 廖仲愷年譜 (Chronological Biography of Liao Zhongkai). Changsha: Hunan chubanshe, 1991.長沙：湖南出版社

Chen Guanren. 陳冠任Jiang shi fu zi 蔣氏父子 (Father and Sons of the Chiang Family). Beijing: Dongfang chubanshe, 2004. 北京：東方出版社

Chen Hongmin. 陳紅民Si pin Jiang Jieshi: Jiang Jieshi riji yuedu zhaji 細品蔣介石：蔣介石日記閱讀札記 (Studying Chiang Kai-shek: Notes Made on Reading Chiang Kai-shek's Diaries). Beijing: Renmin chubanshe, 2016. 北京：人民出版社

Chen, Leslie H. Dingyan. 陳定炎Chen Jiongming and the Federalist Movement: Regional Leadership and Nation Building in Early Republican China. Ann Arbor, MI: University of Michigan Press, 1999.

Chen Ningjun, 陳寧駿and Xin Chen. 欣辰Minguo zhengyao zuihou de "quan jia fu" 民國政要最後的「全家福」 (The Last "Happy Family" of the Republican Politicians). Hangzhou: Zhenjiang daxue chubanshe, 2016. 杭州：浙江大學出版社

Chen Ruiyun. 陳瑞雲Jiang Jieshi yu Wang Jingwei 蔣介石與汪精衛 (Chiang Kai-shek and Wang Jingwei). Beijing: Tuanjie chubanshe, 2009. 北京：團結出版社

Chen San-ching. 陳三井Sifenxi ban lunshi 四分溪畔論史 (Articles on History Written on the Bank of Sifen Creek). Hong Kong: Jiuzhou chubanshe, 2013. 香港：九州出版社

Chen Shan. 陳珊He Xiangning nianpu 何香凝年譜 (Chronological Biography of He Xiangning). Nanning: Guangxi renmin chubanshe, 2016. E 南寧：廣西人民出版社

Chen Tingyi. 陳廷一 Jiang shi jiazu quan zhuan 蔣氏家族全傳 (Full Biographies of the Members of the Jiang Clan). Beijing: Zhongguo qingnian chubanshe, 2013. 北京：中國青年出版社

Chen Xiaoqing陳曉卿 et al. Kangri shiwu nian: yige shidai de ceying: Zhongguo 抗戰十五年：一個時代的側影：中國 1931-1945 (Fifteen Years of the War of Resistance: A Silhouette of an Epoch: China 1931-1945). 2nd ed. Guilin: Guangxi shifan daxue chubanshe, 2008. 桂林：廣西師範大學出版社

Chen Xiqi, 陳錫祺ed. Sun Zhongshan nianpu changbian 孫中山年譜長編 (Large Chronological Biography of Sun Zhongshan). 2 vols. Beijing: Zhonghua shuju, 1991. 北京：中華書局

Chen Yu, ed. 陳宇Huangpu junxiao nianpu changbian 黃埔軍校年譜長編 (Large Chronology of the Whampoa Academy). Beijing: Huawen chubanshe, 2014. 北京：華文出版社

Chen Yunqian. 陳蘊茜Chongbai yu jiyi – Sun Zhongshan fuhao de jianguo yu chuanbo 崇拜與記憶－孫中山符號的建構與傳播 (Worship and Memory – Construction and Dissimination of the Symbol of Sun Yat-sen). Nanjing: Nanjing daxue chubanshe, 2009. 南京：南京大學出版社

Ch'en Yung-fa. 陳永發 "Chiang Kai-shek and the Japanese Ichigo Offensive, 1944." In Laura De Giorgi, and Guido Samaranu, eds. Chiang Kai-shek and His Time: New Historical and Historiographical Perspectives. Venezia: Edizioni Ca'Foscari, 2017. P. 37-74.

Ch'eng, M. 陳崇桂Marshal Feng – The Man and His Work. Shanghai: Kelly & Walsh, 1926.

Cheng Shuwei et al.程舒偉 Jiang Jieshi mishi 蔣介石祕史 (The Secret History of Chiang Kai-shek). Beijing: Tuanjie chubanshe, 2007. 北京：團結出版社

Cherniavsky, G. I. Franklin Roosevelt. Moscow: Molodaya Gvardiya, 2012.

Ch'i Hsi-sheng. 齊錫生The Much Troubled Alliance: US-China Military Cooperation During the Pacific War, 1941-1945. Singapore: World Scientific, 2016.

_________. Nationalist China at War: Military Defeats and Political Collapse, 1937-45. Ann Arbor, MI: University of Michigan Press, 1982

The Chinese Classics, with a Translation, Critical and Exegetical Notes Prolegomena, and Copious Indexes by James Legge. 5 vols. Oxford: Clarendon Press, 1893.

Chou Shun-hsin. 周舜莘The Chinese Inflation 1937-1949. New York: Columbia University Press, 1963.

Chronology of Dr. Sun Yat-sen: The Founding Father of the Republic of China. Taipei: Dr. Sun Yat-sen Memorial Hall, [1972].

Ch'u Chai, 翟楚and Winberg Chai, 翟文伯eds. I Ching: Book of Changes. Translated by J. Legge. New Hyde Park, NJ: University Books, 1964.

_________. Li Chi: Book of Rites: An Encyclopedia of Ancient Ceremonial Usages,

Religious Usages, Religious Creeds, and Social Institutions. Translated by James Legge. Vol. 1. New Hyde Park, NY: University Books, 1967.

Chu, Samuel C., ed. 朱昌峻Madame Chiang Kai-shek and Her China. Norwalk, CT: EastBridge, 2005.

Chu Shao-kang. 朱紹剛Chiang Kai-shek's Position on Resisting Japan: An Analysis of "Domestic Stability Takes Precedence Over Resisting Foreign Invasion" Policy, 1928-1936. Ph.D. Thesis, The University of British Columbia, 1999.

Clark, Elmer T. The Chiangs of China. New York: Abingdon-Cokesbury Press, 1943.

Clinton, Maggie. Revolutionary Nativism: Fascism and Culture in China: 1925-1937. Durham, NC: Duke University Press, 2017.

Coble, Parks M. 柯博文 "The Soong Family and Chinese Capitalists." In Samuel C. Chu, ed. Madame Chiang Kai-shek and Her China. Norwalk, CT: EastBridge, 2005. P. 69-79.

Cullather, Nick. "Fuel for the Good Dragon": The United States and Industrial Policy in Taiwan, 1950-1965." In Peter L. Hahn, and Mary Ann Heiss, eds. Empire and Revolution: The United States and the Third World Since 1945. Columbus, OH: Ohio State University Press, 2001. P. 242-268.

Collie, Craig. The Reporter and the Warlords. Sydney: Allen & Unwin, 2013.

Combs, Matthew T. 李皓天 "Chongqing 1943: People's Livelihood, Price Control, and State Legitimacy." In Joseph W. Esherick, 周錫瑞and Matthew T. Combs, 李皓天eds. 1943: China at the Crossroads. Ithaca, NY: Cornell University, 2015. P. 282-322.

Confucius. 孔子The Analects of Confucius. Translated by Simon Leys. New York, W. W. Norton, 1997.

Courtney, Chris. "The Dragon King and the 1931 Wuhan Flood: Religious Rumors and Environmental Disasters in Republican China." Twentieth-Century China. No. 2 (2015): 83-104.

_________. The Nature of Disaster in China: The 1931 Yangzi River Flood. Cambridge, U.K.: Cambridge University Press, 2018.

Cowman, Mrs. Charles E. Streams in the Desert. Grand Rapids, MI: Zondervan, 1996.

Crozier, Brian, 柯如齊with Eric Chou. 周榆瑞The Man Who Lost China: The First Full Biography of Chiang Kai-shek. New York: Charles Scribner's Sons, 1976.

Cui Xiaozhong. 崔曉忠Qingnian Jiang Jieshi 青年蔣介石 (Young Chiang Kai-shek). Beijing: Huawen chubanshe, 2003. 北京：華文出版社

Culp, Robert. Articulating Citizenship: Civic Education and Student Politics in Southeastern China, 1912-1940. Cambridge, MA: The Harvard University Asian Center, 2007.

Dallek, Robert. Franklin D. Roosevelt and American Foreign Policy, 1932-1945. New York: Oxford University Press, 1995.

Davis, G. China's Christian Army: A Story of Marshal Feng and His Soldiers. New York: The Christian Alliance, 1925.

Davies Jr., John Paton. Dragon by the Tail: American, British, Japanese, and Russian Encounters with China and One Another. New York: W. W. Norton, 1972.

DeLong, Thomas A. Madame Chiang Kai-shek and Miss Emma Mills: China's First Lady and Her American Friend. Jefferson, NC: McFarland, 2007.

Dickson, Bruce J. 狄忠蒲 "The Lessons of Defeat: The Reorganization of the Kuomintang on Taiwan, 1950-52." The China Quarterly. Vol. 133 (March 1993): 56-84.

Dikötter, Frank. 馮客The Age of Openness: China before Mao. Berkeley, CA: University of California Press, 2008.

Dong, Stella. 董碧方Shanghai: The Rise and Fall of a Decadent City. New York: Perennial, 2000.

Dou Yingtai. 竇應泰Jiang Jieshi bi xia de fenghu xueyue 蔣介石筆下的風花雪月(Romantic Themes Under a Pen of Chiang Kai-shek). Hong Kong: Zhonghe chuban, 2015. 香港：中和出版

_________. Song Meiling yu Liu Jiwen de chulian 宋美齡與劉紀文的初戀 (The First Love of Song Meiling and Liu Jiwen). Beijing: Tuanjie chubanshe, 2005 北京：團結出版社

Du Fu. 杜甫Du Fu quanji 杜甫全集 (Complete Works of Du Fu). Hong Kong: Guangzhi shuju, [195?]. 香港：廣智書局

Duan Yunzhang, 段云章and Ma Qingzhong, 馬慶忠eds. Sun Zhongshan cidian孫中山辭典 (Dictionary of Sun Zhongshan). Guangzhou: Guangdong renmin chubanshe, 1994. 廣州：廣東人民出版社

Dubinsky, A. M. Sovetsko-kitaiskie otnosheniia v period iapono-kitaiskoi voiny 1937-1945 (Soviet-Chinese Relations in the Period of the Japanese-Chinese War 1937-1945). Moscow: "Mysl'", 1980.

Eastman, Lloyd E. 易勞逸The Abortive Revolution: China under Nationalist Rule 1927-1937. Cambridge, MA: Harvard University Press, 1974.

________. "Fascism in Kuomintang China: The Blue Shirts." The China Quarterly. Vol. 49 (January-March 1972): 1-31.

________. "Fascism in Modern China: A Rejoinder." The China Quarterly. Vol. 80 (December 1979): 838-842.

________. "Who Lost China? Chiang Kai-shek Testifies." China Quarterly. Vol. 88 (1988): 658-668.

Edgerton-Tarpley, Kathryn. "Saving the Nation, Starving the People? The Henan Famine of 1942-1943." In Joseph W. Esherick, 周錫瑞and Matthew T. Combs, 李皓天eds. 1943: China at the Crossroads. Ithaca, NY: Cornell University, 2015. P. 323-264.

Ehrenburg, G. B. Sovetskii Kitai (Soviet China). Moscow: Partizdat, 1933.

________. Sovetskoe dvizhenie v Kitae (The Soviet Movement in China). Moscow, 1933.

Elleman, Bruce A. "The End of Extraterritoriality in China: The Case of the Soviet Union, 1917-1960." Republican China. No. 2 (1996): 65-89.

Elvin, Mark, and G. William Skinners, 施堅雅eds. The Chinese City between Two Worlds. Stanford, CA: Stanford University Press, 1974.

Endicott, Stephen Lyon.文忠志 Diplomacy and Enterprise: British China Policy 1933-1937. [Vancouver]: University of British Columbia Press, 1975.

Esherick, Joseph W. 周錫瑞 "The Many Faces of Chiang Kai-shek." The Chinese Historical Review. Vol. 17. No. 1 (Spring 2010): 16-23.

________. Reform and Revolution in China: The 1911 Revolution in Hunan and Hubei. Berkeley, CA: University of California Press, 1976.

Esherick, Joseph W., 周錫瑞and Matthew T. Combs, 李皓天eds. 1943: China at the Crossroads. Ithaca, NY: Cornell University, 2015.

Erbaugh, Mary S. 艾瑪麗 "The Secret History of the Hakkas: The Chinese Revolution as a Hakka Enterprise." The China Quarterly. Vol. 132 (1992): 937-968.

Fairbank, John King. 費正清The United States and China. Cambridge, MA: Harvard University Press, 1948.

Fan Xiaofang, 范小芳Bao Dongbo, 包東波and Li Quanlu. 李娟麗Jiang Jieshi de guoce guwen Dai Jitao 蔣介石的國策顧問戴季陶 (Dai Jitao, Political Advisor to Chiang Kai-shek). Beijing: Tuanjie chubanshe, 2011. 北京：團結出版社

Fatica, Michele. "The Beginning and the End of the Idyllic Relations between Mussolini's Italy and Chiang Kai-shek's China (1930-1937)." In Maurizio Marinelli and Giovanni Andornino, eds., Italy's Encounters with Modern China: Imperial Dreams, Strategic Ambitions. New York: Palgrave Macmillan, 2014.

Feis, Herbert. The China Tangle: The American Effort in China from Pearl Harbor to the Marshall Mission. Princeton, NJ: Princeton University Press, 1953.

Fenby, Jonathan. 范比Chiang Kai-shek: China's Generalissimo and the Nation He Lost. New York: Carroll & Graff, 2004.

Feng Lin. 馮琳Zhongguo guomindang zai Tai gaizao yanjiou 中國國民黨在臺改造研究 (1950-1951) (Studies on the Reform of the Guomindang in Taiowan [1950-1952]). Nanjing: Fenghuang chubanshe, 2013. 南京：鳳凰出版社

Firsov, F. Sekretnye kody Kominterna 1919-1943 (Secret Codes of The Comintern 1919-1943). Moscow: AIRO-XX/Kraft+, 2007.

Fitzgerald, John, ed. The Nationalists and Chinese Society 1923-1937: A Symposium. Parkville: History Department, University of Melbourne, 1989.

Fox, John P. Germany and the Far Eastern Crisis 1931-1938: A Study in Diplomacy and Ideology. Oxford: Clarendon Press, 1982

________. "Max Bauer: Chiang Kai-shek's First German Military Adviser." Journal of Contemporary History. Vol. 5. No. 4 (1970): 21-44.

Fung, Edmund S. K. 馮兆基 "Chinese Nationalists and Unequal Treaties 1924-1931." Modern Asian Studies. Vol. 21. No. 4 (1987): 793-819.

________. The Intellectual Foundations of Chinese Modernity: Cultural and Political Thought in the Republican Era. New York: Cambridge University Press, 2010.

Furuya Keiji. 古屋奎二Chiang Kai-shek: His Life and Times. 蔣總統秘錄New York: St. John University Press, 1981.

Galitsky, V. P. Tszian Tszingo: Tragediia i triumf syna Chan Kaishi (Chiang Ching-kuo: The Tragedy and Triumph of Chiang Kai-shek's Son). Moscow: RAU-Universitet, 2002.

Garver, John W. 高龍江Chinese-Soviet Relations, 1937-1945: The Diplomacy of Chinese Nationalism. New York: Oxford University Press, 1988.

________. The Sino-American Alliance: Nationalist China and American Cold War Strategy in Asia. Armonk, NY: M. E. Sharpe, 1997

Goto-Shibata, Harumi. 後藤春美Japan and Britain in Shanghai, 1925-1931. New York: St. Martin's, 1995.

Giles, Robert, Robert W. Snyder, and Lisa DeLisle, eds. Covering China. New Brunswick, NJ: Transaction Publ., 2001.

Gillin, Donald G. Warlord: Yen Hsi-shan in Shansi Province: 1911-1949. Princeton, NJ: Princeton University Press, 1967.

Goldstein, Melvyn C. A History of Modern Tibet: 1913-1951: The Demise of the Lamaist State. Berkeley, CA.: University of California Press, 1989.

Goodpasture, H. McKennie. "China in an American Frank Wilson Price: A Bibliographical Essay." Journal of Presbytarian History (1962-1985). Vol. 49. No. 4 (Winter 1971): 352-364.
The Gospel According to Saint Matthew.
Grieve, William G. The American Military Mission to China, 1941-1942: Lend-Lease Logistics, Politics and the Tangles of Wartime Cooperation. Jefferson, NC: McFarland, 2014.
Grigoriev, A. M. Kommunisticheskaia partiia Kitaia v nachal'nyi period sovetskogo dvizheniia (iul' 1927 – sentiabr' 1931) (The Chinese Communist Party in the Initial Soviet Period [July 1927 – September 1931]). Moscow: IDV AN SSSR, 1976.
Gu Siyong. 谷斯涌Liang dai bei ge: Chen Bulei he ta de nüer Chen Lian 兩代悲歌：陳布雷和他的女兒陳璉 (The Sad Song of Two Generations: Chen Bulei and His Daughter Chen Lian). Beijing: Tuanjie chubanshe, 2005. 北京：團結出版社
Harmsen, Peter. Shanghai 1937: Stalingrad on the Yangtze. Philadelphia, PA: Casemate, 2013.
Harrison, Henrietta. The Making of the Republican Citizen: Political Ceremonies and Symbols in China, 1911-1929. New York: Oxford University Press, 2000.
Hayford, Charles W. 何福德 "The Final Triumph of Chiang Kai-shek? The Rush to Revisionism." H-Diplo. December 21, 2011 // http://www.h-net.org/~diplo/essays/.
He Husheng. 何虎生Ba nian kangri zhong de Jiang Jieshi 1937-1945 八年抗戰中的蔣介石 (Chiang Kai-shek During the Eight-year War of Resistance 1937-1945). Beijing: Taihai chubanshe, 2011. 北京：台海出版社
________. Jiang Jieshi zhuan 蔣介石傳 (Biography of Chiang Kai-shek). 3 vols. Beijing: Huawen chubanshe, 2005. 北京：華文出版社
He Husheng, 何虎生and Yu Zejun. 於澤俊Song Meiling dazhuan 宋美齡大傳(Large Biography of Song Meiling). 2 vols. Beijing: Wenhua chubanshe, 2007. 北京：華文出版社
He Yizhong. 何益忠 "Da geming shibai hou zhonggongdangyuan de "zhengshou" yundong" 大革命失敗後中共黨員的「征收」運動 (Movement to "Expand" the Number of Communists after the Failure of the Great Revolution). Shilin (History Review). No. 1 (2012): 120-125.
Heinzig, Dieter. The Soviet Union and Communist China 1945-1950: The Arduous Road to the Alliance. Armonk, NY: M. E. Sharpe, 2004.
Ho, Samuel P. S. 何保山 "Economics, Economic Bureaucracy, and Taiwan's Economic Development," Pacific Affairs. Vol. 60. No. 2 (Summer, 1987): 226-47.
Hoover Institution Archives Staff. An Inventory of the Chiang Kai-shek Diaries 1917-1972. (Manuscript).
Hsiao Tseng. 蕭錚Land Reform in the Republic of China. Taipei: Conference on the History of the Republic of China, 1981.
Hsiao Tso-liang. 蕭作梁Power Relations within the Chinese Communist Movement, 1930-1934: A Study of Documents. Seattle, WA: University of Washington Press, 1967.
Hsieh Shou-kang. 蕭壽康 President Chiang Kai-shek: His Childhood and Youth. Taipei: China Cultural Service, [1954].
Hsiung, James, 熊玠and Steven I. Levine, eds. China's Bitter Victory: The War with Japan 1937-1945. Armonk, NW: M. E. Sharpe, 1992.
Hsiung, S. I. 熊式一 The Life of Chiang Kai-shek. London: Peter Davies, 1948.
Hu Hua-ling. 胡華玲American Goddess of the Rape of Nanking: The Courage of Minnie Vautrin. Carbondale, IL: Southern Illinois University Press, 2000.
Hu Xing. 胡辛Jiang Jingguo yu Zhang Yaruo zhi lian 蔣經國與章亞若之戀 (Love Between Chiang Ching-kuo and Zhang Yaruo). Zhengzhou: Zhengzhou wenyi chubanshe, 2009. 鄭州：鄭州文藝出版社
"Huanqiu renwu" zazhishe, ed. 環球人物雜誌社Jiang shi jiazu bai nian midang 蔣氏家族百年祕檔 (Secret Archives of Jiang's Clan for 100 Years). Beijing: Xiandai chubanshe, 2017. 北京：現代出版社
Huang Daoxuan. 黃道炫 "Jiang Jieshi 'rang wai bi xian an nei' fangzhen yanjiu" 蔣介石「攘外必先安內」方針研究 (A Study of Chiang Kai-shek's Policy "Before We Fight the External Enemy, We Must First Establish Peace Inside the Country"). Kangri zhanzheng yanjiu 抗日戰爭研究 (Studies on the War of Resistance Against Japan). No. 2 (2000): 28-58.
Huang Fuqing. 黃福慶Qing mo liu zhi xuesheng 清末留日學生 (Chinese Students in Japan in the Late Qing Dynasty). Taipei: Zhongyang yanjiuyuan jindaishi yanjiusuo, 2010. 臺北：中央研究院近代史研究所
Huang, Grace C. Chiang Kai-shek's Uses of Shame: An Interpretive Study of Agency in Chinese Leadership. Ph. D. Dissertation. Chicago, IL, 2005.
Huang Kuo-wu. 黃克武 "Retrospect and Prospect of Overseas Studies on Chiang Kai-shek and Related Topics." Journal of Modern Chinese History. Vol. 5. No. 2 (December 2011): 233-246.
Huang Meizhen, 黃美真and Hao Shengchao, 郝盛潮eds. Zhonghua minguo shi shijian renwu lu 中華民國史事件人物錄 (Dictionary of Events and Persons in the History of the Republic of China). Shanghai: Shanghai renmin chubanshe 1987.上海：上海人民出版社
Huang Zijin. 黃自進Jiang Jieshi yu riben: Yi bu jindai Zhong-Ri guanxi shi de suoying 蔣介石與日本：一部近代中日關係史的縮影 (Chiang Kai-shek and Japan: Reflection of the History of Japan-Chinese Relations in Modern Times). Taipei: Zhongyang yanjiuyuan jindaishi yanjiusuo, 2012. 中央研究院近代史研究所
Huang Zijin, 黃自進and Pan Guangzhe, 潘光澤eds. Jiang Jieshi yu xiandai Zhongguo de xingsu 蔣介石與現代中國的形塑 (Chiang Kai-shek and the Formation of Contemporary China). 2 vol. Taipei: Zhongyang yanjiuyuan jindaishi yanjiusuo, 2013. 臺北：中央研究院近代史研究所
Hutchisson, James M. Ernest Hemingway: A New Life. University Park, PA: Pennsylvania State University Press, 2016.

Isaacs, Harold R. 伊羅生The Tragedy of the Chinese Revolution. With an Introduction by Leon Trotsky. London: Secker and Warburg, 1938.
Israel, John. 易社強Student Nationalism in China 1927-1937. Stanford, CA: Stanford University Press, 1966.
Israel, John, 易社強and Donald Klein. Rebels and Bureaucrats: China's December 9ers. Berkeley, CA: University of California Press, 1976.
Ivin, A. Sovietskii Kitai (Soviet China). Moscow: Molodaia gvardiia, 1931.
Jacobs, Dan N. Borodin: Stalin's Man in China. Cambridge, MA: Harvard University Press, 1981.
Jacoby, Neil H. Evaluation of U. S. Economic Aid to Free China, 1951-1956. Washington, D.C.: Bureau of the Far East, Agency for International Development, 1966.
Jaffe, Philip. "The Secret of 'China's Destiny.'" In Chiang Kai-shek. China's Destiny and Chinese Economic Theory. With Notes and Commentary by Philip Jaffe. New York: Roy Publishers, 1947. P. 11-25.
Jansen, Marius B. Japan and China: From War to Peace, 1894-1972. Chicago, IL: Rand McNally College, 1975.
________. The Japanese and Sun Yat-sen. Cambridge, MA: Harvard University Press, 1954.
Jesperson. T. Christopher. American Images of China: 1931-1949. Stanford, CA: Stanford University Press, 1996.
Jiajin Liangzi (Ieshika Ryuko). 家近亮子Jiang Jieshi yu Nanjing guomin zhengfu 蔣介石與南京國民政府 (Chiang Kai-shek and the Nanjing National Government). Beijing: Shehui kexue wenxian chubanshe, 2005. 北京：社會科學文獻出版社
Jiang Huaxuan. 姜華宣 "Dangde minzhu geming gangling de tichu he guogong hezuo celüede jige wenti"黨的民主革命綱領的提出和國共合作策略的幾個問題 (Several Questions Connected with the Party's Program for the Democratic Revolution and Defining the Strategy for Guomindang-CCP Cooperation). Jindaishi yanjiu 近代史研究 (Studies in Modern History). No. 2 (1985): 111-126.
"Jiang Jieshi quan kao zong mu hao fengshui" 蔣介石全靠葬母好風水 (Chiang Kai-shek Buried His Mother Strictly According to Fengshui). http://www.csxxly.com/lywh_detail/newsId=6.html.
Jiang Xiaoyan. 蔣孝嚴Jiang jia men wai de haizi 蔣家門外的孩子 (The Children Behind the Gates of the Chiang House). 3rd ed. Hong Kong: Jiuzhou chubanshe, 2012. 香港：九州出版社
Jiang Yihua. 姜義華Guomindang zuopai qizhi – Liao Zhongkai 國民黨左派旗幟：廖仲愷 (The Banner of the Left Guomindang – Liao Zhongkai). Shanghai: Shanghai renmin chubanshe, 1985. 上海人民出版社
Jiang Yongjing. 蔣永敬Baoloting yu Wuhan zhengquan 鮑羅廷與武漢政權 (Borodin and the Wuhan government). Taipei: Zhongguo xueshu zhuzuo jiangzhu weiyuanhui, 1963. 臺北：中國學術著作獎助委員會
Jiang Yongjing, 蔣永敬and Liu Weikai. 劉維開Jiang Jieshi yu guogong he zhan: 1945-1949 蔣介石與國共和戰 (Chiang Kai-shek, Peace Negotiations and War between the Guomindang and the CCP: 1945-1949). Taiyuan: Shanxi renmin chubanshe, 2013. 太原：山西人民出版社
Jin Chongji, 金沖及ed. Mao Zedong zhuan 毛澤東傳 (1893-1949) (Biography of Mao Zedong 1893-1949). Beijing: Zhongyang wenxian chubanshe, 2004. 中央文獻出版社
________. Mao Zedong zhuan 毛澤東傳 (1949-1976) (Biography of Mao Zedong, 1949-1976). 2 vols. Beijing: Zhongyang wenxian chubanshe, 2003. 中央文獻出版社
________. Zhou Enlai zhuan 周恩來傳 (1898-1976) (Biography of Zhou Enlai [1898-1976]). 2 vols. 2nd ed. Beijing: Zhongyang wenxian chubanshe, 2009.
Jin Guo. 金國Jiang Jieshi yu Jiang Jingguo, Jiang Weiguo 蔣介石與蔣經國・蔣緯國(Chiang Kai-shek and Chiang Ching-kuo, Chiang Wei-kuo). Beijing: Dongfang chubanshe, 2009. 北京：東方出版社
Jin Yilin. Guomindang gao ceng de paixi zhengzhi: Jiang Jieshi "zuigao lingxiu" diwei shi ruhe quelide 國民黨高層的派系政治：蔣介石最高領袖地位是如何確立的(Fractional Politics at the Top: How Chiang Became the GMD's Supreme Leader). Beijing: Shehui kexue wenxian chubanshe, 2009. 北京：社會科學文獻出版社
Jocelyn, Ed, and Andrew McEwan. The Long March: The True Story Behind the Legendary Journey that Made Mao's China. London: Constable, 2006.
Joiner, Lynne. Honorable Survivor: Mao's China, McCarthy's America, and the Persecution of John S. Service. Annapolis, MD: Naval Institute Press, 2009.
Jordan, Donald A. 周丹China's Trial by Fire: The Shanghai War of 1932. Ann Arbor, MI: University of Michigan Press, 2001.
________. Chinese Boycotts versus Japanese Bombs: The Failure of China's "Revolutionary Diplomacy," 1931-32. Ann Arbor, MI: The University of Michigan Press, 1991.
________. The Northern Expedition: China's National Revolution of 1926-1928. Honolulu, HI: University Press of Hawaii, 1976.
Irvine, E. Eastman, ed. The World Almanac and the Book of Facts for 1940. New York: New York World-Telegram, 1940.
Ivin, A. Ocherki partizanskogo dvizheniia v Kitae, 1927-1930 (Sketches of the Guerrilla Movement in China, 1927-1930). Moscow-Leningrad: GIZ, 1930.
________. Sovietskii Kitai (Soviet China). Moscow: Molodaia gvardiia, 1931.
Kalpakidi A., and D. Prokhorov. Imperiya GRU: Ocherki istorii rossiiskoi voennoi razvedki (The GRU Empire: An Outline History of the Russian Military Intelligence Service). Moscow: "Olma-Press", 1999.

________. Vneshniya razvedka Rossii (Russian Foreign Intelligence Service). St.-Petersburg: Neva, Olma-Press, 2001.
Kapitsa, M. S. Sovetsko-kitaiskie otnosheniia (Soviet-Chinese Relations). Moscow: Gospolitizdat, 1958.
Karpov, V. N., ed. Rassekrecheno vneshnei razvedkoi (Declassified by Foreign Intelligence Service). Moscow: OLMA-PRESS, 2003.
Keeley, Joseph. The China Lobby Man: The Story of Alfred Kohlberg. New Rochelle, NY: Arlington House, 1969.
Khor'kov, V. I., ed. Rabochee dvizhenie v Kitae (1927-1931): Nankinskii gomindan i rabochii vopros: Dokumenty i materialy (The Workers' Movement in China [1927-1931]: The Nanjing Guomindang and the Worker Question: Documents and Materials). Moscow: Nauka, 1982.
Kirby, William. 柯偉林Germany and Republican China. Stanford, CA: Stanford, University Press, 1984.
________. "The Internationalization of China: Foreign Relations at Home and Abroad in the Republic Era." In Frederic Wakeman, Jr., and Richard Louis Edmonds, eds. Reappraising Republican China. New York: Oxford University Press, 2000. P. 179-204.
________. "The Nationalist Regime and the Chinese-Party State, 1928-1958." In Merle Goldman, and Andrew Gordon. Historical Perspectives on Contemporary East Asia. Cambridge, MA: Harvard University Press, 2000. P. 211-237, 339-343.
Klein, Donald, and Clark, Anne. Biographic Dictionary of Chinese Communism: 1921-1969. In 2 vols. Cambridge, MA: Harvard University Press, 1971.
Korean Institute of Military History. The Korean War, vol. 1. Lincoln, NE: University of Nebraska, 2000.
Kratkaia Istoriia KPK (1921-1991) (A Short History of the CCP, 1921-1991). Beijing: Izdatel'stvo literatury na inostrannykh iazykakh, 1993.
Kuo Tai-chun. 郭岱君 "A Strong Diplomat in a Weak Polity: T. V. Soong and Wartime US-China Relations, 1940-1943." Journal of Contemporary China. No. 18 (29) (March 2009): 219-231.
Kuo Tai-chun, 郭岱君and Hsiao-ting Lin. 林孝庭T. V. Soong in Modern Chinese History: A Look at His Role in Sino-American Relations in World War II. Stanford, CA: Stanford University Press, 2006.
Lai, Sherman Xiaogang. 賴曉剛 "Chiang Kai-shek versus Guomindang's Corruption in the Republic Era." In Qiang Fang, and Xiaobing Li, eds. Corruption and Anticorruption in Modern China. Lanham, MD: Lexington Books, 2018. P. 73-99.
Lai Tse-han, 賴澤涵Ramon H. Myers, 馬若孟and Wei Wou. 魏萼A Tragic Beginning: The Taiwan Uprising of February 28, 1947. Stanford, CA: Stanford University Press, 1991.
Landis, Richard D. The Origins of Whampoa Graduates Who Served in the Northern Expedition. Seattle: Far Eastern and Russian Institute, University of Washington, 1964.
Lary, Diana. China's Republic. New York: Cambridge University Press, 2007.
________. The Chinese People at War: Human Suffering and Social Transformation, 1937-1945. New York: Cambridge University Press, 2010.
________. "Drowned Earth: The Strategic Breaching of the Yellow River Dyke, 1938," War in History. Vol. 8. No. 2 (2001): 191-207.
________. Region and Nation. The Kwangsi Clique in Chinese Politics, 1925-1937. London: Cambridge University Press, 1974.
________. "The Waters Covered the Earth: China's War-induced Natural Disasters," in Mark Selden et al., eds. War and State Terrorism: The United States, Japan, and the Asia-Pacific in the Long Twentieth Century. Lanham, MD: Rowman & Littlefield, 2004.
Lary, Diana, and Stephen MacKinnon, eds. Scars of War: The Impact of Warfare on Modern China. Vancouver: UBC Press, 2001.
Lee, Frederic E. Currency, Banking, and Finance in China. Washington, D.C.: U. S. Government Printing Office, 1926.
Lee Hun-ju. A Brief Biography of the Late President Chiang Kai-shek. [Taipei, 1987].
Lensen, George Alexander. The Damned Inheritance: The Soviet Union and the Manchurian Crisis 1924-1935. Tallahassee, FL: Diplomatic Press, 1974.
Leung, Edwin Pak-wah, 梁伯華ed. Political Leaders of Modern China: A Biographic Dictionary. Westport, CT: Greenwood Press, 2002.
Leutner, Mechthild 羅梅君at al., eds. The Chinese Revolution in the 1920s: Between Triumph and Disaster. London: RoutledgeCurzon, 2002.
Levich, Eugene William. 李佑清The Kwangsi Way in Kuomintang China 1931-1939. Armonk, NY: M. E. Sharpe, 1993.
Levine, Steven I. 梁思文Anvil of Victory: The Communist Revolution in Manchuria, 1945-1948. New York: Columbia University Press, 1987.
________. "A New Look at American Mediation in the Chinese Civil War: The Marshall Mission in Manchuria." Diplomatic History. No. 3 (1979): 349-375.
Leviticus.
Lew, Christopher R. The Third Chinese Revolutionary Civil War, 1945-1949: An Analysis of Communist Strategy and Leadership. London: Routledge, 2009.
Li Gongzhong. 李恭忠Zhongshanling: Yi u' xiandai zhengzhi fuhao de dansheng 中山陵：一個現代政治符號的誕生(Sun Yat-sen's Mausoleum: The Birth of a Modern Political Symbol). Beijing: Shehui kexue wenxian chubanshe, 2009. 北京：社會科學文獻出版社
Li Junshan. 李君山 "Jiang Jieshi zai Tai xingguan zhi chutan蔣介石在臺行館之初探 (1949-1975) (Initial Analysis of Chiang Kai-shek's Villas on Taiwan, 1919-1975). In Lü Fangshang, 呂芳上ed. Jiang Jieshi de richang shenghuo 蔣介石的日常生活 (Chiang Kai-shek's Daily Life). Taipei: Zhengda chubanshe, 2012. P. 163-214. 臺北：政大出版社

Li Maosheng et al. 李茂盛Yan Xishan quan zhuan 閻錫山全傳 (Complete Biography of Yan Xishan). 2 vols. Beijing: Dangdai Zhongguo chubanshe, 1997. 北京：當代中國出版社

Li Songlin. 李松林Jiang Jieshi de wannian suiyue 蔣介石的晚年歲月 (The Last Years of Chiang Kai-shek). Beijing: Tuanjie chubanshe, 2013. 北京：團結出版社

________, eds. Zhongguo guomindang dashiji 中國國民黨大事紀 (1894.11 – 1986.12) (Chronology of the Chinese Guomindang [November 1894 – December 1986]). Beijing: Jiefangjun chubanshe, 1988. 解放軍出版社

Li Songlin, 李松林and Chen Taixian. 陳太先Jiang Jingguo da zhuan 1910-1988 蔣經國大傳 (Large Biography of Chiang Ching-kuo 1910-1988). 2 vols. Beijing: Tuanjie chubanshe, 2011. 北京：團結出版社

Li Songlin, 李松林and Zhu Zhinan. 祝志男 Zhonggong heping jiejue Taiwan wenti de lishi kaocha 中共和平解決臺灣問題的歷史考察 (A Historical Analysis of How the CCP will Resolve the Taiwan Question via Peaceful Means). Beijing: Jiuzhou chubanshe, 2014. 北京：九州出版社

Li Xiaobing. 李小兵 "Anticorruption Policy and Party Politics: The Lost Political Battle and the Fate of the GMD." In Qiang, Fang and Xiaobing Li, 李小兵eds. Corruption and Anticorruption in Modern China. Lanham, MD: Lexigton Books, 2018. P. 101-118.

Li Xiaobing, 李小兵and Hongshan Li, eds. China and the United States: A New Cold War History. Lanham, MD: University Press of America, 1998.

Li Yiping et al. Shilin guandi 士林官邸 (Shilin Residence). 3rd ed. Taipei: Taipei shi wenhua ju, 2016. 臺北市文化局

Li Yongming, 李永銘and Fan Xiaofang. 范小方43 zhanfan de houbansheng 43位戰犯的後半生 (The Second Half of the Lives of 43 War Criminals). Wuhan: Hubei renmin chubanshe, 2008. 武漢：湖北人民出版社

Liang Hsi-Huey. 梁錫輝The Sino-German Connection: Alexander von Falkenhausen between China and Germany 1900-1941. Amsterdam: Van Gorcum, 1978.

Liao Yanbo, 廖彥博and Chen Yiming. 陳一銘Jiang shi jiazu shenghuo mishi 蔣氏家族生活祕史 (Secret History of the Life of the Jiang Clan). Taipei: Haodu chuban, 2007. 臺北：好讀出版

Lin Bowen. 林博文Zhang Xueliang, Song Ziwen dang'an da jiemi 張學良，宋子文檔案大揭密 (Big Secrets Uncovered in the Archives of Zhang Xueliang and Song Ziwen). Taipei: Shibao wenhua chuban qiye gufen youxian gongsi, 2007. 時報文化出版企業股份有限公司

Lin Hongnuan. 林鴻暖 "Zhang Tailei."張太雷 In Hu Hua, 胡華ed. Zhonggongdang shi renwu zhuan 中共黨史人物傳 (Biographies of Persons in the History of the CCP). Vol. 4. Xian: Shaanxi renmin chubanshe, 1985. P. 62-108. 西安：陝西人民出版社

Lin Hsiao-ting. 林孝庭Accidental State: Chiang Kai-shek, the United States, and the Making of Taiwan. Cambridge, MA: Harvard University Press, 2016.

________. Chiang Kai-shek and the Cairo Summit." In Joseph W. Esherick, and Matthew T. Combs, eds. 1943: China at the Crossroads. Ithaca, NY: Cornell University, 2015. P. 426-458.

________. "Reassessing Wartime U.S.-China Relations: Leadership, Foreign Aid, and Domestic Politics, 1937-1945." NIDS Military History Studies Annual. No. 16 (2013): 117-138.

Lin Youhua, 林友華Lin Sen nianpu 林森年譜 (Chronological Biography of Lin Sen). Beijing: Zhongguo wenshi chubanshe, 2011. 北京：中國文史出版社

Lin Yutang. 林語堂 "Introduction." In Chiang Kai-shek. China's Destiny. Translated by Wang Chung-hui. 王寵惠 With an Introduction by Lin Yutang. New York: The Macmillan, 1947. P. 11-25.

Linebarger, 林百克Paul Myron Anthony. Government in Republican China. Westport, CT: McGraw-Hill, 1938.

________. The Political Doctrines of Sun Yat-sen: An Exposition of the San min chu i. Baltimore, MD: Johns Hopkins University Press, 1937.

Litten, Frederick S. "The Noulens Affair." 牛蘭事件The China Quarterly. Vol. 138 (June 1994): 492-512.

Liu Hongzhe. 劉洪哲 "1927 nian Jiang Jieshi yu Song Ailing 'Jiujiang tanhua' tanwei – Qian lun '"Chen Jieru huyilu" de shixue jiazhi" 1927年蔣介石與宋靄齡「九江談話」探微—淺論「陳潔如回憶錄」的史學價值 (Brief Analysis of the "Jiujiang Conversations" of Chiang Kai-shek and Song Ailing in 1927, or On the Historical Value of the "Reminiscences of Chen Jieru"). Jiujiang xueyuan xuebao (shehui kexue ban) (Bulletin of Jiujiang University [Social Sciences Issue]). Vol. 30. No. 2 (161) (2011): 63-65.

Liu Weikai. 劉維開 "Guofang huiyi yu guofang lianxi huiyi zhi zhaokai yu yingxiang" 國防會議與國防聯席會議之召開與影響(Convening the Conference on National Defense Issues and the Joint Conference on Issues of Defense and Their Influence). Jindai Zhongguo (Contemporary China). No. 163 (2005): 32-52.

________. Zhongguo guomindang zhiming lu 中國國民黨職名錄 (1894-1994) (List of Officials of the Chinese Guomindang [1894-1994]). Beijing: Zhonghua shuju, 2014. 北京：中華書局

Liu Yisheng. 劉義生 "Guomindang kaichu dangji xianxiang shulun" 國民黨開除黨籍現象述論 (Brief Essay on the Phenomenon of Guomindang Expulsion from the Party). Shixue yuekan 史學月刊(Historical Science Monthly). No. 5 (1997): 45.

Loh, Pichon P. Y. 陸培湧(品清)The Early Chiang Kai-shek: A Study of His Personality and Politics, 1887-1924. New York: Columbia University Press, 1971.

Lorenzo, David J. Conceptions of Chinese Democracy: Reading Sun Yat-sen, Chiang Kai-shek and Chiang Ching-kuo. Baltimore, MD: Johns Hopkins University Press, 2013.

Lowe, Peter. The Origins of the Korean War. 2nd ed. London: Longman, 1997.

Lü Fangshang. 呂芳上 "Zongcai de 'shounao waijiao': 1949 nian Jiang Zongzheng chufang Fei Han" 總裁的「首腦外交」：1949年蔣中正出訪菲韓 (The Zongcai's Summit Diplomacy: Chiang Zhongzheng's 1949 Visits to the Philippines and South Korea). In Wu Zusheng and Chen Liwen, eds. Jiang Zongzheng yu Minguo waijiao 蔣中正與民國外交 (Chiang

Zhongzheng and the Foreign Relations of the Republic). Vol. 2. Taipei: Guoli Zhongzheng jiniantang guanlichu, 2013. 臺北：國立中正紀念堂管理處

Lu [Lü] Fang-shang, 呂芳上 and Hsiao-ting Lin. 林孝庭 "Chiang Kai-shek's Diaries and Republican China: New Insights on the History of Modern China." The Chinese Historical Review. Vol. 15, No. 2 (Fall 2008): 331-339.

Lü Fangshang, 呂芳上ed. Zhanzheng de lishi yu jiyi 戰爭的歷史與記憶 (War in History and Memory). 4 vols. Taipei: Guoshiguan, 2015. 臺北：國史館

Lü Fangshang 呂芳上et. al., eds. Jiang Jieshi de qinqing, aiqing yu youqing 蔣介石的親情、愛情與友情 (Chiang Kai-shek's Family Members, Lovers, and Friends). Taipei: Shibao wenhua chuban qiye gufen youxian gongsi, 2011. 臺北：時報文化出版企業股份有限公司

________. Jiang Jieshi de richang shenghuo 蔣介的日常生活 (Chiang Kai-shek's Daily Life). Taipei: Zhengda chubanshe, 2012. 臺北：政大出版社

________. Jiang Zhongzheng xiansheng nianpu changbian 蔣中正先生年譜長編(Large Chronological Biography of Mr. Chiang Zhongzheng). 6 vols. Taipei: Guoshiguan, 2014. 臺北：國史館

Lu Xingsheng. 陸幸生Xiang qian zou, bie huigu: Lu Xingsheng baogao wenxue xuan 向前走別回頭：陸幸生報告文學選 (March Forward, Don't Look Back: Selected Reports by Lu Xingsheng on Literature). Beijing: Duli zuojia, 2015. 北京：獨立作家

Lutze, Thomas D. China's Inevitable Revolution: Rethinking America's Loss to the Communists. New York: Palgrave Macmillan, 2007.

Ma Quanzhong, 馬全忠ed. Taiwan ji shi liushi nian 臺灣記事六十年 (Sixty-year Chronicle of Taiwan). Taipei: Taiwan xuesheng shuju, 2010. 臺北：學生書局

Ma Zhendu. 馬振犢 "Chiang Kai-shek's Diary: A Comparison Between the Original and Copies Compiled by Mao Sicheng 毛思誠– Using Entries from July 1926 as Examples." Journal of Modern Chinese History. Vol. 5. No. 2 (Dec. 2011): 247-60.

________, ed. Kangri zhong de Jiang Jieshi 抗戰中的蔣介石 (Chiang Kai-shek During the War of Resistance). Beijing: Jiuzhou chubanshe, 2013. 北京：九州出版社

"MAAG – Saga of Service." Taiwan Today. March 13, 2018.

Macdonald, Douglas J. Adventures in Chaos: American Intervention for Reform in the Third World. Cambridge, MA: Harvard University Press, 1992.

MacKinnon, Janice R., and Stephen R. MacKinnon. Agnes Smedley: The Life and Times of an American Radical. Berkeley, CA: University of California Press, 1988.

MacKinnon, Stephen R. 麥金龍Wuhan, 1938: War, Refugees, and the Making of Modern China. Berkeley, CA: University of California Press, 2008.

MacKinnon, Stephen R., 麥金龍and Oris Friesen. China Reporting: An Oral History of American Journalism in the 1930s and 1940s. Berkley, CA: University of California Press, 1987.

MacKinnon, Stephen R., 麥金龍Diana Larry, and Ezra F. Vogel.傅高義 China at War: Regions of China, 1937-1945. Stanford, CA: Stanford University Press, 2007.

Maliavin, V. V. Kitaiskaia tsivilizatsiia (Chinese Civilization). Moscow: Astrel', 2004.

Malraux, Andre. Man's Fate. Translated by Haakon Maurice Chevalie. New York: Modern Library, 1934.

"Mao Fumei." 毛福梅Zhongguo baike zai xian 中國百科在線 (Chinese Internet Encyclopedia). http://www.zwbk.org/MyLemmaShow.aspx?zh=zh-tw&lid=263253.

Mao Jiaqi. 茅家琦Jiang Jingguo de yisheng he ta de sixiang yanbian 蔣經國的一生和他的思想演變 (The Life of Chiang Ching-kuo and the Evolution of His Views). Taipei: Taiwan shangwu yinshuguan, 2003. 臺北：商務印書館

Mao Sicheng, 毛思誠Minguo shiwu nian yilai zhi Jiang Jieshi xiansheng 民國十五年以前之蔣介石先生 (Mr. Chiang Kai-shek Before 1926). Hong Kong: Long men shudian, 1965. 香港：龍門書店

Martin, Brian G. The Shanghai Green Gang: Politics and Organized Crime, 1919-1937. Berkeley, CA: University of California Press, 1996.

Maslov, S. "Drug sovtskoi razvedki" (A Friend of Soviet Intelligence Service). In V. N. Karpov, ed. Rassekrecheno vneshnei razvedkoi (Declassified by Foreign Intelligence Service). Moscow: OLMA-PRESS, 2003.

________. "Kak nashi s drugom Gitlera v rasvedku khodili" (How Our People Cooperated in Intelligence Work with a Friend of Hitler). Komsomol'skaia pravda (Communist Youth Truth). April 18, 2004.

Marinelli M., and Andornino G., eds. Italy's Encounters with Modern China: Imperial Dreams, Strategic Ambitions. New York: Palgrave Macmillan, 2014.

Matsusaka, Yoshihisa Tak. The Making of Japanese Manchuria, 1904-1932. Cambridge, MA: Harvard University Asian Center, 2001.

May, Ernest. The Truman Administration and China, 1945-1949. Philadelphia: J. D. Lippincott, 1975.

Mayakovsky, Vladimir. The Bedbug and Selected Poetry. Translated by Max Hayward and George Reavey. Cleveland, OH: Meridian Books, 1960.

McClain, James L. Japan, A Modern History. New York: W. W. Norton, 2002.

McCullough, David. Truman. New York: Simon & Schuster, 1992.

McDonald Jr., Angus W. The Urban Origins of Rural Revolution: Elites and the Masses in Hunan Province, China, 1911-1927. Berkeley, CA: University of California Press, 1978.

McLaughlin, John J. General Albert C. Wedemeyer: America's Unsung Strategist in World War II. Philadelphia, PA: Casemate, 2012.

Meliksetov, A. V. Sotsial'no-ekonomicheskaia politika Gomindana v Kitae (1927-1949) (The Socio-economic Policy of the Guomindang in China [1927-1949]. Moscow: Nauka, 1977.
________, ed. Istoriia Kitaia (History of China). Moscow: Izdatel'stvo MGU, 1998.
Mencius. 孟子The Works of Mencius. Translated with Critical and Exegetical Notes, Prolegomena, and Copious Indexes by James Legge. New York: Dover, 1970.
Metzler, John J. Taiwan's Transformation: 1895 to the Present. New York: Palgrave Macmillan, 2017.
Meyers, Jeffrey. Hemingway: A Biography. New York: Harper & Row, 1985.
Miller, John R. "The Chiang-Stilwell Conflict, 1942-1944." Military Affairs. Vol. 43. No. 2 (April 1979): 59-62.
Mirovitskaia, R. A. "Sovetskii Soiuz i Kitai v period razryva i vosstanovleniia otnoshenii (1928-1936 gg.)" (The Soviet Union and China during the Period of the Rift and the Restoration of Relations)." Informatsionnyi biulleten' IDV AN SSSR (Information Bulletin of the Institute of the Far East, Academy of Sciences, USSR). No. 67. Moscow: IDV AN SSSR 1975.
Mitter, Rana. Forgotten Ally: China's World War II, 1937-1945. Boston: Houghton Mifflin Harcourt, 2013.
Mlechin, L. M. Istoriia vneshnei razvedki: Kar'ery i sud'by (The History of Foreign Intelligence: Careers and Fates). Moscow: ZAO Tsentrpoligrapf, 2008.
Moeller, Hans-Georg. Daodejing (Laozi): A Complete Translation and Commentary. Chicago, IL: Open Court, 2007.
Moss, George Donelson. Vietnam: An American Ordeal. 6th ed. Upper Saddle River, NJ: Prentice Hall, 2006.
Moreira, Peter. Hemingway on the China Front: His WWII Spy Mission with Martha Gellhorn. Washington, D.C.: Potomac Books, 2006.
Morris, Andrew D. Marrow of the Nation: a History of Sport and Physical Culture in Republican China. Berkeley, CA: University of California Press, 2004.
Morton, William Fitch. Tanaka Giichi and Japan's China Policy. New York: St. Martin's Press, 1980.
Muscolini, Micah S. The Ecology of War in China: Henan Province, the Yellow River and Beyond. New York: Cambridge University Press, 2015.
Musgrove, Charles D. China's Contested Capital: Architecture, Ritual, and Response in Nanjing. Honolulu: University of Hawai'i Press, 2013.
Neal, Steve. Dark Horse: A Biography of Wendell Willkie. Garden City, N.Y.: Doubleday, 1984.
Neils, Patricia. China Images in the Life and Times of Henry Luce. Savage, MD: Rowman & Littlefield, 1990.
Nester, William R. Japanese Industrial Targeting: The Neomercantilist Path to Economic Superpower. New York: St. Martin's Press, 1991.
Newman, Robert P. Owen Lattimore and the "Loss" of China. Berkeley, CA: University of California Press, 1992.
Niu Jun. 牛軍"The Origins of the Sino-Soviet Alliance." In O. Arne Westad, ed. Brothers in Arms: The Rise and Fall of the Sino-Soviet Alliance: 1945-1963. Stanford, CA: Stanford University Press, 1998. P. 47-89.
O'Brien, Neil L. An American Editor in Early Revolutionary China: John William Powell and the China Weekly/Monthly Review. New York: Routledge, 2003.
Odani, Akira. "Wang Ching-wei and the Fall of the Chinese Republic, 1905-1935". Ph. D. Thesis. Brown University, 1976.
Ogata, Sadako N. 緒方貞子Defiance in Manchuria: The Making of Japanese Foreign Policy, 1931-1932. Berkeley, CA: University of California Press, 1964.
Osinsky, Pavel. "Modernization Interrupted? Total War, State Breakdown, and the Communist Conquest of China." The Sociological Quarterly. Vol. 51. No. 4 (Sep. 2010): 576-599.
Pakula, Hannah. The Last Empress: Madame Chiang Kai-shek and the Birth of Modern China. New York: Simon & Schuster, 2009.
Pan Ling. 潘翎In Search of Old Shanghai. Hong Kong: Joint Pub., 1983.
Pan Qichang. 潘琪昌Bainian Zhong-De guanxi 百年中德關係 (One Hundred Years of Sino-German Relations). Beijing: Shijie zhishi chubanshe, 2006. 北京：世界知識出版社
Pang Xianzhi, 逄先知ed. Mao Zedong nianpu, 1893-1949 (Chronological Biography of Mao Zedong, 1893-1949). 3 vols. Beijing: Renmin chubanshe/Zhongyang wenxian chubanshe, 2002.
Pantsov, Alexander. 潘佐夫The Bolsheviks and the Chinese Revolution, 1919-1927. Honolulu, HI: University of Hawai'i Press, 2000.
________. "Chan Kaishi i natsional'no-osvoboditel'noe dvizhenie v Kitae." In Tszian Chzhunzhen (Chan Kaishi). Sovetskaia Rossiia v Kitae: Vospominaniia i razmyshleniia v 70 let (Jiang Zhongzheng [Chiang Kai-shek]. Soviet Russia in China: Reminiscences and Thoughts at 70). Edited by A. V. Pantsov. Moscow: Posev, 2009. P. 6-12.
________. "Mao i Chan: Kto Podnebesbou bolee tsenen" (Mao and Chiang: Whom did Heaven Favor More?). Diletante (Dilettante). No. 1 (2016): 60-65.
________. Mao Tsze-dun (Mao Zedong). 2nd, Revised ed.: Molodaia gvardiia, 2012.
________. "Obrazovaniie opornykh baz 8-i Natsional'no-revoliutsionnoi armii v tylu iaponskikh voisk v Severnom Kitae" (Establishment of the Eighth Route Army Base Areas in the Japanese Rear in North China). In M. F. Yuriev. Voprosy istorii Kitaia (Problems of Chinese History). Moscow: Izdatel'stvo MGU, 1981. P. 39-43.
________. "Pochemy Iaponiia ne napala na Sovetskii Soiuz?" (Why Did Japan Not Attack the Soviet Union?). https://echo.msk.ru/programs/victory/560650-echo/.
________. "'Tverdyi, kak kamen,': Rannie gody Chan Kaishi" ("Firm as a Rock": Early Years of Chiang Kai-shek). Problemy Dal'nego Vostoka (Far Eastern Affairs). No. 2 (2016): 134-145.
Pantsov, Alexander V., 潘佐夫and Daria A. Arincheva. "'Novaiia demokratiia Mao Tszeduna i Novyi avtoritaizm Chan Kaishi: Dve paradigmy obshchestvennogo progressa Kitaia serediny 20-go veka" (Mao Zedong's "New Democracy" and Chiang Kai-shek's New Authoritarianism: Two Paradigms of Social Progress in Mid-twentieth Century China). Problemy Dal'nego Vostoka

(Far Eastern Affairs). No. 1 (2014): 109-118.
Pantsov, Alexander V., 潘佐夫and Steven I. Levine, Chinese Comintern Activists: An Analytic Biographic Dictionary. (Manuscript).
Pantsov, Alexander V., 潘佐夫ewith Steven I. Levine. Deng Xiaoping: A Revolutionary Life. New York: Oxford University Press, 2016.
________. Mao: The Real Story. New York: Simon & Schuster, 2012.
Pantsov, A. V., 潘佐夫and M. F. Yuriev. "Ustanovlenie sotrudnichstva mezhdu KPK i Sun Yat-sen v 1921-1924 gg.: K istorii obrazovaniia edinogo antiimperialistichekogo fronta" (Establishment of Cooperation between the CCP and Sun Yat-sen in 1921-1924: On a History of the Formation of the Anti-imperialist United Front). In L. S. Tikhvinsky, ed. Sun Yat-sen, 1866-1986: K 120-letiyu so dnia rozhdeniia: Sbornik statei, vospominanii i materialov (Sun Yat-sen, 1866-1986: On the 120th Anniversary of His Birth: Collection of Articles, Reminiscences and Materials). Moscow: Nauka, 1987. P. 129-171.
Panzuofu, 潘佐夫Yalishanda (A. V. Pantsov). Dui Yang Kuisong jiaoshou guanyu "Mao Zedong zhuan" shuping de huiying 對楊奎松教授關於《毛澤東傳》書評的回應 (Reply to Professor Yang Kuisong's Review of "Biography of Mao Zedong"). Jindaishi yanjiu 近代史研究 (Studies in Modern History). No. 6 (2017): 105-121.
Payne, Robert. 白英Chiang Kai-shek. New York: Weybright and Talley, 1969.
Pepper, Suzanne. 胡素珊Civil War in China: The Political Struggle 1945-1949. 2nd ed. Lanham, MD: Rowman & Littlefield, 1999.
Perelomov, L. S. Konfutsii: "Lun yu" (Confucius: "Lun yu"). Moscow: Vostochnaia literatura RAN, 1998.
Pisarev, A. A. Gomindan i agrarno-krest'ianskii vopros v Kitae v 20-30-e gody XX v. (The Guomindang and the Agrarian-peasant Question in China in the 1920s and 1930s). Moscow: Nauka, 1986.
Polo, Marco. The Book of Ser Marco Polo, the Venetian Concerning the Kingdoms of Marvels of the East. Translated by Colonel Sir Henry Yule. 2 vols. 3rd ed. New York, Charles Scribner's Sons, 1929.
Prokhorov, Dmitrii. "'Liternoe delo' marshala Zhan Zolinia" (The "Lettered File" of Marshal Zhang Zuolin). Nezavisimoe voennoe obozrenie (The Independent Military Review). No. 21 (2003): 5.
Pronin, A. "Sovetnik Chan Kaishi" (Chiang Kai-shek's Advisor). Trud (Labor). March 11, 2000.
Prudnikova, E. Rikhard Zorge: Razvedchik No. 1? (Richard Sorge: Spy No. 1?). Saint Petersburg: Neva, 2004.
Qi Pengfei. 齊鵬飛Jiang Jieshi jia shi 蔣介石家世 (Generations of the Ching Kai-shek's Family). Beijing: Tuanjie chubanshe, 2007. 北京：團結出版社
Qiang Fang, 方強and Xiaobing Li, 李小兵 eds. Corruption and Anticorruption in Modern China. Lanham, MD: Lexigton Books, 2018.
Qin Xiaoyi, ed. 秦孝儀Zongtong Jiang gong dashiji changban chugao 總統蔣公大事記長編初稿 (First Draft of Large Chronological Biography of Mr. President Chiang). 13 vols. Taipei: Zhongzheng wenjiao jijinhui chubanshe, 1978. 臺北：中正文教基金會出版社
________, ed. Chen Yingshi xiansheng jinian ji 陳英士先生紀念集 (Collection in Memory of Chen Yingshi). Taipei: Jingxiao chu zhongyang wenwu gongyingshe, 1977. 臺北：經銷處中央文物供應社
Radchenko, Sergey. "Lost Chance for Peace: The 1945 CCP-Kuomintang Peace Talks Revisited." Journal of Cold War Studies. Vol. 19. No. 2 (Spring 2017): 84-114.
Rand, Peter. China Hands: The Adventures and Ordeals of the American Journalists Who Joined Forces with the Great Chinese Revolution. New York: Simon & Schustert, 1995.
Rankin, Mary Backus. Early Chinese Revolutionaries: Radical Intellectuals in Shanghai and Chekiang, 1902-1911. Cambridge, MA: Harvard University Press, 1971.
Remer, C. F., and William B. Palmer. A Study of Chinese Boycott: With Special Reference to Their Economic Effectiveness. Baltimore, MD: Johns Hopkins Press, 1933.
Ritchie, John, ed. Australian Dictionary of Biography. Vol. 8. Carton, Vic.: Melbourne University, 1981. P. 317-18.
Roberts, Geoffrey. The Soviet Union and the Origins of the Second World War: Russo-German Relations and the Road to War, 1933-1941. New York: St. Martin's Press, 1995.
Rodriguez, Robyn L. Journey to the East: The German Military Mission in China, 1927-1938. Ph. D. Thesis. The Ohio State University, 2011.
Romanus, Charles F., and Riley Sunderland. Stilwell's Command Problems (Washington, D.C.: Office of the Chief of Military History, Department of the Army, 1956.
________. Stilwell's Mission to China. Washington, D.C.: Office of the Chief of Military History, Department of the Army, 1953.
Rottman, Gordon F. Korean War Order of Battle: United States, United Nations, and Communist Ground, Naval, and Air Forces, 1950-1953. Westport, CT: Praeger, 2002.
The Sacred Books of China: The Texts of Taoism. Book 1. Translated by James Legge. Oxford: Clarendon Press, 1891.
Sainsbury, Keith. The Turning Point: Roosevelt, Stalin, Churchill, and Chiang Kai-shek, 1943: The Moscow, Cairo, and Teheran Conferences. Oxford: Oxford University Press, 1985.
Samarani, Guido. "The Evolution of Fascist Italian Diplomacy During the Sino-Japanese War, 1937-1943." In David P. Barrett and Larry N. Shyu, eds. China in the Anti-Japanese War, 1937-1945: Politics, Culture, and Society. New York: Peter Lang, 2001. P. 65-88.
________. "Italians and Nationalist China (1928-1945): Some Case Studies." In Anne-Marie Brady, and Douglas Brown, eds. Foreigners and Foreign Institutions in Republican China. London:

Routledge, 2013. P. 234-50.

Sandilands, Roger J. The Life and Political Economy of Lauchlin Currie: New Dealer, Presidential Adviser, and Development Economist. Durham, NC: Duke University Press, 1990.

Sang Tse-lan, D. 桑梓蘭The Emerging Lesbian: Female Same-Sex Desire in Modern China. Chicago, IL: The University of Chicago Press, 2003.

Sapozhnikov, B. G. Kitai v ogne voiny (1931-1950) (China in the Fires of War [1931-1950]). Moscow: Nauka, 1977.

Schafferer, Christian. The Power of the Ballot Box: Political Development and Election Campaigning in Taiwan. Lanham, MD: Lexington Books, 2003.

Schaller, Michael. The U.S. Crusade in China, 1938-1945. New York: Columbia University Press, 1979.

Schechter, Jerrold, and Leona. Sacred Secrets: How Soviet Intelligence Operations Changed American History. Washington, D.C.: Brassey's, 2002.

Schivelbusch, Wolfgang. Three New Deals: Reflections on Roosevelt's America, Mussolini's Italy, and Hitler's Germany, 1933-1939. New York : Metropolitan Books, 2006.

Schoppa, R. Keith. 蕭邦奇Chinese Elites and Political Change: Zhejiang Province in the Early Twentieth Century. Cambridge MA: Harvard University Press, 1982.

Selden, Mark et al., eds. War and State Terrorism: The United States, Japan, and the Asia-Pacific in the Long Twentieth Century. Lanham, MD: Rowman & Littlefield, 2004.

Selle, Earl Albert. Donald of China. New York: Harper & Brothers, 1948.

Shai, Aron. Zhang Xueliang: The General Who Never Fought. New York: Palgrave Macmillan, 2012.

Shao Minghuan, 邵銘煌ed. Jiang Zhongzheng yu dangzheng guanxi 蔣中正與黨政關係 (Chiang Zhongzheng's Relations with the Party and the Government). Taipei: Guoli Zhongzheng jiniantang guanlichu, 2013. 臺北：國立中正紀念堂管理處

Sharman, Lyon. Sun Yat-sen: His Life and Its Meaning: A Critical Biography. New York: John Day, 1934.

Shaw, Jr., Henry I. The United States Marines in North China 1945-1949. Washington, DC: Historical Branch, G-3 Division, Headquarters, U.S. Marine Corps, 1968.

Shen Shiming, 沈石銘and Xu Yong, 徐勇eds. Sun Zhongshan yu Huzhou ren 孫中山與湖州人(Sun Zhongshan and People from Huzhou). Beijing: Tuanjie chubanshe, 2001. 北京：團結出版社

Sheng Yonghua, 盛永華ed. Song Qingling nianpu 宋慶齡年譜 (1893-1981) (Chronological Biography of Song Qingling). 2 vols. Guangzhou: Guangdong renmin chubashe, 2006. 廣州：廣東人民出版社

Sheridan, James E. China in Disintegration: The Republican Era in Chinese History, 1912-1949. London: The Free Press, 1975.

________. Chinese Warlord: The Career of Feng Yü-hsiang. Stanford, CA: Stanford University Press, 1966.

Shewmaker, Kenneth E. Americans and Chinese Communists, 1927–1945: A Persuading Encounter. Ithaca, NY: Cornell University Press, 1971.

Shi Jinsheng et al. 史金生Nanjing guomin zhengfu de jianli 南京國民政府的建立(Formation of the Nanjing National Government). Zhengzhou: Henan renmin chubanshe, 1987. 鄭州：河南人民出版社

Shi Yongang, 師永剛and Fang Xu. 方旭Jiang Jieshi hou zhuan: Jiang Jieshi Taiwan 26 nian zhengzhi dili 蔣介石後傳：蔣介石臺灣26年政治地理 (The Last Part of Chiang Kai-shek's Biography: The Political Geography of Chiang Kai-shek's Twenty-six Year Sojourn on Taiwan). Beijing: Tuanjie chubanshe, 2013. 北京：團結出版社

________. Jiang Jingguo hua zhuan 蔣經國畫傳 (Illustrated Biography of Chiang Ching-kuo). Changsha: Hunan wenyi chubanshe, 2013. 長沙：湖南文藝出版社

Shi Yongang, 師永剛and Lin Bowen. 林博文Song Meiling hua zhuan 宋美齡畫傳(Illustrated Biography of Song Meiling). Beijing: Zuojia chubanshe, 2015. 北京：作家出版社

Shi Yongang, 師永剛and Yang Su. 楊素Jiang Jieshi 1887-1975 tu zhuan 蔣介石一八八七一一九七五圖傳 (Illustrated Biography of Chiang Kai-shek). Wuhan: Changjiang wenyi chubashe, 2016. 武漢：長江文藝出版社

Shiroyama, Tomoko. 城山智子China during the Great Depression: Market, State, and the World Economy, 1929-1937. Cambridge, MA: The Harvard University Asian Center, 2008.

Short, Philip. Mao: A Life. New York: Henry Holt, 1999.

Sergeant, Harriet. Shanghai. London: Jonathan Cape, 1991.

Sidorov, A. "Problema zakliucheniia pakta of nenapadenii v sovetsko-kitaiskikh otnosheniiakh (1932-1937 gg.)" (The Problem of Concluding the Sino-Soviet Non-Aggression Pact [1932-1937])." Problemy Dal'nego Vostoka (Far Eastern Affairs). No. 1 (2009): 122-139.

Sladkovsky, M. I., ed. Noveishaiia istoriia Kitaia 1917-1927 (Contemporary History of China 1917-1927). Moscow: Nauka, 1983.

________. Noveishaia istoriia Kitaia 1928-1949 (Contemporary History of China 1928-1949). Moscow: Nauka, 1984.

Slavinsky, B. N. The Japanese-Soviet Neutrality Pact: A Diplomatic History, 1941-1945. Translated by Geoffrey Jukes. London: RoutledgeCurzon, 2004.

________. Pakt o neitralitete mezhdu SSSR i Iaponiei: Diplomaticheskaia istoriia, 1941-1945 (The Pact on Neutrality between the USSR and Japan: A Diplomatic History, 1941-1945). Moscow: TOO "Novina", 1995.

Smith, Jean Edward. FDR. New York: Random House, 2007.

Smith, Shirley Ann. Imperial Designs: Italians in China, 1900-1947. Madison, NJ: Fairleigh Dickenson University Press, 2012.

Sokolov, V. V. "Dve vstrechi Sun Fo s I. V. Stalinym v 1938-1939 gg." (Sun Fo's Two Meetings with Stalin in 1938-1939). Novaia i noveishaia istoriia (Modern and Contemporary History). No. 6 (1999): 18-26.

________. "'Zabytii diplomat'" D. V. Bogomolov (1890-1938)" (A "Forgotten Diplomat" D. V. Bogomolov [1890-1938]). Novaia i noveishaia istoriia (Modern and Contemporary History). No. 3 (2004): 165-195.

Spence, Jonathan D. 史景遷The Search for Modern China. 3rd ed. New York: W. W. Norton, 2013.

Spichak, D. A. Kitaiskii avangard Kremlia: Revoliutsionery Kitaia v moscovskikh shkolakh Kominterna (1921-1939) (The Chinese Vanguard of the Kremlin: Revolutionaries of China in the Moscow Schools of the Comintern [1921-1939]). Moscow: "Veche", 2011.

Steenberg, Sven. Vlasov. New York: Knopf, 1970.

Stranahan, Patricia. Underground: The Shanghai Communist Party and the Politics of Survival, 1927-1937. Lanham, MD: Rowman & Littlefield, 1998.

Strand, David. Rickshaw Beijing: City People and Politics in the 1920s. Berkeley, CA: University of California Press, 1989.

________. An Unfinished Republic: Leading by Word and Deed in Modern China. Berkeley, CA: University of California Press, 2011.

Su Zhiliang, ed. 蘇智良Zuoerge zai Zhongguo de mimi shiming 左爾格在中國的祕密使命 (Sorge's Secret Mission in China). Shanghai: Shanghai shehui kehui chubanshe, 2014.

Sukharchuk, G. D. Sotsial'no-ekonomicheskie vzgliady politicheskikh liderov Kitaia pervoi poloviny XX v.: sravnitel'nyi analiz (Socio-economic Views of Political Leaders in China in the First Half of the Twentieth Century: A Comparative Analysis). Moscow: Nauka, 1983.

________. "Sun Yat-sen." In M. L. Titarenko, ed. Dukhovnaiia kul'tura Kitaia: Entsiklopediia (Spiritual Culture of China: Encyclopedia). 2nd ed. Vol. 1. Moscow: Izdatel'stvo "Vostochnaia literatura", 2011.

Sutton, Donald S. "German Advice and Residual Warlordism in the Nanking Decade: Influences on Nationalist Military Training and Strategy." China Quarterly. Vol. 91 (September 1982): 386-410.

________. Provincial Militarism and the Chinese Republic: The Yunnan Army, 1905-25. Ann Arbor, MI: University of Michigan Press, 1980.

Tai, Paul H., 戴鴻超and Tai-chun Kuo. "Chiang Kai-shek Revisited." American Journal of Chinese Studies. Vol. 17 (April 2010): 81-86.

Tang Peiji, ed. 唐培吉Zhongguo lishi dashi nianbiao: Xiandai 中國歷史大事年表：現代 (Chronology of Events in Chinese History: Contemporary History). Shanghai: Shanghai cishu chubanshe, 1997. 上海：上海辭書出版社

Tang Tsou. 鄒讜America's Failure in China 1941-50. Chicago, IL: The University of Chicago Press, 1963.

Tanner, Harold M. The Battle for Manchuria and the Fate of China: Siping, 1946. Bloomington, IN: Indiana University Press, 2013.

________.Where Chiang Kai-shek Lost China: The Liao-Shen Campaign, 1948. Bloomington, IN: Indiana University Press, 2015.

Tao Baichuan, ed. 陶百川Jiang zhuxi de shenghuo he shengguan 蔣主席的生活和生活觀 (Life and the Life Views of Chairman Chiang). Chongqing: Zhong zhou chubanshe, 1944. 重慶：中州出版社

Tao Tailai, 陶泰來and Tao Jinsheng. 陶晉生Tao Xisheng nianbiao 陶希聖年表(Chronological Biography of Tao Xisheng). Taipei: Lianjing, 2017.

Tao Yuanming. 陶淵明 Guiqiu lai xici 歸去來辭 (Return Home). https://baike.baidu.com/item/%E5%BD%92%E5%8E%BB%E6%9D%A5%E5%85% AE%E8%BE%9E.

Taylor, Jay. 陶涵The Generalissimo: Chiang Kai-shek and the Struggle for Modern China. Cambridge, MA: The Belknap Press of Harvard University Press, 2009.

________. The Generalissimo's Son: Chiang Ching-kuo and the Revolutions in China and Taiwan. Cambridge, MA: Harvard University Press, 2000.

Taylor, Jeremy E. "The Production of the Chiang Kai-shek Personality Cult, 1929-1975." The China Quarterly. Vol. 185 (2006): 96-110.

Taylor, Jeremy E., and Grace C. Huang. 黃倩茹 "'Deep Changes in Interpretive Currents'? Chiang Kai-shek Studies in the Post-Cold War Era." International Journal of Asian Studies. Vol. 9. No. 1 (January 2012): 99-121.

Tertitsky K. M., and A. E. Belogurova. Taivanskoe kommuniusticheskoe dvizhenie i Komintern (1924-1932 gg): Issledovanie: Dokumenty (The Taiwanese Communist Movement and the Comintern [1924-1932]: Research: Documents). Moscow: AST, Vostok-Zapad, 2005.

Thomas, James C. "The Secret Wheat Deal." http://thislandpress.com/2016/12/06/the-secret-wheat-deal/.

Tiezzi, Shannon. "How Eisenhower Saved Taiwan." The Diplomat. July 29, 2015.

Tikhvinsky, S. L., ed. Novaia istoriia Kitaia (Modern History of China). Moscow: Nauka, 1972.

________. Sun Yat-sen, 1866-1986: K 120-letiyu so dnia rozhdeniia: Sbornik statei, vospominanii i materialov (Sun Yat-sen, 1866-1986: On the 120th Anniversary of His Birth: Collection of

Articles, Reminiscences and Materials). Moscow: Nauka, 1987.

Titov, A. S. Iz istorii bor'by i raskola v rukovodstve KPK 1935-1936 gg. (On the History of Struggle and Split in the Leadership of the CCP 1935-1936). Moscow: Nauka, 1979.

________. Materialy k politicheskoi biografii Mao Tsze-duna (Materials for a Political Biography of Mao Zedong). 3 vols. Moscow: IDV AN SSSR, 1970.

Tong, Hollington K. 董顯光Chiang Kai-shek: Soldier and Statesman: Authorized Biography. 2 vols. Shanghai: The China Publishing Co., 1937.

Tsui, Brian. 徐啟軒China's Conservative Revolution: The Quest for a New Order, 1928-1949. Cambridge, UK: Cambridge University Press, 2018.

Tuchman, Barbara W. 杜希曼Stilwell and the American Experience in China, 1911-45. New York: Macmillan, 1971.

Tyson Li, Laura. Madame Chiang Kai-shek: China's Eternal First Lady. New York: Atlantic Monthly Press, 2006.

Van de Ven, Hans J. 方德萬 China at War: Triumph and Tragedy in the Emergence of the New China. Cambridge, MA: Harvard University Press, 2018.

________. War and Nationalism in China 1925-1945. London: RoutledgeCurzon, 2003.

Vorontsov, Vladilen. Sud'ba kitaiskogo Bonaporta (Fate of the Chinese Bonaparte). Moscow: Politizdat, 1989.

Wakabayashi Masahiro, 若林正丈Liu Jinqin, 劉進慶and Matsunaga Masaesu.松永正義 Taiwan baike 臺灣百科 (Taiwan Encyclopedia). Tokyo: Yiqiao chubanshe, 1996.

Wakeman, Jr., Frederic. 魏斐德 "A Revisionist View of the Nanjing Decade: Confucian Fascism." In Frederic Wakeman, Jr., and Richard Louis Edmonds, eds. Reappraising Republican China. New York: Oxford University Press, 2000. P. 141-178.

________. Policing Shanghai 1927-1937. Berkeley, CA: University of California Press, 1995.

________, and Richard Louis Edmonds, eds. Reappraising Republican China. New York: Oxford University Press, 2000.

Waldheim, Harald von. "Germany's Economic Position in the Far East," Far Eastern Survey. Vol. 6. No. 6 (1937): 59-65.

Walker, Michael M. The 1929 Sino-Soviet War: The War Nobody Knew. Lawrence, KS: University Press of Kansas, 2017.

Walsh, Billie K. "The German Military Mission in China, 1928-38." The Journal of Modern History. Vol. 46. No. 3 (Sep. 1974): 502-513.

Wan Renyuan, 萬仁元 and Fang Qingqiu, 方慶秋eds. Jiang Jieshi nianpu chugao 蔣介石年譜初稿 (Draft Chronological Biography of Chiang Kai-shek). 2 vols. Beijing: Dang'an chubanshe, 1992.

Wang Chaoguang. 汪朝光 "Kangzhan yu jianguo: Guomindang linshi quanguo daibiao dahui yanjiu." 抗戰與建國：國民黨臨時全國代表大會研究(The War of Resistance and State Construction: A Study of the All-China Emergency Congress of the Guomindang). In Lü Fangshang, 呂芳上 ed. Zhanzheng de lishi yu jiyi 戰爭的歷史與記憶 (War in History and Memory). Vol. 2. Taipei: Guoshiguan, 2015. P. 191-210. 臺北：國史館

________. 1945-1949: Guogong zhengzheng yu Zhongguo mingyun 國共戰爭與中國命運 (The GMD-CCP Political Struggle and the Fate of China). Beijing: Shehui kexue wenxian chubanshe, 2010. 北京：社會科學文獻出版社

Wang Chaoguang, 汪朝光Wang Qisheng, 王奇生and Jin Yilin. 金以林Tianxia deshi: Jiang Jieshi de rensheng 天下得失 (Success and Failure Under Heaven: Jiang Kai-shek's Life. Taiyuan: Shanxi renming chubanshe, 2012. 太原：山西人民出版社

Wang Chengzhi, 王成志and Chen Su. 陳肅Archival Resources of Republican China in North America. New York: Columbia University Press, 2016.

Wang Feng. 王丰Jiang Jieshi siwang zhi mi 蔣介石死亡之謎 (The Riddle of Chiang Kai-shek's Death). Beijing: Tuanjie chubanshe, 2009. 北京：團結出版社

Wang Guangyuan. 王光遠Jiang Jieshi zai Huangpu蔣介石在黃埔 (Chiang Kai-shek at Whampoa). Beijing: Zhongguo wenshi chubashe, 2009. 北京：中國文史出版社

________. Jiang Jieshi zai Taiwan 蔣介石在臺灣(Chiang Kai-shek on Taiwan). Beijing: Zhongguo wenshi chubashe, 2008. 北京：中國文史出版社

Wang Jianying,王健英 ed. Zhongguo gongchandang zuzhi shi ziliao huibian – lingdao jigou yange he chengyuan minglu 中國共產黨組織史資料匯編—領導機構沿革和成員名錄 (Collection of Documents on the History of the CCP Organizations – the Evolution of Leading Organs and Their Personal Composition). Beijing: Hongqi chubanshe, 1983. 北京：紅旗出版社

Wang Ke-wen. 王克文 "Wang Jingwei 汪精衛and the Policy Origins of the 'Peace Movement,' 1932-1937." In David P. Barrett, 包瑞德and Larry N. Shyu, 徐乃立eds. Chinese Collaboration with Japan, 1932-1945: The Limits of Accommodation. Stanford, CA: Stanford University Press, 2001. P. 21-37.

Wang, L. Sophia. "The Independent Press and Authoritarian Regimes: The Case of the Dagong bao in Republican China." Pacific Affairs. Vol. 67. No. 2 (Summer, 1994): 216-241.

Wang Liangjing. 王良卿 "Zhongguo guomindang zongcai zhidu de zhan qian yunnian yu zhan shi jianli" 中國國民黨總裁制度的戰前醞釀與戰時建立 (Establishment of the Zongcai System in the Chinese Guomindang Before the War and Its Creation during the War). In Lü Fangshang, ed. Zhanzheng de lishi yu jiyi (War in History and Memory). Vol. 2. Taipei: Guoshiguan, 2015. P. 211-234.

Wang Liping. "Creating a National Symbol: The Sun Yat-sen Memorial in Nanjing." Republican China. No. 2 (1996): 23-63.

Wang Meiyu. 王美玉Caimei rongyao yixiang lu: Jiang Fangliang zhuan 淒美榮耀異鄉路：蔣方良傳 (The Lonely, Beautiful, and Glorious Road in a Foreign Land: Biography of Jiang Fangliang). Taipei: Shibao wenhua chuban qiye gufen youxian gongsi, 1997. 臺北：時報文化出版企業股份有限公司

Wang Qisheng. 王奇生 "Kangzhan chuqi de 'he' sheng" 抗戰初期的「和」聲Voice About "Peace" in the Initial Period of the War of Resistance). In Lü Fangshang, 呂芳上ed. Zhanzheng de lishi yu jiyi 戰爭的歷史與記憶 (War in History and Memory). Vol. 1. Taipei: Guoshiguan, 2015. P. 123-162. 臺北：國史館

Wang Xiaobo, 王曉波ed. Chen Yi yu er er ba shijian 陳儀與二二八事件 (Chen Yi and the February 28 Incident). Taipei: Haixia xueshu chubanshe, 2004. 臺北：海峽學術出版社

Wang Xingfu. 汪幸福 Zhengzhi shashou Chen Lifu 政治殺手陳立夫 (Political Killer Chen Lifu). Shijiazhuang: Hebei renmin chubanshe, 2006. 石家莊：河北人民出版社

Wang Taidong. 王泰棟Jiang Jieshi de di yi wendan Chen Bulei 蔣介石的第一文膽陳布雷 (Jiang Jieshi's First Speechwriter – Chen Bulei). Beijing: Tuanjie chubanshe, 2011. 北京：團結出版社

Wang Tiancang. 王天蒼Xikou fengguang 溪口風光 (Xikou Scenery). Ningbo: Ningbo chubanshe, 2003. 寧波：寧波出版社

Wei, Betty Peh-t'i. 魏白蒂 Old Shanghai. Hong Kong: Oxford University Press, 1993.

Wei Hongyun. 魏宏運Sun Zhongshan nianpu 孫中山年譜 (1866-1925) (Chronological Biography of Sun Zhongshan [1866-1925]). Tianjin: Tianjin renmin chubanshe, 1979. 天津：天津人民出版社

Wen Shaohua. 聞少華Wang Jingwei zhuan 汪精衛傳 (Biography of Wang Jingwei). Beijing: Tuanjie chubanshe, 2016. 北京：團結出版社

West, Philip. "Liberal Persuasions and China: Soong Meiling and John Leighton Stuart." In Samuel C. Chu, ed. Madame Chiang Kai-shek and Her China. Norwalk, CT: EastBridge, 2005. P. 59-68.

Westad, Odd Arne. 文安立Cold War and Revolution: Soviet-American Rivalry and the Origins of the Chinese Civi l War: 1944-1946. New York: Columbia University Press, 1993.

________. Decisive Encounters: The Chinese Civil War: 1946-1950. Standord, CA: Stanford University Press, 2003.

________. ed. Brothers in Arms. The Rise and Fall of the Sino-Soviet Alliance: 1945-1963. Stanford, CA.: Stanford University Press, 1998.

Whiting, Allen S. Soviet Policies in China, 1917-1924. New York: Columbia University Press, 1954.

Wilbur, C. Martin. 韋慕廷The National Revolution in China, 1923-1928. Cambridge, MA: Harvard University Press, 1983.

________. Sun Yat-sen: Frustrated Patriot. New York: Columbia University Press, 1976. Wilson, Stephen L. Advising Chiang's Army: An American Soldier's World War II Experience in China. Minneapolis, MN: Mill City Press, 2016.

Woodhead, H. G. W. ed. 伍海德The China Year Book 1928. Tientsin: The Tientsin Press, 1928.

________. The China Year Book 1929-30. Tientsin: The Tientsin Press, 1930.

________. The China Year Book 1932. Nendeln/Liechtenstein: Kraus Reprint, 1969.

________. The China Year Book 1933. Nendeln/Liechtenstein: Kraus Reprint, 1969.

________. The China Year Book 1934. Nendeln/Liechtenstein: Kraus Reprint, 1969.

________. The China Year Book 1936. Nendeln/Liechtenstein: Kraus Reprint, 1969.

________. The China Year Book 1938. Nendeln/Liechtenstein: Kraus Reprint, 1969.

________. The China Year Book 1939. Shanghai: North China Daily News and Herald, 1939.

Worthing, Peter. General He Yingqin: The Rise and Fall of Nationalist China. Cambridge, UK: Cambridge University Press, 2016.

Wright, Tim. "Coping with the World Depression: The Nationalist Government's Relations with Chinese Industry and Commerce, 1932-1936." In John Fitzgerald, ed. The Nationalists and Chinese Society 1923-1937: A Symposium. Parkville: History Department, University of Melbourne, 1989. P. 133-163.

Wu Jinliang, 吳金良and Zhu Xiaoping. 朱小平Jiang shi jiazu quan zhuan 蔣氏家族全傳 (Full Biographies of the Members of the Jiang Clan). In 2 vol. Beijing: Zhongguo wenshi chubanshe, 1997.

Wu Qinjie, 吳秦傑ed. Mao Zedong guanghui dicheng dituji 毛澤東光輝歷程地圖集 (Atlas of Mao Zedong's Glorious Historical Path). Beijing: Zhongguo ditu chubanshe, 2003.

Wu Tien-wei. 吳天威The Sian Incident: A Pivotal Point in Modern Chinese History. Ann Arbor, MI: Center for Chinese Studies, The University of Michigan, 1976.

Wu Yucai. 吳玉才Xuanya bian de wangchao: Jiang jia wangchao de qianshi jinsheng 懸崖邊的王朝：蔣家王朝的前世今生 (Dynasty on the Verge of Collapse: The Past and Present of the Chiang Family Dynasty). 2 vols. Beijing: Taihai chubanshe, 2013. 北京：台海出版社

Xiang Zhai, and Ruping Xiao. 蕭如平 "Shifting Political Calculation: The Secret Taiwan-Soviet Talks, 1963-1971." Cold War History. Vol. 15. No. 4 (2015): 533-556.

Xiao Jie. 蕭杰Jiang Jieshi yu Hu Hanmin 蔣介石與胡漢民 (Chiang Kai-shek and Hu Hanmin). Beijing: Tuanjie chubanshe, 2009. 北京：團結出版社

Xie Rudi. 蕭儒弟Jiang Jieshi de peidu suiyue:1937-1946 蔣介石的陪都歲月：1937-1946 (Chiang Kai-shek's Sojourn in the Provisional Capital: 1937-1946). Shanghai: Wenhui chubanshe, 2010. 上海：文匯出版社

Xin Hu. 忻華 "Jiban" yu "fuchi" de kunjing: Lun Kennidi yu Yuehanxun shiqi de Meiguo dui Tai zhengce 「羈絆」與「扶持」的困境：論肯尼與約翰遜時期的美國對臺政策 (Between

"Encumbrance" and "Support": in the US Policy Towards Taiwan Under the Kennedy and Johnson Administrations). Shanghai: Shanghai renmin chubanshe, 2008. 上海：上海人民出版社

Xiong Zongren. 熊宗仁 "Rang wai yu xian an nei" zai pipan「攘外必先安內」再批判 (New Critique of the Expression "Before We Fight the External Enemy, We Must First Establish Peace Inside the Country"). Kangri zhanzheng yanjiu (Studies on the War of Resistance Against Japan). No. 4 (2001): 30-44. 抗日戰爭研究

Xu Haoran. 徐浩然 Jiang Jingguo zai Gan'nan 蔣經國在贛南 (Chiang Ching-kuo in Southern Jiangxi). Taipei: Xinchao she, 1993. 臺北：新潮社

Xiao Ruping. 蕭如平Jiang Jingguo zhuan 蔣經國傳 (Biography of Chiang Ching-kuo). Hangzhou: Zhejiang daxue chubanshe, 2012. 杭州：浙江大學出版社

Xu Yuandong 徐元冬et al. Zhongguo gongchandang lishi jianghua 中國共產黨歷史講話 (Lectures on the History of the CCP). Beijing: Zhongguo qingnian chubanshe, 1982. 北京：中國青年出版社

Yamada Tatsuo山田辰雄 "Jiang Jieshi jiyi zhong zhi Riben liuxue" 蔣介石記憶中之日本留學 (Chiang Kai-shek's Reminiscences about Studying in Japan). In Huang Zijin, 黃自進and Pan Guangzhe, 潘光哲eds. Jiang Jieshi yu xiandai Zhongguo de xingsu 蔣介石與現代中國的形塑 (Chiang Kai-shek and the Formation of Contemporary China). Vol. 1. Taipei: Zhongyang yanjiuyuan jindaishi yanjiusuo, 2013. P. 3-38. 臺北：中央研究院近代史研究所

Yan Lu. Re-understanding Japan: Chinese Perspectives, 1895-1945. Honolulu, HI: University of Hawai'i Press, 2004.

Yang Bichuan. 楊碧川Taiwan xiandai shi nianbiao 臺灣現代史年表（一九四五年八月－一九四九年九月）(1945 8 yue – 1994 9 yue) (Chronological Tables of Contemporary Taiwan History [August 1945 – September 1994]). Taipei: Yiqiao chubanshe, 1996. 臺北：一橋出版社

Yang Fan. 楊帆Guomindang qutai gaoguan dajieju 國民黨去臺高官大結局 (The End of the Guomindang Top Officials Who Fled to Taiwan). Beijing: Tuanjie chubanshe, 2010. 北京：團結出版社

Yang Han. 楊瀚Xi'an shibian, banian kangzhan yu Yang Hucheng 西安事變，八年抗戰與楊虎城 (The Xi'an Incident, the Eight-year War of Resistance, and Yang Hucheng). Taipei: Fengyun shidai, 2016. 臺北：風雲時代

________. Yang Hucheng yu Xi'an shibian (Yang Hucheng and the Xi'an Incident). Beijing: Dangdai Zhongguo chubanshe, 2014. 北京：當代中國出版社

Yang Kuisong. 楊奎松Shiqu de jihui? Kangzhan qianhou guogong tanpan shilu 失去的機會?抗戰前後國共談判實錄 (Lost Chance? Notes on Negotiations between the Guomindang and the CCP Before and After the War of Resistance Against Japan). Beijing: Xinxing chubanshe, 2010. 北京：新星出版社

________. Xi'an shibian xin tan: Zhang Xueliang yu zhonggong guanxi yanjiu 西安事變新談：張學良與中共關係研究 (A New View of the Xi'an Incident: A Study of Zhang Xueliang's Links with the CCP). Xi'an: Shaanxi renmin chubanshe, 2012. 西安：陝西人民出版社

Yang Lianfu. 楊蓮福Jiang jia wangchao: Taiwan: 1975 蔣家王朝：臺灣，1975 (The Jiang Dynasty: Taipei: 1975). Taipei: Boyang wenhua, 2012. 臺北：博揚文化

Yang Shengqun, 楊勝群and Yan Jianqi, 閻建琪eds. Deng Xiaoping nianpu: 1904-1974 鄧小平年譜 (Chronological Biography of Deng Xiaoping: 1904-1974). 3 vols. Beijing: Zhongyang wenxian chubanshe, 2010. 北京：中央文獻出版社

Yang Shubiao, 楊樹標and Yang Jin. 楊菁Jiang Jieshi zhuan 蔣介石傳 (1887-1949) (Biography of Chiang Kai-shek [1887-1949]). Hangzhou: Zhejiang daxue chubanshe, 2008. 杭州：浙江大學出版社

Yang Tianshi. 楊天石Dizhi de zhongjie: Jianming Xinhai geming shi 帝制的終結：簡明辛亥革命史 (End of Imperial Rule: Brief History of the Xinhai Revolution). Changsha: Yuelu shushe, 2011. 長沙：岳麓書舍

________. Jiang Jieshi yu guomin zhengfu 蔣介石與國民政府 (Chiang Kai-shek and the National Government). Beijing: Zhongguo renmin daxue chubanshe, 2007. 北京：中國人民大學出版社

________. Jiang Jieshi zhenxiang zhi er: Fenqi: Kangzhan ji zhanhou 蔣介石真相之二——奮起：抗戰及戰後 (The True Face of Chiang Kai-shek. vol. 2: Upsurge: The War of Resistance and After). Taipei: Fengyun shidai, 2009. 臺北：風雲時代

________. Jiang Jieshi zhenxiang zhi san: yihan: Kangzhan ji zhanhou (xu). 蔣介石真相之三——遺憾：抗戰及戰後（續）(The True Face of Chiang Kai-shek. vol. 3. Upsurge: The War of Resistance and After. [Continuation]). Taipei: Fengyun shidai, 2009. 臺北：風雲時代

________. Jiang Jieshi zhenxiang zhi yi: Nanjing zhengfu 蔣介石真相之一：南京政府 (The True Face of Chiang Kai-shek. Vol. 1. The Nanjing Government). Taipei: Fengyun shidai, 2009. 臺北：風雲時代

________. Jiang shi midang yu Jiang Jieshi zhenxiang 蔣氏祕檔與蔣介石真相(Chiang's Secret Archive and the True Face of Chiang Kai-shek). Beijing: Shehui kexue wenxian chubanshe, 2002. 北京：社會科學文獻出版社

________. Jiang shi midang yu Jiang Jieshi zhenxiang 蔣氏祕檔與蔣介石真相(Chiang's Secret Archive and the True Face of Chiang Kai-shek). Chongqing: Chongqing chubanshe, 2015. 重慶：重慶出版社

________. "Perspectives on Chiang Kai-shek's Early Thoughts from His Unpublished Diary." In Mechthild Leutner at al., eds. The Chinese Revolution in the 1920s: Between Triumph and

Disaster. London: RoutledgeCurzon, 2002. P. 77-97.

________. Taiwan shiqi Jiang Jieshi yu Meiguo zhengfu maodun 臺灣時期蔣介石與美國政府矛盾 (Contradictions between Chiang Kai-shek and the American Government during Chiang's Time on Taiwan). A Lecture Delivered at Zhengjiang University, May 31, 2017.

________. "Zai lun Long Yun he Wang Jingwei chutao shijian: qian shu Long Yun de huangyan yu liangmian xingwei 再論龍雲和汪精衛出逃事件：兼述龍雲的謊言與兩面行為 (Once More on Long Yun and Wang Jingwei's Fleeing the Country, or About the Lies and Duplicity of Long Yun). In Lü Fangshang, 呂芳上ed. Zhanzheng de lishi yu jiyi 戰爭的歷史與記憶(二) (War in History and Memory). Vol. 2. Taipei: Guoshiguan, 2015. P. 385-417.

________. Zhaoxun zhenshi de Jiang Jieshi: Jiang Jieshi riji jielu 找尋真實的蔣介石：蔣介石日記解讀(三) (In Search of the True Chiang Kai-shek: Analyzing Chiang Kai-shek's Diaries). 3 vols. Hong Kong: Sanlian shudian, 2008-2014. 香港：三聯書店

________. Zhaoxun zhenshi de Jiang Jieshi: Jiang Jieshi riji jielu 找尋真實的蔣介石：蔣介石日記解讀(一) (In Search of the True Chiang Kai-shek: Analyzing Chiang Kai-shek's Diaries). Vol. 1. Chongqing: Chongqing chubanshe, 2015. 重慶：重慶出版社

Yao Fan. 姚凡 Hu jun dudu – Xinhai geming zhong de Chen Yingshi 滬軍都督：辛亥革命中的陳英士 (Military Dudu of Shanghai: Chen Yingshi during the Xinhai Revolution). Shanghai: Shanghai wenyi chubanshe, 1982. 上海：上海文藝出版社

Ye Yonglie. 葉永烈Mao Zedong yu Jiang Jieshi 毛澤東與蔣介石 (Mao Zedong and Chiang Kai-shek). Chengdu: Sichuan chubanshe/Huaxia chubanshe, 2014. 成都：四川出版社/華夏出版社

Young, Arthur N. China and the Helping Hand 1937-1945. Cambridge, MA: Harvard University Press, 1963

________. China's Wartime Finance and Inflation, 1937-1945. Cambridge, MA: Harvard University Press, 1965.

Yu Fangde. 余方德 "Dai Jitao yu ta de san qiqin" 戴季陶與他的三個妻妾 (Dai Jitao and His Three Lovers). http://www.sjfx.com/qikan/bkview.asp?bkid=39447&cid=69428.

Yu, George T. 于子橋Party Politics in Republican China: The Kuomintang, 1912-1924. Berkeley, CA: University of California Press, 1966.

Yu Maochun. 余茂春The Dragon's War: Allied Operations and the Fate of China, 1937-1947. Annapolis, MD: Naval Institute Press, 2006.

Yu Yang-Chou, and Daniel Riffe. "Chiang and Mao in U.S. News Magazines." Journalism Quarterly. (Winter 1989): 913-919.

Yuan Tengyu (Homare, Endo). 遠藤譽Mao Zedong goujie rijun de zhenxiang: lai zi ri die de huiyi yu dang'an 毛澤東勾結日軍的真相：來自日諜的回憶與檔案 (The True Story of Mao Zedong's Secret Collaboration with the Japanese Army: From the Memoirs of Japanese Spies and Archives). Deer Park, NY: Mingjing chubanshe, 2016. 紐約：明鏡出版社

Yuan Xiaolun. 袁小倫Zhou Enlai yu Jiang Jieshi 周恩來與蔣介石 (Zhou Enlai and Chiang Kai-shek). Beijing: Guangming ribao chubanshe, 1994. 北京：光明日報出版社

Yuriev, M. F. Revoliutsiia 1925-1927 gg. v Kitae (The Revolution of 1925-1927 in China). Moscow: Nauka, 1968.

Yurkevich, A. G. Moskva-Kanton, 1920-e: Pomoshch' SSSR Gomindanu i dve strategii ob"edineniia Kitaia (Moscow-Canton, 1920s: USSR Aid to the Guomindang and Two Strategies for Uniting China). Moscow: OOO "Variant", 2013.

________. "Rol' i mesto Chan Kaishi v politicheskikh organizatsiiakh Gomindana v 1911-1925: trudnyi put' k vershine" (The Role and Place of Chiang Kai-shek in the Political Organizations of the Guomindang in 1911-1925: The Difficult Path to the Top." In Ye. N. Rumiantsev, ed. Kitai: politika, istoriia, kul'tura: k 85-letiyu Yu. M. Galinovicha (China: Politics, History, Culture: For the 85th Birthday of Yu. M. Galinovich). Moscow: Sinosfera, 2018. P. 230-279.

Zanasi, Margherita. Saving the Nation: Economic Modernity in Republican China. Chicago, IL: Chicago University Press, 2006.

Zeng Jingzhong. 曾景忠 "Youguan guomindang linshi quanguo daibiaodahui zhi yantao" 有關國民黨臨時全國代表大會之研討 (Study of the All-China Emergency Congress of the Guomindang). Minguo dang'an (Republican Archive). No. 4 (2001): 81-89. 民國檔案第四期

Zhang Jiangzhi. 張建智Zhang Jingjiang zhuan 張靜江傳 (Biography of Zhang Jingjiang). Wuhan: Hubei renmin chubanshe, 2004. 武漢：湖北人民出版社

Zhang Jin. 張瑾 "'Xin du' yihuo 'jiu du': Kangzhan shiqi Chingqing de chengshi xingxiang" 「新都」抑或「舊都」：抗戰時期重慶的城市形象 ("New Capital" or "Old Capital": The Urban Appearance of Chongqing during the War of Resistance). In Lü Fangshang, 呂芳上ed. Zhanzheng de lishi yu jiyi 戰爭的歷史與記憶 (War in History and Memory). Vol. 3. Taipei: Guoshiguan, 2015. P. 25-58. 臺北：國史館

Zhang Jingjiang xiansheng baisui jinian ji 張靜江先生百歲紀念集 (Memorial Collection on the Centenary of Zhang Jingjiang). Taipei: Shijie she, 1976. 臺北：世界社

Zhang Mei. 張梅Du Mu. 杜牧Beijing: Wuzhou chuanbo chubanshe, 2006.北京：五洲傳播出版社

Zhang Qingjun. 張慶軍Jiang Jieshi midang yu xinhan 蔣介石祕檔與信函 (Chiang Kai-shek's Secret Archive and Correspondence). Taipei: Fengyun shidai chuban gufen youxian gongsi, 2014. 風雲時代出版股份有限公司

Zhang Rong. 張蓉 "Jiang Jieshi ceng liang ci lai Qingdao haibin sanbu youren renchu" 蔣介石曾兩次來青島海濱散步無人認出 (Chiang Kai-shek Visited Qingdao Twice, Walked Along the

Beach, Nobody Recognized Him). Qingdao ribao (Qingdao Daily), May 23, 2014. 青島日報

Zhang Ruide. 張瑞德Kangzhan shiqi de guojun renshi 抗戰時期的國軍人事 (The Personal of National Army during the War of Resistance). Taipei: Zhongyang yanjiuyuan jindaishi yanjiusuo, 1993. 臺北：中央研究院近代史研究所

________. Wusheng de yaojiao: Jiang Jieshi de shicongshi yu zhang shi Zhongguo 無聲的要角：蔣介石的侍從室與戰時中國 (Silent Key Point: Chiang Kai-shek's Personal Secretariat and Wartime China). Taipei: Taiwan shangwu, 2017. 臺北：臺灣商務

Zhang Shanke. 張山克Taiwan wenti da shiji臺灣問題大事紀：1945.8 – 1987.12 (Chronology of the Taiwan Question: August 1945 – December 1987). Beijing: Huawen chubanshe, 1988. 北京：華文出版社

Zhang Shiying. 張世英 "Kangzhan shiqi guojun tongshibu duiyu youjizhan de gouxiang yu zhixing" 抗戰時期國軍統帥部對於游擊戰的構想與執行 (Concepts of the Unified Command of the National Army Relating to Guerrilla Warfare and Its Implementation during the War of Resistance). In Lü Fangshang, 呂芳上ed. Zhanzheng de lishi yu jiyi 戰爭的歷史與記憶(一) (War in History and Memory). Vol. 1. Taipei: Guoshiguan, 2015. P. 195-221.

Zhang Su. "Jiang Jingguo yu Zhang Yaruo" 蔣經國與章亞若 (Chiang Ching-kuo and Zhang Yaruo). In Zhengxie Jiangxi sheng weiyuanhui, Zhengxie Ganzhou shi weiyuanhui wenshi ziliao yanjiu weiyuanhui, eds. Jiang Jingguo zai Gan'nan 政協江西省委員會，政協贛州市委員會文史資料研究委員會編，蔣經國在贛南 (Chiang Ching-kuo in Southern Jiangxi). Nanchang: Zhengxie Jiangxi sheng wei yuan hui, Zhengxie Ganzhou shi weiyuanhui wenshi ziliao yanjiu weiyuanhui,南昌：政協江西省委員會，政協贛州市委員會文史資料研究委員會 1989. P. 347-366.

Zhang Xianwen, 張憲文ed. Zhonghua minguo shigang 中華民國史綱 (Studies in the History of the Republic of China). Zhengzhou: Henan renmin chubanshe, 1985. 鄭州：河南人民出版社

Zhang Xiuzhang. 張秀章Jiang Jieshi riji jiemi 蔣介石日記揭秘 (Chiang Ksi-shek's Diaries Reveal Secrets). Beijing: Tuanjie chubanshe, 2007. 北京：團結出版社

Zhang Xueji, 張學繼and Xu Kaifeng. 徐凱峰 Bai Chongxi da zhuan 白崇禧大傳(Large Biography of Bai Chongxi). Hangzhou: Zhejiang daxue chubanshe, 2012. 杭州：浙江大學出版社

Zhang Yongbin. 張永濱Zhang Xueliang da zhuan 張學良大傳 (Large Biography of Zhang Xueliang). 2 vols. Beijing: Tuanjie chubanshe, 2001. 北京：團結出版社

Zhang Zhenhua. 張振華Minguo di yi jiating – Jiang shi jiazu 民國第一家庭：蔣氏家族 (The First Family of the Republic – The Jiang Clan). Beijing: Zhongguo wenshi chubanshe, 2013. 北京：中國文史出版社

Zhang Zuyan. 張祖龔Jiang Jieshi yu zhanzheng shi waijiao yanjiu 蔣介石與戰時外交研究 (1931-1945) (A Study of Chiang Kai-shek and the Foreign Policy during the War [1931-1945]). Hangzhou: Zhejiang daxue chubanshe, 2013. 杭州：浙江大學出版社

Zhao Suisheng. 趙穗生Power by Design: Constitution-Making in Nationalist China. Honolulu, HI: University of Hawai'i Press, 1996.

Zhang Hong. 趙宏Jiang Jieshi jiating de nürenmen: Yi lu fengyu tuo si sheng 蔣介石家庭的女人們：一路風雨托死生(Women of the Chiang Kai-shek's Family: Through the Wind and Rain Until Death). Beijing: Taihai chubanshe, 2013. 北京：台海出版社

Zheng Canhui. 鄭燦輝 "Zhongguo guomindang di yi ci quanguo daibiaodahui" 中國國民黨第一次全國代表大會 (The First All-China Congress of the Chinese Guomindang). Geming shi ziliao 革命史資料 (Materials on Revolutionary History). No. 1 (1986): 113-126.

Zheng Chuangqi. 鄭闖琦Jiang Jieshi quan jilu蔣介石全紀錄：1887-1975 (Complete Collection of Writings about Chiang Kai-shek: 1887-1975). 3 vols. Beijing: Huawen chubanshe, 2009. 北京：華文出版社

Zheng Wenxin. Sun Yat-sen and Japan, 1895-1915. M. A. Thesis. Bowling Green, OH, 1998.

Zhengxie Jiangxi sheng weiyuanhui, Zhengxie Ganzhou shi weiyuanhui wenshi ziliao yanjiu weiyuanhui, eds. Jiang Jingguo zai Gan'nan 政協江西省委員會，政協贛州市委員會文史資料研究委員會編，蔣經國在贛南 (Chiang Ching-kuo in Southern Jiangxi). Nanchang: Zhengxie Jiangxi sheng wei yuan hui, Zhengxie Ganzhou shi weiyuanhui wenshi ziliao yanjiu weiyuanhui南昌：政協江西省委員會，政協贛州市委員會文史資料研究委員會, 1989.

Zhonggong zhongyang wenxian yanjiu shi, ed. Zhou Enlai nianpu 中共中央文獻研究室編周恩來年譜 (1898-1949) (xiudingben) (Chronological Biography of Zhou Enlai [1898-1949]. [Revised ed.]). Beijing: Zhongyang wenxian chubanshe, 1998. 北京：中央文獻出版社

Zhonggong zhongyang wenxian yanjiu shi, ed. Zhou Enlai nianpu中共中央文獻研究室編周恩來年譜：1949-1976 (Chronological Biography of Zhou Enlai: 1949-1976). 3 vols. Beijing: Zhongyang wenxian chubanshe, 1997. 北京：中央文獻出版社

Zhonggong zhongyang wenxian yanjiu shi, ed. Zhu De nianpu 中共中央文獻研究室編朱德年譜 (Chronological Biography of Zhu De). Beijing: Renmin chubanshe, 1986. 北京：人民出版社

Zhongguo geming shi jiangyi 中國革命史講義 (Lectures on the History of the Chinese Revolution). Beijing: Zhongguo renmin daxue chubanshe, 1983. 北京：中國人民大學出版社

Zhongguo guomindang zhongyang weiyuanhui dangshi weiyuanhui, ed. Zhongguo guomindang zhiming lu 中國國民黨中央委員會黨史委員會編，中國國民黨職名錄(List of Officials of the Chinese Guomindang). Taipei: Guomindang dangshihui chuban, 1994. 臺北：國民黨黨史會出版

Zhongguo renmin zhengzhi xieshang huiyi quanguo weiyuanhui wenshi ziliao yanjiu weiyuanhui bangongshi, ed. Heping laoren Shao Lizi 中國人民政治協商會議全國委員會文史資料研究委員會辦公室編，和平老人邵力子(Peaceful Oldster Shao Lizi). Beijing: Wenshi ziliao chubanshe, 1985. 北京：文史資料出版社

Zhou Xiuming. 周秀明Si da jiazu houdai miwen 四大家族後代祕聞 (Secrets of Descendants of the Four Big Families). Beijing: Taihai chubanshe, 2011.

Zhou Yi. 周易 [Song] Zhu Xi zhu（宋）朱熹注 ([Book] of Changes of the Zhou Era). With Commentary by [Song] Zhu Xi). 朱熹Shanghai: Shanghai guji chubanshe, 1995. 上海：上海古籍出版社

Zhou Yue, 周聿峨and Chen Hongmin, 陳紅民Hu Hanmin pingzhuan 胡漢民評傳(Biography of Hu Hanmin). Guangzhou: Guangdong renmin chubanshe, 1989. 廣州：廣東人民出版社

Zhu Baoqin, 朱寶琴and Li Nin. 李寧Song Mailing nianpu 宋美齡年譜(Chronological Biography of Song Meiling). Beijing: Dongfang chubanshe, 2019. 北京：東方出版社

Zhu Wenyuan 朱文原et al., eds. Zhonghua minguo jianguo bainian dashiji 中華民國建國百年大事記 (Large Chronology of the Republic of China for One Hundred Years from Its Founding). 2 vols. Taipei: Guoshiguan, 2012. 臺北：國史館

Zhu Xiaoping. 朱小平Jiang shijia quan zhuan 蔣氏家族全傳 (Complete Biography of the Chiang Family). 2 vols. Beijing: Zhongguo wenshi chubanshe, 1997. 北京：中國文史出版社

Zhu Yuhi, 朱育和and Cai Lesu, 蔡樂蘇eds. Mao Zedong yu 20 shiji Zhongguo 毛澤東與二十世紀中國 (Mao Zedong and 20th Century China). Beijing: Qinghua daxue chubanshe, 2000. 北京：清華大學出版社

Zhuangzi. 莊子The Complete Works of Chuang Tsu. Translated by Burton Watson. New York: Columbia University Press, 1968.

Zhuge Liang, 諸葛亮and Liu Ji. 劉基Mastering the Art of War. Translated and edited by Thomas Cleary. Boston: Shambhala, 1989.

Zipp, Samuel. The Idealist: Wendell Willie's Wartime Quest to Build One World. Cambridge, MA: The Belknap Press of Harvard University Press, 2020.

Zou Lu. 鄒魯Zhongguo guomindang gaishi 中國國民黨概史 (General History of the Chinese Guomindang). Taipei: Zhengzhong shuju, 1958. 臺北：正中書局

________. Zhongguo guomindang shigao 中國國民黨史稿 (An Outline History of the Chinese Guomindang). Changsha: Minzhi shuju, 1931.

歷史大講堂

蔣介石：失敗的勝利者

2023年2月初版 定價：新臺幣800元
2024年7月初版第八刷

著　　者　Alexander V. Pantsov
　　　　　Steven I. Levine
譯　　者　楊淑娟
叢書主編　王盈婷
校　　對　馬文穎
內文排版　菩薩蠻
封面設計　許晉維

出　版　者　聯經出版事業股份有限公司
地　　　址　新北市汐止區大同路一段369號1樓
叢書主編電話　(02)86925588轉5316
台北聯經書房　台北市新生南路三段94號
電　　　話　(02)23620308
郵政劃撥帳戶第0100559-3號
郵撥電話　(02)23620308
印　刷　者　文聯彩色製版印刷有限公司
總　經　銷　聯合發行股份有限公司
發　行　所　新北市新店區寶橋路235巷6弄6號2樓
電　　　話　(02)29178022

副總編輯　陳逸華
總 編 輯　涂豐恩
總 經 理　陳芝宇
社　　長　羅國俊
發 行 人　林載爵

行政院新聞局出版事業登記證局版臺業字第0130號

本書如有缺頁，破損，倒裝請寄回台北聯經書房更換。　ISBN 978-957-08-6695-7 (平裝)
聯經網址：www.linkingbooks.com.tw
電子信箱：linking@udngroup.com

國家圖書館出版品預行編目資料

蔣介石：失敗的勝利者/ Alexander V. Pantsov著．Steven I. Levine、楊淑娟譯．初版．新北市．聯經．2023年1月．624面＋16面圖片．17×23公分（歷史大講堂）

譯自：Victorious in defeat: the life and times of Chiang kai-Shek, China, 1887-1975.

ISBN　978-957-08-6695-7（平裝）

[2024年7月初版第八刷]

1.CST：蔣中正　2.CST：傳記

005.32　　　111021034